RAFAEL BUSCHMANN
MICHAEL WULZINGER
FOOTBALL
LEAKS 2

RAFAEL BUSCHMANN
MICHAEL WULZINGER

FOOTBALL LEAKS 2

Neue Enthüllungen
aus der Welt des Profifußballs

Deutsche Verlags-Anstalt

Verlagsgruppe Random House FSC® N001967

3. Auflage, 2019
Copyright © 2019 Deutsche Verlags-Anstalt, München, in der
Verlagsgruppe Random House GmbH, Neumarkter Str. 28,
81673 München, und SPIEGEL-Verlag, Hamburg,
Ericusspitze 1, 20457 Hamburg
Umschlag: Büro Jorge Schmidt, München
Umschlagmotiv: © Tom and Steve/Photographer's Choice/
Getty Images
Gestaltung und Satz: DVA / Andrea Mogwitz
Gesetzt aus der Minion
Druck und Bindung: CPI books GmbH, Leck
Printed in Germany
ISBN 978-3-421-04827-1

www.dva.de

Dieses Buch ist auch als E-Book erhältlich.

INHALT

PROLOG

»Der Fußball ist längst nicht nur ein Spiel. Es geht um so viel mehr. Das müssen die Menschen da draußen endlich verstehen. Wir werden ihnen dabei helfen.«

Es war Anfang 2016, als uns John – den man heute unter seinem Geburtsnamen Rui Pinto kennt – diese Sätze schrieb. Damals klangen sie etwas großspurig. Aus heutiger Sicht lesen sie sich wie eine Vorahnung. Denn in den folgenden dreieinhalb Jahren, die so turbulent, so anstrengend und faszinierend werden sollten, hat dieser junge Mann der Öffentlichkeit Einblicke in die Schattenwelt der Fußballbranche ermöglicht, wie es sie zuvor noch nicht gegeben hat.

Wir hatten John, der unser exklusiver Informant wurde, zum damaligen Zeitpunkt noch nicht persönlich kennengelernt. Erst seit wenigen Wochen tauschten wir uns mit ihm über eine Mailadresse aus. John lebte in der Anonymität und wollte uns noch nicht verraten, wer er ist oder wo genau er sich gerade aufhielt. Aber John erklärte uns, was die Football Leaks sein würden: ein Datenleck von ungeahntem Ausmaß, ein ständig anschwellender Strom hoch vertraulicher und sensibler Informationen, die aus seiner Sicht an die Oberfläche gehörten. Er erklärte uns, warum dieses Projekt für ihn so wichtig sei, was ihn antreibe, und warum er immer weiter daran arbeiten müsse – ungeachtet der Tatsache, dass der Druck auf ihn mit der Zeit fast ins Unermessliche ansteigen würde.

John ist ein junger Portugiese, der es sich zum Ziel gesetzt hat, die Hochglanzfassade der milliardenschweren Fußballbranche zu zertrümmern. Er sagt, es gehe ihm um Transparenz. Seine Waffe sind seine Dokumente: Mails, Kontoauszüge, Verträge, Nebenabsprachen, Gründungsurkunden, Chats und viele weitere, teilweise sehr brenzlige Papiere. Sie gewähren Inneneinsichten in eine Welt, die sich für unangreifbar hielt und die sich fast jeder Kontrolle entzog – und die sich nun, nach Hunderten von Enthüllungsgeschichten, nicht nur herausgefordert, sondern bedroht fühlt. Die Dokumente von Football Leaks sind für viele Kriminelle, Betrüger, Steuerhinterzieher oder Kleinganoven, die sich im Profifußball eingenistet haben, so brandgefährlich, weil sie authentisch und belastbar sind. Johns Daten erlauben es uns Journalisten, Vorgänge, die für immer geheim bleiben sollten, gerichtsfest zu rekonstruieren und zu beschreiben. Und sie machen auch vor den Weltstars dieses Sports nicht halt.

John übergab dem SPIEGEL und dem Recherchenetzwerk European Investigative Collaborations (EIC) weit über 70 Millionen Dokumente, mehr als 3,4 Terabyte, eine Größenordnung, die uns im wahrsten Sinne des Wortes unfassbar schien. Die Arbeit an und mit diesem Material hat uns Reporter und Rechercheure in den vergangenen Jahren immer wieder an unsere Grenzen gebracht.

Wir beschreiben in diesem Buch die Geschichte dieses Datensatzes. Es ist zugleich die Geschichte von John, dem Whistleblower hinter den Football Leaks, der ein Leben zwischen den Extremen führt, geprägt von Mut wie von Angst, angetrieben von einer tiefen Überzeugung, durchsetzt von Zweifeln. John ist ein schillernder Charakter. Sein Kampf gegen die Mächtigen des Fußballs wird auch zu einem Kampf gegen die Justiz und gegen die Einflussnahme der Politik.

Wir stellen diese inneren Auseinandersetzungen unseres Whistleblowers genauso dar wie seinen Wunsch, einfach auszusteigen und ein normales Familienleben führen zu wollen. Seine persönliche Geschichte wird uns auch tief in die großen Fragestellungen einer digitalen Welt führen, in der die Möglichkeiten der freien Rede und manche moralische Grenze neu justiert werden müssen. Dabei liefert uns Johns Fall am Ende dieser langen Recherche mehr Fragen als Antworten. Diese Erkenntnis ist nicht einfach zu formulieren, weil sie dem Aufklärungsgedanken des Journalismus widerspricht. Und trotzdem halten wir sie für wichtig. Denn manchmal sind richtige Fragen der wertvollere Debattenbeitrag als scheinbar klare Erkenntnisse, weil die Zeit noch nicht reif ist für abschließende Antworten. So werden wir im gesamten Buch immer wieder zwei Punkte aufgreifen, die uns bis heute nicht loslassen: Darf ein Whistleblower auch ein Hacker sein? Und wie müssen Whistleblower, die als Aufklärer einen wichtigen gesellschaftlichen Beitrag geleistet haben, geschützt werden?

John, der immer bestritten hat, ein Hacker zu sein, aber gleichzeitig nicht verraten will, woher seine Dokumente stammen, ist aus unserer Sicht ein Whistleblower. Für uns erfüllt er das wichtigste Kriterium für diesen besonderen Typus des Informanten: Er ist ein Mensch, der unter hohen persönlichen Risiken entscheidend daran mitwirkte, Missstände und Fehlverhalten zu enthüllen. Ohne seine Dokumente hätten wir zahlreiche Beiträge nicht publizieren können, die nicht nur von überragendem öffentlichen Interesse gewesen sind, sondern die weltweit Debatten über die Entwicklung des Fußballs angestoßen haben – und die bis heute sport- oder strafrechtliche Konsequenzen nach sich ziehen.

Wir diskutieren in diesem Buch aber auch die andere Sichtweise auf John. Seine Gegner und Kritiker werfen ihm Datendiebstahl vor, sie sagen, er sei ein Hacker, der sich an den Football Leaks bereichern wolle. John bestreitet das.

Wir beschreiben unseren Umgang mit unserem Informanten so transparent, wie es uns unter der Prämisse des Quellenschutzes nur möglich ist. Manche der Dialoge, die wir mit John geführt haben und die wir hier wiedergeben, haben wir im Anschluss an unsere Treffen nach bestem Wissen und Gewissen rekonstruiert. Andere stammen aus unseren verschlüsselten Chats und Mails. Johns Regel bei seiner wörtlichen Wiedergabe war immer recht simpel und für uns jederzeit tragbar: »Schreibt das, was ich gesagt habe. Außer, ich sage vorher, dass es vertraulich ist.«

Normalerweise nehmen Journalisten die Gespräche mit ihren Protagonisten auf Tonband auf und legen ihnen die anschließend verwendeten Zitate vor Drucklegung noch einmal zur Autorisierung vor – mit der Bitte, diese zu prüfen. Dies war in unserem Fall nicht möglich. John wurde im Januar 2019 verhaftet, seit März sitzt er in Untersuchungshaft in Lissabon. Wir haben zahlreiche Anfragen an die portugiesische Justiz gestellt und darum gebeten, mit John sprechen zu können. Dies wurde ohne Begründung abgelehnt, obwohl John sich für ein solches Treffen ausgesprochen hat. Dabei haben natürlich auch Häftlinge ein Recht auf Meinungsäußerung.

John hat sich bislang nie gegen Passagen oder Zitate gewandt, die wir unter Berücksichtigung seiner oben genannten Regel in unseren SPIEGEL-Artikeln und in unserem ersten Football-Leaks-Buch beschrieben haben. Im Gegenteil: John war mit seiner Darstellung durchweg einverstanden, das meldete er uns mehrfach zurück. Wir hoffen nun, dass wir ihn und seine Worte auch diesmal so wiedergeben, dass er sich darin wiederfinden kann.

Die langen Gespräche mit ihm, die wir in diesem Buch wiedergeben, sind oft verkürzte, geraffte Versionen unserer zahlreichen Treffen. Wir präsentieren sie zum Zweck der besseren Lesbarkeit in Dialogform und versuchen sie jeweils auf den Gesprächskern zu reduzieren – diese Stilform wählten wir durchweg in den erzählenden Passagen dieses Buches.

Dabei standen wir insbesondere im Umgang mit John vor zwei zentralen Problemen journalistischer Arbeit: Wir konnten in den vergangenen dreieinhalb Jahren kaum Audiomitschnitte von Gesprächen mit John anfertigen, er selbst hat das abgelehnt. John lebte in der Anonymität, und jedes aufgezeichnete Wort hätte diese – und dadurch ihn – gefährden können. Wir rekonstruieren seine Dialoge also mithilfe unserer Protokolle, Aufzeichnungen und Erinnerungen. Wir sind uns dabei der Gefahr bewusst, dass John möglicherweise während seines Prozesses erklären könnte, dass er manche Dinge, die in diesem Buch stehen, nie gesagt hat. Niemand muss sich in einem Rechtsstaat selbst belasten, das gilt selbstverständlich auch für Whistleblower. Aus journalistischer Überzeugung bewerten wir es trotzdem als wichtig, unseren Blick auf ihn und das Football-Leaks-Projekt so wiederzugeben, wie wir es hier und seit dreieinhalb Jahren tun. Aber es ist eben unser Blick, möglicherweise hat John einen anderen – auch, weil sich seine Lebenssituation mittlerweile verändert hat.

Eine Autorisierung seiner Zitate war auch über seine Anwälte nicht möglich. Sie werden von einer Stiftung finanziert, eine Autorisierung eines über 500 Seiten starken Buchs war in den vergangenen Monaten verständlicherweise nicht ihre oberste Priorität. Zumal auch sie vor dem Problem standen, dass es für Beschuldigte im Vorfeld eines Prozesses nur selten klug ist, sich öffentlich zu äußern. Dieses Buch ist nicht Johns Autobiografie, sondern unsere Beschreibung eines dreieinhalb Jahre andauernden Projekts.

Für den Umgang mit den Football-Leaks-Dokumenten waren die Regeln eindeutiger. John erklärte uns immer wieder, dass er die Papiere – woher und wie auch immer er sie erhalten hat – unbearbeitet und nicht vorsortiert an uns weitergegeben habe. Wir sind in den mehr als drei Jahren bei den tausendfachen Prüfungen und Gegenprüfungen nicht auf ein einziges Dokument gestoßen, das gefälscht oder manipuliert war. Vielmehr bilden die Daten die Fußballwelt so ab, wie sie ist. Dieses Bild kann entlarvend sein, erklärend, verstörend. Es ist der Gegenentwurf zu dem heroischen Bild, das die Fußballbranche von sich zeichnet.

Wir haben in den Football-Leaks-Daten eine breit gefächerte Auswahl an Belegen gefunden, die es uns erlaubt, Fehlentwicklungen dieser milliardenschweren Unterhaltungsindustrie in sehr unterschiedlichen Facetten zu beschreiben. In diesem Buch stehen Kapitel, in denen es um Wett- und Spielmanipulation geht, um auffällige Werte bei internen medizinischen Bluttests und den fragwürdigen Umgang mit Dopingkontrolleuren, um dubiose Stiftungen und Briefkastenfirmen, um Millionen von Euro, die in Steueroasen fließen. Wir beschreiben den gnadenlosen Handel mit Nachwuchsfußballern und die zahlreichen Regelbrüche, die Spitzenklubs in Kauf nehmen, um begehrte Talente zu verpflichten.

Dabei spielen auch einige der neuen Schlüsselfiguren im Weltfußball eine entscheidende Rolle: Investorenklubs wie Manchester City, hinter denen ganze Staaten stehen und für die kaum noch Regeln zu gelten scheinen. Außer einer: Wer zahlt, bestimmt. Die

Football-Leaks-Dokumente lassen uns nachzeichnen, wie hilflos die großen Verbände gegen diese neuen Kräfte im Fußball sind und wie sehr sich Spitzenfunktionäre wie der heutige Fifa-Präsident Gianni Infantino in deren Machtspiele einspannen lassen.

Eine sprudelnde Geldquelle für den Fußball ist weiterhin das Fernsehen. Die Milliarden der TV-Sender haben dafür gesorgt, dass der einstige Volkssport seit etwa 30 Jahren eine fast ununterbrochene Boomphase erlebt. Doch das Fernsehen verbreitert auch die Kluft zwischen den Spitzenklubs und dem großen Rest der Ligen und beschneidet dadurch den Wettbewerb. Zudem offenbaren sich in den Football-Leaks-Daten wahre Abgründe beim Handel mit TV-Rechten. Manche der Millionendeals, auf die wir stießen, könnten in juristischen Seminaren als Fallbeispiele für die Korruptionsanfälligkeit einer ganzen Branche dienen.

Die juristischen Probleme von Cristiano Ronaldo haben wir bereits in unserem ersten Football-Leaks-Band beschrieben. Damals erklärten wir, wie der portugiesische Superstar mit einer Geldrutsche auf die British Virgin Islands Werbeeinahmen von rund 150 Millionen Euro am spanischen Fiskus vorbeischleusen ließ. Die Veröffentlichungen führten zur Verurteilung des Weltfußballers wegen Steuerhinterziehung. In diesem Buch schildern wir nun die Vergewaltigungsvorwürfe, die die US-Amerikanerin Kathryn Mayorga gegen Ronaldo erhebt. Der fünffache Weltfußballer bestreitet die Anschuldigungen und schickt ein Anwaltsteam vor, um auf die Vorwürfe zu reagieren.

Wir greifen in diesem Buch einige Enthüllungen auf, die wir bereits Ende des Jahres 2018 im SPIEGEL oder auf SPIEGEL ONLINE veröffentlicht haben. Nun haben wir sie aktualisiert oder mit neuen Recherchen angereichert. Andere Kapitel wiederum sind exklusiver Stoff, wir haben die Grundlagen dafür in den vergangenen Monaten ebenfalls in unserer Football-Leaks-Datenbank gefunden.

Die Football Leaks sind ein umfangreiches Rechercheprojekt, das niemals ohne ein hart arbeitendes und engagiertes Team möglich gewesen wäre. Wir möchten uns bei den zahlreichen Kolleginnen und Kollegen aus dem SPIEGEL und dem EIC bedanken, auch für die tatkräftige Unterstützung bei der Erarbeitung der einzelnen Kapitel in diesem Buch.

Unser besonderer Dank gilt John. Dem Mann, ohne den es all diese Enthüllungen nie gegeben hätte. Der mutig genug war, sein eigenes Wohl, seine Sicherheit und sein persönliches Glück zugunsten der gesellschaftlichen Aufklärung zurückstellen. Und der nun womöglich den höchsten Preis dafür zahlen muss.

Hamburg, im Juli 2019
Rafael Buschmann und Michael Wulzinger

NERVÖS

»Ehrlich, ich scheiß' mir ganz schön in die Hose«, sagt John. Er hat in den vergangenen Minuten sechs Zigaretten geraucht, sein Gesicht wirkt grau, sein sonst vor Energie sprühender Körper hängt ziemlich nach vorn. John, der seit über drei Jahren voller Sturheit und Selbstvertrauen die gesamte Fußballwelt ein ums andere Mal erschütterte, wirkt wie ein Häufchen Elend. Heute, im November 2018, stammelt er leise: »Morgen wird sich mein ganzes Leben verändern.«

John blickt in seine Zigarettenschachtel, als ob dort die Lösungen für seine Probleme zu finden seien. Er schüttelt die wenigen Glimmstängel, die übriggeblieben sind, von der einen zur anderen Seite, schaut noch einmal zur großen Kirchenuhr, nimmt eine weitere Zigarette heraus und zündet sie an.

»Rafael, was mache ich denn, wenn die mich direkt festnehmen?«, fragt John.

»William wird das doch mit denen besprochen haben, oder etwa nicht?«, sage ich.

»Meine letzte Hoffnung ist also ein Anwalt? Ich bin wirklich im Arsch.« Er schaut wieder zur Kirchenuhr. Noch fünf Minuten bis zum verabredeten Termin. Normalerweise ist John der unpünktlichste Mensch, den man sich vorstellen kann. Bei unserem ersten Treffen im Februar 2016 hatte er mich stundenlang warten lassen. Heute war er dreißig Minuten vor der verabredeten Zeit da.

Wir stehen mitten im Zentrum von Paris. Der Louvre ist in Sichtweite, die Seine liegt unter einer grauen Nebeldecke, die wunderschönen Tuilerien sind menschenleer, die Kälte hat alle vertrieben. Auf dem Weg zu unserem Termin sind wir an all diesen Sehenswürdigkeiten vorbeigeschlendert, aber John hat sie nicht beachtet.

Er schaute nur auf seine Füße, die Hände tief in den Hosentaschen vergraben.

Nun stehen wir hinter der Mauer einer kleinen Einfahrt, einsehbar nur von der Hauptstraße. John hat seine dünne braue Lederjacke an, die er auch schon bei unserem ersten Treffen trug. Ihm ist eigentlich nie kalt. Auch im osteuropäischen Winter tänzelte er oft nur mit dieser Lederjacke bekleidet über die Straßen. Er sagt oft, dass Portugiesen eben ein heißes Feuer in sich tragen würden, das sie von innen wärme.

John ist in Portugal geboren und dort aufgewachsen. Seit über drei Jahren lebt er allerdings ohne festen Wohnsitz. John versteckt sich vor seinen Verfolgern, er versucht, ein anonymes Leben zu führen. Es ist der Preis, den er zu zahlen bereit ist für all die Veröffentlichungen und Enthüllungen, die er in den letzten Jahren mit seinen Football Leaks angestoßen hat.

»Lass uns hochgehen. Ich muss das jetzt durchziehen«, sagt John. Er wirft die halb gerauchte Zigarette weg, streicht sich noch einmal durch die gegelten Haare, beißt ein kleines Stück Haut von seinem Daumen. Hölle, ist der Bursche nervös. Wir gehen über die Straße, an Souvenirläden vorbei, durch ein nummerngesichertes Tor, hinein in einen kleinen, aber unübersichtlichen Hinterhof. Es gibt mehrere Türen, wir suchen nach Klingelschildern.

»Hier ist es«, ruft John. Wir betreten das Gebäude, der Geruch von feuchten Wänden durchzieht den Hausflur. Wir laufen die Treppe hinauf, Stockwerk für Stockwerk, es ist anstrengend, uns bleibt die Luft weg.

»Warte, warte«, stöhnt John.

»Super Kondition. Willst du vielleicht noch eine Zigarette?«, frage ich, ebenfalls japsend.

»Bitte, keine Witze«, sagt John. Bitterernst. Normalerweise wird er unter Druck zu einem regelrechten Entertainer. Dann schäkert er mit jeder und jedem, flirtet, ist charmant, kann mit seinem Lachen einen ganzen Raum anstecken. Heute ist davon noch nichts zu sehen.

Die Tür geht auf.

»Salut! Ich bin Marie«, sagt die junge Frau.

John bleibt wie erstarrt stehen, er guckt Marie einen zu langen Moment ziemlich verdutzt an. Sie streicht verlegen über ihren Arm.

»Puh, du siehst nicht aus wie ein weißer, grauhaariger Kerl Anfang 60.« Marie lacht. Sie ist Ende 20, trägt einen schwarzen, leicht zerzausten Dutt, eine Hornbrille und riecht nach Sommer.

»William ist noch bei einem anderen Mandanten. Kommt rein, er wird euch gleich abholen. Wollt ihr etwas trinken?«, fragt Marie.

»Einen Tee, bitte«, sagt John.

Ich kenne ihn nun fast drei Jahre, einen Tee hat er in meinem Beisein noch nie getrunken. Bier, Wodka, Wein, Cocktails jeglicher Mischung habe ich ihn trinken sehen, aber noch nie einen Tee.

Die Kanzlei von William Bourdon, so viel verrät bereits der Eingangsbereich, ist keine der auf Massenabfertigungen ausgelegten Großkanzleien. Wir sitzen auf einem ziemlich abgeranzten Sofa, in das man sehr tief einsinkt. Auf dem Boden liegt ein verfilzter Teppich, die Wände könnten auch mal wieder frische Farbe vertragen.

Doch von den etwas heruntergekommenen Räumlichkeiten seiner Kanzlei sollte man sich nicht täuschen lassen: Bourdon ist einer der berühmtesten Strafverteidiger Europas. Er ist spezialisiert auf Wirtschaftskriminalität, Menschenrechte und den Schutz von Whistleblowern. Er arbeitete als Anwalt für Transparency International und Human Rights Watch, vertrat jahrelang Opfer des Pinochet-Regimes, aber auch prominente Klienten wie Danielle Mitterand, die Ehefrau des früheren französischen Staatsoberhaupts François Mitterand. In den vergangenen Jahren erlangte er einige Popularität durch seinen Einsatz für Mandanten, die durch ihre Informationsweitergaben für einige der größten gesellschaftlichen Debatten gesorgt haben – Bourdon vertrat den früheren US-Geheimdienstmitarbeiter Edward Snowden, den Lux-Leaks-Whistleblower Antoine Deltour sowie Hervé Falciani, den Mann, der die kriminellen Machenschaften des Schweizer Bankensystems mit den Swiss Leaks offenlegte.

Bourdon kennt die schwierigen, die kontroversen Fälle. Er hat Erfahrung im Umgang mit medialem Druck, mit Anfeindungen, mit dem Schutz sensibler Quellen. Und er gilt als Spezialist bei Auslieferungsfragen. Ein wichtiger Punkt für John, denn es gibt einige Länder, die ihn gerne vor Gericht stellen würden.

Es knatscht irgendwo. Lautes Gebrüll ertönt, alles auf französisch. Auf einmal fliegt ein schmächtiger, kleiner Mann über den Flur. Er schaut uns nicht an, aber so etwas wie: »Hi John«, verhallt zwischen den Schritten. Die Tür fliegt wieder zu.

»Was war das denn?«, frage ich.

»Sah aus wie mein Anwalt«, sagt John.

Wir schweigen. Marie bringt die Getränke. »William ist gleich bei euch, er muss nur noch ein Telefonat führen«, sagt sie. Wir schweigen weiter. Lediglich Johns Rühren in der Teetasse durchbricht die Stille.

»Keine Frage, ich bin im Arsch«, sagt er nach einer Weile. Offenbar ist das sein neues Mantra.

»Es gibt keinen Anwalt, der mehr Erfahrungen mit Whistleblowern hat als dieser Typ«, sage ich. Es ist ein zarter Versuch, John zu beruhigen. Dabei würde ich hier am liebsten selbst direkt wieder abhauen. Warum bin ich überhaupt mitgekommen? Alles Johns Schuld. Ich habe mich von ihm breitschlagen lassen, ihn zu diesem Termin zu begleiten. Er sagte, er wollte meine Meinung über seinen neuen Anwalt hören. Es ist das erste Mal, dass er mir überhaupt jemanden vorstellt, der mit ihm verbunden ist. Bislang habe ich rund um die Football Leaks nur John kennengelernt, aber er hat immer betont, dass er dieses Projekt nicht allein steuere. Seine Mitstreiter wollten allerdings nicht an die Öffentlichkeit treten, sagte er mir.

Als Journalist muss ich immer versuchen, eine professionelle Distanz zu meiner Quelle zu wahren. Einen Informanten zu seinem Anwalt zu begleiten, ist eine Grenzüberschreitung, die ich bei vielen früheren Quellen kategorisch abgelehnt habe. Diesmal gibt es aber einige Argumente, die dafür sprechen. Zum einen gibt es rund um das Projekt Football Leaks auch nach fast drei Jahren Arbeit noch sehr viele offene Fragen. Zuvorderst: Wie kommt John an die vielen Daten? Ist er ein Hacker, oder bekommt er das Material, wie er behauptet, von eigenen Quellen? Die genaue Herkunft der mittlerweile über 70 Millionen Dokumente, die er mir und damit dem SPIEGEL in den vergangenen Jahren übergeben hat und die wir mit unserem Recherchenetzwerk European Investigative Collaborations (EIC) geteilt haben, hat John mir nie verraten. Dabei habe ich ihn etliche Male danach gefragt. Ich habe ihn auch dann gefragt, wenn er völlig übermüdet oder stockbesoffen war. Auch wenn er Panik oder Existenzängste hatte oder wenn er krank war. Aber bislang bin ich immer auf Granit gestoßen. John hat sich an dieser Stelle nicht einen Zentimeter von seiner Standardantwort wegbewegt: »Wir sind keine Hacker. Wir haben sehr gute Quellen, aber nicht alle unsere Quellen wissen, dass sie unsere Quellen sind. Das Material ist jedenfalls komplett authentisch, kein einziges Papier wurde bearbeitet oder sonstwie verändert.«

Als ich zugestimmt habe, ihn nun zu seinem Anwalt zu begleiten, keimte in mir auch die Hoffnung auf, mehr über die Hintergründe von Football Leaks zu erfahren. Gibt es jemanden, der das gesamte Projekt finanziert? Wer arbeitet neben John daran? Gibt es noch weitere Daten, die ich bislang nicht erhalten habe? Aber wohl ist mir bei der ganzen Sache trotzdem nicht.

John offenbar auch nicht: »Du sagst, William habe so viel Erfahrung mit Whistleblowern. Lass uns doch mal kurz nachdenken, wo die Jungs jetzt sind: Snowden ist in Russland, und kein Mensch weiß, was er dort eigentlich machen muss. Reisen darf er jedenfalls nicht und muss jeden Tag hoffen, dass die Russen seine Aufenthaltsgenehmigung verlängern, damit er nicht doch noch vor einem US-Gericht landet. Mäßig gutes Leben, würde ich sagen. Deltour und Falciani sind beide mittlerweile verurteilt. Um ehrlich zu sein: Das sind nicht die besten Zukunftsperspektiven«, sagt John. Er stellt sein halbvolles Teeglas zur Seite.

Wir schweigen. Mir fällt absolut nichts Aufmunterndes oder Erhellendes ein. Wir haben in den vergangenen Jahren schon Tausende Male über das Whistleblower-Dasein diskutiert. John war vom ersten Tag an klar, dass irgendwann der Punkt kommen würde, an dem seine Anonymität gefährdet oder aufgehoben sein könnte.

Das Leben als Whistleblower ist alles andere als angenehm. Der Druck, die Verfolgung durch Ermittler, Privatdetektive und Reporter, die Sorgen um die Familie und die eigene Zukunft, mögliche finanzielle Probleme – all dies wird mit jedem Tag, mit jeder neuen Enthüllung größer und belastender.

»Die Frage ist doch: Wo wären Assange, Snowden und Co. ohne die Hilfe von William? Wer sich für das Leben als Whistleblower entscheidet, der weiß, dass die Zukunft ziemlich kompliziert wird«, sage ich.

»Schon klar, du Klugscheißer. Ich weiß, wofür ich das alles gemacht habe und immer noch mache. Trotzdem fühlt sich das alles gerade ziemlich mies an. Ich hab' wirklich Schiss«, sagt John.

Die Tür fliegt auf und William Bourdon hinterher. Der Anwalt ist klein, fast zierlich, er kommt mit hastigen Schritten auf uns zu. Mit seinen grauen Haaren, der runden Hornbrille und dem Ansatz eines Bartes erinnert er ein wenig an Richard Gere. »John, schön, du bist immer noch nicht verhaftet«, sagt Bourdon. Er lacht. John sieht aus, als habe man ihm in den Magen geschlagen.

Bourdon zieht John hinter sich her in sein Büro. Es ist ein riesiger Raum, überall stapeln sich Akten, auf dem Boden, auf den Stühlen, auf dem großen Schreibtisch, von dem nur noch die Beine zu sehen sind. Hinter all den Ordnern und Büchern sitzt ein Mann und fuhrwerkt an einem Computer herum. »Keine Sorge, das ist mein IT-Spezialist. Der ist hier, damit ich nicht gehackt werde. Ihr könnt offen vor ihm sprechen«, sagt Bourdon. John schüttelt den Kopf. Wir warten einen Augenblick.

Bourdon sagt etwas auf Französisch, der IT-Mann verlässt den Raum. Dafür kommen Marie und ein weiterer Anwalt hinein. Wir setzen uns an einen runden Tisch. Bourdon holt einen Aschenbecher, den er in die Mitte stellt. Über den Anwalt heißt es, dass er ein echter Menschenfänger sei, schnell Vertrauen aufbauen könne. Er gilt in Frankreich mittlerweile fast schon als Promi. Seine politische Agenda hat einiges dazu beigetragen. Bourdon suchte in den vergangenen Jahren sehr viel Nähe zur Sozialistischen Partei.

»Das Gute ist, dass es, wie wir hören, keinen internationalen

Haftbefehl gegen dich gibt«, sagt Bourdon. Er zündet sich eine Zigarette an, bietet John ebenfalls eine, der wortlos in die Schachtel greift. »Das heißt, wir sind deutlich freier in unseren Verhandlungen.«

Verhandlungen?

»Morgen früh um neun Uhr wirst du zum ersten Mal mit den Polizisten sprechen«, fährt er fort.

»Wie genau wird das ablaufen?«, fragt John.

Bourdon erklärt ihm, dass er am kommenden Tag schon vor neun Uhr morgens zum Hauptgebäude des Parquet National Financier kommen müsse. Er solle dort befragt werden. Die Polizisten wollen gemeinsam mit ihm erörtern, unter welchen Umständen er für ein Zeugenschutzprogramm infrage kommen könne.

»Was genau werden die mich fragen?«

»Das kann man im Vorfeld nicht wissen. Es wird vor allem um die Qualität deines Materials gehen«, sagt Bourdon.

»Wie sind die Rahmenbedingungen dieses Programms? Wo werde ich wohnen? Wer bezahlt meinen Lebensunterhalt? Darf ich reisen? Darf ich meine Familie sehen?«, fragt John.

Bourdon nimmt einen tiefen Zug, seine Zigarette glüht. Das Ticken einer Uhr ist zu hören und der Regen, der gegen die Fenster prasselt. Marie und der andere Anwalt scheinen nicht mehr zu atmen, zumindest hört man sie nicht. John beugt sich leicht über den Tisch, taxiert Bourdon mit seinen Augen.

»Lieber John, das sind Fragen für übermorgen, nicht für heute. Jetzt geht es nur darum, dass die Ermittler dir vertrauen. Dass sie deinem Material vertrauen. Den Rest regeln wir anschließend«, sagt Bourdon.

John schaut ihn regungslos an: »Das finde ich schwierig. Nach diesem Gespräch werden die Polizisten meine Identität kennen. Sie könnten mich festnehmen oder mit anderen Behörden über meine Identität sprechen. Und was bleibt mir als Pfand? Die Hoffnung? Das ist recht wenig.«

Bourdon raucht die Zigarette mit einem Zug zu Ende. Er beginnt einen langen Vortrag darüber, dass Whistleblower grundsätzlich viel zu schlecht geschützt seien, dass Europa nahezu keine Sicherungssysteme für die Leute bereithalte, die für die Gemeinschaft ein hohes Risiko eingehen und den Behörden mit ihren Informationen helfen. Er spricht über die vielen Steuermillionen, die Falciani und Deltour europäischen Staaten eingebracht haben. Er erinnert daran, dass auch durch die Football Leaks Dutzende Millionen Euro Steuergeld zurückgeholt werden konnten. Dass durch Johns Daten nicht nur Korruption im Fußball aufgedeckt wurde, sondern ausgefeilte Systeme zum Betrug mit Werbegeldern und Agentenhonoraren aufflogen. Systeme, die ohne Football Leaks noch jahrzehntelang zum Schaden von Nationalstaaten wie Spanien, Portugal, Frankreich oder Großbritannien hätten fortgeführt werden können. Viele dieser Ermittlungen stehen zudem erst am Anfang, zahlreiche Prozesse könnten in den kommenden Jahren noch gegen Funktionäre, Spieler, Berater und Investoren eröffnet werden.

»Die Medien haben zudem nur Teile dessen beschreiben können, was in den Daten schlummert. Sie haben sich ja vornehmlich auf die großen Namen, die großen Spieler, Vereine und Verbände beschränkt. In dem Material steckt aber noch so viel mehr«, sagt John.

Damit hat er recht, zumindest teilweise. John hat uns mehrere Millionen Dokumente übergeben, wir haben lange und intensiv mit den Daten gearbeitet, aber wir können uns immer nur auf ausgewählte Themen konzentrieren. Zudem dürfen wir aus presserechtlicher Sicht nur die Fälle beschreiben, die Personen mit einer zeitgeschichtlichen Bedeutung betreffen oder die eine größere gesellschaftliche Relevanz besitzen. Der SPIEGEL und das Recherchenetzwerk EIC haben bis zum Dezember 2018 rund 800 Artikel aus den Football Leaks veröffentlicht.

»Können die Polizisten mich morgen festnehmen?«, fragt John.

»Zu 99 Prozent ist das ausgeschlossen. Du wirst hier als Whistleblower vernommen, dadurch bist du besonders geschützt«, sagt William.

»Was ist mit dem einen Prozent?«, fragt John.

Bourdon fährt sich durchs Haar. So richtig viel Geduld scheint er nicht zu haben. »Es können immer unvorhersehbare Dinge passieren«, sagt er.

John knibbelt an seinen Fingern. »Ich bin im Arsch«, sagt er.

»Nein, bist du nicht. Das ist eine große Chance für dich. Klar, am Ende entscheidest du ganz allein. Aber dein Weg bis hierher war sehr lang, und so viele Alternativen gibt es im Moment nicht«, sagt Bourdon.

John zündet sich die nächste Zigarette an. Er schaut zu mir: »Was denkst du darüber?«

»Ich werde dir meine Meinung dazu nicht sagen. Das wäre unfair. Ich kenne viel zu wenige Details eurer Absprachen. Zudem, und das ist entscheidend, geht es hier nicht um mein, sondern um dein Leben«, sage ich.

In den vergangenen Jahren habe ich sehr viel Zeit mit John verbracht. Wir haben nahezu täglich miteinander geschrieben oder telefoniert. Ich habe durch ihn gelernt, wie man die eigene Kommunikation schützen kann. Wie man verschlüsselt mailt, chattet und telefoniert. Wir haben irgendwann angefangen, nicht nur über Fußball und Verbrechen zu reden, sondern auch über Alltagssorgen, Träume, über private Dinge eben. Viele unserer Chats beginnen mit den Worten »Hello, my friend«.

Aber nein, Freunde sind wir nicht. Freundschaft definiere ich anders. Doch wir verstehen uns sehr gut, sonst wäre ein solches Großprojekt wohl auch nicht möglich gewesen. Ich bin bislang der einzige Journalist, den John je getroffen hat. Er hat mir seine Daten anvertraut und einige heikle Sorgen mit mir geteilt. Ich habe seine Identität bis heute geheim gehalten und habe mir immer Mühe gegeben, seine Dokumente so sorgfältig wie möglich zu behandeln.

So schlecht scheine ich meine Sache nicht gemacht zu haben, denn John vertraut mir immer noch. Das hängt möglicherweise auch mit einem simplen Grund zusammen: Ich habe ihn noch nie angelogen. Ich habe John vom ersten Tag an gesagt, dass ich denke, dass er irgendwann ernsthafte Probleme bekommen wird. Unabhängig davon, wie er an die Daten herangekommen ist, ist er derjenige, der sie an Journalisten weiterreicht. Irgendwann werden sich

Gerichte mit ihm beschäftigen, das ist seit drei Jahren absehbar. Ich habe John gesagt, dass ich, dass der SPIEGEL und das EIC, ihn dann nur bedingt unterstützen können. Wir können zwar den wertvollen gesellschaftlichen Beitrag, den die Football-Leaks-Enthüllungen geleistet haben, in unseren Texten herausstellen. Wir können mögliche Gerichtsprozesse gegen John mit der größtmöglichen Sorgfalt begleiten. Aber ansonsten können wir kaum etwas für ihn tun. Wir können ihm weder einen Anwalt finanzieren, noch ihn aus dem Gefängnis herausschreiben. Wir sind Journalisten, keine Komplizen.

Ich finde es wichtig, so offen mit Quellen zu sprechen. Manch ein Informant gerät im Zuge einer Recherche so unter Druck, dass er glaubt, der Journalist sei sein Unterstützer. Das ist nicht verwunderlich, da Quellen im Zuge von Langzeitrecherchen oft die intimsten Dinge mit Journalisten teilen. Aber seriöse Journalisten sollten immer ehrlich zu sich und ihrem Gegenüber sein und die jeweiligen Rollen klar abgrenzen. Der Journalist muss in jedem Moment einer Recherche in der Lage sein, auch auf eine veränderte Sachlage unabhängig reagieren zu können. Je näher er seine Quelle emotional an sich heranlässt, desto schwieriger ist es, rational über sie zu schreiben.

»Ich weiß, du bist nicht ich, du schreibst nur über mich. Das hast du oft genug betont«, sagt John. Er wirkt genervt.

»Da sitzt dein Anwalt. Ihr müsst euch gemeinsam einen Weg überlegen. In einem Punkt hat William aber recht: So viele Alternativen hast du nicht«, sage ich.

John liegt beinahe in seinem Stuhl, auf seiner Stirn stehen Schweißperlen, seine Nasenflügel beben. »Ich habe drei Jahre lang der ganzen Welt gezeigt, wie der Fußball die Gesellschaft ausnimmt. Lachend ausnimmt! Ich habe gezeigt, wie Gelder gewaschen und veruntreut werden, wie Funktionäre und Spielerberater betrügen, wie Spieler, Vereine und Verbände nur ihren eigenen Vorteil mit einer unglaublichen Gier verfolgen. Und trotzdem sagt ihr jetzt, ich hätte keine anderen Alternativen. Wie konnte das passieren?«

HAMBURGER RECHT

Ende Februar 2017. Wir sitzen im Redaktionsgebäude des SPIEGEL und starren auf einen Monitor, konsterniert, regungslos. »Liebe Kollegen, die Kanzlei Senn Ferrero hat eine Unterlassungsverfügung erwirkt, die praktisch unsere gesamte Berichterstattung zu Mesut Özil, José Mourinho und Cristiano Ronaldo verbietet«, steht in der Mail, die uns vor wenigen Sekunden erreicht hat. Verschickt wurde sie von Sascha Sajuntz, einem unserer herausragenden Anwälte, in Kopie befinden sich die gesamte Chefredaktion, die Geschäftsführung, die Ressortleiter und wir, das Recherche-Team, das nun seit fast genau einem Jahr an der Auswertung der Football-Leaks-Dokumente arbeitet.

Die Lage ist ernst. Das Landgericht Hamburg hat uns die wichtigsten Enthüllungsstorys unseres Projekts verboten. Es sind die Geschichten, die uns monatelang in Beschlag genommen haben, für die wir um die halbe Welt gereist sind, Tausende Dokumente gelesen und viele Experten befragt haben. Alles umsonst? Die Mail ist klar formuliert: Die weitere Verbreitung der Texte ist von nun an untersagt, dagegen zu verstoßen würde uns pro Zuwiderhandlung bis zu 250 000 Euro kosten. Was zur Hölle ist hier los?

Unsere Dokumentationsjournalistin Nicola Naber betritt das Büro, sie sieht blass aus, hat tiefe Augenringe. Kurz darauf folgen einige unserer Reporter und der stellvertretende Chefredakteur Alfred Weinzierl. Alle sind angespannt, es herrscht eine unangenehme Stille, lediglich das nervöse Klicken eines Kulis ist zu hören. Jeder versucht zunächst einmal sich selbst zu sortieren, versucht zu verstehen, wieso das Gericht eine solche Entscheidung gefällt hat.

Niemand spricht es aus, aber jedem von uns ist klar: Ein solches Verbot kann zu einer Katastrophe für unser gesamtes Projekt werden. Unsere Football-Leaks-Berichterstattung lebt insbesondere von einer Stärke: ihrer Glaubwürdigkeit. Bis Anfang 2017 haben wir 18,6 Millionen Dokumente ausgewertet und 1,9 Terabyte Daten gesichtet – die Football Leaks sind das größte Leck in der Geschichte des Sports und vor allem so gewichtig, weil die vielen Verträge, Mails, Gründungsurkunden, Überweisungsträger, Gerichtsunterlagen, SMS, Kontoauszüge und die Unmengen anderer vertraulicher Dokumente einen bislang nie dagewesenen und unverhüllten Einblick ins Innerste des Profifußballs ermöglichen. Die Dokumente sind echt, und sie zeigen verlässlich, welche Probleme der Fußballmarkt hat, wie tief Steuerhinterziehung, Korruption und finanzielle Maßlosigkeit in dem Sport verankert sind. Themen, die die Fußballbranche zumeist sehr gut vor der Öffentlichkeit versteckt.

Mithilfe von Football Leaks ist es uns gelungen, viele der sonst so gut gehüteten Geheimnisse Stück für Stück an die Öffentlichkeit zu bringen. So konnten wir im Dezember 2016 nachweisen, dass Cristiano Ronaldo in nur sechs Jahren rund 150 Millionen Euro durch ein zwielichtiges Firmennetzwerk in Irland auf die British Virgin Islands schleusen ließ. Das Geld landete am Ende auf Schweizer Konten. Ronaldo hat im Zuge dieser Operation lediglich sechs Millionen Euro Steuern gezahlt, lächerliche vier Prozent. Sein ehemaliger Trainer José Mourinho hat ebenfalls Steuern hinterzogen. Er ließ seine Werbegelder über Firmen in Irland und auf den British Virgin Islands bis hin zu einer Stiftung in Neuseeland transferieren. Mesut Özil, der deutsche Weltmeister, gab für die Jahre 2012 und 2013 überhaupt keine Einkommenssteuererklärung ab – und musste anschließend mehr als zwei Millionen Euro nachzahlen sowie eine Strafe von rund 800 000 Euro an den spanischen Fiskus überweisen.

Monatelang haben wir mit einem Team aus Sport-, Wirtschafts- und Datenjournalisten an den Enthüllungsgeschichten gearbeitet, hatten Hilfe von Investigativreportern und Dokumentaren, eine Volkswirtin und IT-Cracks haben uns unterstützt. Für die Auswertung der Geschichten haben wir den riesigen Datenschatz mit unserem europäischen Recherchenetzwerk EIC geteilt, dem für dieses Projekt zwölf Medienhäuser angehörten.

Für unsere Berichterstattung nutzten wir auch Auszüge aus Mail-Korrespondenzen der Steuerkanzlei Senn Ferrero, die wir in dem Football-Leaks-Datensatz gefunden hatten. Die spanischen Anwälte halfen vielen Stars, ihre Steuererklärungen in Spanien zu formulieren, darunter auch Ronaldo, Mourinho und Özil. Einer der Partner der Kanzlei, Julio Senn, ist ein Insider des Profifußballs. Ende der 1990er Jahre war er Generaldirektor bei Real Madrid. Nun klagt seine Kanzlei gegen uns. Sie führt an, dass ihre Mandanten ja nicht strafrechtlich verurteilt seien und behauptet, wir hätten gehacktes Material verwendet, um unsere Artikel zu schreiben. Dies, so erklärt es die Gegenseite, sei unzulässig.

Dabei wissen wir auch nach über einem Jahr Arbeit immer noch nicht genau, woher unsere Dokumente stammen. John verrät es uns nicht. Wir haben in unserer Reporter-Gruppe lange diskutiert, wie man mit solch einem Datenschatz, dessen Herkunft nicht komplett geklärt werden kann, umzugehen hat. Journalistisch gilt für uns: Die Dokumente sind echt, sie zeigen Missstände von hoher gesellschaftlicher Relevanz, also müssen wir diese auch publizieren. Und auch rechtlich liegen die Argumente eigentlich auf unserer Seite, wir haben uns im Vorfeld sehr intensiv von unseren Juristen beraten lassen. Das deutsche Presserecht ist an der Stelle recht klar. Im Kern sagt es, dass Journalisten auch Material aus trüben Quellen benutzen dürfen, sogar illegal beschaffte Dokumente, solange der Inhalt für die Öffentlichkeit besonders wichtig ist. Was Journalisten ausdrücklich nicht dürfen: selbst stehlen oder dazu anstiften, selbst hacken oder zum Hacken auffordern. All dies haben wir nie getan. Also sind wir uns sicher: Wir dürfen über die Daten, die wir von Football Leaks erhalten habe, berichten.

Und nun diese Entscheidung des Landgerichts Hamburg. Dieses Verbot. Für uns ist es eine Katastrophe.

Wir rufen unsere Anwälte an. Uwe Jürgens, einer unserer kampferprobten Juristen, gibt uns eine erste Einordnung. »Wir werden dieses Verfahren und auch das zweite am Oberlandesgericht in

Hamburg verlieren. Wir haben kaum eine Chance und sollten die zu großen Teilen verbotenen Texte jetzt erst mal komplett entfernen.«

Uff. Stille. Keiner trinkt mehr Kaffee, niemand klackert mit seinem Stift, kein Papierrascheln. Die meisten Blicke sind auf den Boden gerichtet, vergleichbar mit den Momenten, in denen Lehrer die benoteten Mathearbeiten an ihre Klasse zurückgeben.

Uwe räuspert sich: »Das hat nichts mit unseren Texten zu tun. Unsere Texte sind hervorragend und entsprechen allen unseren Qualitätskriterien. Wir werden diesen Prozess auch irgendwann für uns entscheiden, nur eben nicht so schnell. Denn die Hamburger Gerichte urteilen seit Jahren in dieser Form, das hat seine Gründe, auf die ich hier aber nicht weiter eingehen will. Was feststeht: Es ist nicht die erste Entscheidung dieser Art, und wir werden erst eine faire juristische Chance haben, wenn wir diese beiden Instanzen hinter uns lassen. Das werden wir auch in jedem Fall tun, wir prozessieren diesen Fall zur Not bis zum Bundesverfassungsgericht.«

Die Worte sind keine Erlösung, aber sie helfen zumindest ein bisschen, uns wieder aufzuraffen und weiterzumachen. Wir verabreden, dass Nicola gemeinsam mit den Juristen und unserer Unterstützung an einer Klageerwiderung arbeiten wird. Sie ist einer der gründlichsten Menschen in unserer Redaktion, eine Detailfräse, die sich oft bis in die hintersten Windungen eines Sachverhalts vorarbeitet.

»Wann denkt ihr, dass wir uns vor Gericht verteidigen können?«, frage ich.

»Wir versuchen, das so schnell wie möglich zu erwirken, aber bei Richterin Käfer dauert es oft bis zu drei Monaten bis zur Verhandlung, also eher nicht vor Anfang Mai«, sagt Uwe.

Unfassbar. Ein deutsches Gericht nimmt uns die wichtigsten Texte unseres Projektes weg und braucht dann Monate, um uns zu befragen? Der Motivationspegel erreicht den Tiefpunkt.

Ich muss hier mal raus. Ich erkläre Alfred, dass ich gerne zu John reisen würde. Alfred sieht nicht wirklich glücklich darüber aus, er wirkt immer so, als ob er sich ein bisschen Sorgen um mich machen würde. Die Treffen mit John sind oft ziemlich kräftezehrend, und ganz ungefährlich sind sie auch nicht. Alfred fragt mich, wie lange ich bei John bleiben möchte, ich kalkuliere mal vorsichtig mit drei Tagen. Er gibt mir sein Einverständnis, auch wenn seine Mimik eher das Gegenteil aussagt.

MIT DER RASIERKLINGE

»Rafael, Du willst mich doch verarschen!!!!!«, schreibt John. Nachdem die Kollegen mein Büro verlassen haben, sitze ich nun auf meiner Couch, stopfe mir voller Frust die Reste einer Weihnachtsschokolade rein und teile John mit, dass unsere Berichterstattung über Ronaldo, Mourinho und Özil weitestgehend verboten worden ist. »Das können diese Verbrecher nicht machen! Das ist eine Kriegserklärung!«, antwortet John. Er kriegt sich kaum noch ein, beschimpft die Fußballer, den Fußball und das Gericht, mein Handy bimmelt vor lauter Nachrichten in einer Tour. »Weißt Du was: Ich stelle die gesamten Dokumente und E-Mails über Senn Ferrero einfach auf unserer Homepage online. Dann kann sie jeder lesen und jeder kann sich sein eigenes Bild machen!«

»Das tust Du nicht. Du beruhigst Dich jetzt, wir müssen dieses Problem vernünftig lösen, mit kühlem Kopf«, schreibe ich John zurück. Was für ein Tag. Ich will einfach nur ins Bett.

Der Umgang mit John kostet sehr viel Kraft. Ihn immer wieder aufs Neue zu erden, ihm zu helfen, nicht in der Spontanität und Emotionalität unterzugehen, ist mittlerweile ein Fulltime-Job. Und er geht oft genug schief, weil John eben John ist, eine ziemlich unkalkulierbare Persönlichkeit.

Seit über einem Jahr stehe ich nun mit ihm in Kontakt. Wir kommunizieren über verschlüsselte, sogenannte gecryptete Kanäle. Oft tauschen wir Dutzende Nachrichten täglich aus. Häufig ist John die letzte Person, mit der ich Kontakt habe, bevor ich einschlafe, und der erste Mensch, von dem ich lese, nachdem ich aufgestanden bin. Das hängt vor allem damit zusammen, dass John ein nachtaktiver Mensch und es ihm auch völlig egal ist, dass ich tagsüber einem Beruf nachgehen muss. Wenn John etwas zu sagen hat, dann sagt er es. Und er will das dann auch exakt in diesem Moment ausdiskutieren und nicht etwa zwölf Stunden später. Geduld ist nicht Johns Stärke. Ich musste ziemlich hart lernen, dass es besser ist, zeitnah auf seine Bedürfnisse einzugehen.

Als ich John kennenlernte, im Februar 2016, war die Homepage von Football Leaks noch aktiv. Sie tauchte als kleine, unscheinbare Website im Internet auf, über die John und möglicherweise auch seine Mitstreiter Dutzende Dokumente aus dem Innersten der Fußballbranche veröffentlichten. Verträge über absurde Beraterhonorare, über die Transfers von Topspielern wie Gareth Bale oder Hulk, geheime und illegale Investorenabsprachen rund um Klubs wie Twente Enschede. Innerhalb weniger Monate wurde Football Leaks weltberühmt, Journalisten, Fußballfans und Funktionäre fragten sich, wer hinter der Internetseite steckte und woher diese Flut an Geheimdokumenten stammte.

Gleichzeitig wurde auch der Widerstand gegen Football Leaks immer größer. John musste sich mit Privatdetektiven, Geheimdiensten und Strafverfolgungsbehörden auseinandersetzen. Sie alle versuchten, die wahre Identität der Online-Aktivisten herauszufinden. Ein dubioser osteuropäischer Sportvermarkter, so erzählt es John, ließ die Football-Leaks-Website mehrfach sperren und soll sie später mit pornografischen Inhalten bombardiert haben. Bei jedem Klick auf ein Dokument sprangen den User deshalb zunächst Brüste und Genitalien an, die Schadsoftware erfüllte ihren Zweck: Viele Nutzer waren abgeschreckt, der Traffic auf der Football-Leaks-Seite wurde kleiner und kleiner.

Anfang 2016, direkt nach unserem ersten Treffen, übergab mir John mehr als 800 Gigabyte interner und vertraulicher Daten aus der Fußballbranche. Ein riesiger Schatz an Informationen, in dem sich Hunderte Geschichten verbargen. Wir teilten das Material mit unserem Recherchenetzwerk EIC und arbeiteten von da an mit mehr als 60 Journalisten daran, die Daten zu durchforsten. Football Leaks wurde zu einem europäischen Journalismusprojekt, das weit über die Grenzen einzelner nationaler Redaktionen hinausreichte. Fast drei Monate dauerte es allerdings, bis wir Reporter wirklich seriös mit dem Dokumentenpaket arbeiten konnten. Neben der Tatsache, dass eine solch horrende Menge an Daten soft- und hardwaretechnisch eine ziemliche Herausforderung ist und wir alle uns zunächst mit neuen Computern, Servern und sogar komplett abgeriegelten Rechercheräumen aufrüsten mussten, wurden John und seine Ungeduld zu einem unserer größten Probleme.

Whistleblower sind manchmal schwierig. Sie sind keine Journalisten, sie sind nicht objektiv. Sie sind Aktivisten. Aktivisten, die die schnellste Lösung einem durchdachten Plan oft vorziehen. Während wir Reporter intensiv an den Daten arbeiteten und versuchten, in dem Berg an Informationen größere Zusammenhänge zu finden, dauerte John das alles viel zu lange. Immer wieder schrieb er pöbelnde Nachrichten und monierte darin insbesondere unsere zu geringe Geschwindigkeit. Ich nahm es zunächst mit Humor, schrieb ihm, dass er nicht unser Arbeitgeber sei und sich zusammenreißen solle. Wir würden das schon machen, alles easy, bleib cool – das versuchte ich ihm mitzuteilen.

Es stellte sich aber heraus, dass John und ich an diesem Punkt nicht die gleichen Dinge lustig fanden und nichts easy war. Denn während ich dachte, dass ich seine Ungeduld ein wenig einbremsen konnte, stellte er einfach – vornehmlich spät in der Nacht – seine hochbrisanten Dokumente auf der Football-Leaks-Homepage online. Wenn ich morgens wach wurde, liefen die meisten der daraus entstandenen Schlagzeilen dann bereits über Twitter und Facebook. Kurz darauf nahmen die großen Nachrichtenagenturen die Inhalte auf, die Boulevardmedien drehten die Geschichten anschließend groß weiter, und unsere Arbeit war zunichte. Die Storys waren veröffentlicht, ließen sich nicht mehr einholen und wurden für uns dadurch wertlos. Unsere europäischen Partner wurden wütend. Die Motivation und das Vertrauen innerhalb unseres Netzwerks rasten schneller dem Nullpunkt entgegen als der Hamburger SV der zweiten Liga.

Erst nachdem die pornografischen Inhalte auf die Football-Leaks-Homepage gespielt wurden, fanden wir einen gemeinsamen Weg, unsere Recherchen seriös und tiefgehend fortzuführen.

In einem langen Gespräch über die hohen Hürden des Presse-
rechts, die Schwierigkeiten eines europäischen Recherchenetzwerks und die Notwendigkeit, die Stoffe in größeren Zusammen-
hängen erzählen zu müssen, überzeugte ich John davon, dass es
besser wäre, wenn er uns einfach eine Weile in Ruhe recherchieren ließe, damit wir am Ende ein größeres Bild all der Probleme
zeichnen könnten, die es im Spitzenfußball gibt. Aber ich verstand
in diesen Wochen, dass ich in Zukunft viel Mühe darauf verwenden müsste, um Johns Ungeduld und seine Übersprungshandlun-
gen halbwegs austarieren zu können.

All diese Anfangsschwierigkeiten laufen nun wieder vor meinem inneren Auge ab, während John mich im Sekundentakt mit
Nachrichten zu unserem gerichtlich angeordneten Geschichtenver-
bot bombardiert.

»Wir müssen uns wehren! Wirklich! Es reicht!!!!!!«, schreibt
John.

Vor lauter Ausrufezeichen könnte einem glatt schwindlig werden. Nach all den Monaten der Recherche ist mein Nervenkostüm
ziemlich runtergerockt. Ich schaue aus dem Fenster, mein Büro-
blick ist selbst in der Nacht wunderschön, ich kann über große Teile
der Hamburger Hafencity gucken. Dorthin, wo das Alte auf das
Neue trifft, die prunkvolle Elbphilharmonie auf die Speicherstadt,
deren Gebäude zum Unesco-Weltkulturerbe gehören. Beim Blick
in die Hamburger Nacht kann ich meinen Puls ein wenig regeln,
ein bisschen runterkommen, die Gedanken unkontrolliert schweifen lassen. Ich fühle mich müde nach all den Recherchen, Storys,
Kämpfen der vergangenen Monate. Ich würde gerne irgendwohin
in den Urlaub verschwinden, mal wieder etwas anderes als die ver-
rottete Fußballblase samt wütendem Whistleblower sehen. Einfach
mal ein bisschen ausspannen.

Ausrufezeichen.

Mein Smartphone reißt mich aus der Träumerei. John schreibt,
dass er noch heute Nacht alles vorbereiten und spätestens morgen
»das ganze Dreckszeug« online stellen wolle.

»Hör' mir mal zu«, schreibe ich, »das geht so nicht. Wir haben hier Anwälte, uns steht ein Prozess bevor, so eine Aktion würde uns total auf die Füße fallen. Zumal manche der Dokumente sehr ins Private gehen und nicht in die Öffentlichkeit gehören. So etwas zu verbreiten, entspricht nicht unserem Verständnis von Journalismus und würde Dich und uns angreifbar machen. Ich schlage folgendes vor: Du gehst jetzt mal ein, zwei Bier trinken, schläfst eine Nacht, sortierst Deine Gedanken. Ich schaue mir hier in der Zeit die Gerichtsunterlagen noch einmal genauer an.«

»Ach, das ist doch alles Scheiße«, antwortet John.

»Gib mir Dein Wort, dass Du Dich an den Plan hältst«, bitte ich ihn.

Es ist 21.42 Uhr. John verstummt. Mir zieht sich in diesen Momenten immer ein wenig der Magen zusammen, weil ich nicht weiß, wo er gerade ist, welche Stimmung ihn umtreibt und ob er sich am Ende nicht doch zu etwas Unüberlegtem hinreißen lässt. Insbesondere das Veröffentlichen von solch brisantem Privatmaterial würde erheblichen Schaden für das Gesamtprojekt nach sich ziehen. Wir sind keine Boulevardjournalisten, die gesamte Football-Leaks-Recherche hat sich immer zum Ziel gesetzt, ein Sittengemälde des Profifußballs zu zeichnen. Wir wollen erklären, warum der Transfermarkt so entfesselt ist, wie die horrenden Millionensummen für einzelne Spieler zustande kommen, wer die wichtigsten Nutznießer dieses Goldrausches sind und vor allem, wer den Fußball und die Gutgläubigkeit der Fans missbraucht. Wir haben über kriminelle Berater, mafiöse Sportvermarkter, Briefkastenfirmen und Strohmänner geschrieben, über rückdatierte Verträge und Täuschungen von Verbänden, Vereinen und der Justiz. Aber obwohl wir auch Pikantes in unseren Daten finden, schreiben wir natürlich nicht über Affären oder andere private Dinge. Privates muss privat bleiben, es gibt daran kein berechtigtes öffentliches Interesse.

Für seriöse Journalisten gibt es sehr hohe Schwellen, welche Teile eines solchen Leaks der Öffentlichkeit zugänglich gemacht werden dürfen und welche nicht. Wir diskutieren ständig mit unserem Team, unserer Chefredaktion und unseren Anwälten darüber, ob wir gewisse Dinge publizieren dürfen. Und oft genug entscheiden wir uns gegen einzelne Geschichten, weil sie schlichtweg zu wenig gesellschaftliche Relevanz hätten und damit die Privat- und Intimsphäre Dritter verletzen würden.

Ich stehe von der Couch auf, gehe in die Küche. Die Kaffeemaschine ist in den vergangenen Monaten eine Art Oase geworden, verlässlich verrichtet sie ihren Job, ohne Widerworte. Mittlerweile bin ich für jeden diskussions- und streitfreien Moment dankbar. Aber in Nächten wie dieser ist offenbar auf gar nichts mehr Verlass: Die Maschine streikt. Irgendwelche Knöpfe blinken, der Automat reagiert weder auf festes noch auf sanftes Drücken. Hier wird es heute keinen Kaffee mehr geben.

Ich gehe den langen Flur zurück, das große SPIEGEL-Haus ist fast leer, nur in wenigen Büros brennt noch Licht. In dem riesigen Atrium ist niemand mehr zu sehen, die Aufzüge stehen still, kein Gemurmel mehr auf den Gängen. Zumindest kann mich in dieser Nacht nichts vom Arbeiten ablenken, versuche ich mir die menschenleere Stille schönzureden. Ich betrete eine andere Kaffeeküche, mache mir einen doppelten Espresso. Uns stehen anstrengende Stunden bevor.

22.12 Uhr: »Ist gut. Ich geh' jetzt mit Freunden aus. Viel Erfolg beim Lesen«, schreibt John. Er ist stinksauer und macht auch keinen Hehl daraus. All die Arbeit der vergangenen Monate so ins Wanken gebracht zu sehen durch ein Gericht, das weder eine Ahnung von den Recherchen hat noch von all den Hürden, die wir für die Veröffentlichung der Texte nehmen mussten, ist höchst frustrierend. Natürlich kann ich John auch verstehen, mir ging es nicht anders, als ich vor einigen Jahren zum ersten Mal mit Unterlassungsansprüchen konfrontiert wurde. Seitdem mussten der SPIEGEL und ich schon mehrfach rechtliche Auseinandersetzungen wegen meiner Geschichten führen – wir haben nahezu alle gewonnen. Ich bin dabei zu der Erkenntnis gelangt, dass das deutsche Presserecht eben nicht nur Dritte vor möglichem Schaden schützen soll, sondern auch dazu geeignet ist, manche Richter, Gerichte und Anwälte zu ernähren.

In unseren presserechtlichen Auseinandersetzungen treffen wir Journalisten sehr häufig auf eine Richterin: Simone Käfer, die Vorsitzende der Pressekammer am Hamburger Landgericht. Sie ist eine der mächtigsten Frauen im deutschen Journalismus. Mit zwei Kollegen entscheidet die Juristin in erster Instanz, ob ein veröffentlichter Artikel aus dem Verkehr gezogen werden muss. Käfer setzt damit der Presse Grenzen – ihrer Macht, aber auch ihrer Freiheit.

In Pressesachen dürfen sich Kläger die erste Instanz meist frei aussuchen. Fliegender Gerichtsstand nennt sich das, eine Schrulle des deutschen Rechts. Und mit Richterin Käfer, die im Jahr 2012 die Pressekammer in Hamburg übernahm, gehört Hamburg, neben Köln und Berlin, bei Klägern zu den beliebtesten Pressegerichten der Republik. 2015 hatte Käfer 701 neue Fälle auf dem Tisch, in Stuttgart waren damals, nur zum Vergleich, gerade einmal 38 Fälle in Arbeit.

Mit Hamburg können sich Kläger nicht nur ihr Lieblingsgericht herauspicken, sie wissen auch, wer ihr Richter ist. Denn es gibt in Hamburg nur eine Pressekammer. Es gibt: Frau Käfer.

Zu ihr kommt nach dem SPIEGEL-Titel aus dem Dezember 2016 auch die spanische Anwaltskanzlei Senn Ferrero. Wenn Medien wie der SPIEGEL einem möglichen Vergehen oder Versagen nachspüren, dann beackern sie fast immer das Feld der Verdachtsberichterstattung. Berichtet wird, lange bevor ein Richter ein rechtskräftiges Urteil fällt. Lange bevor es absolute Sicherheiten geben kann. Es ist ein Feld, das Verfassungsgericht und Bundesgerichtshof genau vermessen haben: Medien dürfen über einen Verdacht berichten, aber bitte so, dass sie genügend Indizien dafür liefern, die Gegenseite zu Wort kommen lassen und klar den Unterschied markieren zwischen Verdacht und Gewissheit.

In der von uns veröffentlichten Geschichte ging es unter anderem um Cristiano Ronaldo, den damals bestbezahlten Fußballprofi der Welt, und seine Entscheidung, von all den Millionen möglichst wenig an den Staat abzugeben, für Schulen, Straßen, Krankenhäuser. Der Artikel enthüllte seine Steuervermeidungsstrategie und nannte Namen, Konten, Geldflüsse – Fakten, die den Superstar schwer belasteten. Ähnliches galt auch für José Mourinho und für Mesut Özil, über die wir ebenfalls Geschichten veröffentlichten, obwohl die dubiosen Steuertricks des deutschen Weltmeisters vergleichsweise geringer einzustufen waren als die der beiden anderen.

Lange vor unserer Veröffentlichung haben wir alle drei Superstars per Fragebogen ausführlich mit den Anschuldigungen konfrontiert. Auch die Anwälte, Steuerexperten und Berater bekamen von uns Fragen und Vorhaltungen zu den Themen. Özil erklärte, dass er in Spanien Widerspruch gegen seinen Steuerbescheid eingelegt hätte. Von Ronaldo, Mourinho und deren Beratern gab es keine Rückmeldung, einzig Senn Ferrero und ein weiterer Anwalt von Ronaldo antworteten, dass die Unterlagen teilweise gefälscht seien. Angaben darüber, was nun nicht stimme, machten sie nicht. Auch wenn solche Antworten nur wenig ergiebig sind, bauen wir sie trotzdem in unsere Texte ein, damit der Leser sehen kann, was die Betroffenen selbst zu den Vorwürfen sagen.

Während es für uns Journalisten Routine ist, die Gegenseite um Stellungnahme zu bitten, scheinen manche deutschen Gerichte eine solche Form der Fairness nicht nötig zu haben. Richterin Käfer ist damals darin ein Profi. Sie verbietet unsere Geschichten, ohne uns vorher anzuhören. Ohne unsere Erklärungen, warum und aufgrund welcher Beleglage wir uns für diese Berichterstattung entschieden haben. Stattdessen folgt Käfer einer juristischen Haltung, die für rationale Menschen schwer nachzuvollziehen ist. Sie verbietet den Artikel per Einstweiliger Verfügung. Das bedeutet, er darf nicht mehr verbreitet werden oder für Leser zugänglich sein, muss also zum Beispiel auch aus Onlinearchiven verschwinden. Ein Gesetz vergleichbar mit einer Rasierklinge – scharf, aber deshalb auch äußerst gefährlich. Man kann viel dabei verlieren. Die Redaktion ihren Text. Eine Demokratie ihr Korrektiv. Eine Richterin die Prinzipien.

Eilbeschlüsse ohne Verhandlungen sollte es nur in wirklich dringenden Fällen geben: Wenn ein Bericht den Ruf einer Person angreift, ohne guten Grund, und der Schaden jeden Tag größer wird. Umgekehrt gilt: ohne Eile keine Einstweilige, zumindest nicht, ohne beide Seiten zu befragen. Inzwischen aber werden bei Gerichten – speziell in Hamburg, Berlin und Köln – ständig Texte per Einstweiliger Verfügung im Alleingang rasiert, selbst wenn es keiner mehr eilig hat. Die Redaktion darf erst um ihren Artikel kämpfen, wenn er schon im Schnellverfahren verboten ist.

Ich stelle meinen doppelten Espresso auf dem Schreibtisch ab und nehme mir einen neuen Leitz-Ordner aus dem Regal. »Senn Ferrero Hamburg«, kritzle ich darauf. Es ist mittlerweile der 14. Ordner mit Anwaltsschreiben, den ich im Zuge der Football-Leaks-Recherchen zu füllen beginne. Senn Ferrero ist aber erst die zweite Partei, die die Drohungen in die Tat umsetzt und klagt. Zuvor hat dies auch Mesut Özil getan, als Privatperson und in Berlin. Ein sonderbarer Fall, aber dazu später mehr.

Jetzt gilt die ganze Konzentration erneut dem Anhang, den unsere Anwälte uns mit der Apokalypse-Mail zugeschickt haben. Mir graut es ein wenig vor dem Juristendeutsch. Ich krame in meinen Schubladen nach weiterer Schokolade, aber offenbar habe ich Amateur meine Vorräte leergefuttert. Ätzend. Mein Magen grummelt laut vor sich hin.

Bereits beim Blick auf das Anschreiben verfinstert sich meine Laune brutal. Der Antrag von Senn Ferrero auf Unterlassung ging bereits am 9. Januar 2017 bei Gericht ein, Käfer erließ den Beschluss am 20. Februar. Mehr als zwei Monate, nachdem wir unsere Football-Leaks-Enthüllungen und die Ronaldo-Story im SPIEGEL veröffentlicht hatten. So sehen also Eilverfahren aus, in denen es keine Zeit gibt, die Beklagte, also uns, zu den Vorwürfen zu befragen. Glückwunsch.

Weiter im Text: Senn Ferrero wird vertreten durch die Rechtsanwaltskanzlei Schertz Bergmann. Oh Mann. Was würde ich jetzt für ein Snickers, Mars oder eine Tonne Milka-Schokolade geben! Irgendetwas, das meine Nerven nur ein bisschen auf das vorbereitet, was mich in den nächsten Stunden erwarten wird.

Immer wieder von Professor Doktor Christian Schertz und seiner Anwaltsschar zu hören, nervt. Weniger, weil sie gute oder brillante Juristen wären, nein, eher obere Mittelklasse, laute obere

Mittelklasse. Anders als viele Anwälte versucht Schertz häufig mit großem Tamtam, sich selbst in den Vordergrund zu rücken. Seine Medienstrategie, im Zuge von Verfahren in der Presse zu poltern und seine Backen aufzuplustern, hat Schertz dabei geholfen, zum wohl bekanntesten Medienrechtler in Deutschland zu werden. Wer zu Schertz geht, weiß, dass sein Fall schnell in die Öffentlichkeit rücken kann, dass man einen Anwalt hat, der laut bellt, hinter dem sich die Kläger zur Not auch verstecken können, allerdings auch nur, solange er bellt. Losgekläfft wird auch dann, wenn der Fall kaum zu gewinnen ist. Das Echo, welches daraus entstehen kann, hilft vielleicht Schertz, trifft seine Mandanten aber oft spät und hart. Wer auf Fragen nicht antwortet, kann in der Berichterstattung kein Verständnis und keinen Einfluss auf die Einordnung bewirken. Die ohne Anhörung erlassene Unterlassungsverfügung heißt nicht nur Einstweilige, sie wirkt häufig auch nur kurze Zeit. Ein vermeintlich schneller Erfolg, einseitig verhandelt. Wenn dann das richtige Verfahren beginnt, folgt häufig eine weitere Berichterstattungswelle: über den verlorenen Medienprozess, in der die gesamte Enthüllung noch einmal aufgekocht und somit ein zweites Mal groß in der Öffentlichkeit diskutiert wird.

In den Dokumenten zu Senn Ferrero kann ich nicht erkennen, dass die Gegenseite uns eine wahrheitswidrige Berichterstattung vorwerfen würde. Die Kläger argumentieren vielmehr mit der Herkunft des Materials, auf das sich unsere Berichterstattung stützt. Die Kanzlei Senn Ferrero gibt an, dass sie vor einiger Zeit einen Einbruch in ihre Systeme erkannt haben will. Dabei soll es sich um einen Hackerangriff handeln, der jetzt die Grundlage unserer Berichterstattung sein soll. Da die Akten über die Mandanten der Kanzlei geheim zu halten seien, sei auch Senn Ferrero in seinem Unternehmenspersönlichkeitsrecht verletzt.

In den kommenden Monaten werden wir noch mehr Post vom Gericht und von Senn Ferrero und deren Anwälten bekommen. Dort werden die Spanier auch angeben, dass sie den vermeintlichen Hacker-Angriff zur Anzeige gebracht haben. Zudem erklären sie darin, dass praktisch alle von uns für den Artikel benutzten Unterlagen aus dem vermeintlichen Hack stammen sollen. Wir werden darüber rätseln, wie mit den vorgelegten Unterlagen bewiesen werden soll, dass die von uns verwendeten Papiere exakt an jenem Tag, an dem die internen Systeme der Kanzlei gehackt worden sein sollen, entwendet wurden. Was wir aber schnell feststellen werden: Wir haben uns auf jeden Fall Dokumenten bedient, die zum Zeitpunkt des vermeintlichen Hacks noch überhaupt nicht geschrieben sein konnten. Wir haben vertrauliche Dokumente, die Monate nach dem von Senn Ferrero bezeichneten Hacking unterschrieben wurden. So beispielsweise der Arbeitsvertrag von Cristiano Ronaldo. Das heißt: Selbst wenn das Material von Senn Ferrero stammen sollte, stammt es wahrscheinlich nicht nur von dort. Sondern offenbar auch aus anderen Quellen. Zudem ist nicht auszuschließen, dass es gar kein Hack war, sondern dass beispielsweise ein Mitarbeiter oder ehemaliger Arbeitnehmer von Senn Ferrero die Dokumente entwendet und weitergegeben hat. Denn zum Hacker oder zum genauen Ort, an dem der mutmaßliche Hacker sich befinden soll, gibt die Kanzlei keine klare Auskunft. Es werden zwar einige Länder genannt, über die der vermeintliche Systemeinbruch stattgefunden haben soll, aber sie sind so verzweigt und über die halbe Welt verteilt, dass es unmöglich ist, damit etwas anzufangen.

Für mich ist es unerklärlich, wie Richterin Käfer auf einer solch dünnen Beleglage ein Verbot aussprechen konnte. Wir haben immerhin mithilfe dieses Materials einen der größten Missstände im europäischen Profifußball enthüllt: den systematischen Steuerbetrug mit Bildrechten. Daraus – das werden die kommenden Monate eindrucksvoll zeigen – ergibt sich ein Multimillionenschaden für Staaten der Europäischen Union. Wenn das nicht berichtenswert ist, was denn dann?

Es ist kurz vor halb drei, mir fallen die Augen zu. Aber nach der Lektüre und all der Grübelei sehe ich keinen ernsthaften Grund, warum wir diesen Prozess verlieren sollten. Wir haben unsere journalistische Arbeit getan, sauber und richtig. Die Argumentation der Gegenseite ist wenig überzeugend.

Ich schaue noch einmal auf mein Handy. John hat vor etwa 15 Minuten geschrieben: »Wir werden uns von sowas nicht unterkriegen lassen. Wir werden kämpfen und uns wehren.« Ich antworte ihm: »Ist gut, aber nicht mehr heute Abend. Ich habe das jetzt alles gelesen und finde es halb so wild.« Ich versuche, John weiterhin zu beruhigen, denn was wir jetzt überhaupt nicht gebrauchen können, ist ein Alleingang unseres Whistleblowers. Die ganze Situation ist auch so schon nervig genug. Ich frage ihn, ob wir uns in den kommenden Tagen treffen könnten. John antwortet schnell: »Gerne. Ich lass' Dir gleich meinen Ort zukommen.«

In einem anderen verschlüsselten Chat erhalte ich das Land, in dem John gerade weilt. Mittlerweile hat sich unsere Kommunikation eingespielt: John legt viel Wert auf die Sicherheit unserer Gespräche, deshalb schreiben und sprechen wir nur verschlüsselt und nutzen dafür unterschiedliche Messenger. Einige von ihnen sind wirklich etwas seltsam, dort verschwinden zum Beispiel die Wörter automatisch, direkt nachdem man sie geschrieben hat. Diese Chats sind vergleichbar mit Snapchat, nur eben nicht im öffentlichen Internet zugänglich, und die Übertragungen erfolgen verschlüsselt. Für einen Computerlaien wie mich ist das ziemlich viel Neuland.

DER SCHATTEN

Die Reisen zu John werden immer komplizierter. Das hängt mit den Häschern zusammen, die ihn unbedingt finden wollen, und mit den Orten, die er mittlerweile für die Treffen festlegt. John hält sich mal in Weltmetropolen auf, mal in entlegenen Dörfchen. Um letztere zu erreichen, muss ich oft ausufernde Reisen auf mich nehmen, da die Flughäfen weit entfernt sind. Manchmal nutze ich Züge, manchmal Mietwagen oder Taxis. Es kann schon mal passieren, dass ich knapp zwei Tage unterwegs bin, um John zu sehen.

Durch die langen Reisen schütze ich mich – und damit auch John – ein wenig vor möglichen Verfolgern. Wir haben in den Football-Leaks-Daten ausführlich nachlesen können, dass Privatdetektive nach John suchen. Ein osteuropäischer Sportvermarkter, ein ziemlich dubioses Unternehmen, hat private Ermittler auf John angesetzt, darunter auch einen ehemaligen englischen Elitesoldaten. Ein Spielerberater hat eine große Londoner Kanzlei beauftragt, Schnüffler zu engagieren, die Johns Identität enttarnen sollen. Auch in den Verbänden der Fußballbranche ist der Ursprung der Leaks immer wieder großes Thema. Bei Treffen der European Club Association (ECA), einer der mächtigsten Interessenvertretungen im Profifußball, wird darüber beraten, wo die Dokumente herkommen und wie man »das Leck« denn nun stopfen könne. Es sei wichtig, die Quelle zu finden. Ed Woodward, Chef von Manchester United, schlug der ECA vor, Privatdetektive anzuheuern, um die Quelle der Football Leaks zu finden. Der Vorstand der Vereinigung stimmte dem Antrag zu. Auch Karl-Heinz Rummenigge sah Handlungsbedarf – die Leaks würden die Stimmung in den Umkleidekabinen vieler Klubs beschädigen, und man wisse immer noch nicht, woher die Daten kämen.

Mitte Dezember 2016, nach unserer ersten großen Veröffentlichungswelle, reagiert auch die DFL und verfasst einen Brief an die Vereine der 1. und 2. Bundesliga. Man habe bei sich keine »digitalen Einbruchsversuche« festgestellt, als Quelle für Football Leaks komme man nicht infrage. Allerdings hätte »die Fifa selbst in persönlichen Gesprächen eingeräumt, dass es hier möglicherweise zu Unregelmäßigkeiten durch Angriffe von außen bzw. durch Verfehlung einzelner Mitarbeiter gekommen sein könnte«. Die drei größten Fußballprofiligen, die Premier League, die spanische La Liga und die Bundesliga hätten daher einen Brief an Gianni Infantino geschrieben. Vom Weltverband, heißt es darin, würden die Ligen erwarten, dass er die Ermittlungen, wer hinter Football Leaks stehe, anführe. Die Fifa selbst trägt vor, dass sie ihre Sicherheitsmaßnahmen verstärkt habe und dass sie die Artikel aller EIC-Partner täglich auswerten würde – bislang seien dabei keine Dokumente aus ihrer Transferdatenbank identifiziert worden.

John hat mächtige Gegner, das ist ihm und mittlerweile auch uns Journalisten bewusst. Ihn so gut wie möglich zu schützen, ist deshalb umso mehr unsere Pflicht und eine unserer wichtigsten Aufgaben. Informanten, die Reportern Geheimnisse anvertrauen, dürfen niemals durch Journalisten gefährdet werden, auch wenn der Schutz einer Quelle immer schwieriger wird. Denn auch für mich wird das ungestörte Reisen zunehmend komplizierter.

Es gibt einen Mann, den ich seit einigen Wochen immer wieder sehe. Das erste Mal habe ich ihn vor einiger Zeit in Hamburg wahrgenommen. Ich wartete auf die U-Bahn und stellte erst im letzten Moment fest, dass ich am falschen Gleis stand. Ich rannte die Treppe hoch und sprang in den Wagon, während die Türen bereits schlossen. Der Mann, der zuvor neben mir auf dem falschen Bahngleis gestanden war, versuchte ebenfalls noch in die Bahn zu kommen, schaffte es aber nicht mehr. Ich blickte ihm hinterher, ohne mir groß Gedanken über ihn zu machen. Für mich war er jemand, der, genau wie ich, völlig geistesabwesend das Gleis verwechselt hatte.

Doch dann sah ich den Mann wieder. Er stieg mit mir in Münster aus dem Zug. In der Bahnhofshalle drehte ich mich noch einmal um und tat dabei so, als würde ich auf die große Anzeigetafel im Eingangsbereich schauen. Der Mann, der diesmal eine andere Jacke trug, blieb kurz stehen. Er sah ein bisschen aus wie Clint Eastwood. Graue Haare, hager, tiefe Furchen im Gesicht. In dem Moment, in dem ich mich umdrehte, ging er in ein Zeitschriftengeschäft. Er wirkte nicht hektisch oder nervös, sondern bewegte sich ganz selbstverständlich und normal.

Ich wurde unsicher: War das wirklich die gleiche Person wie die in der Hamburger U-Bahn? Kann es sein, dass mir nun ein Privatdetektiv folgt? Wer würde so weit gehen und einen Journalisten beschatten lassen? Drehe ich vielleicht einfach durch? Wir sind hier doch nicht in einem John-le-Carré-Roman, es geht nicht um Staatsgeheimnisse im Kalten Krieg. Wir sind lediglich Reporter, die über das Fußballgeschäft schreiben. »Komm, reiß' dich zusammen, Buschmann!«, sagte ich mir. Wahrscheinlich hatte ich mich getäuscht, das waren einfach zwei alte, grauhaarige Männer, die sich irgendwie ähnlich sahen. Tiefe Falten sind schließlich nichts Einzigartiges. Ausatmen, weitermachen, der nächste Urlaub kommt bestimmt.

Aber als ich wenige Tage später zum Düsseldorfer Flughafen fuhr, sah ich den Mann schon wieder. Er stand in einem Menschenpulk vor der Schwebebahn, die zu den Terminals fährt, und spielte mit einer Wasserflasche herum. Dieses Mal war ich mir sicher, dass es sich um den gleichen Mann handelte, den ich schon in Hamburg und Münster gesehen hatte. Ich erkannte seine markanten Augen wieder – tiefe Augenhöhlen mit halb geschlossenen Lidern, die Pupillen bewegten sich schnell hin und her. Ich bog nach rechts ab und ging zur Toilette.

War das denn wirklich der gleiche Mann? Vielleicht tut mir das andauernde Verheimlichen mittlerweile einfach nicht mehr gut, grübelte ich. Man kann leicht Paranoia entwickeln, wenn man ständig so geheimniskrämerisch agieren muss, wie ich es in den letzten Monaten getan habe, und mit niemandem über seine Arbeit sprechen darf. Unsere Football-Leaks-Recherchen ziehen sich nun schon über ein Jahr. Ein langes Jahr, in dem wir viele Storys recherchiert haben, monatelang verloren wir darüber mit niemandem außerhalb unseres Teams ein Wort. Jedes ausgeplauderte Detail kann solch heikle Recherchen gefährden, weil wir uns nie sicher sein können, bei wem unsere Worte am Ende landen – im schlechtesten Fall bei anderen Medienhäusern, die womöglich an ähnlichen Themen arbeiten oder bei der Gegenseite, die von diesem Zeitpunkt an juristische oder pressewirksame Gegenmaßnahmen vorbereiten kann.

Als ich nach einiger Zeit die Toilette wieder verließ, war von dem Mann nichts mehr zu sehen. Auch nicht am Check-In oder am Gate. Vielleicht bildete ich ihn mir wirklich nur ein. Trotzdem: Ich nahm mir vor, noch vorsichtiger zu sein, mich noch häufiger umzugucken, zur Not auch eine Reise vorzeitig abzubrechen, wenn ich das Gefühl hatte, verfolgt zu werden.

Dieser Vorsatz geht mir auch jetzt wieder durch den Kopf, während ich meine Tasche packe, um zu John zu fliegen. Zwar habe ich Alfred gesagt, dass ich nur drei Tage unterwegs sein werde, aber in meiner Reisetasche stecken vorsichtshalber Klamotten für eine Woche. Das habe ich bei den vielen Treffen mit John in den letzten Monaten gelernt: Man weiß nie, was einem auf so einer Reise passieren wird. Am Flughafen drehe ich mich vor dem Eingang zum Check-In noch einmal um. Der grauhaarige Typ ist nirgendwo zu sehen. Ich verlasse noch einmal die Reihe, gehe wieder zurück in die Wartehalle, schlendere etwas herum, gehe zur Toilette, kaufe mir noch einen Kaffee, setze mich in einen Schuhladen. Meine Gedanken rasen.

Ich kann niemanden ausfindig machen, der mir folgen könnte, kein Clint-Eastwood-Verschnitt weit und breit. Ich schüttle mich und gehe zurück zum Check-In. Ich freue mich eigentlich auf diese Reise. John weilt diesmal in einer ziemlich lässigen, osteuropäischen Großstadt. Viel altes Flair, wunderschöne Architektur und über Generationen gewachsene Parks treffen auf ein außergewöhnlich schillerndes Nachtleben. Die Stadt ist traditionell und modern zugleich, durch die Universität beleben viele junge Menschen den Alltag, auch viele, die aus dem Ausland zum Studieren gekommen sind. Ich hoffe, dass John Lust hat, mit mir ein bisschen die Kultur der Stadt zu erkunden. Er ist eigentlich ein Mensch, der offen für Neues ist und viel Freude an Museen und Architektur entwickeln kann – aber nur, wenn er entspannt ist. Doch nach unserem Mailwechsel von gestern Abend habe ich daran erhebliche Zweifel.

Ich fliege nicht direkt in die Stadt, in der wir uns treffen werden. Falls mir doch jemand folgt, will ich es ihm zumindest nicht allzu leicht machen. Das Flugzeug landet rund 300 Kilometer entfernt. Es ist ein kleiner, übersichtlicher Flughafen. Ich bleibe ein paar Minuten im Ausgangsbereich stehen, versuche mir die Gesichter der wenigen Menschen, die dort herumschlendern, einzuprägen. Auch hier ist nichts zu sehen vom Clint-Eastwood-Double, das ist schon mal gut.

Als ich den Mietwagen abholen möchte, sagt der Mann von der Autovermietung: »Auto hier, Navi nix.« Mist. Vor mir liegen 300 Kilometer, von denen nur die wenigsten per Autobahn zu bewältigen sind. Ein Routenplaner würde mir erheblich helfen, zumal mein inneres Orientierungssystem eine Katastrophe ist. In meinem Freundeskreis erlaubt mir niemand mehr, eine Abkürzung vorzuschlagen, weil uns damit oft viele Stunden Umweg erwarten. »Nix Navi«, wiederholt der Mann auf meinen Protest hin und tippt auf den Rechnungsbogen, den ich unterschreiben soll. Diskutieren zwecklos.

Eine App auf meinem Smartphone kann ich nicht einschalten, weil ich auf den Reisen zu John keine Ortungsgeräte verwenden darf. Das ist sein ausdrücklicher Wunsch, weil er Angst hat, dass jemand meinem GPS-Signal folgen und ihn so ausfindig machen könnte. Für unsere Treffen hat John eine ganze Reihe solcher Regeln festgelegt. Dazu gehört auch, dass ich nur Dinge über seine Herkunft, seinen Aufenthaltsort, sein Aussehen und seine Aktivitäten schreiben darf, über die wir vorher sprechen – und die er absegnet. Für einen Reporter sind das schwierige Regeln, weil jeder Journalist am liebsten komplett frei und unabhängig arbeiten und schreiben möchte. Dieser Fall ist aber komplizierter: John ist eine anonyme Quelle, und er hat den Treffen mit mir nur unter der Bedingung zugestimmt, dass ich diese Regeln akzeptiere. John sitzt auf Millionen interner Dokumente, die relevant und voller Geschichten sind. Ich habe mein Wort gegeben, dass ich seine Identität für mich behalten und schützen werde, dafür habe ich seine Zusage, dass wir die vielen Daten vollkommen frei und ohne jegliche Einschränkungen auswerten dürfen. Bislang klappte das sehr gut.

Auf den Reisen zu John bemühe ich mich deshalb um erhöhte Sicherheit und nutze zum Beispiel oft ein Zweittelefon, über das ich verschlüsselt mit ihm kommunizieren kann. Das Navi-Problem versuche ich nun ganz klassisch zu lösen: Ich kaufe mir im Zeitschriftenhandel eine Landkarte. Natürlich in Landessprache, zumindest aber nicht in kyrillischer Schrift. Die Strecke sieht nicht allzu kompliziert aus, die meiste Zeit geht es nur geradeaus, eine Art Landstraße entlang. Das werde ich schon schaffen, auch ohne elektronische Navigationshilfe. Mein Optimismus wird in dem Moment schwer gedämpft, in dem ich den Mietwagen erblicke. Ein quietschgelber Ford Fiesta, uralt, keine Servolenkung, kein Radio, und der Kofferraum lässt sich auch nicht öffnen. Ich gucke nochmal auf die Rechnung, weil ich die Mängelliste mit dem Auto abgleichen will. Die Rubrik ist mit zwei langen Linien durchgestrichen. Der ganze Wagen ist offenbar ein einziger fahrender Mangel.

Immerhin springt die Karre an. Ich schreibe John, dass ich – sofern das Auto nicht schlappmacht – gegen 15 Uhr in der Stadt sei, in der wir uns treffen möchten. Keine Antwort. Es ist Vormittag, wahrscheinlich schläft er noch. John ist kein Morgenmensch. Man könnte auch sagen, er definiert seinen Morgen anders: Alles ab 17 Uhr ist für ihn eine gute Zeit, um aufzustehen. Nach wenigen Kilometern stelle ich bereits fest, dass die Fahrt länger dauern wird. Schneller als 80 km/h lässt sich mit dem Wagen auf diesen von Löchern durchzogenen Straßen nicht fahren. Viel Zeit zum Nachdenken.

Ich grüble darüber, ob ich John von dem vermeintlichen Privatdetektiv erzählen soll oder nicht. Das Problem an solch brenzligen Themen ist, dass John sofort dazu neigt, sich irgendwie wehren zu wollen. Sobald er sich angegriffen fühlt, geht er nicht, wie viele andere Menschen, in eine Verteidigungshaltung über, sondern will dem Gegenüber zeigen, dass er der Stärkere, Klügere, Überlegene ist. Dabei wehrt er sich mithilfe seiner Homepage oder direkt, indem er Mails versendet. Das ist gefährlich, weil solche Aktionen außer Kontrolle geraten können. Ich entscheide mich, John erst etwas über den Privatdetektiv zu erzählen, wenn ich mir sicher bin, dass ich wirklich verfolgt werde.

Ich fahre teilweise kilometerweit, ohne ein anderes Auto oder ein Haus zu sehen. Nur weite Äcker, hohe Bäume und rumpelige Straßen. Die Felder, die an mir vorbeiziehen, sind noch mit leichtem Schnee bedeckt. Die Ironie dieses gesamten Football-Leaks-Projekt ist, dass die Glitzerwelt des Profifußballs, der sich in den vergangenen Jahrzehnten so weit entfernt hat von seinen Fans, von den einfachen Leuten, die ihn groß gemacht haben, nun von einem Menschen erschüttert wird, der sich selbst in einer prekären Lage befindet. John ist kein Multimillionär, kein Mann, der durch ein reiches Erbe oder ein üppiges Einkommen abgesichert ist und sich die Arbeit von Football Leaks quasi als Hobby gönnt. Im Gegenteil. Seitdem ich ihn kenne, bevorzugt John Städte und Orte, in denen das Leben ziemlich günstig und einfach ist. Er legt wenig Wert auf Kleidung, bislang habe ich bei all den Treffen lediglich zwei unterschiedliche Paar Schuhe an seinen Füßen gesehen und eigentlich nur eine einzige, ziemlich löchrige Jeans. Ich weiß nicht, wo John lebt, aber die Orte, an denen er schlief, wenn ich ihn besuchte, lassen sich allesamt als Bruchbuden bezeichnen. Er trägt keine teuren Uhren, keine extravaganten Ketten oder Ringe, mit einem dicken Auto habe ich ihn auch noch nie fahren sehen. Ich glaube, dass kein Funktionär, kein Trainer, keiner der schillernden Topstars aus der Fußballbranche John ernst nähme, wenn sie ihn zum ersten Mal vor sich sehen würden. Cristiano Ronaldo würde ihn wahrscheinlich nicht einmal bemerken.

Das hängt auch damit zusammen, dass die Lebenswelten der Akteure im Profifußball nichts mehr mit den Lebenswelten derjenigen zu tun haben, die diesen Sport finanzieren: den Fans. An John wird das besonders deutlich, und es ist eines der Hauptargumente, die er immer wieder anführt, wenn wir über seine Motivation diskutieren. John sagt, der Fußball habe sich entkoppelt vom Leben normaler Menschen, sei unnahbar geworden und habe die Verbindung zu seiner Basis verloren. Und wer sich so in eine surreale Parallelwelt flüchte, sagt John, verliere irgendwann auch den Bezug zu Recht, Gesetz und Moral. Das viele Geld, das im Profifußball zirkuliert, ohne dass öffentlich Rechenschaft über die Geldflüsse abgelegt werden müsse, führe irgendwann zu Gier und Machtmissbrauch, erklärte er mir einmal. Zumal der Fußball ein Mikrokosmos sei, mit den immer gleichen Akteuren, die alle in dieser Branche seit Jahrzehnten gut und viel Geld verdienten. Kaum jemand aus diesem Zirkel habe ein Interesse daran, die Missstände im Fußball zu verändern. Das zumindest ist eine Erklärung dafür, warum es – anders als in Sportarten wie der Leichtathletik, dem Boxen oder dem Volleyball – im Fußball bis heute nahezu keine Whistleblower aus dem inneren Kreis der Branche gibt.

Wenn man nach Aktiven oder Funktionären sucht, die Missstände im Profifußball offengelegt haben, muss man sehr weit in der Geschichte zurückblicken: Personen wie der einstige Nationalmannschaftstorhüter Toni Schumacher, der Ende der 1980er Jahre mit seinem Enthüllungsbuch »Anpfiff« den Dopingmissbrauch im Spitzenfußball beschrieb, daraufhin seinen Platz im Nationalteam und im Verein verlor und von der gesamten Branche geächtet wurde. Oder der ehemalige Präsident von Kickers Offenbach, Horst-Gregorio Canellas: Er löste 1971 einen der größten Skandale der Bundesligageschichte aus, als er anhand von Tonbandaufnahmen systematische Spielmanipulation bewies. Zuvor hatte Canellas den Versuch unternommen, den DFB über die Vorgänge zu unterrichten, seine erschütternden Vorwürfe wurden von damaligen Verbandsfürsten aber als »vage Vermutungen« abgetan und ignoriert. Nachdem Canellas seine Beweise vorgelegt hatte, wurde er vom Verband nicht etwa als Whistleblower geschützt, sondern – wie viele andere Akteure des Skandals – vom DFB-Sportgericht lebenslang gesperrt (einige Jahre später wurde die Sperre allerdings wieder aufgehoben). Canellas trat in der Folge als Präsident der Kickers zurück.

Ein solcher Umgang der Branche mit ihren wenigen kritischen Geistern ist vielleicht auch mit einer der Gründe, warum jahrzehntelang Korruption und Gier in Verbänden wie der Fifa um sich greifen konnten. In die vielen Kickbacks und ungerechtfertigten Zahlungen rund um die Vergaben von Fußballweltmeisterschaften waren Dutzende Mitwisser involviert, aber Schmierer und Geschmierte deckten sich stets gegenseitig. Erst als das FBI den US-Funktionär Chuck Blazer ins Visier nahm und ihm eine lange Gefängnisstrafe drohte, kooperierte er mit den Ermittlungsbehörden, sagte umfänglich über die Machenschaften im Weltfußball aus, ließ sich verkabeln und brachte durch seine Abhöraktionen das gesamte Fifa-Imperium ins Wanken. Inklusive zahlreicher Verfahren, die auch nach Blazers Tod bis heute andauern.

Johns These, dass eine Boombranche, die wenig bis gar nicht reguliert wird und in der viele von dieser fehlenden Kontrolle profitieren, die Bodenhaftung und den Anstand verliert, betrifft ja längst nicht nur den Fußball. Die von absurd hohen Renditen berauschte Banken- und Finanzindustrie ließ sich erst dann widerwillig zügeln, nachdem sie die Weltwirtschaft an den Rand des Zusammenbruchs gebracht hatte. Automobilhersteller brüsteten sich Jahr für Jahr mit Rekordabsätzen, doch ihre Verkaufszahlen verdankten sie auch betrügerischen Messmethoden bei Abgaswerten. Bei den Banken zahlte die Zeche der Steuerzahler, bei den Automobilkonzernen der arglose Kunde, die Aufzählung ließe sich beliebig fortführen.

Der Eindruck, dass mittlerweile ganze Industriezweige staatlicher Kontrolle entwachsen sind, ist ein Wesensmerkmal des Digitalzeitalters. Firmen wie Facebook, Google, Apple oder Amazon wachsen in nie dagewesenem Tempo zu den mächtigsten und höchst bewerteten Konzernen der Welt heran und scheffeln jährlich zweistellige Milliardengewinne. Doch ihr Beitrag für die Allgemeinheit liegt im lächerlich geringen Bereich. Steuern zahlen sie nicht in den Ländern, in denen sie das meiste Geld verdienen, sondern dort, wo die Abgabenlast so gering wie möglich ist. Und all das ganz legal. Die rechtlichen Leitplanken, die Nationalstaaten sich verpasst haben, um die Macht von Unternehmen einzudämmen und deren gesellschaftliche Verantwortung einzufordern, wirken in einer globalisierten Welt wie Relikte einer untergegangenen Epoche. Die Politik, zersplittert und interessengesteuert wie sie ist, hat kaum Mittel, um die neuen Giganten einzufangen. Und wenn sie es dann doch einmal schafft, ein Steuerschlupfloch zu stopfen, ziehen die Global Player einfach weiter.

Das ist ein großes Problem. Die wachsende Ungleichheit, das Gefühl, dem Expansionsdrang von Konzernen mehr oder weniger schutzlos ausgeliefert zu sein, erzeugt auch bei vielen Menschen aus der Mitte der Gesellschaft eine Art Verantwortungsverdrossenheit, bei einfachen Arbeitern, bei Angestellten, bei Lohnabhängigen, die nicht zu den Gewinnern der Gegenwart gehören. Frei nach dem Vorwurf, der früher hauptsächlich Politikern entgegenschlug: »Die da oben« würden doch eh machen, was sie wollen. Es ist höchste Zeit, dass die Politik Antworten auf diese gesellschaftliche Zerreißprobe findet. Sonst verfestigt sich das Bild, das den Menschen von allen Seiten vorgelebt wird: Dass nur diejenigen Erfolg haben, die rücksichtslos und wertevergessen sind.

Das Geschäft mit dem Fußball, das zeigt unsere Arbeit an den Football Leaks, ist in vielerlei Hinsicht verroht, verrottet, verdorben. Doch trotzdem wenden sich die Menschen nicht ab. Denn der Fußball hat eine emotionale Kraft und Wucht, die magisch sein kann. Es sind die ganz großen Gefühle im Spiel, unbändige Freude, tiefe Trauer, Ekstase, Ohnmacht, Hilflosigkeit, Schmerz. Der Fußball ist eines der letzten Bindemittel der Gesellschaft, er führt Menschen aus unterschiedlichen Berufen, Kulturen, Schichten zusammen, über alle Geschlechter- und Altersgrenzen hinweg. Im Stadion wird nicht nur mit der eigenen Mannschaft gefeiert und gelitten, hier wird auch über Politik oder Wirtschaft debattiert. In einer zunehmend individualisierten Welt sind die großen Spiele auf der Tribüne oder vor dem Bildschirm noch so etwas wie die letzten Lagerfeuermomente. Zumal einem Fan der Verein, für den er sich einmal als Kind entschieden hat, oft ein ganzes Leben im Herzen bleibt, länger meist als ein Kollege, Freund oder Partner.

Auch dadurch entstehen gemeinsame Erinnerungen und Gefühle. »Weißt du noch, 1989, als uns Nobby Dickel mit dem kaputten Knie zum Pokalsieg schoss? Danach haben wir eine Woche gefeiert.« Sätze wie diese hört man in Dortmund bis heute. Selbst eine »Meisterschaft der Herzen« wie das Saisonfinale 2001, der womöglich schmerzhafteste Augenblick in der Geschichte des FC Schalke 04, wird bis heute in der gesamten Gelsenkirchener Fanszene diskutiert und schafft Emotionen, die sonst nur Liebe zu erreichen imstande ist – und viele Schalker würden jetzt wohl sagen, dass der Verein natürlich Liebe ist.

Einer solchen Liebe wie dem Fußball verzeiht man eben sehr viel. Nach unseren ersten Football-Leaks-Veröffentlichungen haben wir beim SPIEGEL auch zahlreiche Zuschriften erhalten, in denen uns Fußballfans baten, mit den Enthüllungen aufzuhören. »Ihr macht den Sport kaputt«; »Ihr seid doch nur neidisch auf Cristiano«; »wurdet Ihr in der Schule immer als Letzte in Eure Fußballmannschaften gewählt, oder warum hasst Ihr den Sport so?« Das war der Tenor vieler Briefe, und er zeigte uns, dass man zwar nüchtern über diese Branche berichten kann, aber auch mit irrationalen Reaktionen rechnen muss, weil jeder Artikel, jede Story, jede neue Enthüllung bei den Lesern und Fans Emotionen auslösen. Wenn in den Medien über Politiker oder Wirtschaftsbosse berichtet wird, ist solch eine Erregung kaum noch zu spüren. An diesen Milieus haben sich die Menschen in den vergangenen Jahrzehnten womöglich zur Genüge abgearbeitet.

Wir sehen es als eine unserer zentralen journalistischen Aufgaben an, dieser romantischen Verklärung einer Branche Fakten entgegenzusetzen. Es geht um Aufklärung. Mit unserer Arbeit versuchen wir aufzuzeigen, wie sich Gierhälse und Renditejäger im Fußball auf Kosten der Fans bereichern, Gelder an der Steuer vorbeischieben, Funktionäre oder Sponsoren zum eigenen Vorteil schmieren oder mit Strohmännern und Briefkastenfirmen geltende Gesetze aushebeln, um einen noch größeren Gewinn zu erwirtschaften. Würde niemand diesen Praktiken nachspüren, würde die Branche wohl noch zügel- und hemmungsloser werden.

»Ich will den Fußball mit meinen Daten nicht kaputt machen, ich will ihn retten. Wenn der Sport irgendwann seine Glaubwürdigkeit verliert, wenn der gesamte Kredit, den die Fans ihm gegeben haben, aufgebraucht ist und nur noch Investoren und Anlagehaie regieren, dann ist der Fußball verloren. Vielleicht wird es auch trotz all der Football-Leaks-Enthüllungen zu diesem Desaster kommen, aber dann kann zumindest ich mir sagen, dass ich alles versucht habe, um den Menschen die Augen zu öffnen«, sagte mir John bei einem unserer ersten Treffen Anfang 2016.

Mein Telefon klingelt, ich werde aus meinen Gedanken gerissen. John schreibt: »Fahr' halt schneller, ich habe Hunger.« Dahinter ein Zwinker-Smiley. Ja, würde ich gerne, aber ich habe Angst, dass mir dann der Motor hochgehen oder die Achsen brechen könnten. Teilweise sind die Schlaglöcher hier so tief wie ein Baggersee. Nächste Nachricht: »Und pass auf, dass Dir keiner folgt.« Kein Smiley. Ich gucke in den Rückspiegel, wie ich es in den letzten Stunden der Fahrt häufiger gemacht habe, aber ich sehe nur wirbelnden Staub und weites Nichts. Die triste Einöde Osteuropas.

Die nächsten Stunden verbringe ich weiterhin grübelnd. Viele der Gedanken, die ich während der Fahrt entwickle, sind noch nicht ausgereift. Teilweise sind es nur Fragmente aus zurückliegenden Debatten oder Vorwürfe, die mich von Lesern oder aus der Fußballbranche erreicht haben. Vielen dieser Gedanken werden wir Rechercheure in den kommenden Wochen, Monaten und Jahren intensiver nachgehen. Wir werden sie mit Belegen unterfüttern, werden einige von ihnen auch verwerfen müssen, weil Johns Material, weil unsere Gespräche und Recherchen sie widerlegen. Oft ist das sogar das Spannendste an unserem Job, wenn unsere eigenen Thesen an unseren Recherchen zerschellen, und eine völlig neue Sicht auf die Dinge offengelegt wird.

Eine Frage wird uns bei diesem Projekt aber immer begleiten, bei jedem Text, bei jeder Podiumsdiskussion, bei jeder Auseinandersetzung mit Lesern und Fans: Wie konnte es eigentlich passieren, dass der einstige Volkssport Fußball mittlerweile zu einem Umschlagplatz für das ganz große Geld geworden ist?

Der Aufstieg des Fußballs von einem Spiel zu einer Multimilliardenbranche kann mit wenigen Gründen erklärt werden. Seit den Anfängen im 19. Jahrhundert haben sich die Regeln des Spiels nahezu nicht verändert. Zwei Mannschaften, einen Ball, zwei Tore – mehr braucht man nicht, um Fußball zu spielen. Der Sport funktioniert auf diesem einfachsten Niveau bereits ab zwei Spielern, jeder kann ihn spielen, egal ob dick, dünn, Ausländer, Inländer, Mädchen, Junge, physisch oder psychisch gehandicapt. Man braucht keine teure Ausrüstung, ja, im Grunde braucht man noch nicht einmal einen Ball oder richtige Tore. Überall auf der Welt kann man Kinder mit einer Dose, einer Kastanie oder einem Stein auf zwei Bäume, zwei Tornister oder zwei T-Shirts spielen sehen. Das unterscheidet den Fußball grundlegend von nahezu jeder anderen Sportart, macht ihn populärer als Tennis, Hand-, Basket- oder Volleyball.

Und diese Popularität begann der Sport spätestens mit dem Beginn des Privatfernsehens zu vergolden. Die 1990er Jahre läuteten die Zeit des großen Geldes ein. Die Privatsender machten aus Fußballspielen Vorabend-Showprogramme, lockten mit viel Tamtam und Spektakel nun auch Menschen vor die TV-Geräte, die den Sport nur am Rande interessant, aber den boulevardesken Personenkult rund um die Spieler und Trainer spannend fanden.

Ulrich Hoeneß, einst Spieler beim FC Bayern München, später Manager und nun Präsident des Vereins, sah im Fußballbusiness schon sehr früh eine Unterhaltungsbranche. Je mehr Spektakel auch jenseits des Platzes man den Zuschauern bieten würde, so die Logik, desto mehr von ihnen kämen, und desto mehr Geld brächten sie mit. Eine ziemlich einfache Rechnung. Doch sie ging auf. Die Stadien wurden immer voller, die Einschaltquoten immer besser, und sämtliche Sender – ob Pay-TV, Private oder Öffentlich-Rechtliche – erhöhten mit jeder neuen Ausschreibung ihren Etat für die Übertragungsrechte. Das Geld, das seit Beginn dieser Boomphase in den Fußball geflossen ist, hat den Sport grundlegend verändert. Aus Vereinen wurden Kapitalgesellschaften. Aus Spielern wurden Ich-AGs. Aus Spielerberatern wurden Finanzhaie. Und Investoren, die früher einen großen Bogen um eine Beteiligung an einem Klub gemacht hätten, scheuen heute selbst vor irrwitzigen Übernahmepreisen nicht zurück. Es gibt nicht viele Branchen, in denen der Einsatz sich so schnell vervielfachen kann.

Der Fußballfan, der früher zumeist jung und männlich war und irgendwann in seinem Leben davon geträumt hat, selbst Fußballprofi zu werden, wurde im Stadion zunehmend von Eventzuschauern, Familien und VIP-Kunden abgelöst. Die Eintrittspreise für Bundesligaspiele wurden immer teurer, bei Klubs wie Borussia Dortmund oder Bayern München ist es für einen normalen Fan heute nur noch schwer möglich, überhaupt ein Ticket in den Vorverkaufsstellen zu erwerben. In der englischen Premier League sind die Plätze mittlerweile so kostspielig geworden, dass viele Fans von der Insel lieber am Samstagmorgen mit dem Flugzeug nach Deutschland fliegen, ein Bundesligaspiel im Stadion schauen – und abends zurück nach England düsen.

Zur Gentrifizierung des Fußballs gehören auch die vielen Jugendleistungszentren, in denen Talente zu zukünftigen Stars geformt werden sollen. Solche Ausbildungsstätten wurden im vergangenen Jahrzehnt nahezu inflationär gegründet und führen heute dazu, dass 13-Jährige, die noch nicht in einem Eliteinternat aufgenommen wurden, kaum noch eine Chance haben, im Fußball Karriere zu machen. Eine Laufbahn, wie sie einst Miroslav Klose einschlug, der mit Anfang 20 noch immer in der Bezirksliga kickte und der seine Karriere trotzdem als WM-Rekordtorschütze und Weltmeister beendete, ist heute nahezu ausgeschlossen. Zu engmaschig sind die Netze der Scouts und Talentjäger, zu groß ist der Druck in den Ausbildungszentren. Jeder Bundesligaspieler, den ein Klub selbst entwickelt und in den eigenen Kader übernommen hat, ist heutzutage ein wandelndes Renditeversprechen, für Vereine, Eltern, Berater und nicht zuletzt für Investoren. Geduld kennt unter solchen Umständen kaum jemand.

Während die emotionale Entfremdung zwischen dem Fußball und seinen ursprünglichen Fans immer schneller voranschreitet, sind die Vermarkter des Spiels ständig auf der Suche nach neuen Geldquellen: China, Indien, Afrika, der Markt für den Fußball scheint grenzenlos und unersättlich. Die Frage bleibt: Wie lange lässt sich eine solche Spirale weiterdrehen? Wann fühlen sich zahlende Zuschauer nur noch ausgenutzt, und wann lassen sich all die vielen Enttäuschungen, die ihnen der Fußball durch wappenküssende Wechselstürmer und korrupte Funktionäre, Berater oder Sponsoren antut, nicht mehr mit ihrer Liebe zu dem Spiel und ihrer Mannschaft kaschieren?

Der Fiesta zittert, ich habe ein bisschen Sorge, dass die Scheiben rausfallen könnten. Vor mir ist aber schon die große Kirche zu sehen, an der ich mich orientiere, ganz in der Nähe muss mein Zimmer sein. Der quietschgelbe Kleinwagen hat es nun fast geschafft, ich tuckere noch über eine lange Brücke und an mehreren ziemlich ranzigen Einfamilienhäusern vorbei, aus der Ferne ist das große Universitätsgebäude schon zu sehen, nur wenige Straßen weiter werde ich gleich einchecken.

Während ich an einer roten Ampel warte, schreibe ich John, dass wir uns in 30 Minuten treffen können. Ich werfe noch einen letzten Blick in den Rückspiegel – keine Verfolger, alles sauber. Ich bin schon sehr gespannt, in welcher Verfassung unser Whistleblower sein wird.

WUT

In meinem Zimmer mieft es aus dem Klo. Der Raum ist kalt, und ich bin jetzt schon genervt von dem Tropfen des Wasserhahns. Was den Komfort betrifft, kann das Hotel problemlos mit meinem Mietwagen mithalten. Da ich John aber schon einige Male besucht habe, weiß ich, dass ich wohl eh nicht allzu viel Zeit in diesem Zimmer verbringen werde. Wenn John in Feierlaune ist oder besonders unter Druck steht, können unsere Treffen zum reinsten Rausch werden, mit stundenlangen Partys und viel Alkohol. Das ist offenbar seine Art, um den Sorgen und Ängsten zu entfliehen.

John hat meine Nachricht nicht beantwortet, die halbe Stunde ist mittlerweile fast rum. Ich schreibe ihm nochmal, dass ich nun im Zimmer sei und er vorbeikommen könne. Es vergehen fünf Minuten, dann zehn, die nächste halbe Stunde zieht ins Land. Ich hasse es zu warten, aber seitdem ich John kenne, habe ich mich zunehmend damit abgefunden.

Ich schnappe mir meine Unterlagen zu unserem Senn-Ferrero-Gerichtsverfahren und lege mich aufs Bett. Vielleicht habe ich – genervt von diesem furchtbaren Juristendeutsch – irgendetwas in dem Material überlesen. Nach wenigen Minuten beginnen mir die Augen zuzufallen. Aber die Matratze drückt mit jeder Feder in meinen Rücken und hält mich wach. Was für eine Bruchbude.

Es klopft. John ist endlich da. »Da hast du dich ja wieder in einem schönen Schloss einquartiert. Unten habe ich zwei Ratten bumsen sehen«, scherzt er zur Begrüßung.

»Bist du so spät, weil du den beiden so lange zugeguckt hast?«, frage ich. John grinst, wir umarmen uns. Irgendwie fühlt sich sein rechter Arm anders an, viel härter. Er hält ihn auch ziemlich unnatürlich hinterm Rücken.

»Was ist mit deinem Arm los«, frage ich.

»Alter, hier ist es so dermaßen kalt«, sagt John.

»Du hast auch nur eine Lederjacke und ein T-Shirt an, dann wäre mir auch kalt. Draußen sind doch locker minus 10 Grad!«

»Ich habe dir schon ein paar Mal gesagt, dass es ungesund ist, sich immer so dick anzuziehen. Oder hatten die Neandertaler Jacken?«

»Vielleicht sind sie deshalb so früh ausgestorben?«, frage ich. »Was ist nun mit deinem Arm?«

»Erzähle ich dir später. Lass uns jetzt mal etwas essen gehen, der Tag wird noch lang genug«, sagt er.

John sieht müde aus, hat tiefe Augenringe und ein eingefallenes Gesicht. Wenn er wenig gepennt hat, bekommt John rund um die Nase zwei tiefe Falten und sieht sofort zehn Jahre älter aus. Heute sind die Falten so tief wie der Grand Canyon.

John zieht sich eine grüne Mütze über den Kopf und stapft aus dem Zimmer. Die Maschen der Mütze haben riesige Löcher, weshalb ich mir nicht vorstellen kann, dass sie irgendetwas warm hält. Vielleicht soll sie eher der Tarnung dienen? Werde ich John später fragen, jetzt rast er schon den Gang hinunter, und ich muss mich beeilen hinterherzukommen.

Draußen ist es bereits dunkel.

»Magst du Schnitzel?«, fragt John auf der Treppe vor der Eingangstür, immer noch an seiner Mütze herumzupfend.

»Ich habe vor über 18 Stunden das letzte Mal etwas gegessen, ich habe so einen Mörderhunger, ich könnte auch ein ganzes Schwein verdrücken«, sage ich.

»Klasse, hier gibt's eine Schnitzelbraterei. Das sind die besten Schnitzel ever«, sagt John. Wenn er sich über etwas freut, wippt er manchmal leicht in seinen Knien, als hätte er Sprungfedern in den Gelenken.

Wir schlendern durch die Fußgängerzone, John guckt sich häufiger nach hinten um. »Es gibt Leute, die euch Journalisten verfolgen«, murmelt er, während wir in eine Seitenstraße einbiegen. Ich schweige. »Ich zeige dir später Unterlagen dazu«, sagt John. Ich kriege leichtes Herzrasen. Ein Jahr zuvor hat John das erste Mal Belege dafür erhalten, wer hinter ihm her ist: dubiose Geschäftsmänner, mit besten Beziehungen in die höchsten Ämter der Weltpolitik – darunter auch zum US-Präsidenten Donald Trump und zum türkischen Machthaber Recep Tayyip Erdoğan.

Zu Johns Häschern gehören Unternehmer, die ihren Reichtum mit dubiosen Mitteln angehäuft haben und deren Leben von Skandalen überschattet wird. John erkannte damals zum ersten Mal, welch gefährliche Menschen sich im Spitzenfußball tummeln, wie eng Geld und Gewalt in diesem Business miteinander verbandelt sind. Der Fußball ist stark davon abhängig, dass ständig neues Geld in die Branche gepumpt wird – weil viele Klubs den Spielbetrieb und die steigenden Ausgaben bedienen müssen und in ständiger Angst sind, von der sportlichen Konkurrenz abgehängt zu werden. Viele Vereine können oder wollen ihre Investoren nicht mehr genau prüfen. Woher haben die Geldgeber eigentlich ihr Kapital? Mit welchen Mitteln wurde es erwirtschaftet? Welchen Zweck verfolgen die Investoren, wenn sie ihr Geld in den Fußballkreislauf pumpen? Es sind wichtige Fragen, die nach dem großen Finanzcrash vor zehn Jahren nunmehr im Bankenwesen immer häufiger gestellt und bei seriösen Instituten auch ernst genommen werden. Der Fußball ist davon jedoch meilenweit entfernt. Stattdessen erlauben die Strukturen vieler Vereine, dass Strohmänner und Briefkastenfirmen vorgeschaltet werden und die wahren Investoren kaum auftauchen. So lassen sich auch Compliance-Anforderungen umdribbeln. Weder die Uefa noch die Fifa haben bislang Lösungen gefunden, diese Geldflüsse zu kontrollieren. Viele Ermittlungsbehörden scheitern an nationalen Befugnissen, genauso wie die Ligen und nationalen Verbände.

Nachdem John einiges über seine Jäger und ihre Methoden gelesen hatte, verfiel er tagelang in eine regelrechte Panikattacke. Er traute sich nicht mehr, öffentlich ein Bier zu trinken, weil er Angst hatte, jemand könnte ihn vergiften. Im Taxi prüfte er vor Fahrtbeginn, ob die Türen sich von innen öffnen ließen. In seinen Zimmern schob er Schränke und Stühle vor die Türen. John war über Wochen kaum zu beruhigen, er drehte völlig durch.

Nun erwähnt er ziemlich beiläufig, dass irgendwelche Schnüffler auch mir folgen würden, demjenigen, mit dem er hier Schulter an Schulter durch Osteuropa schlendert. Ich frage mich, ob John nur einen auf cool macht, oder ob er nun wirklich gelassener mit der Situation umgeht. Kann man sich irgendwann an einen solchen Verfolgungsdruck gewöhnen? Wird ein Leben, das einer andauernden Flucht gleicht, irgendwann auch Normalität? Warum tut sich jemand all das an?

»Wann bist du hier angekommen?«, frage ich.

»Gerade eben erst. Wir sind dir eine ganze Weile hinterhergefahren«, sagt John.

»Bitte?«

»Ich wollte schauen, ob du verfolgt wirst.«

»Kann nicht sein, ich habe immer wieder in den Rückspiegel geguckt«, sage ich.

»Es gibt eine Parallelstraße zu der Landstraße, die du gewählt hast. Sie verläuft über eine Erhöhung. Von da kann man die Strecke eine ganze Weile ganz gut beobachten«, sagt John.

»Und wer war mit dir unterwegs?«, frage ich.

»Ein Kumpel, er war auch der Fahrer«, sagt John.

Ich fühle mich wie ein Idiot. Wenn mich John ausspionieren kann, kann das jeder andere auch. Mir wird ein bisschen übel.

»Aber keine Sorge, dir ist niemand gefolgt«, sagt John.

Na immerhin.

Wir halten vor einem schlossartigen Gebäude, ein altes, eindrucksvolles Gemäuer mit einer Eingangstür aus dickem Holz. »Mach die mal auf«, sagt John und nickt in Richtung seines rechten Arms, der immer noch so komisch steif unter der Jacke verborgen ist. Wir betreten die Gaststätte, der Raum ist brüllend heiß, und es riecht nach verbranntem Fett. Die Speiseräume bestehen aus Tafelrunden, und wenn ich das richtig sehe, liegen unter den Tischen Unmengen an Knochen und Essensresten.

»Guck nicht so beschränkt. Das ist ein Ritterrestaurant«, sagt John. Natürlich, wie konnte ich das nicht auf den ersten Blick erkennen!

»Hier isst man mit Fingern, und das, was übrigbleibt, schmeißt man auf den Boden. Das Essen ist fantastisch, glaub mir«, sagt John.

Er begrüßt den Kellner, einen Mann Anfang 60, der eine komplette Ritterrüstung trägt und dabei trotzdem Würde ausstrahlt. John spricht mit ihm in der Landessprache. Das König-Artus-Double geleitet uns an vielen Tischen vorbei, sein Schwert, das an der Hüfte hängt, streift dabei immer wieder Stühle und Gäste, aber das scheint niemanden zu stören. Mein Geruchssinn erlebt auf dem Weg zu unserem Platz einen kleinen Overkill. John bittet um einen der äußeren Tische, er setzt sich direkt mit dem Rücken zur Wand und taxiert den Raum. Seine Jacke lässt er an.

»Warst du vorher schon mal hier?«, frage ich.

»Ich komme immer her, wenn ich in der Stadt bin. Ich verspreche dir, das wirst du ab jetzt auch tun«, sagt John.

John kommt zwar aus Portugal, aber ich habe das Gefühl, dass er – wenn es ums Essen geht – kein Heimatland hat. John liebt es, abwechslungsreich, gut und viel zu speisen. Wo immer ich ihn auf der Welt besuche, kennt er gleich mehrere Lokale, die immer eine hervorragende und vielfältige Küche garantieren. Außer als uns einmal ganze Lämmer serviert wurden, samt Kopf. Ich blieb an diesem Tag hungrig.

»Zieh mal deine Jacke aus«, sage ich.

»Entspann dich, lass mich mal warm werden. Wir bestellen, dann erzähle ich dir, was mit diesem scheiß Arm passiert ist«, sagt John.

Ich bin gespannt. Wir gucken in die Karte.

»Die brauchst du nicht, ich suche uns eine Tafel aus. Vertrau mir«, sagt John.

Ich schaue mich um. Der Laden ist gut besucht, viele Einheimische, ich höre aber auch Gesprächsfetzen auf Russisch, Polnisch, auch ein paar Brocken Kroatisch sind dabei. An den Wänden hängen Streitäxte und Lanzen, die weiblichen Bedienungen tragen tief dekolletierte Schürzen, die Männer stecken alle in Rüstungen. Über Geschlechterklischees sollte man in manchen Teilen der Welt nicht einmal anfangen zu grübeln, sonst würde man leicht den Verstand verlieren.

»Was bestellst du uns?«, frage ich.

»Eine Fleischvariation mit Ente, viel Rind, zarte Rippchen, ein bisschen Pferd, bestes Lamm, dazu tonnenweise Schnitzel – ehrliche, sehr gute Küche. Als Beilage gibt es gebratene Bohnen und eine Art Bulgur. Du wirst es lieben.«

»Das Pferd bekommst du«, sage ich.

»Ich bleibe dabei: Du hast keine Ahnung von Essen«, antwortet John.

Er zieht seine Jacke aus. Es passiert selten, aber nun bin ich doch einmal sprachlos. Über und unter seinem rechten Arm sind schmale Bretter angebracht und mit einem dicken, schwarzen Klebeband umwickelt.

»Du siehst aus wie Frankensteins Kind. Was ist mit dir?«, frage ich.

»Ein Unfall«, sagt John. Er begutachtet die Konstruktion von allen Seiten, ich sehe, dass seine Finger bläulich verfärbt sind.

»Ist der Arm gebrochen?«, frage ich.

»Sieht so aus. Ich kann ihn nicht bewegen, und da steht eine Beule senkrecht nach oben ab.«

»Wie wäre es mit einem Krankenhaus und Röntgen?«

»Tja.«

»Tja?«

»Das ist nicht so einfach«, sagt John.

»Doch, schon. Wir stehen jetzt auf, nehmen ein Taxi und fahren ins Krankenhaus. Da wirst du gecheckt, kriegst einen Gips, und aus die Maus.«

»Und wie wollen wir das tun? Ich lebe doch anonym.«

Tja.

»Wenn man offiziell nicht existiert, ist das alles etwas schwieriger. Nicht jedes Krankenhaus nimmt eine Barzahlung, schon mal gar nicht, ohne dämliche Fragen zu stellen«, sagt John.

»Aber du kannst doch nicht mit einem gebrochenen Arm herumlaufen!«

»Doch, der tut auch schon viel weniger weh als noch vor zwei Wochen.«

»Zwei Wochen? Das gibt's doch nicht!«, sage ich.

»Doch. Am Anfang dachte ich auch, dass ich durchdrehe. Das war vielleicht ein fieser Schmerz, ich konnte nicht schlafen. Der Bruch strahlte zudem bis zum Nacken und in den Rücken aus. Der Körper ist schon ein ziemlich faszinierendes System«, sagt John.

»Du bist irre. Wie ist das überhaupt passiert?«

»Wintersport.«

»Wintersport?«

»Ich war Schlittschuhlaufen. Und dann wollte ich einen Sprung machen, die Folgen sind bekannt«, sagt John und tippt auf die Holzschienen rund um seinen Arm.

»Warst du mit deiner Freundin Schlittschuhfahren?«, frage ich. John hat seit etwa eineinhalb Jahren eine mehr oder weniger feste Beziehung. Allerdings hat die Frau keine Ahnung davon, dass John der Mensch ist, der die Fußballbranche immer wieder aufs Neue mit seinen Dokumenten erschüttert.

»Ja, ich war mit meiner Freundin unterwegs«, sagt John.

Der Kellner klappert mit seiner Rüstung an unserem Tisch, John bestellt unser Essen. Und Bier. Das wird anscheinend in einem kleinen Fass an den Tisch gebracht, und man darf selbst zapfen. Es gibt Schlechteres.

»Ich habe mir bei YouTube angesehen, wie man einen Bruch, der nicht offen ist, schient. Ist eigentlich ganz einfach, man muss nur den Druckschmerz aushalten. Ein Gips würde auch nicht mehr helfen als meine Konstruktion«, sagt John.

»Das bezweifle ich doch sehr. Du hast da einfach zwei Spanplatten aneinandergeklebt, das kann doch niemals funktionieren«, erwidere ich.

»Du bist halt kein Visionär«, sagt John und stellt den Salz- und Pfefferstreuer auf seinen Holzarm. »Guck, ich kann sogar Dinge damit balancieren. Das Ganze ist doch total praktisch.«

Eine Frau am Nebentisch beginnt zu lachen, John bietet ihr die beiden Gewürze an. Ihre Freundin beginnt ebenfalls zu kichern.

Da ist er wieder, der Sonnyboy, der Charmeur, der ständig seine Wird-Schon-Werden-Aura ausstrahlen kann. Im Smalltalk mit Fremden wirkt John immer so, als könne ihn nichts umhauen, verletzen oder ängstigen. Er ist kein Großmaul, keiner der Kerle, die jeden Weitpinkelwettbewerb gewinnen wollen. Aber wenn er sich unfair behandelt fühlt, dann können seine Sicherungen auch mal mit einem gewaltigen Knall rausfliegen.

John ist klug, gebildet, hat viele einzigartige Fähigkeiten, aber wohl noch mehr Schwächen. Seine größte Stärke ist aber, dass er sich all dessen vollkommen bewusst ist. Ich habe es noch nie erlebt, dass John irgendetwas komplett übertreiben musste, um zu beweisen, was er wirklich kann. Vor mir hat John auch noch nie jemanden gedemütigt oder klein gemacht, nur um selbst ein bisschen mehr zu glänzen. Irgendwie wirkt dieser Typ immer so, als hätte er seinen Platz in dieser Welt längst gefunden. Trotzdem, und auch nach unzähligen unserer Treffen, ist John für mich immer noch ein riesiges Rätsel. Ich verstehe nicht, auf welcher Seite er steht, wie er seinen Lebensstandard finanziert, warum er all dies tut.

Das King-Arthur-Double bringt das Fässchen an unseren Tisch. Einheimisches Bier, ein Miniaturzapfhahn und zwei Ein-Liter-Humpen. Als Vorspeise kommen gefüllte Knödel mit Speck, dazu Unmengen an Rotkohl. John versucht, die ersten Biere zu zapfen, aber sein Frankenstein-Arm kann noch nicht einmal das leere Glas hochhalten.

»Nein, klar, dein Arm sieht super aus, du scheinst wirklich gar keine Probleme zu haben«, sage ich.

»Ich höre Stimmen, aber sie sagen nur Blablabla, statt mir kurz zu helfen«, erwidert John.

Wir zapfen uns zwei Biere mit nahezu perfekter Krone, stoßen an, lachen. Ich vergesse bei unseren Treffen manchmal, welche Kraft Johns viele Dokumente in den vergangenen Monaten entfaltet haben und wie sie eine gesamte Branche, ein Multimilliardenbusiness, in völlige Aufregung versetzen können.

»Gut, gut, schmeckt mir. Aber jetzt erzähle mir doch bitte mal, was eure Anwälte zum Senn-Ferrero-Fall gesagt haben«, sagt John und schaufelt eine Gabel mit einem großen Knödelstück in seinen Mund.

»Sie glauben, wir werden den Fall verlieren«, sage ich. John lässt mich nicht weitersprechen. Er knallt sein Bierglas, das er soeben Richtung Mund heben wollte, laut auf den Tisch. »Willst du mich verarschen? Das kann nicht sein! Ihr habt keinen Fehler in den Texten, keinen einzigen. Ich habe nochmal alles gelesen, da stimmt jedes Wort!«, sagt er, allerdings viel zu laut. Die beiden Frauen, die gerade noch amüsiert gekichert haben, gucken nun irritiert zu uns rüber.

»Alter, wenn du so durchdrehst, sollten wir das Ganze lieber später im Hotel besprechen. Ansonsten weiß gleich die ganze Stadt, wer du bist«, sage ich.

»Schon gut, schon gut. Ich bin cool, das war ein kleiner Unfall. Du hast recht, Emotionen sind hier nicht angebracht. Aber diese dämlichen Wichser machen mich unendlich wütend. Das sind alles Kriminelle, die eine Maschinerie, ein System des Betrügens und Belügens aufrechterhalten«, sagt John, jetzt wieder flüsternd, aber mit einem Gesichtsausdruck, als würde er jeden Moment wieder aus der Haut fahren.

»Die Gesetzgebung in Deutschland ist kompliziert, und das Presserecht macht da keine Ausnahme«, sage ich.

John fällt mir wieder ins Wort: »Aber wie können die etwas verbieten, was richtig ist?«

Ich trinke einen Schluck Bier, es ist wirklich ausgezeichnet, auch die Temperatur stimmt. »Darum geht es nicht. Senn Ferrero behauptet, jemand hätte sie gehackt, und wir hätten dieses Material verwendet«, sage ich.

»Ich habe die Kanzlei nicht gehackt, ihr habt die Kanzlei nicht gehackt – wo ist also das Problem? Die Panama Papers, Offshore- und WikiLeaks, Snowdens NSA-Papiere – all das war doch Material, das wichtige gesellschaftliche Debatten losgetreten hat. All das Material haben die jeweiligen Branchen und Unternehmen doch nicht freiwillig herausgerückt, sondern es ist – wie auch immer – an Journalisten weitergeleitet worden. Warum ist das Zeug nicht verboten worden?«, fragt John.

Wir haben uns diese Frage ebenfalls gestellt. Womöglich ist die Antwort sehr simpel: Weil nahezu niemand sich getraut hat zu klagen. »Die Fußballbranche ist so finanzstark wie kaum eine andere. Denen ist es egal, wie viel ein solches Verfahren kosten wird. Menschen aus dem Fußballbusiness können es sich einfach leisten, solche Prozesse zu führen. Ihr vermeintlicher Vorteil dabei liegt doch auf der Hand: Sie schaffen es, uns zumindest für eine Weile mundtot zu machen. Wir dürfen im Moment unsere Geschichten über Ronaldos, Mourinhos oder Özils Steuerprobleme nicht weiter verbreiten, das ist ein Teilerfolg für die Jungs, keine Frage«, sage ich.

John bekommt rote Flecken am Hals und im Gesicht. Deshalb schiebe ich schnell hinterher: »Das Problem ist der Gerichtsort Hamburg. Die Vorsitzende Richterin Käfer scheint sehr viel Verständnis für Kläger und nur wenig Verständnis für Journalisten und die durch sie ausgelösten und wichtigen Debatten zu haben. Das noch größere Problem: Käfer ist die frühere Beisitzerin und Nachfolgerin eines Richters, der nun in Hamburg als Vorsitzender am Oberlandesgericht arbeitet: Andreas Buske. Die beiden haben, so beurteilen es unsere Anwälte, nahezu die gleichen Auffassungen von Recht und Gesetz, Käfer hat ja gewissermaßen auch bei Buske gelernt. Das führt dazu, dass ein Verbot oft von beiden Instanzen gleichermaßen vertreten wird. Unsere Anwälte sagen, dass wir erst eine faire juristische Chance zur Verteidigung erhalten, wenn wir den Gerichtsort Hamburg verlassen werden«, sage ich.

»Wie lange wird das dauern?«, fragt John.

»Wahrscheinlich Jahre«, sage ich.

John guckt mich an, als wolle er mich gleich in der Psychiatrie einliefern. »Du machst Witze!«, sagt er, wieder viel zu laut.

»Nein. Unsere Anwälte sagen, sie würden diesen Fall bis zum Bundesverfassungsgericht durchprozessieren, weil es ein wichtiger Fall für den investigativen Journalismus ist. Wir wollen, dass klare Vorgaben gelten, damit wir auch in Zukunft mit solchen Daten arbeiten dürfen«, sage ich.

»Das ist unfassbar«, stammelt John.

»Ich möchte trotzdem von dir wissen: Habt ihr die Kanzlei gehackt? Seid ihr in die Systeme eingebrochen, so wie sie es beschreiben?«

»Das ist lächerlich«, sagt John. Er trinkt sein Bier mit einem Schluck bis zur Hälfte aus. »Ich habe es dir schon tausendmal gesagt und ich sage es nochmal: Wir sind keine Hacker. Niemand von uns. Wir bekommen das Material, aber ich werde dir auch jetzt nicht sagen von wem.«

Das ist seine Standardantwort auf mein ewiges Nachbohren. Mehr gibt John nicht preis. Vielleicht ist es ihm auch gar nicht möglich, mehr zu sagen.

Das Vagabundieren vertraulicher Informationen erlebt in der jüngsten Zeit eine bislang nie dagewesene Konjunktur. Durch die Digitalisierung, durch große Speichermedien, durch Clouds, durch das schnelle Zusammenführen von umfangreichen Dokumentensammlungen ist ein florierender Markt für Daten jeglicher Art entstanden. Man könnte auch von einem Informationskrieg sprechen, der seit einigen Jahren tobt, denn Daten sind Waffen, mit deren Hilfe man sich nicht nur einen Informationsvorsprung verschaffen kann. Man kann mit ihnen auch jede x-beliebige Person unter Druck setzen oder erpressen. Der Facebook-Chat zwischen einem Politiker und einer außerehelichen Affäre ist zwar Privatsache, in den Händen von Hackern wird er aber zu einem gefährlichen Machtinstrument. Gibt ein Politiker (oder ein Wirtschaftsboss, ein Funktionär oder eine andere Person mit wie auch immer geartetem Einfluss) dem Druck der Informationskrieger nach, wird er zu einer Marionette.

Doch es sind nicht nur Kriminelle, die sich in der Welt der Datendealerei herumtreiben, zunehmend mischen auch Staaten, Großinvestoren und bandenmäßig organisierte Erpresser mit. Wer über die nötigen Kenntnisse oder das nötige Geld verfügt, kann jeden unliebsamen Störfaktor, jeden Verein, Verband, Politiker oder jede Firma ausspähen und unter Druck setzen. Die Szene ist vollkommen undurchsichtig, sie bewegt sich oftmals im Darknet, dem Bereich des Internets, der über eine Software betreten wird, die es dem User ermöglicht, anonym zu surfen. In diesem Bereich der Onlinewelt werden Waffen, Drogen und Menschen gehandelt. Er ist aber auch das Bewegungsfeld von Whistleblowern, die sich dort im Schutze der Anonymität vernetzen und austauschen können. Das Darknet ist kein weißer oder schwarzer Bereich, es ist ein Ort voller Grautöne.

Informationen werden dort oftmals so lange von der einen zur anderen Person gereicht, bis ihr Ursprung nicht mehr nachvollzogen werden kann. Die technischen Möglichkeiten, das sogenannte Spiegeln von Links und Dateien, kennen kaum Grenzen, werden ständig weiter ausgebaut. Je mehr Quellen es für kompromittierendes Material gibt, desto schwieriger ist es für denjenigen, der unter Druck gesetzt oder erpresst wird, diese Informationen wieder aus dem Internet zu löschen. Das Darknet wird auf diese Weise zu einer Parallelwelt. All dies macht es Journalisten, Ermittlern und Staatsanwälten wahnsinnig schwer, die Beschaffer von vertraulichen Dokumenten ausfindig zu machen.

»Was würde denn passieren, wenn die Polizei irgendwann deinen Computer und deine Telefone beschlagnahmen würde?«, frage ich John.

Er stochert eine Weile in seinem Knödel herum, die kleinen Speckstücke rollen über den Teller. John blickt nicht auf. »Sie würden zumindest sehen, dass ich kein Hacker bin«, sagt er leise.

Es ist zum Mäusemelken. Dieser Kerl treibt mich mit seinen Antworten irgendwann in den Wahnsinn.

Die Hauptspeise kommt. Na ja, besser gesagt: Der Fleischberg rollt an. Denn in der Tat, unser Ritter-Kellner schiebt die riesige Tafel auf einer silbernen Tischplatte mit Rollen vor sich her. »Endlich, das Essen!«, ruft John und ergänzt schnell leise: »Ich muss dir noch was erzählen.«

Er hat wirklich nicht übertrieben: Da liegen Dutzende Schnitzelchen auf der Silberplatte, dazu unzählbar viele unterschiedliche Steaks und Filets. »Wer soll das alles essen?«, frage ich John. »Keine Sorge, die packen hier alles ein. Das ist so großartig!« John stopft sich ein Schnitzelstück mit einer Art Barbecuesauce in den Mund.

Der Ritter verbeugt und entfernt sich. Das Essen ist wirklich hervorragend. Wir schlingen ein paar Minuten schweigend vor uns hin.

»Was willst du mir erzählen?«, frage ich John.

»Dieses Ronaldo-Zeug ist absurd.«

»Was genau?«

»Ich glaube, er hat eine Frau vergewaltigt«, sagt John.

Ich lasse meine Gabel auf den Teller sinken. »Wie bitte?«

»Ich habe vor ein paar Tagen einige Dokumente bekommen, die vollkommen verstörend sind. Ronaldo hat einer Frau ziemlich viel Geld bezahlt, damit sie nicht vor Gericht geht. Sie hat ihm vorgeworfen, dass er sie vergewaltigt habe«, sagt John.

»Kann ich die Dokumente sehen?«, frage ich.

»Ja, ich habe sie hier. Das ist aber deutlich heikler als das Steuerzeug. Die Frau könnte auch eine Betrügerin sein«, sagt John.

»Vergewaltigungsvorwürfe führen mitunter zu den kompliziertesten Recherchen. Ich muss mir das mal genauer ansehen«, sage ich.

DER BRIEF

Das Flugzeug landet sanft auf dem Hamburger Flughafen. Dafür bin ich sehr dankbar, denn mein Magen zwickt noch ein wenig von der vergangenen Nacht. John und ich gingen nach den Fleischbergen noch in einen Club, wir tranken und tanzten bis morgens um fünf Uhr. Gerade als ich noch einen Wodka-Sprite bestellen wollte – dieses Teufelsgebräu entpuppt sich zunehmend als unser Standardgetränk – packte John mich am Arm und sagte: »Lass uns abhauen, ich muss morgen weiterreisen. Aber ich will dir vorher noch die Unterlagen geben.«

Ich versuchte, mich ein wenig zu sammeln, was nach so viel Alkohol und so wenig Schlaf nicht ganz einfach war. Gemeinsam stolperten wir aus dem Laden und spazierten eine Weile stumm nebeneinander her. Irgendwann bog John in einen Hinterhof ab und bat mich, davor zu warten.

Die Warterei in der Kälte gab mir endgültig den Rest, ich spürte jeden Knochen, mein Kopf begann zu bollern. John ließ sich Zeit, 15 Minuten, 30 Minuten. Ich hüpfte von einem Bein aufs andere, drückte meinen Rücken immer wieder durch, versuchte, meinen Nacken zu dehnen. Nach über 40 Minuten kam John wieder aus dem Hof heraus. Im T-Shirt, grinsend. »Na, ist dir kalt?«, sagte er lachend und drückte mir eine kleine, schwarze Festplatte in die Hand. »Die ist verschlüsselt. Ich werde dir das Passwort morgen im Laufe des Tages durchgeben«, sagte er. Wir umarmten uns, ich spürte seine Holzkonstruktion auf meinem Rücken. »Geh mit deinem Arm zum Arzt«, sagte ich. »Halt mich auf dem Laufenden, wie es mit dem Gerichtsverfahren weitergeht«, sagte er und verschwand im Dunkeln.

Vergewaltigungsvorwürfe. Ich drehte die Festplatte noch einige

Male in meinen Händen, dann ließ ich sie in meiner Jacke verschwinden.

Cristiano Ronaldo verfolgt uns jetzt seit über einem Jahr. Oder wir ihn, das kann man sehen, wie man möchte. Jedenfalls ist er so etwas wie der Antagonist unserer Football-Leaks-Enthüllungen. Wir haben Ende 2016 seinen Steuerbetrug aufgedeckt, aktuell, im Februar 2017, ermittelt die Steuerbehörde in Madrid in dieser Sache gegen ihn. Und jetzt soll er auch noch eine Frau vergewaltigt haben? Ronaldo? Der mehrfache Weltfußballer? Der Europameister? Der Frauenschwarm, den viele als Sexsymbol bezeichnen?

Ich bin gespannt auf die Unterlagen und hoffe, dass John mir das Passwort schnell zuschickt. Dann könnten wir die Dokumente noch am Nachmittag, direkt nach meiner Landung, in unser System einspielen. Die Software, die wir uns gekauft haben, nutzen auch Ermittler, Steuerfahnder und Wirtschaftsprüfer. Das System heißt Intella, es erlaubt uns, einen komplexen Datensatz wie den der Football Leaks mit all seinen unterschiedlichen Dateiformaten einigermaßen beherrschbar zu machen. Einmal importiert, können wir die Daten mit Stichworten durchsuchen, Verbindungen zwischen Dokumenten herstellen und Chronologien erzeugen.

Ich bin neugierig, aber auch ein wenig nervös.

Ein solch gewaltiger Vorwurf wie der einer Vergewaltigung ist mit vielen Risiken verbunden. Rechtlichen, aber auch publizistischen. Anders als bei einem Steuerdelikt gibt es bei einer Vergewaltigung nur selten letztgültige Belege. Wenn es keine Video- oder Tonaufnahmen von dem angeblichen Übergriff gibt, wenn keine Zeugen anwesend waren, dann steht oftmals Wort gegen Wort. In Deutschland erinnern wir uns alle noch an den Fall von Jörg Kachelmann. Er wurde einer Vergewaltigung beschuldigt, die Version der Klägerin enthielt aber Unwahrheiten, wie sich während des Prozesses herausstellte. Kachelmann wurde freigesprochen. Sein Ruf war trotzdem ruiniert.

Ich nehme mir vor, diese Gefahren fest in meinem Hinterkopf zu bewahren und über meine Bedenken ausführlich und kritisch mit unserem Football-Leaks-Team zu diskutieren.

Auf dem Weg aus dem Flughafengebäude schaue ich auf meine Mails. Mehrere Nachrichten von John leuchten auf. Ich werde sie gleich im Büro lesen, wer weiß, wer mir hier über die Schulter schaut. Mir fällt ein, dass ich vor einigen Tagen noch einen Begleiter dabei hatte und mir eigentlich vornahm, in Zukunft noch vorsichtiger zu sein. Ich drehe mich um, aber vom Clint-Eastwood-Schnüffler ist nichts zu sehen. Ich ärgere mich, weil mir wieder einfällt, dass ich keine Gelegenheit gefunden habe, um mit John über dieses Thema zu sprechen. Muss ich unbedingt nachholen.

In der Redaktion kommt mir zuerst Nicola Naber entgegen. Es ist kurz nach zwölf Uhr, aber das heißt im Falle von Nicola nicht, dass sie schon ansprechbar ist. Nicola ist ein Nachtmensch, ihr Arbeitszyklus ist vergleichbar mit dem von John. Das heißt im Umkehrschluss: Wer Nicola zu früh am Tag anspricht, läuft Gefahr, in einen verbalen Kugelhagel zu geraten. Ich habe mir in den vergangenen Jahren angewöhnt, Nicola zur Begrüßung nur zuzunicken. Kommt dann ein halbwegs freundlicher Ton aus unserer Rechercheurin, traue ich mich, eine Unterhaltung mit ihr zu beginnen.

Ich nicke.

Nicola – Kapuzenpulli, Augenringe, Milchkaffee – nickt zunächst nur wortlos zurück. Ungefähr auf meiner Höhe verlangsamen sich ihre Zeitlupenbewegungen nochmals, und sie nuschelt: »Wolltest du nicht länger wegbleiben?«

»Ich freue mich auch, dich zu sehen«, sage ich.

Nicola verzieht keine Miene. Ich versuche, meine Bürokarte aus der Jackentasche zu fummeln, und hoffe, es in mein Zimmer zu schaffen, bevor sie mich beleidigt. Der Reißverschluss hakt. Nicola rührt sich nicht. Das wird ein schlechtes Ende nehmen.

»John hat mir neue Dokumente über Ronaldo gegeben«, sage ich in meiner Verzweiflung.

Nicolas Gesichtszüge werden etwas weicher.

»Über seine Steuerbetrügereien?«, fragt sie.

Nicola hat in unserem Team das umfangreichste Wissen über Ronaldos Steuerhinterziehungssystem. Sie hat sich ins spanische und irische Steuerrecht eingefuchst, hat mit zahlreichen Experten über die jeweiligen Modelle gesprochen, ist mit den Besonderheiten vieler Steueroasen vertraut. Nicola ist studierte Volkswirtin, und manchmal habe ich das Gefühl, dass sie Steuerhinterziehung persönlich nimmt. Ronaldo und seine Entourage interessieren sie jedenfalls brennend.

Ah, hier ist die Karte, ich öffne die Tür und sage zu Nicola: »Lass uns das gleich gemeinsam mit den anderen besprechen.« Ich betrete mein Büro, gehe zum Schreibtisch, schließe meinen Rechner an. Als ich meine Jacke neben die Tür hängen will, sehe ich, dass Nicola mein Zimmer ebenfalls betreten hat. Unaufgefordert, ungebeten. Sie sitzt in meinem Sessel und trinkt ihren Kaffee.

»Was sind das für Dokumente?«, fragt sie.

Manchmal habe ich Angst vor ihr. Insbesondere dann, wenn sie so eine tiefe Stimme kriegt und mir den Weg aus dem Zimmer versperrt. Sie sitzt direkt neben der Tür.

»Ich weiß es noch nicht. John hat mir gesagt, es gehe um eine Vergewaltigung«, sage ich.

Nicolas Gesicht wird wieder finster. Sehr finster.

»Wahrscheinlich will ihn jemand erpressen«, sagt sie.

Hätte ich wetten müssen, hätte ich genau auf diese Antwort gesetzt. Nicola arbeitet in unserer Dokumentationsabteilung. Sie ist diejenige, die in unserem Team nicht nur recherchiert, sondern auch prüft, ob wir unsere Arbeit sorgfältig machen. Das heißt, dass Nicola zunächst immer die Gegenperspektive zu einer Geschichte einnimmt. Sie ist das schlechte Gewissen unseres Teams. Sie argumentiert wahlweise aus der Sicht desjenigen, über den wir schreiben, oder aus der Sicht einer Richterin, die uns die Geschichte verbieten möchte.

Für Außenstehende wirkt das mitunter verstörend oder absurd – vor allem dann, wenn wir beide uns nicht einig werden und uns anschreien. Das kommt vor. Aber für uns sind Nicola und ihre Kollegen aus der Dokumentation eine Lebensversicherung. Nicola ist von allen Dokumentaren, die ich kennengelernt habe, die Schlimmste. Gleichzeitig natürlich auch die Penibelste. Ich mag sie sehr, auch wenn es bei jeder Geschichte diesen einen Moment gibt, in dem ich sie am liebsten ins Atrium werfen würde (sie sagt, es gehe ihr mit mir genauso, deshalb habe ich kein schlechtes Gewissen, das so zu formulieren).

»Vielleicht ist das so. Vielleicht ist er aber auch ein Vergewaltiger. Ich würde mir die Unterlagen zunächst einmal ansehen wollen. Lässt du mich bitte kurz alleine? Ich würde mir gerne die Mails von John durchlesen«, sage ich.

Nicola nimmt einen weiteren Schluck aus ihrer Kaffeetasse. »Von wann sind die Unterlagen?«, fragt sie. Es geht schon wieder los, sie fängt an, mich zu nerven. »Weiß ich nicht, ich habe die Unterlagen noch nicht gelesen«, sage ich patzig. »Hat die Frau irgendwelche Belege?«, fragt Nicola vollkommen ungerührt weiter. Ich überlege, einen Herzinfarkt vorzutäuschen, um diese Unterhaltung beenden zu können. »Nicola, bitte, raus hier! Ich habe das Zeug noch nicht gelesen, würde es aber gerne jetzt tun. Dafür brauche ich etwas Ruhe«, sage ich. Nicolas Augen werden wieder so klein, winzig. Wenn sie einen durch diese zwei Minischlitze fixiert, wirkt sie noch beängstigender.

»Ich hole dich in 30 Minuten zum Mittagessen ab. Dann will ich wissen, was das für Dokumente sind. Und du verteilst das Zeug nicht an die Kollegen, bevor ich's mir angucken konnte. Vergewaltigungsvorwürfe sind problematisch, selbst Gerüchte können jemanden ruinieren«, sagt Nicola. Sie steht langsam auf, fixiert mich dabei weiterhin. »Naber, raus jetzt!«, sage ich. Nicola bleibt noch kurz an der Tür stehen. »30 Minuten«, sagt sie, die Augen wieder zu Minischlitzen verengt.

Dieses Haus ist manchmal eine Irrenanstalt.

Ich öffne Johns Dokumente. Er hat sie diesmal mit drei unterschiedlichen Passwörtern verschlüsselt, keines davon ist kürzer als 25 Zeichen. Auf meinem Bildschirm erscheinen Dutzende Ordner, aber auch einzelne Dokumente, Excel-Tabellen, es ist ein unsortierter Wust aus Dateien. Das ist das Schwierige an der Arbeit mit Johns Daten: Die für uns spannenden Geschichten sind oft über ganz viele verschiedene Dokumente und Ordner verstreut. Es ist vergleichbar mit einem riesigen Puzzle, das wir aber nicht nur aus zahlreichen unterschiedlichen Steinen zusammenlegen müssen. Nein: Diese Steine sind auch noch im ganzen Haus versteckt. Manche davon liegen dann – um im Bild zu bleiben – in der Couchritze oder unterm Bücherregal, sie zu finden treibt uns manchmal in den Wahnsinn.

Ich scrolle über den Bildschirm, viele der Ordnernamen sagen mir auf den ersten Blick überhaupt nichts. Außer einem: John erwähnte bei unserem Treffen, dass die mutmaßliche Vergewaltigung in Las Vegas stattgefunden haben soll. Einer der Ordner trägt tatsächlich den Namen »Las Vegas«. Ich klicke ihn an. Mehrere Dateien ploppen auf, eine davon ist ein sechsseitiger Brief. Geschrieben hat ihn offenbar eine Frau namens Kathryn Mayorga, darauf weisen die anliegenden Unterlagen hin. Diesen Namen habe ich zuvor noch nie gehört, aber er wird mich nicht mehr loslassen.

Es ist ein Brief an Cristiano Ronaldo. Er liest sich wie eine laute, wütende Anklage.

»Ich habe immer wieder Nein, Nein, Nein, Nein geschrien und Dich angefleht, aufzuhören.«

»Ich hatte noch nie so eine Angst in meinem Leben.«

»Ich hoffe, dass Du realisierst, was Du getan hast und aus diesem schrecklichen Fehler lernst!! Nimm nie wieder einer Frau ihr Leben, so wie Du meines genommen hast!!«

Ich starre auf meinen Bildschirm, lese den Brief mehrmals. Mayorgas Sätze gehen mir bis ins Mark. Die Amerikanerin beschreibt darin detailliert eine Nacht im Jahr 2009, in der Cristiano Ronaldo sie in einem Hotel in Las Vegas vergewaltigt haben soll.

Kann das möglich sein? Meine Gedanken rasen. Ich lese den Brief noch einmal und stolpere über einen Satz, den ich zunächst übersehen habe: »Ich mache mir nichts aus Deinem Geld. Ich wollte Gerechtigkeit. Aber da ist keine Gerechtigkeit in dieser Sache.«

Welches Geld?

Und was sind das für andere Dokumente in dem Ordner? Ich sehe alle möglichen Datei-Formate, der Text in den Dokumenten ist sowohl auf Englisch als auch auf Portugiesisch. Es ist ein ziemliches Wirrwarr, das wir uns in Ruhe angucken müssen.

Es klopft. Die Wand neben meiner Tür ist etwa bis zur Hüfthöhe verglast. Ich sehe Nicolas schwarze Stiefel, die nervös hin- und her tapern. Dieser Tag wird anstrengend.

»Das kann noch keine halbe Stunde gewesen sein«, sage ich.

»Doch«, antwortet Nicola.

»Du besitzt nicht mal eine Uhr!«, entgegne ich, aber sie quetscht sich schon an mir vorbei in mein Zimmer.

»Zeig jetzt her«, zischt sie.

»Ich rufe die anderen kurz in den Datenraum, und wir besprechen das gemeinsam«, sage ich.

Aber Nicola setzt sich bereits an meinen Schreibtisch und beginnt zu lesen.

Ich verabrede am Telefon mit unseren Kollegen, dass wir uns gleich für eine Besprechung in unserem Datenraum zusammensetzen.

»Komm, wir gehen rüber«, sage ich zu Nicola. Keine Reaktion. Ich schüttle meinen Schreibtischstuhl, ihre Locken fliegen hin und her, aber sie steht einfach nicht auf. Ich überlege kurz, meinen Laptop vom Strom abzustöpseln und zu gehen.

»Wieso hast du die schon alle informiert? Ich habe doch gesagt, dass ich das zunächst alleine lesen will«, sagt Nicola.

»Das ist mir entfallen«, antworte ich.

Nicola dreht ihren Kopf ganz langsam in meine Richtung, und ich muss unweigerlich an die Teufelsaustreibungsszene im Film »Der Exorzismus von Emily Rose« denken. Uff, ich habe wirklich manchmal Angst vor ihr.

»Was habt ihr Spannendes?«, ruft Christoph Winterbach in mein Büro. Er ist ein fröhlicher Mensch, 28 Jahre alt, wir haben ihn 2016 für unser Football-Leaks-Projekt als Praktikanten ins Team geholt, weil er einen datenjournalistischen Hintergrund hat. Christoph hat seine Sache so gut gemacht, dass er mittlerweile einen festen Redakteursvertrag beim SPIEGEL hat und eine der besten Datenfräsen ist, die ich kenne. Außerdem hört er bei uns eigentlich schon länger nicht mehr auf den Vornamen, den ihm seine Eltern gegeben haben. Während der Arbeit an den Football Leaks hat sich herauskristallisiert, dass er ein herausragendes Englisch spricht, was ihm den Spitznamen »Oxford« eingebracht hat. Mittlerweile nennen ihn alle im Team nur noch »Ox«.

Ox' Fröhlichkeit endet abrupt, als Nicola an ihm vorbei aus dem Zimmer trampelt.

»Oje«, sagt er und weicht ein ganzes Stück zurück.

Der Datenraum ist unser Heiligtum, ein extra für dieses Projekt entwickelter Sicherheitsraum. Nur wenige Personen haben Zutritt. Die Computer dort sind nicht an das Firmennetz angeschlossen, haben eigene Server, aber im Internet surfen kann man mit ihnen nicht. Wir versuchen, das Risiko eines möglichen Hackerangriffs so klein wie möglich zu halten. Wer weiß schon, wer sich da draußen für die Football Leaks oder unsere Arbeit interessiert.

Im Datenraum haben wir in den vergangenen Monaten unzählige Stunden verbracht. Auf unsere Software Intella, auf die wir alle Daten von John einspielen, können wir nur von dort zugreifen. Hier sitzen wir und versuchen, all die Firmen, Personen, Korrespondenzen, die wir in den Daten finden, miteinander in Verbindung zu setzen. Mit Intella ließ sich Cristiano Ronaldos verzwicktes Firmengeflecht entschlüsseln, mit dem er am Ende fast 150 Millionen Euro über die British Virgin Islands auf Schweizer Banken geschafft hatte.

Mittlerweile hat jeder im Datenraum seinen mehr oder minder festen Platz. Christoph und Michael sitzen sich vor den Fenstern gegenüber. Nicolas Stammplatz ist links neben der Tür, man kann ihren Tisch vor lauter Ausdrucken und Ordnern kaum noch sehen.

Ich räuspere mich, versuche aus dem Augenwinkel zu erkennen, was Nicola treibt. Sie knibbelt am Etikett einer Wasserflasche.

»Ich habe neues Material von John mitgebracht. Darin finden sich Hinweise darauf, dass Cristiano Ronaldo eine Frau vergewaltigt haben könnte«, sage ich.

»›Haben könnte‹, ich hoffe, das habt ihr alle richtig gehört«, zischt Nicola aus ihrer Ecke.

Ich erzähle von dem Brief, von Kathryn Mayorga, von ihren anprangernden Sätzen. Und davon, dass sie eine Geldzahlung erwähnt. Ich erzähle von den vielen Dokumenten und dass ich glaube, dass es sinnvoll wäre, wenn wir dieses Thema im Team angingen, da solche Recherchen äußerst kompliziert seien und es hilft, von Anfang an genügend gute Kollegen mit einzubeziehen. Vor allem solche, die hinter solch heiklen Stoffen nicht nur eine schnelle Story sehen, sondern ein ausgeprägtes Verantwortungsgefühl haben, um die Recherchen immer wieder kritisch zu hinterfragen.

»Wir sollten als nächstes die IT anrufen, damit die Dokumente auf Intella aufgespielt werden. Danach sollten wir lesen«, sage ich.

»Hast du in den Dokumenten irgendwas dazu gesehen, was Ronaldo über die Nacht sagt?«, fragt Michael mich.

»Nein, ich hatte nicht genug Zeit, um mir das genauer anzusehen«, antworte ich und wähle parallel die Nummer von Stephan Heffner. Unser IT-Chef fürs Investigative ist ein ernster, extrem verlässlicher und klarer Kollege. »Stephan, wir bräuchten deine Hilfe, es gibt eine neue Lieferung«, sage ich und höre als Antwort ein kurzes »Komme«. Wenige Minuten später betritt Stephan den Raum, wir gehen zusammen in mein Büro, ich übergebe ihm die Platte und die Passwörter. »Stephan, das ist sehr sensibles Material. Sobald es bei Intella aufgespielt ist, sagst du mir bitte Bescheid. Nur mir. Ich informiere dann die Leute, die es angeht.«

»Eh klar«, sagt Stephan und steckt die Passwörter in die Brusttasche seines Hemdes.

DIE NACHT

Drei lange Tage dauert es, um die Daten auf unsere Systeme zu spielen. »Es gibt viele große Dateien, dadurch die Verzögerung«, sagt Stephan. Christoph ist der Erste, der den Datenraum betritt und wortlos an seinen Arbeitsplatz geht. Er hat die große Gabe, sich auf den Punkt konzentrieren zu können und stundenlang diesen Zustand beizubehalten. Für solch komplizierte Suchvorgänge, bei denen sich vor einem am Bildschirm auch viel unnützer, teilweise belanglos-langweiliger Schriftverkehr auftut, ist eine stabile Konzentrationsfähigkeit ein sehr hohes Gut. Michael und Nicola machen sich ebenfalls an die Arbeit und durchforsten das Material.

Die ersten Stunden in einer neuen Lieferung von John zu stöbern, ist immer aufregend. Niemand von uns weiß im Vorfeld, was sich auf den Platten befindet. Oft habe ich bei meinen Besuchen bei John nicht die Möglichkeit, um detailliert mit ihm über die Inhalte zu sprechen, stattdessen wirft er mir ein oder zwei Stichworte zu, was aus seiner Sicht in dem Material interessant sein könnte. Doch wir finden dann in den Tiefen der Dateien noch viele andere Dinge, die uns anschließend oft Wochen und Monate beschäftigen.

Diesmal beneide ich meine Kollegen sehr. Denn während sie in diese spannenden Unterlagen eintauchen können, muss ich den Datenraum verlassen. Ich habe noch eine andere Geschichte auf dem Schreibtisch, die in wenigen Tagen im SPIEGEL erscheinen soll, erst danach kann ich mich wieder mit den Football Leaks beschäftigen. Diese Zerrissenheit zwischen der Alltagsarbeit und einem solchen Langzeitprojekt ist nicht immer einfach. Aber wir können auch nicht jahrelang nur an den Football Leaks arbeiten, wir würden sonst in der Zwischenzeit viele unserer früheren Quellen und Informanten verlieren. Das sind die Momente, in denen sich dieses Projekt anfühlt, als würden wir einen Spagat versuchen, der viel zu oft in gezerrten Muskeln endet.

Um kurz nach ein Uhr in der Nacht verlasse ich mein Büro, im Datenraum ist noch immer das Licht an. Ich öffne die Tür und sehe Christoph hinter mehreren Stapeln Papier. Nicola reagiert überhaupt nicht auf mich, aber ihre beiden Monitore sind komplett voll mit Suchergebnissen und Tabellen.

»Geht nach Hause, morgen ist auch noch ein Tag«, sage ich.

Christoph guckt mich an und antwortet: »Das ist wirklich irre. Der ganze Fall ist irre. Ich kapiere das noch nicht ganz.«

Nicola gibt einen Laut von sich, den ich nicht zuordnen kann, aber ich bin zu müde, um nachzufragen.

»Wir quatschen morgen, ich bin ab acht wieder hier«, sage ich.

Der nächste Tag beginnt mit einem dicken Ordner. Christoph

hat ihn fein säuberlich nach Datum sortiert. Er beeindruckt mich immer wieder. Ich ziehe mich in mein Büro zurück. Keiner meiner Kollegen ist bisher im Haus, ich mag die morgendliche Stille dieses großen SPIEGEL-Gebäudes. Ich wühle mich etwa zwei Stunden lang durch die Unterlagen und bekomme zumindest einen groben Überblick über den Ablauf der fraglichen Nacht. Christoph hat nicht übertrieben: Das alles ist irre.

Demnach war Cristiano Ronaldo im Sommer 2009 mit seinem Cousin und seinem Schwager in Las Vegas. Es war der Sommer, als der Superstar für die damalige Rekordablösesumme von 94 Millionen Euro von Manchester United zu Real Madrid wechselte. Ein guter Grund, um ein paar Tage in den Staaten abzuschalten.

Am Abend des 12. Juni, einem Freitag, geht Ronaldo in Las Vegas mit seinen Begleitern aus. Sie feiern in einem Nachtclub. Im abgetrennten VIP-Bereich trifft Ronaldo Kathryn Mayorga. Nicola hat in Boulevardzeitungen Paparazzi-Fotos von dem Abend gefunden, die Begegnung der beiden wurde offenbar festgehalten, auch wenn der Name von Kathryn Mayorga nirgendwo auftaucht. Christoph und Nicola haben diese Paparazzi-Fotos aber mit den Social-Media-Profilen von Mayorga abgeglichen, es ist ein- und dieselbe Person. Ich sehe zum ersten Mal das Gesicht von Kathryn Mayorga. Sie ist eine attraktive, junge Frau. Typ Model, braune, lange Haare, sie lacht auf den Fotos, es sieht aus, als würden Ronaldo und sie flirten. Auf einem der Bilder hat sie ihre Hand auf seinem Oberarm.

Den weiteren Verlauf der Partynacht schildert Mayorga in dem Brief, den sie später an Ronaldo schreibt: Sie habe ihm ihre Mobilnummer gegeben. Er habe sie kurz darauf angerufen und zu einer Feier eingeladen. Mit einer Freundin sei sie in sein Penthouse gegangen. Als sie und ihre Begleiterin dort angekommen seien, sollen Ronaldo und seine Freunde in den Jacuzzi gestiegen sein. Er habe Mayorga Badesachen angeboten. Als sie sich im angrenzenden Badezimmer umgezogen habe, sei er ihr gefolgt. Sie hätten sich geküsst. Ronaldo, so schreibt es Mayorga, sei das nicht genug gewesen. Sie habe aber zu den anderen zurückgewollt. Er habe sie gepackt und in seinem Schlafzimmer aufs Bett gelegt. Sie habe versucht, sich mit beiden Händen zu schützen. Ronaldo soll sie dann anal vergewaltigt haben.

Als es vorbei gewesen sei, soll er sich noch an sie gewandt haben. Er sei zu 99 Prozent kein schlechter Kerl, soll er gesagt haben, das eine Prozent könne er sich nicht erklären. Mayorga erwähnt in ihrem Brief auch »Medical Records«, ärztliche Unterlagen, in denen die Verletzungen aufgeführt seien, die ihr Ronaldo zugefügt haben soll.

Mayorga nimmt sich eine Anwältin: die Juristin Mary S. (Name geändert). Mitte Juli meldet sich S. bei Ronaldos Seite in England. Sie vertrete eine Klägerin in Las Vegas in einer Sache gegen den Fußballer. Der Jurist in London leitet die Mail weiter an den Ronaldo-Anwalt Carlos Osório de Castro in Portugal.

»Um was könnte es hier gehen?«, schreibt er. Osório de Castro antwortet: »Keine Idee. Aber CR war kürzlich in Las Vegas.«

Ende Juli ist klar, dass es sich um etwas Brisantes handelt. Inzwischen sind mehrere Anwälte mit dem Fall befasst, darunter einer aus Kalifornien, der schon viele Prominente vor Gericht vertreten hat. Die Anwälte Ronaldos tauschen sich aus, wie am besten vorzugehen sei. Einer schreibt in einer Mail, man müsse die Hotelsuite, in der die mutmaßliche Vergewaltigung passiert sein soll, in Augenschein nehmen, um sich ein Bild vom vermeintlichen Tatort zu machen.

Die Anwälte erstellen einen Katalog mit 274 Fragen an Ronaldo. Er soll sie mündlich, nicht schriftlich beantworten. Kathryn Mayorga bekommt in dem Manuskript das Kürzel »Ms. C«.

Frage 60: »Wie waren die Umstände der ersten Begegnung mit Ms. C?«

Frage 80: »Nahm Ms. C früher am Abend Drogen?«

Frage 141: »Welcher Art war der erste körperliche Kontakt zwischen Ihnen und Ms. C, nachdem Sie den Jacuzzi-Bereich verlassen hatten?«

Frage 152: »Kam es zu einer sexuellen Penetration?«

Frage 158: »Gab es irgendeine Rohheit in Ihrem sexuellen Verhalten?«

Frage 163: »Hat Ms. C gerufen oder geschrien?«

Frage 165: »Hat Ms. C Wörter wie ›Stopp‹ oder ›Nein‹ oder ›Nicht‹ oder Ähnliches gesagt?«

Es folgt eine fett gedruckte Notiz der Anwälte. »Ms. Cs Anwältin erzählte uns, dass ihre Klientin gesagt habe, Sie hätten sich nach dem Sex vielmals bei ihr entschuldigt.«

Frage 190: »Haben Sie sich bei ihr entschuldigt oder ihr gesagt, dass es Ihnen leidtue, nachdem Sie Geschlechtsverkehr hatten?«

Frage 270: »In welcher körperlichen und mentalen Verfassung verließ Ms. C das Hotelzimmer?«

Die Fragen der Anwälte an Ronaldo drehen sich sehr oft auch um eine blonde Frau, die Mayorga in jener Nacht begleitet hat, auch in Ronaldos Appartement. Sie ist eine wichtige Zeugin.

In den Football-Leaks-Dokumenten findet sich auch ein Vermerk, aus dem hervorgeht, wie sich Ronaldo möglicherweise gegenüber seinem Anwalt Osório de Castro über die Nacht in Las Vegas geäußert haben soll. Demnach habe Ronaldo Sex mit Mayorga gehabt. Er sei anschließend zu Bett gegangen. Sie sei zum Jacuzzi zurückgekehrt. Es habe keine Anzeichen dafür gegeben, dass es ihr nicht gut ginge.

Mayorgas Anwältin und Ronaldos Verteidiger schicken sich zahlreiche Mails hin und her, das sehen wir auch in unseren Unterlagen. Im Herbst 2009 beginnen demnach erste Verhandlungen über eine außergerichtliche Einigung. In den USA werden Fälle sexueller Gewalt oft durch sogenannte Settlements beigelegt, bei denen sich Opfer und Täter einigen, ohne dass es zu einem Prozess kommt.

Nicola hatte mir bereits in der Nacht zahlreiche Fakten zum allgemeinen US-Rechtsverständnis sowie zur Verbindlichkeit und Problematik von Settlements zugemailt. Nach Mord ist Vergewaltigung in Nevada, dem US-Bundesstaat, in dem Las Vegas liegt, das schwerste Verbrechen. Wird man verurteilt, droht lebenslange Haft. Für eine Verurteilung muss die Schuld allerdings mit an Sicherheit grenzender Wahrscheinlichkeit feststehen – und das ist gerade bei Sexualdelikten schwierig. Oft steht Aussage gegen Aussage.

Viele Opfer strengen statt eines Strafverfahrens ein Zivilverfahren an. Dabei geht es nicht darum, den mutmaßlichen Täter
zu bestrafen, sondern das Opfer finanziell zu entschädigen. Die
Beweislast ist in solch einem Prozess deutlich geringer. Es muss
nur zu mehr als 50 Prozent wahrscheinlich sein, dass der mutmaßliche Täter die Tat begangen hat.

Ein Zivilverfahren hat aber auch Nachteile. Zwar kann das Opfer
beantragen, dass der Fall unter Pseudonym verhandelt wird, dennoch ist er öffentlich, und natürlich gibt es dann keine Sicherheit,
dass die Anonymität gewahrt bleibt.

Deshalb entscheiden sich viele Opfer dafür, den Fall außergerichtlich zu klären, zum Beispiel im Rahmen einer Mediation, bei
der eine neutrale Person vermittelt. Am Ende steht eine Vergleichs-
vereinbarung, ein Settlement.

Ein solches Prozedere kann vorteilhaft sein, für beide Seiten. So
können die Identitäten mutmaßlicher Täter und Opfer geschützt
werden. Das Ganze dauert nicht so lange wie ein Prozess. Die belastenden Details der Vergewaltigung müssen nicht zwingend vorgetragen werden.

Im Fall Mayorga versus Ronaldo vergehen einige Monate, bis
es zu einem Mediationstermin kommt. Im Dezember 2009 wird
Osório de Castro darüber informiert, dass Kathryn Mayorga plane,
sich mit einem Polizisten zu treffen – und dieser Ermittler wolle
auch ihre Freundin, die Zeugin, sprechen.

Osório de Castro drängt seine US-Kollegen: »Die Uhr tickt, wir
müssen entscheiden, wie wir weiter vorgehen. Und wir müssen uns
auf eine Schlacht vorbereiten, so oder so.«

Am 12. Januar 2010 kommt es zu einem Treffen der Parteien.
Auch der Mediator ist anwesend. Ronaldo nicht. Kathryn Mayorga
soll darüber bestürzt gewesen sein.

Nach »einem langen Verhandlungstag«, wie einer der Juristen
später notiert, einigen sich die Parteien dann auf das Settlement.
Die Summe, die Ronaldo an Mayorga bezahlen soll, wird in der
Settlement Memorialization eingetragen: 375 000 Dollar.

Laut dieser Vereinbarung, die elf Klauseln enthält, verpflichtet sich Mayorga, über das, was in dem Schlafzimmer passiert sein soll, für immer zu schweigen. Sie verpflichtet sich, alle Tatvorwürfe fallenzulassen. In dem Dokument hat Mayorga das Kürzel »Ms. P«, Ronaldo ist »Mr. D«. In Klausel Nummer acht heißt es: »Ms. P willigt ein, Mr. D die Vornamen aller Personen zur Verfügung zu stellen, denen sie vom Vorwurf der Vergewaltigung erzählt hat und denen sie die Identität von Mr. D preisgegeben hat ... Außerdem erklärt sie, dass es keine weiteren Personen gibt, denen sie von den Vorgängen erzählt hat.«

In Klausel Nummer vier wird festgelegt, was sie zu tun hat, wenn sie von Dritten auf die Vorgänge im Juni 2009 angesprochen wird. Sie habe darauf »nichts zu erwidern«. Sollte man sie auf der Straße ansprechen, habe sie »weiterzugehen«. In Klausel Nummer elf heißt es: »Ms. P wird versichern, dass sie sämtliche elektronischen und schriftlichen Aufzeichnungen, die infolge des angeblichen Vorgangs entstanden sind, unwiderruflich zerstört hat.«

Wenn sie gegen die Vereinbarungen verstößt, muss sie das Geld zurückzahlen. Sollte Ronaldo aus einer Indiskretion Schaden entstehen, müsste sie auch dafür aufkommen.

Der Brief, den Mayorga an Ronaldo verfasst hat, ist ebenfalls ein Bestandteil der außergerichtlichen Einigung. In Klausel 10 heißt es, das Schreiben müsse Ronaldo von seinem Anwalt Osório de Castro vorgelesen werden.

Bis in die Sommermonate 2010 hinein verfeinern die Anwälte die Einigung, sie feilschen um Absätze, Klauseln und Formulierungen. Es geht zum Beispiel darum, wie sich Mayorga in ihrer Therapie zu verhalten habe. Die Ronaldo-Anwälte drängen darauf, dass sie nicht an Gruppensitzungen teilnehmen und Therapeuten nicht den Namen Ronaldos offenbaren dürfe.

Nicht einmal schimpfen, so fordern es die US-Anwälte, dürfe Mayorga über Ronaldo. Und sie solle auch nicht im Kreis ihrer Familie über ihn sprechen. »Dem Ärger Luft zu machen und zu lästern«, schreibt einer der Anwälte in einer Mail, »würde eine schwer zu kontrollierende Stimmung erzeugen.«

Ronaldos Truppe ist darauf bedacht, jede Möglichkeit des

Geheimnisverrats auszuschließen. So geht es zum Beispiel auch um die Frage, wie Mayorga die Einigungssumme versteuern könnte. Täte sie dies nicht, fürchten die Juristen, könnte sich die US-Steuerbehörde für die Geldsumme auf ihrem Konto interessieren, und Mayorga müsste erklären, wofür sie das Geld erhalten habe. Ronaldos Anwälte diskutieren, die 375 000 Dollar über eine Firma fließen zu lassen, die normalerweise die Werberechte für Ronaldo verkauft. Wir kennen die Firma zur Genüge aus Ronaldos Steuerdokumenten. Sie war Teil des Steuerbetrugssystems.

Am 31. Juli 2010 gibt Osório de Castro schließlich grünes Licht zu der Einigung, die von den US-Anwälten ausgehandelt wurde. Die Auseinandersetzung um die Nacht im Palms Place Hotel sollte mit diesem Schriftstück ausgelöscht, aus der Welt geschafft werden. Was vom 12. auf den 13. Juni 2009 in Las Vegas geschah, sollte für Cristiano Ronaldo keine Rolle mehr spielen. Es sollte die Nacht im Leben des berühmten Fußballers sein, die es nie gegeben hat. Die es nicht geben darf.

Es ist die Frage, ob es klug ist, dass Streitigkeiten und Anschuldigungen dieses Ausmaßes nicht vor Gericht geklärt werden. Kann es gut ausgehen, wenn die Justiz übergangen wird und sich Beteiligte durch eine Geldzahlung aus der Affäre ziehen?

In Deutschland müssen mutmaßliche Verbrechen, wenn sie einmal bei der Polizei aktenkundig werden, aufgeklärt werden. Zumindest müssen es die Behörden versuchen. Je weiter man sich von diesem Grundsatz entfernt, desto stärker wiegt der Verdacht, dass Wohlhabende sich nicht nur Topanwälte leisten, sondern auch Verfehlungen einfach wegverhandeln können.

Kathryn Mayorgas Brief an Ronaldo endet mit einem »PS«. Sie bedauere es, sich auf die Einigung eingelassen zu haben, schreibt sie in gefetteten Buchstaben: »Heute würde ich meine Entscheidung zurücknehmen!! Es ist ein Jahr vergangen, seit Du mich vergewaltigt hast.«

Ich schreibe eine Mail an meine Kollegen und bitte sie, dass wir uns zur Lagebesprechung im Datenraum treffen.

Wir müssen überlegen, wie wir weiter vorgehen wollen. Vor

allem: Was machen wir mit diesem Brief? Der Inhalt des Schreibens ist heikel, er kann den Ruf eines Mannes beschädigen, der zu den Weltstars des Sports gehört. Wenn die weitere Recherche nicht noch Dinge zutage fördert, die die Glaubhaftigkeit der Geschichte von Kathryn Mayorga erschüttern, muss sie jedoch erzählt werden. Denn sie wirft ein Schlaglicht auf eine Gesellschaft, in der sich manche Menschen offenbar fast alles leisten können. Sie berichtet von einem bislang unbekannten Teil der großen Cristiano-Ronaldo-Story. Einer Heldensaga, die düsterer zu sein scheint, als viele seiner Fans denken.

FRAGEN

»Wieso hat Ronaldo Mayorga bezahlt, wenn es angeblich einvernehmlicher Sex war?«, fragt Michael. Er war sieben Jahre lang Sport-Ressortleiter beim SPIEGEL, seine Meinung hat viel Gewicht. Er stellt die Frage, die viele von uns nach der Lektüre beschäftigt.

»Vielleicht wollte er einfach keinen öffentlichen Prozess. Die werden in den USA echt schmutzig ausgetragen. Alle sexuellen Vorlieben, frühere Affären und viele andere sehr private Dinge werden dann vor den Augen und Ohren aller besprochen. Viele Promis versuchen, das mit solchen Settlements zu umgehen«, sagt Nicola.

Diese Art der außergerichtlichen Einigungen wird in den nächsten Monaten noch häufiger öffentlich kritisiert werden. Selbst US-Präsident Donald Trumps angebliche Affäre mit der Pornodarstellerin Stormy Daniels sollte durch ein solches Schweigeabkommen aus der Öffentlichkeit gehalten werden. Es gelang nur mäßig. Anschließend gab es in den USA eine Debatte darüber, ob solche Verschwiegenheitsabkommen nicht das Grundrecht auf Redefreiheit beschneiden würden.

»Mich interessiert, warum Ronaldo solch eine Zahlung scheinbar über eine Firma vornehmen lässt, die eigentlich seine Werbegelder verwalten soll. Das würde bedeuten, dass seine Sponsoren eine Zahlung für eine mögliche Vergewaltigung übernehmen.

Geschmackloser geht's nicht. Und ist das überhaupt versteuertes Geld?«, fragt Nicola.

Sehr gut, sie fängt an, sich in die Geschichte hineinzudenken. Das ist wichtig, weil Nicola dann beginnt, Dinge in Recherchen zu finden, auf die wir anderen oft nicht auf Anhieb kommen.

»Wieso haben die ausgerechnet diesen Mediator genommen? Ronaldos Anwälte schreiben, dass sie ihn kennen würden. Und wie hat Mayorgas Familie auf das alles reagiert? Über die Eltern habe ich bislang noch nichts gelesen«, fragt Christoph.

»Wir müssen den ganzen Background der Frau checken. Ausbildung, Beruf, Freundeskreis, Schulden, Vorstrafenregister. Das wird richtig Arbeit. Aber wir müssen ihre Glaubwürdigkeit so gründlich wie möglich prüfen«, sagt Nicola.

Wir beschließen, dass wir diese Fragen unbedingt auch vor Ort recherchieren sollten und nach Las Vegas fliegen müssen. Wir wollen versuchen, mit Kathryn Mayorga zu sprechen. Zwar wissen wir, dass sie das nicht darf, weil sie das Schweigeabkommen unterzeichnet hat. Der Schadenersatz, den sie Ronaldo bei einem Verstoß möglicherweise zahlen müsste, ginge schnell in die Millionen. Aber als Journalisten können wir Mayorga besonderen Schutz anbieten. Denn wir haben die gesetzlich geregelte Möglichkeit, uns auf unser Zeugnisverweigerungsrecht zu berufen. Dadurch müssen wir sogar vor Gericht die Identität unserer Gesprächspartner nicht preisgeben. Sollte Mayorga doch mit uns reden wollen, könnten wir ihr also volle Anonymität zusichern.

Wir wissen aus den Dokumenten außerdem von zahlreichen weiteren Personen, mit denen Mayorga vor Unterzeichnung des Schweigeabkommens über die betreffende Nacht gesprochen hat. Ihre Eltern, ihr Bruder, Freunde. Auch mit diesen Personen werden wir versuchen, Kontakt aufzunehmen.

Eine SPIEGEL-Kollegin, die schon häufig zu sexueller Gewalt recherchiert hat und sehr erfahren ist im Umgang mit traumatisierten Menschen, befindet sich zufällig gerade in den USA. Wir werden sie bitten, uns zu unterstützen.

»Ich werde auch mitfliegen«, sage ich. Ich muss ein Gefühl für

Kathryn Mayorga bekommen. Würden wir hier etwa einer Erpresserin aufsitzen, wäre dies eine Katastrophe. Ein solcher Verdacht bliebe für immer an Cristiano Ronaldo hängen. Wir haben zudem eine Verantwortung gegenüber John und den Football Leaks. Das Projekt hat mittlerweile eine enorme Fallhöhe, es ist in den vergangenen Monaten zu einer echten Marke geworden. Einer Marke, die ganz eng verbunden ist mit dem gesamten SPIEGEL. Jeder Fehler würde uns massiv um die Ohren fliegen.

Wir legen uns einen Schlachtplan zurecht. Nicola und Christoph werden sich um die Social-Media-Profile Mayorgas und ihrer Freundin, die mit ihr in der Suite war, kümmern. Wir wissen aktuell noch nicht, wo Mayorga und ihre Familie wohnen, haben noch keine Telefonnummern von ihr. Gleiches gilt für ihre damalige Anwältin sowie für Ronaldos Verteidiger. Auch die Kontaktdetails des Mediators müssen wir herausfinden. Michael will auflisten, welche Dokumente uns noch fehlen. Mayorga erwähnte in ihrem Brief ein medizinisches Gutachten, in den E-Mails war von einer Kontaktaufnahme mit der Polizei die Rede. Hat sie Ronaldo angezeigt? Wenn ja, müsste es dazu Papiere geben.

Für eine solche Rekonstruktion eines möglichen Sexualverbrechens, bei dem die beteiligten Personen unterschiedliche Versionen der Ereignisse berichten, versuchen wir auch, so viele belastbare Belege wie möglich zu finden. Das können Schriftstücke sein, aber auch Videoaufnahmen oder eidesstaatliche Versicherungen von Zeugen.

Es ist immer der Beginn einer Recherche, der ein besonderes Kribbeln bei mir auslöst. Nicht unbedingt ein nur positives Kribbeln. Wie werden die Menschen auf uns reagieren? In diesem Fall gehe ich davon aus, dass wir auch eine sogenannte Straßenrecherche betreiben müssen. Dabei klingeln wir an den Haustüren und fragen die Leute, ob wir kurz mit ihnen sprechen dürften. Ich mag das nicht wirklich, weil ich immer das Gefühl habe, dass ich ungebeten in das Leben Fremder eindringe. Auf der anderen Seite lernt man als Reporter früh, dass diese Form der Recherche oft unausweichlich ist und dass, wenn man sich an den Türen seriös und nicht zu aufdringlich präsentiert, das Klingeln bei Fremden auch halb so wild ist. Für beide Seiten.

Aber der Gedanke, bei einer Person zu klingeln, die womöglich vor über acht Jahren vergewaltigt wurde und laut Settlement darüber nicht mehr sprechen darf, macht mich nicht ruhiger. Was wird wohl in Kathryn Mayorgas Kopf vorgehen, wenn sie hört, dass gerade ihr Fall durch einen unglaublichen Zufall bei uns, bei der Presse, gelandet ist? Nach all den Jahren des Schweigens. Von Football Leaks wird sie wahrscheinlich als US-Amerikanerin noch nie gehört haben. Oder verfolgt sie wohl die Berichterstattung über Ronaldo? Dann kennt sie vielleicht unsere Steuergeschichten über ihn?

Ich denke wieder an ihren Brief. Mayorga schreibt dort, dass sie das Abkommen bereue: »Ich wünschte, ich könnte der Welt erzählen, wer Du wirklich bist (…) ein Vergewaltiger!«

VERSCHLOSSENE TÜREN

In Las Vegas war ich noch nie. Jeder kennt die Stadt aus Filmen und Serien, meist bleiben die vielen Casinos, die glamourösen Shows und die Spontan-Hochzeiten im Gedächtnis. Ob die Stadt wirklich so vielfältig und durchgeknallt ist? Ich bin sehr gespannt, wie der Strip, die weltberühmte Casino- und Hotel-Meile, tatsächlich aussieht.

Dort werden wir auch ganz sicher aufschlagen. Denn das Hotel, in dem Ronaldo Mayorga vergewaltigt haben soll, gehört zu einer der schillerndsten Locations der Stadt. 2009 war der Hotel- und Casinokomplex des Palms sogar die In-Adresse schlechthin in Las Vegas. Michael Jackson hat hier gewohnt, die MTV Video Music Awards wurden hier verliehen, das hauseigene Tonstudio nutzten Stars wie Whitney Houston, Lady Gaga und Usher.

Das Appartement 57306, jenes Penthouse, in dem Ronaldo logierte, kostet 2017 rund 1000 Dollar die Nacht. Zur Ausstattung gehören eine Küche, ein großes Wohnzimmer, zwei Schlafzimmer mit Kingsize-Betten und angrenzenden Luxusbädern. Der Clou ist ein Jacuzzi auf dem Balkon, von dem aus man über die Skyline der Stadt blicken kann. Den Jacuzzi erwähnt Mayorga auch in ihrem Brief. Ronaldo bewohnte die glamouröse Suite für mehrere Tage.

Während des Fluges nach Las Vegas blättere ich in dem Ordner, den mir Christoph und Nicola zusammengestellt haben. Darin sind auch Fotos der Suite enthalten. Der Ausblick vom Jacuzzi sieht wirklich beeindruckend aus. Wir werden versuchen müssen, irgendwie in dieses Zimmer zu kommen, um ein Gefühl für die Räume und für die Distanzen zwischen dem Pool, dem Schlafzimmer und der Ausgangstür zu bekommen. Denn uns stellt sich die Frage: Konnte irgendjemand Kathryn Mayorga und Ronaldo möglicherweise hören oder sehen?

Ich lande am frühen Abend in Sin City, wie Las Vegas auch genannt wird, Stadt der Sünde. Aus dem Flugzeug sieht Las Vegas aus wie ein Schwarm Glühwürmchen, die zu viele Energydrinks intus haben. Die vielen Lichter der Hochhäuser blinken und blitzen, Leuchtreklame scheint hier ebenfalls ziemlich angesagt zu sein.

Meine Kollegin ist schon vor mir in Las Vegas eingetroffen. Wir wollen zunächst nur einige Tage bleiben. Christoph und Nicola haben uns Adressen von Kathryn Mayorga und ihren Familienmitgliedern herausgesucht sowie von der Frau, die mit ihr in der fraglichen Juni-Nacht 2009 in Ronaldos Appartement war.

Ich bin immer wieder erstaunt, wie viel wir über Menschen im Internet herausfinden können, selbst wenn wir lediglich ihren Vor- und Nachnamen kennen. Insbesondere Nicola und Christoph sind bei solchen Online-Suchen extrem stark, sie fertigen Organigramme und Beziehungsraster an. Die Ordner, die sie zusammenstellen, sind oftmals regelrechte Persönlichkeitsprofile.

Wir nehmen uns vor, mit allen Personen zu sprechen, die laut unseren Unterlagen von der mutmaßlichen Vergewaltigung gewusst haben sollen. Zudem wollen wir Kontakt aufnehmen mit dem damals behandelnden Krankenhaus sowie mit der Polizei. Im Juni 2009 war Kathryn Mayorga verheiratet. Welche Rolle ihr Ehemann, von dem sie inzwischen geschieden ist, damals in ihrem

Leben spielte, ist unklar. Er wird in den Dokumenten und den zahlreichen E-Mails, die uns vorliegen, kaum erwähnt. Auch mit ihm wollen wir sprechen.

Es gibt viel zu tun.

Ich hole meinen Mietwagen ab und fahre zu unserem Haus. Wir haben uns etwas außerhalb des Haupttrummels einquartiert, hier können wir in Ruhe arbeiten. Die kommenden Tage werden anstrengend, Las Vegas ist nicht gerade zu Fuß zu erkunden. Wir haben einige Orte auf unserem Plan, die ziemlich weit auseinanderliegen. Das werden viele Stunden im Auto.

Meine Kollegin und ich werden in den kommenden Tagen teilweise gemeinsam, teilweise getrennt die jeweiligen Orte und Personen abfahren. Wir schreiben Mails oder Nachrichten und bitten um Gesprächstermine. Aber kaum jemand antwortet uns. Das ist schon mal ein Vorgeschmack auf die kommenden Tage, die in mir vor allem ein Gefühl erzeugen werden: Frust.

Der Besuch bei Kathryn Mayorgas früherer Anwältin Mary S. ist da keine Ausnahme. Ihr Kanzleigebäude ist umgeben von abgeranzten Casinos und sehr vielen Betonungetümen. Es ist keine dieser Riesenkanzleien, hier arbeiten keine Promiverteidiger. Als Mayorga Mary S. mandatierte, lag der Arbeitsschwerpunkt der Verteidigerin auf Rechtsstreitigkeiten im Straßenverkehr. Eine der Fragen, die uns umtreibt: Wie ist Mayorga auf Mary S. gekommen? Aber die wichtigste Frage: Wieso hat die Anwältin Mayorga nicht von dem Settlement abgehalten?

Doch bevor wir ins Detail gehen, wollen wir zunächst von S. hören, wie der Fall aus ihrer Sicht genau abgelaufen ist. Uns ist schon klar, dass Anwälte grundsätzlich nicht über Mandanten sprechen dürfen, sofern diese sie dazu nicht autorisiert haben. Mayorga kann es S. eigentlich nicht erlauben, weil es das Settlement gibt, das sie zum Schweigen verpflichtet. Wir wollen es trotzdem versuchen, weil es manchmal irgendeine Fügung gibt, die für uns hilfreich sein kann. Beispielsweise könnte es sein, dass Mayorga in den vergangenen Jahren nochmal juristisch gegen das Schweigeabkommen vorgegangen ist. Vielleicht ist es mittlerweile aufgehoben?

Das Interessante und zugleich Problematische an Johns Dokumenten ist, dass sie immer nur einen Ausschnitt des Lebens darstellen. Sie decken oft nur eine bestimmte Zeitspanne ab. Zumeist wissen wir nicht: Was ist vor und nach dieser Phase passiert?

Im Treppenhaus der Kanzlei, für die S. arbeitet, riecht es etwas unangenehm. Oben sehen wir den Grund: Die Toilette ist direkt neben der Eingangstür. Am Empfang stellen wir uns vor und erklären, dass wir gerne mit S. sprechen würden, aber keinen Termin hätten. Wir werden in den Wartebereich gebeten, der bis auf eine Person vollkommen leer ist. Es dauert ungefähr 45 Minuten, bis S. am Tresen vorbeihuscht. Wir springen auf und laufen ihr hinterher. Wir fragen S., ob wir kurz mit ihr reden dürften, aber sie macht eine abwehrende Geste mit ihrer Hand und sagt, dass wir keinen Termin hätten und gehen sollten. Sie läuft eine weitere Treppe hinauf und ist weg. Die Frau vom Empfang kommt ins Treppenhaus und bittet uns, die Kanzlei zu verlassen. Wir gehen davon aus, dass S. unsere Mails gelesen hat, aber nicht mit uns reden will. Wir gehen zurück zum Auto.

Recherchen wie diese laufen oft nach dem gleichen Muster ab: Wir klopfen das Umfeld unserer Hauptperson ab und versuchen, mehr über die Protagonisten zu erfahren. Wenn es gut läuft, sammeln wir wichtige Details, und manchmal bekommen wir sogar Einblicke in das Seelenleben der Protagonisten. Das kann helfen, einen Zugang zu ihnen zu erhalten, den wir aus den Dokumenten niemals herausgelesen hätten.

So versuchen wir auch, mit Mayorgas Ex-Mann in Kontakt zu kommen und fahren zu seinem Haus. Viele Amerikaner leben in geschlossenen Appartementanlagen, deren Ein- und Ausfahrt von einem Sicherheitsdienst kontrolliert wird. Als Fremder dort hineinzukommen ist oft problematisch. Deshalb wäre es wohl klug, sich irgendeine Geschichte zurechtzulegen, mit der man ohne große Probleme am Pförtner vorbeikommen würde. Oder aber man drückt aufs Gas und benutzt die Anwohner- statt der Gästespur, über die man sich ordnungsgemäß hätte anmelden müssen.

Manche Ideen bereue ich recht schnell.

Der Pförtner tritt neben sein Häuschen und schaut uns hinterher. Ich fahre unbeirrt weiter, schön durch Seitenstraßen, mal nach links, mal nach rechts, so wie man es aus Hollywood-Filmen kennt. Nur ist das hier blöderweise kein Film. Am Ende einer Sackgasse möchte ich wenden. Das geht allerdings nicht so gut, weil uns nun ein Wagen des Sicherheitsdienstes die Weiterfahrt versperrt. Der Mann guckt, als sei er nicht in Frieden gekommen.

Wir erklären ihm, dass wir das Büro für Immobilienverkäufe suchen würden. Er belehrt uns etwas kurz angebunden, dass wir uns dafür anmelden müssten und dass wir die falsche Einfahrt gewählt hätten.

Die kleine Schutzbehauptung hat offenbar funktioniert, er lässt uns weiterfahren. Ich lenke den Wagen zum Immobiliencenter und muss drinnen feststellen: Diese Einrichtung ist so ziemlich das Spießigste, was ich je gesehen habe. Es gibt biedere Kataloge, in denen man sich noch biederere Häuser aussuchen kann. Alles schön auf Vorstadtidylle getrimmt. In meiner Vorstellungswelt passt das nullkommanull zu Las Vegas.

Nach einem kurzen Plausch mit der freundlichen Beraterin machen wir uns auf den Weg, »uns ein paar der Objekte näher anzusehen«. Nun haben wir eine Legende, um in Ruhe das Haus von Mayorgas Ex-Mann zu suchen.

Wenige Straßen entfernt finden wir seine Adresse. Der Ex-Mann wohnt nicht wirklich luxuriös, es ist ein normales, freistehendes Häuschen mit Giebeln und einem winzigen Vorgarten. Wir klingeln. Der Mann kommt zur Tür. Wir fragen nach Kathryn Mayorga. Er sagt, er habe schon lange keinen Kontakt mehr zu ihr. Auf Wiedersehen.

Auch am Haus von Kathryn Mayorgas Eltern kommen wir nicht weiter. Es liegt ziemlich weit außerhalb, in einer der besseren Gegenden der Stadt. Mayorgas Eltern wohnen in einem großen Haus, gepflegter Vorgarten, imposante Garage. Der Blick von der Veranda geht über ganz Las Vegas, traumhaft.

An der Haustür gibt's für uns eine Überraschung: Ein Gitter versperrt den Eingang, wir kommen nicht an die Klingel. Ich schaue durch die Fenster, aber drinnen scheint sich nichts zu rühren, es stehen auch keine Autos vor der Garage.

»Vielleicht sind sie weggefahren«, denke ich.

Wir steigen wieder ins Auto und fahren zurück.

Nach Tagen wie diesen habe ich abends auf nichts mehr Lust und verziehe mich oft schnell in mein Zimmer. Wenn eine Recherche so wenig ergiebig ist, bin ich zu nichts zu gebrauchen. Stattdessen schnappe ich mir häufig nochmal meinen Laptop und scrolle durch die Football-Leaks-Dokumente. Das habe ich zwar schon x-fach getan, aber vielleicht habe ich doch irgendetwas übersehen. Wir müssen unbedingt die Frage klären, ob Mayorga Ronaldo am Ende angezeigt hat. Das geht aus den Dokumenten nicht eindeutig hervor. Warum hätte sie das denn nicht tun sollen?, frage ich mich. Außer der Sorge vor einem öffentlichen Prozess und der Verfolgung durch Paparazzi fällt mir kein gewichtiger Grund ein, wenngleich diese Gründe natürlich gewichtig genug wären. Ich scrolle, grüble, scrolle und schlafe irgendwann mit dem Laptop auf dem Bauch ein.

Vor dem Frühstück beschließe ich zu joggen, manchmal hebt das meine Laune. Aber diesmal kann ich meinen Kopf nicht ausschalten, meine Gedanken rotieren. Ich kriege ein bisschen Panik, dass wir bei dieser Recherche möglicherweise nur Schweigen ernten werden.

Ich renne ungefähr eine Stunde kreuz und quer durch die Siedlungen rund um unsere Wohnung. Als ich die Hauptstraße zurücklaufe, erschrecke ich mich ein wenig. War das in dem parkenden Auto auf der anderen Seite der Clint-Eastwood-Typ? Kann es sein, dass der Schnüffler, den ich bereits in Hamburg, Münster und Düsseldorf gesehen zu haben glaube, nun in Las Vegas ist?

Ich halte an. Drehe mich um. Schaue mir den Wagen an, einen Volvo. Ich sprinte auf das Auto zu, jetzt will ich den Mann zur Rede stellen. Als ich auf der anderen Straßenseite ankomme, sehe ich den Wagen starten. Im Seitenspiegel kann ich das Gesicht des Mannes sehen, er sieht dem Clint-Eastwood-Verschnitt tatsächlich sehr ähnlich. Aber mit hundertprozentiger Sicherheit kann ich es nicht sagen. Der Volvo fährt davon, bevor ich ihn erreichen kann. Ich schnaufe, bleibe auf dem Seitenstreifen stehen, blicke dem Auto hinterher. Meine Gedanken rasen.

Klar, mein Freundeskreis, meine Familie, auch viele meiner Kollegen warnen mich ständig davor, dass all diese Geschichten gefährlich sein könnten. Dass ich auf mich aufpassen solle. Ich höre mir das an, aber, um ehrlich zu sein, ich nehme das nie ernst. Vielleicht lebt es sich besser, wenn man ein glücklicher Idiot ist und sich nicht um alles Sorgen macht, denke ich mir dann immer. Vielleicht ist das aber auch stockdämlich, denke ich jetzt. Wer einem Privatdetektive auf den Hals hetzt, der könnte womöglich auch zu anderen Dingen fähig sein.

Ich atme aus, gehe langsam wieder Richtung Wohnung. Soll ich jemandem davon erzählen? Meinen Chefs oder meiner Kollegin? Aber vielleicht war es gar nicht der Clint-Eastwood-Typ, dann würde ich wie ein blöder Aufschneider wirken. Ich entscheide mich, die Klappe zu halten und in den kommenden Tagen genau zu beobachten, ob der Kerl mir weiterhin folgt.

Ich gehe erst einmal duschen und möchte mich sammeln. Wir wollen gleich bei Kathryn Mayorga anrufen, deshalb sollte ich schnell wieder komplett bei Sinnen sein. Ich merke, dass mich der Gedanke an den Anruf nervös macht. Wie wird sie reagieren? So, wie sie es laut Settlement muss? Oder wird sie mit uns sprechen?

Wir schauen uns im Wohnzimmer ihr WhatsApp-Profil an. Dort können wir sehen: Die junge Frau ist gerade online. Also auch erreichbar. Es klingelt. »Hello«, sagt eine Frau am anderen Ende der Leitung. Meine Kollegin stellt sich vor und sagt, dass sie mit ihr über das sprechen möchte, was in der Juni-Nacht 2009 im Palms Hotel in Las Vegas geschehen sein soll. Stille. Dann ertönt eine zittrige Stimme: »Kein Kommentar, kein Kommentar.« Kathryn Mayorga legt auf. Wir schreiben ihr eine Nachricht, in der wir nochmal erläutern, wer wir sind, und dass wir zu ihren Vergewaltigungsvorwürfen recherchieren.

Wir setzen uns an den Küchentisch und denken nach. Bei dieser Art der Recherche fühlen wir uns nicht wirklich wohl. Es ist unangenehm, in private Bereiche eines fremden Menschen vorzudringen. Wenn es hier lediglich um einvernehmlichen Sex gehen würde, hätten wir diese Recherche selbstverständlich nie gestartet. Das ginge die Öffentlichkeit nichts an und wäre erst recht nichts, worüber der SPIEGEL berichtet. Aber hier geht es möglicherweise um eine schwere Straftat, die einer der wichtigsten und erfolgreichsten Fußballer der Historie begangen haben soll. Und den Vorwurf versuchte er offenbar, durch eine geheime Geldzahlung aus der Welt zu räumen. Dem müssen wir nachgehen, weil wir uns als Journalisten verpflichtet fühlen, solche Vorwürfe aufzuklären. Auch wenn uns nach wie vor klar ist: Diese Geschichte hat weiterhin sehr viele Konjunktive.

Neben der Vor-Ort-Recherche versuchen wir auch herauszufinden, welche Rechte wir in den USA haben, um Auskünfte zu Anzeigen bei der Polizei zu erhalten oder möglicherweise auch Krankenakten einsehen zu dürfen. Nicola unterstützt uns dabei aus Deutschland, sie kennt viele Datenbanken, in denen Scheidungs-, Schulden- oder Gerichtsinformationen gesammelt werden. Die Vereinigen Staaten sind im Umgang mit – aus unserer deutschen Sicht – sehr sensiblen Daten etwas lockerer. Mal sehen, ob sich dadurch etwas Nützliches zutage fördern lässt.

Doch nun wollen wir zum Haus von Kathryn Mayorga fahren. Vielleicht fällt es ihr einfacher, mit uns zu sprechen, wenn sie uns einmal gegenübersteht. Der persönliche Kontakt nimmt manchmal die Angst vor dem Fremden, zudem kann sie dann sehen, dass wir keine geifernden Paparazzi sind.

Mayorgas Adresse befindet sich ebenfalls in einer Siedlung, die von einem elektronischen Tor gesichert ist. Wir warten, bis ein Auto dort hineinfährt und folgen ihm. Wir fahren zwei-, dreimal an der Wohnung vorbei, schauen uns die Gegend ein bisschen an. Ich parke den Wagen anschließend einige Meter entfernt. Wir gehen zum Haus, aber auch hier antwortet niemand auf unser Klingeln. Wir setzen uns ins Auto und beobachten die Haustür. Nichts, aber auch gar nichts passiert. Irgendwann geben wir auf und fahren zurück. Es ist zum Verzweifeln.

Weiter geht es zur Adresse von Kathryn Mayorgas Bruder, über den wir bislang nur wenig wissen. Wir klingeln an einer Tür, uns öffnet eine Frau. Sie sagt, dass der Bruder zwar ihr Vermieter sei, aber nicht hier wohnen würde. Sie kann uns auch nicht sagen, wo er sich aktuell aufhalte.

Meine Frustrationstoleranz hat Grenzen.

Wir setzen uns wieder in den Wagen, fahren nochmal zu den Eltern. Das Haus wirkt weiterhin menschenleer. Wir haben einen Brief vorbereitet, in dem wir unsere Recherchen und den Grund unseres Besuchs erläutern und freundlich um einen Rückruf bitten. Wir legen ihn hinter das Türgitter.

»Vielleicht ist die Familie im Urlaub«, schreibe ich Nicola in unserem Chat.

»Ich gucke mir nochmal die Social-Media-Profile an. Zuletzt passierte dort aber kaum etwas«, schreibt sie zurück. Kurz darauf erscheint die nächste Nachricht auf meinem Telefon: »Kopf hoch, durchhalten! Wenn Du mal quatschen willst, ruf' mich jederzeit an«, schreibt Nicola. So sehr sie mich manchmal zur Verzweiflung treibt, so wunderbar ist es in Momenten wie diesen, solche Kollegen zu haben. Nicola richtet mich oft mit wenigen Sätzen wieder auf.

Wenig später klingelt mein Telefon erneut: »Läuft's gut?«, schreibt mir John. Mittlerweile bin ich wieder im Haus angekommen und lege mich im Wohnzimmer auf die Couch. »Wir kommen nicht wirklich voran, bislang will niemand mit uns reden«, schreibe ich John.

»So steht's ja im Settlement«, antwortet er.

»Ist trotzdem nervig.«

»Viel Glück noch! Ich schicke Dir gleich ein paar Dokumente. Die haben nichts mit Ronaldo zu tun, sondern mit der Fifa. Ich kapiere das Zeug noch nicht, aber es sieht spannend aus.«

»Ok«, antworte ich, obwohl ich im Moment keinen Kopf für irgendeine andere Recherche habe.

Parallel erreicht mich eine Nachricht von Nicola: »Du musst heute unbedingt in einen Club gehen.«

»Mir ist nicht zum Feiern zumute, wir hängen hier total fest«, antworte ich.

»Nicht zum Feiern, Du Idiot. Vielleicht siehst Du dort ein bisschen von Kathryn Mayorgas Welt. Ich bin nochmal die Social-Media-Profile durchgegangen, ihre Freundinnen scheinen da oft hinzugehen. Ich vermute zudem, dass ihr Ex-Mann dort heute an der Bar arbeitet. Guck Dir das doch bitte an!«

Das ist so eine typische Nicola-Nummer. Keiner aus unserem Team käme sonst auf die Idee, Freundinnen oder dem Ex-Mann in irgendeinem Club aufzulauern, eine solche Recherche wirkt schon im Ansatz hoffnungslos. Ich wehre mich zunächst dagegen. Ich bin von den bisherigen Tagen gefrustet genug, dazu ziemlich müde, morgen erwartet uns wieder ein langer Tag.

»Bitte fahre dahin, sonst gibt mir das keine Ruhe!«, schreibt Nicola. Sie ist Tausende Kilometer entfernt, aber ich kann ihre nervigen Minischlitz-Augen bis hierhin spüren.

»Ist gut. Wo ist dieser blöde Club?«, schreibe ich zurück. Nicola nennt mir die Adresse, sie liegt mitten auf dem Strip. So komme ich zumindest mal dazu, mir den Wahnsinn auf der Zockermeile anzugucken.

DIE WACHE

Mit dem Auto auf den Strip zu fahren, ist eine der dämlichsten Ideen überhaupt. Verzweifelt suche ich nach einem Parkplatz. Die vielen Lichter irritieren mich, und ständig muss ich aufpassen, dass ich nicht irgendeinen Selfie-Menschen überfahre.

Ich stelle den Wagen in der Nähe des Palms ab. Das Casino-Hotel, in dem Ronaldo im Juni 2009 mehrere Nächte verbrachte, besteht aus zwei Betontürmen. Der rechte Turm muss das Hotel sein, in dem Ronaldo seine Suite gebucht hatte. Darauf deuten zumindest die baulichen Gegebenheiten hin, an der Rückseite des Hotels kann man die Whirlpools sehen.

Bevor ich mir den Club anschaue, in den mich Nicola geschickt hat, möchte ich im Palms noch etwas Anderes sehen: den Rain-Club. Dort sind sich Mayorga und Ronaldo zum ersten Mal begegnet. Ich will ein Gefühl für den Ort bekommen, möchte sehen, wie der VIP-Bereich aussieht. Nach den ersten Schritten ins Palms bleibe ich stehen. Die Eindrücke erschlagen mich. Überall blinken Spielautomaten, Asiaten schreien durch die Gegend, an manchen der Pokertische sehe ich Menschen, die aussehen, als säßen sie dort schon seit Wochen. Die Einarmigen Banditen werden von älteren Frauen bearbeitet, die vom Leben ziemlich gezeichnet sind, auf ihren Schößen halten sie gewaltige Münzeimer fest wie Gollum den Meisterring. Es sieht wirklich aus wie in einem dieser durchgeknallten Hollywood-Filme.

Während ich mich sortiere, spüre ich eine warme, große Hand auf meiner Schulter. Hinter mir hat sich ein Security-Typ aufgebaut. Mit weicher Stimme sagt er: »Please move.« Ich stelle keine Fragen und bewege mich. Ich gehe zur einen Ecke des Ladens, danach zur anderen. Ich würde mir gerne ein paar der verrückten Menschen näher angucken, aber jetzt habe ich Angst, stehenzubleiben. Später werde ich mich fragen: Warum zur Hölle darf man in einem Casino nicht einfach herumstehen? Ist das gesetzlich verboten? Spinnen diese Security-Typen? Oder sind die USA einfach irre? Immerhin gerate ich hier zum zweiten Mal innerhalb weniger Stunden mit einem Sicherheitsmann aneinander. Mir fällt die Integration sichtlich schwer.

An der einen Seite des Casinos entdecke ich ein Schild, das auf das Rain hinweist. Ich will eine der Türen öffnen, aber sie scheint verschlossen zu sein. Vielleicht öffnet der Laden erst später am Abend? Ich laufe noch ein bisschen herum, finde noch einen anderen Seiteneingang und quetsche mich durch die halb geöffnete Tür hindurch. Das Rain sieht nicht mehr so aus, als würden hier viele Partys stattfinden. Der Laden scheint umgebaut zu werden, überall steht Gerümpel, das Licht ist ausgeschaltet. Ich versuche, die Taschenlampe an meinem Telefon einzuschalten. In dem Moment, in dem ich den kleinen Scheinwerfer in Betrieb nehmen kann, höre ich von hinten. »Ey bro, what are you doing?« Ein ziemlich fetter

Sicherheitsmann will sich ebenfalls durch die Tür quetschen, scheitert aber an seinem imposanten Bauch. Ich trete den Rückzug an und teile dem Typen mit, dass ich die Toilette suchen würde. Er guckt mich an, als sei ich debil, und sagt, dies sei das frühere Rain, derzeit wegen Umbau geschlossen. Und jetzt raus hier!

Ich schleiche mich davon, das hier ist sinnlos. Außerdem wollen wir morgen die Suite besichtigen, da will ich hier nicht für zu viel Unruhe sorgen. Ich laufe den Strip entlang, schaue mir die Bellagio Fountains an, bleibe ratlos vor einem Eiffelturm-Nachbau stehen, bis ich verstehe, dass das eine der berühmtesten Themenwelten des Strips ist. Zahlreiche französische Wahrzeichen stehen hier nebeneinander, im Restaurant kann man Schnecken und Crêpes essen. Das Palazzo, das Caesars Palace, das Mirage – die Dichte an weltberühmten Hotels ist beeindruckend. Die vergangenen Tage haben mich ziemlich gefrustet, die Recherche empfinde ich wirklich als katastrophal. Aber die Eindrücke hier entschädigen ein bisschen. Vegas werde ich nie vergessen, was für eine irre Stadt!

Ich drehe um und mache mich auf den Weg zu Nicolas Club. Mein Telefon klingelt in einer Tour, und Nicola gibt mir immer neue, immer kleinteiligere Aufgaben durch. Unsere Dokumentationsjournalistin wäre sicherlich auch eine sehr gute Detektivin geworden.

Die Schlange vor dem Klub ist ziemlich lang. Es gibt irgendeinen Starauftritt, aber der Name des Rappers sagt mir nichts. Ich quatsche vorne in der Reihe eine Männergruppe an und frage sie, worauf sie warten. Es sind Australier, sie haben offenbar ziemlich gut vorgeglüht, ich verstehe sie nahezu nicht. Aber da sie mich ständig »German-Giggi« nennen – warum auch immer – und mich dabei alle paar Sekunden umarmen, lache ich mit ihnen und bleibe einfach bei ihnen in der Reihe stehen. Wenige Minuten später öffnet die Eingangstür, der Eintritt beträgt happige 25 Dollar. Nicola schrieb mir, dass Mayorgas Ex-Mann als Barkeeper arbeiten würde. Nun: In diesem Laden gibt's etliche Bars, verteilt über die gesamte Fläche auf mehreren Etagen. Wo zur Hölle soll ich bloß anfangen?

Ich dränge mich an den Leuten vorbei und schaue über jeden

Tresen. Der Club wird immer voller, nach etwa zwei Stunden gebe ich auf. Ich sehe den Typen hier nicht. Aber ich sehe die vielen jungen Frauen, die mit Getränkeproben an die Tische kommen und versuchen, die Leute davon zu überzeugen, eine Flasche Wodka, Jägermeister oder Wein zu kaufen. In unseren Football-Leaks-Dokumenten ist angedeutet, dass Kathryn Mayorga wohl auch Promotionjobs gemacht hat.

Ich schreibe Nicola, was ich erlebt habe, und dass ich weder den Ex-Mann von Kathryn Mayorga noch eine ihrer Social-Media-Freundinnen erkannt hätte. »Dann versuchst Du es eben in den kommenden Tagen nochmal«, schreibt sie zurück. Jetzt fahre ich aber erstmal zurück zu unserem Haus. Es war ein langer, frustrierender Tag.

Nach fünf Stunden bin ich schon wieder wach. Während einer Recherche kann ich selten gut schlafen, zu viele Gedanken gleichzeitig rasen mir durch den Kopf. Ich schaue auf mein Telefon, mehrere Nachrichten von Nicola blinken auf. »Wie geht's Dir?«, schreibt sie. Ich versuche zu rechnen, wie spät es gerade in Deutschland ist, gegen 16 Uhr. »Wir fahren heute zum Hotel. Möglicherweise kommen wir in die Suite«, schreibe ich zurück. »Das wäre gut. Versuch Fotos zu machen«, antwortet Nicola. Ich gehe duschen, wir wollen in wenigen Minuten aufbrechen.

Es ist ein heißer Tag, Vegas im Frühjahr kann ziemlich glühen. Man spürt die Nähe zur Wüste. Mein Hemd wirft erste Schweißflecken, und ich stelle in diesem Moment fest, dass ich in Vegas noch niemanden in einem Hemd gesehen habe. Das Business-Outfit für Männer sind hier oftmals T-Shirt und Stoffhose, viele tragen zudem Flip-Flops. Hoffentlich bin ich für die Hotel-Leute nicht zu auffällig gekleidet.

Das Palms Place Hotel hat 58 Stockwerke, ganz oben befinden sich vier Etagen mit edlen Penthäusern. Die Lobby dominieren Gold, Marmor und Loungemöbel im Metallic-Look. Aus den Luxuswagen, die vorfahren, steigen Gäste mit teuren Sonnenbrillen und Designerschuhen aus. Ich bin alles, aber nicht overdressed.

Milly (Name geändert), eine junge Frau mit langen Fingernägeln und einem Baum-Tattoo im Nacken, begrüßt uns in der Lobby. Wir steigen zusammen in den Aufzug, er rast in einem irrsinnigen Tempo nach oben. Milly erzählt uns in der Zeit alles über das Gebäude, Vegas, die USA und sich. Sie ist offenbar ein laufendes Radio, redet in einer Tour.

Schon die Eingangstür zur Suite ist beeindruckend. Sie besteht aus zwei großen Flügeln. Die Suite hat im Zentrum eine offene Küche, die in ein Wohnzimmer übergeht. Links und rechts befinden sich Schlafzimmer, in einem ist eine freistehende Badewanne zu sehen. In der Suite gibt es auch zwei Badezimmer. Mayorga beschreibt, dass Ronaldo ihr in eines davon gefolgt sei.

Milly erzählt irgendwas von einer bestimmten Anordnung der Möbel, die sich irgendwer wegen irgendwas so überlegt habe. Ich höre ihr nicht zu. Mein Blick bleibt an dem Bett hängen. Ein großes Bett. Kann es wirklich sein, dass Ronaldo hier eine Frau vergewaltigt hat? Mir gehen die Zeilen aus Mayorgas Brief durch den Kopf. Anale Vergewaltigung. Sie habe sich mit ihren Händen zu schützen versucht.

Wir gehen zusammen aus dem Zimmer zum Whirlpool. Die Aussicht ist wirklich unglaublich, der Blick geht über weite Teile der Vegas-Skyline. Man kann sich vorstellen, wie atemberaubend das Panorama in der Nacht sein muss. Der Pool selbst hingegen ist ziemlich klein. Ich überlege, wie fünf Leute darin Platz gefunden haben sollen, immerhin waren Ronaldos Schwager und Cousin in der Nacht ebenfalls da.

Ich fotografiere mit meinem Telefon jeden Raum, versuche die Entfernungen einzufangen, die Zimmeraufteilungen festzuhalten, das Bett und den Whirlpool zu dokumentieren. Die Fotos schicke ich direkt an Nicola, sie kann sie möglicherweise für die spätere Dokumentation des Textes verwenden.

Wir bedanken uns bei Milly für den Einblick und fahren wieder hinunter in die Lobby. Auf dem Weg zum Aufzug schaue ich, ob es eine Kamera im Flur gibt, kann aber keine entdecken. Am Ende wird solch ein Besuch wie dieser in der Suite in unseren Artikeln vielleicht einen kurzen Absatz ausmachen. Aber für uns

Reporter war es sehr wichtig, das Zimmer gesehen zu haben, um die Beschreibungen aus unseren Unterlagen mit den Räumlichkeiten abzugleichen.

Ein anderer Recherchetrip führt mich zur Polizeistation von Las Vegas. Wir haben uns im Vorfeld intensiv beraten lassen und erfahren, dass es in Nevada die Möglichkeit gibt, von der Polizei sogenannte CAD-Protokolle zu erhalten. Aus ihnen geht hervor, wer zu welcher Zeit weshalb bei der Polizei angerufen hat. Wenn man diese Protokolle von der Behörde erhält, sind sie oft anonymisiert und codiert, bergen aber trotzdem wertvolle Informationen. Sollte Mayorga nach der mutmaßlichen Tatnacht bei der Polizei angerufen haben, muss dies schriftlich von den Ermittlern festgehalten worden sein. Ein solcher Beleg wäre Gold wert für unsere Recherche. Obwohl wir in den Football-Leaks-Daten noch nie ein Dokument gefunden haben, dessen Authentizität sich am Ende als falsch entpuppt hätte, prüfen wir natürlich jedes Papier trotzdem nochmal so gründlich wie möglich. Und jedes Dokument, das aus einer zweiten Quelle stammt, hilft bei der Einschätzung unserer bisherigen Papiere.

Die Polizeistation sieht von außen aus wie ein Hochsicherheits-McDonald's. Drinnen bleibt mir allerdings die Spucke weg. In der Mitte des Raumes sind im Boden verankerte Stühle, darauf sitzen Dutzende Menschen. Viele andere stehen drum herum und warten ebenfalls. Man muss einen Zettel ziehen, so wie wir es in Deutschland vom Einwohnermeldeamt kennen. Dann wird man aufgerufen und geht an einen Schalter. Die Schalter sind in einem Halbkreis rund um die Stühle angeordnet. Es sind winzige Boxen, mit Sicherheitsglas geschützt. Dahinter sitzen ein bis zwei Polizisten und sprechen mit den Menschen, deren Nummer an der Reihe ist. In dem gesamten Raum herrscht eine unfassbare Geräuschkulisse, manche schreien die Gegensprechanlage regelrecht an. Das Wort »Rape«, »Vergewaltigung«, ist eines der ersten, das zu hören ist. Es fällt gleich mehrfach. Manche der Anzeigensteller brüllen, sie seien verprügelt worden, andere erzählen von Raubüberfällen, wiederum andere melden einen vermeintlichen Betrug eines Casinos.

Ich finde einen freien Sitzplatz in der ersten Reihe und gehe an den Umherstehenden vorbei. Dabei versuche ich, so viel wie möglich vom Drumherum aufzusaugen. Im Gang stehen Go-Go-Tänzerinnen – vielleicht sind es auch Prostituierte –, eine hat einen Eisbeutel an der Schulter, die andere zuppelt an ihrem Oberteil, das nur unwesentlich breiter ist als ein Gürtel. Auf der anderen Seite des Raumes sehe ich einen Kleinwüchsigen, der offenbar ein Superhelden-Kostüm trägt. Ein paar Meter neben ihm steht ein großgewachsener Transvestit, dessen Haare aussehen wie die von Marge Simpson. Ich glaube, ich habe in einem Raum noch nie solch eine Ansammlung unterschiedlicher und extrovertierter Menschen gesehen.

Nach einer Weile wird die Nummer, die mir zugewiesen wurde, aufgerufen. CAD-Report? Die Polizistin hinter der Glasscheibe guckt, als würde sie gerade jemand fragen, ob sie eine Niere verleihen könnte. Sie stottert ein bisschen herum, sagt, dass sie nicht wisse, ob das so gehen würde. Aber es gibt spezielle Gesetzespassagen, die dazugehörigen Paragrafen regeln die öffentliche Informationspflicht ziemlich genau. Die Polizistin schaut in ihren Computer, verlässt kurz ihre Box, kommt nach einigen Minuten zurück. Sie sagt, es gäbe diesen CAD-Report, sie könne ihn per Mail zuschicken. Dafür brauche sie aber noch eine Bearbeitungsgebühr.

Thank You And Goodbye! Tolle USA!

Zum ersten Mal bei dieser Recherche spüre ich ein bisschen Freude.

»Wir kriegen den Report!«, schreibe ich Nicola.

»Was steht da drin?«, schreibt sie zurück.

»Weiß ich noch nicht. Aber offenbar gibt es ihn, die Polizistin will ihn uns mailen.«

»Das wäre großartig!«

Ich schreibe Nicola, dass ich jetzt nochmal kurz zum Haus des Ex-Mannes fahren würde. Sie solle mir ihre Fragen an ihn aufschreiben. Nicola scheint irgendwelche Zweifel an dieser Ehe zu haben. »Wir sehen in den Dokumenten, dass die Berater von Ronaldo geprüft haben, ob Mayorga und ihr Ex-Mann eine Scheinehe hatten. Aber sie finden wohl keine Belege dafür. Ich möchte, dass Du ihn mal danach fragst«, schreibt Nicola.

Ich finde, diese Recherche führt uns nicht zwingend zum Ziel, sie beantwortet meiner Meinung nach nicht die Frage, was in der Suite im Palms passiert ist. Aber Nicola hat eine Sicht auf das Thema, die mich überzeugt: »Wir müssen alles abklopfen, was die Ronaldo-Seite vorbringen könnte, um Kathryn Mayorgas Glaubwürdigkeit zu diskreditieren. Wir dürfen nichts unversucht lassen, um all diese Fragen zu klären.« Wieder einmal muss ich Nicola für ihr Um-die-Ecke-Denken bewundern.

Erneut fahre ich zu der von Sicherheitsleuten bewachten Siedlung, aber diesmal will ich mit komplett offenen Karten spielen. Ich benutze den Besuchereingang und sage dem Security-Mann, wen ich besuchen möchte. Er ruft offenbar bei Mayorgas Ex-Mann an, kommt anschließend zu mir und fragt, um was es denn gehen würde. Ich sage, das würde ich gerne persönlich besprechen. Der Sicherheitsmann guckt mich grimmig an, er übermittelt meine Nachricht durchs Telefon. Kurz darauf winkt er mich durch.

Mayorgas Ex-Mann trägt eine Jogginghose und ein T-Shirt mit einem enormen V-Ausschnitt. Er sieht aus, als sei er erst vor fünf Minuten wach geworden. Ich stelle mich vor und erkläre, dass ich mit ihm über Kathryn Mayorga reden möchte. »Ich habe nichts mehr zu ihr zu sagen. Sie lebt hier nicht mehr, wir haben keinen Kontakt«, sagt er. »Wo habt ihr euch denn kennengelernt?«, frage ich. »Das ist unsere Privatsache«, sagt er. »Ihr habt euch sehr schnell nach eurer Hochzeit wieder getrennt«, sage ich. »Die Dokumente zu unserer Scheidung sind alle öffentlich einsehbar. Es hat einfach nicht gepasst. Wenn du über sie schreiben willst, solltest du auch mit ihr sprechen. Ich habe wirklich nichts mehr zu sagen. Bitte fahre jetzt, sonst rufe ich den Sicherheitsdienst«, sagt er und schließt die Tür.

Der Moment, kurz nachdem einem eine Tür vor der Nase zugeschlagen wird, ist ziemlich deprimierend. Man steht da wie ein begossener Pudel, das Adrenalin wandelt sich um in pure Enttäuschung.

Ich setze mich wieder ins Auto und haue ab. Nochmal will ich mich nicht mit dem Sicherheitsdienst streiten.

DIE ANZEIGE

Auch in den kommenden Tagen verbringen wir etliche Stunden in unseren Autos und warten darauf, dass entweder Kathryn Mayorga, ihre Eltern, ihr Bruder oder die Zeugin in ihre Wohnungen gehen oder dort herauskommen. Wir würden uns auch schon darüber freuen, wenn irgendjemand von ihnen zumindest einmal auf unsere Nachrichten antwortete. Auch den Mediator können wir zum Schweigeabkommen nicht befragen.

Die ständigen Abweisungen lassen mich langsam verzweifeln. Wir entscheiden, unsere Rückflüge ein paar Tage nach hinten zu verlegen. Vielleicht sind sie wirklich alle verreist und kommen erst in der nächsten Woche wieder.

Wir stellen unsere gesamte Recherche noch einmal auf den Kopf, bitten Nicola und Christoph, alle Adressen ein weiteres Mal zu prüfen. Vielleicht hocken wir nur ständig vor den falschen Wohnungen.

Für das größte Erfolgserlebnis dieser Recherchereise sorgt die Polizei. Sie verschickt den CAD-Report. Es ist nur eine Seite, die privaten Angaben zu Kathryn Mayorga wie Name und Geburtsdatum sind geschwärzt. Den Namen Ronaldo nennt Mayorga in diesem Protokoll nicht, sie spricht von einem »Sportler«, einer »Persönlichkeit des öffentlichen Lebens«. Ohne den Kontext, den wir durch die Football-Leaks-Dokumente erhalten haben, wäre dieses Papier für uns recht wertlos. Wir könnten die Personen schlichtweg nicht zuordnen. Das ist wohl auch der Grund, warum bislang kein anderer Journalist den Fall finden konnte.

Fest steht, dass Mayorga sich noch am Tag des angeblichen Übergriffs, um 14.16 Uhr, bei der Polizei meldete. Im Protokoll ist ein Anruf beim Las Vegas Metropolitan Police Department festgehalten. In dem sogenannten CAD-Report taucht auch ein Aktenzeichen auf, das wir ebenfalls im Settlement zwischen Mayorga und Ronaldo wiederfinden.

Treffer! Das ist die Bestätigung, dass dieser Vorgang auch der Polizei bekannt war – und zwar bereits wenige Stunden nach den Vorfällen im Hotel. Das ist ein weiteres Indiz, dass die Vorwürfe nicht erst irgendwann später erdacht wurden.

Im CAD-Report ist in der Rubrik »Type« der Anlass des Anrufs verzeichnet: 426. Es ist der Code für ein gemeldetes Sexualdelikt. Der Polizist, der mit Mayorga spricht, notiert, dass die Anruferin aufgelöst sei, weine und den Namen des mutmaßlichen Täters nicht angeben wolle. Der Beamte vermerkt zudem, dass sich Mayorga nicht gewaschen habe.

Um kurz nach halb drei fährt eine Streife bei Mayorga vor. Die Polizisten melden sich mehrfach per Funk in der Zentrale. Dort notiert ein Beamter, das mutmaßliche Opfer wolle ins Krankenhaus, um sich einem »rape-kit« zu unterziehen. Damit ist eine spezielle Untersuchung von Opfern sexueller Gewalt gemeint, bei der Spuren gesichert und Verletzungen fotografiert werden.

Um kurz vor 16 Uhr bringen die Polizisten Mayorga ins University Medical Center. Die Fahrt dauert 26 Minuten. Die Behandlung im University Medical Center kostet 2976,52 Dollar. Um 17.15 Uhr, so wird es im CAD-Report festgehalten, habe Mayorga nun doch vage Angaben zum mutmaßlichen Tatort gemacht. Es handele sich um ein Hotel »in der Nähe« der Flamingo Road. Das Palms Place Hotel liegt an der Flamingo Road.

Ob Mayorga am Ende wirklich eine Anzeige erstattet hat, geht aus dem Dokument nicht hervor. Das würden wir sie oder ihre Familie gerne fragen.

Die folgenden Tage sind eine gefühlt niemals enden wollende Routine: Immer wieder aufs Neue setzen wir uns in unsere Autos und fahren zu den Mayorga-Adressen. Nicola und Christoph schreiben mir, dass es die einzigen Adressen sind, die sie finden können.

Wir fahren nochmal in die Siedlung, in der Kathryn Mayorga seit einigen Jahren wohnen soll. Wir biegen um die Ecke, um die wir in den vergangenen Tagen schon einige Male gebogen sind. Auf der gegenüberliegenden Straßenseite spaziert eine junge Frau mit großem Hut. Sie ist komplett in Schwarz gekleidet und hat einen kleinen Hund dabei. Als sie uns erblickt, läuft die Frau fast panisch davon.

Es macht keinen Sinn.

Ich fliege mit gemischten Gefühlen zurück. Die Reise hat uns viele Tage gekostet, kaum jemand wollte mit uns sprechen. Aber der CAD-Report liefert uns immerhin eine weitere Bestärkung für die Geschichte.

EISKALT

Das Football Leaks-Team trifft sich im Datenraum. Die Entscheidung, mit dem aktuellen Stand der Recherche eine Geschichte aufzuschreiben, fällt relativ schnell. Ein erfahrener Kollege aus dem Sport-Ressort übernimmt diese Aufgabe. Die Relevanz des Themas, die kritische Bewertung eines solchen Settlements, das einem Schweigeabkommen gleicht, dazu der CAD-Report, der uns die Gewissheit gibt, dass die Vorwürfe bereits kurz nach der Tat bei der Polizei aktenkundig geworden sind, sind gewichtige Argumente für einen Artikel.

»Aber mit aller gebotenen Distanz! Wir waren nicht mit den beiden im Zimmer, wir müssen darauf achten, den Vorgang als solchen zu beschreiben, aber dabei niemanden vorzuverurteilen«, sagt Nicola. Sie hat recht. Und auch wenn ihr Einwurf ein Allgemeinplatz ist, den wir bei jeder Geschichte beherzigen, ist es natürlich sinnvoll, sich dieses journalistische Grundprinzip bei einer solch komplizierten Recherche immer wieder vor Augen zu führen.

Wir entscheiden uns zudem schnell, Kathryn Mayorga in unserem Artikel zu anonymisieren. Sie wird den Namen Susan K. tragen und auch aus den Beschreibungen im Text nicht zu identifizieren sein. Mayorga ist keine Person des öffentlichen Lebens, sie hat sich bis dahin nicht zu dem Fall eingelassen, wir müssen – sowohl aus ethischen, journalistischen als auch juristischen Gründen – ihre Privatsphäre wahren.

Anders sieht es bei Ronaldo aus. Als Fußballstar, der sich regelmäßig zu seinem Privatleben äußert, ist er eine öffentliche Figur mit Vorbildfunktion. Wir werden aber auch bei ihm darauf achten, keine Details aus seinem Privatleben zu beschreiben, die für diesen Fall keine Bedeutung haben.

»Wann konfrontieren wir?«, fragt Michael. Er gilt bei uns im Haus als einer der gründlichsten und gewissenhaftesten Konfrontierer. Dieses Werkzeug ist im Journalismus immens wichtig. In der Regel besteht eine Konfrontation aus einem Fragenkatalog, mit dem wir den Personen, die von unserer Recherche betroffen sind, die Möglichkeit geben, schriftlich auf Fragen, Vorwürfe oder Anschuldigungen zu reagieren. Dieses Abfragen ist auch immer wieder Streitpunkt bei Gerichtsverfahren. Die Gegenseite muss zu jedem strittigen Detail befragt werden, entsprechend genau müssen die Fragen formuliert sein.

Es ist Anfang April 2017, Ronaldo und sein damaliges Team Real Madrid werden in den kommenden Tagen in Deutschland sein, sie treffen in der Champions League auf Bayern München. Sollte Ronaldo zu unserem Fragebogen Gesprächsbedarf haben, wären wir schnell bei ihm und könnten möglicherweise sogar persönlich über die Recherche sprechen. Wir halten das zwar für unwahrscheinlich, weil wir wissen, wie abweisend er uns gegenüber während unserer Artikelreihe über seinen Steuerbetrug aufgetreten ist, aber wir werden ihm trotzdem wieder die Möglichkeit zu einem persönlichen Austausch anbieten.

Michael schickt die Fragen an die Ronaldo-Seite zwei Tage vor dem Viertelfinal-Hinspiel ab. Es ist ein langer Fragenkatalog, wir stellen all die unangenehmen Fragen, gehen detaillierter auf Mayorgas Brief ein, auf das Settlement.

Einen Tag später erhalten wir bereits eine Antwort. Ronaldos Münchner Anwalt Johannes Kreile teilt uns mit: »Die Anschuldigungen, die Ihre Fragen nahelegen, sind aufs Schärfste als unzutreffend zurückzuweisen.« Kreile schreibt, sein Mandant werde

»gegen jede unwahre Tatsachenbehauptung sowie gegen jede Verletzung seiner Persönlichkeitsrechte vorgehen«. Der Anwalt fordert den SPIEGEL auf, »eine Berichterstattung zu dem Komplex zu unterlassen«.

Ronaldo geht auf keine einzelne unserer Fragen ein. Er will auch keinen tiefergehenden Austausch mit uns. Vielmehr, so liest sich das Anwaltsschreiben zwischen den Zeilen, droht Ronaldo uns für den Fall einer Veröffentlichung mit einer Klage.

Wir bekommen solche anwaltlichen Drohbriefe mittlerweile im Zuge fast jeder größeren investigativen Recherche. Insbesondere Fußballer neigen dazu, jedes kritische Detail über sich mit juristischer Hilfe aus der Welt schaffen zu wollen, koste es, was es wolle.

Wir trommeln unser Team, die Rechtsabteilung und unseren stellvertretenden Chefredakteur Alfred Weinzierl zusammen. Wir besprechen nochmal unsere Beleglage, zeigen den CAD-Report, das Settlement, den Brief. »Wir waren nicht dabei, also werden wir auch nicht schreiben, dass Ronaldo die Frau vergewaltigt hat. Wir werden darüber berichten, dass es diesen strittigen Vorgang gab, der mit einem Schweigeabkommen aus der Welt geschafft werden sollte«, sage ich. Jan Siegel, unser Chefjustiziar, nickt.

Die kommenden Tage sind furchtbar. Wir diskutieren und streiten. Wie gehen wir mit dem Brief Mayorgas um? Zitieren wir nur einzelne Passagen oder veröffentlichen wir ihn komplett? Können wir tatsächlich auf ihre Verletzungen eingehen? Wir hinterfragen nochmal jedes einzelne Detail unserer Recherche, suchen immer wieder in Intella nach den Originaldokumenten, gleichen jedes Wort, jeden Satz ab. Nicola schläft eigentlich überhaupt nicht mehr. Wir sehen sie nur zwischen den Büros hin- und herrennen, die Arme voller Aktenordner, die wilde Lockenmähne durch die Gegend wirbelnd. Andreas Meyhoff, unser Kollege aus der Sport-Dokumentation, ist uns ebenfalls eine große Hilfe. Oft sieht man, wie er sich in seinem Büro mit hochgekrempeltem Hemd über Manuskripte beugt und jedes einzelne Wort abstreicht. Er prüft unsere Darstellungen im wahrsten Sinne auf Herz und Nieren.

Während uns diese Recherche an den Rand der Belastbarkeit

treibt, bleibt Ronaldo eiskalt. Das Spiel gegen Bayern München verfolgen wir im Büro. Real Madrid gewinnt in der Allianz Arena 2:1, Cristiano Ronaldo erzielt beide Tore. Sportlich sind wir alle von Ronaldo beeindruckt. Seine Abgeklärtheit, seine Athletik, sein Ehrgeiz sind im Weltfußball möglicherweise einzigartig. Aber das müssen wir für unseren kommenden Artikel ausblenden. Hier geht es nicht um seine fußballerischen Qualitäten.

Wir arbeiten an unserem Text nahezu, bis die Druckmaschinen anlaufen. Zwar ändern wir kaum noch etwas, aber ständig fällt irgendjemandem ein neues Detail ein, über das wir noch einmal sprechen müssen. Es geht jetzt weniger darum, noch irgendwelche Fehler zu finden. Stattdessen beruhigen wir uns durch diese Gespräche gegenseitig und versuchen, die strittigen Details noch einmal mit unseren Kollegen kritisch zu beleuchten – auch wenn wir das zuvor schon zigfach getan haben und die Sätze mittlerweile nicht nur von unserer Dokumentation, sondern auch von unserer Rechtsabteilung und Chefredaktion gelesen und geprüft wurden.

Trotzdem machen wir einen dicken Fehler. Unser Text erscheint am Karfreitag, die kommenden Feiertage sind frei. Bei all der Textarbeit und -prüfung haben wir es versäumt, ein Team zusammenzustellen, das die Geschichte über die Ostertage weiterbetreut. Mittlerweile gibt es im Journalismus nämlich keine wirklich freien Tage mehr, Nachrichten im Onlinezeitalter kennen keine Freizeit.

Schon kurz nach unserer Veröffentlichung greifen andere Medien den Bericht auf, solch brenzlige Texte rollen normalerweise durchs Internet wie eine unkontrollierte Feuerwalze. Während die Kollegen den Inhalt der Geschichte zitieren, werden wir Autoren von Ronaldo-Fans per Mail, bei Twitter, über Facebook und Instagram angegriffen. Der Hauptvorwurf: Wir hätten die Geschichte nur gebracht, um Ronaldo vor dem Rückspiel gegen Bayern München zu verunsichern. Solch ein Sexsymbol, so schreiben es viele der Fans, habe es doch überhaupt nicht nötig, irgendwen zu vergewaltigen, Ronaldo würde doch jede Frau auch so bekommen. Und überhaupt, wir Journalisten seien doch nur auf sein Äußeres, seinen Erfolg, sein Geld neidisch.

Es gehört zum professionellen Umgang mit unserem Beruf, solche Anfeindungen nicht zu nah an uns heran zu lassen. Doch einfach ist das nicht. Mir persönlich sind die Beschimpfungen ziemlich egal, aber ich reagiere noch oft zu emotional, wenn ich Unwahrheiten lese. Dann würde ich am liebsten jeden einzelnen User zurechtweisen und seine falschen Tweets korrigieren. Aber wenn wir uns auf solche Auseinandersetzungen einließen, kämen wir nicht mehr zum Arbeiten, denn es gibt einfach zu viele Menschen, die ihre Meinung vollkommen faktenfrei ins Netz schreiben. Uns bleibt oft nur eines übrig: Die Online-Welt zu scannen und zu versuchen, die wichtigsten Widersprüche mit dem nächsten Artikel auszumerzen.

Dass wir zu dieser Geschichte eine Folgeberichterstattung benötigen werden, wird uns bereits am Abend ihrer Veröffentlichung deutlich. Gleichzeitig fühlen wir uns wie Idioten.

Die Agentur des Ronaldo-Beraters Jorge Mendes veröffentlicht eine Stellungnahme auf ihrer Homepage. Darin heißt es, unsere Geschichte sei »journalistische Fiktion« und basiere »komplett auf Dokumenten«, die »nicht unterschrieben wurden« und in denen die »Parteien nicht zu identifizieren« seien. Die Dokumente, über die wir schreiben, würden Ronaldo nicht betreffen, und er könne »ihre Authentizität nicht verifizieren«. »Die Vorwürfe, über die der SPIEGEL berichtet«, so steht es in dem Statement, seien »falsch, und Cristiano Ronaldo wird alles in seiner Kraft Stehende tun, um sich dagegen zu wehren«.

Innerhalb von Minuten greifen andere Medien dieses Statement völlig ungeprüft auf. Selbst seriöse Websites geben die Sicht der Ronaldo-Seite ohne jegliche Einordnung weiter. Keiner fragt uns, stattdessen galoppiert das Dementi völlig zügellos durchs Internet. Millionenfach verstärkt durch die Follower-Schar der Ronaldo-Jünger, die uns nun massiv attackiert.

Wir telefonieren hin und her, schicken uns parallel zahlreiche Mails und Chat-Nachrichten. Wir sind uns schnell einig: Wir müssen auf diese Stellungnahme reagieren, sonst verfestigt sich dieses absurde Dementi in der öffentlichen Wahrnehmung. Es ist das eine, dass die Ronaldo-Seite nicht inhaltlich auf unsere Berichterstattung reagiert. Was uns aber wirklich ärgert, ist, dass sie den Inhalt unserer Story und unsere Arbeit diskreditiert. Ronaldos Leute sagen dabei schlicht die Unwahrheit: Wir können Ronaldo sehr wohl identifizieren, und Unterschriften haben wir in unseren Dokumenten auch. In unserem Team bilden sich zwei Fronten: Die eine Seite drängt darauf, unsere Dokumente so schnell wie möglich bei SPIEGEL ONLINE zu veröffentlichen. »Wir können mit ein, zwei Screenshots den Großteil ihrer Aussagen als Lüge beziehungsweise falsche Taktik entlarven«, schreibt Christoph. Die andere Seite des Teams sagt, wir sollten die Feiertage vorüberziehen lassen und eine Woche später im gedruckten SPIEGEL und online sowohl das Statement widerlegen als auch eine Geschichte über Ronaldos direkte Einmischung in die Verhandlungen rund um das Settlement beschreiben.

Ich bin eigentlich für eine schnelle Reaktion. Trotzdem dränge ich im Telefonat mit Alfred Weinzierl darauf abzuwarten. Ich habe schlichtweg die Sorge, dass eine übereilte Handlung ein Einfallstor für mögliche Fehler sein könnte. Beim Veröffentlichen von Originaldokumenten muss man sehr vorsichtig sein, manchmal haben solche Papiere Wasserzeichen oder geben andere Hinweise darauf, woher sie stammen könnten. Ich weiß nicht, wo John sich im Moment aufhält. Bevor wir eine solch folgenschwere Entscheidung treffen, würde ich ihn gerne fragen, ob es okay wäre, wenn wir diese Dokumente der Öffentlichkeit zeigen würden. Ein solches Einverständnis hole ich mir im Zuge einer Geschichte regelmäßig bei ihm ab, weil das Risiko sonst zu hoch ist, mit einer unbedarften Veröffentlichung von Original-Dokumenten eine Quelle zu gefährden. Und als letzter gewichtiger, wenn auch selbstverschuldeter und dämlicher Grund: Keiner aus unserem Team ist in der Redaktion. Alle sind über Ostern ausgeflogen, wir haben mit niemandem einen Bereitschaftsdienst ausgemacht. Daraus müssen wir fürs nächste Mal lernen. Alfred Weinzierl entscheidet, dass wir die Folgegeschichte erst in der kommenden Print-Ausgabe des SPIEGEL veröffentlichen sollen.

Die Entscheidung resultiert aus unserer Schwäche, und Schwächen nutzt Ronaldo auf dem Spielfeld eiskalt aus. So jedenfalls empfinden wir es. Während wir an unserem Folgeartikel arbeiten, reist Bayern München zum Rückspiel des Champions-League-Viertelfinales nach Madrid. Dieses Spiel um den Halbfinaleinzug findet nur sechs Tage nach der 1:2-Niederlage in München statt. Bayern gilt als Außenseiter, zu klar erscheint das Ergebnis der Vorwoche. Doch die Münchner trumpfen auf und erreichen in der regulären Spielzeit ebenfalls ein 2:1. Ronaldo hat zwar wieder ein Tor geschossen, aber nun geht es in die Verlängerung, Bayern würde ein weiteres Tor reichen, dann könnte Real nahezu einpacken. Die Münchner pressen, doch es ist wieder einmal Ronaldo, der das Nervenspiel entscheidet. Der Portugiese schießt noch zwei weitere Tore, Real gewinnt am Ende 4:2. Damit hat Ronaldo in zwei Spielen gegen die Münchner fünf Treffer erzielt – und unsere Enthüllung über die Vergewaltigungsvorwürfe gegen ihn nahezu begraben.

Kein Journalist, kein Kommentator befragt Ronaldo nach diesem Spiel zu Mayorgas Brief oder der Nacht von Las Vegas. Seine fünf Tore überlagern alles. Die nationale und internationale Berichterstattung dreht sich ausschließlich um Ronaldos übersinnliche Fähigkeiten auf dem Feld, seine möglicherweise niederen Taten außerhalb des Platzes scheinen von niemandem registriert worden zu sein.

Trotz Ronaldos fünf Toren veröffentlichen wir in der nächsten Ausgabe des SPIEGEL diesen Artikel, der hier leicht gekürzt wiedergegeben werden soll:

DECKNAME TOPHER

Vier Tage vor einem Auswärtsspiel in Bilbao muss sich Cristiano Ronaldo um eine wichtige private Angelegenheit kümmern. Es ist der 12. Januar 2010. In Las Vegas sitzen seine Anwälte und ein Mediator mit einer jungen Amerikanerin zusammen, die behauptet, der Fußballer von Real Madrid habe sie vergewaltigt. Es geht darum, den Fall außergerichtlich zu klären.

Bei dem Termin mit Susan K. (damals haben wir Kathryn Mayorga noch auf diese Weise anonymisiert) und ihrer Anwältin ist auch der portugiesische Jurist Carlos Osório de Castro zugegen, der Ronaldo seit Jahren in allen rechtlichen Fragen berät. Er informiert seinen Mandanten, der in Madrid ist, mit SMS-Nachrichten über den Stand der Verhandlungen.

Osório de Castro schreibt: »Der Mediator sagt jetzt, dass sie in Tränen aufgelöst und erschüttert ist, weil sie glaubt, dass Dich diese Angelegenheit nicht interessiert und Du ganz woanders bist. Bisher wurde nicht über Geld geredet, aber das wird kommen.«

Ronaldo antwortet: »Ok«.

Der SPIEGEL hat vorige Woche über den Vergewaltigungsvorwurf der Amerikanerin Susan K. gegen Ronaldo berichtet. Die Agentur des Ronaldo-Beraters Jorge Mendes veröffentlichte eine Stellungnahme, in der es heißt, die Geschichte sei eine »journalistische Fiktion« und basiere »komplett auf Dokumenten«, die »nicht unterschrieben wurden« und in denen die »Parteien nicht zu identifizieren« seien.

Diese Darstellung ist falsch.

Der SPIEGEL besitzt das Abschlussdokument der außergerichtlichen Einigung zwischen Susan K. und Ronaldo. Es stammt aus einer Datensammlung der Enthüllungsplattform Football Leaks. In den Dokumenten taucht Ronaldo auch unter dem Decknamen »Topher« auf. In einer vertraulichen Zusatzvereinbarung, einem »Confidential Side Letter Agreement«, steht, dass sich hinter jenem Pseudonym der Fußballer verbirgt. Und: Das Papier ist von Ronaldo unterschrieben. Es ist kein Grund ersichtlich, an der Echtheit der Dokumente zu zweifeln.

Auch der SMS-Verkehr zwischen Ronaldo und Anwalt Osório de Castro, der dem SPIEGEL vorliegt, belegt, dass der Fußballer schon im Jahr 2010 wusste, was ihm in Las Vegas vorgeworfen wird – und dass er sich für die Details der Einigung, vor allem die finanziellen, sehr interessiert hat.

47 Minuten nach der ersten SMS bekommt Ronaldo eine weitere Mitteilung aus Las Vegas. Diesmal steht darin nur ein Betrag:

»950 000 Dollar«. Es ist offenbar die Summe, die sich die Gegenseite als Ausgleich vorstellt. Ronaldo schreibt zurück: »Das ist der Betrag?«

Osório de Castro antwortet: »Das ist ihre erste Forderung: Das sind 660 000 Euro. Wir akzeptieren nicht. Die Verhandlung geht weiter.«

Ronaldo fragt nach: »Ist das zu viel?« Osório de Castro schreibt: »Ich glaube, ja. Ich glaube, wir schließen für weniger ab.«

Ronaldo verlangt: »Es muss weniger werden!« Sein Anwalt antwortet: »Ok«.

Die Korrespondenz zwischen Ronaldo und dem Juristen liefert mehrere Erkenntnisse. Erstens: Wenn es um seine Karriere geht, überlässt Ronaldo nichts dem Zufall. Zweitens: Der Profikicker schaut durchaus auf sein Geld. Und: Im Umfeld des Superstars agieren bis heute Leute, die, wenn es sein muss, nicht davor zurückschrecken, öffentlich Nebelkerzen zu zünden, um die Vorgänge aus dem Sommer 2009 zu verschleiern.

Die Agentur des Ronaldo-Beraters Jorge Mendes heißt Gestifute, sie hat ihren Sitz in Porto. In der Stellungnahme der Firma zum Fall Las Vegas wird versucht, das mutmaßliche Opfer zu diskreditieren. Susan K. würde sich weigern, sich »öffentlich zu dem Vorwurf zu bekennen und ihn zu bestätigen«, heißt es in dem verbreiteten Statement zu der SPIEGEL-Veröffentlichung.

Diese Vorhaltung ist perfide. Denn: K. darf sich gar nicht äußern. Die außergerichtliche Einigung zwischen Ronaldo und ihr regelt eindeutig, dass sie die Vorwürfe an den Fußballer nicht wiederholen darf, schon gar nicht öffentlich. Sollte sie gegen diese Abmachungen verstoßen, müsste sie laut Vereinbarung die Vergleichssumme, die ihr Ronaldo überweisen musste, zurückzahlen und gegebenenfalls auch noch Schadensersatz leisten.

Aus dem SMS-Verkehr zwischen Ronaldo und Osório de Castro geht hervor, dass die Einigungsverhandlungen im Januar 2010 in Las Vegas lange andauerten. Er schreibt seinem Mandanten: »Wir schließen endlich nach 12 Stunden ab, für 260 000 Euro. Dazu kommen die Kosten der Mediation, von denen ich Dir schon erzählt hatte, plus einiger Zahlungen an die Anwälte, die jetzt versuchen, den Abschluss zu formalisieren. Ich weiß, dass das viel Geld ist, aber ich glaube, es war der beste Ausweg, und übrigens überhaupt nicht einfach zu bekommen.«

Warum brachte K. Ronaldo nicht vor Gericht? Warum wählte sie den Weg einer außergerichtlichen Einigung?

Die US-Anwältin Gloria Allred aus Los Angeles ist eine Expertin für Fälle sexueller Gewalt. Sie vertritt mutmaßliche Missbrauchsopfer des Schauspielers Bill Cosby und Frauen, die reklamieren, von Donald Trump belästigt worden zu sein. »Sehr häufig gehen die Opfer gar nicht erst zur Polizei oder zu einem Anwalt«, sagt Allred. In den USA kommt es oft vor, dass sich in Fällen sexueller Gewalt das mutmaßliche Opfer und der mutmaßliche Täter nach einer Mediation in einem von Juristen ausgearbeiteten Settlement einigen.

Man muss dieses Verfahren nicht gut finden. Es wirkt befremdlich, dass sich ein Beschuldigter freikaufen kann. Es klingt wenig vernünftig, dass sich ein Opfer mit einer Art Schadensersatz zufriedengibt. Der Aufklärung einer mutmaßlichen Straftat dient so ein Abkommen, das wie ein Deal daherkommt, sicher nicht. Denn es wird nichts aufgearbeitet. Es wird nicht ermittelt. Es gibt keinen Richter, der am Ende Recht spricht. Was wirklich geschah, bleibt im Dunklen.

Dennoch seien außergerichtliche Einigungen »oft für alle Beteiligten der beste Weg«, sagt die US-Juristin Allred. »Die Prominenten wollen um jeden Preis verhindern, dass die Sache an die Öffentlichkeit kommt.« Und die Opfer hätten ohnehin nur »geringe Chancen, vor Gericht zu gewinnen«, weil die Gegenseite für gewöhnlich eine »ganze Armee von Anwälten« engagiere.

K. scheute offenbar einen Prozess, weil sie das öffentliche Breittreten des Falles fürchtete. In einem Gespräch mit Ronaldos Juristen soll Susan K.s Anwältin angedeutet haben, ihre Mandantin habe auch Angst, »dass ihr etwas passiert«. Sie fürchte, Ronaldos Fans könnten ihr »etwas antun«.

Aber sie wollte augenscheinlich, dass Ronaldo bestraft wird, wie die Dokumente belegen, die der SPIEGEL einsehen konnte. Er sollte für ihr Schweigen teuer bezahlen.

»A-Prominente sind meist in der Lage, viel Geld zu bezahlen«, sagt Gloria Allred. »Aber die Summe variiert von Fall zu Fall. Sie basiert auf den Antworten der Fragen: Wie ist die Beweislage? Ist das Opfer in Folge der Tat geschädigt? In physischer und psychischer, aber auch in ökonomischer Hinsicht? Wie gut sind diese Schäden durch Experten belegt?«

Über solche Fakten wurde bei der Mediation am 12. Januar 2010 in Las Vegas debattiert. Am Ende einigten sich die Parteien auf 375 000 Dollar, die Ronaldo Susan K. bezahlen musste.

Diese Summe verdiente Ronaldo damals bei Real Madrid in einer Woche.

Ronaldo hat sich bislang persönlich nicht zu den Vorgängen in Las Vegas geäußert. In der Stellungnahme der Agentur Gestifute seines Beraters Mendes wird auch auf den Brief Bezug genommen, den Susan K. an ihn verfasst hat. Dieses »angebliche« Schreiben des »sogenannten Opfers«, heißt es, habe Ronaldo »nie erreicht«.

Wenn das stimmt, hätte die Ronaldo-Seite gegen eine Klausel der außergerichtlichen Einigung verstoßen. Der Brief, in dem die Amerikanerin die Geschehnisse aus ihrer Sicht beschreibt, in dem sie Ronaldo anklagt und ihm vorwirft, er habe ihr Leben ruiniert, musste dem Fußballer zwei Wochen nach Zustellung vorgelesen werden. Das ist in einem Punkt des Abkommens festgehalten.

Und genau daran erinnern die US-Anwälte Ende September 2010 auch Ronaldos Juristen Osório de Castro in Portugal. »Nach meiner Berechnung«, so schreibt eine Juristin an den Kollegen, »sind morgen zwei Wochen vergangen, seitdem Du den Brief erhalten hast. Bitte bestätige mir, dass der Brief vorgelesen wurde.«

Nur gut eine Stunde später antwortet Osório de Castro: »Ich bestätige, dass ich Topher den Brief vorgelesen habe.«

STILLSTAND

Uns ist es wichtig, der Öffentlichkeit mit dem Artikel zu zeigen, dass Ronaldo und sein Management in ihrer Stellungnahme an zahlreichen Stellen nicht die Wahrheit sagen. Deshalb veröffentlichen wir auch einige der Originaldokumente, um zu belegen, dass wir das Settlement direkt Cristiano Ronaldo zuordnen können. Wir können zwar nicht sagen, was in der Suite im Palms Hotel passiert ist, aber wir können zumindest deutlich machen, dass das Ronaldo-Statement fundamental von der Beleglage abweicht. Warum schreibt seine Management-Agentur so dreist die Unwahrheit? Das Statement verstärkt unsere Motivation, den Fall weiter zu recherchieren.

Aber offenbar geht es nur uns so. Andere Journalisten scheinen sich kaum für diesen Fall zu interessieren. Obwohl wir beschreiben, dass das Gestifute-Statement Unsinn ist, bleibt bei vielen Kollegen nur hängen, dass Ronaldos Agentur sich gegen uns gewehrt hat. Viele Journalisten, die wir in den darauffolgenden Monaten treffen, fragen uns, ob Ronaldo uns verklagt habe. Das hat er nicht, was uns eigentlich am meisten erstaunt. Denn dieses Verfahren hätten wir erwartet, und aufgrund unserer Beleglage hätten wir es gerne geführt. Ronaldo hätte sich dann wohl auch zu einigen der Punkte äußern müssen. So hätten wir möglicherweise die Chance bekommen, die Gradlinigkeit seiner Aussagen gerichtlich prüfen zu lassen.

Auch die Sponsoren tun so, als habe es die Vergewaltigungsvorwürfe gegen ihr Super-Testimonial nie gegeben. Weder Nike, der Ernährungskonzern Herbalife noch der Uhrenhersteller TAG Heuer reagieren auf eine SPIEGEL-Anfrage.

Während die Vergewaltigungsvorwürfe gegen Ronaldo öffentlich totgeschwiegen werden, recherchieren wir weiter. Nicola und Christoph finden Football-Leaks-Dokumente, aus denen hervorgeht, dass Ronaldos Leute 2009 einen Privatdetektiv auf Kathryn Mayorga angesetzt haben. Er observierte ihr Haus, beschattete seine »Zielperson« manchmal stundenlang und sammelte Details zu ihrem Lebenslauf, bis hin zu Informationen über Strafzettel fürs Falschparken. Einmal notierte der Detektiv in einem Protokoll: »Ms K. hat das Haus gestern Abend um kurz vor 20 Uhr verlassen, fuhr zum MGM-Hotel, parkte ihr Auto und traf sich mit einem jungen Mann, den sie am Fahrstuhl umarmte.« An einem anderen Tag beobachtete er sie in einem Restaurant: »K. trank Rotwein. Sie hatte mehr als (3) drei Gläser Wein.«

Für den Detektiv war der Auftrag lukrativ. Zwischen August und November 2009 berechnete er Honorare in Höhe von 4881 Dollar, 8079 Dollar, 11 152 Dollar, 10 000 Dollar und im Dezember sogar 23 668 Dollar. Die Ergebnisse, die der Mann lieferte, schienen seine Auftraggeber allerdings nicht zufriedenzustellen. Einer der US-Anwälte drängte in einer Mail darauf, einen zweiten Schnüffler einzusetzen, um so die Behauptung des mutmaßlichen Opfers zu widerlegen, es leide psychisch unter den Folgen der Tat: »Hoffentlich erleben wir Momente, in denen sie ausgeht und das Nachtleben und die Männer von Las Vegas genießt.«

Ronaldos Anwälten war es zudem offenbar besonders wichtig, den medizinischen Befund Mayorgas, in dem die Verletzungen der vermeintlichen Tatnacht beschrieben werden, abzuwerten. Dem SPIEGEL liegt ein Schriftsatz vor, den die Juristen für den Mediationstermin im Januar 2010 vorbereitet hatten. In dem Dokument wird ein »medical expert« zitiert, der angibt, Mayorgas Verletzungen könnten durch »verschiedene Gegenstände« herbeigeführt worden sein. Es folgen die Ausführungen eines pensionierten Ermittlers, der erklärt, Mayorga habe ausreichend Zeit gehabt, sich die Verletzungen bis zum Eintreffen der Polizei selbst zuzufügen.

In dem Papier steht auch eine Summe, die die Anwälte Mayorga offenbar anbieten wollten: 40 000 Dollar. »Ein sehr großzügiges Angebot«, fanden die Juristen. Am Ende zahlten sie fast das Zehnfache.

In dem Football-Leaks-Datenpaket findet sich auch eine Mail, in der einer der Ronaldo-Anwälte die Einschätzung eines Strafrechtsexperten aus Las Vegas wiedergibt. Der Experte mache sich »große Sorgen«, sollte der Vorgang doch vor Gericht kommen. Ronaldos

Chancen stünden dann »50/50« – es drohte also eine jahrelange Haftstrafe.

Wir versuchen auch, mit Ronaldos Vertrauenspersonen zu sprechen, aber das ist mindestens genauso schwierig wie die Kontaktaufnahme zu Kathryn Mayorga. Aus dem Umfeld des Weltfußballers bekommen wir lediglich zu hören, dass es ein Detail in den Vergewaltigungsvorwürfen gebe, das der Ronaldo-Entourage wohl erhebliche Kopfschmerzen bereite: Es geht dabei um die finanzielle Abwicklung des gesamten Vorfalls. Die Anwaltskosten beliefen sich damals auf einen hohen sechsstelligen Betrag. Die Rechnungen dafür gingen an die irische Firma Multisports & Image Management, die die Werbeeinnahmen Ronaldos verwaltete. Für die Bezahlung der Einigungssumme an Mayorga wählten Ronaldos Anwälte das Konto seiner Offshore-Firma auf den British Virgin Islands. Der gesamte Vorgang sollte so geräuschlos und anonym wie möglich über die Bühne gehen. Was wusste am Ende das Finanzamt von all diesen Geldbewegungen? Eine Anfrage des SPIEGEL dazu blieb unbeantwortet.

Wir veröffentlichen zu diesen Recherchen weitere Artikel, aber kaum jemand nimmt sie auf. Es ist, als würden wir gegen eine unsichtbare Mauer anschreiben. Währenddessen nutzen zahlreiche Ronaldo-Fans die Stille rund um den Fall zum Verfassen ziemlich unappetitlicher Social-Media-Nachrichten:

»Dabei zuzusehen, wie Ronaldo die stärksten Teams in Europa vergewaltigt, ist so Ronaldoesque.«

»Als Nächstes wird er Juve vergewaltigen.«

John schreibt mir ständig Nachrichten und regt sich furchtbar über den Ronaldo-Fall auf: »Es ist unglaublich, dass die Polizei nichts unternimmt. Keine Hausdurchsuchungen, kein offizielles Ermittlungsverfahren, ich wette, sie hören noch nicht einmal sein Telefon ab. Und was ist mit all den Anwälten und Beratern? Wann werden die zur Rechenschaft gezogen?« Wir diskutieren in dieser Zeit viel und lange darüber, wie machtlos die Polizei oft gegenüber Menschen ist, die sich teure Anwälte leisten können.

Parallel zu unseren Storys über Ronaldo und Mayorga erleben

wir, wie gering das Aufklärungsbemühen der spanischen Behörden in Ronaldos Steuerverfahren ist. »Umso wichtiger sind meine Dokumente. Die Öffentlichkeit muss erfahren, wie viel Schmutz im Fußball unter den Teppich gekehrt wird und dass all die durch Marketingleute glatt polierten Superkicker hinter ihren Fassaden oftmals Straftaten und sehr viele moralisch fragwürdige Handlungen verstecken. Solange diese von den sportlichen Leistungen immer wieder überdeckt und nicht thematisiert werden, werden die Fans halt ausgenutzt. Denn sie können ohne diese Hintergründe überhaupt nicht verstehen, was genau mit ihrem Geld passiert, wenn sie teure Trikots, Eintrittskarten oder TV-Abos kaufen.«

Während die Vergewaltigungsvorwürfe unaufgeklärt über Ronaldo schweben, spielt der Portugiese im Frühjahr 2017 womöglich die stärkste Rückrunde seiner Karriere. Er schießt Real Madrid fast im Alleingang ins Champions-League-Finale, wo er ebenfalls mit zwei Toren brilliert.

Niemand spricht mehr über Mayorga.

Doch dann passiert etwas, das selbst die Fußballbranche nicht kontrollieren kann. Im Oktober 2017 wird der US-amerikanische Filmproduzent Harvey Weinstein beschuldigt, zahlreiche Frauen vergewaltigt oder sexuell belästigt zu haben. Als Folge dieser Affäre treten immer mehr Frauen an die Öffentlichkeit, die von Übergriffen von Männern berichten. Die sogenannte #MeToo-Bewegung löst weltweit breite Debatten darüber aus, wie insbesondere mächtige, einflussreiche Männer ihre gesellschaftliche und berufliche Ausnahmestellung dazu ausnutzen, um Frauen sexuell zu bedrängen.

Seit unserem Las-Vegas-Trip hat meine Kollegin weiterhin in unregelmäßigen Abständen versucht, mit Kathryn Mayorga Kontakt aufzunehmen. Nach unseren Veröffentlichungen hat sie ihr die Links zu unseren SPIEGEL-Texten geschickt. Es dauert ein Dreivierteljahr, bis sie eine Antwort bekommt. »Please contact my lawyer. Leslie Mark Stovall«, schreibt Kathryn Mayorga. Sie hat sich einen neuen Anwalt genommen. Kathryn Mayorga schickt seine E-Mail-Adresse und seine Telefonnummer.

Wie es scheint, will sie ihr Schweigen brechen.

»NO, NO, NO, NO«

Im Spätsommer 2018 reisen meine Kollegin und ich ein weiteres Mal nach Las Vegas. Diesmal buchen wir uns in einem Hotel in einer der Betonburgen mitten auf dem Strip ein. Die Lobby des Hotels wirkt wie ein riesiges Casino, überall bimmeln Automaten, die Kartentische sind gerammelt voll. Ich bekomme ein Zimmer im 22. Stock. Der Ausblick geht direkt auf einen riesigen Trump-Tower. Die Reise könnte besser beginnen.

Am Morgen nach unserer Landung sind wir mit Kathryn Mayorga in der Kanzlei ihres neuen Anwalts zum Interview verabredet. Es ist schwierig, sich auf ein solches Gespräch vorzubereiten, denn wir wissen nicht, in welchem psychischen Zustand Mayorga sein wird. Ihr Anwalt deutete in den vergangenen Tagen immer wieder an, dass es ihr nicht gut gehe, dass sie Angst vor diesem Termin hätte. Wir nehmen uns vor, ihr zu Beginn viele offene Fragen zu stellen. Wir wollen Kathryn Mayorga so viel wie möglich erzählen lassen, ihr erst einmal zuhören, um zu verstehen, was ihr wichtig ist. Später können wir ihr auch die kritischen, möglicherweise unangenehmen Fragen stellen. Wir wollen drei Tage vor Ort bleiben. Genug Zeit, um ausführlich mit ihr, ihrem Anwalt und möglicherweise auch mit ihrer Familie oder Freunden zu sprechen.

Die Anwaltskanzlei sieht von außen völlig unscheinbar aus, eher wie ein Familienbetrieb. Eine Assistentin führt uns in einen Konferenzraum. Mitten im Raum steht ein langer, dunkler Tisch.

Kurz nach uns trifft auch Kathryn Mayorga ein, sie wird begleitet von ihrer Mutter Cheryl und einer Therapeutin. Mayorga ist eine schlanke Frau mit langen, dunklen Haaren und grünen Augen. Sie trägt einen schwarzen Overall und lange, türkisfarbene Ohrringe. Die 34-Jährige hat sich sorgfältig geschminkt, doch das Make-up lenkt nicht von ihren müden Augen ab. Seit mehr als einer Woche, sagt sie, habe sie nicht mehr richtig geschlafen. Sie wirkt erschöpft, zugleich ist sie sehr aufgeregt. Ihr Blick huscht durch den Raum, immer wieder streicht sie ihre Haare zurück.

Bis vor Kurzem hat sie an einer Grundschule gearbeitet. Den Job, sagt sie, habe sie aber aufgegeben, »weil ich jetzt all meine Kraft brauche«.

Mayorga sagt, dass sie sich aus mehreren Gründen entschlossen habe, nun doch mit uns zu sprechen: Die #MeToo-Bewegung habe ihr neuen Mut gegeben. Das Klima für Frauen, sich ihren Peinigern zu stellen, habe sich verändert, Opfer sexueller Gewalt würden gehört. Zudem treibe sie der Gedanke um, ob es noch andere Frauen gebe, die das erlebt hätten, was sie habe erleben müssen. »Diese Frage hat mich nie losgelassen«, sagt Mayorga. Immerhin seien bereits 2005 Vergewaltigungsvorwürfe gegen Ronaldo publik geworden. Zwei Frauen in London hatten sie geäußert. Ronaldo war damals sogar von der Polizei vernommen worden, bestritt die Straftat allerdings vollumfänglich. Eine der beiden Frauen zog ihre Anzeige zurück, die Ermittlungen wurden fallengelassen. Eine Anklage wurde nie erhoben.

Kathryn Mayorga holt tief Luft. Sie will über ihre Ängste reden, Sätze sprudeln nur so aus ihr heraus: »Er ist so berühmt. Ich habe Angst um mein Leben, um meine Familie.« Sie befürchtet, dass man ihr etwas antun könne, dass die Medien und die Ronaldo-Fans sie verfolgen würden. »Deshalb habe ich den Vertrag damals unterschrieben. Ich wollte keinen Prozess, es sollte niemand wissen, was mir passiert ist.«

Sie beginnt zu weinen, atmet schnell und flach. Sie rollt den schweren Ledersessel zurück, auf dem sie sitzt, schlägt die Hände vor ihr Gesicht. Ihre Therapeutin sorgt sich um sie. Für eine halbe Stunde gehen die beiden in einen Nebenraum.

Wir bleiben mit ihrer Mutter Cheryl zurück. Sie ist eine kleine Frau mit hochgesteckten, dunklen Haaren. Cheryl Mayorga wählt ihre Worte bedächtig. »Ja, sie hat große Angst. Aber andererseits findet sie keinen Frieden«, sagt sie. »Wissen Sie, es gab Zeiten, da rief sie mich an, völlig aufgelöst, weil sein Gesicht mal wieder auf einem großen Plakat oder im Supermarkt auf dem Cover eines Magazins war. Er, der perfekte, makellose Fußballgott. Und sie, die an vielen Tagen morgens nicht mal aufstehen kann. Seinetwegen.«

Cheryl Mayorga schüttelt den Kopf. »Das ist einfach falsch. Und es wird nie aufhören, wenn sie nicht endlich Gerechtigkeit erfährt. Wir stehen hinter ihr.«

»Wir«, das ist die Familie Mayorga. Auch Vater Larry und Bruder Jason werden später davon berichten, wie die Nacht vor neun Jahren Kathryn verändert hat.

Kathryn Mayorga wurde in Las Vegas geboren und wuchs dort auf. Der Vater, inzwischen in Rente, war 32 Jahre lang Feuerwehrmann, die Mutter kümmerte sich um die Kinder. »Wir sind einfache, aber von Grund auf ehrliche Leute«, sagt Cheryl Mayorga.

Kathryn spielte Softball und Fußball, war bei den Pfadfindern. »In der Schule hatte sie jedoch große Probleme, sie hat ADHS und ist lernbehindert«, sagt die Mutter. Es falle ihrer Tochter schwer, sich zu konzentrieren, ihre Gedanken zu sortieren und zu behalten. Auch deshalb spreche sie manchmal so schnell.

Die Tür geht auf. Kathryn Mayorga kommt zurück. Sie hat sich gefangen, so scheint es. Ihre Mutter berichtet, was sie in ihrer Abwesenheit erzählt hat.

»Ja, ich hatte es schwer in der Schule«, sagt Kathryn Mayorga. »Ich konnte nicht in der Gruppe lernen, hatte immer Extrazeit und Nachhilfe. Aber trotzdem habe ich am Ende meinen College-Abschluss geschafft. Dafür habe ich hart gearbeitet.«

Sie hat Journalistik an der Universität von Las Vegas studiert.

Mayorga berichtet von ihrer Jugend in der amerikanischen Vergnügungsmetropole. »Es war toll. Die Hotelpartys und Konzerte, ich habe mit meinen Freundinnen viele Nächte durchgetanzt. Klar haben wir auch was getrunken. Aber ich bin jemand, der immer die Kontrolle behalten muss.«

Kurz nach ihrem Studium, 2008, heiratete sie ihren Freund, einen Barkeeper albanischer Herkunft, der nebenbei Computer reparierte, darunter die ihrer Eltern. »Ich hatte irgendwie diesen Druck, jetzt hast du die Uni fertig, jetzt musst du auch heiraten«, sagt sie. »Und es fühlte sich richtig an.«

Doch der Richtige war er nicht. Etwa ein Jahr nach der Hochzeit trennte sich das Paar, und Kathryn Mayorga lebte fortan wieder bei ihren Eltern. »Mein Leben war zu dieser Zeit wirklich toll«, sagt Kathryn Mayorga. »Ich habe viel Sport gemacht, mich vegan ernährt, denn ich wollte noch mehr ins Modeln einsteigen.« Sie sei viel gereist damals, was ihr auch der Job vor den Bars ermöglicht habe.

Kathryn Mayorga lehnt sich in ihrem Stuhl vor, ihr Blick ist eindringlich. »Seine Anwälte haben versucht, es anders darzustellen. Aber es war ein Promotionjob wie jeder andere. Die einzige Vorgabe, die wir hatten, war, Gäste anzuwerben, dabei Spaß zu haben und einen Drink in der Hand zu halten, was auch Wasser sein konnte. Mehr nicht.«

Erschöpft lehnt sie sich zurück, sammelt sich. Dann beginnt sie, von der Nacht zu erzählen. Der Nacht, von der sie sagt, sie habe ihr Leben zerstört. Der Nacht, die sie, obwohl sie so viele Jahre zurückliegt, so beschreibt, als liefe ein Video vor ihrem inneren Auge ab.

Auch an jenem Abend hatte sie gearbeitet, anschließend feierte sie mit Freunden. »Es gab Champagner, von dem ich aber nur ein bisschen getrunken habe. Wie gesagt, ich war damals total auf Diät.«

Dann erreichte sie die Nachricht ihrer Freundin Jordan (Name geändert). Sie trafen sich im Rain, gingen in den VIP-Bereich. »Jordan kannte dort jeden, deshalb konnten wir uns frei bewegen. Und plötzlich war er da, griff meinen Arm und sagte so etwas wie: ›Du, komm mit mir mit.‹« Kathryn Mayorga sucht nach Worten. »Das war schon merkwürdig.«

Sie wusste, wer er war und dass er an jenem Abend in dem Klub feierte. »Jordan war mit einem Fußballer zusammen, sie kannte all die Typen. Ich hatte ihn auch selbst mal gegoogelt. Ich wusste, dass er berühmt ist.«

Ronaldo habe sie ausgelacht, weil sie nicht gleich mit ihm kommen wollte, erzählt sie. Dann habe er ihr ein Getränk besorgt, sie seinen Begleitern vorgestellt. »Der ist wie mein Bruder, der ist auch wie Familie, irgendwie so.« Sie hätten sich noch ein bisschen unterhalten, und dann habe er nach ihrer Telefonnummer gefragt. »Ich habe sie ihm gegeben, und weg war er. Und ich dachte: Okay, cool.«

Kathryn Mayorga sagt, dass sie danach Jordan gesucht und sie draußen mit ein paar Freunden gefunden habe. In dem Moment sei eine SMS von Ronaldo gekommen, in der sinngemäß gestanden habe: »Hey, hier oben ist eine Party. Bring Deine Freunde mit.« Jordan und sie seien der Einladung ins Palms Place, dem Hotel nebenan, gefolgt. In der Lobby hätten Ronaldo und seine Jungs gewartet, doch die Party sei schon vorbei gewesen.

»Er sagte dann, wir könnten alle noch zu ihm gehen. Und wir dachten: Die Aussicht dort ist atemberaubend, machen wir ein paar Fotos, und dann gehen wir nach Hause.« In der Suite angekommen, erinnert sich Kathryn Mayorga, seien die anderen plötzlich in den Whirlpool gestiegen, Jordan habe sich auf den Rand gesetzt. »Wir fanden die Jungs süß, sie sahen gut aus, keine Frage, aber ich wollte los, ich hatte am nächsten Tag ein Fotoshooting. Ich stand deshalb nur daneben und sagte, dass ich mein Kleid nicht ruinieren wolle.«

Ronaldo habe ihr Badesachen angeboten. »Ich sah, dass Jordan Spaß hatte, sie war nur noch selten in der Stadt, deshalb dachte ich: Was soll's.« Sie sei dann zum Umziehen in das Bad gegangen, das an eines der Schlafzimmer grenzte. Als sie nur in Shorts dastand, sei plötzlich Ronaldo reingekommen, sein Geschlechtsteil aus der Hose hängend.

Kathryn Mayorga macht eine kurze Pause, reißt ihre Augen auf, das Weiße um ihre Pupillen wird sichtbar. »Er stand neben mir und wollte, dass ich seinen Penis anfasse. Er hat mich angebettelt: ›Nur für 30 Sekunden!‹ Ich habe Nein gesagt. Und dann sagte er, ich solle ihn in den Mund nehmen. Ich meine, was für ein Idiot! Ich habe gelacht und gedacht, das gibt es doch gar nicht. Dieser Typ, der so berühmt ist und so gut aussieht, ist ein Widerling.« Doch Ronaldo habe keine Ruhe gegeben. »Irgendwann meinte er dann so etwas wie: ›Ich lasse dich gehen, wenn du mir einen Kuss gibst.‹ Und ich sagte: ›Okay. Ich küsse dich, aber ich fasse dich nicht an.‹« Kathryn Mayorga sagt, sie schwöre, ihn nur geküsst, nie angerührt zu haben.

Der Kuss habe ihn dann weiter angetörnt. »Er hat mich überall angefasst, ist an mir runter und wollte mich überall küssen. Ich habe ihn weggestoßen und wieder Nein gesagt.«

In diesem Moment sei einer seiner Freunde reingekommen und habe gefragt: »Was macht ihr da?« »Ich habe die Gelegenheit genutzt, schnell mein Kleid wieder anzuziehen, und meinte: ›Wir kommen raus.‹ Und auch er meinte: ›Ja, wir kommen.‹«

Kathryn Mayorga sitzt nun still da. Dann fährt sie fort: »Ich dachte, damit wäre das jetzt vorbei. Doch stattdessen hat er mich ins Schlafzimmer gezogen. Auch da hatte ich eigentlich noch keine Angst. Ich dachte nur, das gibt es doch gar nicht, wie hartnäckig dieser Typ ist. Ich habe ihm dann noch Mal gesagt, dass nichts zwischen uns passieren werde.«

Doch Ronaldo habe nicht aufgegeben. »Ich habe ihn wieder von mir gestoßen. Er hat versucht, meine Unterwäsche auszuziehen, was ihm aber nicht gelang. Ich habe mich dann wie ein Ball zusammengerollt und versucht, meine Vagina mit beiden Händen zu schützen. Und dann ist er auf mich drauf.« Dabei habe sie »No, no, no, no« gesagt.

Ronaldo habe sie anal vergewaltigt, behauptet Kathryn Mayorga. Ohne Kondom, ohne Gleitmittel.

»Als er fertig war, wollte er mich immer noch nicht gehen lassen. Er sah mich schuldbewusst an und fing plötzlich an, mich ›Baby‹ zu nennen. ›Baby, baby.‹ Ich weiß den Wortlaut nicht mehr genau, aber er sagte auch ›Sorry‹ und fragte mich, ob ich Schmerzen habe. Dabei ging er auf die Knie irgendwie und sagte: ›Zu 99 Prozent bin ich ein guter Kerl, ich weiß nicht, was mit diesem einen Prozent ist.‹«

In diesem Moment habe sie erst verstanden, was passiert sei. »Das ging alles so schnell. Und ich war so konfus, es war, als würde ich schweben, wie in Trance, ich kann das gar nicht beschreiben. Mein nächster Gedanke war: Was, wenn er jetzt Aids hat? Oder irgendeine andere Krankheit? Ich habe ihn dann gefragt. Und er sagte: ›Ich bin Profisportler, ich werde alle drei Monate getestet. Wenn ich krank wäre, könnte ich gar nicht spielen.‹«

Für einen Moment ist es ganz ruhig in dem Konferenzraum. Kathryn Mayorga fixiert die Tischplatte vor sich. Inzwischen ist auch ihr Vater Larry hinzugekommen und hat sich leise auf einen

Stuhl gesetzt. Er trägt ein schwarzes T-Shirt und eine schwarze Baseballcap. Er ist ein Mann, der gern lacht, aber je länger er seiner Tochter zuhört, desto mehr Wut und Hilflosigkeit spiegelt sein Gesichtsausdruck. Seine Tochter habe sich nie zuvor so geöffnet, wird er später sagen.

Dann spricht Kathryn Mayorga weiter: »Ich habe dann zu ihm gesagt: ›Niemand wird davon erfahren.‹ Und als wir dann endlich aus dem Zimmer rausgingen, meinte er so was wie ›Bleib cool‹ oder so. Das weiß ich aber nicht mehr ganz genau.«

Es gibt eine Person, die sich bis heute genau erinnern will, wie Kathryn Mayorga aus dem Zimmer kam: ihre Freundin Jordan. Sie wird uns später sagen: »Kathryn sah völlig durcheinander aus, ihre Haare waren zerzaust, ihr Make-up verschmiert.« Sie habe Ronaldo dann immer wieder gefragt: »Was hast du mit meiner Freundin gemacht?«

Auch Kathryn Mayorga gibt diese Szene so wieder. Auf Jordans Frage, so sagen es beide Frauen, habe Ronaldo nur geantwortet: »Alles okay. Wir sind Freunde.«

»Ich bin dann wie ferngesteuert auf den Jacuzzi zu und habe mich an den Rand gesetzt. Er hat sich neben mich gesetzt, und ich bin ein Stück weggerutscht. Ich konnte ihn nicht nah bei mir ertragen«, sagt Mayorga. »Jordan hat mir später gesagt, ich hätte nur aufs Wasser gestarrt. Ich erinnere mich nicht daran. Ich weiß nur, dass es plötzlich unangenehm still war, keiner mehr was gesagt hat. Er ist dann aufgestanden und gegangen. Und ich bin in den Jacuzzi gefallen. Wie das passiert ist, weiß ich nicht.«

Kathryn Mayorga beugt sich auf ihrem Stuhl nun weit nach vorn. Es scheint, als hätte sie ein Gedanke ereilt: Dass der Sturz in den Whirlpool sie schlecht aussehen lassen könnte. Wieder spricht sie sehr schnell: »Ich hatte ein Glas Wein bei der Arbeit und habe danach mal an dem einen oder anderen Champagner genippt. Das war es. Ich war nüchtern in dieser Nacht.«

Durch den Sturz ins Wasser sei sie wieder etwas zu sich gekommen. »Ich habe mir gesagt: Du musst jetzt cool sein, ganz cool. Jordan hörte auch nicht auf zu fragen, ob alles okay sei. Und dann habe ich angefangen zu lachen und zu scherzen und Dinge zu sagen wie: ›Gott, unglaublich, diese Aussicht!‹« Sie zuckt mit den Schultern, aber es wirkt nicht gleichgültig, eher ratlos. »Und irgendwann sind wir dann los. Seine Freunde haben mir noch ein Handtuch gegeben, weil ich komplett nass war.«

Auf dem Weg zum Fahrstuhl habe sie dann zu Jordan gesagt: »Was für eine Nacht, was für ein Spaß!« Irgendwann hätten sie sich verabschiedet.

Als sie an ihrem Auto angekommen sei, seien zum ersten Mal »diese entsetzlichen Schmerzen da gewesen. Bei jedem Herzschlag.« Sie sei zu einem Krankenhaus gefahren, habe aber Angst gehabt reinzugehen. Sie habe sich dann zuhause ins Bett gelegt und versucht zu schlafen. Vergebens.

Nur wenige Stunden später erreichte sie ein Anruf. Jordan. »Sie sagte: ›Mensch, wir sind überall in den Nachrichten.‹« Parallel dazu, sagt Kathryn Mayorga, habe sie merkwürdige SMS bekommen: »Datest Du diesen berühmten Fußballtypen?« »Erst dann habe ich die Fotos gesehen, sie waren überall.« Die Fotos zeigen sie flirtend mit Ronaldo im VIP-Bereich des Rain.

Sie habe dann nur zu Jordan gesagt: »Das ist nicht gut, das ist nicht gut.« Doch Jordan habe gar nicht verstanden, was sie meinte, bis sie ihr schließlich gestanden hätte: »Er hat mich vergewaltigt.«

Jordan sei völlig konsterniert gewesen, habe ihr aber sofort geraten: Sei vorsichtig, Fußballer haben so viel Macht. In diesen Fällen gebe es keine Gerechtigkeit.

Als die Schmerzen nicht aufhörten, sei sie panisch geworden, sagt Kathryn Mayorga, »dass da irgendwas ernsthaft kaputt sei«. Sie habe eine Freundin aus Kindertagen angerufen, ihr erzählt, was passiert sei. Die habe ihr geraten, anonym bei der Polizei anzurufen.

»Ich habe mich dann erst geweigert, den Polizisten meinen Namen zu sagen. Ich habe den Beamten gesagt, dass ich vergewaltigt wurde, aber nicht, von wem. Ich habe gesagt, dass ich in ein Krankenhaus wolle, auch um meine Verletzungen zu dokumentieren. Und kurz darauf standen Polizeiwagen vor unserem Haus.«

Gemeinsam mit ihren Eltern versucht Kathryn Mayorga zu rekonstruieren, welcher Polizist damals wann was zu wem gesagt hat. Die Erinnerungen gehen ein wenig auseinander. Am Ende ist nur unstrittig: Die Polizei war da. Und jemand hat ihr Kleid und ihre Unterwäsche in einem Plastikbeutel aus dem Haus getragen.

Irgendwann, jedoch erst später an diesem Tag, hat Kathryn Mayorga dem Drängen ihrer Mutter nachgegeben und ihr gesagt, was passiert ist.

Larry Mayorga ergreift das Wort: »Ich weiß noch, wie ich in meiner Feuerwehruniform vor dem Haus stand und einer der Polizisten zu mir kam und sagte: ›Ihre Tochter muss uns sagen, wer der Typ war. Unbedingt.‹« Er schaut seine Tochter an: »Aber du bist völlig außer dir gewesen und hast immer nur gesagt: ›Nein, nein, nein, nein. Das verstehst du nicht, Papa, du hast keine Ahnung. Du hast keine Ahnung!‹«

Die Polizisten fuhren Kathryn Mayorga ins Krankenhaus. Aus ihrem Untersuchungsbericht geht hervor, dass sie zwei Stunden lang in der Klinik behandelt wurde. Es wurde notiert, dass sie »ängstlich, kooperativ und freundlich« sei. Sie gab an, gelegentlich Alkohol zu trinken, wurde auf Drogen getestet. Das Ergebnis war negativ.

In einer Checkliste kreuzte die Krankenschwester an, was Kathryn Mayorga nach der mutmaßlichen Tat gemacht hat: Kleidung gewechselt, Zähne geputzt, uriniert, gegessen, getrunken. Bei der Art des Übergriffs vermerkte sie unter anderem »Rektum penetriert von Penis« und »Ejakulation: in die Hände des Angreifers«.

Kathryn Mayorga wurde auf Geschlechtskrankheiten getestet, zudem wurden Abstriche auf mögliche DNA-Spuren in Mund und Rektum genommen. Ihre Verletzungen dort, eine umlaufende Schwellung, ein Bluterguss, eine Risswunde, wurden auch per Foto dokumentiert. Man verabreichte ihr Zithromax und Rocephin, zwei Antibiotika, dann wurde sie entlassen.

Die folgenden Tage habe sie auf ihrem Zimmer verbracht, berichtet Kathryn Mayorga. »Ich war komplett emotionslos, fühlte mich wie krank, wollte niemanden sehen. Es hat ungefähr drei Monate gedauert, bis ich endlich mal geweint habe.«

Ihre Mutter Cheryl schaltet sich ein: »Ich wollte für sie da sein, sie in den Arm nehmen, ihr helfen, aber wann immer ich das Zimmer betreten habe, hat sie nur geschrien: ›Raus! Raus!‹« Sie hätten ihr dann eine Anwältin besorgt. »Die Polizei sagte, dass Kathryn die Krankenhausrechnung bezahlen muss, wenn sie seinen Namen nicht nennt«, sagt Cheryl Mayorga.

Ein Freund habe ihnen Mary S. (Name geändert) empfohlen. Die Juristin hatte zu diesem Zeitpunkt eine kleine Kanzlei in Las Vegas. Die Mayorgas beschreiben sie als freundlich und warmherzig. Rückblickend werten sie es als großen Fehler, dass sie keinen versierteren Anwalt kontaktiert haben.

Die Anwältin habe zu einer umfassenden Aussage bei der Polizei geraten. Etwa zwei, drei Wochen später, schätzt Kathryn Mayorga, sei ein Polizist gekommen und habe ihre Aussage auf Band aufgenommen. Im Zuge dieser Aussage habe sie auch Ronaldos Namen genannt. »Ich habe dem Beamten sogar Fotos von ihm ausgedruckt, in den USA ist Fußball nicht so groß, deshalb kennt ihn nicht jeder.«

Der Polizist sei ein älterer Mann gewesen. Als sie ihm gesagt habe, dass sie Ronaldo im Bad geküsst habe, sei seine Reaktion gewesen: »›Oh, da werden wir Probleme kriegen, da werden wir Probleme kriegen!‹ Er sagte auch, dass es einen schlechten Eindruck machen würde, dass ich mir einen Anwalt genommen hätte«, erinnert sich Kathryn Mayorga. »Ich habe ihm gesagt, dass meine Eltern die Anwältin wollten. Dass ich am liebsten alles begraben würde.«

Am Ende habe sie den Polizisten angefleht, nichts mit der Aussage zu machen, dass sie noch Zeit brauche, emotional nicht stabil sei. Er habe ihr versprochen zu warten, bis sie so weit sei.

Fortan lebte Kathryn Mayorga in diesem Dilemma: Einerseits wollte sie ihren und Ronaldos Namen nicht publik machen, andererseits wollte sie Gerechtigkeit. Ihre Anwältin habe dann vorgeschlagen, die ganze Sache außergerichtlich zu klären, mit einer Mediation. »Ich wollte ihm eine Lektion erteilen. Und dass er meine Therapien, von denen ich sicher war, dass ich sie brauchen würde, bezahlt. Ich wollte mich nie bereichern. Und außerdem wollte ich ihm ins Gesicht schauen und sagen, was er mir angetan hat«, sagt Mayorga.

Am 12. Januar 2010 kam es zu einem Treffen der Parteien in Las Vegas. Ein erfahrener Mediator war anwesend. Ronaldos Anwälte fuhren in einer Limousine vor.

Als die Mediation begann, befanden sich in einem Raum Kathryn Mayorga und ihre Anwältin, im Nebenraum Ronaldos Anwälte. Im Flur davor nahmen Kathryn Mayorgas Eltern und ihr Bruder Platz.

»Ich war mit den Nerven am Ende«, sagt Kathryn Mayorga über jenen Tag, »und völlig außer mir, dass er nicht erschienen war. Dass ich nicht die Gelegenheit hatte, ihm ins Gesicht zu sagen, was ich von ihm halte, wie es mir geht.« Ihr Blick ist leer, die Finger ihrer rechten Hand streichen über ihre Ohrringe.

Der Mediator sei dann zwischen beiden Räumen hin- und hergelaufen. Um zu übermitteln, was die Gegenseite an Argumenten vorbrachte, und letztlich um eine Summe auszuhandeln.

Vor der Tür saß Kathryns Familie. Sie hätten ihre Tochter weinen und schreien hören, sagen sie rückblickend. »Sie haben versucht, mir Sachen anzuhängen. Mich als eine Art Prostituierte darzustellen. Ich weiß nicht, wie seine Anwälte am Abend noch in den Spiegel schauen konnten«, sagt Kathryn Mayorga.

»Ich bin fast wahnsinnig geworden«, sagt Kathryns Vater. »Ich wäre am liebsten reingestürmt und hätte gesagt: ›Schluss hier jetzt, das war es‹, und hätte sie mitgenommen. Aber Kathryn wollte diese Verhandlung. Sie wollte keine Öffentlichkeit. Ich musste das respektieren.«

Auch Kathryns Bruder Jason will sich noch sehr genau an den Tag der Mediation erinnern können. »Es war der blanke Horror«, sagt er. »Ronaldos Raum war voller Anwälte, die lachten und scherzten. Und nebenan war meine Schwester, am Boden zerstört.« Wie seine Eltern, sagt Jason Mayorga, habe auch er ein schlechtes Gefühl gehabt. »Kathryns Anwältin wirkte überfordert. Und der Mediator ...«, er sucht nach Worten, »wenn er bei Ronaldos Anwälten reinging, riss er Sprüche wie: ›Hey Jungs, ich bin zurück!‹ Es war widerlich.«

Irgendwann habe sie nur noch auf dem Boden gelegen, schildert Kathryn Mayorga. »Ich war hysterisch, ich konnte nicht mal mehr reden.« Ihre Anwältin habe dann dazu geraten, die Mediation zu stoppen. »Ich war eigentlich nicht in der Lage, das Papier zu unterschreiben. Aber ich wusste, nochmal würde ich das nicht durchstehen. Ich wollte einfach, dass das alles vorbei ist.«

Für sie, sagt Kathryn Mayorga, sei das Schweigeabkommen der Beginn eines langen Leidens gewesen.

Ihre Mutter sagt: »Die ersten Jahre waren schlimm. Sie hat sich komplett zurückgezogen, war plötzlich ein so unsicherer Mensch. Es gab Zeiten, da dachte sie an Selbstmord ...« Ihr bricht die Stimme weg.

Ihr Vater sagt: »Sie ist nicht mehr dieselbe Person. Ich hatte gedacht, sie würde es eines Tages überwinden. Aber ich habe mich getäuscht.«

Ihr Bruder sagt: »Wir hatten ein enges Verhältnis, sind zusammen ins Kino oder essen gegangen. Aber seitdem ist so viel Trauer und Wut in ihr. Sie ist oft aggressiv, einfach so.«

Kurz nachdem der Polizist ihre Aussage aufgenommen hatte, begann Kathryn Mayorga mit einer Therapie. »Ich durfte selbst in der Einzeltherapie seinen Namen nicht erwähnen, habe immer nur von ›dem Sportler‹ gesprochen«, sagt Kathryn Mayorga. »Ich musste immer aufpassen, was ich sage. Wegen meines Vertrags.«

Nur ein paarmal habe sie an Gruppentherapien für Vergewaltigungsopfer teilgenommen. Es ist einer der Momente, in dem sich Kathryn Mayorgas Augen mit Tränen füllen. »Ich habe nur dagesessen und zugehört. Aber irgendwann wurden die anderen Frauen sauer, weil ich meine Geschichte nicht erzählt habe ...«

In den ersten fünf Jahren sei sie wie besessen gewesen, erzählt sie dann. »Karma, alles drehte sich bei mir um Karma.« Jeden Tag habe sie im Internet nachgeschaut, ob Ronaldo irgendetwas widerfahren sei, eine Strafe Gottes sozusagen, für das, was er ihr angetan habe.

Sie habe ihren Job aufgeben müssen. Allein das Hotel mit seinen leuchtenden Lettern zu sehen, sei für sie unerträglich gewesen. Aus ihrem Studium etwas zu machen, habe auch außer Frage gestanden. Und immer wieder seien da Selbstmordgedanken gewesen. Nur auf Reisen, sagt sie, hätte sie sich frei gefühlt, weit weg von allem. »Bis auf das eine Mal, als ich in Italien war und überall die kleinen Jungs in Ronaldo-Trikots rumliefen.« Mühsam ringt sie sich ein Lachen ab.

Im ersten Jahr habe sie viel Alkohol getrunken, gesteht sie dann. »Jeden Tag, um ehrlich zu sein. Es war der einzige Weg, um mich zu entspannen.« Gegenüber ihren Freunden und auf Facebook habe sie versucht, so zu tun, als sei alles wie bisher.

Erst nach fünf Jahren, sagt Kathryn Mayorga, sei es ihr ein wenig besser gegangen. Nicht, dass sie etwa eine normale Beziehung hätte führen können, »aber das Leben war mehr oder weniger okay«.

Im Wesentlichen habe dies mit ihrem neuen Job zusammengehangen. »Ich habe an einer Grundschule gearbeitet, unter anderem mit den Kindern Sport gemacht. Den ganzen Tag das Kinderlachen um mich herum, das hat mir gutgetan«, sagt Kathryn Mayorga.

Richtig glücklich sei sie aber nie gewesen. »Ich habe nie aufgehört, ihn und mich innerlich anzuklagen. Ihn für die Tat und mich dafür, dass ich dieses Ding unterschrieben habe.«

Und dann, im Frühjahr 2017, sei der Artikel im SPIEGEL erschienen. »Wo alles drinstand, was niemand wissen durfte. Ich habe die Kommentare der Leute gelesen ...« Kathryn Mayorga presst die Lippen aufeinander. »Mir ist nicht egal, was man über mich sagt.«

Auch aus Angst, Ronaldo könnte sie als Quelle der Informationen für die SPIEGEL-Artikel verdächtigen, suchte sich Kathryn Mayorga einen neuen Anwalt.

Wir sprechen nun schon einige Stunden, Kathryn wirkt sehr erschöpft. Wir vereinbaren, dass wir das Interview an dieser Stelle unterbrechen. In den kommenden Tagen werden wir uns noch ein paar Mal treffen und weiterreden.

Wir fahren zurück ins Hotel. Der Tag war auch für uns anstrengend. Recherchen, bei denen wir dermaßen tief in die dunkelsten Geheimnisse einer Familie vordringen, lassen sich selten mit einem Handstreich abschütteln.

Ich schlafe schlecht, denke immer wieder über Mayorgas Sätze nach. Sie beschreibt den gesamten Vorgang, der bereits fast zehn Jahre zurückliegt, mit einer solchen Detailschärfe, ihre gesamte Familie scheint mit ihr zu leiden. Kann es sein, dass Cristiano Ronaldo eine Frau vergewaltigt hat?

Ich nehme mir ein Bier aus der Minibar, gehe zum Fenster. Ich rufe mir in Erinnerung, dass es mir nicht zusteht, auf diese Frage eine Antwort zu geben. Ich war nicht mit Mayorga und Ronaldo in diesem Zimmer, nur die beiden wissen, was genau dort passiert ist. Es gehört zur journalistischen Neutralität, dass wir niemanden vorverurteilen.

Erst einige Stunden später schlafe ich wieder ein.

Der Wecker fühlt sich an wie ein Vorschlaghammer. Ich versuche, mich aus dem Bett zu falten, obwohl ich mich am liebsten einfach umdrehen würde. Aber es nützt nichts, heute ist ein wichtiger Tag. Wir sind zunächst mit Mayorgas neuem Anwalt verabredet.

Leslie Mark Stovall ist 65 Jahre alt, er hat weiße Haare, die zu einem Pferdeschwanz gebunden sind. Stovall ist ein anderes Kaliber als Mayorgas erste Anwältin. Seit mehr als 30 Jahren ist er Jurist in Las Vegas, es gibt Leute, die haben ihn schon in Jeans und Cowboystiefeln vor Gericht gesehen.

Stovall hat viel Prozesserfahrung, einmal auch in eigener Sache. 2001 habe er eine falsche Steuererklärung abgegeben. Für zwei Jahre wurde ihm die Zulassung entzogen. »Das kann ich nicht beschönigen«, sagt er. Stovall will der Gegenseite keine Angriffspunkte liefern, deshalb erwähnt er dieses Vergehen freiwillig.

Monatelang hat er Kathryn Mayorgas Fall studiert, um die Zivilklage gegen Ronaldo vorzubereiten. »Mein Ziel ist es, die außergerichtliche Einigung außer Kraft zu setzen. Denn Kathryn Mayorga war zu dem Zeitpunkt der Verhandlungen nicht geschäftsfähig«, argumentiert Stovall. »Insofern gibt es keinen gültigen Vertrag und somit auch keine Schweigeklausel.«

Laut Stovall sei Ronaldos Anwälten die psychische Verfassung von Kathryn Mayorga bewusst gewesen, und nicht nur das: »Sie haben diese für sich genutzt.« Der labile Zustand Kathryn Mayorgas wird auch in E-Mails von Ronaldos Anwälten thematisiert.

Stovall veranlasste im April 2018, dass Kathryn Mayorga von einem forensischen Psychiater begutachtet wurde. Der Professor diagnostizierte bei ihr eine posttraumatische Belastungsstörung und eine Depression als »direkte und exklusive Konsequenz von Mr. Ronaldos Übergriff«. Darüber hinaus konstatierte er, dass ihre Lernbehinderung bei der Mediation nicht berücksichtigt worden sei, sie die Bedeutung der Vereinbarung und der darin enthaltenen Begrifflichkeiten deshalb nicht habe überblicken können und letztlich nicht die erforderliche Kompetenz gehabt habe, das Dokument zu unterschreiben.

Stovall bewertet die außergerichtliche Einigung aber auch aus einem anderen Grund für ungültig. Sie habe »die illegale Absicht verfolgt, polizeiliche Ermittlungen zu verhindern«.

Stovall geht nun noch einen Schritt weiter: »Jeder, der ein Verbrechen begangen hat, muss sich verteidigen können, ohne Frage. Aber es gibt eine rote Linie: Ein Verbrechen verbergen zu wollen, das ist auch ein Verbrechen. Deshalb bin ich der Meinung, dass auch gegen Ronaldos Anwälte ermittelt werden sollte.«

Er verweist auf Harvey Weinstein und den US-Schauspieler Bill Cosby. »Für mich sind die auch deshalb Serientäter, weil es Juristen gibt, die ihnen immer wieder ermöglicht haben, diese Taten ohne Konsequenzen zu begehen.«

Eine Anklage gegen Ronaldos Anwälte, so Stovall, hätte womöglich einen nachhaltigen Effekt: »Ich glaube nicht, dass sich ein Anwalt künftig noch dem Risiko aussetzen würde, sich an solchen Verträgen zu beteiligen, wenn er damit rechnen muss, dafür angeklagt zu werden.«

Stovall meint es wirklich ernst. Er will Ronaldo verklagen.

Kathryn Mayorga wird uns in den kommenden Tagen immer wieder sagen, dass es für sie jetzt nur noch um eines geht: sich bestmöglich gegen das zu wappnen, was nun vermutlich auf sie zukommt. Sie hat ihren Job an der Grundschule aufgegeben. Sie will, sobald die Klage eingereicht ist, abtauchen. Weg sein, auf unbestimmte Zeit, an einem unbekannten Ort.

DAS DOKUMENT

Zurück in Deutschland, beginnt meine Kollegin den Artikel zu verfassen, der Ende September im SPIEGEL unter der Zeile »Ihr Name ist Kathryn« erscheinen wird. Immer wieder sucht sie dafür das Gespräch mit Nicola, betrachtet mit ihr den Fall unzählige Male aus allen möglichen Blickwinkeln, gleicht Kathryn Mayorgas Aussagen mit den Dokumenten ab. Uns alle umtreibt die Sorge, irgendetwas zu übersehen, was der Geschichte möglicherweise doch noch eine andere Lesart geben könnte.

Bereits vor unserem Aufenthalt in Las Vegas fragte uns Stovall, ob wir ihm einen Kontakt zu John herstellen könnten. Die Frage erreicht uns seit Beginn des Football-Leaks-Projekts sehr häufig. Personen aus der Fußballbranche, aber auch Ermittler oder Politiker fragen uns immer wieder, wie sie John eine Nachricht zukommen lassen können. John lebt zwar anonym, aber man kann ihn per Mail anfunken. Er besitzt eine allgemeine Football-Leaks-Adresse, jeder, der danach sucht, kann sie im Internet finden. Wir wissen nicht, ob nur John auf diese Adresse Zugriff hat, aber er sagt, sie sei sicher für ihn und wir könnten sie bei Anfragen nennen. Die Anliegen würden ihn dann schon erreichen.

Stovall schrieb John an. Er bat ihn um einige Papiere, die wir bereits in unseren ersten Storys über die Vergewaltigungsvorwürfe gegen Cristiano Ronaldo beschrieben hatten. Wir erfahren nun, dass Stovall eine Auswahl an Dokumenten erhalten hat. Darunter ist ein Dokument, ein Fragebogen, besser gesagt eine Version davon, die uns sprachlos macht. Sie fügt dem Bild der mutmaßlichen Tatnacht und der Monate danach einige entscheidende Details hinzu. Und erhärtet Kathryns Mayorgas Vorwurf im Kern.

Aber der Reihe nach.

Als Ronaldos Vertrauensanwalt Carlos Osório de Castro 2009 von den Vergewaltigungsvorwürfen erfährt, so steht es in den Papieren, beginnt er damit, eine Art internationales Krisenteam zusammenzustellen. Der Jurist aus Porto engagiert eine Truppe, die dafür sorgen soll, dass nichts über die Vorgänge in Las Vegas bekannt wird. Eine Putzkolonne, die gründlich saubermacht.

Zur Mannschaft gehören: ein Privatdetektiv mit guten Kontakten zum Las Vegas Metropolitan Police Department, zwei weitere Anwälte aus Portugal sowie die Londoner Großkanzlei Schillings, die bekannt ist für ihr Krisenmanagement (Werbemotto: »Wenn eine Attacke kommt, bist du bereit zurückzuschlagen«).

Zum Team gehört auch die Kanzlei Lavely & Singer aus Los Angeles. Sie ist spezialisiert auf Klienten aus dem Celebrity-Bereich. Leute, die in der Lage sind, Probleme mit Geld zu lösen.

Zum Team gehört außerdem: der Anwalt Richard Wright aus Las Vegas. Zu einem späteren Zeitpunkt kommen noch dazu: ein medizinischer Gutachter, eine Forensikerin.

Aus Johns Dokumenten geht detailliert hervor, wer von Ronaldos damaligen Anwälten zu welchem Zeitpunkt welche Dokumente erstellt, bearbeitet und an wen verschickt hat. Für die Ermittlungen der Polizei könnten diese Papiere entscheidende Bedeutung haben, weil aus ihnen hervorgeht, wie sich Ronaldo zu der Nacht in Las Vegas ursprünglich eingelassen haben soll.

Wir versuchen, die Abläufe zu sortieren.

Am 3. August 2009 erstellt der kalifornische Jurist Jay Lavely ein 41-seitiges PDF mit dem Titel »Questions for Client«. Am Tag darauf verschickt er es an seine Kollegen der Kanzlei Schillings in England und Osório de Castro in Portugal.

Lavely warnt in einer E-Mail davor, dass Ronaldo den Fragebogen selbst ausfüllen soll: »Es ist sehr wichtig, dass weder der Klient noch sein Cousin oder Schwager Memos, Notizen oder E-Mails schreiben, um die Fragen zu beantworten, die wir Ihnen senden. Dies sollte mündlich entweder telefonisch oder in persönlichen Meetings erfolgen. Die Anwälte sollten diejenigen sein, die die Antworten des Mandanten festhalten (…) Andernfalls kann alles, was der Klient über den Vorfall oder damit zusammenhängende Angelegenheiten geschrieben hat, in einem Rechtsverfahren einsehbar werden.«

Einen Tag später, am 4. August 2009 um 10.21 Uhr, schreibt

Osório de Castro einem Vertrauten Ronaldos: »Wann fährt CR in die Staaten? Wie sieht sein Leben morgen aus? Ich brauche 2 (!) Stunden mit ihm, um auf die Dutzenden Fragen der amerikanischen Anwälte über die junge Frau zu antworten. Sorry.«

Aus weiteren Nachrichten geht hervor, dass Ronaldos Schwager und sein Cousin, die Ronaldo auf der Reise nach Las Vegas begleitet hatten, von einem Kollegen aus Osório de Castros Kanzlei befragt werden sollen. Jener Anwalt, sein Name ist Paulo Rendeiro, legt mit den Fragen am 4. August ein Word-Dokument an (»das macht es einfacher«) und schickt es an Osório de Castro zurück. Betreff: »Für morgen«.

Etwa einen Monat später sind alle Befragungen abgeschlossen. Am 9. September erstellt Rendeiro ein Dokument mit allen Antworten, ändert es zuletzt zwei Tage später und sendet es im Anschluss direkt an Osório de Castro und einen weiteren Kanzleikollegen, Francisco Cortez. Titel des Anhangs: »Q&A«.

Die Antworten sind teilweise bereits ins Englische übersetzt, der Rest ist auf Portugiesisch.

Cortez antwortet um 18.13 Uhr: »Übersetzt Du das Portugiesische heute?«

Osório de Castro schreibt um 18.23 Uhr: »Hatte ich nicht vor.«

Cortez um 18.26 Uhr: »Okay ...«

Rendeiro um 18.59 Uhr: »Im Moment ist das Dokument ›nur für unsere Augen‹.«

Cortez um 19.08 Uhr: »Okay. Wollte nur wissen, wie Du solche Sachen wie ›bola de cuspo‹ und ›toca-me ao bicho‹ übersetzt.«

Es ist nur eines von vielen Indizien, dass es sich bei dem angehängten Fragebogen nicht um ein gefälschtes Dokument handeln kann. Denn Cortez zitiert Formulierungen, die in Ronaldos Antworten eingebettet sind. »Bola de cuspo« heißt frei übersetzt Spucke, und »toca-me ao bicho«: Sie hat meinen Schwanz angefasst.

Mehr als drei Monate vergehen. Am 24. Dezember 2009 um 13.55 Uhr verschickt Osório de Castro ein Dokument mit dem Titel »TQuestionsv2 ENG.doc«. Empfänger: Jay Lavely, eine Kollegin Lavelys sowie die Anwälte Rendeiro und Cortez.

Nur dem ersten Anschein nach sieht der Anhang aus wie der Fragebogen aus dem September. Ronaldo trägt das Kürzel »X«, Kathryn Mayorga ist »Ms. C«. Auch die Fragen sind dieselben – die Antworten Ronaldos aber ganz und gar nicht, was im direkten Vergleich beider Versionen besonders deutlich wird:

Frage: »*Was hast Du gesagt, und was hat sie gesagt? (Das ist besonders wichtig für den Fall, dass über Sex oder etwas dergleichen gesprochen wurde.)*«

In der September-Version sagt X: »*Sie sagte, es sei nicht richtig, Sex zu haben, da sie sich gerade erst getroffen hätten. (›Besser nicht. Es ist das erste Mal.‹) Aber trotzdem hat sie meinen Schwanz angefasst.*«

Die Antwort von X in der Dezember-Variante lautet nur: »*Sie hat meinen Penis angefasst.*«

Frage: »*Beschreibe im Detail, was nach dem ersten Körperkontakt passierte, den Du mit Ms. C hattest, und beschreibe Schritt für Schritt, was danach passierte, jeglichen physischen Kontakt wie Umarmen, Streicheln, Küssen, den Übergang vom Stehen zum Liegen auf dem Bett, auf dem Fußboden oder wo auch immer es sich dann ereignete.*«

In der September-Version antwortet X: »*Ich habe sie von der Seite gefickt. Sie hat sich bereitgestellt. Sie lag auf der Seite, im Bett, und ich kam von hinten in sie rein. Auf die brutale Tour. Wir haben die Position nicht verändert. 5/7 Minuten. Sie hat gesagt, dass sie nicht will, aber sich bereitgestellt. Es war die ganze Zeit auf die brutale Tour, ich habe sie auf die Seite gelegt, und es ging mit schnellem Tempo. Vielleicht hat sie blaue Flecken bekommen, als ich sie gepackt habe (...) Sie wollte nicht ›geben‹, sondern hat mir einen runtergeholt, ich weiß nicht genau, was sie gesagt hat, als sie mich gewichst hat. Aber sie hat immer weiter Nein gesagt. ›Mach das nicht‹ – ›Ich bin nicht so wie die anderen‹ – Hinterher habe ich mich entschuldigt.*«

Die folgende Passage ist zum Teil in der dritten Person verfasst, was daran liegen könnte, dass Ronaldos Anwalt die Antwort für ihn aufgezeichnet hat:

»*Sie haben keine Kondome verwendet. Von Kondomen wurde nicht gesprochen. Er kam nicht in ihr. Er hat den Schwanz vorher rausgezogen. Ich bin auf ihr gekommen und auf der Decke.*

Gleitmittel gab es nicht. Ich habe Spucke verwendet. Er weiß nicht, ob sie einen Orgasmus hatte.«

In der Dezember-Variante sagt X: »*Sie lag auf dem Bett. Ich kam von hinten. Wir haben die Positionen nicht verändert. Es dauerte 5/7 Minuten. Es war grob. Sie hat sich nicht beschwert, sie hat nicht geschrien, sie hat nicht um Hilfe gerufen, nichts dergleichen. Wir haben keine Kondome benutzt. Wir haben nicht mal drüber gesprochen. Ich bin nicht in ihr gekommen. Ich bin auf ihr gekommen und auf die Decke. Da war kein Gleitmittel. Ich habe etwas Spucke verwendet. Kann nicht sagen, ob sie einen Orgasmus hatte.*«

Frage: »*Hat Ms. C jemals ihre Stimme erhoben, geschrien oder gerufen?*«

September: »*Sie hat mehrfach Nein und Stopp gesagt.*«
Dezember: »*Nein.*«

Frage: »*Hat Ms. C etwas nach dem Geschlechtsverkehr gesagt (...)?*«

September: »*Hinterher hat sie gesagt:* ›Du Arschloch, Du hast mich gezwungen. Du Blödmann. Ich bin nicht so wie die anderen.‹ *Ich habe gesagt* ›Entschuldigung‹.«

Dezember: »*Nein.*«

Ronaldo bestätigt in diesem Fragebogen die Version von Kathryn Mayorga in zentralen Punkten: Sie habe mehrfach Nein und Stopp gesagt. Und er habe sich danach bei ihr entschuldigt.

Aber es gibt weiterhin Widersprüche zwischen den Darstellungen von Ronaldo und Mayorga, unter anderem zu der Frage, ob sie ihn mit der Hand befriedigt hat. Er sagt: Ja. Sie sagt: Nein. Er berichtet zudem von einem Vorspiel im Bad. Auch das Treffen zuvor im Club wird von ihm anders geschildert: Die Frauen hätten um Einlass in den VIP-Bereich gebeten, dort gut getrunken. Man habe keine Nummern ausgetauscht, er habe sie schon dort zu sich ins Hotel eingeladen. Kathryn Mayorga, so erinnern es Ronaldos Begleiter, habe auch nicht verstört gewirkt, als sie später aus dem Zimmer gekommen sei.

Warum sollte Ronaldo gegenüber seinen Anwälten zugeben, dass Kathryn Mayorga mehrfach Nein und Stopp gesagt habe? Die Erklärung liegt nahe: Um die beste Verteidigungsstrategie für einen Mandanten entwickeln zu können, sollte ein Anwalt möglichst alles wissen, was sich ereignet hat.

Wie es scheint, leiteten die portugiesischen Anwälte den September-Fragebogen nicht an ihre US-Kollegen weiter. Was nicht bedeuten muss, dass diese den Inhalt nicht kannten, denn immer wieder gab es auch Telefonkonferenzen und persönliche Treffen. In einer späteren E-Mail an Osório de Castro bezieht sich Lavely auf ein Gespräch, das er mit dem Strafverteidiger Richard Wright aus Las Vegas geführt hat: »Es schien zweifellos, dass Rick besorgt war, aufgrund dessen, was der Klient selbst beschrieben hatte, was zwischen ihm und Miss P im Schlafzimmer geschah.«

Osório de Castro antwortet Lavely einen Tag später in roten Lettern: »Die Beschreibung läuft darauf hinaus: Alles war einvernehmlich. Nichts anderes zählt.«

AUSNAHMEZUSTAND

»Wo kommt dieser September-Fragebogen auf einmal her?«, frage ich John.

»Er war in euren Dokumenten«, antwortet er.

Bitte?

Haben wir eines der Kerndokumente dieses Falls in unserem System übersehen? Ist es uns bei der Recherche durchgerutscht? Ich schreibe Nicola und Christoph, schicke ihnen den September-Fragebogen verschlüsselt zu. Es ist schon spät am Abend, aber Nicola antwortet in Sekundenschnelle: »Wir prüfen das.«

Christoph und Nicola rufen uns am nächsten Morgen in den Datenraum, zahlreiche Papiere liegen nebeneinander auf den

Tischen, der Drucker surrt noch im Hintergrund. In der Tat: Wir besitzen den Fragebogen bereits. »Es gibt mehrere Versionen dieses Fragebogens, wir können mit unseren Dokumenten gut nachvollziehen, wer sie wann erstellt hat. Aber diesen Fragebogen konnten wir über unsere normale Suche nicht finden, möglicherweise ist bei der Übertragung der Datei in unsere Systeme etwas schief gelaufen. Wir müssen das mit Stephan Heffner besprechen«, sagt Nicola.

Sie macht ein ernstes Gesicht, obwohl jedem im Raum klar ist, dass die Arbeit mit den Football-Leaks-Daten manchmal solche Tücken hat. Wir haben es mit zahlreichen unterschiedlichen Dateiformaten zu tun, manchmal scheitert selbst Intella an der Verarbeitung bestimmter Mails und ihrer Anhänge. Wir versuchen, aus solchen Fehlern zu lernen und die Systeme noch genauer zu justieren.

Aber zunächst einmal sind wir froh: Das Dokument sieht authentisch aus, und uns ist wichtig, dass wir mit dem Mail-Umfeld des Fragebogens den Weg hinter der Datei offenlegen können. Das stützt die Glaubwürdigkeit des Dokuments immens.

Wir veröffentlichen unseren Artikel Ende September 2018. Der Beitrag löst eine Lawine aus. Weltweit greifen Medien die Aussagen Mayorgas auf, sie gibt ihren Vorwürfen nun ein Gesicht. Die Wirkung ist ungleich höher als bei unserer ersten Berichterstattung anderthalb Jahre zuvor. Mayorgas Anwalt Stovall reicht zudem beim Gericht von Clark County, Nevada, Zivilklage gegen Ronaldo ein.

Wir geben etliche Interviews, vor allem Christoph wird für uns mit seinem starken Englisch zu einer Art Außenminister. Er ist jung, bleibt aber auch bei den kritischsten Fragen ruhig und souverän.

Und Ronaldo? Ihm scheint die ganze Angelegenheit zunächst nicht viel auszumachen. Er veröffentlicht wenige Stunden nach unserem Artikel ein Instagram-Live-Video, das ihn in einem weißen T-Shirt liegend zeigt: »Fake, fake news (...) I am a happy man and all good.« Später äußert er sich auch auf Twitter: »Ich dementiere entschieden die Anschuldigungen, die gegen mich erhoben werden. Vergewaltigung ist ein abscheuliches Verbrechen, das gegen alles verstößt, was ich bin und an das ich glaube. So sehr ich auch meinen Namen reinwaschen möchte, weigere ich mich, das Medienspektakel zu bedienen, das von Menschen geschaffen wurde, die versuchen, sich auf meine Kosten zu bereichern.« Das war's. Mehr hat er zu solch schwerwiegenden Vergewaltigungsvorwürfen offensichtlich nicht zu sagen.

Stattdessen sollen wieder Anwälte seine Probleme lösen. Sie drohen wiederholt, gegen die Berichterstattung des SPIEGEL juristisch vorzugehen.

Der Berliner Presserechtler Christian Schertz, den wir bereits aus unserer Berichterstattung über die Steuervergehen Ronaldos und auch Mesut Özils kennen, hat uns bereits vor unserer Veröffentlichung gleich mehrere Schreiben zukommen lassen. Eine seiner Unarten dabei: Er möchte uns gleichzeitig verbieten, aus seinen Nachrichten zu zitieren.

Am 17. September schreibt Schertz als Antwort auf unsere umfassenden Konfrontationen: »Im vorliegenden Fall verletzen Sie (...) nicht nur die Grundsätze der Verdachtsberichterstattung, Sie verletzen auch die Intimsphäre unseres Mandanten, weil Sie detailliert über angebliche Vorgänge aus diesem Bereich berichten.« Und: »Eine summarische Prüfung« früherer Berichte habe bereits ergeben, »dass unserem Mandanten hier ein nahezu umfassender Unterlassungsanspruch (...) zusteht und ein erheblicher Geldentschädigungsbetrag, der sicherlich im Bereich von einigen hunderttausend Euro liegen dürfte.«

Am 27. September, dem Tag unseres Redaktionsschlusses, legt Schertz nach, Bezug nehmend auf unsere Bitte um Stellungnahme zu dem Fragebogen, in dem Ronaldo damit zitiert wird, dass Kathryn Mayorga »mehrfach Nein und Stopp« gesagt haben soll: Dieses »angebliche Dokument, so es überhaupt existieren sollte«, wäre »durch das Anwaltsprivileg geschützt«.

Am 28. September, dem Erscheinungstag unseres Artikel, warnt Schertz andere Redaktionen in einer »Presseinformation«, die Berichterstattung des SPIEGEL aufzugreifen: »Es dürfte sich vorliegend um eine der schwersten Verletzungen von Persönlichkeitsrechten aus den letzten Jahren handeln.«

Am 10. Oktober beantragt Schertz beim Hamburger Landgericht den »Erlass einer einstweiligen Verfügung«. Ziel: dem SPIEGEL zu untersagen, »in Bezug auf den Antragsteller über eine beabsichtigte Zivilklage wegen einer angeblichen Vergewaltigung durch den Antragsteller zu berichten«.

In dem Schriftsatz macht er ferner geltend: Sofern in dem SPIEGEL-Artikel aus angeblichen Einlassungen Ronaldos gegenüber seinen Anwälten zitiert werde, sei festzustellen, Ronaldo habe »eine solche Erklärung nicht abgegeben, wie der SPIEGEL sie zitiert«.

Doch Schertz scheitert mal wieder. Aus einem Vermerk des Landgerichts vom 15. Oktober 2018 geht hervor, dass Ronaldos deutschem Medienanwalt telefonisch mitgeteilt wurde, dass es sich »um keine rechtswidrige Verdachtsberichterstattung« gehandelt haben dürfte. Die Reaktion der Kanzlei Schertz kommt schriftlich: »In dem Rechtsstreit Ronaldo ./. SPIEGEL-Verlag Rudolf Augstein GmbH & Co. KG 324 O 471/18 nehmen wir hiermit unseren Antrag auf Erlass einer einstweiligen Verfügung zurück.« Ein Abgang durch die Hintertür.

Die Verteidigungslinie von Ronaldos Anwälten ist allerdings breiter gezogen. In den USA lässt Peter S. Christiansen, ein Strafrechtler aus Las Vegas, rund zwei Wochen nach Erscheinen unseres Artikels ein Statement veröffentlichen und von Ronaldos Berateragentur Gestifute verbreiten. Darin zweifelt Christiansen die SPIEGEL-Berichterstattung an und behauptet, »maßgebliche Teile« der Dokumente seien »manipuliert« oder sogar »komplette Fälschungen«.

Damit haben sich Ronaldos Verteidiger offenbar für eine Strategie entschieden, die sie bereits mehrfach bei missliebiger Berichterstattung angewendet haben. Auch als der SPIEGEL 2016 Ronaldos Steuerhinterziehung enthüllte, griffen seine Juristen auf die gleiche Masche zurück: Sie erklärten, die Journalisten könnten nur auf »unzuverlässige« Informationen zurückgreifen. Ronaldo dementierte damals den Vorwurf der Steuerhinterziehung. Im Jahr 2018 gestand er seinen Betrug ein und zahlte fast 20 Millionen Euro an den spanischen Staat. Obendrauf gab's noch eine zweijährige Haftstrafe, die zur Bewährung ausgesetzt wurde.

Wir sind also eher skeptisch, wenn es um den Wahrheitsgehalt in Ronaldos öffentlichen Statements geht. Zumal unser Team sich noch sehr gut an den Vorwurf der »journalistischen Fiktion« erinnert, den Ronaldos Berateragentur im April 2017 nach unserer ersten Berichterstattung über die Vergewaltigungsvorwürfe erhoben hat. In dem neuen Statement räumt Christiansen nun erstmals selbst ein, dass es das Settlement zwischen Ronaldo und Mayorga gegeben hat und dass Ronaldo ihm zugestimmt habe.

Allerdings weist der Verteidiger darauf hin, dass das damalige Settlement kein Schuldeingeständnis sei. Der Anwalt schreibt: »Weit entfernt von jeglichem Schuldeingeständnis oder anderen Hintergedanken, wurde Ronaldo dazu geraten, die Anschuldigungen gegen ihn privat zu regeln, um die unvermeidlichen Versuche zu verhindern, die jetzt gemacht werden, seinen Ruf zu zerstören.«

Diesen Ruf habe Ronaldo sich »durch harte Arbeit, sportliches Talent sowie ehrenvolles Verhalten« erworben. Der Spieler werde sich nicht weiter äußern und alle rechtlichen Angelegenheiten seinen Anwälten in den USA und in Europa überlassen. Ronaldo sei zuversichtlich, »dass die Wahrheit diesen Trubel überleben wird«, schreibt sein Anwalt. Er vertraue auf die Justiz des US-Bundesstaats Nevada.

Ronaldo selbst schlägt hingegen mittlerweile nachdenklichere Töne an. In einem Interview mit dem französischen Magazin »France Football« sagt er: »Natürlich beeinflusst diese Geschichte mein Leben. Ich habe eine Lebensgefährtin, vier Kinder, eine alternde Mutter, Schwestern, einen Bruder, eine Familie, der ich sehr nahe bin. Ganz zu schweigen von meinem Ruf, der vorbildlich ist. Für meine Teamkollegen, meine Familie, Fans, die mich unterstützen, ist diese Geschichte nicht belanglos.«

Trotz zahlreicher Anfragen wollte Ronaldo mit uns nicht über den Fall sprechen. Wir hätten uns sicherlich auch nicht nur nach seinem Wohlbefinden erkundigt, sondern ganz konkrete Fragen zu seinen Erinnerungen an die mutmaßliche Tatnacht gestellt. Und ihm die von seinen Anwälten protokollierten Aussagen vorgehalten, in denen er zitiert wird, Kathryn Mayorga habe »mehrfach Nein und Stopp« gesagt.

Was uns verwehrt bleibt, werden womöglich Ermittler nachholen. Denn Mayorga hat sich in Las Vegas inzwischen mehrfach mit der Polizei getroffen. Drei Tage nach dem Erscheinen unseres Textes nehmen die Beamten das Verfahren gegen Ronaldo wieder auf.

Die Polizisten finden die asservierte Kleidung, die Kathryn Mayorga in der Nacht im Jahr 2009 getragen hat. Damals überließ sie das Kleid und ihre Unterwäsche den Ermittlern, damit diese mögliche DNA-Spuren darauf auswerten können. Ein Sprecher der Polizei bestätigt zudem, dass die Beamten auch mit Ronaldo sprechen wollen.

Es werden komplizierte Ermittlungen. Sie werden die US-Beamten in den kommenden Monaten bis nach Italien, ins holländische Den Haag, nach Osteuropa und nach Lissabon führen.

Bis zu John.

ZERRISSEN

»Wann sehen wir uns?«, schreibt John.

»Ich weiß es nicht. Diese Recherche macht uns fertig«, antworte ich.

»Verstehe ich«, schreibt John.

Wir versuchen im Frühjahr 2017 mehrfach, einen Termin für ein Treffen zu finden. Aber die Recherche rund um die Vergewaltigungsvorwürfe gegen Cristiano Ronaldo erdrückt uns nahezu. Parallel dazu finden wir immer weitere, spannende Hinweise auf neue Storys in den Football-Leaks-Daten. Dieser Datensatz erscheint uns wie ein Fass ohne Boden. Nicola, Christoph, Michael und Andreas legen Tabellen mit aussichtsreichen Recherchansätzen an. Wir versuchen, andere Kollegen aus unserem Haus in die Arbeit einzubinden. Für unser kleines Team ist dieser Datenberg einfach eine Überforderung.

»Habt Ihr Euch die Dokumente zum Wettbetrug in Irland mal angesehen? Da ist eine Gruppe unterwegs, die offensichtlich vorher auch schon in Portugal aktiv war«, schreibt mir John.

Ich beschäftige mich schon seit einigen Jahren mit verschobenen Fußballspielen. Es gibt weltweit zahlreiche Gruppen, die man gemeinhin als Wettmafia charakterisiert. Nur ist diese Bezeichnung oft irreführend. Denn unter einem Mafiaboss stellen sich die meisten Menschen immer noch eine Art Paten vor, der böse Schläger Geld eintreiben lässt. Im Fußballbusiness gibt es diese Figuren zwar auch noch, aber oftmals arbeiten die organisierten Verbrechergruppen deutlich smarter, viel unauffälliger und mit klaren Businessplänen.

Während Wettbetrug und Spielmanipulation vor zehn, fünfzehn Jahren noch sehr wenig Struktur hatte, wie im Falle der Berliner Sapina-Brüder, die den Bundesliga-Schiedsrichter Robert Hoyzer bestachen, sind die Netzwerke hinter dem Multimilliardenbusiness des Wettbetrugs heutzutage deutlich professioneller. Es sind oft weltweit agierende Firmen, die wie seriöse Klubinvestoren auftreten, ihre eigenen Spieler mitbringen und auf diese Weise einen Verein von innen aushöhlen.

Wenn man sich mit dieser Welt zu beschäftigen beginnt, kann es passieren, dass bei der Recherche Wochen, Monate und manchmal sogar Jahre ins Land ziehen, bis man einen Überblick über die verschiedenen Organisationsstrukturen solcher Banden erlangt. Zeit, die wir eigentlich nicht haben. Auf der anderen Seite: Welcher Journalist kann so ein spannendes Thema schon liegen lassen?

»Wir kennen die Dokumente und werden uns den Fall in Irland demnächst näher anschauen. Das wird uns ziemlich einbinden«, schreibe ich John.

Seine Antwort ist sehr knapp: »Ok.«

»Ich versuche, Dich so schnell wie möglich zu besuchen«, schreibe ich, um die Situation ein bisschen aufzulockern.

John: »Ok.«

Ich habe während dieses Projekts häufig das Gefühl, komplett zerrissen zu werden. Auf der einen Seite würde ich John gerne mehr Aufmerksamkeit schenken, er scheint seine Gedanken und Sorgen oft auch mit mir teilen zu müssen. Manchmal geht es um den Ärger mit seiner Freundin, manchmal regt er sich auch nur über das Wetter auf. Außerdem kann es immer sein, dass er irgendwelche spannenden neuen Dokumente hat, die ich eigentlich möglichst schnell abholen müsste. In einer perfekten Welt würde ich John einfach bitten, dass er sich mit einem meiner Kollegen trifft, da ich gerade in so viele andere Dinge eingebunden bin. Aber das geht nicht, weil John nur mit mir sprechen möchte: Er will seine Anonymität nicht weiter gefährden.

Ich frage einen unserer Kollegen, ob er Lust hätte, sich die Wettbetrugsunterlagen näher anzusehen. Tim Röhn, ein junger Reporter, der in den vergangenen Jahren zahlreiche brenzlige, auch gefährliche Recherchen erfolgreich gemeistert hat, erscheint mir genau der Richtige fürs Wühlen in solchen Mafia-Gefilden.

Tim sagt sofort zu, wir stellen ihm einen Ordner mit unseren Unterlagen zusammen. Er wird in den kommenden Wochen ziemlich viel reisen und in ein Milieu eintauchen, in dem sich abzeichnet, wie dunkel es auf der Schattenseite des hochkommerzialisierten Profifußballs tatsächlich werden kann.

MAOS HANDPUPPEN

Am 29. April 2017 um 22.01 Uhr verloren die beiden Fußballfans Simon Miller und Paul Langley ihr Vertrauen in den Fußball.

Die beiden Iren saßen im City Calling Stadium zu Longford, Irland, ihre Mannschaft, der Athlone Town FC, lag 1:2 hinten. In der 80. Minute leuchtete auf ihren Handys eine Facebook-Nachricht auf. Ein Mann, der seit Jahren Fußballwetten überwacht, schrieb ihnen, dass sich die Quoten gerade dramatisch verändert hätten, man müsse davon ausgehen, dass gleich ein Tor falle.

Regungslos verfolgten die beiden das Drama, das sich nun auf dem Rasen abspielte. Athlones portugiesischer Trainer Ricardo Cravo habe den rumänischen Mittelfeldspieler Dragos Sfrijan in die Abwehr beordert, erzählen sie, der lettische Torwart Igors Labuts sei auf einmal bei jedem Eckball mit nach vorn gelaufen. Torhüter machen solche Harakiri-Aktionen allenfalls in den letzten Angriffen einer Partie. Der Höhepunkt dieser Show dann in der Nachspielzeit: Als ein langer Ball in die Spielhälfte von Athlone gesegelt sei, habe Sfrijan stümperhaft danebengetreten. Und Labuts, der Torwart, sei an dem eigentlich harmlosen Ball vorbeigeflogen.

Die »Asia Times« aus Hongkong berichtete später, mit diesem Spiel hätten Wetter mehr als 600 000 US-Dollar gewonnen. Europas Fußballverband Uefa wurde wegen des Verdachts der Spielmanipulation alarmiert. Der irische Verband FAI leitete eine Untersuchung ein. Die Polizei ermittelte.

Fußball ist ein Sport, dessen Reiz darin besteht, dass niemand weiß, wie ein Spiel ausgeht. Champions-League-Klubs können in Pokalspielen gegen Amateurvereine ausscheiden, es gibt Überraschungsmeister, und Sonntagsschüsse entscheiden Spiele. Dieser Nervenkitzel macht Fußball so aufregend.

Was aber, wenn eine Mannschaft nicht mit dem Ziel antritt, das Spiel zu gewinnen, sondern illegale Absprachen umzusetzen? Wenn Fehler nicht versehentlich, sondern absichtlich geschehen und Spiele bewusst verloren werden? Dann ist es kein Spiel mehr, dann ist es Betrug. Ein Verbrechen. Organisierte Kriminalität.

Der globale Wettmarkt ist extrem lukrativ. 2016 werden weltweit pro Jahr rund eine Billion Euro mit Sportwetten umgesetzt, das ist annähernd so viel wie der gesamte deutsche Exportumsatz. Rund 70 Prozent der Wetten entfallen auf den Fußball. Und das Geschäft wächst und wächst, überall kommen neue Wettanbieter hinzu, oft sitzen sie in Steueroasen wie Malta oder Gibraltar, die Big Player kommen von den Philippinen oder aus China.

Bei den größten Wettanbietern der Welt kann man auf alles zocken: natürlich auf das Ergebnis, aber auch auf Tore, auf Torschützen, auf Elfmeter, Eckbälle, Einwürfe, Gelbe sowie Rote Karten und sogar darauf, welcher Kicker den Anstoß ausführt. Und zwar für Spiele überall in der Welt, auch in Deutschland. Beim Wettskandal 2009 kam heraus, dass versucht worden war, 32 Partien von der Zweiten Bundesliga bis in den Jugendbereich zu manipulieren – und mehrfach war es auch gelungen.

Wenn man Schauspieler statt Fußballer oder Schiedsrichter auf dem Spielfeld installiert, die einem unsichtbaren, vorher abgesprochenen Drehbuch folgen, ist es nahezu absurd einfach, Millionen mit fingierten Wetten zu verdienen.

Athlone Town spielt 2017 in der zweiten irischen Liga. Es ist der älteste Profiklub des Landes, 130 Jahre zuvor gegründet. Früher spielte der Klub im Europapokal gegen den AC Mailand, in dem 21000-Einwohner-Örtchen sehnt man sich nach diesen Festtagen zurück. Die Europapokal-Hymne, Flutlicht, Weltstars, das ganz große Geld. Diese Schwärmerei hat den Klub in die Hände von Menschen getrieben, die mit den Träumen von Funktionären, Spielern und Fans Geschäfte machen.

Im Februar 2017 stieg die portugiesische Firma Pré Season, registriert in Amadora bei Lissabon, als Teilhaber beim Athlone Town FC ein. Ermittler vermuten, dass hinter dem Deal Mao Xiaodong steckte, einer der berüchtigtsten Wettpaten. Der Mann, der in der Szene nur Eric Mao genannt wird, hat es in der Schattenwelt des Weltfußballs zu einiger Berühmtheit gebracht. Laut Experten geht sein Geschäft so: Er steigt bei Vereinen als Investor ein und verpflichtet Spieler oder Trainer. Dann wettet er in großem Stil. Und die von seinen Leuten instruierten Spieler sorgen dafür, dass das Match auch ganz sicher so verläuft, wie es auf den Tippzetteln steht.

Die katarische Sportsicherheitsfirma ICSS urteilt 2016 in einem vertraulichen Bericht, der sich in den Unterlagen von Football Leaks wiederfindet: »Eric Mao ist ein hochrangiger Matchfixing-Organisator und Anführer eines Matchfixing-Syndikats in Singapur und außerdem ein Schlüsselmitglied des globalen Matchfixing-Netzwerks.« Er war demnach damals ein Partner des berühmten Wettpaten Wilson Raj Perumal. Matchfixing ist der internationale Begriff für Spielabsprachen und Wettbetrug.

Perumal hat unzählige Fußballspiele auf der ganzen Welt manipuliert, er wurde von der Polizei geschnappt und ließ sich zu einem Kronzeugen umdrehen. Er packte gegen die Wettmafia aus, schrieb anschließend ein Buch, in dem er tiefe Einblicke in die Welt der Spielmanipulatoren gab. 2017 lebte Perumal in Ungarn. Insider glaubten damals zu wissen, dass er nach wie vor mit Wettbetrügern in Kontakt stehe. So soll er einem Matchfixer in Australien per Telefon Instruktionen gegeben haben, die australische Polizei soll mitgehört haben. Perumal hat auf Anfrage bestritten, noch mit Matchfixing zu tun zu haben.

Für Wettbetrüger, die als Investoren verkleidet in die Fußballbranche drängen, ist es nicht wirklich schwierig, schnelles Geld zu machen. Perumal beschreibt in seinem Buch, wie moralfrei vor allem klamme Fußballklubs nach Geld griffen. Oft stellen diese Vereine überhaupt nicht die Frage, wie der Investor sein Geld verdient, sie sind einfach nur froh, es zu bekommen. Und sie machen dafür alle möglichen Zugeständnisse.

Maos Leute scheinen in Athlone viele der Zusagen erhalten zu haben, die er für sein Business brauchte. Die Fremden hatten den Klub offenbar in kürzester Zeit in eine Art Handpuppe verwandelt:

unsichtbar geführt und von innen hohl. In der Stadt vergleichen sie ihren Klub nun schon mit einem portugiesischen Verein, bei dem Mao vor ein paar Jahren die Macht an sich riss: Atlético Clube de Portugal, kurz CP.

Im Jahr 2013 stand CP vor der Pleite, der Vorstand gliederte die erste Mannschaft in eine SAD, eine Aktiengesellschaft, aus – und bat um Investments. Und dann erschien Mao, geboren in Peking, 34 Jahre alt, Spielerberater, Unternehmer, Inhaber des Firmenkonglomerats Anping.

Anping übernahm 70 Prozent der Anteile; 30 Prozent blieben beim Verein. Kurz darauf wurde unter anderen Igors Labuts verpflichtet, der Torhüter kam vom lettischen Klub Jurmala – ein Team, das schon damals unter Matchfixing-Verdacht stand.

Die Uefa gab eine sogenannte Hochrisikowarnung heraus, in der es hieß, Atlético stelle ein »hohes Risiko der Manipulation und korrupten Wettaktivitäten« dar. Neben Mao nannte die Uefa einen Namen: Igors Labuts. Der Torhüter. Es gebe starke Indizien, dass dieser eine »verdächtige Einzelperson« sei, hieß es. An 17 auffälligen Spielen sei er beteiligt gewesen.

»Es gab nur Konflikte. Wir haben komplett die Kontrolle verloren«, sagt CP-Präsident Ricardo Delgado. In dieser Saison stieg die erste Mannschaft in die vierte Liga ab. Auch weil Spiele manipuliert waren? »Ich weiß nicht, was hier geschehen ist«, sagt Delgado.

Beim irischen Klub Athlone stieg Pré Season Anfang 2017 ein. Und auch hier brachte die Firma neues Personal mit, darunter wieder: Igors Labuts. Auch die Feldspieler José Viegas und Dery Hernandez hatten vorher bereits bei Atlético gespielt. Ebenfalls interessant ist die Vita von Marc Fourmeaux, Athlones damals neu eingesetztem Sportdirektor. Der Franzose führte drei Jahre zuvor DFK Dainava in Litauens erster Liga auf den letzten Platz, mit einem Torverhältnis von minus 131. Eine ziemlich seltsame Saison.

Torhüter Labuts hatte nach dem Longford-Spiel gesagt: »Wenn ich ein guter Torwart wäre, würde ich bei Real Madrid spielen.« Danach wurde er wieder aufgestellt. Überhaupt wurde niemand suspendiert, alle Spieler, die seit Monaten unter Manipulationsverdacht standen, blieben in der Mannschaft. Sämtliche Akteure beteuerten ihre Unschuld.

Darüber hätte man gern mit dem Klubpräsidenten John Hayden diskutiert. Aber einem Gespräch wich er aus, indem er fluchtartig den Trainingsplatz verließ und in seine Mercedes-Limousine sprang. Auf SMS und Anrufe reagierte er nicht. Auf Anfrage teilte der Klub mit, man wisse nicht, ob Mao der wahre Investor sei, man habe zum ersten Mal in den Medien von ihm erfahren.

»Wir haben ja von Anfang an gesagt, dass hier etwas nicht stimmt. Aber auf uns hat keiner gehört«, sagt Paul Langley, der Fan. Sein Kumpel Simon Miller stellte bereits nach dem ersten Testspiel fest: »Bei einigen neuen Spielern sieht es so aus, als hätten sie noch nie Fußball gespielt.« Sie erzählen von dem dicken Uruguayer und dem schwachfüßigen Rumänen, von den vielen technischen und konditionellen Schwierigkeiten der Neuverpflichtungen.

Die beiden Fans, die ihre echten Namen aus Angst vor den Wettpaten nicht gedruckt sehen möchten, wurden zu Privatermittlern. Sie fanden heraus, dass die Neuen schon früher gemeinsam bei Klubs aktiv gewesen waren, deren Spiele manipuliert wurden. Miller sagt: »Immer wenn der Rumäne plötzlich vom Trainer aus dem Mittelfeld in die Abwehr beordert wurde, war klar, dass der Gegner ein Tor schießen soll.« Sie äußerten ihren Verdacht auf Facebook, kontaktierten den Klub, aber niemand glaubte ihnen: »Wir sollten den Mund halten, das wurde uns nicht nur einmal gesagt.«

Seit dem Longford-Spiel gehen sie nicht mehr ins Stadion. Es reicht.

Dass asiatische Investoren ausgerechnet bei einem irischen Zweitligisten einsteigen, darin sehen europäische Ermittler eine gängige Strategie von Wettbetrügern. Zum einen lässt es sich in kleineren Ligen einfacher manipulieren, da es weniger Überwachung gibt. Außerdem sind kleinere, finanzschwächere Klubs ein einfacheres Opfer, da sie bereits mit geringen Beträgen zu locken sind.

Aber der Hauptgrund ist: Oft missbrauchen Wettbetrüger in diesen tieferen Ligen junge talentierte Spieler dazu, ein, zwei Partien für sie zu verschieben. Für kleines Geld oder andere Gefälligkeiten.

Danach werden diese Talente an stärkere Vereine verkauft. »Das ist ein bisschen wie auf dem Aktienmarkt«, sagt ein erfahrener Polizist. Er hat schon oft beobachtet, dass Wettpaten diese Talente dann einige Jahre überhaupt nicht mehr behelligen. Wenn diese Spieler aber irgendwann den Durchbruch geschafft haben und in einer der hohen Profiligen auflaufen, sind die alten Wettpaten schnell wieder da. Und sie erinnern die Spieler dann an ihren ersten Betrug. Sie zeigen ihnen die Konsequenzen auf, was passieren könnte, wenn herauskommt, was sie einmal getan haben. Ihre Karriere wäre zerstört. »Wettbetrüger liefern auch sofort eine Lösung für das Problem: Sie wollen, dass der Spieler nur noch ein paarmal für sie in den oberen Ligen manipuliert. Einen Elfmeter verschulden, ein Laufduell verlieren, einen Einwurf verursachen, ein paar Kollegen für sie überreden – es wird suggeriert, dass so etwas sowieso niemals auffliegen könnte«, sagt der Polizist.

Auf diese Weise wird in den Spitzenfußball ein Virus eingepflanzt, das sich immer schneller, immer weiter ausbreitet. Und die Glaubwürdigkeit des Spiels Stück für Stück vergiftet.

In Nyon, im Hauptquartier der Uefa, sitzt Graham Peaker. Er trägt ein kurzärmeliges weißes Hemd, auf seiner Visitenkarte steht »Intelligence Coordinator«. Er schreibt mit Bleistift. Seit 25 Jahren beschäftigt er sich mit der Manipulation von Fußballspielen in Europa. Unter ihm wurden mehrere Vereine wegen gefixter Spiele gesperrt, darunter Klubs aus der Türkei, Albanien und Mazedonien. Mit seinem Team organisierte Peaker Seminare für Jugendspieler, in denen sie über Wettbetrug aufgeklärt werden. »Wir wollen den Nachwuchs vor dem Einfluss von Matchfixern schützen«, sagt er. Gemeinsam mit einer Partnerfirma überprüft Peaker 32 000 europäische Fußballspiele pro Jahr auf verdächtige Bewegungen am Wettmarkt. Wenn es Auffälligkeiten gibt – so wie beim Athlone-Spiel in Longford –, schlägt das System Alarm.

Aber einem Sportverband wie der Uefa fehlte es an den notwendigen Mitteln zur Beweisführung, die staatlichen Behörden zur Verfügung stehen. Razzien, Telefonüberwachung etwa. »Manchmal ist es frustrierend«, sagt Peaker.

Von den staatlichen Ermittlungsbehörden erhält Peaker nur wenig Unterstützung. Viele Behörden scheuen die Auseinandersetzung mit Wettbetrug, weltweit gibt es keine Schwerpunktstaatsanwaltschaft. Die Ermittlungen sind zu aufwendig und diffus, oft verlaufen sie im Sande. In Italien beispielsweise wird seit 2011 wegen Wettbetrugsverdachts im Fußball ermittelt, wirkliche Ergebnisse konnte die Staatsanwaltschaft bis heute nicht liefern. Und in Bochum, wo mehr als 50 Jahre an Freiheitsstrafen gegen Wettbetrüger verhängt worden sind, war die Ermittlungsgruppe »Flankengott« schon im Jahr 2017 so gut wie aufgelöst, weil die Fälle keinen regionalen Bezug hatten. Das Wissen, das Polizei und Staatsanwaltschaft dort angesammelt haben, geht verloren.

Francesco Baranca hat diese Ermittlungsprobleme in einen eigenen Geschäftszweig verwandelt. Der Italiener sitzt in einem Restaurant über den Dächern von Barcelona, lacht und feixt. Er war es, der den Athlone-Fans an jenem Abend im April bei Facebook schrieb, dass in Kürze das 3:1 für Longford fallen würde. Baranca ist kein Hellseher, er ist Gründer von Federbet, einem der größten Wettüberwachungssysteme. Seine Leute schlagen Alarm bei auffälligen Quotenbewegungen. Sie erstellen Profile von Wettpaten wie Eric Mao und Spielern wie Igors Labuts. Sie skizzieren die Verbindungen zwischen den einzelnen Personen im globalen Matchfixing-Geschäft. Die Kunden: Ligen, Vereine, Verbände, die um eine Einschätzung bitten, wenn ein angeblicher Investor an die Tür klopft. Dann schaut Baranca in seine Datenbank und hebt oder senkt den Daumen.

Baranca hat im Profifußball schon die verrücktesten Auswüchse erlebt. In Portugal recherchierte der Italiener einmal zu einer angeblich manipulierten Partie und fand heraus: Das Spiel gab es nie. Es war ein sogenanntes Ghost Match, eine Partie, bei der beide Mannschaften nicht antreten, aber den Buchmachern von beiden Teams und dem Verband zurückgemeldet wird, dass das Spiel stattgefunden habe.

Mittlerweile, sagt Baranca, gebe es sogar Agenturen, die vor allem Fußballer führten, die zur Manipulation von Spielen bereit seien. Braucht ein Wettpate Personal, würden diese Agenturen kontaktiert. Im Fall Athlone war es so, dass Federbet nach dem Spiel in Longford einen Untersuchungsbericht anfertigte. Danach konnten die Ermittler deutlich sehen, wie sich die Wettquoten zum Ende des Spiels veränderten und hohe Geldbeträge auf ein viertes Tor gesetzt wurden. Unter Zockern wird eine solche Wette »Over« genannt. Dabei setzen die Wetter hohe Summen darauf, dass eine bestimmte Mindestanzahl an Toren fällt. In dem betroffenen Spiel sollten es vier sein. Und tatsächlich: In der Nachspielzeit erzielte Longford dank der Abwehrschnitzer das 3:1.

In Portugal hatte Atlético CP im Sommer 2017 genug von seinem Investor. Der Mutterverein versuchte, die 30 Prozent Anteile, die er noch an der ersten Mannschaft hatte, abzustoßen und die Reserve, damals sechstklassig, als neues Aushängeschild aufzubauen. Der Klub wollte auch das alleinige Nutzungsrecht des Vereinswappens. »Wir haben nichts mehr mit dieser Mannschaft zu tun«, sagte Präsident Delgado. Bei Facebook wüteten die Fans schon lange. »Haut ab!«, »Idioten!«, schrieben sie an die Adresse der Asiaten.

Im September 2017 schritt der irische Fußballverband ein und sperrte wegen Spielmanipulation und illegaler Wettaktivitäten zwei Athlone-Spieler: Labuts und Sfrijan. Das Duo ging gegen die Strafe vor, aber ein Berufungskomitee bestätigte die Sperre. Am Ende der Saison war Athlone Letzter – mit 17 Punkten und einem Torverhältnis von minus 50.

Die mutmaßlichen Hintermänner belangte hingegen niemand, keiner der anderen Akteure wurde gesperrt. Sie verließen allesamt den Klub.

KEIN VORBILD

Kann man solche Auswüchse irgendwie stoppen? Wettbetrug, Korruption, Spielmanipulation. Was heißt das für den Profisport? Kann der kommerzielle Fußball irgendetwas dagegen tun? Kann er den Einfluss von Kriminellen irgendwie eindämmen, die vom vielen Geld, das in der Branche zirkuliert, förmlich angezogen werden? Und falls nicht: Welche Auswirkungen wird all dies auf den Fußball der Zukunft haben?

Ich sitze am Flughafen in München und grüble. In den nächsten Stunden werde ich über Moskau nach Sotschi reisen, gleich startet mein Flug. Dort beginnt Mitte Juni 2017 der Confederations Cup, und ich frage mich, warum zur Hölle ich mir solch eine Plastikveranstaltung überhaupt antue. In einem ziemlich umnachteten Moment vor mehreren Monaten kam mir offenbar der Gedanke, dass dieses Turnier eine gute Gelegenheit sein könnte, um Land und Leute kennenzulernen. Russland wird 2018 die Weltmeisterschaft austragen, ich werde von dem Turnier berichten. Deshalb dachte ich, es könnte nützlich sein, vorab schon mal während des Confederations Cup nach Themen und interessanten Menschen Ausschau zu halten.

Aber nun, da meine Kollegen im Datenraum sitzen und in den spannenden Football-Leaks-Dokumenten lesen dürfen, während ich mir irgendwelche Ersatzspieler aus der Bundesliga angucken muss, bekomme ich den Blues. Wozu der ganze Aufwand? Die Stammmannschaft des deutschen Weltmeisterteams von 2014 ist größtenteils nicht für das Turnier nominiert worden und darf sich ausruhen. Der Confed Cup hat sportlich im Grunde keine Relevanz.

»Du hast keine Zeit, mich zu besuchen, aber fährst zu diesem

Marketing-Mist?«, teilt John mir mit. Wir schreiben uns zwar weiterhin täglich, aber der Austausch ist deutlich oberflächlicher geworden. Oft fragen wir uns nur kurz, wie es dem anderen gerade geht, manchmal diskutieren wir über ein Fußballspiel oder über irgendwelche Berater. John hat sich auch schon länger nicht mehr nach dem weiteren Verlauf unseres Gerichtsstreits mit der spanischen Steuerkanzlei Senn Ferrero erkundigt. Unsere Artikel über die dubiosen Steuertricksereien von Ronaldo, Mourinho und Özil bleiben nach einer ersten Anhörung vor der Hamburger Pressekammer weiterhin verboten. Wir teilen die Ansicht des Gerichts nicht und bereiten uns auf ein Berufungsverfahren vor.

Mittlerweile ist das Verbot, diese Artikel zu veröffentlichen, vollkommen absurd. Denn die Madrider Staatsanwaltschaft hat im Zuge unserer Berichterstattung im Juni 2017 mitgeteilt, dass sie Ronaldo Steuerhinterziehung vorwirft. Demnach soll er »vorsätzlich und bewusst« Millionen hinterzogen haben, seine Firma auf den British Virgin Islands habe ausschließlich dazu gedient, seine Einnahmen vor dem spanischen Staat zu verstecken. Wir wissen inzwischen auch, dass unsere Berichterstattung über Mourinho dazu geführt hat, dass Ermittler seine Stiftung in Neuseeland prüfen. Nur zehn Tage nach unserem Artikel wurden sie dort vorstellig.

Zudem haben wir vor einigen Wochen einen anderen wichtigen Rechtsstreit für uns entscheiden können. Mesut Özil hatte als Privatperson gegen unsere Berichterstattung über sein Steuervergehen geklagt. Auch er ließ sich von der Kanzlei Schertz Bergmann vertreten, die Presserechtler klagten in diesem Fall allerdings vor dem Landgericht Berlin und nicht in Hamburg.

Das Urteil ist eine Abfuhr für die Özil-Seite. In Teilen liest es sich wie eine grundsätzliche Abrechnung des Gerichts mit einer privilegierten Gesellschaftsschicht, die sich ihrer sozialen Verantwortung entzogen zu haben scheint. Die Tatsachenbehauptungen im SPIEGEL, heißt es im Urteil, seien »unstreitig wahr« und auch nicht beleidigend. Sie dienten nur »einer sachlichen und kritischen Auseinandersetzung mit dem Verhalten« des Fußballstars, der als Prominenter »eine Vorbildfunktion« habe.

Und dann kommen Sätze wie diese: »Der Umgang eines Prominenten mit seinen Steuerpflichten, den die Steuerbehörde als einen Vorgang der bewussten Verschleierung wertet, weist auf einen erheblichen Missstand hin, dem ein hoher Öffentlichkeitswert zukommt. Es zeigt nämlich, dass Steuergesetze nicht ernst genommen werden. Dies gilt auch dann, wenn es sich nicht um ein strafrechtlich relevantes Verhalten handelt.« Özils Verhalten offenbare, »dass gerade diejenigen in unserer Gesellschaft, die über ein besonders hohes Einkommen verfügen, mithilfe von hoch bezahlten Steuerberatern alles daransetzen, um ihre Steuerzahlungspflicht zu minimieren und sich so an der Tragung der Kosten der Gesellschaft nicht mehr in der Weise beteiligen, wie dies eigentlich nach ihrer Vorbildfunktion von ihnen erwartet wird. Das Ausnutzen sogenannter Steuerschlupflöcher durch den vermögenden Anteil der Gesellschaft stellt einen Missstand dar.«

Und wie sieht die Berliner Kammer den Vorwurf, dass Football Leaks an das belastende Material angeblich durch Hacking, also illegal, gelangt sei und wir es deswegen nicht verwenden durften? »Auch die Veröffentlichung rechtswidrig beschaffter oder erlangter Informationen wird vom Schutz der Meinungsfreiheit umfasst. Andernfalls wäre die Funktion der Presse als ›Wachhund der Öffentlichkeit‹ beeinträchtigt, zu der es gehört, auf Missstände von öffentlicher Bedeutung hinzuweisen.«

In meiner Euphorie schrieb ich John kurz nach der Verhandlung, dass wir dieses wichtige Urteil errungen haben, und dass uns dies Mut für die weiteren Verhandlungen in Hamburg mache, aber auch für all die zukünftigen Recherchen. Johns Antwort: ›Schön.‹

Ich frage ihn, ob es ein Problem gebe, er wirke schnippisch auf mich. John antwortet: »Mein ganzes Leben ist ein Problem.«

Johns Launen sind ein unkontrollierbares Auf und Ab. Und seit ein paar Wochen scheint er in einem ziemlichen Tief zu stecken. »Ich komme nach dem Confederations Cup zu Dir, dann gehen wir ein paar Bier trinken«, schreibe ich ihm noch im Flugzeug Richtung Sotschi.

John schreibt zurück: »Ja, wir müssen reden.«

MOGELPACKUNG

Die Tage in Russland ziehen sich. Der Confed Cup ist eine Veranstaltung ohne jegliche Emotionen, es sind nur wenige Fans vor Ort. Lediglich die chilenischen Schlachtenbummler verleihen der Veranstaltung einen Anstrich von Volksfest. Ansonsten verspürt man in den Städten kaum Vorfreude auf die kommende Weltmeisterschaft. Die russischen Gastgeber scheinen wenig mit den Spielen anfangen zu können. Nur vereinzelt sieht man auf den Straßen Fans in den Trikots der Sbornaja, wie das russische Team genannt wird.

Auch die Stadien sind fast nie ausverkauft, auf den Tribünen klaffen riesige Löcher, viele Sitzplätze bleiben leer, selbst in den Finalrunden. Manchmal, Minuten nach dem Anpfiff, können wir beobachten, wie freiwillige Helfer, die rund um die Spiele für den Veranstalter tätig sind, ins Stadion kommen und sich auf die leeren Plätze setzen. So wird aus internationalen Fußballpartien eine Mogelpackung, aufgehübscht und aufgeblasen für eine ganz besondere Zielgruppe: den TV-Zuschauer, dem mit solchen Bauerntricks die perfekte Stimmung im Stadion vorgegaukelt werden soll.

Kunstprodukte wie der Confed Cup haben in Wahrheit nur eine Aufgabe: Sie sollen dem Fernsehen die Möglichkeit zu weiteren Übertragungen von Wettbewerben bieten. Wettbewerbe, die niemand benötigt, weil sie keine sind. Doch durch die TV-Rechte fließt der Fifa noch mehr Geld zu, der aufgeblähte Fußballapparat wird weiter gemästet.

Das Grollen vieler eingefleischter Fans ist lautstark zu hören im Sommer 2017. Denn vieles, was rund um den Confed Cup passiert, scheinen die langjährigen Unterstützer dieses ehemaligen Volkssports nicht länger unwidersprochen hinzunehmen. Lautstarke Kritik an Ausrichter Russland gibt es bereits seit Monaten. Mal geht es um die fragwürdige Haltung des Staates zu den Menschenrechten, mal um den harschen Umgang mit seinen Arbeitern, mal um Korruptionsvorwürfe rund um den Bau von Spielstätten, mal um die Unterdrückung von Kritikern – all diese heiklen Punkte werden wie selbstverständlich in den Sportteilen und an den Stammtischen debattiert. Hinzu kommt das miese Bild, das die Fifa abgibt. Seit der großen Verhaftungswelle im Mai 2015 liegt die Reputation des Weltfußballverbandes auf dem Niveau von Autoschiebern.

Das Sorglose, das Heitere scheint dem Fußball abhandengekommen zu sein. Der Sport steht 2017 vor vielen Fragen, es geht um Verantwortung, Glaubwürdigkeit und Empathie. Nur hat die Branche offensichtlich wenig Lust darauf, nach ehrlichen Antworten zu suchen. Stattdessen vergrault sie Schritt für Schritt immer mehr Menschen, die zu ihrem eigentlichen Stammpublikum gehören.

So führt die Fifa – vollkommen überstürzt – beim Confed Cup den Videobeweis ein, der technisch katastrophal umgesetzt wird und die Fans im Stadion alleine lässt. Ich sitze während der Partie Deutschland gegen Kamerun in Sotschi auf der Tribüne und sehe minutenlang zu, wie der kolumbianische Schiedsrichter mit dem Videobeweis, seiner Wahrnehmung und einer sinnvollen Entscheidungsfindung zu kämpfen hat. Zunächst schickt er für ein Allerweltsfoul den falschen kamerunischen Spieler mit einer Roten Karte vom Platz. Anschließend revidiert er die Entscheidung, holt den Spieler zurück – und schickt den wahren Täter zum Duschen, statt ihm die Gelbe Karte zu zeigen.

Auf der Tribüne gibt es keine Benachrichtigung darüber, was das Tohuwabohu auf dem Platz soll. Niemand blendet eine Zeitlupe ein, niemand liefert irgendeine Erklärung, was der Schiedsrichter dort eigentlich bewertet hat. Die Zuschauer um mich herum pfeifen, sie fühlen sich verschaukelt, nicht ernst genommen, als seien sie nur noch Staffage für die TV-Übertragung. Erst als ich mir die Szene am Abend im Hotel noch einmal im Fernsehen anschaue, kann ich halbwegs nachvollziehen, was auf dem Spielfeld abgelaufen ist. So sollte man sich nach einem Stadionbesuch nicht fühlen, ich verstehe den Ärger der Fans.

Der Videobeweis hat seitdem eine Art Religionsstreit ausgelöst zwischen denjenigen, die in seiner Einführung eine große Chance sehen, den Sport gerechter zu machen, und denjenigen, die sagen, dass der Fußball durch technische Eingriffe von außen zu viel von seiner Unvorhersehbarkeit und Emotionalität einbüße. Andere prangern an, das Stadionerlebnis würde zugunsten der TV-Präsentation abgewertet, ganz zu schweigen von der generellen Kritik, dass der Profifußball durch einen Eingriff wie den Videobeweis sich noch weiter vom Amateurfußball entfernen würde. Der Schiedsrichter als letzte Instanz mag ein ewiger Aufreger gewesen sein. Aber es war immer ein Mensch auf dem Platz, der die Verantwortung für einen Pfiff übernahm. Jetzt sind es gesichtslose Regelhüter, die weit entfernt vom Stadionpublikum in einem Keller oder Übertragungswagen sitzen und dort über die Einhaltung der Regeln bestimmen. Niemand kann nachvollziehen, was sie gerade ausbrüten, aber alle müssen sich nach ihnen richten.

»Ich glaube, man bekommt solche Auswüchse wie Wettbetrug oder Spielmanipulation nur in den Griff, wenn man eine technische Lösung als Waffe dagegenstellt. In diesem Fall macht ein Videoschiedsrichter natürlich Sinn. Aber er verändert den Fußball einfach fundamental«, schreibt John mir. Ein Jahr zuvor, bei der Europameisterschaft 2016, hat er noch jedes Spiel geschaut, hat vor lauter Jubeln fast den Verstand verloren, als die Mannschaft Portugals, sein Nationalteam, den Titel holte. Während des Confed Cups wirkt er deutlich distanzierter, kühler. Und das, obwohl die Portugiesen sich auch bei diesem Turnier bis ins Halbfinale vorspielen.

»Ich weiß nicht, ob der Videobeweis wirklich die Lösung ist. Irgendwann wird halt irgendwer anfangen, den Videoschiri zu bestechen, und dann ist das Desaster noch größer«, antworte ich.

»Es würde mich nicht wundern, so wie dieser Sport sich gerade verhält. Es wirkt, als würde er wirklich alles Schlechte anziehen«, schreibt John mir zurück. Ich werde unsere Konversation einige Wochen später nochmal lesen und mich über zwei Dinge erschrecken: über unseren Zynismus und über die Tatsache, dass es offenbar kaum ein Limit für »alles Schlechte« gibt.

DÜSTERE PROGNOSE

Nach dem Confed Cup brauche ich eine Pause. Ich bin müde. Die vergangenen Monate haben viel Kraft gekostet, Football Leaks ist das bislang kräftezehrendste und komplizierteste Projekt, an dem ich gearbeitet habe. Ich merke, dass mir durch die vielen Skandale, die wir aufdecken, durch die zahlreichen Lügen, die wir dabei hören, durch den massiven Druck der Gegenseite, unter dem wir Tag für Tag stehen, ein bisschen der Abstand verloren gegangen ist. Ich sehe überall im Fußball nur noch Kriminelle, Betrüger, Lügner.

Das ist ungerecht gegenüber denjenigen, die täglich einen guten, sauberen Job abliefern. Ich schreibe John, dass ich eine Pause brauche. Dass ich etwas durchatmen wolle.

»Wir müssen aber miteinander reden, es ist dringend!«, schreibt er zurück.

»Ich versuche, Dich in 14 Tagen zu besuchen«, schreibe ich.

»Wirklich, Du musst kommen«, antwortet John.

Ich kenne John jetzt länger als anderthalb Jahre. Ich mag ihn und habe großen Respekt vor seinem Mut, seinem Willen, seiner Hartnäckigkeit. Aber es ist wichtig, ihm auch zwischendurch immer wieder klarzumachen, dass wir nicht auf der gleichen Seite stehen. Er ist ein Aktivist, ich bin ein Journalist. Er darf seine Sicht auf die Welt ohne Relativierung formulieren, ich muss immer wieder darauf achten, mir meine mentale Distanz zu erhalten. In klugen Handbüchern für Journalistenschüler heißt es immer wieder, dass diese Eigenschaft ein wesentlicher Bestandteil des professionellen Rüstzeugs von Rechercheuren sei. Selbstverständlich ist Neutralität eine der wichtigsten journalistischen Grundhaltungen. Aber wenn man mittendrin in einem Projekt wie Football Leaks steckt, anderthalb Jahre lang quasi keinen Urlaub hatte, den Begriff »geregelte

Arbeitszeit« nur noch benutzt, um darüber wahlweise zu schimpfen oder zu spotten, und wenn man sich tagein, tagaus mit den Schattenseiten einer solch zynischen Branche beschäftigt, ständig belogen und getäuscht wird, dann ist es manchmal nicht einfach, neutral und objektiv zu bleiben.

Wir haben glücklicherweise ein sehr gutes, empathisches Rechercheteam. Wir helfen einander, wenn einer mal etwas Schlagseite hat. Die Kollegen sehen mir an, dass ich auf der Felge laufe, sie drängen mich, endlich mal abzuschalten. Ich steige für zwei Wochen aus und bitte auch John, mir in dieser Zeit nur zu schreiben, wenn es wirklich brennen sollte.

Offenbar überliest er diese Nachricht. Oder er beschließt, sie zu ignorieren.

An meinem ersten Urlaubstag schreibt er: »Neymar wechselt zu Paris.«

Ich antworte nicht.

Später am Tag schreibt John: »Für 222 Millionen Euro.«

Ich lese die Nachricht erst am nächsten Tag. 222 Millionen Euro. Kann das sein? Kann ein Klub tatsächlich so viel Geld für einen einzigen Spieler bezahlen? Es ist mehr als das Doppelte der bisherigen Rekordablösesumme, die Manchester United für Paul Pogba an Juventus Turin überwies. Und da haben wir mithilfe der Football Leaks aufgezeigt, dass die Ablösesumme nur zustande kam, weil Pogbas Berater Mino Raiola ein umso höheres Honorar versprochen war, je höher er den Preis für den Spieler trieb. Am Ende kassierte Raiola für den Transfer 49 Millionen Euro, und er bekam Geld von allen drei Seiten: 27 Millionen vom abgebenden Verein Juventus, 19,4 Millionen vom aufnehmenden Verein Manchester United, 2,6 Millionen Euro vom Spieler selbst. Es war die perverseste Beteiligung für einen Berater, die wir in dem riesigen Datenberg gefunden haben.

Und nun: 222 Millionen. Die Zahl geistert durch meinen Kopf, ich kann sie kaum verdrängen.

Wie soll ich Urlaub machen, wenn diese Fußballbranche täglich irgendeinen neuen, noch größeren Wahnsinn fabriziert?

Ich lege mein Telefon wieder weg. Neymars Wechsel wird auch noch in 13 Tagen interessant sein.

Aber wie immer, wenn eine solche Nachricht bei mir aufschlägt, frage ich mich: Woher weiß John das alles? Woher kommen seine Informationen? Es ist Anfang Juli, Neymars Wechsel wird erst einige Wochen später offiziell verkündet werden.

Paris Saint-Germain wird offenbar Johns neues Projekt. In den folgenden Tagen bombardiert er mich förmlich mit Nachrichten. Er schreibt, er habe Unterlagen gelesen, die beweisen würden, wie Katar, der Investor hinter Paris Saint-Germain, riesige Millionensummen in den Klub pumpe und wie der arabische Staat das Financial Fair Play (FFP) der Uefa umgehe. Das FFP wurde aufgesetzt, um die Verschuldung der Klubs einzudämmen und den Sport ein bisschen gerechter zu machen. Die Grundformel dabei lautet: Kein Klub darf mehr ausgeben, als er einnimmt. Investoren dürfen über einen festgelegten Zeitraum lediglich Finanzierungslücken von maximal 30 Millionen Euro mit ihrem Privatvermögen ausgleichen.

Im Grunde eine gute Idee, aber dass das FFP nicht funktioniert, ahnen wir schon lange. Zu undurchsichtig für die Finanzkontrolleure der Uefa sind bei vielen Investorenklubs die Geldströme. Dass nun aber Emirate wie Katar bei PSG oder Abu Dhabi bei Manchester City als Investoren in den Profifußball eingestiegen sind und mit ihren Petrodollars den Markt fluten, schafft noch einmal vollkommen neue Konfliktfelder. Die Fußballprinzen von der arabischen Halbinsel sind es in ihren Heimatländern nicht gewohnt, dass man ihnen widerspricht. Und genau so treten sie nun auch vor Verbänden wie Uefa oder Fifa auf. Sie fühlen sich an viele Regeln des europäischen Fußballs, die den Wettbewerb schützen und den Einfluss von Geldgebern eindämmen sollen, offenbar nicht gebunden. Wer sie kritisch hinterfragt und ihre Finanzierungsmethoden zu durchleuchten versucht, muss mit massiver Gegenwehr rechnen. Die Scheichs sind klagefreudig, und sie haben das Geld, um Scharen von Anwälten auf ihre Widersacher bei den Verbänden anzusetzen und mit Klagedrohungen zu überziehen.

»Die Verbände werden über Steueroasen ausgetrickst, glaube ich. Die Geldflüsse der Staaten sind kompliziert. Ein Fußballverband hat keine geeigneten Mittel, um das zu entschlüsseln«, schreibt John.

In den kommenden Tagen wird er mir Hunderte Nachrichten schicken. Teilweise sind darin Firmennamen enthalten, die er suspekt findet, manchmal auch Personen oder Strohmänner. Zwischendurch schickt er auch Fragen: »Wo kommt das ganze Geld her?« oder »Warum ist Fußball so lukrativ für Investoren?« Es sind Fragen, über die wir schon oft gesprochen haben.

Offenbar fällt John nicht einmal mehr auf, dass ich ihm kaum noch zurückschreibe. Er ist in seinem Tunnel, die neuen Dokumente scheinen ihn wirklich zu beschäftigen.

Solange er dermaßen vertieft in sein neues Material ist, kann ich weiter auftanken. Nach den vierzehn Tagen freue ich mich aber wieder auf neue Abenteuer. Und darauf, John zu sehen.

»Ich könnte Dich morgen besuchen«, schreibe ich.

»Endlich«, antwortet John.

»Wo soll ich hinkommen?«

John nennt mir einen Ort, an dem wir uns schon einige Male getroffen haben. Eine tolle, pulsierende Stadt, mit vielen jungen Menschen, guten Bars und gutem Essen. Zudem kann ich einen Flughafen wählen, der nicht völlig abseits liegt, sich aber trotzdem in einem anderen Land befindet. Obwohl ich den Clint-Eastwood-Typen schon lange nicht mehr gesehen habe, bin ich weiterhin vorsichtig.

»Ich kann am späten Nachmittag da sein«, schreibe ich.

»Bleibe diesmal bitte etwas länger, wir haben viel zu besprechen«, antwortet John.

Ich buche mir ein Zimmer für fünf Tage.

Wir verabreden uns in einem Restaurant am Stadtrand. Ich komme pünktlich. John ist natürlich noch nicht da. Das gibt mir ein wenig Zeit, mich in der Gegend etwas umzuschauen. Von außen ist es unmöglich zu erkennen, welche Art von Essen in diesem Restaurant angeboten wird. Es liegt in einer Sackgasse zwischen zwei

Häuserwänden, nahezu nicht einsehbar. James Bond würde Johns Geschmack für Locations wahrscheinlich mögen.

Drinnen ist es ziemlich düster, ich setze mich an einen der Ecktische. Zu meiner Überraschung betritt John nur wenige Minuten nach mir das Lokal. Oder besser gesagt: Er fliegt fast rein. Denn John kommt mit reichlich Schwung durch die Tür. Er trägt einen Rucksack, ein T-Shirt und eine kurze Hose.

»Bist alt geworden«, sagt er lachend.

Seinen Charme hat er in den vergangenen Wochen also nicht verloren.

»Wie ich sehe, hast du deinen Arm tatsächlich wieder repariert«, sage ich und bin wirklich erstaunt, dass seine Frankenstein-Technologie offenbar geholfen hat.

»Ist wieder wie neu. Nur dieser kleine Hügel hier ist geblieben«, sagt John und streichelt über seinen Unterarm. »Mir fehlt noch etwas die Kraft, aber das wird mit weiterem Training wieder werden«, sagt er.

»Ich nehme an, deine Physiotherapie wirst du auch per YouTube-Tutorial machen?«

»Klar, wie sonst?«

Wir lachen und setzen uns an den Tisch. John kennt den Ober offenbar schon länger, sie umarmen sich, sprechen in Landessprache miteinander. John bestellt für uns das Essen und übernimmt auch die Getränkeauswahl. Ich habe nicht einmal die Möglichkeit, in die Karte zu schauen.

»Das wird dir schon schmecken«, sagt er.

»Wieso hast du es so eilig?«, frage ich.

»Weil du zu lange nicht mehr hier warst und ich zu viel zu erzählen habe«, sagt John.

Er wippt mit seinen Beinen, seine Finger trommeln dabei auf einer Mappe, die er mitgebracht hat. Mit seiner Energie ließe sich möglicherweise ein Flutlichtmast mit Strom versorgen.

»Na dann, erzähl mal«, sage ich.

John guckt sich um, er beugt sich nach vorne, und flüstert: »Katar, Abu Dhabi – sie übernehmen den Fußball.«

»Ich glaube, das musst du nicht flüstern. Der Einfluss dieser Staaten auf den Spitzenfußball ist der Weltöffentlichkeit durchaus bekannt«, sage ich.

»Ihr habt keine Ahnung, wie tief das reinreicht.«

»Beide Länder haben jeweils rund eine Milliarde in ihre Klubs gesteckt, das geht zumindest aus vielen Medienberichten hervor.«

»Es ist viel mehr«, sagt John.

»Woher weißt du das?«

»Wir haben Unmengen an Daten, die die Geldflüsse und auch die politische Strategie hinter den Investitionen erklären«, sagt John.

Der Ober tritt an unseren Tisch. John hat zwei große Biere bestellt. Mir fällt in diesem Moment auf, dass er ein bisschen zugenommen hat. Normalerweise ist er ein schlanker, sportlicher Mensch, jetzt wölbt sich ein kleines Bäuchlein unter seinem Shirt. Er prostet mir zu.

»Du hattest in letzter Zeit viele Biere, oder?«, frage ich und zeige auf seine kleine Wampe.

»Schnauze«, raunt John und zuppelt sein Shirt wieder über den Gürtel. »Paris wird auch Mbappé vom AS Monaco kaufen«, sagt John.

»Für welche Summe?«, frage ich.

»Ich denke, es werden am Ende mehr als 180 Millionen Euro werden«, sagt John.

»Wenn deine Zahlen stimmen sollten, wird Paris in diesem Sommer mehr als 400 Millionen Euro ausgeben. Wie soll das gehen?«, sage ich.

»Langsam scheint dein Gehirn aus dem Urlaub zurückzukommen«, sagt John. Er lacht und nimmt einen tiefen Schluck Bier. Der Kellner bringt unser Essen. Die Vorspeisen und der Hauptgang werden gleichzeitig auf den Tisch gestellt. »Ich habe von allem ein bisschen bestellt, hier schmeckt alles gut«, sagt John. Genauso sieht unser Tisch jetzt aus. Es gibt Fisch und Fleisch, Nudeln und Reis, ein paar Antipasti, eine kleine Suppe, einen Salat, ich verliere komplett den Überblick.

»Kommt noch jemand? Oder wer soll das alles essen?«, frage ich.

»Keine Sorge: Ich habe einen Riesenhunger«, sagt John und schiebt sich ein Stück Steak in den Mund.

»Wie groß ist dein Datenbestand zum Einfluss der Staaten auf den Fußball?«, frage ich.

»Es sind Hunderte Gigabyte. Das Zeug geht tief in die Strukturen der Länder hinein«, sagt John.

»Kann ich die Daten mal sehen?«, frage ich.

»Du wirst sie bekommen. Dann könnt ihr das Material in Ruhe auswerten«, sagt John.

Wir essen, trinken und diskutieren noch eine ganze Weile weiter. John erklärt mir irgendwann, dass er nach der Lektüre der neuen Dokumente fest davon überzeugt sei, dass der Profifußball sich bald völlig verändern werde. »Nicht das Spiel, aber das gesamte Drumherum«, sagt er.

»Wie meinst du das?«, frage ich.

»Die Menschen, die bisher in die Stadien gegangen sind, werden es in Zukunft nicht mehr tun. Der Videobeweis, die hohen Eintrittspreise, die vielen PR-Shows – das Ganze wird ein völlig neues Publikum anlocken«, sagt John. Er glaubt, dass es in Zukunft zu einer noch stärkeren Eventisierung des Sports kommen wird.

Nach all der Arbeit mit den Football Leaks und der intensiven Beschäftigung mit der Fußballbranche teilen auch wir diese Ansicht. Der Fußball steht vor seiner nächsten, großen Umwälzung: Der einstige Volkssport wird sich wohl in Zukunft in eine Branche verwandeln, die mit seinem früheren Zielpublikum nur noch wenig gemein haben wird. Der Fußball kennt solche Veränderungsprozesse zur Genüge, er hat sie in der Vergangenheit oft durchlebt.

Vor der Professionalisierung des Sports gingen zumeist Männer der Arbeiterschicht ins Stadion. Sie nahmen ihre Söhne mit, die ihre Begeisterung teilten und weitertrugen. Man war als Fußballfan unter sich, und man blieb es auch. Der um sich greifende Starkult, der Einfluss der Werbung und das Fernsehen machten den Fußball attraktiv für die Mitte der Gesellschaft. Es kommen mehr Frauen, mehr Familien, aber auch mehr sogenannte VIPs, die aus ihren Logen heraus das Spektakel verfolgen. Seit den 1990er-Jahren weicht die klassische Stehplatzkundschaft immer stärker zurück, und dennoch steigen die Zuschauerzahlen kontinuierlich an. In den Stadien, die fast alle zu Konsumtempeln wurden, sitzen nun oft auch Menschen, die sich eher vom Event als vom Sport an sich angezogen fühlen.

Gewaltbereite Hooligans sind im Zuge der Hightech-Überwachung, die an jedem Spielort der Spitzenligen zum Einsatz kommt, fast vollständig aus den Stadien verdrängt worden. Genauso wie die sogenannten Kuttenträger, die als die eingefleischten Fans ihres Vereins galten. Sie wurden abgelöst von Ultras, die sich seitdem als die echten Unterstützer der Klubs definieren, aber deutlich politischer und straffer organisiert auftreten, als es Kuttenträger jemals taten. Viele Funktionäre sehen in den Ultras ein großes Ärgernis, weil sie die fortschreitende Kommerzialisierung kritisch betrachten, sich zudem nicht von Pyrotechnik und Gewalt distanzieren wollen. Zur Wahrheit gehört aber auch, dass die Ultras von vielen Vereinsvertretern zur Vermarktung genutzt werden. Ihre Emotionalität, ihre aufwändigen Choreografien und die vielen unermüdlichen Gesänge während des Spiels fehlen nahezu in keiner Werbebroschüre und keinem Werbetrailer.

In der Vergangenheit zogen sich einige der Ultra-Gruppierungen aus den Stadien zurück, zumeist aus Protest gegen den zunehmenden Einfluss des Geldes. Manche gründeten eigene Klubs in den untersten Ligen, andere Gruppen lösten sich vollständig auf. Wiederum andere Ultra-Verbände protestieren nach wie vor vehement gegen alles, was sie für Symbole eines enthemmten Marktes halten: gegen Montagsspiele genauso wie gegen Retortenklubs wie RB Leipzig.

Wer diese Entwicklungen verfolgt, kann davon ausgehen, dass die Auswechselung des Fußballpublikums mit großer Dynamik weiter voranschreiten wird. Für organisierte Ultra-Gruppen, aber auch für den Großteil der Mittelschicht-Familien wird wohl in nicht allzu ferner Zukunft in den Stadien kaum mehr Platz sein. Beim Basketball oder dem American Football in den Vereinigten

Staaten, beim Boxen, bei der Formel 1 hat diese Entwicklung schon vor längerer Zeit eingesetzt, und immer spürbarer greift sie auch auf den europäischen Fußball über. Die Tribünen und Logen werden in Zukunft wohl vor allem Orte für Reiche, für Jetsetter, für Prominente, für Politiker, Investoren und Sponsoren sein. Stadionbesuche sind Gelegenheiten zum Netzwerken, und gleichzeitig verleihen die Celebritys auf den Tribünen dem Spiel einen zusätzlichen Glanz, der im Fernsehen und bei den Streamingdiensten mit entsprechenden Interviews, Side- und Halbzeitshows für eine Verlängerung der Sendungen und zugleich für ein höheres Interesse bei den Zuschauern sorgt. Das Spiel auf dem Rasen verfolgen sie nur noch am Rande.

Große Klubs werden sich auch weiterhin aus Gründen der Folklore den romantischen Luxus einer Stehplatztribüne leisten oder zumindest ein paar halbwegs bezahlbare Ränge für ihre treuen Fans freigeben. Die Mehrheit der Plätze aber wird von der umworbenen neuen Klientel besetzt werden, einer extrem mobilen Wohlstandsblase, die Unterhaltung sucht und nichts dabei findet, heute in New York zu shoppen, morgen für ein Fußballspiel nach Manchester zu fliegen und übermorgen für ein paar Tage einen Yachturlaub am Mittelmeer einzulegen.

»Für die reichen Staaten macht eine solche Umwälzung in der Zuschauerschaft total Sinn«, sagt John. »Katar und Abu Dhabi haben genauso wie Russland oder China nicht den allerbesten Ruf in der Welt. Durch den Fußball können sie sich ein bisschen säubern, haben ein schönes Schild vor sich. Wenn dann auch noch Prominente und Politiker im Wochenrhythmus auf der Tribüne mit ihnen feiern und die Bilder in die gesamte Welt gesendet werden, ist das doch optimal für solche Staaten«, sagt John. Der Spitzenfußball als PR-Waschmaschine.

Wir haben mittlerweile aufgegessen, trinken unseren Espresso. Vielleicht malen wir die Entwicklung des Profifußballs in zu düsteren Farben. Aber wir sehen in den Football-Leaks-Unterlagen, dass viele Funktionäre und Werbetreibende mittlerweile Alarm schlagen, weil die klassischen Vermarktungsmöglichkeiten an einem Limit angekommen sind. Einfacher gesagt: Den Fans und den normalen Stadionbesuchern lässt sich mit den herkömmlichen Geschäftsmodellen nicht noch mehr Geld aus der Tasche ziehen. Um die Einkünfte zu mehren, bleiben zwei Möglichkeiten: Entweder man treibt die Preise für Tickets noch weiter nach oben, um das Live-Erlebnis für die zahlungswillige Kundschaft noch begehrenswerter zu machen. Oder man weicht die nationalen Ligen auf und gründet eine Weltliga, um neue Märkte zu erobern.

John holt aus seiner Mappe eine Folie heraus. Er hat Diagramme dabei, die zeigen, wie stark der Einfluss des Fernsehens auf die Gesamteinnahmen des Fußballs ist. Alle Pfeile ragen nach oben.

»Das TV-Geld hat den Sport vollkommen verdorben«, sagt John. Es sei dieses Geld, das all die Kriminellen, die dubiosen Investoren und auf dicke Profite spekulierenden Glücksritter anziehen würde, meint er. Wir diskutieren darüber, wie Sponsoren und Ausrüster diesen Wettbewerb um weltweite Aufmerksamkeit und Reichweite hemmungslos befeuern und wie sie mittlerweile nur noch zu den ganz großen Namen drängen. Nur dort ist ihnen globale Dauerpräsenz garantiert. Adidas beispielsweise, das konnten wir unseren Football-Leaks-Unterlagen sehr früh entnehmen, war schon im Jahr 2015 bereit, Real Madrid mit rund einer Milliarde Euro für einen neun Jahre gültigen Ausrüstervertrag zu ködern. Wenn in einer Liga ein oder zwei Vereine mit solchen Summen gesponsert werden, wie sollen konkurrierende Klubs wie Real Sociedad, der Villareal CF oder Athletic Bilbao noch bestehen?

John wird in den kommenden Wochen und Monaten immer wieder auf diese Themen zurückkommen. Er zeigt uns Papiere, die offenbaren, dass nicht nur Adidas die Relationen vollkommen verloren hat, sondern auch der schärfste Wettbewerber Nike.

Und John besitzt Dokumente, die offenlegen, wie dubios, offenbar sogar kriminell das Geschäft mit den Fernsehgeldern ist. Monatelang werden wir die Football-Leaks-Daten durchsuchen, um alle Zusammenhänge zu verstehen. Die Recherchen werden uns auch auf die Spur von deutschen Geschäftsleuten bringen. Eine ziemlich schmutzige Spur.

WIEN, ZWEITER BEZIRK

Die Tabelle, die ein hochrangiger Mitarbeiter der Fifa am Tag vor Weihnachten 2016 erstellte, ist ein Dokument des Versagens. Schon die Überschrift lässt daran keinen Zweifel: »Liste der sanktionierten Individuen und Gesellschaften«. Es ging um das Führungspersonal beim Weltfußballverband, das damals Ärger mit der Justiz oder mit der hauseigenen Ethikkommission hatte.

In alphabetischer Reihenfolge nach Familien- oder Firmennamen aufgeführt, waren alle wichtigen Informationen auf einen Blick gut zu erkennen: Position bei der Fifa, Nationalität, Behörde, Ermittlungsstand, derzeitiger Aufenthaltsort. Bei mehr als 40 Namen tauchte in der Behördenspalte der Begriff »Department of Justice« auf, gemeint war das US-amerikanische Justizministerium. Und in der Spalte »derzeitiger Aufenthaltsort« hieß es gleich dutzendfach: »unter Hausarrest«, »verhaftet«, »gegen Kaution freigelassen«, »vor der Abschiebung« oder »ausgeliefert in die USA«.

Anderthalb Jahre zuvor, am frühen Morgen des 27. Mai 2015, hatten Schweizer Polizisten hochrangige Fifa-Funktionäre im Zürcher Nobelhotel Baur au Lac festgenommen. Die Razzia war nicht nur der Anfang vom Ende der skandalumtosten Regentschaft des langjährigen Fifa-Präsidenten Sepp Blatter. Die Verhaftungen und die sich daraus ergebenden Ermittlungen der US-Behörden gegen über 40 Beschuldigte markieren auch eine Zäsur in der öffentlichen Wahrnehmung des globalen Fußballzirkus. Wo man zuvor nur Ausschnitte gesehen hatte, erkannte man plötzlich ein Bild. Das Bild einer durch und durch korrupten Branche.

Mit jedem neuen Prozesstag im Eastern District Court in Brooklyn, New York, im sogenannten Fifa-Gate, mit jeder neuen Anklageschrift ergaben sich weitere Belege und Beweise dafür, wie schamlos sich die Verbandspaten aus Blatters Imperium an dem Geschäft mit dem Fußball bereichert hatten. Genauer gesagt: an dem TV-Geschäft. Hier liegt die Quelle der Korruption. Es waren Fernsehsender und Rechtehändler, die großflächig und systematisch Verbandsbosse bestochen hatten, um an die lukrativen Übertragungsrechte der bedeutendsten Fußballevents zu kommen.

Das Fernsehen hat den Fußball in den letzten drei Jahrzehnten zu einer global verwertbaren Ware gemacht: Spiele der Champions League sind heute im haitianischen Fernsehen ebenso gewinnbringend zu vermarkten wie im thailändischen oder chinesischen. Ähnliches gilt für die spanische Primera División oder die englische Premier League, ganz zu schweigen von großen Turnieren wie einer Europa- oder Weltmeisterschaft.

Die Milliarden, die Fernsehsender und Live-Streaming-Anbieter für die Verwertungsrechte in den Markt pumpen, verändern, ja, revolutionieren alles: das Gehaltsgefüge eines Teams, das Gehaltsgefälle zwischen Mannschaften, die Wettbewerbsfähigkeit bestimmter Ligen – und natürlich auch die Preise für den Konsumenten, den Fan. Irgendeiner muss die Quittung schließlich bezahlen, wenn die TV-Einnahmen der wichtigsten europäischen Ligen und der beiden bedeutendsten Verbände Fifa und Uefa seit mehreren Jahrzehnten nur einen Trend kennen: Sie steigen und steigen und steigen. Als sei Fußball nicht nur kostenpflichtig, sondern lebenswichtig, und, je nach Haltung, nicht einfach nur ein Kulturgut oder ein Konsumprodukt, das mal Konjunktur hat und dann mal wieder keine.

Die Gefahr für diesen Sport liegt in seiner ungeheuren Attraktivität, das haben die Ermittlungen der US-Behörden schonungslos gezeigt. Wenn finanzstarke Fernsehmogule, Investoren oder Zwischenhändler, die das TV-Produkt Fußball unbedingt ausstrahlen, veredeln und wirtschaftlich ausschlachten wollen, auf Verbandsfürsten treffen, die ohne die geringste Kontrolle den Preis für diesen Rohstoff diktieren können, dann treffen bei Verhandlungen hinter verschlossenen Türen zwei sehr menschliche Eigenschaften aufeinander: Die Bereitschaft zur Bestechung. Und die Bereitschaft zur Bestechlichkeit.

Die US-Justiz hat mit ihren Ermittlungen zu millionenschweren Fernsehdeals vor allem die Abgründe in mittel- und südamerikanischen Fußballverbänden offengelegt. Die Beschuldigten gehörten zum Who is Who der mächtigsten Funktionäre: Nicolás Leoz aus Paraguay etwa, früheres Mitglied des Fifa-Exekutivkomitees und einst Präsident des südamerikanischen Verbandes; José Maria Marin, ebenfalls früheres Mitglied der Fifa-Exekutive und ehemaliger Präsident des brasilianischen Verbandes; Rafael Salguero aus Guatemala, auch er einst Mitglied des Fifa-Exekutivkomitees; oder, als einer der einflussreichsten Strippenzieher überhaupt, der Brasilianer Ricardo Teixeira, im Fifa-Kabinett Sepp Blatters einst jahrelang einer seiner Verbündeten.

Doch auch im europäischen Fußball blüht beim Deal mit den lukrativen Fernsehrechten von Vereinen und Verbänden offenbar die Korruption. In dem Datenmaterial von Football Leaks finden sich zahlreiche Vertragsentwürfe und unterschriebene Vereinbarungen zwischen TV-Vermarktern und nationalen europäischen Fußballföderationen, die für relativ niedrige Summen langfristig ihre Fernsehrechte an diese Zwischenhändler abgetreten haben. Doch das ist nur die Oberfläche. Denn hinter den Vereinbarungen verbergen sich vielfach Geheimabsprachen. In diesen streng vertraulichen Nebenabreden geht es um schmutzige Geschäfte: die Gründung von Firmen in Steueroasen, ihre treuhänderische Verwaltung durch Anwälte, die Einrichtung obskurer Bankkonten, die Verschleierung von Millionenüberweisungen. All dies folgt ganz offensichtlich lang erprobten und bewährten Betrugsmustern und dient vor allem einem Zweck: Fußballfunktionäre zu bestechen.

Der Treibstoff für diese Machenschaften ist das Geld, das die Fernsehsender in Deutschland, England, Spanien, Italien und Frankreich in den Markt pumpen, um auch die Auswärtsspiele ihrer Nationalmannschaften zeigen zu können. Bei Heimspielen können Fußballverbände in Europa die TV-Rechte in Eigenregie verkaufen, wenn es Freundschaftsspiele sind. Bis zum Jahr 2014 galt dieser Grundsatz der Einzelvermarktung auch für Qualifikationsspiele zu Europa- und Weltmeisterschaften. Dieses Prinzip machte selbst die unbedeutendsten der bei der Uefa damals registrierten 54 Fußballverbände für die TV-Sender zu begehrten Geschäftspartnern. Denn wenn ein Land wie Montenegro, Weißrussland oder Kasachstan einer Gruppe mit einem Team der fünf großen Fußballnationen zugelost wurde, dann waren die Fernsehrechte dieses Fußballzwerges nur wegen dieses einen Heimspiels plötzlich ein Vielfaches wert.

Die Deals zwischen den Fußballverbänden und Fernsehsendern liefen damals bei der Einzelvermarktung über wenige Firmen, die als Zwischenhändler auftraten und die den Markt in Europa beherrschten: Rechtemakler wie Sportfive und Infront. Das Geschäftsmodell dieser Firmen war simpel. Sie versuchten, mit möglichst vielen der kleinen europäischen Verbände möglichst langfristige TV-Vermarktungsverträge abzuschließen – und diese Rechte möglichst gewinnbringend an interessierte Fernsehsender weiter zu verhökern.

Zu den Marktführern gehörte auch die Firma Kentaro, die der deutsche Geschäftsmann Philipp Grothe und ein Schweizer Kompagnon im Jahr 2003 in der Schweiz gegründet hatten und die die beiden vorzugsweise von London aus lenkten. Im Sommer 2015 eröffnete das Konkursamt Wil ein Insolvenzverfahren, doch bis dahin war Kentaro einer der aggressivsten Akteure in dem Business. Fünf Jahre nach Gründung hatte sich Kentaro nicht nur die Vermarktungsrechte an den Freundschaftsspielen der argentinischen und der brasilianischen Nationalmannschaft außerhalb Südamerikas gesichert, sondern auch von zwölf Verbänden der Uefa. Das geht aus einer vertraulichen Firmenpräsentation vom Oktober 2008 hervor. Der jährliche Umsatz lag damals demnach bei knapp 100 Millionen Euro, prognostiziert war für die kommenden vier Jahre eine Steigerung auf rund 170 Millionen. Das Geschäft schien extrem profitabel. Laut der internen Unterlagen sollte die durchschnittliche Gewinnmarge allein beim Weiterverkauf der TV-Rechte von sieben kleinen europäischen Verbänden bei über 30 Prozent liegen.

Zum Kentaro-Portfolio gehörten seit Juni 2008 auch die TV- und

Sponsoringrechte des Fußballverbandes von Kasachstan. An dieser Geschäftsverbindung lässt sich dank der Football-Leaks-Dokumente beispielhaft und detailliert nachzeichnen, auf welch dubiosen Wegen Millionen von Euro hin- und herbewegt wurden – und wie das viele Geld schließlich bei Briefkastenfirmen landete, die ihren Sitz im steuerfreundlichen US-Bundesstaat Delaware oder in Florida hatten, ihre Konten aber bei der Kärntner Sparkasse in Villach oder der Vorarlberger Landes- und Hypothekenbank in Bregenz. Strippenzieher bei vielen dieser Transaktionen waren ein sehr ehrgeiziger junger deutscher Mitarbeiter von Kentaro und ein deutscher Anwalt, der für eine Kanzlei in Frankfurt am Main arbeitete.

Eigentlich standen die Kasachen seit Februar 2004 durch einen langfristigen Vertrag, der bis ins Jahr 2013 reichte, beim Kentaro-Konkurrenten Sportfive im Wort. Doch die neue Führung des kasachischen Verbands behauptete, Sportfive habe mit dem früheren Verbandspräsidenten Rachat Alijew »in krimineller Weise« zusammengearbeitet, und kündigte die bis dahin bestehende Vereinbarung im März 2008 fristlos auf. So steht es in einer Klage, die Sportfive noch Jahre später vor dem Landgericht Hamburg gegen den kasachischen Verband führte. Sportfive verwahrte sich gegen den unverblümt geäußerten Bestechungsvorwurf – und forderte seinerseits eine Entschädigung von mehr als 13 Millionen Euro.

Im Juni 2008, drei Monate nach dem Bruch mit Sportfive, waren die Kasachen plötzlich mit Kentaro im Geschäft. Die Firma aus der Schweiz sicherte sich zunächst sämtliche Vermarktungsrechte an den Heimspielen bis Ende Juni 2010. Dafür sollte der kasachische Verband 1,5 Millionen Euro erhalten. Ein Jahr später unterzeichneten beide Seiten eine Vereinbarung, wonach sie ihre Zusammenarbeit bis 2014 verlängern wollten. Dafür stellte Kentaro dem Verband weitere 6,5 Millionen Euro in Aussicht.

Wie rentabel diese Geschäfte sein können, zeigt der Entwurf eines Vertrages vom November 2009 zwischen Kentaro und der Firma SportA, die für ARD und ZDF die Senderechte erwirbt. Demnach waren die Öffentlich-Rechtlichen bereit, für die Übertragung eines Auswärtsspiels der deutschen Fußballnationalmannschaft im Land eines Kentaro-Teams 3,9 Millionen Euro zu bezahlen, für das zweite Spiel vier Millionen, für alle weiteren Partien 4,25 Millionen. Damals hatte Kentaro neun Uefa-Verbände unter Vertrag. Dieselben Tarife galten demnach auch für die Qualifikation zur Weltmeisterschaft 2014 in Brasilien. Für Kentaro ging die Wette mit den Kasachen auf – bei den Qualifikationsrunden für die EM 2012 und die WM 2014 landeten die deutsche und die kasachische Nationalmannschaft in einer Gruppe.

Die Verbindungen zum kasachischen Verband pflegte der Kentaro-Mitarbeiter Marc Rautenberg, ein umtriebiger Handlungsreisender, der schon sehr früh gelernt hatte, wie das Vermarktungsgeschäft in der Fußballbranche läuft. Rautenberg, Jahrgang 1978, schloss sich kurz nach seinem Abitur der Schweizer Agentur Team an, die das Champions-League-Format mitbegründet hat. Danach leitete der gebürtige Dortmunder die Marketingabteilung bei Fortuna Düsseldorf, ehe er beim US-amerikanischen Marketing-Giganten IMG seine ersten Erfahrungen in der Welt der TV-Rechtehändler sammelte. Dort war Rautenberg zuständig für Fußballverbände wie Griechenland, Zypern, die Türkei und Albanien.

Zu Kentaro wechselte Rautenberg, der nebenbei ein Wirtschafts-Fernstudium an der Universität Hagen betrieb, im Jahr 2005. Seine Stelle nannte sich »Senior TV and Marketing Manager«, seine Aufgabe war klar definiert: Er sollte seinem Arbeitgeber die Fernsehrechte nationaler Fußballverbände verschaffen, so viele wie möglich. Um die Verwertung, den Weiterverkauf an Fernsehsender, kümmerte sich dann auch Firmenboss Grothe. Rautenberg war der Straßenköter, der Mann fürs Klinkenputzen, das Netzwerken, den persönlichen Zugang zu Präsidiumsmitgliedern der Verbände und Geschäftsführern von Fernsehsendern. In seinen Worten: den »wichtigen Entscheidungsträgern in der Medienwirtschaft«. So beschrieb Rautenberg seine Rolle selbst einmal in einem Lebenslauf.

Beim Fußballverband von Kasachstan war einer der »Entscheidungsträger« Sayan Khamitzhanov, der Generalsekretär. Rautenberg bezeichnete den einflussreichen Funktionär der Einfachheit halber in seiner Korrespondenz oft nur als »SK«. Er war nah dran an dem Mann, und er wusste offenbar auch, was er für SK tun musste. Das zeigen die Schattenverträge, die Rautenberg nach Abschluss des Fernsehrechtedeals zwischen Kentaro und dem kasachischen Fußballverband aufsetzen ließ. Diese Nebenabsprachen, die sich in dem Datensatz von Football Leaks finden, sind kein Einzelfall. Sie tauchen in leicht abgewandelter Form auch bei Fernsehdeals mit anderen Verbänden auf. Kentaro und Kasachstan, das ist wie eine Blaupause für die systemische Korruptionsanfälligkeit der Fußballbranche.

Glaubt man den Haudegen der Rechtehändlerbranche, dann flogen sie früher mit Koffern voll Bargeld durch die Welt, um mit den Bossen der Fußballverbände möglichst schnell zur Sache zu kommen. Das sind Geschichten, die sie sich bei Fifa- oder Uefa-Kongressen abends an den Hotelbars erzählen, wenn sie sich an ihre ersten Vertragsabschlüsse in Ost- und Südosteuropa nach dem Zusammenbruch der Sowjetunion erinnern. Heute wird das Schmiergeld nicht mehr im Koffer transportiert, vielmehr bewegt es sich auf Knopfdruck durch die Welt, ohne die geringsten Nebengeräusche, von einer Briefkastenfirma zur nächsten. Als Gründer oder Verwalter dieser Firmengeflechte treten hochbezahlte Anwälte auf, die der ganzen Sache einen seriösen Anstrich geben.

Der Jurist, der bei Rautenbergs Kasachstan-Connection als Strohmann agierte und bei dem die Fäden diverser Briefkastenfirmen zusammenliefen, war der Anwalt Geno Schneider-Ludorff von der Frankfurter Kanzlei Bauer Gronen – ein Haus, das es so nicht mehr gibt. Rautenberg und Schneider-Ludorff schlossen Anfang November 2008 einen »Treuhandvertrag« ab. Demnach hielt der Kentaro-Mann »sämtliche Stammeinlagen« an der Firma Global International Trading LLC, die ihren Sitz an der US-Ostküste im Bundesstaat Delaware hatte, einem Ziel für Steuerflüchtlinge aus aller Welt. Rautenberg übertrug seine Firmenanteile in dieser Vereinbarung nun »treuhänderisch« an Schneider-Ludorff, was nichts weiter als ein Verdunkelungsvorgang war. Denn Rautenbergs Einfluss und Zugriff auf die Global International war weiterhin gewahrt. Der Anwalt verpflichtete sich, seine Funktion »ausschließlich im Interesse des Treugebers auszuüben« und dessen »Weisungen Folge zu leisten«. Der Treugeber war Marc Rautenberg. Die Global International war in dem US-amerikanischen Städtchen Lewes registriert, 16192 Coastal Highway. Es ist die Adresse eines unscheinbaren Gebäudes, in dem Tausende von Unternehmen gemeldet sind. Die Firma, die ihr Konto bei der Kärntner Sparkasse in Villach führte, spielte eine zentrale Rolle, als Kentaro und der kasachische Verband im Juni 2008 ins Geschäft kamen.

Kurz zuvor hatten Kentaro und die Global International ein »Agreement« unterzeichnet, wonach Kentaro der Firma in den USA für deren »exzellente Kontakte« zum kasachischen Verband ein »Beratungshonorar« von 1,3 Millionen Euro überweisen würde. Fast zur gleichen Zeit schloss offenbar auch der kasachische Fußballverband ein »Consulting Agreement« mit der Global International. Das geht aus einem Vertragsentwurf hervor, der sich in den Football-Leaks-Unterlagen findet. Auch diese Vereinbarung sieht aus wie ein klassisches Scheingeschäft. Demnach sollten die Kasachen 888 000 Euro für »Dienstleistungen« an die Global International zahlen, »um die Entwicklung des Fußballs in der Republik von Kasachstan zu stärken«. Als Unterschriftsberechtigter auf Seite des kasachischen Verbandes tauchte, was für den weiteren Weg des Geldes nicht unerheblich ist, Rautenbergs »Entscheidungsträger« auf: Generalsekretär Sayan Khamitzhanov.

Festzuhalten bleibt bis hier: Rund um den Verkauf der Fernsehrechte des kasachischen Fußballverbandes an Kentaro sollten auf dem Konto einer Firma im US-Bundesstaat Delaware, deren wirtschaftlich Berechtigter der Kentaro-Angestellte Rautenberg und deren Treuhänder dessen Frankfurter Anwalt-Buddy Schneider-Ludorff war, also 2,2 Millionen Euro landen. Doch die Global International war für dieses Geld nur eine Zwischenstation. Fast der gesamte Betrag sollte weiter fließen: an eine frisch gegründete Firma namens Sunset Trust Investment LLC in Boca Raton im US-Bundesstaat Florida. Erst hier schloss sich der Kreis. Denn die Sunset Trust gehörte Anastassia Khamitzhanova – der Frau von Sayan Khamitzhanov.

Auch dieser letzte Schritt im Geldwaschprogramm für den kasachischen Fußballfunktionär geht auf Kentaro-Mann Rautenberg und seinen juristischen Facharbeiter Schneider-Ludorff zurück. Das ergibt sich aus Dutzenden vertraulicher Mails, Briefen und Firmenunterlagen. Demnach war die Sunset Trust Anfang Oktober 2008 gegründet worden, allerdings erst zwei Monate später geschäftsfähig. »Mein Gott, was für eine Geburt«, schrieb Schneider-Ludorff an Rautenberg. Zuvor hatte Rautenberg den Anwalt instruiert, den Treuhandvertrag für die Sunset Trust an die Adresse von Khamitzhanovs Gattin Anastassia in Kasachstans Hauptstadt Astana zu senden. »Hi Chef«, schrieb Rautenberg dem Juristen in knappen Worten, Khamitzhanov wolle »seine Frau einsetzen«.

Wie für die Global International, so war Schneider-Ludorff auch für die Sunset Trust der Treuhänder. Das regelte ein Vertrag zwischen ihm und Anastassia Khamitzhanova. Ihrem Mann Sayan erteilte sie den Zugriff auf die Sunset Trust und auf den Treuhänder Schneider-Ludorff über eine gesonderte Vollmachtserklärung. Nun musste nur noch das Geld von der Global International zur Sunset Trust fließen.

Auch dafür gab es eine formale Lösung. In den Football-Leaks-Dokumenten finden sich die Entwürfe dreier »Consulting Agreements« zwischen diesen beiden Firmen. Sie sind datiert auf November 2008. Demnach sollte die Global International der Sunset Trust bis Ende Juli 2009 insgesamt 2,15 Millionen Euro für »Beratungsleistungen« überweisen. Eine davon lautete: »Dokumente und Präsentationen erstellen«. Auch dies war offensichtlich ein Scheingeschäft, kaum noch kaschiert – als Unterschriftsberechtigter der Sunset Trust trat Sayan Khamitzhanov auf, nicht seine Frau.

Anwalt Schneider-Ludorff blieb nun die Aufgabe, in Europa ein Konto für die Sunset Trust zu eröffnen. Das lief allerdings nicht ganz so einfach wie geplant. Khamitzhanovs Frau hatte er bereits im Oktober 2008 ausrichten lassen, dass sich »aufgrund der allgemeinen Bankenkrise die Verhandlungen verzögern«. Zudem sei »der Kreis der Banken etwas beschränkt«. Am 5. Januar 2009 unterzeichnete der Frankfurter Anwalt mit seiner schwungvollen

Füllfeder-Unterschrift für die Sunset Trust endlich eine »Teilnahmevereinbarung für das Internet-Banking« bei der Vorarlberger Landes- und Hypothekenbank in Bregenz. Ein paar Tage später schickte er Rautenberg einige Unterlagen und schrieb: »Lieber Marc, es ist alles nicht so einfach, wie es dann, wenn alles erledigt ist, aussieht. Du weißt, dass die Leute sich Zeit lassen, da sie ja auch nicht wissen können, dass es uns unter den Nägeln brennt und ich darf ihnen das nicht sagen.«

Ein Problem war gewesen, dass Schneider-Ludorff für die Sunset Trust ein Konto in Österreich finden musste. Denn es stand auch eine Zahlung in dem Alpenstaat an. Der Generalsekretär des kasachischen Fußballverbandes hatte einen Sonderwunsch: Er wollte einen Teil seines Geldes in den Erwerb einer Immobilie in Wien stecken, zweiter Bezirk, Wittelsbachstraße, zentrale Lage, in Fußnähe zum Donaukanal. Die Vollmacht, die Sayan Khamitzhanov Schneider-Ludorff dafür »als Treuhänder der Sunset Trust Investment LLC« unterschrieb, sah vor, »den Kaufvertrag zu schließen, Anzahlungen zu leisten, den Makler zu bezahlen, einen Sachverständigen zu beauftragen, Anwälte zur Vertragsprüfung einzuschalten, Gesellschaften zu gründen, behördliche Erlaubnisse einzuholen und alles zu tun, was sich darüber hinaus als notwendig und sinnvoll zum Erwerb der Immobilie erweisen sollte«. Auch beim Kaufpreis hatte der kasachische Fußballfunktionär eine klare Vorstellung. »Betragsobergrenze« für die Dachgeschosswohnung in Wien, gab Sayan Khamitzhanov dem Anwalt unmissverständlich zu verstehen, seien 800 000 Euro.

Der SPIEGEL hat alle Beteiligten umfassend über die beschriebenen Geldflüsse und Recherchen informiert und um Stellungnahme gebeten. Der frühere Kentaro-Boss Philipp Grothe antwortete, er habe »Rücksprache mit unseren deutschen und schweizerischen Anwälten gehalten«, die ihm erklärt hätten, »dass die unterschriebenen Vertraulichkeitserklärungen« nach wie vor für ihn gelten würden. Der Anwalt Geno Schneider-Ludorff, der mittlerweile in Frankfurt eine Kanzlei unter seinem Namen führt, schrieb: »Ihnen und Ihrem Haus sollte bekannt sein, dass Berufsträger grundsätzlich nicht über das Bestehen oder Nichtbestehen möglicher Mandate, geschweige denn über deren Inhalte Auskunft erteilen dürfen.« Der frühere Kentaro-Mann Marc Rautenberg, der Spielerberater bei der Agentur Lian Sports – einer anderen höchst dubiosen Firma, die im folgenden Kapitel die Hauptrolle spielt – geworden ist, reagierte auf schriftliche Anfragen an seine geschäftliche Mailadresse nicht. Auch der frühere Generalsekretär des kasachischen Fußballverbandes Sayan Khamitzhanov und seine Frau Anastassia ließen mehrere schriftliche Mailanfragen unbeantwortet.

So laufen sie, die schmierigen Geschäfte im TV-Rechtehandel. Dort, wo Bestechung und Bestechlichkeit zum Alltag gehören. Und die Antwort ist Schweigen.

SCHLEICHWEGE IN DEN WESTEN

Bei Eintracht Frankfurt ahnten die Vereinsbosse bereits nach wenigen Tagen Trainingslager, welche Perle von Stürmer sie da an Land gezogen hatten. Es war der Juli 2017, die Hessen bereiteten sich in Südtirol auf die neue Saison vor, und Luka Jović, damals 19 Jahre alt und gerade als Leihspieler von Benfica Lissabon verpflichtet, nutzte bei den Übungseinheiten fast jede Torchance zum Abschluss. Sein Teamkollege Danny Blum fand es »sehr beeindruckend, wie er die Dinger einschweißt«. Und der damalige Trainer Niko Kovač prophezeite für den Liga-Alltag: »Wenn Luka nur halb so viel zeigt wie im Training, wird er ein absoluter Volltreffer.«

Ein gutes Jahr später wusste dann die ganze Welt, wie gut Luka Jović ist. Als jüngstem Bundesligaspieler überhaupt waren ihm im Herbst 2018 gegen Fortuna Düsseldorf in einem Spiel fünf Tore gelungen, und zum Ende der Hinrunde führte der hochtalentierte Angreifer mit dem Spanier Paco Alcácer von Borussia Dortmund die Torjägerliste an. Viele Topklubs wurden auf den bulligen Stürmer aufmerksam. Weil Jović im Frühjahr 2019 auch noch in den Spielen der Europa League mit Galaauftritten glänzte, verging nun kaum noch ein Tag, an dem nicht wieder neue Gerüchte mit neuen Rekordofferten die Runde machten. Die Vereine, die genannt wurden, waren die üblichen Verdächtigen: Real Madrid, FC Barcelona, FC Chelsea, Bayern München. Mal war von 50 Millionen Euro Ablöse die Rede, mal von 70 Millionen. Eine Grenze nach oben schien es nicht zu geben. Am 4. Juni 2019 meldete die Eintracht schließlich Vollzug: Der Klub verkaufte Jović an Real Madrid. Über die Höhe der Ablösesumme gibt es nur Spekulationen, sie soll bei etwa 60 Millionen Euro liegen.

Einerseits hat Eintracht Frankfurt mit Jovićs Leihvertrag im

Sommer 2017 ein fantastisches Geschäft gemacht. Die Hessen, so steht es in dem »Loan Agreement« vom 27. Juni 2017, sicherten sich die Dienste des Spielers zunächst für zwei Jahre. Dafür überwiesen sie Benfica Lissabon 200 000 Euro. Das war ein Schnäppchen, auch wenn der junge Serbe anderthalb Jahre lang fast ausschließlich in der Reservemannschaft von Benfica gespielt hatte. Es gibt noch eine weitere erstaunliche Klausel in dem Vertrag, es ist Paragraf vier. Darin überließ Benfica Lissabon Eintracht Frankfurt eine »exklusive und einseitige Kaufoption« für Jović. Demnach mussten die Deutschen bis zum 31. Mai 2019 einer endgültigen Verpflichtung zustimmen. Die Transfersumme: fünf Millionen Euro, zahlbar in drei Tranchen bis 31. August 2021. Natürlich zog Eintracht Frankfurt diese Option.

Doch was aussieht wie der Deal des Jahrzehnts, hat in Wahrheit einen großen Haken. Denn Eintracht Frankfurt erwarb mit der Fünf-Millionen-Euro-Ablöse nur 70 Prozent von Jovićs Transferrechten. Die restlichen 30 Prozent behielt Benfica. In diesem Verhältnis profitieren die Portugiesen nun auch vom Wechsel des Spielers zu Real Madrid. Das ist zwar immer noch sehr lukrativ für den deutschen Traditionsverein, aber auch ziemlich undurchsichtig. Die Hessen verwiesen bei einer Anfrage zu Hintergründen des Jović-Deals darauf, sie würden sich »grundsätzlich nicht zu Vertrags- und Transferdetails äußern«. Benfica Lissabon bestätigte die Zahlen und Klauseln und bezeichnete die 30-Prozent-Gewinnbeteiligung am Weiterverkauf des Spielers als »erlaubt«. Die Fifa sei über alle Einzelheiten »im Bilde«.

Der Handel mit Fußballtalenten ist oft eine trübe Geschichte, der Handel mit Fußballtalenten vom Balkan häufig eine ziemlich schmutzige. Auf ihrem Weg in den Westen sind sie abhängig von gierigen Vereinsfunktionären und skrupellosen Beratern. Der Werdegang von Luka Jović ist ein Lehrstück dafür, wie Spieler gegen alle ethischen Grundsätze schon als Minderjährige verhökert werden und wie bei den Vereinswechseln Millionen Euro in dunklen Kanälen versickern. Der »Bild«-Zeitung hatte Jović nach seiner Ankunft in Frankfurt gesagt, dass er gerne »noch ein, zwei Jahre« bei seinem Stammverein Roter Stern Belgrad geblieben wäre: »Der Wechsel ins Ausland war viel zu früh für mich.« Doch die Vereinsbosse in Serbien hatten andere Pläne.

Mit 16 hatte Jović sein erstes Spiel im Profiteam von Roter Stern Belgrad gemacht. Als er 17 war, verkaufte der Klub 70 Prozent von Jovićs Transferrechten an Apollon Limassol. Der Erstligist aus Zypern bezahlte dafür 750 000 Euro, mit diesem Geld beglich Roter Stern Belgrad Schulden gegenüber zahlreichen Gläubigern. Doch Jović spielte weiter in Serbien. Im Januar 2016, der Stürmer war gerade volljährig geworden, verhökerte Roter Stern Belgrad auch die restlichen 30 Prozent seiner Transferrechte an Apollon Limassol. Diesmal waren 600 000 Euro fällig.

Am 25. Januar 2016 unterschrieb Jović einen Zweieinhalb-Jahres-Vertrag bei Apollon. Demnach garantierten ihm die Zyprer in der ersten Saison ein monatliches Bruttogehalt von 14 400 Euro, in der zweiten Saison und dritten Saison von jeweils 29 800 Euro. Doch das war nur ein Scheinvertrag, denn Jović hat niemals für Apollon Limassol gespielt. Sechs Tage später verkauften die Zyprer den Jungstürmer aus Serbien weiter an Benfica Lissabon. Dort unterzeichnete Jović am 31. Januar 2016 einen Vertrag, der bis Ende Juni 2021 gültig war. Sein Monatslohn in Portugal: 50 000 Euro brutto.

Warum der Schleichweg über Zypern? Apollon Limassol hat ein Geschäftsmodell daraus gemacht, in einer Art Dreieckshandel Transferrechte von Spielern aus dem früheren Jugoslawien zu erwerben, ohne diese Spieler jemals einzusetzen. Stattdessen werden die Jungprofis mit sattem Gewinn nach wenigen Tagen an Klubs im Westen weiterverkauft. Auch aus dem Zwischenhandel mit Luka Jović blieb ein fetter Betrag hängen: exakt 5,3 Million Euro. Den 1,35 Millionen, die Apollon für Jović an Roter Stern gezahlt hatte, standen 6,65 Millionen gegenüber, die Benfica für den Spieler lockergemacht hatte.

Die wundersame Geldvermehrung für den Klub auf Zypern erklärt sich aus den Unterlagen der Enthüllungsplattform Football Leaks. Demnach hatte sich einer der Eigentümer der Berateragentur Lian Sports Limited über eine Firma in der Karibik, die er kontrollierte, bereits im Juni 2013 eine Beteiligung von acht Prozent an Apollon Limassol gesichert. An Lian Sports ist auch der Spielervermittler Fali Ramadani beteiligt. Diese Agentur vertritt Luka Jović.

Fali Ramadanis Aufstieg zu einem der einflussreichsten Spielerberater der Fußballbranche ist die Geschichte eines Schattenmannes. Es gibt kaum Veröffentlichungen über ihn, im SPIEGEL-Archiv findet sich kein einziges Interview. 1963 in einem Dorf in Nordmazedonien geboren, lebte Ramadani jahrelang in Berlin. Er hat auch einen deutschen Reisepass, dort ist sein korrekter Vorname eingetragen: Abdilgafar. Von Berlin aus war Ramadani zunächst für die Agentur F.R.V. Sportmanagement GmbH als Spielerberater im Einsatz, später dann für die Lian Sports GmbH.

Im Sommer 2012 machte Ramadani einen radikalen Schnitt. Mit seinem Partner Nikola Damjanac, einem Spielerberater aus Serbien, bereitete er den Umzug von Lian Sports nach Malta vor. »Die gegenwärtige Firmenstruktur hat gut funktioniert in den letzten Jahren«, heißt es im Protokoll eines Treffens Anfang Juni 2012 in Berlin, »aber jetzt gibt es eine Menge Probleme«. Der Wechsel des Firmensitzes hatte vor allem steuerliche Gründe. Demnach favorisierte Ramadani Malta wegen seines »geschäftsfreundlichen Umfeldes« und der »Besteuerung von fünf Prozent auf Gewinne für ausländische Aktionäre«. Einen weiteren Brandherd sah Ramadani offenbar in verschiedenen Firmenbeteiligungen in den USA. Unter dem Stichwort »USA Problem« heißt es in dem Protokoll, die Behörden in den Vereinigten Staaten, die sich gerade mit der Schweizer Großbank UBS angelegt hatten, würden zukünftig detaillierte Auskünfte über alle Kontobewegungen von US-Firmen in der Schweiz verlangen, »die Inhaber eingenommen«. Eine Firma, die Sports & More LLC, hinter der Ramadanis Partner Damjanac stand, sollte »umgehend« dichtgemacht werden, heißt es in einem weiteren Protokoll vom September 2012.

Der Mann, den Ramadani zum Umbau seines Firmenimperiums anheuerte, war ein Deutscher Mitte 30, der damals in London lebte: Marc Rautenberg, der seit 2005 für den TV-Rechtehändler Kentaro gearbeitet hatte. Rautenberg sollte den Boden bereiten,

damit aus der Lian Sports »die weltweit führende Spielerberateragentur« werden konnte. Er wollte sich diesen Job offenbar sehr
gut bezahlen lassen. Aus dem Entwurf eines »Beratervertrages« mit
der Lian Sports geht hervor, dass Rautenberg vom 1. September
2012 an monatlich 200 000 Euro brutto bekommen sollte. Außerdem erwarb er zehn Prozent der Anteile an der Lian Sports, weitere zehn Prozent sollten bis Mitte 2013 dazukommen. Das steht in
einem anderen Vertrag. Damit war Rautenberg auch am Gewinn
beteiligt. Und der floss seither reichlich.

Die Lian Sports Limited wurde Mitte Juli 2012 im maltesischen
Handelsregister eintragen, mit Sitz im Party-Ort San Ġiljan. Daneben wurden zahlreiche weitere Firmen gegründet. Eingetragen
waren sie auf St. Kitts und Nevis, einem kleinen Inselstaat in der
Karibik. Für den Aufbau dieses Schattenreichs hatte Ramadani
auf die Hilfe der Verschleierungsexperten von Walters & Karrer
zurückgegriffen, einer Kanzlei aus Andorra, die spezialisiert darauf ist, Unternehmen weltweit Offshore-Strukturen zu errichten.
Ramadani hatte Walters & Karrer mandatiert, Rautenberg betrieb
mit den Anwälten das Tagesgeschäft. Man konnte sich bequem auf
Deutsch verständigen: Der Jurist Florian Karrer stammt aus Schon-
gau in Oberbayern. Der Trust WKI von Walters & Karrer saß in
Charlestown, mit 1700 Einwohnern der Hauptort von St. Kitts und
Nevis, im Dixcart House. Das war auch die Adresse vieler neuer
Gesellschaften in Ramadanis Beraterimperium: der BEG Invest-
ments, der LCY Holdings, der SNR Limited, der TXL Investments.

Ebenfalls im Dixcart House ansässig waren fortan Firmen, die
Vermarktungsrechte von Fußballprofis aus Ramadanis Stall hielten und die dafür jährlich Hunderttausende von Euro kassierten: die Mana Consulting & Marketing Ltd. für den serbischen
Nationalspieler Matija Nastasić, der 2015 von Manchester City zum
FC Schalke 04 wechselte, oder die Joste Consultancy Ltd. für den
montenegrinischen Nationalspieler Stefan Jovetić, der 2017 von
Inter Mailand zum AS Monaco ging. Rautenberg hatte den Überblick über sämtliche Kontobewegungen der Firmen in der Karibik,
die Hausbank der Ramadani-Connection war die Bank of Valletta

auf Malta. All diese Geschäftsinterna mussten streng geheim bleiben. So steht es in einer Verschwiegenheitserklärung, die Karrer im August 2013 unterschrieb und an Rautenberg schickte.

Mit seinem Portfolio an Spielern ist Ramadani mittlerweile ein Schwergewicht der Beraterszene. Der Branchendienst »Transfermarkt« schätzte den Marktwert der 20 teuersten Spieler, die von der Lian Sports betreut werden, im Mai 2019 auf 550 Millionen Euro. Ganz oben standen zwei Profis der italienischen Serie A: Mittelfeldmann Miralem Pjanić von Juventus Turin sowie der senegalesische Innenverteidiger Kalidou Koulibaly vom SSC Neapel, beide auf 70 Millionen Euro taxiert. In der Bundesliga gehören bei Eintracht Frankfurt auch der Kroate Ante Rebić sowie die Serben Filip Kostić und Mijat Gaćinović zu prominenten Ramadani-Klienten, beim FC Augsburg der Isländer Alfred Finnbogason sowie der in der vergangenen Saison vom FC Liverpool an Hertha BSC ausgeliehene Serbe Marko Grujić.

Ramadani rühmt sich, die Schlüsselfigur für Transfers der größten Talente auf dem Balkan zu sein. Über Jahre gab es im Fußballbusiness ein Geschäftsmodell, bei dem er besonders kräftig mitmischte: die Third-Party Ownership (TPO). Im Kern funktionierte das so: Investoren kauften Verein A Anteile an den Transferrechten eines hoffnungsvollen Profis ab. Stieg der Marktwert dieses Spielers, drängten die Geldgeber oft auf den Weiterverkauf zu Verein B. Viele Klubs gerieten so in fatale Abhängigkeit von Investoren. Die Fifa verbot deshalb diesen Einsatz von Drittmitteln ab Mai 2015.

Als sich mit TPO noch viel Geld verdienen lassen konnte, fand Ramadani einen Bruder im Geiste, mit dem er solche Deals machen konnte: den Israeli Pini Zahavi, eine der schillerndsten Figuren überhaupt im internationalen Fußballbusiness. Der Spielerberater aus Tel Aviv, ein früherer Sportjournalist, mischt seit vier Jahrzehnten auf allen bedeutenden Märkten mit, fast keiner der ganz großen Deals kommt ohne ihn zustande. So war Zahavi dabei, als die katarischen Besitzer von Paris Saint-Germain 222 Millionen Euro für Neymar ausgaben. Für ihn selbst blieben dabei mehr als zehn Millionen hängen.

Wie Ramadani operiert Zahavi fast ausschließlich über Firmen, die in Steueroasen sitzen. Einige Investoren, die der Israeli dabei beriet, ihr Geld in Transferrechten bestimmter Spieler anzulegen, verbargen sich hinter einer Firma namens Leiston Holdings Limited. Sie war auf den British Virgin Islands in der Karibik registriert, wo der Steuersatz für Einnahmen, die jenseits der Inseln erwirtschaftet werden, bei null Prozent liegt. Es waren Geschäfte, bei denen eine Vervielfachung des Einsatzes in kürzester Zeit möglich war. Zudem wurden bei solchen TPO-Deals häufig Honorare im siebenstelligen Bereich verschoben, immer schön unter dem Radar europäischer Finanzbehörden.

Illustrieren lässt sich die ganze Palette dieser dubiosen Transaktionen exemplarisch am Fall eines Spielers: des serbischen Profis Lazar Marković, auch er damals im Stall von Lian Sports. Im April 2012, Marković war erst seit wenigen Wochen volljährig, erwarb die Leiston Holdings 100 Prozent der Transferrechte des Profis von Partizan Belgrad. Der Preis: sieben Millionen Euro. Ein gutes Jahr später, im Juni 2013, wechselte der Angreifer zu Benfica Lissabon. Die Portugiesen überwiesen 6,25 Millionen Euro an die Leiston, sicherten sich damit aber nur die Hälfte von Marković́s Transferrechten.

Ein weiteres Jahr später, im Juli 2014, wechselte Marković zum FC Liverpool. Die »Reds« zahlten für den Transfer insgesamt 25 Millionen Euro. 12,5 Millionen Euro flossen an Benfica, die anderen 12,5 Millionen Euro an die Leiston. Innerhalb von etwas mehr als zwei Jahren hatte die Leiston damit aus sieben Millionen Euro 18,75 Millionen gemacht – steuerfrei verbuddelt in der Karibik.

Alle internationalen Transfers werden von einer Tochterfirma der Fifa dokumentiert, Kimberly Morris ist hier die Vorsitzende der Abteilung für Integrität. Sie verfolgte diese Spekulationsgeschäfte damals sehr genau, doch sie war bei ihren Stichproben angewiesen auf die Auskunftsbereitschaft der Klubs. Und die war nur mäßig ausgeprägt.

Nach Marković́s Wechsel zu Benfica war Morris hellhörig geworden. Im März 2014 schrieb sie eine Mail an die Vereinsbosse von Partizan, sie bat um »kurze Zusammenfassung der Beziehung zwischen Ihrem Club und Leiston Holdings«. Zudem verlangte sie Einsicht in den Vertrag zwischen der Firma und Partizan. Der Generalsekretär lieferte das Dokument, doch Morris gab sich damit nicht zufrieden. Sie schrieb eine zweite Mail. Nun wollte sie wissen, ob es »eine Verbindung zwischen der Leiston Holdings Ltd. und Herrn Pinhas Zahavi gibt«. Zudem hakte sie nach, ob Partizan »noch irgendeine andere Vereinbarung bezüglich dieses Spielertransfers oder allgemein mit Herrn Pinhas Zahavi« habe.

Weiter kam Morris bei ihren Nachforschungen nicht. Dabei war sie auf der richtigen Fährte gewesen, wie die Football-Leaks-Dokumente belegen. Die Leiston hatte rund um diesen TPO-Deal nämlich zwei weitere verdächtige Verträge aufgesetzt.

Am 3. Mai 2012, nur wenige Tage nach dem Erwerb von Markovićs Transferrechten, vereinbarte die Leiston mit der Agentur Sport & More, registriert im US-Bundesstaat New York, eine Zahlung von 250 000 Euro. Es war exakt die Firma, die Fali Ramadani später aus Furcht vor kritischen Nachfragen der US-Behörden so schnell wie möglich dichtmachen wollte. Hinter der Zahlung stand sein Kompagnon bei Lian Sports, der Serbe Nikola Damjanac. Dessen angebliche Leistung: Damjanac soll Leiston geholfen haben, die Transferrechte an Marković zu erwerben.

Manchmal kann einem schwindlig werden, wenn man den Geldflüssen der Firmen zu folgen versucht, für die Ramadani und sein Partner Damjanac dealen. Denn obwohl Sport & More Vertragspartner war, beauftragte Damjanac die Leiston später, die 250 000 Euro an die Lian Sports zu zahlen. So landete das Geld von den British Virgin Islands direkt bei Zahavis Buddy Fali Ramadani. Er nennt ihn »my guy«, meinen Jungen.

Doch das war noch nicht alles. Damjanac unterschrieb in Sachen Lazar Marković mit der Leiston am 3. Mai 2012 einen weiteren Vertrag. Diesmal für ein Unternehmen namens Goldline, das im Schweizer Grenzort Chiasso seinen Sitz hatte. Demnach musste die Leiston zwei Millionen Euro an die Goldline überweisen. Und wieder lautete der angebliche Zahlungsgrund: Unterstützung beim

Kauf der Transferrechte des Spielers Lazar Marković. Warum sollte die von Pini Zahavi beratene Leiston Holdings mehr als 30 Prozent der investierten sieben Millionen Euro für »Vermittlerdienste« an zwei Firmen ein und desselben Beraters überweisen? Gab es dafür andere Gründe als den, ein paar gute Freunde zu bedienen? Weder Pini Zahavi noch Fali Ramadani noch Nikola Damjanac äußerten sich zu diesem Verdacht, auch nicht die Firmen Lian Sports und Leiston Holdings.

Mit Ramadani im Schlepptau fädelte Zahavi mehrere millionenschwere TPO-Deals für die Leiston ein, darunter auch mindestens einen im besonders trüben Geschäft mit minderjährigen Spielern. Danilo Pantić war 16 Jahre alt, als die Leiston am 29. März 2013 die Hälfte seiner Transferrechte erwarb. Wie Marković war auch der junge Mittelfeldspieler ein Talent von Partizan Belgrad, sein Ausbildungsvertrag lief noch bis Sommer 2015.

Die Leiston zahlte für diese Transferbeteiligung 1,7 Millionen Euro. Das Geld floss aber nicht an den Klub in Belgrad. Stattdessen landete es bei zwei Unternehmen im Reich des Fali Ramadani, in dem die Sonne niemals untergeht: bei der TXL Investments und der SNR Limited auf St. Kitts und Nevis. Die Überweisungen gingen an die Firmenkonten bei der Bank of Valletta auf Malta. Doch damit nicht genug: Die SNR schob 500 000 Euro weiter an ein Unternehmen namens Leary Invest auf den British Virgin Islands, und sie drückte 170 000 Euro an die Guanta Gold mit Sitz im mittelamerikanischen Belize ab. Beide Destinationen sind äußerst beliebt bei Steuerflüchtlingen. Die Guanta hatte ihr Konto praktischerweise bei der Piräus Bank auf Zypern, die Leary ihres, ebenfalls gut erreichbar, bei der Hyposwiss Private Bank in Zürich. Beide Zahlungen wies Ramadanis Statthalter Marc Rautenberg an. Keiner der Beteiligten beantwortete, warum die Leiston die 1,7 Millionen Euro für die Transferrechte des minderjährigen Spielers an Firmen bezahlt hat, die von Ramadani kontrolliert wurden – und nicht an Partizan Belgrad.

Teile und herrsche, dieses Prinzip verfolgte Fali Ramadani bei vielen seiner Geschäfte. Die Lian Sports hatte nach ihrer Gründung auf Malta vier Konten bei der Bank of Valletta. Dort gab es reichlich Bewegung. Immer wieder flossen hohe Beträge an Firmen ab, die sich, fern jeder Finanzkontrolle, in exotischen Ländern angesiedelt hatten. Auffällig war, dass die Konten dieser Firmen, auf denen das Geld landete, fast alle bei Banken in europäischen Steuerfestungen lagen.

Einem serbischen Berater ließ die Lian Sports 400 000 Euro zukommen, sein Konto hatte der Mann bei der Bank Julius Bär in der Zürcher Bahnhofstraße. Einem damaligen serbischen Erstligaklub überwies Lian Sports 2013, angeblich als Darlehen, 51 500 Euro. Das Konto, das der Klub angab, war bei der Piräus Bank auf Zypern und gehörte zur Firma Guanta Gold. Es war dieselbe Klitsche in Mittelamerika, an die 170 000 Euro für die Transferrechte des minderjährigen Danilo Pantić flossen.

Besonders beliebt bei Ramadanis Geschäftsfreunden war offenbar ein Firmensitz auf den British Virgin Islands. An eine dieser Firmen überwies die Lian Sports insgesamt 100 000 Euro, zahlbar auf ein Konto bei der Neuen Bank AG im Zwergstaat Liechtenstein. Eine zweite stellte der Lian Sports insgesamt 223 000 Euro in Rechnung, zahlbar auf ein Konto bei der Bank Julius Bär in Zürich. Eine dritte machte 95 000 Euro geltend, sie hatte ihr Konto bei der Hermes Bank auf der Karibikinsel St. Lucia. Weitere 95 000 Euro flossen von Ramadanis Lian Sports an eine vierte BVI-Firma, ebenfalls mit Konto auf St. Lucia. 500 000 Euro schließlich sollte die Lian Sports an eine Klitsche in den Vereinigten Arabischen Emiraten zahlen – sie war das diskrete Kassenhäuschen für einen serbischen Berater.

All diese Zahlungen basieren auf schriftlichen Verträgen, die allesamt verdächtig ähnlich klangen. Als sei es nur um eine Scheinbegründung gegangen. Mal honorierte die Lian Sports einen Geldempfänger für angebliche »Talentsichtung in Südeuropa einschließlich des Balkan«, mal sollen die sechsstelligen Beträge »Vermittlungsprovisionen«, mal »Dienstleistungen« bei einem Transfer gewesen sein. Kann sein. Genauso gut kann es sein, dass sich hinter diesen Überweisungen Finanzgeschäfte verbergen, von denen die Behörden nichts mitkriegen sollten.

Fali Ramadani äußerte sich weder zu diesen dubiosen Zahlungen noch zu all den anderen Vorgängen um die Firma Lian Sports, die in diesem Kapitel geschildert werden. Auch seine Geschäftspartner Nikola Damjanac und Marc Rautenberg ließen Anfragen um schriftliche Stellungnahmen unbeantwortet, ebenso die Firma Walters & Karrer. Apollon Limassol kündigte einen Kommentar zu dem Dreiecksgeschäft mit Luka Jović an, meldete sich aber bis zur Fertigstellung dieses Buches nicht mehr. Auch die Spieler Matija Nastasić und Stefan Jovetić reagierten nicht auf Bitten um Stellungnahme.

So zugeknöpft ist man im Hause Lian Sports nicht immer. Im Gegenteil: Klubbossen aus Deutschland führt Fali Ramadani offenbar gerne vor, zu was er es gebracht hat. Der Sportdirektor eines Bundesligaklubs erzählte einem anderen Spielerberater im Sommer 2016, dass Ramadani ihn auf sein Anwesen auf Mallorca eingeladen habe. Die Villa schätzte der Gast auf »circa fünf Millionen Euro«, das Boot »auf einen zweistelligen Millionenbetrag«. Abgeholt habe Ramadani ihn mit einem Aston Martin. »Diese Masche«, hielt der Ramadani-Konkurrent in einer Mail fest, »kommt bei extrem vielen in der Bundesliga an.«

UMDENKEN

Wir verlassen das Lokal. John scheint ziemlich aufgeregt zu sein, er zündet sich vor der Tür eine Zigarette an. Seine Hände zittern dabei ein wenig, er braucht mehrere Versuche, um das Feuerzeug anzumachen. Wir schlendern gemeinsam durch die schmale Gasse.

»Ich würde morgen gerne mit dir zusammen wegfahren. Hast du eine Badehose dabei?«, fragt John.

»Äh, nein, natürlich nicht«, sage ich.

»Macht nichts. Es gibt einen Laden in der Nähe deines Zimmers. Da kannst du dir so eine Hose morgen früh kaufen.«

»Ich habe eigentlich keine Lust auf Schwimmen«, sage ich.

»Darum geht's aber nicht. Wir müssen dahin«, sagt John.

Er habe nun noch etwas zu erledigen, ich solle ihn morgen gegen elf Uhr anklingeln, sagt er. Wir verabschieden uns und ich sehe, wie er am Ende der Straße in einen Bus springt und wegfährt.

Irgendetwas war heute anders. Normalerweise ist John zurückhaltender, wenn wir uns länger nicht gesehen haben. Er wartet dann oft ab, lässt mich zunächst erzählen, braucht Zeit, um warm zu werden. Diesem Schema folgend gehen wir oft an dem Abend unseres Wiedersehens noch feiern. Heute hat John mich noch nicht einmal gefragt, ob ich noch mit ihm losziehen möchte. Und er will, dass ich ihn bereits am nächsten Vormittag anrufe. Normalerweise ist er vor 15 Uhr nicht einmal bereit, mir eine Zwischenmeldung zum Ablauf des Tages zuzusenden.

Ich laufe noch ein bisschen durch die Straßen, schaue mir die schönen Brücken und die vielen Touristenbars an. Im Sommer scheint sich hier niemand in den Lokalen aufzuhalten, alle Menschen genießen die warmen Stunden im Freien. Ich schicke John eine Nachricht: »Irgendwie warst Du heute komisch.«

Seine Antwort kommt wenige Minuten später: »Erkläre ich Dir morgen.«

Ich fahre zurück in mein Zimmer und lege mich schlafen. Offenbar wird der kommende Tag anstrengend.

Um kurz nach neun Uhr leuchtet mein Telefon auf: »Schläfst Du noch?«, schreibt John.

»Bist Du noch wach oder gerade aufgestanden?«, schreibe ich etwas überrascht zurück.

»Wir können Dir die Badehose auch zusammen kaufen gehen.«

»Meinetwegen. Wann?«

»Ich will noch ein paar Cornflakes essen. In einer halben Stunde im Laden?«

»Ok«, schreibe ich.

Ich bin schon mal um zehn Uhr morgens mit John aus einem Club rausgekommen, aber ich habe ihn wirklich noch nie vor zehn Uhr morgens getroffen. Ich stelle ihn mir ähnlich morgenmuffelig vor wie meine Kollegin Nicola Naber und schaudere ein wenig.

Ich warte vor dem Laden auf ihn und sehe, wie er in kurzer Hose und Flip-Flops um die Ecke gebogen kommt. Ich kann seine Augen nicht sehen, weil er eine verspiegelte Sonnenbrille trägt.

»Wie hast du geschlafen?«, fragt John. Okay, er erscheint schon mal deutlich gesprächiger als Nicola zu sein.

»Ganz gut. Ich bin wirklich irritiert, dich so früh zu sehen«, sage ich.

John lächelt schief. »Beeil dich, ich will los«, sagt er.

Ich kaufe eine Badehose, ohne sie anzuprobieren. John wartet bereits am Ausgang. Wir gehen gemeinsam Richtung Hauptstraße. Ich muss feststellen, dass sein Schritttempo deutlich höher ist als sonst, obwohl er Flip-Flops trägt. Normalerweise ist er eher der Typ Schlurfer, der sich jeden Grashalm am Straßenrand dreimal angucken muss. Heute scheint ihn nichts zu interessieren, was links und rechts von uns stattfindet. Wir steigen in eine uralte Straßenbahn. Sie quietscht furchtbar laut beim Anfahren, aber John scheint auch das nicht mitzubekommen. Er schaut aus dem Fenster und träumt vor sich hin.

Wir fahren länger als 30 Minuten, ich habe mittlerweile die Orientierung verloren. Die Straßenbahn öffnet ihre Türen einige Stationen später, John springt sehr dynamisch raus.

»Wieso müssen wir ins Schwimmbad?«, frage ich ihn, während wir durch einen großzügig angelegten Park schlendern.

»Ist kein Schwimmbad«, sagt John.

»Sondern?«

»Eine Therme.«

»Es sind fast 35 Grad draußen. Was wollen wir denn in einer Therme?«, frage ich.

»Sag ich dir, wenn wir im Wasser sind«, antwortet John.

Den restlichen Weg schweigen wir. Jeder guckt beim Gehen auf seine eigenen Füße. Dafür, dass John unbedingt mit mir reden wollte, spricht er nun ziemlich wenig.

Die Thermalanlage ist ein Areal mit mehreren Bädern. Wir schnappen uns einen Schlüssel für ein Schließfach und folgen den Schildern zur Umkleidekabine.

»Warst du hier vorher schon einmal?«, frage ich John.

Er antwortet nicht, tänzelt stattdessen eine Treppe herunter.

Das Bad ist am Morgen ziemlich leer. John zeigt mit einem Finger auf eines der großen Becken, ich folge ihm. Beim ersten Schritt ins Wasser trifft mich fast der Schlag.

»Das ist ja brühend heiß!«, sage ich.

»Weißt du, wie eine Therme funktioniert?«, fragt John, der bereits bis zu den Schultern in der Suppe schwimmt. Seine verspiegelte Sonnenbrille hat er dabei immer noch an.

»Warmes Wasser, schon klar. Aber ich bin doch kein Ei, mich muss man nicht kochen«, erwidere ich.

»Komm jetzt rein, das ist gesund. Guck auf das Schild«, sagt John. Das Schild ist in Landessprache verfasst, ich verstehe nichts. Sehe allerdings eine Zeitangabe von 15 Minuten und nehme stark an, dass es sich um die maximale Verweildauer in dieser Plörre handelt. Ich gebe nach und lasse mich ins Wasser gleiten.

»Nach einer Weile tut das richtig gut«, sagt John und plantscht auf dem Rücken durchs Becken.

»Jetzt sag mir, warum ich hier sein muss«, frage ich.

John dreht sich um und schwimmt zu einer der Tribünenstufen. Man kann sich dort so hinsetzen, dass ein Teil des Körpers vom Wasser bedeckt ist, der Rest aber draußen bleiben kann. Das nehme ich gerne in Anspruch.

»Hier gibt es keine Telefone, keine Abhörgeräte, die Fläche ist komplett einsehbar, wir erkennen sofort jeden neuen Gast«, sagt John. Er dreht seinen Kopf von links nach rechts und nickt anschließend, als müsste er seine eigenen Worte absegnen.

Er zieht seine Sonnenbrille ein wenig herunter und flüstert mir zu: »Mich haben Geheimdienste kontaktiert.«

Ich zucke ein wenig zusammen, doch bevor ich antworten kann, sagt John: »Mit einem habe ich mich sogar getroffen. Es war so dermaßen absurd.«

»Warum hast du mir das nicht eher gesagt?«, frage ich.

»Weil du nicht hier warst. Soll ich dir das etwa schreiben? Mich macht die ganze Scheiße dermaßen paranoid. Ich öffne noch nicht einmal mehr die Gardinen meiner Wohnung«, sagt John.

»Erzähl bitte mal von Anfang an, was dir passiert ist«, sage ich.

John lässt sich etwas tiefer in das Kochwasser plumpsen. Er schaut sich ein weiteres Mal um, doch bis auf ein paar Rentner mit Schwimmhauben ist niemand zu sehen.

John erzählt, dass er vor einiger Zeit sowohl von einem ost- als auch von einem westeuropäischen Geheimdienst kontaktiert worden sei, die genauen Länder möchte er nicht veröffentlicht wissen. John sagt, er habe jeweils eine Mail erhalten mit der Bitte, sich über eine verschlüsselte Adresse zurückzumelden. »Die haben sogar separat Codewörter verschickt«, sagt John. Er habe ein paar Tage verstreichen lassen, gegrübelt, mit sich gerungen. »Ich hatte Angst, dass mich jemand austricksen und festnehmen wollte«, sagt John. Irgendwann, so erzählt er, habe er einem der Dienste auf die Mail geantwortet. »Ich war einfach zu neugierig und musste herausfinden, was die wollten«, sagt er.

Wenige Stunden später erhielt er eine Antwort. Die Person unterschrieb die Mail lediglich mit einem Vornamen. John möchte nicht, dass der Name veröffentlicht wird, deshalb wird der Mensch hier Albert genannt werden. Albert schrieb, er wolle sich dringend mit John treffen. John fragte, worum es ginge. Albert wollte es zunächst nicht sagen, die beiden schrieben sich tagelang Mails. Er wird sie mir später zeigen, die Konversation liest sich wie mehrere Runden Schattenboxen. John lehnte ein persönliches Treffen zunächst ab. Irgendwann schrieb Albert ihm, er wolle mit ihm »über die chinesischen und russischen Mails« reden.

Die Football Leaks haben zwar primär einen Einblick in die Welt des Spitzenfußballs geliefert, aber in den Daten, die wir von den Football-Leaks-Machern erhalten haben, finden sich Informationen zu deutlich mehr Themen. Das EIC hat auch eine große Recherche über fragwürdige Steuervergünstigungen auf Malta veröffentlicht. Genauso haben wir über Donald Trumps dubiose Immobiliendeals und zweifelhafte Geschäfte mit Personen aus der osteuropäischen Halbwelt berichtet. Wir haben zudem über anrüchige Ölgeschäfte der Familie des türkischen Präsidenten Recep Tayyip Erdoğan geschrieben und über eine angolanische Geschäftsfrau, in deren Umfeld die Millionen ähnlich schnell verpuffen wie Regentropfen an einem heißen Sommertag. Spannend war auch die Recherche zu einem portugiesischen Banker, dem Geldwäsche und schwerer Betrug vorgeworfen werden und der sich seitdem ein Katz-und-Maus-Spiel mit den Ermittlungsbehörden liefert. Ausgangspunkt all dieser Geschichten waren die Football Leaks.

Allerdings haben wir nicht alle unsere Recherchen mit dem Label Football Leaks ausgestattet. Doch nun scheint sich ein Schlapphut ausgerechnet dafür zu interessieren. »Er wollte wissen, ob ich mir vorstellen könnte, seine Behörde mit meinem Wissen zu unterstützen«, sagt John.

Ich schaue auf das Schild am Beckenrand, dann auf die verdammte Uhr. Ich will Johns spannende Erzählung nicht unterbrechen, aber dieses Wasser wird von Minute zu Minute heißer. Zudem realisiere ich erst jetzt, dass ich keine Sonnencreme besitze, die Lampe von oben aber auf höchster Stufe brennt.

»Wir haben uns dann getroffen«, sagt John, und ich vergesse

schlagartig meine Umgebung. »Wie getroffen?«, frage ich. John lebt in der Anonymität, er erzählt mir ständig, wie wichtig es für ihn ist, dass ihm niemand folgt, ihn niemand sieht oder hört – und dann trifft er sich mit einem Geheimdienstmann? »Bist du irre?«, frage ich.

John taucht einmal unter Wasser, wuschelt sich anschließend durch die Haare. Von seiner Sonnenbrille perlen kleine Tropfen. »Wahrscheinlich«, sagt er.

Der Geheimdienstmensch habe ihm völlige Sicherheit angeboten und versprochen, dass er bei dem Treffen keinerlei Sorgen vor einer Strafverfolgung haben müsste. »Er hat mir das schriftlich geschickt«, sagt John.

»Du bist geisteskrank«, antworte ich.

»Du hast leicht reden. Im Ernst, ich muss mich doch irgendwann meiner Realität stellen. Ich brauche einen Ausweg aus dieser ganzen Scheiße. So kann kein Mensch auf der Welt leben. Ich bin heute hier, morgen da. Meine Freundin streitet ständig mit mir, weil ich ihr keine Erklärungen für all die Geheimnistuerei geben kann. Sie versteht nicht, wofür ich ständig unterwegs bin. Sie wird deshalb andauernd eifersüchtig, und dann brüllen wir uns an. Ich will das alles nicht mehr. Ich brauche mal ganz langsam eine Alternative zu meinem Whistleblower-Leben«, sagt John. Er hat die Brille abgenommen, schaut mich jetzt sehr ernst an.

»Ich erzähle dir das doch schon seit längerer Zeit: Du hast dir immens gefährliche und einflussreiche Feinde geschaffen«, sage ich.

»Versteh mich nicht falsch: Ich bereue nichts. Meine Aufgabe war und ist wichtig. Irgendwer muss den Menschen zeigen, wie dieses Fußballbusiness wirklich tickt. Sie müssen wissen, welches Monster sie da am Leben halten«, sagt John.

»Sag mal, könnten wir uns vielleicht zumindest da vorne auf die Bank setzen. Es ist hier so unendlich heiß«, jammere ich.

»Gleich. Ich erzähle die Geschichte kurz zu Ende, danach können wir drinnen ins Kältebad«, sagt John.

Ich beiße die Zähne zusammen.

John sagt, er habe sich mit Albert in einer Stadt in Osteuropa verabredet. »Ich bekam eine Adresse, die mir als vollkommen sicher beschrieben wurde«, sagt John. Eigentlich wollte er einen Tag eher hinfahren und sich sowohl die Stadt als auch die Location anschauen, aber er verpasste seinen Zug. »Ich habe noch ein paar Dokumente geprüft und bin einfach zu spät los«, sagt John. Er nahm den Zug am nächsten Tag und kam eine Stunde vor dem Treffen in der Stadt an. Das verabredete Lokal war nicht weit weg vom Hauptbahnhof. »Ich habe mir eine Sonnenbrille und eine Mütze aufgesetzt, meinen Schal habe ich um meinen Mund gebunden«, sagt John. So sei er in den Laden marschiert. »Mir wurde vorher schon der Tisch beschrieben, an dem wir reden wollten«, sagt John.

Ich knie mich auf eine der Treppenstufen und träufele Wasser auf meine Schultern in der Hoffnung, dass der Sonnenbrand dadurch nicht so gewaltig wird.

John erzählt, er habe sich an den Tisch gesetzt und weder Mütze noch Sonnenbrille noch Schal abgenommen. »Nach ein paar Minuten stelle ich fest: Das ist ja ein Tabledance-Schuppen. Vorne ist eine Bühne mit diesen Eisenstangen. Aber tagsüber scheint das ein normales Café zu sein«, sagt John. Er habe eine Cola bestellt und etwa 15 Minuten gewartet. »Auf einmal fragt mich jemand, ob er sich dazusetzen könne. Ich drehe mich zur Seite und sehe eine junge, ziemlich heiße Frau. Sie grinst und sagt: ›Ich bin Albert.‹«

»Keiner, wirklich keiner, glaubt dir das«, sage ich.

»Tue es oder lass es sein! Aber Albert und ich haben zwei Stunden miteinander geredet«, sagt John. Die junge Frau habe ihm erklärt, dass sie aktuell an einem wichtigen Fall sitze, dass sie sich deshalb für Johns Unterlagen interessiere und ihm dafür möglicherweise sogar eine kleine Anstellung beim Geheimdienst verschaffen könne, erzählt John. »Ich habe ein paar Tage gegrübelt. Es wäre eine interessante Aufgabe, aber am Ende muss ich ehrlich zu mir sein: Beim Geheimdienst würde mein Leben kein bisschen anders aussehen als bisher. Zudem würde ich meine Anonymität weiter beschädigen, dafür war das Jobangebot aber weder sicher noch lukrativ genug«, sagt John.

Er schrieb Albert, dass er nichts für sie tun könne und hoffe, dass sie weiterhin zu ihrem Wort stehe und ihn in keiner Weise gefährde. »Sie schrieb mir sehr freundlich zurück, dass sie das alles verstehen könne und ich mich jederzeit bei ihr melden solle, wenn ich es mir anders überlegen würde«, sagt John.

Ich stehe auf und gehe aus dem Wasser. Wir waren fast eine Stunde dort drin, mein Körper fühlt sich an, als hätte er innere Verbrennungen. Ich will nichts mehr als eine eiskalte Dusche. Wir gehen nebeneinander Richtung Haupthaus, wo es offenbar ein Kältebecken geben soll.

»Und was ist mit dem anderen Geheimdienst?«

»Darüber rede ich nicht. Aber auch denen habe ich abgesagt.«

»Hast du ihnen irgendwelche Dokumente gegeben?«

»Wir haben verabredet, dass ich mich dazu nicht äußere«, sagt John.

Wir tauchen beide in die Kältebecken ein. Ich bilde mir ein, dass ich ein Zischgeräusche gehört habe, als meine glühend rote Haut das kalte Wasser berührte. Wir bleiben ein paar Minuten im Becken und gehen danach in eine der Medithermen, die nicht ganz so heiß sind.

»Hättest du dir das wirklich vorstellen können?«, frage ich.

John schaut sich wieder um, aber es ist niemand in unserer Nähe. »Ich muss mir irgendetwas suchen. Ich bin am Limit. Dieser Druck, diese ständige Angst, dass mich gleich irgendwer wahlweise erschlägt, entführt oder verhaftet, machen mich immer fertiger. Ich stehe nachts auf und fresse den Kühlschrank leer, sogar meine Hände zittern. Das alles muss langsam ein Ende haben«, sagt John.

Wir schweigen eine Weile. Ich kann nachvollziehen, dass er aussteigen möchte. Ich habe schon nicht verstehen können, dass er diesen Wahnsinn überhaupt so lange durchgehalten hat. Aber ich erlebte John vom ersten Tag an als getriebenen Menschen, der sich fest vorgenommen hat, das Fußballbusiness zu säubern. Dafür, das hat er immer betont, sei er bereit, einige Opfer zu bringen. Offenbar ist diese Bereitschaft allmählich ausgereizt.

»Was willst du jetzt tun?«, frage ich.

»Ich habe ein paar Optionen im Kopf, aber das ist noch nicht spruchreif«, sagt John.

»Du hast immer gesagt, dass du Football Leaks nicht alleine machst. Soll das Projekt dann ohne dich fortgeführt werden, oder wird es beendet?«, frage ich.

»Es ist zu früh, um das jetzt zu beantworten. Zumal ich dir heute Abend einen riesigen Datenberg mitgeben werde. Da sind auch die Dokumente zu Katar, Abu Dhabi und dem FFP drauf«, sagt John. Wir werden darin auch zahlreiche Papiere über den Sportausrüster Nike finden. Der US-Gigant ist in erheblichem Maße dafür verantwortlich, dass der sportliche Wettbewerb immer stärker von nur wenigen Klubs bestimmt wird.

Das Football-Leaks-Material wird uns zudem zeigen, wer die wahren Profiteure des Milliardenbusiness Fußball sind. Und was für ein Selbstbedienungsladen der europäische Verband Uefa offenbar jahrelang war.

DAS KATEGORIE-A-PRINZIP

Das »private und vertrauliche« Schreiben, das der FC Chelsea am 13. April 2016 an die Firmenzentrale von Adidas nach Herzogenaurach schickte, war so etwas wie ein Scheidungsvertrag. Seit 2005 war Adidas als Ausrüster einer der Hauptsponsoren des FC Chelsea gewesen, für den Sportartikelkonzern aus dem Frankenland war dieser Deal in seiner Kerndisziplin, dem Fußballgeschäft, einer der wichtigsten Vermarktungsverträge überhaupt. Doch nun brannte es. Der Premier-League-Klub aus London kündigte an, zum 30. Juni 2017 aus der noch mehrere Jahre gültigen Vereinbarung auszusteigen.

Das allein war schon ein herber Schlag für den Adidas-Vorstandsvorsitzenden Herbert Hainer, der damals kurz vor seinem Abschied stand. Noch bitterer wurde es ein halbes Jahr später. Da gab der FC Chelsea bekannt, dass er fortan mit Nike kooperieren würde, dem Branchenführer unter den Sportartikelherstellern. Ausgerechnet mit Nike. Kaum etwas trifft den Korpsgeist auf dem Adidas-Campus in Herzogenaurach, einer ehemaligen Kaserne, empfindlicher, als wenn ein langjähriger Geschäftspartner zum härtesten Konkurrenten überläuft.

Nike und Adidas führen seit Jahrzehnten einen erbitterten Kampf um die Position als Nummer eins im weltweiten Geschäft mit Sportartikeln. Je größer die Strahlkraft der Fußballklubs und ihrer Stars, umso wichtiger ist es für die beiden Konzerne, langfristig an diese Topadressen gebunden zu sein. Der FC Chelsea gehört – neben Real Madrid, dem FC Barcelona, Bayern München, Juventus Turin, Manchester United, Manchester City, dem FC Arsenal, dem FC Liverpool – zu diesem erlesenen Zirkel der populärsten Vereine mit globaler Anhängerschaft. An dem Poker um den Ausrüstervertrag mit dem FC Chelsea im Jahr 2016 lässt sich beispielhaft nachzeichnen, mit welch harten Bandagen Nike und Adidas versuchen, ihr Terrain zu verteidigen, wie sie sich auch gegenseitig ihre langfristigen Sponsoringpartner abjagen – und wieviel Geld dabei im Spiel ist.

Die Öffentlichkeit erfährt von den Hintergründen und Größenordnungen dieser Deals fast nichts, alle Seiten sind geradezu zwanghaft darum bemüht, keine Interna nach außen dringen zu lassen. Auch der FC Chelsea verpflichtet sich im »Termination Agreement« mit Adidas vom April 2016, keine »abwertenden Äußerungen« über den Partner und das Geschäftsverhältnis zu machen und sämtliche Trennungsdetails streng vertraulich zu behandeln. Wenn dann doch einmal Zahlen zu Sponsoringverträgen veröffentlicht werden, basieren sie meist nur auf Schätzungen. So massiv die Sportartikelindustrie daran arbeitet, den Fans ihre Produkte schmackhaft zu machen und sie zum Kauf ihrer hochpreisigen Erzeugnisse zu verleiten, so zugeknöpft zeigt sie sich, wenn es darum geht, ihren Marketingeinsatz zu beleuchten, der sich ja unmittelbar im Preis für Trikots oder Schuhe niederschlägt. Es sind Milliarden.

Für den FC Chelsea war der Wechsel von Adidas zu Nike im Jahr 2016 ein sehr lukrativer Schritt. Die »Signing Fee«, eine Sonderprämie von 70 Millionen Pfund, sowie eine »Commitment Fee« von zehn Millionen, die der US-Konzern für die Vertragsunterzeichnung hinblätterte, gingen zwar fast vollständig für die Entschädigung drauf, die der Klub für die vorzeitige und einseitige Auflösung des Geschäftsverhältnisses an Adidas zahlen musste, 67 Millionen Pfund nämlich. Doch alle weiteren Zahlungen, zu denen Nike sich in einem gewaltigen Vertragswerk von über 150 Seiten verpflichtet hat, verschaffen dem Klub von der Stamford Bridge bislang ungeahnte Vermarktungserlöse.

Der FC Chelsea kassiert von Juli 2019 bis Ende Juni 2032 von Nike nun eine sogenannte »Partnership Fee« von 40 Millionen Pfund pro Saison. Hinzu kommen Lizenzgebühren für den Verkauf von Chelsea-Produkten, sogenannte »Annual Royalties«, von jährlich rund 15 Millionen Pfund. Ein Titelgewinn in der Champions

League würde mit weiteren drei Millionen vergütet, ebenso ein Titelgewinn in der Premier League. Macht auf die Laufzeit von 15 Jahren addiert Einnahmen von 755 Millionen Pfund, zum Zeitpunkt der Unterschrift umgerechnet etwa 835 Millionen Euro. Kein Wunder, dass Chelseas russische Direktorin Marina Granowskaja nach Vollzug des Vertrages frohlockte: »Dies ist ein unglaublich aufregender und wichtiger Deal für den Klub. Wir glauben, dass Nike uns bei unserem Wachstum in neue Märkte unterstützen kann und uns hilft, unseren Platz in der Fußball-Weltelite zu sichern.« Marketing-Sprech einer Business-Frau.

Die Vereinbarungen aus dem Jahr 2016, die den Absprung des FC Chelsea von Adidas zu Nike dokumentieren, finden sich im Datensatz von Football Leaks wie Dutzende weitere Sponsoringverträge der Sportartikelindustrie mit Klubs und Profis. Die galoppierend fortschreitende Kommerzialisierung des Fußballs, seine Globalisierung, seine Inszenierung, seine Verklärung, seine Heldenverehrung, all dies hängt sehr eng zusammen mit dem Einfluss, den Konzerne wie Nike, Adidas, Puma, Umbro, New Balance oder Under Armour auf die Branche haben. In dem »Agreement«, das Manchester United als Vorreiter dieser Entwicklung im Jahr 2000 mit Nike vereinbarte und dessen Entwurf dem SPIEGEL vorliegt, formulieren beide Seiten einen Grundsatz, der sich fast wie die Präambel einer Verfassung liest.

Manchester United und Nike, heißt es auf Seite eins des Dokuments, »haben den Wunsch, in eine langfristige strategische Allianz einzutreten mit dem Ziel, den Klub weltweit aggressiv zu entwickeln und zu bewerben, indem die Vermarktungsexpertise, der Vertrieb sowie das Händlernetz von Nike sowie die weltweite Fanbasis des Klubs genutzt werden«. Nike garantierte Manchester United damals Einnahmen von mindestens 23,3 Millionen Pfund jährlich. Für die Zeit um die Jahrtausendwende waren dies schwindelerregende Summen. Mittlerweile haben sich die Zahlungen, die Sponsoren an die Topklubs überweisen, vervielfacht.

Wie rasant der Einsatz der Ausrüster sich entwickelt hat, lässt sich sehr gut am Geschäftsverhältnis zwischen Nike und dem FC Barcelona nachzeichnen. Der Konzern aus dem US-Bundesstaat Oregon und der katalanische Traditionsklub kooperieren seit Juli 1998, die Laufzeit dieser ersten Vereinbarung betrug zehn Jahre. Im Oktober 2006 – der FC Barcelona hatte gerade nach 14 Jahren wieder einmal die Champions League gewonnen, und der argentinische Wunderknabe Lionel Messi schickte sich an, ein Weltstar zu werden – verlängerten beide Seiten den Kontrakt vorzeitig um weitere zehn Jahre bis Ende Juni 2018. Die Mindestprämie, die Nike von Beginn der Saison 2008/09 an zahlen musste, war für damalige Verhältnisse ebenfalls rekordverdächtig: pro Spielzeit 30 Millionen Euro.

Auch dieser Vertrag wurde im Lauf der Jahre mehrmals angepasst, ehe die Katalanen und der US-Konzern am 20. Mai 2016 erneut nachlegten. Damals unterzeichneten sie eine sogenannte »Kit Supply and Licensing Agreement Extension«, in der sie sich auf eine Verlängerung des Ausrüstervertrages bis Ende der Saison 2028 einigten. Sollte Barça in dieser Zeit dreimal die Champions League gewinnen und viermal spanischer Meister werden, würde sich der Kontrakt sogar um drei weitere Jahre bis Juni 2031 verlängern. Die finanziellen Eckdaten dieses 22 Seiten umfassenden Vertragswerks sind abenteuerlich. Demnach kassiert der FC Barcelona bis 2028 von Nike eine Basisvergütung von durchschnittlich 52 Millionen Euro pro Jahr. Hinzu kommen weitere Prämien pro Spielzeit, sogenannte »Royalties«, eine variable Beteiligung des Klubs an den weltweiten Nettoerlösen mit Barça-Produkten, die laut einer Beispielrechnung schon mal bei 52 Millionen Euro liegen können. Ebenfalls nicht zu verachten: die Prämie von fünf Millionen Euro für den Gewinn der Champions League sowie die Ausrüstungsgegenstände im Wert von 3,7 Millionen Euro, die Nike dem katalanischen Traditionsklub pro Jahr vertraglich zusichert.

Diese Summen belegen eindrucksvoll, in welchem Maße sich die Sponsoringeinnahmen für Europas Topvereine seit der Jahrtausendwende nach oben geschraubt haben. Für »Klubs der Kategorie A«, wie sie in den Verträgen mit Nike oder Adidas genannt werden, sind die Zahlungen ihrer Ausrüster mittlerweile oft bedeutsamer als die Einnahmen aus der Champions League – der

FC Barcelona erhielt von der Uefa für seine Teilnahme an der Königsklasse in der Saison 2017/18 exakt 57,439 Millionen Euro.

Auch Paris Saint-Germain gehört seit Juli 2014 zu den Nike-Klubs, die Franzosen unterzeichneten damals einen Acht-Jahres-Vertrag. Im Vergleich zu Chelsea und Barcelona kassieren sie erheblich weniger: ein Jahresfixum von 19 Millionen Euro plus variable Boni, je nachdem, wie viele PSG-Artikel Nike verkauft. Nachdem der Klub im Sommer 2017 für 400 Millionen Euro Ablösesumme die Stürmer Neymar und Kylian Mbappé, beide ebenfalls bei Nike unter Vertrag, verpflichtet hatte, setzte das Management von PSG alle Hebel in Bewegung, um von Nike mehr Geld zu bekommen. Wesentlich mehr Geld.

Mitte September 2017 formulierte der Marketing-Direktor von PSG ein streng vertrauliches Schreiben mit zehn Argumenten für Vertragsgespräche, das er in der Klubspitze zirkulieren ließ. Es war als Argumentationshilfe für den PSG-Präsidenten Nasser Al-Khelaifi gedacht, der ein Treffen mit einem Nike-Boss vereinbart hatte. Paris Saint-Germain sei mit dem Kauf von Neymar und Mbappé »in eine neue Ära eingetreten«, hieß es in dem Memo, der Verein betrachte sich nun »neben dem FC Barcelona« als eines der beiden weltweiten Aushängeschilder im Fußballbusiness für Nike. Man erwarte deshalb »ein Angebot, das für die nächsten zehn Jahre nicht unter einer Milliarde Euro« liege, sollte PSG seine »ehrgeizigen sportlichen Ziele erreichen«.

Bei dem US-Konzern kam dieser Vorstoß offenbar nicht sonderlich gut an. Einen guten Monat später erhielt Paris Saint-Germain, seit 2011 im Besitz des katarischen Herrscherhauses, eine schriftliche Reaktion. Sie begann diplomatisch. Man würde mit PSG nach den Transfers von Neymar und Mbappé »denselben hoffnungsvollen Enthusiasmus teilen«, dass beide Spieler dem Verein »in den kommenden Jahren dauerhaften Erfolg in der Champions League bringen werden«. Dann verschärfte sich der Ton: »Nike kann Ihnen versichern, dass 100 Millionen pro Jahr für einen Sponsoringvertrag für keinen Markt darstellbar sind.« Zudem gebe es ja einen »bindenden Vertrag«, und der laufe noch bis 2022.

Die Entscheidung der Sportartikelkonzerne, auf die Elite zu setzen, ist einer der wesentlichen Gründe, warum die finanzielle Kluft zwischen den Reichen und dem Rest immer größer wird. Das betrifft Klubs wie Spieler und hat zur Folge, dass sich die Anzahl der Vereine, die sich die besten Spieler leisten können, immer weiter reduziert. Dadurch engt sich der Kreis der Mannschaften, die die Titel in den nationalen und europäischen Ligen abräumen, immer weiter ein. Die Wahrscheinlichkeit, dass Außenseiter wie der FC Porto 2004 in der Champions League, der VfB Stuttgart 2007 in der Bundesliga oder Leicester City 2016 in der Premier League den Titel gewinnen, sinkt mit jeder weiteren Saison. Es ist das Gesetz des Marktes, das die Starken immer stärker macht, und dieses Gesetz bestimmen Firmen wie Nike und Adidas wesentlich mit. Sie zementieren mit ihrem Geld die Verhältnisse.

Im Spätsommer 2001 saß Herbert Hainer in der Firmenzentrale von Adidas und gab dem SPIEGEL ein Interview. Der Diplom-Betriebswirt, damals 47, hatte gerade sein erstes halbes Jahr als Vorstandsvorsitzender hinter sich. Mit seinem korrekt gestutzten Oberlippenbart und seiner randlosen Brille wirkte der Niederbayer zwischen den sportlich-jugendlichen Mitarbeitern auf dem Firmengelände eher wie ein externer Wirtschaftsprüfer. Der Firmensprecher, der mit am Tisch saß, trug Flip-Flops.

Adidas hatte zu dieser Zeit harte Jahre hinter sich, Nike hatte dem Drei-Streifen-Konzern den Rang als Nummer eins im Sportbusiness streitig gemacht. An der Wand des Besprechungsraumes hing ein überlebensgroßes Bild von David Beckham. Der Mittelfeldspieler von Manchester United, der später zu Real Madrid wechselte und dort zur Mannschaft der »Galaktischen« gehörte, war der Posterboy seiner Generation. Seine Frau Victoria war ein Popstar, und Adidas hatte Beckham unter Vertrag. Hainer setzte voll auf die Elite, auf Klubs wie Real Madrid und Bayern München. Und auf Stars wie Beckham, die aussahen wie Helden aus der Sagenwelt und die das Adidas-Logo nicht nur dem heimischen Publikum vorführten, sondern um den Globus trugen. Nach Beckham setzte Adidas auf Lionel Messi. Der sieht zwar nicht ganz so gut aus, aber er ist der bessere Fußballer, vielleicht sogar der beste, den es je gab.

Die Ikone von Nike ist hingegen Cristiano Ronaldo. Seit 2004 wirbt der Portugiese für die Firma mit dem Swoosh, dem geschwungenen Markenzeichen des Konzerns, der den Flügel der namensgebenden griechischen Siegesgöttin darstellen soll. Ronaldos Verträge, die sich in den Football-Leaks-Unterlagen finden, sind der beste Beleg dafür, wie hemmungslos Nike den Heldenkult befeuert. Als Ronaldo am 1. September 2004 mit damals 19 Jahren seinen ersten »Football Endorsement Contract« unterschrieb, garantierte ihm Nike bis zum Sommer 2010 ein Basishonorar von 3,65 Millionen Euro. Das waren 608 000 Euro jährlich.

Am 31. August 2009 wurde die Vereinbarung verlängert. Ronaldo war wenige Wochen zuvor für eine Rekordablöse von 94 Millionen Euro von Manchester United zu Real Madrid gewechselt. Nun bekam der Stürmer pro Jahr mindestens 3,1 Millionen Euro. Der Vertrag lief bis 2014, aber er enthielt eine Klausel, unter der er sich automatisch bis 2016 verlängerte. Diese Bedingung stand auf Seite eins des »Football Player Contract«. Sie besagte, dass Nike zwischen September 2009 und Oktober 2013 Nettoeinnahmen von mindestens 120 Millionen Euro mit dem weltweiten Verkauf von Ronaldo-Produkten erzielt haben musste. Das war ganz offensichtlich der Fall, denn erst zum 1. September 2016 verlängerten beide Seiten ihre Partnerschaft erneut, wie aus einem Vertragsentwurf hervorgeht.

Ronaldos neuer Vertrag soll nun bis Mitte des Jahres 2026 gelten. Dann ist er 41 Jahre alt. Das Schriftstück, das dem SPIEGEL als Entwurf vorliegt, ist eines der Schlüsseldokumente in dem Datensatz von Football Leaks, an denen sich die surrealen Verdienstmöglichkeiten der Superstars eindrucksvoll beschreiben lassen. Dem Vertrag zufolge soll Ronaldo in diesen zehn Jahren eine Prämie von 162 Millionen Euro bekommen. Die Ausschüttung soll jährlich erfolgen. Solange Ronaldo für einen Kategorie-A-Klub spielt, bekäme er demnach von Nike 16,2 Millionen Euro pro Saison. Für besondere Auszeichnungen gibt es Prämien on top. Der Gewinn des Ballon d'Or für das Jahr 2016, Ronaldos vierter Auszeichnung zum Weltfußballer des Jahres, brachte ihm laut dem Entwurf von Nike noch vier weitere Millionen Euro ein.

Die Firma Polaris Sports Limited mit Sitz in Dublin, Inhaber von Ronaldos weltweiten Werberechten und in dem Entwurf Vertragspartner von Nike, reagierte auf Bitte um Stellungnahme nicht. Carlos Osório de Castro, ansonsten Ronaldos Anwalt in allen Lebenslagen, erwiderte dem SPIEGEL, dass er den portugiesischen Fußballstar in dieser Sache nicht vertrete. Er könne allerdings auch nicht erkennen, worin das »öffentliche Interesse« bestehe, »Details eines Vertrages zwischen Polaris und Nike zu enthüllen«. Die Empfehlung des Anwalts aus Porto: »Wenn Sie Cristiano Ronaldos Stellungnahme in dieser Angelegenheit bekommen wollen, sollten Sie sich direkt mit ihm in Verbindung setzen.« Der SPIEGEL bat auch Ronaldos Berater Jorge Mendes über seine Agentur Gestifute um schriftliche Stellungnahme. Sie blieb unbeantwortet. Die Firma Nike teilte auf Anfrage mit: »Wir kommentieren keine Verträge mit Athleten.«

16,2 Millionen Euro jährlich vom Ausrüster, diese Summe sprengt selbst im Vergleich zu den immer absurderen Gehältern alle Grenzen. Es gab im Sommer 2019 nur ganz wenige Spieler auf der Welt, die von ihrem Klub, normalerweise der Haupteinnahmequelle, ähnlich viel oder mehr Geld bekamen, Lionel Messi natürlich und Luis Suárez beim FC Barcelona, Neymar bei Paris Saint-Germain, Alexis Sánchez bei Manchester United oder Mesut Özil beim FC Arsenal. Der frühere deutsche Nationalspieler verlängerte am 31. Januar 2018 seinen Vertrag in London bis Mitte 2021. Er kassiert demnach ein jährliches Grundgehalt von 11,06 Millionen Euro sowie jährliche Image-Rights-Zahlungen von 1,45 Millionen. Außerdem erhält Özil einen »Loyalitätsbonus« von 7,1 Millionen pro Saison. Macht summa summarum 19,61 Millionen Euro im Jahr ohne Prämien.

Auch Özil hat – über die Düsseldorfer Firma Özil Marketing GmbH – einen sehr gut dotierten Vertrag mit einem Ausrüster: mit Adidas. Er wurde am 5. Juli 2013 unterzeichnet und gilt bis

Mitte des Jahres 2020. Özil sei eine »absolute Premium Marke«, heißt es in den »Vorbemerkungen« der Vereinbarung, und Adidas wolle den Fußballprofi vor allem vor Welt- und Europameisterschaften »als zentralen Markenbotschafter in seinen Kampagnen nutzen und herausstellen«. Özils Gage: zwei Millionen Euro jährlich, aber nur, wenn er Nationalspieler ist. Sonst sind es bei einem Klub wie dem FC Arsenal 1,2 Millionen Euro pro Saison – nicht einmal ein Zehntel dessen, was Ronaldo von Nike kassiert.

Nike schließt in Europa Sponsoringverträge mit Klubs und Spielern grundsätzlich über die Nike European Operations in Hilversum, seine Niederlassung in den Niederlanden. Auch Adidas macht das so, der Dax-Konzern bedient sich der Adidas International Marketing mit Hauptgeschäftssitz in Amsterdam. Das hat, wie sollte es anders sein, vor allem fiskalische Gründe: die Körperschaftssteuer für ausländische Konzerne ist in Holland vergleichsweise niedrig.

Doch auch die Empfänger der Nike-Gelder sitzen ganz gerne in Steuerparadiesen, in Europa oder in Übersee. Es kam oft vor, dass die Finanzbehörden von diesen Nike-Gagen nichts wussten, weil die Spieler ihre Vermarktungsrechte unter zweifelhaften Vorzeichen an Firmen abgetreten und die Millionensummen in ihren Steuererklärungen nicht angegeben hatten. Nachdem Steuerfahnder ihnen auf die Schliche gekommen waren, mussten viele dieser Stars mit Nachzahlungen und hohen Geldstrafen für solche Vertragskonstruktionen büßen. Nike selbst hielt sich schadlos. Unter dem Stichwort »Steuerangelegenheiten« steht in den Vereinbarungen die Standardformulierung, dass einzig die Empfänger »verantwortlich für die Versteuerung sämtlicher durch diesen Vertrag erhaltenen Zahlungen« seien.

Die Firma Nike schweigt zu diesen Fällen. Dabei verweist der Konzern doch gerne auf seine »hohen ethischen Standards«. So steht es in einem Schreiben, das ein Compliance-Beauftragter von Nike Anfang November 2017 an Paris Saint-Germain sandte. Bei dieser Selbstdarstellung ist offenbar ganz viel Wunschdenken dabei. In den Unterlagen von Football Leaks finden sich bislang unbekannte Verträge und Vertragsentwürfe weiterer Spieler mit Nike, die jede Menge Fragen aufwerfen. Diese Profis sind keine Superstars, aber auch hier geht es meist um Hunderttausende Euro, und die Zahlungsströme sind, gelinde gesagt, fragwürdig.

Ein Beispiel ist Stefan Jovetić. Der montenegrinische Nationalspieler unterschrieb 2011 mit Nike einen Fünf-Jahres-Vertrag. Damals spielte der Stürmer beim AC Florenz, zwei Jahre später wechselte er zu Manchester City, 2015 zu Inter Mailand. Seine Gage von Nike für seine erste Saison bei Florenz belief sich auf 225 000 Euro.

Am 15. Februar 2012 erhielt Nike European Operations eine Rechnung von einem Unternehmen aus Albany, der Hauptstadt des US-Bundesstaates New York. Ihr Name: Sport & More LLC, ganz offensichtlich eine Briefkastenfirma, die der Spielerberater Nikola Damjanac betrieb und deren Geschäftsgebaren hier im Buch im Kapitel »Schleichwege in den Westen« beleuchtet wird. In der Rechnung ging es um die 225 000 Euro für Jovetićs erstes Nike-Jahr. Das Konto, das die Firma zur Überweisung angab, lag diesseits des Atlantiks – bei der Privatbank BSI in Chiasso, einer Stadt im Tessin, leicht erreichbar direkt an der schweizerisch-italienischen Grenze. Damjanac äußerte sich zu der dubiosen Überweisung nicht, ebenso wenig Jovetić und die Firma Nike.

UKRAINISCHE BRUDERSCHAFT

Es gibt zwei Männer, an denen in der Ukraine kaum einer vorbeikommt: Gregori und Igor Surkis. Beide zählen in ihrer Heimat zu den Superreichen, innerhalb weniger Jahre wurden sie nach dem Zusammenbruch der Sowjetunion von normalen Angestellten der Stadtverwaltung Kiew zu Oligarchen. Woher das viele Geld kam, das sie schon in den ersten postkommunistischen Jahren in Rohstoffe, Energieversorgung, Verkehr oder Medien investierten, ist unklar. Verschwiegenheit war der eine Schlüssel zu ihren Karrieren, Vernetzung der andere. Für ihren rasanten finanziellen und gesellschaftlichen Aufstieg nutzten die Surkis-Brüder auch den ukrainischen Fußball, vor allem ihren Lieblingsklub: Dynamo Kiew.

Gregori, 1949 in Odessa geboren, erwarb den traditionsreichen Verein 1993 und blieb fünf Jahre lang dessen Präsident. Nach der Jahrtausendwende wechselte der studierte Lebensmittelingenieur die Seite und ließ sich zum Vorsitzenden des ukrainischen Fußballverbandes wählen, ein Amt, das er bis 2012 innehatte. Damals richtete die Ukraine gemeinsam mit Polen die Fußball-Europameisterschaft aus, und Surkis wurde in seiner Heimat mit Ehrungen überhäuft. Einer dieser Orden, der des Fürsten Jaroslaw des Weisen Fünfter Klasse, wurde ihm vom damaligen Staatspräsidenten Wiktor Juschtschenko »für große sportliche Leistungen, Mut, Selbstaufopferung und Siegeswillen« sowie die »Stärkung der internationalen Autorität der Ukraine« verliehen.

Die Funktionärskarriere von Gregori Surkis nahm auch international richtig Fahrt auf. 2004 wurde er ins Exekutivkomitee der Uefa gewählt, 2013 stieg er zum Vizepräsidenten auf, er brachte es also bis zum Stellvertreter des Uefa-Chefs. Einer seiner Freunde in dem Gremium wurde Reinhard Grindel, der Präsident des Deutschen Fußball-Bundes. Und wie man das unter Freunden halt so macht, schenkte Surkis Grindel einmal eine Uhr. Ihr Wert: offenbar mehrere tausend Euro. Grindel nahm sie an. Als das rauskam, musste er beim DFB gehen. Surkis war da bei der Uefa schon nicht mehr im Amt, er hatte sich im Februar 2019 nicht mehr zur Wiederwahl gestellt und war zum Uefa-Ehrenmitglied ernannt worden.

Gregoris neun Jahre jüngerer Bruder Igor baute derweil in der Heimat seine Machtfülle aus und konzentrierte sich darauf, seinen Einfluss bei Dynamo Kiew zu vergrößern. Nachdem Gregori 1998 als Klubpräsident zurückgetreten war, übernahm Igor Surkis diesen Posten im Jahr 2002 – und hat ihn bis heute inne.

Seit die Surkis-Brüder sich mit ihren Gefolgsleuten auf zentralen Positionen im ukrainischen Fußball breit gemacht haben, wurden regelmäßig Vorwürfe laut, Dynamo Kiew stünde sowohl beim europäischen als auch beim ukrainischen Verband unter besonderem Schutz. Harte Belege dafür gab es bislang nicht.

Doch nun finden sich im Material von Football Leaks Dutzende Dokumente, die Dynamo Kiews Finanzgebaren massiv infrage stellen. Demnach fließen dem Klub seit Beginn der Surkis-Ära in den frühen 1990er Jahren Millionenbeträge in Dollar und Euro von einer Firma zu, die auf den British Virgin Islands sitzt, dem Steuerparadies in der Karibik. Die Uefa, auch das wird aus dem Datensatz deutlich, hat sich von Dynamo Kiew seit der Jahrtausendwende mit völlig unzureichenden Auskünften über diese Offshore-Firma abspeisen lassen. Wer das Unternehmen in der Karibik, das Dynamo Kiew mit Geld versorgte, wirklich kontrollierte, erfuhr die Uefa nie: der Oligarch persönlich, Igor Surkis.

Zu seiner geheimnisvollen Firma finden sich in den Football-Leaks-Dokumenten noch weitere Dokumente, die weit über Dynamo Kiew hinausgehen. Diese Unterlagen nähren den Verdacht, eine Connection der Surkis-Brüder könnte die Uefa unterwandert und in großem Stil finanziell ausgenommen haben. Jeder nationale Fußballverband erhält von der Uefa-Finanzabteilung regelmäßig Geld, Prämien aus der Vermarktung der europäischen Klubwettbewerbe und Europameisterschaften genauso wie Zuschüsse für soziale Projekte. Das Geld, das dem ukrainischen Fußballverband zustand und dessen Präsident Gregori Surkis geworden war, überwies die Uefa allerdings nicht auf ein Verbandskonto in Kiew oder anderswo im Land. Stattdessen zahlte die Uefa seit 1999 Hunderte Millionen Euro und einen hohen zweistelligen Millionenbetrag in Schweizer Franken an die Firma von Igor Surkis auf den British Virgin Islands.

Im Zentrum all dieser Machenschaften steht die Newport Management Limited. Sie wurde am 29. Oktober 1992 unter der Handelsregisternummer 71912 in Road Town auf Tortola registriert. Tortola ist die Hauptinsel der British Virgin Islands, die in der internationalen Fußballbranche eine geradezu magnetische Anziehungskraft auf Freunde von Offshore-Geschäften hat. Am 27. Juli 1993, dem Jahr, in dem der spätere Uefa-Vizepräsident Gregori Surkis Dynamo Kiew übernahm, schloss der Klub einen sogenannten Generalvertrag mit der Newport. Diese Vereinbarung wurde am 28. Juli 2010 verlängert, für sage und schreibe weitere 20 Jahre.

Das Dokument vom Juli 2010 hat nur sechs Seiten. Aber es geht um alles. In diesem Generalvertrag überlässt Dynamo Kiew der Newport die kommerzielle Nutzung all seiner Geschäftsfelder: der Fernsehrechte, der Marketingrechte sowie der Transferrechte an den Spielern. Dies geschehe »bona fide«, auf Treu und Glauben also. Im Gegenzug, so heißt es in einer einleitenden Passage des Vertrages, verfüge die Newport über die »finanziellen Ressourcen«, die nötig seien, damit »die Mannschaft des Klubs wettbewerbsfähig sein und große sportliche Resultate erzielen kann«.

Wem die Newport gehört, erschließt sich aus dem Generalvertrag mit Dynamo Kiew nicht. Dort ist in der Präambel nicht einmal die Firmenadresse eingetragen. Für Dynamo Kiew hat diesen Vertrag im Jahr 2010 Vizepräsident Witalij Siwkow unterzeichnet. Auf Seite der Newport unterschrieb der zypriotische Jurist Andreas Sofocleous, im Auftrag einer Firma namens Dias Management Services. Doch Anwalt Sofocleous, der sein Studium der Rechtswissenschaften 1993 in Moskau abschloss und der auch Präsident des zypriotischen Erstligisten AEL Limassol ist, dient der Newport offenbar nur als Strohmann. In Wahrheit war die Firma von Igor Surkis kontrolliert. So steht es in einem Urteil aus dem Juli 2009 der Kammer für Eigentumsfragen des Londoner High Court of Justice. Der Richterspruch beruhte auf einer Klage eines früheren Geschäftspartners, die Igor Surkis zugestellt wurde, als der Boss von Dynamo Kiew Ende November 2008 zu einem Champions-League-Spiel seiner Mannschaft gegen den FC Arsenal nach London gereist war.

Aus diesen Gerichtsunterlagen geht hervor, dass Igor Surkis um die Jahrtausendwende mindestens 63 Prozent der Anteile an Dynamo Kiew unter seiner Kontrolle hatte. 40 Prozent davon hielt Surkis demnach über die Newport, die diese Anteile Ende 2001 an die Firma Soccer Marketing International Limited mit Sitz in London weiterreichte. Auch dieses Unternehmen befand sich laut dem Urteil des High Court unter Kontrolle von Igor Surkis.

Mit anderen Worten: Dynamo Kiew hängt über einen Generalvertrag seit 1993 am Tropf einer Firma, die dem heutigen Vereinsboss Igor Surkis zuzurechnen ist. Das Geschäftsmodell der Newport ist sehr lukrativ: Die Firma zahlt keine Steuern auf Einnahmen, die sie außerhalb der British Virgin Islands erwirtschaftet. Zudem kann niemand seriös nachprüfen, aus welchen Quellen das Geld stammt, das der jüngere der Surkis-Brüder von der Karibik aus in seinen Klub gepumpt hat. Es können Geschäfte aller Art sein, legale wie illegale – die Newport operiert von der Karibik aus für einen Verband wie die Uefa völlig unter dem Radar.

In Verträgen mit Dynamo-Profis, die sich in den Daten von Football Leaks finden, lässt sich nachvollziehen, wie die Newport agiert. Der österreichische Nationalspieler Aleksandar Dragović, der im Sommer 2016 von Kiew zu Bayer Leverkusen wechselte, hatte im Juli 2013 einen Fünf-Jahres-Vertrag bei dem ukrainischen Traditionsverein unterschrieben. Die formaljuristischen Vereinbarungen – Vertragsdauer, Pflichten des Vereins, Pflichten des Spielers – regelte Dragović mit dem Verein. Die finanziellen Details fanden sich in einem »Agreement to the Contract« wieder, einer Zusatzvereinbarung. Hier wurde geregelt, dass die Newport die Zahlungen übernimmt. Es waren Netto-Gagen: 1,5 Millionen Euro Grundgehalt pro Saison, zuzüglich eines Handgeldes von einer Million Euro sowie einer Sonderprämie von mindestens 300 000 Euro.

Nach demselben Muster lief das bei zahlreichen Spielern von Dynamo Kiew: bei dem portugiesischen Mittelfeldspieler Miguel Veloso, der im Juli 2012 vom FC Genua kam; bei dem polnischen Offensivmann Lukasz Teodorczyk, der im August 2014 von Lech Posen kam; bei dem brasilianischen Stürmer Júnior Moraes, der im Mai 2015 von Metalurh Donezk kam; bei dem portugiesischen Abwehrspieler Vitorino Antunes, der im Februar desselben Jahres vom FC Málaga kam; bei dem paraguayischen Stürmer Derlis González, der im Juli 2015 vom FC Basel kam.

Auch Offensivmann Admir Mehmedi, der im Januar 2012 vom FC Zürich zu Dynamo Kiew gewechselt war, bekam sein Geld von der Newport. Der Schweizer Nationalspieler verständigte sich mit der Firma für seine erste volle Saison auf ein Netto-Festgehalt von 850 000 Euro, ein Handgeld von 100 000 Euro netto sowie eine einsatzabhängige Prämie von 150 000 Euro. Das Geld floss in die Schweiz, Mehmedi hatte der Newport ein Konto bei der UBS in Zürich angegeben.

Beim Verkauf von Dynamo-Profis kassierte die Offshore-Firma ebenfalls kräftig mit. Der spanische Erstligist FC Granada zahlte im Sommer 2011 für die Verpflichtung des senegalesischen Innenverteidigers Pape Diakhaté 4,5 Millionen Euro an die Newport. Für den Mittelfeldmann Roman Eremenko, der ebenfalls im Sommer 2011 zum russischen Erstligisten Rubin Kasan wechselte, flossen umgerechnet 8,9 Millionen Euro an die Firma in der Karibik.

Doch als der Stürmer Andrij Jarmolenko Ende August 2017 für 25 Millionen Euro von Dynamo Kiew zu Borussia Dortmund wechselte, tauchte die Newport in der Transfervereinbarung nicht auf. Vorsicht war geboten: Die Deutsche Fußball Liga, die eine Vertragskopie bekam, hätte womöglich unangenehme Fragen gestellt, wenn Borussia Dortmund die Ablösesumme nicht an Dynamo Kiew, sondern an eine Klitsche in der Karibik überwiesen hätte. Empfänger der 25 Millionen Euro war stattdessen die Dynamo Kiew

Cyprus Limited, ein Firmenableger des Vereins auf der Mittelmeerinsel Zypern. Diese Dynamo-Dependance in dem EU-Niedrigsteuerstaat, ins Handelsregister eingetragen im Januar 2017, gehört wohl ebenfalls zum Imperium von Igor Surkis. Im Register taucht als Direktor erneut der zypriotische Anwalt und Treuhänder Andreas Sofocleous auf – der mutmaßliche Strohmann der Newport in dem Generalvertrag mit Dynamo Kiew.

Wie viel Geld der Newport allein in den Jahren 2011 bis 2017 mit dem Verkauf von Spielern zugeflossen sein könnte, verdeutlicht eine Statistik des Weltfußballverbandes, die sich in dem Material von Football Leaks findet. Demnach hat Dynamo Kiew allein in diesen sieben Jahren 82 Profis verkauft – und 324 Millionen Dollar eingenommen. Bei der Fifa gab es offenbar erst im August 2013 Hinweise, dass die Offshore-Firma Newport bei Verträgen mit Spielern von Dynamo Kiew mitmischte. Damals schrieb Kimberly Morris, die Compliance-Chefin der Fifa-Abteilung für die Überwachung von Spielertransfers, einen Brief an den Generaldirektor des Klubs. Aus dem Arbeitsvertrag mit dem österreichischen Nationalspieler Dragović gehe hervor, dass es zwischen Dynamo und der Newport einen »General Contract« gebe, schrieb Morris. Die Aufgabe ihrer Abteilung bestehe darin, »größere Transparenz bei internationalen Transfers und Geldflüssen zu erreichen«. Also bat Morris mit Frist einer Woche um Einsicht in das Dokument.

Dynamo-Vizepräsident Siwkow schickte ihr umgehend eine Kopie des Generalvertrages vom Juli 2010. Er wies darauf hin, dass die Newport »seit mehr als 20 Jahren Generalpartner« des Klubs sei – und dass der ukrainische Fußballverband »Jahr für Jahr unter Aufsicht der Uefa« seine Zustimmung zu der Vereinbarung gebe. Der Fall landete zwei Jahre später schließlich bei der Fifa-Disziplinarkommission, die eine Strafe von 50 000 Euro gegen Dynamo Kiew verhängte und den Klub wegen Verstoßes gegen die Third-Party Ownership verwarnte – den seit Mai 2015 unzulässigen Einfluss Dritter bei Transfergeschäften. So bestätigte es ein Verbandssprecher dem SPIEGEL.

Bei der Uefa blieben sie komplett ahnungslos, wer hinter der

Newport steckte. Erst Mitte Dezember 2016 schlug ein hochrangiger Mitarbeiter im Uefa-Hauptquartier Alarm. Er verfasste unter der Überschrift »Ukrainischer Fußballverband – Hintergrundinformation zur Newport Ltd« ein internes Memo, das er an die Finanzabteilung und an die Uefa-Spitze weiterleitete. Das Dokument hat enorme Sprengkraft. Demnach hatten Mitarbeiter der Uefa, die Dynamo Kiew auf Einhaltung der Financial-Fair-Play-Regeln überprüften, Einblick in die Bücher des Klubs verlangt. Erst so erfuhren sie, dass eine »dritte Partei mit Sitz auf den British Virgin Islands«, die Firma Newport nämlich, den Klub über ein Konto auf Zypern maßgeblich finanzierte.

Laut des Memorandums war den Uefa-Kontrolleuren, die Anfang Dezember 2016 eigens nach Kiew geflogen waren, auch nach dem Besuch in der Ukraine nicht klargeworden, wem die Newport gehörte. »Wir sind nicht in der Lage zu bestätigen«, heißt es in dem Dokument, »ob der Eigentümer von Dynamo Kiew, Mr. Igor Surkis, auch die formale Kontrolle über die Newport hält.«

Bei ihrer Dienstreise nach Kiew stießen die Uefa-Abgesandten auf eine weitere mysteriöse Spur. »Wir fanden heraus«, so steht es in dem Memo, »dass die Uefa seit mehr als 15 Jahren Geld, das eigentlich für den ukrainischen Verband oder andere ukrainische Klubs bestimmt ist, auf ein Konto der Newport zahlt.« Besorgt notierte der ranghohe Verbandsmitarbeiter zudem, dass die Uefa alle Zahlungen in die Ukraine auf jenes Newport-Konto überweise, »das die Newport benutzt, um Gehälter und Spielertransfers im Auftrag von Dynamo Kiew zu bezahlen«. Was der Uefa-Mann da zu Protokoll brachte, war – unausgesprochen – ein ungeheurer Verdacht: Dass jahrelang Zahlungen der Uefa an einen Nationalverband in der Offshore-Firma eines Vereinspräsidenten versickert sein könnten, ohne dass dies in der Uefa-Zentrale irgendjemand registriert und gemeldet hätte.

Um das Ausmaß dieses Filzes zu beschreiben, hilft womöglich ein Gedankenspiel. Man stelle sich vor, Dieter Hoeneß wäre von 2000 bis 2012 Präsident des Deutschen Fußball-Bundes gewesen, von 2004 bis 2019 zudem Mitglied der Uefa-Exekutive; und man stelle sich vor, dass die Uefa seit 1999 das Geld, das dem DFB und deutschen Klubs zustand, nicht auf ein DFB-Konto in Deutschland gezahlt hätte, sondern auf das Konto einer Firma in der Karibik, die heimlich den FC Bayern finanzierte und hinter der Uli Hoeneß steckte.

Das klingt absurd. Doch genau so lief es bei der Surkis-Connection. Das ergaben eilig einberufene Nachforschungen der Uefa, die Abgründe von Organisationsversagen zutage förderten. Das Dokument, das Ahnungslosigkeit, Naivität und Dilettantismus bei der Uefa bündelt, ist eine Mail, die ein Mitarbeiter der Finanzabteilung am 11. Januar 2017 an zwei eigens eingesetzte Juristen schickte. Diese Mail enthielt im Anhang drei Excel-Tabellen. Dort lässt sich detailliert nachvollziehen, wie oft und wofür die Uefa zwischen dem 26. September 2002 und dem 2. Dezember 2016 Zahlungen zugunsten des ukrainischen Fußballverbandes angewiesen hatte: Es waren Prämien für Klubs, die in europäischen Wettbewerben spielten und die Profis für die Nationalmannschaft abstellten; es waren Solidaritätsbeiträge und Fördergelder für die Schiedsrichterausbildung, Anti-Rassismus-Kampagnen, den Bau von Fußballplätzen, den Bau von Sportanlagen.

Zwischen September 2002 und Juli 2008 überwies die Uefa demnach gut 50 Millionen Schweizer Franken für den ukrainischen Verband. Zwischen September 2006 und Dezember 2016 waren es 338,6 Millionen Euro. In den Excel-Tabellen finden sich für diese gut 14 Jahre, säuberlich aufgelistet, fast 400 Zahlungsvorgänge. Und tatsächlich: Jede einzelne Überweisung ging an die Newport Management Limited auf den British Virgin Islands. Bis Anfang 2016 überwies die Uefa das Geld auf ein Newport-Konto bei der Coutts Bank in Zürich, danach auf ein Newport-Konto bei der Bank of Cyprus.

Es gibt ein »Agent Agreement« zwischen der Newport und dem ukrainischen Fußballverband aus dem April 1999. Dieses Dokument hat lächerliche drei Seiten und verschaffte der Firma auf den British Virgin Islands Generalvollmachten bei Finanzgeschäften des Verbandes. Ein klassischer Persilschein, der nichts darüber ver-

223

riet, wer hinter der Newport steckte. Mit diesem Wisch hatten Verbandsfunktionäre aus der Ukraine die Zahlungen über die Newport bei der Finanzabteilung der Uefa legitimiert. Als Begründung sollen sie »currency exchange«, also Geldwechsel, genannt haben.

Zu diesen ungeheuerlichen Vorgängen hatte bei der Uefa offenbar bis zu Beginn der internen Ermittlungen im Dezember 2016 niemals jemand tiefer gehende Fragen gestellt. Aus den Schriftwechseln geht eindeutig hervor, dass bis zuletzt keinem in der Verbandszentrale in Nyon klar war, wer die Newport kontrollierte. »Wir waren vielleicht etwas leichtgläubig«, schrieb ein Mitarbeiter der Finanzabteilung im Januar 2017 an die zwei Juristen, die die Zahlungen nun untersuchten. Dann hatte er auch gleich eine Entschuldigung parat: Es habe niemals Klagen von ukrainischer Seite gegeben, dass das Geld versickere.

Der SPIEGEL bat Igor Surkis, den Präsidenten von Dynamo Kiew, am 12. Juni 2019 um seine Stellungnahme zu den in diesem Kapitel beschriebenen Finanztransaktionen der Newport und zu seiner Rolle in dem Unternehmen. Der Verein reagierte in einer Mail, die in Kopie unter anderem auch an den deutschen Presserat und die französische Journalistenvereinigung »Reporters sans frontières« versandt wurde. Auf 22 konkrete Fragen wie diese – ob und wie die Newport die umgerechnet mehr als 380 Millionen Euro der Uefa an die rechtmäßigen Empfänger weitergeleitet habe; ob Igor Surkis die Newport noch immer kontrolliere; ob Surkis ausschließen könne, dass auch nur ein Cent der Uefa-Millionen Dynamo Kiew zugutegekommen sei – ging der Klub inhaltlich nicht ein. Die gesetzte Frist von acht Tagen verletze »das Recht auf eine faire Erwiderung«. Die Geschäftsbeziehung zwischen Dynamo Kiew und der Newport sei »Gegenstand zahlreicher Prüfungen durch ukrainische Steuerbehörden, Club Financial Control Body der Uefa, unabhängige Prüfer sowie weitere Inspektoren« gewesen. Der Klub hob hervor: »All diese Prüfungen förderten keinen einzigen Verstoß zutage, was die Rechtmäßigkeit der finanziellen Beziehungen dieser Organisationen bezeugt.«

Dynamo Kiew warf dem SPIEGEL vor, »grundsätzliche ethische Prinzipien des Journalismus zu verletzen«. Die Fragen seien »voreingenommen«, ließen einen »Mangel an Objektivität« erkennen und enthielten »unbegründete Anschuldigungen«. Der Klub unterstellte dem SPIEGEL zudem, sich an einer »Schmierenkampagne« der derzeitigen Führung des ukrainischen Fußballverbandes gegen Dynamo Kiew und die Newport zu beteiligen. Nach einer erneuten Bitte um Stellungnahme meldete der Verein sich am 25. Juni 2019 mit einer zweiten Mail. Im Namen von Igor Surkis wies Dynamo Kiew den Verdacht der Geldwäsche durch die Offshore-Firma Newport sowie den Verdacht der Veruntreuung der Uefa-Millionen als »unbegründet« und »manipulativ« zurück. Fragen, ob der Dynamo-Präsident, auch über Dritte wie seinen Bruder Gregori, Druck auf die Uefa-Finanzabteilung habe ausüben können, bezeichnete Dynamo Kiew als »ausschließlich auf Spekulationen basierend«. Der Klub bot dem SPIEGEL ein persönliches Treffen mit Igor Surkis an. Dies sei allerdings erst nach Surkis' derzeitigem Urlaub möglich.

Gregori Surkis reagierte auf die Fragen nicht, die ihm der SPIEGEL stellte: Ob er an der Newport beteiligt sei; ob er seinen Einfluss als langjähriges Mitglied der Uefa-Exekutive genutzt habe, dass die Zahlungen für den ukrainischen Verband bis 2016 weiter an die Newport flossen. Auch der zypriotische Anwalt Andreas Sofocleous, mutmaßlich der Strohmann der Newport und der Dynamo Kiew Cyprus Limited, beantwortete eine Bitte um Stellungnahme nicht.

Die Uefa bestätigte die SPIEGEL-Recherchen, dass ihre Finanzabteilung von 1999 bis 2016 sämtliche Zahlungen für den ukrainischen Verband auf ein Konto der auf den British Virgin Islands registrierten Firma Newport Management Limited überwiesen hat. Die Summe von mehr als 380 Millionen Euro für die Zahlungen von 2002 bis 2016 erwähnte die Uefa nicht, nannte aber auch keine andere. Die Uefa bestätigte auch, dass sie erst im Dezember 2016 feststellte, dass ihre Zahlungen an den ukrainischen Verband auf das identische Konto der Newport flossen, das auch Dynamo Kiew bei der Firma auf den British Virgin Islands nutzte. Seither würde das Geld direkt auf ein Verbandskonto in der Ukraine geleitet. Eine Kommission habe die Vorgänge bis Mai 2017 untersucht. Das Ergebnis: Es habe »keine offensichtlichen Regelverletzungen durch Funktionäre des ukrainischen Verbandes oder der Uefa« gegeben.

Tatsächlich? Es gibt einen Vorgang aus dem März 2015, der Zweifel an dieser Version zulässt. Ein Vertreter des ukrainischen Verbandes berichtete während der Uefa-Untersuchung davon. Demnach habe der Verband die Uefa im März 2015 schriftlich gebeten, Zahlungen nicht mehr über die Newport laufen zu lassen.

Doch dieses Fax ging in der Buchhaltung der Uefa anscheinend auf wundersame Weise unter. Niemand folgte der Bitte aus der Ukraine, das Verbandsgeld floss weiter an die Newport, alleine von März 2015 bis Dezember 2016 mehr als 100 Millionen Euro. Erst bei der internen Revision tauchte das Schreiben auf ebenso wundersame Weise wieder auf. Als Uefa-Chefjurist Alasdair Bell im Februar 2017 davon Kenntnis bekam, verfasste er eine Mail an einen Topmanager des Verbandes. »Wenn dieses Fax ein Original ist, das vom ukrainischen Verband am 19. März 2015 an die Uefa geschickt wurde, und das von uns niemals beantwortet wurde, dann wirft das einige ernsthafte Fragen auf«, schrieb Bell. »Vielleicht hätte man zu diesem Zeitpunkt zwei und zwei zusammengezählt und sich daran erinnert, dass der Präsident von Dynamo Kiew der Bruder eines Mitgliedes des Exekutivkomitees der Uefa ist?« Bissig schob er hinterher: »Oder vielleicht auch nicht.«

Ein anderer hochrangiger Uefa-Funktionär schrieb an Bell: »Die Frage ist: Hat man etwas übersehen (das Fax verloren, zu antworten vergessen...), oder hat irgendjemand einen ›Befehl von oben‹ bekommen? Diese Geschichte ist nicht vorbei.«

Vom SPIEGEL dazu befragt, antwortete die Uefa: Der Eingang eines solchen Schreibens aus der Ukraine vom März 2015 sei in ihren Büchern nicht dokumentiert. Das halte die Untersuchungskommission in ihrem Abschlussbericht auch so fest. Vielmehr habe der ukrainische Verband der Uefa Anfang 2016 schriftlich mitgeteilt, die Zahlungen weiter an die Newport zu überweisen – statt auf ein Konto in der Schweiz nun auf ein Konto in Zypern.

BAUCHGEFÜHL

Wir stehen ein weiteres Mal vor einer großen Herausforderung. Johns neue Daten sind wie ein Sack Flöhe, die wild durcheinanderhüpfen. Das Material gewährt tatsächlich sehr tiefe Einblicke in die Strukturen von Paris Saint-Germain und Manchester City sowie die Finanzierung durch die Investorenländer der beiden Vereine, Katar und Abu Dhabi. Wir haben mittlerweile eine gewisse Erfahrung mit dem Aufdröseln und Entschlüsseln komplexer Informationen. Aber hier treffen wir auf so viele unterschiedliche Sprachen, unter anderem natürlich auch auf Arabisch, auf so viele verschiedene Rechts-, Verbands- und Steuersysteme, dass wir alleine schlichtweg nicht in der Lage wären, diesem Stoff gerecht zu werden.

Es ist Spätsommer 2017. Nachdem wir uns einen allgemeinen Überblick über das Material verschafft haben, führt uns der Weg ein weiteres Mal in die Chefredaktion des SPIEGEL. Wir erörtern mit Klaus Brinkbäumer und Alfred Weinzierl, unseren damaligen Chefs, dass wir für diese Daten ein größeres Team brauchen und dass wir glauben, dass wir dieses Projekt erneut gemeinsam mit unserem Recherchenetzwerk EIC angehen sollten.

Klaus und Alfred haben uns während der vergangenen Monate bei den Recherchen rund um die Football Leaks extrem unterstützt. Sie haben uns viele Freiheiten gegeben, alle Recherchereisen genehmigt und vor allem den SPIEGEL in Soft- und Hardware investieren lassen, die für ein solches Großprojekt unbedingt notwendig sind.

Aber nachdem wir nun seit anderthalb Jahren Football-Leaks-Geschichten im SPIEGEL veröffentlichen, wirken sie zunächst nicht vollständig überzeugt davon, dass in den Daten wirklich noch so viele spannende Dinge stecken könnten. In den folgenden Tagen, in denen wir mit ihnen, aber auch mit den Kollegen unseres Football-Leaks-Teams über die Vor- und Nachteile eines neuen Großprojekts diskutieren, hören wir immer wieder, dass wir nicht »More Of The Same« berichten sollten. Den Lesern dürfte doch mittlerweile klar sein, dass die Fußballbranche außer Kontrolle geraten sei. Sie würden schon verstehen, dass zu viele Gelder nebulöse Abzweigungen nehmen würden, dass Korruption, Kickbacks und Lügen offenbar feste Bestandteile dieses Business seien.

Die Diskussionen, die wir an dieser Stelle führen, sind anstrengend, aber auch sehr wichtig für uns. Die Daten, an denen wir arbeiten, sind wie ein Strudel. Manchmal beschäftigen wir uns für eine einzelne Geschichte mit Dutzenden Firmen und zahlreichen Protagonisten, die in sehr schwer zu durchschauenden Geschäftsverbindungen zueinander stehen. Viele dieser Figuren sind wichtig für unser Verständnis davon, was geschehen ist. Aber nicht jede dieser Personen ist wichtig für unsere Leser.

Als Journalisten müssen wir tagtäglich auswählen, Schwerpunkte setzen, uns auf die bedeutendsten, die größten Fälle beschränken. Nicht jede Korruptionszahlung taugt für eine SPIEGEL-Geschichte. Wir versuchen, die dubiosen und illegalen Systeme nachzuzeichnen, die auch die kleineren Fälle umfassen. Aber wenn man so tief in einer Materie steckt, möchte man am liebsten jedes Detail, jede kleine neue Wendung beschreiben. Die Football Leaks sind mittlerweile unser Alltag, sie beeinflussen einen großen Teil unserer Gedanken und Diskussionen.

Deshalb ist es ein wichtiger Realitätscheck, mit den Chefs und auch mit unserem Team darüber zu sprechen, ob wir mit einem neuerlichen Football-Leaks-Anlauf wirklich erneut einen solchen Nachrichtenwert liefern können wie bei unserer ersten Enthüllungswelle. Haben wir noch einmal genug Material für Artikel mit einer solch hohen gesellschaftlichen Relevanz, wie es beim systematischen Steuerbetrug der Fall war?

Um ehrlich zu sein: Bevor wir die Daten nicht durchforstet haben, können wir darauf keine verlässliche Antwort geben. Wir haben uns das neue Material erst wenige Wochen lang ansehen können und wissen nicht, welche Themen wir darin noch entdecken werden. Aber schon jetzt finden wir die Dokumente zum Financial Fair Play, zu Paris Saint-Germain, Manchester City und den staatlichen Großinvestoren extrem spannend. Warum investieren Emirate aus der arabischen Welt Milliarden in eine Sportbranche? Woher kommt das Geld, wohin wandert es? Ist der Fußball nur noch ein Investitionsobjekt, ein Hobby für Öldynastien oder vielleicht sogar eine Geldwaschmaschine für Superreiche? Wird der Sport von all den Scheichs, Oligarchen und Großinvestoren nur benutzt?

Wir finden, dass dies sehr spannende Fragen sind, denen wir gerne zumindest eine Weile hinterhergehen würden. Aber können wir mit den Ergebnissen einer neuen Riesenrecherche noch einmal eine solch große Enthüllung liefern wie beispielsweise mit den Steuergeschichten Cristiano Ronaldos? Wird es wieder einen großen Knall geben?

Bei journalistischen Scoops geht es oft auch um den Überraschungseffekt und um die möglichen Folgen. Werden unsere Veröffentlichungen wieder dazu führen, dass Finanzämter oder Strafverfolgungsbehörden zu ermitteln beginnen? Werden unsere Beiträge eine Reaktion bei den Fans oder Verbänden auslösen? Wie stark berühren solche Themen unser Zielpublikum, also den deutschen Leser?

Auch das ist ein Grund, warum wir Johns neue Daten gern mit dem EIC teilen wollen. Für den SPIEGEL-Leser ist eine Geschichte, die in der zweiten italienischen Liga spielt und bei der Protagonisten aus Kroatien und Belgien beteiligt sind, oft nicht relevant. Der SPIEGEL würde sie vermutlich nie veröffentlichen. Aber für die Leser unserer belgischen, kroatischen und italienischen EIC-Partner könnte eine solche Geschichte spannend sein. Mit dem EIC können wir dafür sorgen, dass auch diese Fälle recherchiert und erzählt werden.

Neben all diesen rationalen Fragestellungen gibt es aber manchmal auch nicht messbare, nicht wirklich fassbare Aspekte, die entscheidend dafür sein können, das Wagnis einer solchen Großrecherche einzugehen. In meinem Fall heißen diese Aspekte Bauchgefühl und möglicherweise auch Sturheit. Manche Kollegen sagen auch, dass es eine Art journalistischen Instinkt gibt, vielleicht trifft es das. Wie auch immer: Ich glaube einfach fest daran, dass in mehreren Millionen neuer Dokumente natürlich genügend spannender, relevanter, aufregender Stoff drinstecken muss. Deshalb plädiere ich dafür, dass wir erneut die Zeit und die Ressourcen aufbringen, die vielen Tausend Dokumente, die wir von John erhalten haben, zu durchforsten.

Glücklicherweise sieht unsere Chefredaktion das ähnlich und ermöglicht uns, gemeinsam mit dem EIC ein neues Football-Leaks-Projekt zu starten. Damit beginnen für uns aufreibende Monate.

LEER

»Wann könnten wir uns sehen?«, schreibe ich John.

»Ich bin die kommenden zwei Wochen gut erreichbar, komm vorbei«, antwortet er.

Es ist September 2017, ich habe John einige Wochen nicht mehr getroffen. Nochmal möchte ich eine solch lange Pause wie im Frühjahr nicht zwischen uns entstehen lassen. Dafür passieren in seinem Leben offenbar zu viele Dinge, die auch meine journalistische Arbeit betreffen. Sollte John sich beispielsweise doch dazu entschließen, für einen Geheimdienst tätig zu werden, würden wir ihn als Quelle völlig neu bewerten müssen. Selbstverständlich haben Journalisten auch Informanten unter staatlichen Ermittlern, aber wir müssten Johns Rolle dann anders darstellen und einordnen.

Über all das will ich mit ihm reden. Außerdem bin ich gespannt, ob er neue Dokumente hat. Zuletzt hat er kaum noch etwas über das FFP oder die staatlichen Investoren geschrieben. Vielleicht ist sein Interesse an dem Thema mittlerweile auch wieder abgekühlt.

»Wo treffen wir uns?«, frage ich John.

»Wie beim letzten Mal«, schreibt er.

Ich habe das Gefühl, dass John nicht mehr so viel reist wie zu Beginn des Football-Leaks-Projekts. Er hat zwar oft betont, dass er Angst vor seinen Verfolgern und vor den Ermittlern habe und deshalb viel unterwegs sei. Er würde nie länger als zwei Nächte an einem Aufenthaltsort bleiben, sagte er. Mittlerweile treffen wir uns aber zunehmend häufiger an dem gleichen Ort, John wirkt hier zuhause.

Ich nehme mir fest vor, John noch einmal auf den Clint-Eastwood-Typen anzusprechen. Ich habe den Kerl zwar rund ein halbes Jahr lang nicht mehr gesehen, aber ich habe immer noch ein mulmiges Gefühl, wenn ich an ihn denke. Der Gedanke, dass mich jemand ausspäht, ist alles andere als angenehm.

John schreibt, wir könnten uns diesmal in seiner Wohnung treffen. Er hatte mir die Adresse bei unserem vergangenen Treffen bereits gegeben. Es ist eine kleine Wohnung: Wohnzimmer, sehr enges Schlafzimmer, Küche, Bad. Es ist das erste Mal, dass John vor mir von einem Platz, an dem er schläft, als »meiner Wohnung« spricht.

Ich komme in der Stadt mit rund zwei Stunden Verspätung an. Trotz einer Reservierung gab es diesmal keinen Mietwagen für mich. Ich musste eine ganze Weile am Flughafen warten.

»Ich schmeiße mein Zeug ins Hotel, dann komme ich zu Dir«, schreibe ich John.

»Kein Problem, ich warte«, antwortet er.

Mein Zimmer ist nur wenige Meter von Johns Wohnung entfernt, trotzdem laufe ich ein bisschen durch die Straßen, bevor ich zu ihm gehe. Nachdem ich mir sicher bin, dass mir niemand folgt, klingle ich bei ihm. Seine Wohnung liegt in einem verklinkerten Altbau, der Eingang führt in einen Hinterhof, im Treppenhaus riecht es modrig. Ich muss ziemlich viele Stufen nehmen, bis ich Johns schiefes Grinsen am Ende des Gangs erblicken kann.

»Du schnaufst mehr als Wayne Rooney«, ruft er. Ich glaube, John hat mich noch nie ohne einen Spruch begrüßt.

John trägt eine kurze Hose, seine Füße sind nackt, das T-Shirt spannt weiter über seinem Bauch. Ich gebe ihm einen kleinen Klaps auf die Wampe.

»Komm rein, ich muss dir was zeigen«, sagt John.

In der Wohnung riecht es penetrant nach Fisch. »Boah, was hast du denn gekocht?«, frage ich ein bisschen zu angewidert.

»Bacalhau«, sagt John.

»Bitte was?«, frage ich.

»Du hast wirklich keine Ahnung von guter Küche. Bacalhau ist ein portugiesisches Nationalgericht. Stockfisch, gesalzener und getrockneter Kabeljau.«

»Ich hoffe, er schmeckt nicht so, wie er riecht.«

Wir gehen in Johns Wohnzimmer. Auf seinem kleinen Schreibtisch befindet sich ein geöffneter Laptop, daneben liegen mehrere Festplatten. Mitten in dem winzigen Raum steht ein Spinning-Rad.

»Wo kommt das Rad her?«, frage ich.

»Habe ich gekauft. Ich muss unbedingt abnehmen«, sagt John.

»Das hat dich doch bislang nie gestört.«

»Meine Freundin zieht mich mit meinem Bauch auf. Der muss jetzt wirklich mal weg«, sagt John.

Seit Beginn des Football-Leaks-Projekts hat er eine Lebensgefährtin, zu der die Beziehung mal fester und mal lockerer war. John hat oft gesagt, dass es unmöglich sei, solch ein Whistleblower-Leben zu führen, gleichzeitig einer Freundin die notwendige Aufmerksamkeit zu geben und trotz all der Geheimnisse eine vertrauensvolle Beziehung zu erwarten.

»Wie steht's um deine Beziehung«, frage ich.

»Ich muss langsam erwachsen werden«, sagt John.

»Was heißt das?«

»Heiraten, Familie, mehr Ruhe, die üblichen Sachen.«

»Kann ich mir bei dir nicht wirklich vorstellen«, sage ich.

»Konnte ich mir viele Jahre auch nicht vorstellen, aber für die Frau bin ich bereit, das jetzt irgendwann anzugehen«, sagt John.

»Große Worte. Hast du schon Pläne?«

»Ja, ich will sie in den kommenden Jahren heiraten. Aber zunächst muss ich mein Leben normalisieren, vorher geht das nicht.«

»Hast du nochmal mit den Geheimdiensten Kontakt gehabt?«

»Pssssssssst! Doch nicht hier!«, raunzt John mich an.

Ich hebe zur Entschuldigung die Hände. John tippt in sein Handy, er zeigt mir den Bildschirm: »Nein, ich hatte keinen Kontakt.« Er löscht die Notiz sofort wieder, tippt eine neue ein, zeigt sie mir erneut: »Lass uns hier nicht über dieses Thema sprechen.« Ich nicke.

Jetzt traue ich mich nicht mehr, irgendetwas zu sagen, weil ich nicht weiß, warum er in seiner eigenen Wohnung solche Panik schiebt. John dreht sich um, schnappt sich einen Rucksack, packt eine Flasche Wasser und ein Handtuch hinein.

»Müssen wir wieder Schwimmen gehen?«, frage ich. Ich spüre unweigerlich das heiße Wasser auf meinem Körper und schaudere.

»Nein, wir gehen spazieren«, sagt John.

Ich unterlasse es, ihn zu fragen, warum er dafür ein Handtuch benötigt.

Wir verlassen die Wohnung, worüber ich sehr froh bin. Der Fischgeruch ist unerträglich. John tänzelt die Treppe hinunter, bleibt dann im Hinterhof stehen. Aus seinem Rucksack holt er seine verspiegelte Sonnenbrille und setzt sie auf.

»Dann sehe ich auf Fotos zumindest halbwegs lässig aus«, sagt er.

»Was für Fotos denn?«, frage ich.

John schüttelt den Kopf. »Es gibt viele Leute, die mich gerne fotografieren wollen«, sagt er. Mir fällt der Clint-Eastwood-Typ wieder ein. Ich werde John heute nach meinem möglichen Verfolger fragen.

Wir schlendern ein wenig durch die Altstadtgassen. Es ist ein wunderbarer, sonniger Herbsttag, die Stadt scheint wenig Eile zu verspüren. John erzählt beim Gehen ein bisschen über die Geschichte der Stadt, über ihre Architektur, ihre Zukunftsprognosen.

»Hier entsteht was, die Stadt blüht seit ein paar Jahren ziemlich auf«, sagt John.

»Es gefällt dir hier«, sage ich.

»Ja, hier würde ich auf Dauer gerne leben. Ich kann hier arbeiten, es gibt viele spannende Optionen«, sagt John.

Er habe in Portugal Geschichte studiert, sagt er. Daher komme sein Interesse für Osteuropa, für Stadtarchitektur und vor allem: für Antiquitäten. Seitdem ich ihn kenne, handelt er mit alten Büchern und Devotionalien. Einmal habe ich sogar eine Armbrust in einer seiner Wohnungen gesehen, auch Schwerter und Äxte waren schon dabei.

»Osteuropa ist eine wahre Schatzgrube für Antiquitätensammler. Mittlerweile kenne ich mich ganz gut mit internationalen Versteigerungen aus, dort kann ich die Dinge, die ich günstig einkaufe, mit vielfachem Gewinn verkaufen«, sagt John. Einmal war ich sogar dabei, als er ein Buch mit über 200 Prozent Gewinn los-wurde. Das Buch hatte er in meinem Beisein in einer Schrebergar-tenanlage etliche Kilometer vom Stadtkern entfernt gekauft.

»Ich würde diese Arbeit gerne weiter professionalisieren. Die Leute wissen gar nicht, was sie so alles für Schätze auf ihren Dach-böden und in ihren Kellern bunkern«, sagt John.

Wir erreichen einen großen Park, der von zahlreichen Statuen begrenzt wird. Die riesigen Bäume spenden viel Schatten. John bleibt unter einer der Eichen stehen, er holt sein Handtuch aus dem Rucksack, wir setzen uns. Er hat ein paar Flaschen Bier mitge-bracht und holt aus einer Alufolie seinen Stockfisch, der jetzt aber gar nicht mehr stinkt. Stattdessen ist er köstlich.

»Hab ich dir doch gesagt«, sagt John. Er lacht, mit dem Rücken lehnt er sich an den Baum.

»Football Leaks wird demnächst aufhören«, sagt er.

Ich schaue ihn an, trinke mein Bier, schweige.

»Ich kann einfach nicht mehr. Ich habe Dokumente gesehen, aus denen hervorgeht, dass es Privatdetektive gibt, die bei meinen Eltern Zuhause waren, die mich schon gesehen und verfolgt haben, die meine früheren Adressen kennen. Sie sind nah«, sagt John.

Er spielt mit dem Aluminiumpapier, knetet es zwischen seinen Fingern. So nachdenklich habe ich ihn selten gesehen.

»Hast du Angst?«, frage ich.

»Nein, ich fühle mich inzwischen eher leer. Angst hatte ich, als ich die Gegenwehr aus dem Fußball gespürt habe. Jetzt will ich nur noch eine Lösung für all meine Probleme finden«, sagt John.

»Wie kann die aussehen?«

»Ich stehe seit Ende 2016 mit mehreren Ermittlungsbehörden in Kontakt. Sie alle wollen an die Football-Leaks-Daten und mit mir zusammenarbeiten, aber ich weiß noch nicht, wie das funktio-nieren soll. Sie wollen dafür meine Identität, da geht's um Zeugen-schutzprogramme und so. Aber sobald ich denen meine Identität gebe, habe ich Sorge, dass ich verhaftet werde«, sagt John.

»Und wenn du einen Anwalt diese Gespräche für dich führen lässt?«, frage ich.

»Ja, darüber denke ich auch nach. Aber das ist ein großer Schritt. Auch der Anwalt würde dann meine Identität kennen«, sagt John.

»Aber du sagst doch, dass die Privatdetektive deine Identität auch schon herausgefunden hätten.«

»Ja, stimmt. Aber ich glaube, sie sind sich nicht sicher, wie meine Rolle in diesem Projekt wirklich aussieht. Vielleicht lassen sie mich deshalb noch in Frieden.«

»Du solltest wirklich über einen Anwalt nachdenken«, sage ich. Wir sitzen nebeneinander, schauen ein paar Jungs beim Kicken zu. John trinkt sein Bier mit wenigen Zügen leer.

»Du hast mir vor ein paar Monaten gesagt, dass uns Journalisten auch Privatdetektive folgen würden«, sage ich.

»Ja, das tun sie. Sie berichten auch regelmäßig über euch an ihre Auftraggeber«, sagt John. Die Auftraggeber, das wird John mir später in seinen Dokumenten zeigen, gehören zu einem international einflussreichen Sportvermarkter. Die Privatdetektive fassen die Reiserouten einiger EIC-Journalisten zusammen. Sie beschreiben meine familiäre Situation, listen Menschen auf, von denen sie glauben, dass sie zu meinem engsten Familien- und Freundeskreis gehören. Der Zwischenbericht, den ich zu sehen bekomme, ist inhaltlich ziemlich dünn, viel Spannendes scheinen die Schnüffler mit mir nicht erlebt zu haben. Aber auch diese Nachricht kann mein flaues Gefühl nicht vertreiben. Es schüchtert einen schon etwas ein, wenn man weiß, dass da irgendjemand ist, der in seinem Privatleben herumwühlt. Wir stehen auf, John packt sein Handtuch wieder ein. Wir verlassen den schönen Park, spazieren noch ein wenig an einem Fluss entlang und gucken den großen Schiffen hinterher.

»Heute Abend gehen wir jüdisch essen. Es gibt hier ein überragendes Restaurant«, sagt John.

»Gerne. Dein Fisch war lecker, aber hungrig bin ich trotzdem«, sage ich.

»Heute Abend wirst du ganz bestimmt satt. Das Essen brauchst du auch als Grundlage. Danach gehen wir nämlich so richtig feiern, heute soll hier eine super Party stattfinden«, sagt John.

Was er noch nicht weiß: Diese Party wird sein Leben verändern.

SCHMERZEN

Ich liege auf dem Bett meines Hotelzimmers, und die Gedanken in meinem Kopf fahren Karussell. Privatdetektive. Geheimdienste. Das Ende von Football Leaks – ich habe das Gefühl, dass diese Recherche mittlerweile ein bisschen aus dem Ruder gelaufen ist, sie wirkt vielmehr wie ein Film, für den ein anderer das Drehbuch geschrieben hat. Doch ich kann den Fernseher nicht einfach ausschalten, um aus der Geschichte auszusteigen. Nein, ich lebe vielmehr in diesem Film und bin mir absolut nicht sicher, ob ich das so möchte.

Normalerweise begleitet man als Journalist eine Recherche für eine bestimmte Zeit und wendet sich anschließend einem neuen Thema zu. Zumeist trifft man dann auch auf neue Informanten, neue Quellen. Bei Football Leaks ist alles anders, ich treffe John seit mittlerweile über anderthalb Jahren. Er erzählt mir sehr private Dinge, ich beschäftige mich gedanklich viel mit seiner persönlichen Situation. Zumal ich immer mehr das Gefühl habe, dass ich dabei zusehe, wie das Unheil auf ihn zurast. Ich habe John schon sehr früh gesagt, dass ich glaube, dass er irgendwann ziemlich große juristische Schwierigkeiten für seine Arbeit an den Football Leaks bekommen könnte. Unabhängig von der Frage, wie er am Ende wirklich an die Dokumente gekommen ist.

Ich habe es als investigativer Journalist oft auch mit Kriminellen zu tun oder mit Menschen, die Kriminellen helfen. Man begegnet solchen Leuten bei nahezu jeder großen Recherche. Meist erlebe ich dabei zwei Muster: Fast jeder Kriminelle glaubt, dass er klüger sei als die Ermittler und seine Verfolger. Und fast jeder Kriminelle ist ein Getriebener, der über ein Ende, über sein Ende, kaum nachdenken möchte.

Ich weiß nicht, ob John in den vergangenen Jahren Gesetze gebrochen hat oder nicht, aber er scheint zumindest nicht in die beschriebenen Muster hineinzupassen. Zum einen hat er schon bei unserem Kennenlernen 2016 gesagt, dass er glaubt, er würde irgendwann von seinen Häschern eingeholt werden – wobei er darunter sowohl einen körperlichen Angriff auf sich als auch eine Verhaftung durch die Polizei meinte. Zum anderen sucht er seit geraumer Zeit nach einem Ausweg aus seinem Projekt. Er will aussteigen, einen Schlussstrich ziehen, ein normales Leben führen, er weiß nur noch nicht, wie er das hinbekommen soll.

Fast immer, wenn ich mit undurchschaubaren Informanten rede, sage ich ihnen irgendwann meinen Standardsatz: »Die Bank gewinnt immer.« Damit meine ich: Keine Einzelperson ist klüger, gewitzter, schneller als ein Gesellschaftssystem. Man kann eine Zeitlang seine Spielchen spielen, auch erfolgreich sein, aber irgendwann holt sich die Bank, also das jeweilige System mit Unterstützung von Ermittlungsbehörden, alles zurück. Mit Zins und Zinseszins. Das ist meine feste Überzeugung. Die meisten lachen mich aus, wenn sie meinen Satz hören. Im Moment des Erfolgs verschwendet kaum einer von ihnen einen ernsthaften Gedanken ans Scheitern.

Als ich John meinen Bank-Satz 2016 zum ersten Mal sagte, antwortete er: »Ich weiß. Ich habe mich für dieses Leben entschieden, weil ich überzeugt davon bin, dass jemand die Missstände im Fußball aufdecken muss. Die Branche spielt mit den Emotionen von ganzen Generationen. Wir schauen weg, und hinter der Fassade des sauberen Sports entsteht ein Milieu, das Kriminalität und hohen wirtschaftlichen Schaden für alle europäischen Steuerzahler verursacht.« John ist klar, dass er für sein Engagement irgendwann zur Rechenschaft gezogen werden könnte. Er kalkuliert dieses Risiko sehenden Auges ein.

Mein Mobiltelefon klingelt, ich wälze mich vom Bett. John ist fertig, ich soll ihn abholen. Wenige Minuten später läute ich an seiner Haustür, kurz darauf kommt er die Treppe herunter. »Jetzt hauen wir uns so richtig den Bauch voll«, sagt er und lacht.

Wir schnappen uns ein Taxi, John nennt die Adresse des Restaurants. Der Fahrer lacht, er sagt, wir sollten dort unbedingt den Schnaps probieren. Er sei berüchtigt und man bräuchte ihn auch, weil das Essen so schwer im Magen liege.

Von außen sieht das jüdische Restaurant aus wie ein völlig normales Haus. Es gibt kein besonderes Schild, das auf ein Lokal hindeuten würde. John öffnet die Tür, wir werden von einem Mann mit Kippa mit einem kurzen Nicken begrüßt. Das Restaurant ist ziemlich eng, es hat lediglich fünf kleine Tische. Und es ist komplett leer.

»Du sagtest doch, das sei hier gut. Wo sind all die Menschen?«, frage ich.

»Warte es ab«, sagt John.

Wir werden an einen Eckplatz gesetzt. John nimmt mir meine Karte direkt weg. »Wir bestellen das Cholent. Sowas hast du noch nie gegessen!«, sagt John.

Er ordert in Landessprache zwei Cholent, was auch immer das ist, dazu Hummus und zwei große Biere.

»Du hast vorhin gesagt, dass du Football Leaks beenden wirst«, flüstere ich, als der Kellner wieder weg ist.

»Irgendwann wird das passieren, ja«, sagt John.

»Ich verstehe das. Für mich stellt sich nun natürlich die Frage: Berührt das irgendwie die Dokumente, die uns bereits vorliegen?«

»Nein, ihr recherchiert natürlich unabhängig von meinem Entschluss.«

»Das ist gut, denn wir haben uns gerade mit der Chefredaktion darauf geeinigt, dass wir ein neues EIC-Projekt aufsetzen wollen«, sage ich.

»Oh, sind die Financial-Fair-Play-Sachen rund um Katar und Abu Dhabi so interessant?«

Ich nicke. Mehr will ich dazu nicht sagen, weil ich John ungern Einblicke in unsere tägliche Arbeit gebe. Weder will ich ihn beeinflussen, noch ihm die Möglichkeit geben, uns in irgendeiner Form in unsere Recherchen hineinzureden.

»Jetzt müssen noch unsere EIC-Partner zusagen, dann werden wir einige Zeit in den Dokumenten versinken«, sage ich.

Der Kellner bringt die Getränke und eine große Portion Hummus mit Weißbrot. Kurz darauf rollt ein Berg aus Fleisch, Bohnen, Graupen, Kartoffeln und Eiern heran.

»Ist das eine ganze Ente da oben drauf?«, frage ich den Kellner etwas entgeistert. Er nickt und klärt uns anschließend über die einzelnen Fleischsorten auf. Sie seien seit gestern bei geringer Hitze gegart worden. Cholent, sagt der Kellner, sei eine jüdische Spezialität, die nur am Sabbat angeboten werde.

Es schmeckt großartig. Und wie so oft, wenn John sich wohlfühlt, kommt er ins Quatschen. Er erzählt mir während des Essens, dass er seine Eltern vermisse. Dass er Portugal vermisse. Dass er all die tollen Orte, Speisen, Getränke und Clubs dieser Welt sehr liebe, aber dass er mittlerweile ein wahnsinniges Verlangen danach verspüre, wieder ein wenig mehr Stabilität und Ruhe in seinem Leben zu haben.

Die Tür des Restaurants öffnet sich nun immer häufiger, kleinere und größere Menschengruppen kommen herein. Die Kellner schleppen weitere Stühle aus einem Kabuff neben der Küche an, sie schieben sie an den Tischen einfach dazwischen. Nach einer Weile treten der Mann mit der Kippa und ein weiterer Mitarbeiter neben unseren Tisch, heben hinter uns die Wand an und tragen sie zur Seite. Wie durch Zauberhand werden drei weitere, große Räume sichtbar. Wir werden gebeten, mitsamt unserem Tisch ein paar Meter weiterzuziehen.

Ich kann mich kaum mehr bewegen. Das Essen ist mächtig, mein Magen stößt an seine Belastungsgrenze. Ich mache Pausen und schaue John mit ein wenig mehr Abstand beim Reden und Futtern zu. Es ist spannend zu sehen, wie viele Extreme ein Mensch in so wenigen Monaten durchleben kann. Irgendwie kann ich mir John ohne diese Extreme gar nicht mehr vorstellen. Dass er eine Familie gründen möchte, sich nach Kindern sehnt, konnte ich nicht vermuten, als wir uns 2016 kennenlernten. Da wirkte er eher so, als wollte er sich unbedingt eine wüste Schlägerei mit den Mächtigen der Unterwelt des Fußballs gönnen und am Ende wie Rocky jubilieren.

Nun sieht es eher danach aus, als würde er das Handtuch werfen.

»Willst du keine Ente mehr?«, fragt John.

Ich schaffe es nur noch, meine Hände abwehrend auf meinen Bauch zu legen. John mampft fröhlich weiter. Keine Ahnung, wie all das Essen in diesen kleinen Kerl reinpasst.

»Ich habe nicht gesagt, dass ich Football Leaks morgen beenden werde. Aber es wird irgendwann passieren, das ist sicher«, sagt John.

»Du hast immer gesagt, dass du Mitstreiter hast. Will denn keiner von denen weitermachen?«, frage ich.

»Wir müssen das diskutieren. Aber dafür gab's noch nicht den richtigen Zeitpunkt«, sagt John.

»Wann willst du das tun?«

»Weiß ich noch nicht. Noch haben wir ein bisschen Arbeit vor uns, danach sehen wir weiter. Ich will dir das heute Nacht konkret zeigen. Wir müssen nach der Party unbedingt noch zu mir. Ich muss dir was geben«, sagt John.

»Neue Daten?«

»Ja. Ziemlich gutes Zeug.«

»Worum geht's?«, frage ich.

»Lionel Messi«, sagt John.

Er bittet den Kellner nochmal an unseren Tisch und bestellt zwei Obstschnäpse.

»Auch eine Spezialität?«, frage ich.

Der Kellner lacht und hebt den Daumen.

»Die brennen ihre Schnäpse hier selbst. Genau sowas brauche ich jetzt nach diesem Essen«, sagt John.

Wir ordern mehrere Runden, probieren verschiedene Sorten – Kirsche, Pflaume, Birne, Apfel. Der Schnaps schmeckt süßlich, hat einen tollen Nachgeschmack. Mir fällt immer wieder auf, wie viel ich auf den Reisen mit John über die jeweiligen Länder, Menschen und Landesküchen lerne. Der Reporterjob beim SPIEGEL ist eben oft auch ein wahnsinniges Privileg, das mit sehr vielen Vorzügen ausgestattet ist. Ich finde es wichtig, mir das – trotz des Stresses und des manchmal großen Drucks – immer wieder ins Gedächtnis zu rufen.

»So, und jetzt gehen wir mal so richtig feiern«, sagt John.

Wenn John das sagt, kippt meine Stimmung immer schlagartig, und ich bin automatisch alarmiert. Ich bin pappsatt und hundemüde, eigentlich würde ich jetzt lieber ins Bett fallen und schlafen. Mir graut vor den kommenden Stunden und vor allem vor dem nächsten Morgen. Die Nächte mit John sind oft anstrengend, und im Gegensatz zu ihm muss ich morgen wieder arbeiten. Aber es nützt nichts. Er sagt, er habe Dokumente zu Lionel Messi. Der zweiten Überfigur des Weltfußballs, dem großen Widersacher Cristiano Ronaldos. Die Daten möchte ich sehen, dafür nehme ich den Schlafmangel und die Kopfschmerzen, die am Ende der Nacht garantiert auf mich warten, gerne hin.

Wir fahren mit dem Taxi zum anderen Ende der Stadt. Den Club erkennen wir schon von weitem an der Schlange von Menschen, die vor der Tür auf Einlass wartet.

»Ha! Gut, dass ich uns schon vorab Tickets besorgt habe«, sagt John. Er zieht zwei rote Bändchen aus seiner Tasche, und wir spazieren fröhlich an den Wartenden vorbei ins Innere. Der Laden sieht aus wie ein mittelalterliches Schloss, mit hohen Wänden und dicken Säulen. Überall steigt Rauch auf, im Erdgeschoss prallen zahlreiche unterschiedliche Musikrichtungen aufeinander. John führt mich zwei Stockwerke in die Tiefe. In den Kellergewölben dröhnen alte Hits aus den 1990er Jahren. »Das ist doch was für ältere Menschen wie dich«, sagt er, und seine Wangen hüpfen vor Freude über den Scherz.

Wir bestellen uns zwei Wodka-Sprite und stellen uns damit mitten auf die rappelvolle Tanzfläche. John bewegt sich zu nahezu jeder Musikrichtung mit ziemlich viel südländischer Eleganz, ich bin eher der Typ Kopfnicker. Nebeneinander müssen wir ziemlich absurd aussehen.

Wir bleiben mehrere Stunden in dem Club. Johns Shirt ist irgendwann schweißdurchtränkt. Aber das scheint weder ihm noch dem Typen mit dem Vollbart etwas auszumachen, der John ständig umarmt und in die Luft hebt. Es ist wie immer, wenn ich mit unserem Hauptinformanten unterwegs bin: John erweist sich als Men-

schenfänger. Egal, wohin man mit ihm geht, er findet nach kürzester Zeit Anschluss zu Fremden, die am Ende des Abends seine
Freunde sind.

»Das ist Jewgenij, er kommt aus Litauen«, ruft John. Jewgenij
versucht, auch mich in die Luft zu heben, aber ich kann ihn irgendwie wegdrücken. So viel Nähe zu einem verschwitzten Kerl brauche ich nicht unbedingt.

»Wir gehen gleich zusammen Döner essen«, ruft John. Ich blicke auf die Uhr, es ist kurz nach halb fünf. Mein Rückflug startet
um neun Uhr, um kurz vor sieben muss ich zum Flughafen fahren. Au weia.

Jewgenij ist offenbar mit einer größeren Gruppe unterwegs, etwa
zehn Leute, darunter auch einige Frauen. Wir gehen alle gemeinsam vor die Tür. John spricht mit Jewgenij in einer Sprache, die ich
nicht verstehe. Vielleicht ist es auch keine wirkliche Sprache, möglicherweise sind die beiden auch einfach sternhagelvoll. Draußen ist
es ziemlich kalt, was nach den vielen Tanzstunden in dieser Keller-
sauna sehr angenehm ist. Ich gucke John und Jewgenij ein bisschen
dabei zu, wie sie sich gegenseitig Zigaretten anbieten und immer
wieder verbrüdernd umarmen. Auf einmal spüre ich einen Stoß im
Rücken. Ich drehe mich um und sehe, wie ein Freund von Jewgenij
offenbar Streit mit einer anderen Gruppe hat. Ich mache ein paar
Schritte nach hinten in Johns Richtung. Während die anderen Kerle
sich hin und her schubsen, versuchen die Frauen aus der Gruppe,
sie auseinanderzuhalten. Auf Streit habe ich heute so gar keine Lust,
ich will einfach nur noch eine Kleinigkeit essen und dann zumindest noch für ein paar Minuten ins Bett.

Auf einmal höre ich John brüllen. Ich spüre einen dumpfen
Schmerz in meinem Oberschenkel, versuche mich umzudrehen,
aber schaffe es nicht mehr. Ich falle zu Boden, mir wird schwarz
vor Augen.

Als ich wieder sehen kann, erkenne ich John über mir, der mich
zur Seite zieht. Der Kragen seines Shirts ist komplett zerrissen,
seine Nase wirkt geschwollen. Ich versuche mich aufzurichten, aber
mein rechtes Bein lässt sich kaum strecken.

Ich schleppe mich zur Hauswand gegenüber und taste meine Jeans ab. Kein Blut, das ist schon mal gut. Aber der Druckschmerz an der Außenseite meines Oberschenkels ist enorm. John rennt zurück zum Pulk. Ich sehe, wie dieser Bär Jewgenij zwei stiernackige Türsteher durch die Gegend schmeißt. Jewgenij fasst sich immer wieder ins Gesicht, wischt sich über seine Augen. Kurz darauf verstehe ich den Grund dafür: Einer der Ordner sprüht wild mit Pfefferspray um sich.

Ich versuche, langsam aufzustehen. Das Bein kann ich kaum aufsetzen, der Schmerz bollert durch meinen gesamten Körper. John kommt zu mir zurückgelaufen.

»Was ist denn passiert?«, frage ich.

»Der Typ da hat dich getreten«, sagt John und zeigt auf einen Kerl, dessen Kopf genauso quadratisch ist wie sein Oberkörper. Gerade traktiert er einen anderen Mann mit seinen Fäusten.

»Ist das auch der Typ, der dir die Nase so krumm gehauen hat?«, frage ich.

»Der und irgendein anderer. Den zweiten habe ich aber nur aus dem Augenwinkel gesehen«, sagt John, dessen Augen von dem Pfefferspray komplett gerötet sind.

Ich hole mein Telefon aus der Tasche und will es anschalten.

»Was tust du da?«, fragt John.

»Ich will die Polizei rufen und ihn anzeigen«, sage ich.

»Spinnst du?«

»Wieso denn? Ich lasse mich doch hier nicht grundlos von solchen Pennern vermöbeln.«

»Hör mal zu: Die Polizei hier wird dir überhaupt nichts nützen. Wenn du Pech hast, verdreschen sie dich ein zweites Mal. Außerdem: Wer soll dein Zeuge sein?«, fragt John.

»Natürlich du«, sage ich.

»Bist du auf deinen Kopf gefallen? Ich bin anonym hier. Wie soll ich mich ausweisen?«

Ich bin wütend. Ich will diesen Typen das nicht einfach so durchgehen lassen. Doch trotz meiner Wut verstehe ich, dass ich John durch einen Notruf in Gefahr bringen würde. Ein Whistleblower, der im Verborgenen lebt, sollte besser nicht mit der Polizei in Kontakt kommen. Und ohne John habe ich keinen Zeugen, ich selbst kann mich an den Tritt nicht einmal erinnern.

Wir hören Polizeisirenen, John umfasst meine Hüfte mit seinem Arm, ich stütze mich auf ihn, wir humpeln zum Taxi. Aus dem Augenwinkel sehe ich, wie Jewgenij zu Boden geht und die Türsteher ihn fixieren.

»Und hier willst du leben?«, frage ich John. Er sagt kein Wort. Stattdessen reibt er seine Augen.

DER ENTSCHLUSS

Ich schaffe es kaum zu Johns Wohnung, die vielen Treppen sind der Horror für mein Bein. John stützt mich. In seinen Räumen riecht es immer noch nach dem Stockfisch, widerlich. Er läuft ins Wohnzimmer, schiebt seine Gardinen ein kleines bisschen auseinander und öffnet das Fenster.

Ich ziehe meine Hose herunter und lege mich auf Johns Couch. Mein Oberschenkel ist ziemlich angeschwollen, es sieht nach einem mehr als ordentlichen Pferdekuss aus. »Wie hat der Typ das gemacht?«, frage ich John.

»Mit seinem Knie. Du hast in die andere Richtung geguckt«, sagt John.

Ich habe viele Jahre lang Fußball und Handball gespielt, Blutergüsse sind mir durchaus geläufig. Aber so einen habe ich noch nie abbekommen. Ich gehe davon aus, dass der Türsteher direkt meinen Muskel getroffen hat, weil mein Körper einfach kein bisschen angespannt war. John schmeißt mir eine Packung Tiefkühlerbsen zu.

»Was soll ich damit?«, frage ich John.

»Leg das auf dein Bein. Du musst die Schwellung kühlen.«

»So eine Scheiße«, fluche ich.

Ich drücke die elendige Erbsenpackung widerwillig auf den Schenkel und muss zugeben, dass mir die Kälte tatsächlich gut tut. John holt uns zwei Bierflaschen. »Gegen den Schock«, sagt er.

»Nee, lass mal. Ich hab' echt keinen Bock mehr auf nichts. Ich muss in einer Stunde zum Flughafen«, sage ich.

»So kann man nicht leben«, sagt John.

»Was meinst du?«

»Was ist das für ein Leben, wenn man noch nicht einmal irgend-

welche Penner anzeigen kann, die einen ohne Grund zusammen-
schlagen?«

»Warum haben die das überhaupt gemacht?«, frage ich.

»Keine Ahnung, die haben dort einfach alles umgehauen, was
rund um die Schubserei stattgefunden hat. Das machen die Türsteher hier häufiger, dadurch haben sie einen ziemlichen Ruf, und es
trauen sich hier nur die absoluten Idioten, in den Clubs Streitereien
anzufangen«, sagt John.

»Du hast diese Idioten angeschleppt«, sage ich.

John guckt mich wütend an. »Natürlich bin ich schuld. Ich bin
immer schuld«, sagt er.

Ich gucke ihm ins Gesicht. Seine Nase sieht wirklich nicht gut
aus, am Hals hat er Kratzspuren, das Shirt ist komplett hin. John
hat Tränen in den Augen.

»Ich werde mir ganz bald einen Ausstieg suchen. Ich will nicht
mehr in dieser Anonymität leben. Das ist kein Leben«, sagt John.

»Was willst du denn machen?«

»Ich werde mir einen Anwalt suchen und mit ihm besprechen,
wie es weitergeht.«

»Und was ist mit deinen Mitstreitern? Gibt es sie überhaupt?«

»Ja, es gibt sie. Ich werde sie informieren, sobald ich einen Plan
habe«, sagt John.

Ich wende die Erbsen und drücke die Tüte mit der anderen, der
kalten Seite auf mein Bein. Erst jetzt sehe ich, dass ich eine Schürf-
wunde am Handrücken habe, auch mein Ellbogen tut ziemlich weh.

»Ich muss noch ein paar Dinge erledigen, aber ab jetzt werde
ich anfangen, meinen Ausstieg vorzubereiten. Es reicht«, murmelt
John. Er tapert durchs Zimmer, fummelt am Spinning-Rad herum,
hebt Flusen vom Boden auf.

»Ich bin gespannt«, sage ich.

John setzt sich an seinen Schreibtisch, er öffnet seinen Laptop,
schließt eine Festplatte an, gibt ein Passwort ein, stöpselt die Festplatte wieder ab und eine andere an. Neues Passwort, ein schwarzer
Bildschirm mit zwei Eingabefeldern erscheint, Johns Finger sausen
über die Tastatur.

»Wir haben Daten über Lionel Messis Stiftungsarbeit«, sagt John.

»Welche Stiftungen?«, frage ich.

»Ihr müsst euch das in Ruhe angucken. Es fließen irgendwelche Gelder des FC Barcelona in eine spanische Stiftung, die spanischen Behörden sehen darin offenbar ein Problem. Ich habe die Unterlagen noch nicht lange hier, ich weiß nur, dass sie ziemlich heikel sein sollen«, sagt John.

Schlagartig tut mein Bein weniger weh. Lionel Messi. Der Superstar des FC Barcelona, mehrfacher Weltfußballer. Dass Messi und sein Vater die Gesetze zu dehnen bereit sind, wenn es um ihren persönlichen Vorteil geht, das hat in den vergangenen Jahren ein großes Steuerhinterziehungsverfahren gegen die Messis in Spanien gezeigt.

Sollten nun etwa auch noch irgendwelche Unregelmäßigkeiten bei seiner Stiftungsarbeit auffliegen?

John tippt, kopiert, zieht irgendwelche Ordner von links nach rechts. Ich liege auf der Couch und versuche, meinen Schmerz wegzuatmen.

»Ich muss in etwa 30 Minuten ins Hotel und meine Sachen packen«, sage ich.

»Ich bin fertig. Viele der Dokumente kenne ich selbst noch nicht, aber ich bürge dafür, dass sie alle echt sind«, sagt John.

»Wie prüfst du das denn?«, frage ich.

»Es gibt sehr zuverlässige Möglichkeiten«, sagt John. Er wirft mir eine kleine, schwarze Festplatte zu. »Das Passwort bekommst du morgen«, sagt er.

Ich lege die Erbsen zur Seite, stehe langsam von der Couch auf. Keine Chance, der Schenkel ist nahezu steif. Das wird eine wunderbare Rückreise.

John begleitet mich bis kurz vor mein Hotel, er muss mich den ganzen Weg stützen. Wir verabschieden uns. »Wenn du das nächste Mal kommst, werde ich dir meinen Plan präsentieren, wie ich das Projekt verlassen will«, sagt John. Ich nicke. »Ernsthaft, es reicht. Ich will wieder leben. Es muss einen Weg geben, wie ich mein Wissen über die Fußballbranche weiter zum Nutzen der Öffentlichkeit einsetzen kann, dabei aber wie ein normaler Mensch leben kann«, sagt John.

»Wir haben oft darüber gesprochen: Whistleblower haben es in dieser Gesellschaft sehr schwer«, sage ich.

»Ich habe mich für diesen Weg entschieden, ich werde alle Konsequenzen tragen. Aber vielleicht kann ich einen Ausstieg finden, der mich weder in eine Botschaft noch ins Exil noch ins Gefängnis bringt. Ich werde mir in den kommenden Tagen ernsthaft Gedanken machen«, sagt John.

Ich humple den Rest der Straße alleine weiter. Kurz vorm Hoteleingang drehe ich mich noch einmal um. John steht immer noch an der Straßenecke und raucht. Er hebt die Hand und winkt mir zu.

LIONEL, DER STIFTER

In unserem Datenraum verschaffen wir uns einen ersten Eindruck. In Johns Daten finden wir Hunderttausende Dokumente zum FC Barcelona und zu den Spielern des Vereins. E-Mails, Kontoauszüge, Überweisungsträger, Gutachten, behördliche Urkunden, Schriftsätze sowie jede Menge Verträge und Korrespondenzen zu Messis Stiftungen. Uns wird schnell klar: Die oft als vertraulich markierten Dokumente werfen ein Schlaglicht auf das fragwürdige Geschäftsgebaren des Messi-Clans. Die Papiere zeigen auch, wie der FC Barcelona sich verbog, um seinen Helden nicht zu verlieren. Und wie dubios die Geldflüsse rund um das Messi-Imperium ablaufen. Insbesondere die zwielichtigen Stiftungen des Superstars ziehen unsere Aufmerksamkeit auf sich.

Viele der Daten sind auf Spanisch, manche auch auf Katalanisch, nichts davon ist sortiert oder chronologisch aufbereitet. »Die Dokumente sind höchstens eine Anfangsrecherche, das wird richtig Arbeit«, sagt Nicola. Sie spricht genau wie Michael fließend Spanisch, beide werden die Dokumente sorgfältig studieren. Auf Anhieb lässt sich die Struktur von Messis Stiftungen nicht erklären. Wir sehen zwar, dass es in den Schriftstücken um eine Betriebsprüfung geht, offenbar sind die Verantwortlichen des FC Barcelona deswegen ziemlich aufgescheucht. »Ich will mir das alles in einem Organigramm aufdröseln, die Dokumente sind mir so noch zu chaotisch«, sagt Michael. »Das wird Wochen dauern, Stiftungsrecht ist kompliziert«, sagt Nicola.

Wir debattieren. Nächste Woche steht eigentlich ein anderes, ziemlich wichtiges Event an, das wir noch vorbereiten müssen: Wir treffen unsere EIC-Partner in Lissabon und möchten ihnen dort vorschlagen, gemeinsam mit uns an einer zweiten großen Football-

Leaks-Recherche zu arbeiten. Johns Daten zu Paris Saint-Germain, Manchester City sowie den Hunderten Millionen aus Abu Dhabi und Katar haben wir bislang nur grob gesichtet. Eine tiefere Analyse wird Zeit brauchen. Dafür ist auch bei den Partnern und ihren Chefredakteuren Überzeugungsarbeit notwendig, denn sie müssen für ein solches Projekt Personal und Ressourcen freistellen. Kollegen müssten mitunter für Monate aus dem Alltagsbetrieb herausgenommen werden.

»Können wir Messi nicht auch als Teil des zweiten Projekts anbieten?«, fragt Nicola. »Nein, das ergibt keinen Sinn. Soweit ich die Dokumente überflogen habe, sind dort auch die aktuellen Vertragsgespräche zwischen Messi und dem FC Barcelona enthalten. Offenbar versuchen die irgendwie, mit Messis Steuerschuld zu tricksen«, sagt Michael. Wir überlegen, entwickeln Pläne, verwerfen sie wieder. Es ist wie so oft bei den Football Leaks: wir blicken auf ein Meer aus Daten und Exklusivnachrichten. Ständig müssen wir uns fragen, was relevant ist. Was wir weiterverfolgen wollen. Was uns wegbrechen kann. Und wofür wir zusätzlich Zeit, Personal oder die Hilfe unserer europäischen Partner brauchen.

Wir einigen uns darauf, dass wir den Partnern die neuen Football-Leaks-Dokumente in einem zweistufigen Verfahren anbieten: Im Herbst 2017 wollen wir sie bitten, gemeinsam mit uns an der Messi-Recherche zu arbeiten. Mit Beginn 2018 wollen wir uns dann dem großen Datenschatz widmen, in dem auch die Dokumente rund um die Investoren enthalten sind.

Nicola und Michael wühlen sich in den kommenden Tagen durch die vielen Papiere aus dem Messi-Paket. Sie gliedern den Stoff und formulieren Fragen, stoßen auf völlig neue Zusammenhänge. Mit diesen Erkenntnissen im Gepäck fahren wir nach Lissabon. Unser Partner in Portugal, die Wochenzeitung »Expresso«, hat uns bereits zum zweiten Mal zu sich eingeladen. Die EIC-Meetings sind immer ein bisschen wie ein großes Klassentreffen. Wir sehen viele Kollegen wieder, mit denen wir zuvor schon monatelang gemeinsam recherchiert, gelacht und gestritten haben. Bei unserer ersten großen Recherche zu den Football Leaks im Jahr

2016, bei der es vor allem auch um die Steuerhinterziehungen von Ronaldo und Co. ging, haben wir auch viele Widerstände gemeinsam überwunden – öffentliche Dementis, anwaltlichen Druck und verbale Angriffe aus der Fußballbranche. Wir haben in diesen Phasen gelernt, wie wichtig es ist, in einem solchen Netzwerk den Partnern vertrauen zu können. Normalerweise konkurrieren Journalisten untereinander, um die beste Geschichte zu bekommen, um die Nachricht so exklusiv wie möglich zu haben. Im EIC müssen wir diese Haltung über Bord werfen und uns aufeinander ein- und verlassen.

»Expresso« hat einen Konferenzraum, der einem Kino gleicht: ein großer, aufsteigend bestuhlter Publikumssaal mit einer Bühne. Auf diese setzen wir uns und erzählen unseren Partnern von unseren Plänen. Wir erklären, dass wir die Recherchen gerne voneinander trennen würden, und unter welchen Umständen wir den großen Datensatz erneut mit den Kollegen teilen wollen. Unsere wichtigste Forderung: Jeder Partner muss mindestens zwei Rechercheure für die Dauer von Football Leaks 2 abstellen. Mit weniger Personal wäre eine Kooperation aus unserer Sicht nicht sinnvoll, weil der Datensatz zu kompliziert und zu groß ist.

Kaum einer unserer europäischen Kollegen zögert. Obwohl einige von ihnen für eher kleinere Redaktionen arbeiten, für die die Abstellung von zwei Arbeitskräften eine hohe Belastung bedeutet, erklären alle Kollegen sofort, sich unter diesen Bedingungen auf das neue Projekt einzulassen. Die Trennung zwischen den Messi-Dokumenten und dem Investorendatensatz wird ebenfalls von fast allen befürwortet. Wir gründen an diesem Tag unser zweites, großes Football-Leaks-Rechercheprojekt.

Am Abend sitzen wir mit den Kollegen beim Essen. Wir spüren ihre Aufregung, sie stellen Fragen zu den Daten, zu John, zur möglichen Tragweite der Recherchen. Oft ist Journalismus ein ziemlich schnelllebiges Geschäft, mit Themen, die man im Tages- oder Wochenrhythmus wechseln muss. Eine solche Recherche, wie wir sie nun planen, bedeutet: tief in eine Materie einzutauchen, um ein umfassendes Verständnis über eine Branche und ihre Schattenseiten zu erlangen. Fast jeder unserer Kollegen weiß, dass auf uns eine stressige, aber auch sehr spannende Zeit wartet.

Wir fliegen zufrieden aus Lissabon weg und beginnen nach unserer Rückkehr nach Hamburg zunächst damit, die Messi-Unterlagen weiter zu strukturieren und vor allem, die vielen offenen Fragen und notwendigen Rechercheansätze zu lokalisieren. An unzähligen Punkten stolpern wir über Messis Stiftungsmodell. In den Daten finden wir Geldflüsse, die weder logisch noch nachvollziehbar sind. Und transparent ist in dieser Sache natürlich gar nichts.

Die Messi-Papiere lassen uns tief in die Lebens- und Geschäftswelt eines Weltstars eintauchen. Sie zeigen uns, wie oft der Fußballstar den falschen Menschen vertraute und wie wenig er bereit war, abseits des Rasens Verantwortung zu übernehmen. Die Recherchen rund um die Football-Leaks-Dokumente führen uns in die argentinischen Städte Buenos Aires und Rosario sowie nach London, Barcelona und Luxemburg. Wir werden Monate unterwegs sein, um beschreiben zu können, wie abgeschottet von der Öffentlichkeit das Stiftungsmodell Lionel Messis operiert – und wie wenige moralische Leitplanken die Familie des Superstars offenbar kennt.

DAS MÄRCHEN

Das City Center im argentinischen Rosario gleicht einem Bunker. Ein Ensemble aus grauem, schmucklosem Beton, das dennoch jährlich Hunderttausende Besucher anzieht. Es sind vor allem Zocker, denn im City Center ist eines der größten Casinos Südamerikas untergebracht. Am 28. Juni 2017 durchsuchten Beamte einer Antikorruptionseinheit das Gebäude. Der Verdacht: Geldwäsche. Rosario, knapp vier Autostunden nordwestlich von Buenos Aires gelegen, gilt weltweit als einer der Hauptumschlagplätze für Drogen. Und wo das Glücksspiel brummt, da ist das Geld der Mafia nicht weit.

Lionel Messi ließ sich von alldem nicht abschrecken. Zwei Tage nach dem Polizeieinsatz heiratete der fünfmalige Weltfußballer im City Center seine Jugendfreundin Antonella Roccuzzo. Die Hochzeit bewegte das gesamte Land. Welches Kleid würde Antonella tragen? Würde die Popikone Shakira, Lebensgefährtin von Messis Teamkollegen Gerard Piqué, für das Paar singen? Mit welchem Menü würden die Hochzeitsgäste wohl bewirtet werden? Nicht nur in Argentinien, auf der ganzen Welt wird Lionel Messi von Fußballfans angehimmelt. Sein Leben gleicht dem einer Romanfigur: Ein Junge, der aus einfachen Verhältnissen stammt und an Wachstumsstörungen leidet, verlässt als 13-Jähriger seine südamerikanische Heimat, um in Europa gesund zu werden – und steigt dort zu einem der größten Fußballer der Geschichte auf.

Trotz seines Ruhms ist dieser Junge aus Rosario nahbar geblieben, ein schüchterner, freundlicher junger Mann, dem das Reden nicht sonderlich liegt. Der seine freie Zeit am liebsten mit seinen Freunden, der Familie oder an der Playstation verbringt. Alles, was das Leben kompliziert macht, überlässt Messi seinen Vertrauten. Allen voran seinem Vater Jorge Horacio, der im Jahr 2000 die Entscheidung traf, seinen kleinwüchsigen Sohn beim FC Barcelona vorspielen zu lassen. Nach einer intensiven Hormontherapie gelang es dem Filius bei den Katalanen, sein riesiges Talent zu entwickeln, bis er zu einem Weltstar wurde.

Auch wenn er seit fast zwei Jahrzehnten in Spanien lebt, betont Lionel Messi immerzu die tiefe Verbundenheit mit seiner Geburtsstadt Rosario, in der ein Teil seiner Familie weiterhin lebt. Wohl auch deshalb kehrte »La Pulga«, der Floh, wie Messi auch genannt wird, im Sommer 2017 in die Heimat zurück, um im City Center jener Frau das Jawort zu geben, mit der er inzwischen drei Kinder hat. Auf dem Provinzflughafen Rosarios drängten sich die Privatjets. Das Brautpaar hatte 260 Gäste eingeladen, darunter fast alle Spieler der argentinischen Nationalmannschaft und des FC Barcelona. Eine Boulevardzeitung errechnete, dass der Marktwert aller auf der Feier anwesenden Profifußballer bei über zwei Milliarden Euro liege.

Was am 30. Juni 2017 in Rosario im Leben des Lionel Messi geschah, war öffentlich inszeniert. Was am selben Tag in Barcelona passierte, war dagegen streng vertraulich.

Datiert auf Messis Hochzeitstag unterschrieb der FC Barcelona die Verträge mit seinem Juwel, Laufzeit bis Ende Juni 2021. Zähe Verhandlungen waren vorausgegangen, der alte Kontrakt wäre im Sommer 2018 ausgelaufen. Dann wäre Messi ablösefrei gewesen, eine Horrorvorstellung für jeden Barça-Fan. Die Sorge der Klubbosse, am Ende womöglich ohne Lionel Messi und ohne Transfereinnahmen dazustehen und sich vor den Fans für den Abschied ihres Idols verantworten zu müssen, spiegelt sich in den Verträgen wider.

Zum ersten Mal garantiert ein Klub einem Profi ein jährliches Einkommen von mehr als 100 Millionen Euro. Nur zum Vergleich: Der Jahresumsatz eines Vereins wie Werder Bremen lag 2017 bei rund 120 Millionen Euro, mit denen nicht nur der Profikader mit sämtlichen Mitarbeitern finanziert werden muss, sondern der gesamte Geschäftsbetrieb.

So sieht sie aus, die Kluft zwischen angestaubten Vereinen, die noch in den 1990er Jahren den Europapokal gewannen, und strahlenden Weltmarken, bei denen die besten Fußballer der Gegenwart spielen. Und diese Kluft wird immer tiefer. Der Turbokapitalismus der vergangenen Jahre hat die Verdienstmöglichkeiten der Topkräfte auf ein obszönes Niveau geschraubt.

Doch die Geschichte hinter Messis Verträgen geht weit über die reine Empörung über ein absurd hohes Jahresgehalt hinaus. Diese Geschichte liefert vielmehr tiefe Einblicke in die Geschäftswelt des Spitzenfußballs, der sich im Ringen um die Superstars offenbar von Werten wie Augenmaß oder Redlichkeit verabschiedet hat.

DER VORGANG

Lionel Messi und sein Vater Jorge sind verurteilte Steuerhinterzieher. Zwischen 2007 und 2009 haben die beiden Werbeeinnahmen von mehr als zehn Millionen Euro über Firmen in Offshoreländer geleitet und auf diese Weise dem spanischen Staat Steuern in Höhe von 4,1 Millionen Euro vorenthalten. Im Sommer 2016 wurden die Messis in Barcelona deshalb zu hohen Geldbußen und Haftstrafen von 21 Monaten verurteilt. Weil sie Ersttäter waren, schickten die Richter sie nicht ins Gefängnis.

Umso mehr müssen Lionel und Jorge Messi erschrocken sein, als sie noch während des Prozesses ein weiteres Mal ins Visier der spanischen Finanzbehörden gerieten. Vier Beamte der Agencia Tributaria, Abteilung Großbetriebe, waren bei einer Betriebsprüfung des FC Barcelona auf Millionenüberweisungen des Klubs an Messis Vater sowie an die gemeinnützige Stiftung des Spielers gestoßen.

Wie sich aus den Football-Leaks-Dokumenten rekonstruieren lässt, forderten die Inspektoren vom Klub sämtliche Unterlagen zu Zahlungen aus den Jahren 2010 bis 2013 an die Fundación Leo Messi – die Stiftung des Profis, die sich rühmt, insbesondere bedürftigen Kindern zu helfen. Die Beamten verlangten genaue Auskunft darüber, wofür Barça das Geld gezahlt hatte. Es stand der Verdacht im Raum, die Überweisungen an die Stiftung seien nicht als Spenden zu bewerten, sondern als verdeckte Gehaltszahlungen.

Der FC Barcelona schien beunruhigt über die Nachforschungen der Steuerbehörde. Aus »Loyalität«, wie es in einer Mail heißt, habe der Chefjurist die Messis über die Fragen der Prüfer in Kenntnis gesetzt. Doch Jorge Messi versicherte: »Keine Sorge, wir kennen uns in diesen Themen mittlerweile richtig gut aus.« Der FC Barcelona beauftragte einen renommierten Juristen mit einer Risikoanalyse. Aus dessen Entwurf geht hervor, dass der Klub im Streit mit dem Fiskus ziemlich schlechte Karten hatte. Lionel Messi ebenfalls. Der Anwalt schätzte die Wahrscheinlichkeit, dass die Behörden Barças Millionen an Messis Stiftung als Teil seines Gehalts und damit als »Delikt« betrachten könnten, als »hoch« ein.

In dem Schreiben des Anwalts finden sich mehrere Szenarien für Lionel Messi. Eines lautet: »Der Spieler klärt seine steuerliche Situation vollumfänglich, ehe die Finanzbehörden auf ihn zukommen.« Lionel Messi müsse zwar mit einer Nach- sowie einer Strafzahlung rechnen, doch mit einer Regulierung seiner finanziellen Verhältnisse könne er vermeiden, strafrechtlich wegen Steuerhinterziehung belangt zu werden. Dies sei die sicherste Variante für Messi, schrieb der Anwalt – »auch vor dem Hintergrund des Prozesses wegen Steuerhinterziehung, dem er derzeit ausgesetzt ist«.

Eine neuerliche Strafverfolgung wäre nicht nur für Messi ein großes Problem, sondern auch für den FC Barcelona. Die gesamte Vermarktung des Klubs ist auf den Ausnahmespieler abgestellt, das Spiel der Mannschaft ebenso.

Als der FC Barcelona und Messis Vertreter ein erstes Treffen wegen der Nachforschungen der Agencia Tributaria vorbereiteten, beschwor Präsident Josep Maria Bartomeu den Chefjuristen des Klubs in einer Mail: »Bitte bleib bei ihnen, schnell, sei sicher, dass alles richtig gemacht wird.« Der Anwalt, der die Risikoanalyse aufgesetzt hatte, meldete sich Ende Juli 2016 erneut beim Justiziar des FC Barcelona. Er war in Sorge angesichts der drohenden Folgen für Lionel Messi: »Unserer Ansicht nach ist das Risiko, dass der Spieler vorgeladen wird, seit einigen Wochen sehr hoch, und es ist quasi nicht mehr zu vermeiden, egal, was passiert und ob wir ihnen Unterlagen überreichen oder nicht, sobald die Inspektoren uns das nächste Mal besucht haben werden.« In den folgenden Wochen gab es mehrere Treffen zwischen der Führungsspitze des Klubs und den Steuerexperten des Spielers, auch Jorge Messi war im Bilde. Der Vater war, wie Präsident Bartomeu in einer E-Mail festhielt, »beunruhigt«. Der Begriff, den beide Seiten benutzten, wenn sie sich über die Steuerprobleme verständigten, lautete »el asunto«, zu Deutsch: »der Vorgang«.

Auch wenn Lionel Messis Berater darauf beharrten, dass die Überweisungen des FC Barcelona an Messis Stiftung keinesfalls als

Teil von Messis Gehalt zu betrachten seien, einigte der Spieler sich mit dem spanischen Fiskus. Lionel Messi zahlte rund zwölf Millionen Euro. Doch da wusste er bereits, dass der Klub die Strafe für ihn übernehmen würde.

Barça wählte dafür ein grenzwertiges Modell. Aus einem Vertragsentwurf geht hervor, dass der Verein Lionel Messi ein Darlehen von zwölf Millionen Euro gewähren wollte. Mit diesem Geld sollte der Profi seine Steuerschuld begleichen. »Auch wenn die aufgeführten Summen formal von Señor Messi bezahlt werden, so werden sie in voller Höhe vom FC Barcelona übernommen werden«, hieß es in dem Entwurf. Im Oktober 2016 war es so weit: Der Klub und Messi einigten sich auf das Darlehen, zwölf Millionen flossen auf ein Konto des Spielers bei der Caixabank.

Der Clou: Auch das Darlehen sollte nicht an ihm hängen bleiben. Messi hatte sich mit dem Klub auf eine Sonderzahlung geeinigt. Der ausgehandelte Bonus, den er in der kommenden Saison zusätzlich zu seinem Gehalt erhalten sollte, betrug 23,1 Millionen Euro. Davon dienten 9,6 Millionen dazu, seine Steuerschuld für die Beraterhonorare des Vaters zu begleichen, und 13 Millionen, das Steuerproblem mit seiner Stiftung zu lösen. Der Bonus entspricht in etwa dem Bruttobetrag von zwölf Millionen Euro netto – der Höhe des Darlehens.

Beim FC Barcelona tüftelte nahezu die gesamte Führungscrew an der Lösung von Messis neuen Steuerproblemen, und keiner störte sich daran, dass letztlich der Klub die Zeche zahlen sollte. Außer einer Mitarbeiterin: Sabine Paquer, die Beauftragte für Compliance.

Die Chefaufseherin meldete sich im Oktober 2016 zu Wort. Sie fragte in einer klubinternen Mail, ob der Darlehensvertrag für Messi von Barças Hausjuristen und Beratern gegengelesen worden sei. Später hakte sie nach, ob die Meinung externer Prüfer eingeholt wurde. Die Compliance-Expertin hinterfragte Dauer, Verzinsung und weitere Klauseln des Leihgeschäfts.

Sabine Paquer lässt sich aus Sicht der Barça-Manager getrost als Nervensäge bezeichnen. Darauf deutet zumindest der Ton hin, in dem die Direktoren sich untereinander über ihre Anfrage verständigten. Einer bat schließlich den Finanzchef, er möge »Sabine« erklären, dass »der Klub kein börsennotiertes Unternehmen« sei und dass »diese Darlehen helfen könnten, damit Leo seinen Vertrag verlängert. Und wenn wir das nicht tun, kann die ganze Sache komplizierter werden (oder unmöglich).«

Also wurde Sabine Paquer auf Linie gebracht. Der Finanzchef erklärte der Compliance-Beauftragten per Mail die Dringlichkeit dieser Verträge: »Wir müssen uns vergegenwärtigen, dass es sich hier um den bedeutendsten Vermögenswert des Vereins handelt.« Dank Messi könne man in Zukunft womöglich weitere wichtige Sponsoren anwerben.

Lionel Messi, der bedeutendste Vermögenswert des FC Barcelona – dagegen kamen die Bedenken der Compliance-Beauftragten nicht an. Frau Paquer gab sich geschlagen. Für den Klub war die Sache allerdings noch nicht beendet. Die Betriebsprüfung gegen ihn dauerte an.

HALLELUJA

Anfang Juli 2017, kurz nach Lionel Messis Hochzeit in Rosario, schrieb Román Gómez-Ponti, der Chefjurist des Klubs, eine Mail an den Vorstandschef Òscar Grau. Sie bestand aus einem einzigen Wort, eingefügt in die Betreffzeile: »ALELUYA«. Ponti schrieb es in Großbuchstaben und hinten mit genau 69 As. Grau antwortete: »Danke an ALLE für eure Hingabe und Mühe. Die Verlängerung von Leo Messi ... war lebenswichtig für den FC Barcelona.« Und Präsident Bartomeu gratulierte Messis Vater Jorge: »Glückwunsch an alle Seiten! Leo ist und bleibt dort, wo wir ihn uns alle wünschen.« Halleluja.

Um ihren Superstar auch über 2018 hinaus an den FC Barcelona zu binden, hatten Bartomeu, sein Vize Jordi Mestre sowie Klubchef Grau drei zentrale Verträge aufgesetzt, allesamt in katalanischer Sprache: einen Arbeitsvertrag über 14 Seiten, den anstelle Lionel

Messis sein Vater gegenzeichnete; einen Bildrechtevertrag mit der Firma Leo Messi Management S.L. über 15 Seiten, auch dieser versehen mit der Unterschrift des Vaters; sowie einen Vertrag mit Messis Stiftung in Barcelona.

Zusammengenommen zeigen die drei Verträge, dass der FC Barcelona wirklich alles darangesetzt hat, seinen Star zu halten. Die Gagen, auf die sich der Verein eingelassen hat, sprengen alle Grenzen.

Geht man davon aus, dass Messi seinen Vertrag erfüllen und in der Zeit weiterhin Stammspieler bei Barça bleiben wird, und bricht man Einmalzahlungen wie die Signing Fee und die Treueprämie auf den Jahresanteil herunter, wird der Argentinier von seinem Klub garantierte 106 347 115 Euro pro Saison bekommen. Gewinnt der FC Barcelona gar das Triple – also Champions League, die spanische Meisterschaft und den spanischen Pokal – und wird Messi in jener Saison zum besten Spieler der Welt gekürt, würde er sogar auf ein Jahreseinkommen von 122 515 205 Euro kommen.

Für die vier Jahre der Vertragslaufzeit stellt der Klub seinem Starspieler fast eine halbe Milliarde Euro in Aussicht – obwohl Messi zum Zeitpunkt des Vertragsschlusses bereits 30 Jahre alt war und sich auf der Zielgeraden seiner Karriere befindet. Wie ist das möglich? Buchhaltung kann im Profifußball manchmal reine Magie sein; im Fall Messi ist sie sogar in der Lage, aus Steuerschulden Garantiezahlungen zu machen.

Als der FC Barcelona Ende Juni 2017 die Verträge mit Messi unterschrieb, verständigten sich beide Seiten darauf, die Vereinbarung über die Bonuszahlung von 23,1 Millionen Euro zu annullieren. Sie war ja im Vorjahr zentraler Teil der Operation gewesen, Messis Steuernachzahlung auf den Verein abzuwälzen. Stattdessen floss dieser Betrag nun direkt in Messis neues Festgehalt mit ein.

Oder auf den Punkt gebracht: Der Klub, der über Jahrzehnte Steuervergünstigungen in Millionenhöhe vom spanischen Staat erhielt, begleicht mit diesem Monstervertrag endgültig die neuen Steuerschulden des bereits verurteilten Steuerhinterziehers Lionel Messi.

Wie weit die Vereinsbosse ins finanzielle Risiko gingen, haben sie in internen Kalkulationen beschrieben. Einmal errechneten sie, dass die Ausgaben für Messi künftig fast 40 Prozent der Personalkosten für die gesamte Mannschaft ausmachen würden. In einem anderen Dokument heißt es: »Der Spieler muss sich im Klaren darüber sein, wie unverhältnismäßig hoch sein Gehalt im Verhältnis zum Rest der Mannschaft ist.« Doch Vater Messi hatte bei den Vertragsverhandlungen die besseren Karten. Er wusste, dass er so gut wie alles für seinen Wundersohn fordern konnte. Seit Jahren ist der weltweite Fußballmarkt auf absurde Weise überhitzt. Wenn der FC Barcelona nicht auf die Forderungen der Messis eingehen sollte, würde sich immer irgendein chinesischer, russischer, arabischer oder amerikanischer Investor finden lassen, der ihre Wünsche nur zu gerne erfüllte.

Selbst der Erzfeind Real Madrid soll schon einmal versucht haben, die Ikone des katalanischen Klubs abzuwerben. Aus vertraulichen Dokumenten lässt sich ein bislang geheimes Angebot für Lionel Messi nacherzählen.

VERHANDLUNGEN IM HIMMEL

Am Morgen des 22. Juni 2013 schickte Iñigo Juárez, damals der Anwalt rund um die Geschäfte Lionel Messis, eine Mail an Papa Jorge. Juárez beschrieb, dass er sich als Mittelsmann der Familie mit Unterhändlern von Real Madrid getroffen habe. Demnach wollten die Königlichen den Stürmer unbedingt aus seinem Kontrakt mit dem FC Barcelona herauskaufen, den Lionel erst Anfang Februar 2013 verlängert hatte.

In diesem Vertrag war eine Ausstiegsklausel von 250 Millionen Euro verankert. Diese Summe, so schrieb Juárez an Vater Messi, würde Real Madrid als Ablöse zahlen. Lionel Messi sollte dann bei seinem neuen Verein bis Ende der Saison 2021 verpflichtet werden und in diesen acht Spielzeiten durchschnittlich 23,125 Millionen Euro verdienen – nach Abzug von Steuern. Netto.

Auch bei den Werberechten soll Real Madrid sich spendabel gezeigt haben. Messi dürfe alle Einnahmen aus Verträgen, die er vor Sommer 2013 abgeschlossen habe, für sich behalten, schrieb Juárez. Seinen Angaben zufolge waren das weitere 20 Millionen Euro. Pro Saison. »Sie wollen schnell wissen, was los ist«, schrieb Juárez, »schließlich wollen sie alles für deinen Sohn ausgeben.« Real Madrid soll ein Treffen in den kommenden Tagen vorgeschlagen haben. »Ich habe ihnen gesagt, dass ihr zu Terminen reist«, so Juárez.

Aber auch auf diese logistische Hürde soll Real Madrid eine Antwort gehabt haben. Und was für eine. Der Plan sei, so Juárez, zwei Privatflugzeuge zu chartern. Im ersten würden die Messis mit ihrem Anwalt, Real-Präsident Florentino Pérez, dem Sportdirektor der Madrilenen und einem weiteren Juristen an Bord abheben. Man würde in der Luft verhandeln, um dann an einem vereinbarten Ort zu landen. Der eine Flieger würde Richtung Madrid zurückkehren, den anderen sollten die Messis für ihre Weiterreise nutzen.

Zwei Schmankerl hätten die Madrilenen noch, schrieb Juárez. Das eine gelte Vater Messi. »Deine Kommission liegt bei fünf Prozent«, fuhr der Anwalt fort, für acht Jahre also 16 Millionen Euro brutto. Beim anderen gehe es um die Ermittlungen gegen Lionel Messi wegen des Verdachts der Steuerhinterziehung durch die Staatsanwaltschaft Barcelona, die damals offiziell eingeleitet worden waren. »Sie sagen mir, dass sie Druck auf Rajoy ausüben würden, um zu einer für Deinen Sohn günstigen Lösung zu kommen«, schrieb Juárez.

Mariano Rajoy war zwischen 2011 und 2018 der Ministerpräsident von Spanien – und eine Marionette von Real Madrid? »Ich halte das allerdings für wenig glaubwürdig«, schob der Messi-Anwalt nach. Die Unterstellung, Real Madrids Einfluss reiche bis in die höchsten politischen Kreise Spaniens hinein, ist immer wieder zu hören. Selten ist, dass sich schriftliche Hinweise dafür finden. Auf Anfrage antwortete Iñigo Juárez, dass die Veröffentlichung interner Mails ein Gesetzesverstoß sei. Real Madrid schrieb, die Darstellung sei »total falsch«.

Die Episode vermittelt eine Ahnung von den Möglichkeiten der Messi-Familie. Es gibt für sie, wohl bis heute, keine rote Linie. Wenn Juárez' Version stimmt, verhandelte der Vater über den Anwalt sogar mit Real Madrid, dem größten Feindbild, das der Barça-Fan kennt, um den Preis für seinen Sohn weiter nach oben zu treiben.

Am Ende blieb Lionel Messi in Barcelona. Im Mai 2014 verbesserte der Klub den erst im Vorjahr erhöhten Vertrag wohl noch einmal kräftig. Laut einem Vertragsentwurf stieg Messis jährliches Bruttofestgehalt auf durchschnittlich 29,9 Millionen Euro.

Mitgehen oder verlieren, der heutige Fußballmarkt ist ein brutales Geschäft, in dem Loyalitäten kaum zählen. Nach Messis Flirt mit dem Erzrivalen wussten die Verantwortlichen des FC Barcelona sehr genau, dass sie bei der nächsten Vertragsverhandlungsrunde mit ihrem Angebot in eine neue Dimension vorstoßen müssten, wenn sie Messi in Katalonien halten wollten. Das galt übrigens nicht nur für den Sohn, sondern auch für den Vater: Barça stellte Jorge Messi ebenfalls ein Beraterhonorar von fünf Prozent der Bruttoeinkünfte seines Sohnes in Aussicht, im besten Fall also mehr als 24 Millionen Euro.

Doch irgendetwas war faul.

PAPAS DRIBBLING

Nachdem Messis Vater und die Führungskräfte des FC Barcelona im Sommer 2017 die neuen Verträge unterschrieben hatten, wollte der Klub ein paar Tage später ein Kommuniqué veröffentlichen, um zu verkünden, dass mit »dem besten Spieler der Geschichte« eine Einigung bis Sommer 2021 erzielt worden sei. Messi selbst werde den Vertrag gegenzeichnen, sobald er aus den Flitterwochen zurückgekehrt sei.

Außerdem wollte der FC Barcelona die Ablösesumme nennen, die ein Klub zahlen müsste, der Messi aus seinem Vertrag herauskaufen wollte: 300 Millionen Euro. Dies öffentlich zu machen, sei »Standard«, schrieb Vorstandsboss Òscar Grau an Jorge Messi.

Doch der Vater war dagegen, die Ablösesumme zu nennen. Die 300 Millionen zu beziffern »bringt gar nichts«, antwortete er. Er befürchtete, dass weitere Verhandlungsdetails durchsickern oder an die Medien durchgestochen werden könnten. »Es würde mir gegen den Strich gehen, wenn Zahlen nach außen dringen, weil dadurch nur Unruhe geschürt wird«, schrieb Jorge Messi.

Für den 18. Juli 2017 hatte der FC Barcelona einen Auftritt auf der Ehrentribüne des Stadions Camp Nou geplant, bei dem die Vertragsverlängerung vor der Weltpresse verkündet werden sollte. Messi, gerade von einer PR-Tour aus Japan zurückgekehrt, sollte neben den drei Vorstandsbossen sitzend unterschreiben. Anschließend sollte ihm Präsident Bartomeu ein Trikot mit dem Aufdruck »Leo 2021« überreichen.

»Wir warten darauf, dass Du uns den Termin bestätigst«, schrieb Vereinsboss Grau am 14. Juli an Vater Messi. Doch der rührte sich nicht. Zwei Tage später fasste Grau nach, die Zeit drängte. »Es befremdet mich, nichts von Dir zu hören«, schrieb er, »wir würden den Akt gern noch vor der Abreise in die USA über die Bühne bringen.« Am 19. Juli 2017 sollte die Mannschaft zu einem Turnier nach New Jersey fliegen.

Doch Lionel Messi unterschrieb nicht.

Womöglich hatte Vater Jorge Wind davon bekommen, dass die kommenden Wochen zu einer Zäsur im Weltfußball werden sollten. Der Sommer 2017, in dem der Messi-Vertrag verlängert wurde, glich einem Goldrausch. Anfang August wechselte Messis Vereinskollege Neymar für die Weltrekordsumme von 222 Millionen Euro zu Paris Saint-Germain, und die Katalanen kauften für bis zu 145 Millionen Euro Ousmane Dembélé aus Dortmund. Manchester United gab rund 160 Millionen für Transfers aus, der AC Mailand investierte knapp 200 Millionen in neue Spieler, und Manchester City leistete sich neues Personal für etwa 250 Millionen Euro. Der Markt explodierte.

Für Jorge Messi war das eine gute Nachricht, solch inflationäre Tendenzen bedeuten für ihn: eine noch bessere Verhandlungsposition, weitere Forderungen, noch höhere Einnahmen.

Obwohl Jorge Messi und die Vereinsbosse das Vertragswerk vom 30. Juni 2017 bereits unterschrieben hatten, wurde das Paket offenbar noch einmal aufgeschnürt. Erst am letzten Novemberwochenende 2017, fast fünf Monate nach dem Aleluya-Freudenschrei des Barça-Juristen, unterzeichnete Messi öffentlich sein Arbeitspapier. Und siehe da: Vereinspräsident Bartomeu durfte nun über die Ausstiegsklausel sprechen. Er erwähnte, dass sie auf 700 Millionen Euro angehoben sei – offenbar auch als Reaktion auf Neymars Abgang nach Paris. Auf Anfrage des SPIEGEL schrieb Jorge Messi, dieser Vertrag sei das Ergebnis von »Verhandlungen, welche alle maßgeblichen Umstände einbezogen, die derzeit den Markt beeinflussen«.

Nach all dem Druck durch die Steuerbehörden, dem Darlehenspoker, den Bonusversprechen, den Verhandlungen und Nachverhandlungen lässt sich eines getrost behaupten: Wenn es ums Geld geht, scheinen die Messis nur wenige Hemmungen zu kennen.

Insbesondere Papa Messi ist beim Verhandeln und Abschließen von Verträgen fast so trickreich und abgezockt wie sein Sohn im Dribbling. Egal, wie gefährlich das für ihn werden kann.

DER ENGLISCHE STROHMANN

Die Bedford Row in der Londoner Innenstadt ist eine gediegene Adresse, hellbraune Backsteinfassaden, lichte Fensterfronten, videoüberwachte Hauseingänge. Lionel Messi und Cristiano Ronaldo, die beiden weltbesten Fußballer der vergangenen zehn Jahre, haben nicht besonders viele Gemeinsamkeiten. Doch wie der Zufall es so will: In dem Gebäude in der Bedford Row mit den Hausnummern 20 bis 22 kreuzten sich ihre Wege.

Im zweiten Stockwerk residierte die Anwaltskanzlei Couchmans, die sich mit prominenten Mandanten aus der Kickerbranche schmückt. Der berühmteste von ihnen: Cristiano Ronaldo. Die Juristen von Couchmans entwarfen einen Vertrag für den portugiesischen Superstar, der Ronaldo zum wirtschaftlich Berechtigten einer Firma namens Tollin Associates Limited auf den British Virgin Islands machte, einem Steuerparadies in der Karibik. An diese Firma waren auf verschlungenen Wegen die mittlerweile berühmten 150 Millionen Euro Werbegelder Ronaldos geflossen. Ronaldo schlitterte wegen dieses Manövers nur knapp an einer Gefängnisstrafe vorbei.

Ähnlich unerfreulich entwickelte sich das Geschäftsverhältnis zwischen Lionel Messi und der Firma, die in dem Gebäude in der Bedford Row im Erdgeschoss registriert war. Dort saß die Jordans Limited, ein einschlägig bekannter Name in der Londoner Finanzwelt. Jordans war spezialisiert auf Unternehmensgründungen in Steuerparadiesen und warb auf seiner Homepage damit, wie kinderleicht die Registrierung in Offshore-Ländern sei: 24 Stunden dauerte demnach der Gründungsakt auf den Seychellen, immerhin 72 Stunden auf den British Virgin Islands. Die Kosten dafür waren lächerlich niedrig, für ein paar Tausend Pfund drechselte Jordans demnach fast alles.

Im Laufe des Jahres 2006 kontaktierte Jorge Messi, der Vater des argentinischen Superstars, seine spanische Kanzlei. Er hatte ein Problem. Knapp zwei Jahre zuvor, als die Karriere seines hochbegabten und damals noch minderjährigen Sohnes so richtig Fahrt aufnahm, hatte Vater Messi mit dem argentinischen Geschäftsmann Rodolfo Schinocca eine Firma gegründet, die den Jungstar vermarktete.

Jorge Messi und Schinocca teilten sich die Provisionen für die weltweite Vermarktung außerhalb Großbritanniens, zehn Prozent der Nettoerlöse, das restliche Geld der Sponsoren floss weiter ins mittelamerikanische Steuerparadies Belize an eine Firma, die der Mutter von Lionel Messi gehörte. Doch dann zerstritten sich Jorge Messi und Schinocca. Für Vater Messi stand fest: Schinocca sollte raus aus dem Familiengeschäft. Da kamen die Steuerexperten in der Londoner Bedford Row ins Spiel.

Die Spezialisten von Jordans machten nun das, was sie besonders gut können: Sie halfen mit, den Messis Anfang 2007 ein neues Firmengeflecht zu zimmern, das so undurchsichtig war, dass zunächst einmal keine Steuerbehörde Wind von den Werbemillionen bekam. Brutto war netto, abzüglich einer geringen Provision. Und Schinocca war tatsächlich draußen. Lionel Messis Vermarktungsrechte lagen fortan nicht mehr bei der Firma seiner Mama in Belize, sondern gingen an eine Firma namens Jenbril S.A. mit Sitz in Uruguays Hauptstadt Montevideo über. Der wirtschaftlich Berechtigte der Jenbril war Lionel Messi persönlich, mittlerweile volljährig und geschäftsfähig.

Für das operative Geschäft, Lionel Messis Vermarktung, traten zwei weitere Firmen hervor. Eine wurde in der Schweiz gegründet, sie hieß Tubal Soccer Management GmbH mit Sitz in Zug. Eine zweite war in London registriert. Sie trug den Namen Sidefloor Limited – ihre Adresse war identisch mit der von Jordans, den Steuerkünstlern aus der Bedford Row.

Die Sidefloor hatte einen Geschäftsführer, und sie kassierte fortan für jeden Werbevertrag, den sie für Lionel Messi abschloss, fünf bis acht Prozent der Nettoerlöse als Provision. Tatsächlich war die Sidefloor nur eine Hülle. Eine Scheinfirma. Ihr Geschäftsführer, der Brite David William Waygood, war Geschäftsführer von mehr als hundert weiteren Firmen. Doch im wahren Leben war der Mann, der Messis Verträge aushandelte, sein Vater Jorge.

Im Juni 2013 flog der ganze Schwindel auf. Damals erhob die Staatsanwaltschaft Barcelona Anklage gegen den argentinischen Superstar und seinen Vater wegen des Verdachts der Steuerhinterziehung respektive der Beihilfe. Der Prozess begann im Juni 2016, das Landgericht Barcelona verurteilte Lionel Messi schließlich wegen Steuerhinterziehung zu 21 Monaten Freiheitsstrafe auf Bewährung, sein Vater erhielt zunächst das gleiche Strafmaß wegen Beihilfe. Die Richter waren zu der Überzeugung gelangt, dass Jorge und Lionel Messi in den Jahren zwischen 2007 und 2009 »mithilfe einer Strategie« von Scheinfirmen in Steuerparadiesen mehr als zehn Millionen Euro Werbeeinnahmen am spanischen Fiskus vorbeigeschleust und so dem spanischen Fiskus 4,1 Millionen Euro vorenthalten hatten. Im Mai 2017 senkte der Oberste Spanische Gerichtshof die Strafe für Vater Messi zwar auf 15 Monate, doch seither sind Lionel und Jorge Messi verurteilt und vorbestraft. Sie können sich keine weiteren Fehltritte bei den Finanzbehörden mehr leisten.

Doch nun zeigt sich, dass Vater Messi auch nach Beginn der Strafermittlungen gegen seinen Sohn und ihn bei persönlichen Geschäften offenbar weiterhin engsten Kontakt zur Briefkastenfirma Sidefloor in London pflegte. Diesen Schluss legen die Football-Leaks-Unterlagen nahe.

Im Frühjahr 2016 begann beim FC Barcelona die bereits erwähnte Betriebsprüfung. Auf Druck der Steuerbehörden rekonstruierte die Führungsspitze damals noch einmal sämtliche Beraterhonorare, die der Verein in den vorangegangenen fünf Jahren gezahlt hatte. Bemerkenswert daran ist, dass sich Jorge Messi, der seit Beginn von Lionels Weltkarriere als Berater seines Sohnes fungiert, seine Honorare erst seit 2015 an eine Firma überweisen ließ, deren Geschäftsführer er ist. Diese Firma heißt Limecu, ihr Name setzt sich aus den Anfangsbuchstaben Lionel Messi Cuccittinis zusammen. Zwischen Oktober 2015 und Juni 2016 überwies der FC Barcelona demnach 3788000 Euro an die Firma im argentinischen Rosario, der Heimatstadt der Messis.

Zwielichtiger sind 13 weitere Zahlungen, die sich für die Zeit vom 16. Juni 2009 bis 30. Juni 2014 in den Büchern des FC Barcelona für Beraterleistungen in Sachen Messi finden. Es geht um exakt 6695005 Euro. Barcelona zahlte diese Beraterhonorare an die Sidefloor in der Londoner Bedford Row – exakt jene Briefkastenfirma also, die der Oberste Gerichtshof Spaniens in seinem Urteil gegen die Messis vom 24. Mai 2017 als einen der zentralen Bausteine in deren Steuerhinterziehungsmodell beschreibt.

Floss ein Großteil dieser 6,7 Millionen Euro von der Sidefloor an Vater Messi weiter? Und falls ja: Hat Jorge Messi den Finanzbehörden diese Einnahmen offengelegt? Es liegt auf der Hand, dass die Sidefloor wie schon bei Messis Werbeeinahmen auch bei den Beraterhonoraren nur dazu dienen sollte, den wahren Empfänger der Millionen zu verschleiern.

Formaljuristisch schien alles geregelt, in den Honorarvereinbarungen mit dem FC Barcelona in Sachen Messi tauchte bis Mitte

2014 immer die Sidefloor als Vertragspartner auf. Am 10. Oktober 2008 verständigten sich der Klub und die Firma aus London, vertreten durch ihren Geschäftsführer David Waygood, offenbar auf einen Beraterkontrakt. Wenige Monate zuvor, am 4. Juli, hatte Lionel Messi seinen Arbeitsvertrag bis Ende Juni 2014 verlängert, »mithilfe Herrn Jorge Messis«, wie es in dem Entwurf des Beratervertrages heißt. Für jedes Jahr, in dem Lionel Messi beim FC Barcelona spielte, sollte die Sidefloor deshalb eine Provision von 400 000 Euro vom FC Barcelona kassieren »plus einer Summe, die fünf Prozent der Prämien entspricht, die der Spieler erhält«.

Diese Fünf-Prozent-Regelung für die Sidefloor galt offensichtlich auch noch am 7. Februar 2013, als Lionel Messi seinen Arbeitsvertrag erneut verlängerte, diesmal bis Ende Juni 2017. Die Einnahmen des Spielers erhöhten sich massiv: Sein jährliches Festgehalt lag fortan bei 18,6 Millionen Euro. Auch die Prämien des Argentiniers schossen in die Höhe. Wenn Messi in einer Spielzeit an sechzig Prozent der Pflichtspiele teilnahm, bekam er pro Saison 2,72 Millionen Euro, für die Qualifikation zur Champions League gab es 1,7 Millionen obendrauf, für den Titel in der Königsklasse 2,975 Millionen, für den Titel in der spanischen Meisterschaft 1,19 Millionen. Und immer sollte die Sidefloor, sofern der Beratervertrag vom Oktober 2008 in Kraft getreten war, mit fünf Prozent dabei sein. David Waygood, der Geschäftsführer der Sidefloor, unterzeichnete den neuen Arbeitsvertrag Lionel Messis im Februar 2013 unter der Rubrik »Berater«. Neben Waygoods Unterschrift findet sich auch die von Vater Messi. Bezeichnend ist, dass der FC Barcelona in dem Schriftstück den Namen Waygood falsch schrieb. Dort steht: Waygoog. Aber Waygood war wohl eh nur der Strohmann.

An jenem 7. Februar 2013, als Lionel Messi seinen Vertrag erneut verlängert hatte, besiegelten der FC Barcelona und Sidefloor-Geschäftsführer Waygood wohl auch noch eine weitere Vereinbarung, einen »Dienstleistungsvertrag«. Ein Entwurf liegt dem SPIEGEL vor. Demnach überwies der Klub der Briefkastenfirma in London für »Talentsichtung in Argentinien« fortan jährlich 280 000 Euro, fällig in zwei Raten. Als ein Barça-Mitarbeiter im

Juli 2016, aufgescheucht durch die Betriebsprüfer, auf diese alten Zahlungen stieß, schrieb er eine Mail an den Chefjuristen des Klubs und an den Anwalt Jorge Messis: »Es gibt ein paar Rechnungen zum Thema Dienstleistungen, über die wir gestolpert sind, ich füge sie diesem Schreiben bei.«

Das Urteil des Obersten Spanischen Gerichtshofes gegen Lionel und Jorge Messi legt dar, wie die Sidefloor bei Lionel Messis Werbeeinahmen als Geldrutsche funktioniert hatte. Ob und auf welchem Weg die Sidefloor auch die Beraterhonorare des FC Barcelona an Jorge Messi weiterreichte, geht aus den Football-Leaks-Unterlagen nicht hervor. Womöglich fungierte die Sidefloor aber auch hier nur als Durchlaufposten für die Verschleierung der Geldflüsse. Dafür spricht auch die Wahl ihrer Hausbank an einem der verschwiegensten Finanzplätze Europas.

Aus Rechnungen, die die Sidefloor dem FC Barcelona stellte, geht hervor, dass der Klub die Beraterhonorare auf ein Firmenkonto der Andbank in Luxemburg mit der Nummer LU27 3606 0000 9100 1000 überwies. Nichts wäre einfacher für die Sidefloor gewesen, als den Großteil des Geldes im nächsten Schritt ohne störende Nachfragen weiter an eine Firma Jorge Messis zu überweisen. So war es bei Lionel Messis Werbemillionen gelaufen – warum sollte es bei den Beratermillionen für den Vater anders gewesen sein?

Es gibt weitere makabre Indizien dafür, dass die Sidefloor wohl nur der vorgeschobene Empfänger für Beraterzahlungen an Jorge Messi war. In den Unterlagen von Football Leaks findet sich der Entwurf einer Vereinbarung aus dem Juli 2013 zwischen dem Klub, Lionel Messi und der Sidefloor, wonach der Superstar seinen gerade erst bis Ende Juni 2017 geltenden Arbeitsvertrag vorzeitig um ein weiteres Jahr verlängern würde. Für den FC Barcelona sollte der frühere Präsident Sandro Rosell unterschreiben, für die Sidefloor, in dem Schriftstück als »Agent« bezeichnet, Geschäftsführer David Waygood.

Ein knappes Jahr später sollte Messis Gehalt schon wieder massiv angehoben werden. Dies ergibt sich aus einem Vertragsentwurf, der das Datum 14. Mai 2014 trug. Unterzeichnen sollten diese Vereinbarung der neue Barça-Präsident Josep Maria Bartomeu, Lionel Messi selbst sowie als »Agent« erneut David Waygood, Geschäftsführer der Sidefloor. Doch als der FC Barcelona beide Vertragsentwürfe mit dem erneut falsch geschriebenen Namen »Waygoog« aufsetzte, lebte der Strohmann der Messis schon längst nicht mehr. David Waygood hatte sich am 27. April 2013 nahe seinem Wohnort in der Grafschaft Kent vor einen Zug geworfen.

Zum Zeitpunkt seines Todes soll die britische Kontrollbehörde Financial Conduct Authority eine Untersuchung gegen eine Firma Waygoods geführt haben. Ein Untersuchungsrichter untersuchte die Todesumstände und konstatierte, »Stress bei der Arbeit« sei ein Motiv für Waygoods Selbstmord gewesen. Ob die Ermittlungen gegen die Messis wegen des Verdachts der Steuerhinterziehung und ihre Verbindungen zur Scheinfirma Sidefloor auch eine Rolle spielten, lässt sich nicht sagen. Waygood hinterließ zwei erwachsene Kinder, beide reagierten auf eine Anfrage nicht. Ein Nachbar, der zwei Häuser neben ihm lebte und nach eigener Aussage gut befreundet mit David Waygood war, sagte dem SPIEGEL: »Am Ende war ihm das alles zu viel.«

Weder der FC Barcelona noch Jorge Messi äußerten sich zu den Vorgängen um die Beraterzahlungen an die Firma Sidefloor. Auch der Nachfolger des verstorbenen David Waygood als Geschäftsführer der Sidefloor reagierte auf eine schriftliche Anfrage nicht.

DIE AMIGOS

Mitte Juni 2012 flog Lionel Messi nach Mexiko. Sein Ziel war Cancún, ein Badeort in der Karibik. Seine Stiftung hatte dort ein Fußballspiel der »Freunde Messis« organisieren lassen, die Erlöse aus dem Prominenten-Kick sollten bedürftigen Kindern zugutekommen. Anschließend zogen Messi und sein Wanderzirkus weiter nach Bogotá und Miami.

Auch im Sommer 2013 traten Messi und seine Amigos in drei großen Stadien auf, diesmal im kolumbianischen Medellín, in der peruanischen Hauptstadt Lima und schließlich in Chicago. Vor Anpfiff der Partien überreichten honorig aussehende Männer dem Superstar überdimensionale Schecks. Die Botschaft: Der Weltstar hat ein großes Herz für Menschen in Not.

Am 29. November 2013 erhielt Lionel Messi dann unerwarteten Besuch aus Madrid. Polizisten der Guardia Civil waren nach Barcelona gereist, sie hatten jede Menge Fragen zu den vermeintlichen Benefizspielen seiner Stiftung im Gepäck und Messi als Zeuge geladen. Die Beamten gehörten zu der Eliteeinheit Unidad Central Operativa (UCO), deren wichtigste Aufgabe die Bekämpfung der Organisierten Kriminalität ist. Ihr Spezialgebiet: Geldwäsche im weltweiten Drogengeschäft.

Fast zwei Jahre lang hatten die Fahnder verdeckte Ermittlungen gegen einen Drogenring aus Südamerika geführt. Sie hegten den Verdacht, dass die Drogenkartelle ihre illegal erworbenen Millionen in Umlauf brächten, indem sie unter anderem mithilfe spanischer Staatsbürger große Konzert- und Sportveranstaltungen organisierten. Durch abgehörte Telefonate waren auch die Auftritte von »Messis Freunden« in das Visier der Fahnder geraten.

Im Zentrum der Affäre stand der Sportveranstalter Guillermo Marín aus Buenos Aires. Der kahlköpfige Unternehmer mit den tief liegenden Augen war ein Kumpel von Messis Vater Jorge und hatte die Verwertungsrechte an den vermeintlichen Charity-Auftritten der Freunde Messis erworben.

In einem Entwurf seiner »Mäzenatenvereinbarung« mit Messis Stiftung in Spanien ist von Benefizspielen nicht die Rede. Dort geht es ausschließlich um kommerzielle Interessen: Die Messi-Stiftung übertrug demnach der Firma Player's Image mit Sitz in Uruguay, für die Marín als Direktor auftrat, die Erlaubnis, zur »Vermarktung einer Reihe von Freundschaftsspielen« den Namen und das Bild Lionel Messis nutzen zu dürfen. Für jedes Spiel musste Player's Image der Messi-Stiftung 50 000 Dollar zahlen, die Firma in Montevideo sollte im Gegenzug für alle Kosten aufkommen. Was mit möglichen Gewinnen passierte, lässt der Vertragsentwurf offen.

Die Einnahmen aus den Auftritten von Messis Freunden waren gewaltig, wie Marín selbst gegenüber den Ermittlern bei einer Zeugenanhörung zu Protokoll gab. Kalkuliert hatte der Vermarkter demnach bei den sechs Spielen 2012 und 2013 mit Einnahmen von mindestens 12,3 Millionen Dollar, wie er den Beamten erzählte. Am Ende wurden es nach seiner Darstellung rund 6,9 Millionen. An die Messi-Stiftung musste er laut dem Vertragsentwurf dafür nur 300 000 Dollar weiterleiten. Ein Anteil von nicht einmal fünf Prozent vom Umsatz – so großherzig gegenüber ihren Geschäftspartnern zeigt sich die Stiftung des Superstars sonst nicht.

Bei ihren Ermittlungen waren die spanischen Elitepolizisten auf mysteriöse Überweisungen gestoßen. Demnach waren 1,37 Millionen Dollar aus den zwei Spielen in Kolumbien auf einem Konto der First Caribbean International Bank im Inselstaat Curaçao gelandet, einer Steueroase. Marín räumte bei seiner Anhörung ein, Zugriff auf dieses Konto zu haben. Der Verdacht der Beamten war, dass auf diesem Weg Geld an Spieler geflossen sein könnte. In ihrem Bericht halten die Fahnder fest, dass sich auf Überweisungsträgern für die Zahlungen nach Curaçao schriftliche Hinweise gefunden hätten wie dieser: »pago G. Marín Messi«. Auf Deutsch: Zahlung Marín Messi.

Hat Lionel Messi über eine Steueroase Geld für seine Teilnahme an Benefizspielen seiner Stiftung kassiert? Der Superstar bestritt das, als er von den Polizisten der Guardia Civil befragt wurde. Auch Marín wies diesen Verdacht bei seiner Anhörung zurück: Nein, Messi habe kein Geld bekommen. Nur seine Stiftung. Auf Anfrage des SPIEGEL äußerte sich Marín nicht zu den Vorgängen.

Doch nicht alle Amigos von Messi spielten wohl gratis für den guten Zweck. Organisator Marín wollte für zwei Spiele im Sommer 2013 unbedingt auch den Stürmer Robert Lewandowski im Team haben – der Pole hatte zuvor weltweit auf sich aufmerksam gemacht, als er in einem Halbfinalspiel der Champions League vier Tore gegen Real Madrid erzielt hatte. Das erste Angebot, das ein Geschäftspartner Maríns dem Berater Lewandowskis machte, lag bei 30 000 Dollar, das letzte bei 250 000, plus Flügen erster Klasse und Übernachtungen in einem Fünf-Sterne-Hotel. »Die Kontaktaufnahme und die Angebote kamen mir merkwürdig vor«, sagte uns Lewandowskis Berater Maik Barthel, »an diesem Geschäftsmodell wollten wir nicht teilnehmen.«

Der italienische Trainer Fabio Capello, der bei zwei Spielen in Bogotá und Miami an der Seitenlinie stand, hatte offenbar eine Gage von 25 000 Dollar pro Spiel vereinbart. Die Rechnung schickten Capellos Berater an die Firma Player's Image in Montevideo. Capellos Anwalt und Sprecher, sein Sohn Pierfilippo, sagte, die Gage sei korrekt in Rechnung gestellt und versteuert worden.

Die Fahnder der UCO waren anscheinend davon ausgegangen, dass der Argentinier Guillermo Marín die Spiele von Messis Freunden über seine Firma Imagen Deportiva mit Sitz in Buenos Aires vermarkten würde. Dass Marín offenbar für die Firma Player's Image mit Sitz in der Steueroase Uruguay agierte, ist im UCO-Abschlussbericht mit keinem Wort erwähnt.

Es gibt weitere Ungereimtheiten. Lionel Messis Vater Jorge, der am 24. Januar 2014 in der Kommandantur der Guardia Civil als Zeuge angehört wurde, sagte aus, dass die Messi-Stiftung in Barcelona Erlöse aus diesen Benefizspielen an das Kinderhilfswerk Unicef gespendet habe. Überweisungsträger, so steht es im Ermittlungsbericht, hatte Vater Messi mitgebracht.

Möglicherweise ist den Beamten ein wichtiges Detail nicht aufgefallen. Unicef bestätigte dem SPIEGEL, im Jahr 2013 Spenden der Messi-Stiftung in Höhe von 300 000 Dollar erhalten zu haben, um Kindern in Peru, Kolumbien und Jordanien zu helfen. Geldgeber war jedoch nicht die Messi-Stiftung in Barcelona. Unicef bekam das Geld nach eigener Darstellung von Messis Stiftung in Argentinien.

Dort, in seiner Heimatstadt Rosario, betreibt der Superstar die Fundación Privada Leo Messi Argentina. Sie ist heute rechtlich vollkommen unabhängig von der Messi-Stiftung in Barcelona, wie Rodrigo Messi, der Bruder des fünffachen Weltfußballers, auf Anfrage bestätigte. Und eine eigenständige Organisation war sie auch schon im Jahr 2013. Vater Messi, der für die argentinische Stiftung auftritt, äußerte sich nicht zu konkreten Nachfragen zu den 300 000-Dollar-Spenden an Unicef.

Die Fahnder der UCO fertigten im Dezember 2015 für das zuständige Untersuchungsgericht in Barcelona einen Abschlussbericht ihrer Ermittlungen zu den Geldflüssen rund um die Benefizspiele von Messis Freunden an. Am Ende ihres Reports erbaten die Elitebeamten der Guardia Civil, ihre Ermittlungen ins Ausland ausdehnen zu dürfen. Sie schlugen Rechtshilfeersuchen an Behörden in Argentinien, Kolumbien, Peru, Mexiko, die USA, Hongkong, Curaçao und Panama vor. Zudem wollten sie vollständige Einsicht in die Steuerakten der Messi-Stiftung in Barcelona und des Spielers seit dem Jahr 2011 nehmen.

Doch die Richterin stellte das Verfahren ein. Begründung: kein hinreichender Anfangsverdacht. Die ermittelnde UCO-Einheit, so erzählen es Ermittler, habe nicht einmal einen Einstellungsbeschluss erhalten.

Was ist nur mit diesen Stiftungen los?

DAS VERSTECK

Mit durchgedrücktem Kreuz sitzt der Sicherheitsmann hinter seinem Schreibtisch und starrt auf ein halbes Dutzend Monitore. Neben ihm, an der Wand, hängt eine Tafel mit 13 Firmennamen. Eine davon müsste die Stiftung Lionel Messis sein, schließlich ist dies hier die Adresse, die die gemeinnützige Organisation des argentinischen Fußballstars in ihren Verträgen nennt. Doch der Name fehlt auf der Tafel. Nur Eingeweihte wissen: Sie müssen in den elften Stock, zu Limecu. Dem Unternehmen von Messis Vater Jorge.

Der Aufzug kriecht nach oben. In den Räumen der Limecu glitzern silberne Buchstaben an einer Holzwand: »Fundación Leo Messi – elegí creer«, was so viel heißt wie: »Stiftung Leo Messi – ich wählte den Glauben«. Hier soll es nun also zu finden sein, das Spenderherz von Lionel Messi.

Im November 2017 betreten wir das Hochhaus im Zentrum von Rosario, Provinz Santa Fe, Argentinien. In der Nähe des Bürogebäudes wuchs der Dribbelkünstler auf. Heute schmückt sich der bestbezahlte Fußballer der Welt damit, auch jene an seinem Reichtum teilhaben zu lassen, die weniger Glück im Leben hatten als er: Kranke, Arme, Bedürftige, vor allem benachteiligte Kinder.

Die Stiftung in Argentinien ist so etwas wie Messis Bank des guten Gewissens. Sponsoren bezahlen Millionen Dollar, damit der Superstar mit ihrem Geld die Welt ein bisschen besser macht. Eine schöne Vorstellung. Aber ist sie auch wahr?

Auf die Klingel reagiert in der Stiftung niemand. Ein Schlitz neben der Tür erlaubt einen Blick auf verwaiste Schreibtische: keine Papiere, keine Kaffeetasse, keine Familienfotos. Der einzige Hinweis auf den Namensgeber der Stiftung ist eine lebensgroße Messi-Plastikfigur im Trikot des Nationalteams, die neben dem Eingang steht.

Der Aufzug öffnet sich. Heraus kommt der Sicherheitsmann, er schaut grimmig, sagt mit tiefer Stimme, es sei verboten, hier herumzustreunen, Privatetage, sofort mitkommen! Unten, zurück an seinem Posten vor den Monitoren, wird er gesprächiger. »Manchmal ist jemand für ein paar Stunden hier, aber sehr unregelmäßig.« Er tippt auf einen der Bildschirme, der das Parkhaus zeigt. »Das ist der Stammplatz von Messis Vater Jorge. Er kommt selten hierher und geht noch seltener in die Stiftung. Meistens parkt er nur seinen großen, verdunkelten BMW und geht dann zu Fuß in die Stadt«, sagt der Sicherheitsmann.

War Lionel Messi auch schon einmal hier? »Oh ja! Das ist aber schon etliche Jahre her. Er wusste damals nicht, in welchem Stockwerk die Stiftung ist und fuhr aus Versehen in die zehnte statt in die elfte Etage. Als er ausstieg, sind die Mädchen in den Büros da oben durchgedreht, sie haben ihn alle belagert und wollten Autogramme und Fotos. Danach war er nie wieder hier.« Der Sicherheitsmann lacht sich kaputt.

Eine gemeinnützige Stiftung sammelt Geld von Spendern ein und reicht es an jene weiter, die es dringend benötigen. Ein nobles Modell, das auch von seiner Offenheit lebt. Denn Spender profitieren von Steuervergünstigungen, und Stiftungsinhaber sind angewiesen auf das Vertrauen, das Geldgeber in sie setzen.

Doch wer die Stiftungen und Firmen der Messis durchleuchtet, stößt auf ein ausuferndes Geflecht von Organisationen und Firmen, in Spanien, Argentinien und Großbritannien, mit Geldflüssen in Steueroasen – ein verzweigtes, verborgenes Imperium, geleitet von Lionel Messis Bruder Rodrigo und Vater Jorge.

Die Geschichte des angeblichen Wohltäters Lionel Messi beginnt im April 2007. Vor einem Notar in Barcelona lässt er die Fundación Leo Messi gründen. Der Fußballprofi wird als Präsident eingetragen, Vater Jorge und Bruder Rodrigo firmieren als Beisitzer, der Anwalt Iñigo Juárez übernimmt den Posten des Geschäftsführers.

Juárez ist damals einer der ganz wenigen im Inner Circle der Messis, der nicht aus der Familie stammt. Mit seiner Kanzlei hat er Lionel und Jorge Messi seit dem Jahr 2006 dabei geholfen, in Steueroasen ein illegales System von Tarnfirmen aufzubauen, über die fortan die Werbeeinnahmen des Spielers vor dem Zugriff des Fiskus bewahrt wurden. So steht es im Urteil des Obersten Spanischen Gerichtshofs vom Mai 2017, das Lionel Messi in letzter Instanz wegen Steuerhinterziehung von mehr als vier Millionen Euro und seinen Vater der Beihilfe für schuldig befand.

Bei der Gründung der Fundación Leo Messi im Frühjahr 2007 belehrt der Notar die Runde über ihre gesetzlichen Pflichten, darunter die Eintragung beim Protectorado, der in Katalonien zuständigen Kontrollbehörde für Stiftungen. Doch es dauert bis zum 6. Juni 2013, ehe die Fundación Leo Messi rechtmäßig eingetragen wird.

Sechs Jahre bleibt die Fundación unterm Radar. Wie kann das sein?

Auf Anfrage antwortet das Protectorado, dass den Messis im Jahr 2007 beim ersten Versuch, sich anzumelden, die nötigen Papiere fehlten. Später ließen sie Fristen verstreichen. Nach spanischem Recht ist eine Nichtregistrierung nicht zwingend ein Gesetzesbruch. Doch solange sie nicht registriert war, musste die Stiftung sich nicht an die gesetzlichen Vorgaben für gemeinnützige Organisationen halten. Und sie musste auch nicht 70 Prozent ihrer Einnahmen für karitative Zwecke ausgeben, wie es das spanische Recht fordert.

Juristisch relevant wird die Nichtregistrierung vor allem dann, wenn eine Stiftung Steuervergünstigungen in Anspruch nimmt oder gewährt – etwa durch das Ausstellen von Spendenbescheinigungen. »Eine spanische Stiftung, die nicht registriert ist, darf keine Spenden quittieren«, sagt Javier Martín Cavanna, Experte für spanisches Stiftungsrecht. Spender könnten in solchen Fällen nicht von Steuervergünstigungen profitieren, so Martín. Und: »Es könnte den Straftatbestand der Urkundenfälschung erfüllen, ohne die rechtlichen Voraussetzungen Spendenbescheinigungen auszustellen.« Zu einer ähnlichen Einschätzung gelangt der Wirtschaftsjurist Albert Sanchez-Graells von der University of Bristol Law School: »Sollte die Messi-Stiftung vor 2013 steuermindernde Spendenbescheinigungen ausgestellt haben, hätte sie gegen spanische Steuergesetze verstoßen.«

Doch genau dies scheint die Fundación Leo Messi getan zu haben. In den Football-Leaks-Dokumenten finden sich zahlreiche Hinweise darauf, dass die Messi-Stiftung schon lange vor der offiziellen Anmeldung ihre Geschäfte aufgenommen hatte – und dass sie dabei fleißig Geld einsammelte.

Neben den Verträgen, die Lionel Messi mit dem FC Barcelona schloss, wurden auch Millionenzahlungen des Klubs an seine spanische Stiftung vereinbart. Die Agencia Tributaria, die zuständige Finanzbehörde in Barcelona, beziffert diese Zahlungen allein für die Jahre 2010 bis 2013 auf etwas mehr als 7,5 Millionen Euro.

Offenbar erst nachdem Betriebsprüfer den Klub aufgesucht und Unterlagen zur Versteuerung von Messis Stiftungsmillionen angefordert hatten, reichte die Fundación dem Klub die Rechenschaftsberichte für 2010 bis 2012 nach. Das war im Sommer 2016. Laut Vertrag mit dem FC Barcelona hätte die Stiftung jährlich ihre Bücher offenlegen müssen.

Auffällig ist, dass Messis spanische Stiftung außer Barça kaum einen potenten Geldgeber hatte. Seit 2013 hat sie rund sieben Millionen Euro an Spenden eingenommen, knapp sechs Millionen davon kamen von dem Klub. 2016 war der FC Barcelona sogar der einzige Spender. Hätte der FC Barcelona Geld für karitative Zwecke ausgeben wollen, hätte der Klub das auch direkt über die klubeigene Stiftung tun können.

Im April 2016 hatten die Betriebsprüfer mal wieder einen Termin mit Vertretern des FC Barcelona. Sie wollten damals genau wissen, was es mit den Zahlungen des Klubs an die Messi-Stiftung in den Jahren vor ihrer Registrierung auf sich hatte.

Um einschätzen zu können, was da bei den Untersuchungen der Finanzbehörden womöglich auf sie zurollte, beauftragten die Klubbosse einen externen Anwalt mit einer Risikoanalyse. Der Jurist lieferte seine Einschätzung Mitte Juni ab, wie ein Entwurf dieses Schreibens zeigt. Demnach hatte der Klub in seinen Steuererklärungen die Millionenzahlungen an die Messi-Stiftung als Spenden deklariert – und steuermindernd geltend gemacht. Die Fundación, das ergibt sich aus dem Papier des Anwalts, hatte dem Klub offenbar Spendenquittungen ausgestellt, obwohl sie bis zum Jahr 2013 dazu gar nicht befugt gewesen war. Das Protectorado, die katalanische Aufsichtsbehörde, hob auf Anfrage hervor, dass eine Stiftung, die nicht registriert ist, »sich nicht auf eine steuerliche Sonderregelung berufen« könne.

Ein Dokument aus dem Innenleben des Klubs beleuchtet die Rolle des FC Barcelona in dieser Sache. Es ist der Compliance-Bericht für die Monate Juli bis September 2016. Dort heißt es: »Eine Untersuchung der Stiftung hätte es uns erlaubt herauszufinden, dass die Fundación Leo Messi ... nicht ordnungsgemäß registriert war.« Wegen der aktuellen Betriebsprüfung bestehe nun ein »reales Steuerrisiko«. Wenn der FC Barcelona die Millionen an die Messi-Stiftung vor 2013 als Spenden abgesetzt hat, wie die Football-Leaks-Unterlagen es nahelegen, hätte der Klub gegen spanisches Steuerrecht verstoßen.

Verspätete Rechenschaftsberichte, womöglich illegale Spendenbescheinigungen und Steuervergünstigungen für die Spender – mit derart fragwürdigen Methoden arbeitete die spanische Messi-Stiftung bis 2013. Und um die Sache noch komplizierter zu machen, gibt es in Südamerika ein weiteres Stiftungsgeflecht des Fußballstars, das offenbar auf Verschleierung ausgerichtet war: die Fundación Leo Messi, nun aber mit dem Namenszusatz Argentina. Sie entstand im Sommer 2011 als eigenständige Organisation mit Sitz in Rosario. Die Stiftung in Barcelona, die zu diesem Zeitpunkt noch nicht registriert war, half bei der Gründung mit 560 000 Euro Anschubfinanzierung nach. Wofür braucht Lionel Messi zwei fast namensgleiche Stiftungen?

Die Türen des Registeramts in Rosario öffnen kurz nach sieben Uhr. Die Gänge sind lang, im Deckenputz sind große Löcher, über die notdürftig blaue Plastiksäcke gehängt wurden. Die Mitarbeiter sitzen hinter dickem Glas an Schreibtischen, die überladen sind mit Ordnern.

Eine einfache Anfrage zu den Bilanzen und den Verantwortlichen der Messi-Stiftung gleicht der Suche nach dem legendären Passierschein A 38 – wie Asterix und Obelix im »Haus, das Verrückte macht«, bewegt man sich von einem Schalter zum anderen. Wortkarge Mitarbeiter reichen Formulare über den Tresen. Dann der Hinweis, sich nach dem Ausfüllen erneut in der Warteschlange anzustellen. Für jedes Formular wird eine Gebühr fällig. Fünfmal ist diese Prozedur zu überstehen, bis am Ende ein großer Mann mit mächtigem Oberlippenbart hinter der Scheibe auftaucht. Ein Blick auf das Formular: »Ah, Messi«. Er nickt und verschwindet. Etwa 15 Minuten später trottet er zurück, mit zwei Karteikarten. Es sind belanglose Auskünfte zu anderen Firmen, an denen die Messis beteiligt sind. »Zur Stiftung haben wir keine Informationen, das müssen Sie auf unserer Internetseite nachschlagen.«

Im Onlineregister findet sich immerhin der Name der Vizepräsidentin: Lionel Messis Mutter, Celia Maria Cuccittini. Ansonsten: keine Auflistung der Geschäftsführer, keine Angaben zur Bilanz, keine Hinweise auf die Spender. Null Einblick. Die Website der Messi-Stiftung hingegen zeigt viele Fotos vom demütigen Superstar, der die Welt der Bedürftigen überall dort, wo er sie betritt, ein bisschen lebenswerter machen will.

Ein Projekt, das die Messi-Stiftung medienwirksam inszenierte, führt zu seiner alten Grundschule in Rosario. Es ist ein in die Jahre gekommenes Gebäude. »Messi? Ja, ja, der hat sein Foto hierhin malen lassen«, sagt eine der Lehrerinnen. Sie öffnet die Tür zum Hinterhof. Man sieht eine Wandmalerei, ein Porträt von Lionel Messi, etwa 40 Quadratmeter groß. Es soll den Kindern zeigen, dass es jeder bis ganz nach oben schaffen kann, egal wo er geboren wurde. »Die Farben hat ein Unternehmen gestellt, der Künstler soll auf Messis Wunsch hierhergekommen sein«, sagt die Lehrerin. Sie betrachtet das Bild, dann flüstert sie: »Wir sind ein armer Stadtteil, die Schule hat viele Bedürfnisse. Das Bild stand sicher nicht ganz oben auf unserem Wunschzettel.«

Unweit der Schule liegt ein Krankenhaus. Laut Stiftungswebsite soll Messi gemeinsam mit Partnern an der 1,6 Millionen Dollar teuren Renovierung einer Krankenstation beteiligt gewesen sein. Wie hoch sein Anteil an der Spende war, benennt die Website nicht. Eine Anfrage zu einer Besichtigung des renovierten Gebäudeteils lehnen Klinikbedienstete schroff ab. In Rosario will kaum jemand über Messis Stiftungsarbeit sprechen.

Die Einnahmen der argentinischen Stiftung sind beträchtlich, wie vertrauliche Dokumente nahelegen. So unterzeichnete die Banco de la Nación Argentina im März 2011 mit Messis Vater Jorge eine Vereinbarung über drei Millionen Dollar, das Geld sollte »ausschließlich sozialen Projekten der Stiftung in Argentinien« zugutekommen. Die Grupo Maori, ein Verlagshaus in Buenos Aires, verpflichtete sich zur Konzeption einer Lionel-Messi-Biografie, die weltweit vertrieben werden sollte. Allein in Asien, Afrika und Australien kalkulierten die Verleger mit Umsätzen von rund 50 Millionen Dollar. Messis argentinische Stiftung sollte davon zehn Prozent bekommen, ein Garantiehonorar von 6,2 Millionen argentinischen Pesos obendrauf, zum damaligen Wechselkurs rund eine Million Dollar.

Äußerst gut dotiert waren auch zwei Deals mit dem Reisedienstleister Universal Assistance. Garniert mit guten Vorsätzen (»Auf der Suche nach einem gerechteren Land mit mehr Chancengleichheit für alle«) sollten sie insgesamt drei Millionen Dollar einbringen. Dabei wurde nicht festgelegt, wie viel von dem Geld an die Stiftung und wie viel an Papa Messis Firma Limecu gehen sollte.

Nur in wenigen Verträgen und Vertragsentwürfen, die sich prüfen ließen, gab die Messi-Stiftung eine Bankverbindung an. Mal hieß es lapidar, zu überweisen sei auf ein Konto, das die Stiftung später benenne, mal fehlten die Angaben komplett. Oder die Vereinbarung war: Zahlung per Scheck.

Was die Einnahmen angeht, ist die Fundación Leo Messi Argentina also ein ordentliches mittelständisches Unternehmen. Nur: Wohin fließt das Geld – und zu welchem Zweck?

Der Blick in einen Vertrag, den die Firma Lafmur aus Uruguay im November 2012 mit der Stiftung abschloss, erstaunt. Lafmur sollte Merchandisingartikel herstellen und weltweit vertreiben. Vater Messi hatte zehn Prozent der Einnahmen für die Stiftung ausgehandelt, zudem eine Zahlung von 300 000 Dollar. Diese Pauschale sollte jedoch laut Vertrag an die Firma Limecu gehen – Jorge Messis Privatfirma, die, wie praktisch, in Rosario Tür an Tür mit Lionel Messis Stiftung residiert.

Lafmur zahlte 300 000 Dollar direkt in eine Steueroase. Ein Mitarbeiter der Stiftung hatte von Messis Anwälten in Barcelona die Anweisung erhalten, dass Lafmur das Geld auf das Konto einer andorranischen Privatbank in Luxemburg überweisen möge. Inhaber dieses Kontos: ein Unternehmen namens Hanns Enterprises mit Sitz in Großbritannien. England, Andorra, Luxemburg – für gewöhnlich braucht eine Firma, die mit einer wohltätigen Organisation gemeinsame Sache macht, keine klandestine Geldrutsche, an deren Ende eine Steueroase wartet.

Zwei Zeitungen, die argentinische »La Nación« und die spanische »ABC«, waren diesen dubiosen Zahlungen der Stiftung schon auf der Spur gewesen. Im Zuge ihrer Recherchen behauptete ein Anwalt der Messis, die 300 000 Dollar, die Lafmur nach Luxemburg auf das Konto der britischen Hanns Enterprises gezahlt habe, seien später korrekt bei der Stiftung verbucht worden. Beweise dafür soll er indes nicht vorgelegt haben. Auf Anfrage antwortete die Stiftung zur Rolle der Hanns Enterprises nicht.

Die Hanns Enterprises ist eine klassische Briefkastenfirma. Sie ist eng verwoben mit dem Netz von Scheinfirmen, das der Messi-

Anwalt Juárez seit 2006 zur Verschleierung von Lionel Messis Werbemillionen mit errichtet hatte. Im alten Steuerbetrugsmodell der Messis landeten Sponsorengelder bei der Londoner Firma Sidefloor Limited. Auch sie hatte ein Konto bei der andorranischen Privatbank in Luxemburg.

Die Suche nach dem Firmensitz der Hanns Enterprises führt in eine wenig glamouröse Gegend Londons, den Stadtteil Camden. Die Eingangstür wird von einem Pub und einem Copyshop flankiert. Die Frau am Empfang, Anfang zwanzig, knibbelt an ihren violetten Nägeln herum. Hanns Enterprises? Sagt ihr nichts. Sie greift unter den Tresen, holt einen dicken Ordner hervor und fährt Hunderte Firmennamen ab. »Oh, hier«, ruft sie. Aber Auskünfte dürfe sie nicht erteilen.

Nur wenige Tage nach unserem Besuch im November 2017 begann die Liquidierung der Hanns Enterprises. Sie hatte nur einen Mitarbeiter, der damals gleichzeitig auch Geschäftsführer von zwölf weiteren Briefkastenfirmen war, allesamt ansässig an derselben Adresse. Eine davon, was für ein Zufall, ist die alte Scheinfirma der Messis: die Sidefloor Limited.

Ein früherer Geschäftspartner der argentinischen Messi-Stiftung überwarf sich 2014 mit Jorge und Lionel, viele Jahre lang hatte er für den Clan gearbeitet. Ein Insider. Er beschuldigte die Messis, sie hätten Geld, das sie für wohltätige Zwecke eingeworben hatten, veruntreut. Es kam zu einer Anzeige, die Messis bestreiten die Vorwürfe.

Die Ermittlungsakte landete bei Doktor Ricardo Luis Farías, den wir im November 2017 aufsuchen. Das Büro des Richters befindet sich im fünften Stock des Justizpalastes in Buenos Aires. Farías sitzt in einem schweren Ledersessel, neben ihm hängt die argentinische Flagge. Die Augen des Richters sind klein, er spricht leise: »Wir mussten das Verfahren einstellen.« Der Mann, der die Strafanzeige stellte, habe keine Belege präsentiert, die den Verdacht krimineller Handlungen in der Stiftung erhärtet hätten. »Der Staatsanwalt hat ihn wiederholt darum gebeten«, sagt Farías.

Und was ist mit den fragwürdigen Geldflüssen von Geschäftspartnern der Stiftung an eine Firma mit Konto in Luxemburg? Was mit der Briefkastenfirma in London, die ganz nah dran ist an dem Steuerhinterziehungsgeflecht, für das Vater und Sohn Messi verurteilt worden sind?

»Das reicht noch nicht aus für einen Anfangsverdacht«, sagt Farías.

Hat der Staatsanwalt denn Einblick in die Einnahmen und Ausgaben der Messi-Stiftungen genommen?

»Haben wir nicht angefordert, weil es keinen Anfangsverdacht für eine kriminelle Tat gibt«, sagt Farías.

Und was ist mit den vielen Millionen in einer Stiftung ohne öffentliche Kontrolle?

»Das ist Aufgabe der Provinz Santa Fe, nicht unsere«, sagt Farías.

Im Sommer 2013, als das Steuerstrafverfahren gegen Vater und Sohn konkrete und damit gefährliche Formen annahm, meldeten die Messis ihre Stiftung in Barcelona an. Sie spendete später Millionenbeträge für wohltätige Zwecke. Allerdings nannte sie immer noch nicht die Namen der Spender, die Angaben zur argentinischen Stiftung blieben weiterhin irreführend. Warum all diese Versteckspiele?

SCHWEIGEN

Monatelang versuchten wir mit den Messis in Kontakt zu kommen, um über die Stiftung, die Betriebsprüfung, den Rekordvertrag, die Honorare und die Amigo-Geschäfte zu reden. Sie äußerten sich nicht. Auf eine weitere schriftliche Anfrage meldete sich kurz vor Weihnachten 2017 ein PR-Mann, der eine der Messi-Firmen beriet. Er versprach, sich mit den Anwälten in Verbindung zu setzen. Danach herrschte wieder Schweigen.

Erst nachdem wir im Januar 2018 einen umfangreichen Fragenkatalog an Jorge, Lionel und Rodrigo Messi, den Bruder des Superstars, geschickt hatten, reagierte die Familie. Jorge Messi antwortete in Lionels und in seinem Namen. »Ich und mein Sohn haben alle steuerlichen Verpflichtungen ordnungsgemäß erfüllt«, schrieb er, sämtliche Zahlungen des FC Barcelona seien von beiden korrekt versteuert worden. Rodrigo Messi, der für die Messi-Stiftung in Barcelona zuständig ist, antwortete, die gemeinnützige Einrichtung habe niemals gegen Gesetze verstoßen und sei »Anfragen spanischer Behörden immer rechtzeitig nachgekommen«.

Warum Lionel Messi rund zwölf Millionen Euro an die spanischen Finanzbehörden nachzahlte und wieso der Verein am Ende die Steuerschuld des Spielers übernommen hat, dazu äußerten sich die Messis nicht. Der FC Barcelona betonte in seiner Stellungnahme, dass alle Überweisungen des Vereins an Messis Stiftung dem Zweck der Spende dienten: »Ihre Interpretation oder die anderer zu den Spenden ändern nichts an unserer Position.« Auch die Klubbosse Bartomeu und Grau beantworteten nicht, warum sie mit dieser trickreichen Lösung für die Steuernachzahlung ihres Superstars aufkamen. Zu den womöglich illegalen Spendenquittungen, die Barça von der Messi-Stiftung erhalten haben soll, und zu den Steuervergünstigungen, die der Klub dafür wohl in Anspruch nahm, äußerte sich der Verein nicht.

Auch Lionels Bruder Rodrigo beantwortete keine Fragen zu den womöglich illegalen Spendenbescheinigungen der Jahre bis 2013 an den FC Barcelona. Warum war die Stiftung über Jahre nicht registriert, warum reichte sie keine Rechenschaftsberichte ein? Rodrigo Messi schrieb, dies sei das Versäumnis früherer Berater gewesen. Er meint damit wohl auch den ehemaligen Vertrauten der Familie, den Anwalt Iñigo Juárez. Der Jurist verwies auf Anfrage auf seine Verschwiegenheitspflicht. Zu den Indizien, dass Gelder auf ein Konto in einer Steueroase, verwaltet von einer Briefkastenfirma, geflossen seien, äußerten sich weder Jorge Messi noch Anwalt Juárez.

Vielleicht gibt es für all die schrägen Konstruktionen und zweifelhaften Geldflüsse ebenso plausible wie harmlose Erklärungen. Vielleicht sind die Vorwürfe des ehemaligen Geschäftspartners der Stiftung in Rosario falsch. Aber dann sollte es für die Messis eigentlich ein Leichtes sein, die Ungereimtheiten aufzuklären.

Die vielen E-Mails und Verträge, die wir im Zuge der Football-

Leaks-Recherchen einsehen konnten, zeigen, dass fast ausschließlich Lionels Vater Jorge, sein Bruder Rodrigo und wenige ausgewählte Anwälte die Geschäfte für den Weltstar lenken. Es wäre wohl falsch, Lionel Messi die Verantwortung für das Geschäftsgebaren seiner Vertrauten zu geben, für all die Winkelzüge, mit denen der FC Barcelona unter Druck gesetzt wurde, und für die Entscheidungen, bestehende Vereinbarungen für obsolet zu erachten, weil der Markt plötzlich noch mehr Millionen in Aussicht stellt. Aber ist er für deren Handeln nicht zumindest mitverantwortlich?

Lionel Messi hat nach der Verurteilung in seinem Steuerprozess von den Richtern noch eine Chance bekommen. Er entging nur knapp dem Gefängnis. Schon lange vor dem Urteil hätte er die Reißleine ziehen und seine Geschäfte an unabhängige, seriöse Berater übertragen können. Stattdessen vertraut Lionel Messi weiterhin vor allem seinem Vater, mit dem er zusammen auf der Anklagebank saß.

Der FC Barcelona hingegen hat aus dem Ärger mit den Steuerbehörden wohl Konsequenzen gezogen. Als der Klub Ende Juni 2017 die Vertragsverlängerung mit Lionel Messi besiegelte, gehörte zu dem Verhandlungspaket auch eine neue Vereinbarung mit seiner spanischen Stiftung. Geldgeber ist nun die Stiftung des FC Barcelona: Sie überweist der Fundación Leo Messi bis Juni 2022 exakt 3,5 Millionen Euro.

Die Berichtspflicht für die Messis wird in dem Vertragsdokument genau aufgelistet. Die Vorschriften füllen ganze Absätze. Es gibt klare rote Linien für jährliche Rechenschaftsberichte, spätestens Mitte Juli sind die Bilanzen des Vorjahres fällig. Bei komplizierteren Vorhaben darf die Klub-Stiftung einen »lokalen Koordinator« mit der Wahrung ihrer Interessen beauftragen.

Der FC Barcelona engagiert bei Bedarf also einen Aufpasser vor Ort. Das lässt darauf schließen, wie viel Vertrauen Lionel Messi mit seinen Stiftungen verspielt hat.

NICHTS ALS DIE WAHRHEIT

Die vergangenen Monate sind im Höllentempo an uns vorbeigerast. Die Messi-Recherchen waren spannend und einnehmend. Ich hatte kaum Zeit für John. An Weihnachten 2017, wenige Wochen, bevor wir ab Mitte Januar unsere Messi-Ergebnisse veröffentlichen wollen, schreibt John mir bereits am frühen Morgen: »Ich wünsche Dir ein frohes Fest. Wir sollten uns bald sehen, es gibt viel zu erzählen.«

»Frohe Weihnachten! Ich hoffe, Du hast etwas Positives zu berichten«, schreibe ich zurück.

»Das kann man heute noch nicht wissen. Aber es geht voran, mein Plan wird immer konkreter.«

»Ich denke, dass ich in etwa zwei oder drei Wochen zu Dir kommen kann.«

Ende Januar reise ich zu John. Ich werde nur eine Nacht bleiben, John bittet darum. Er will zwar dringend mit mir reden, schreibt aber, dass er sehr viel zu tun habe. Seine Pläne würden seine gesamte Konzentration in Anspruch nehmen. In den vergangenen Wochen sind seine Nachrichten zunehmend kryptischer geworden. Ich bin sehr gespannt darauf zu erfahren, was er ausgeheckt hat.

Meinen zeitweiligen Verfolger, den Clint-Eastwood-Typen, habe ich schon eine halbe Ewigkeit nicht mehr gesehen, auch John schreibt mir nichts mehr davon, dass ihn irgendwer ausspähen würde. Trotzdem wähle ich eine ziemlich komplizierte, aufwändige Anreise. Nach den heiklen Messi-Veröffentlichungen will ich besonders vorsichtig sein. Ich entscheide mich für einen abseitigen Flughafen und werde einen großen Teil der Anreise per Auto und Bahn zurücklegen. Das erlaubt mir eher, mögliche Verfolger zu erkennen.

Dass ich John wieder in der Stadt treffen soll, in der wir uns zuletzt mehrfach getroffen haben, verursacht mir ein mulmiges Gefühl. Ich halte ihn in diesem Punkt für leichtsinnig, aber bei der Wahl unserer Treffpunkte rede ich ihm nie hinein. Es ist sein Leben und seine Entscheidung.

Ich checke in einem Hotel ein und laufe anschließend einige Zeit durch die Stadt, bevor ich mich auf den Weg zu Johns Wohnung mache. Offenbar folgt mir niemand, ich kann zumindest niemanden erkennen. Ich klingle an Johns Tür. Nichts passiert. Ich klingle nochmal: Wieder nichts. Ich versuche, ihn über eine verschlüsselte Leitung anzurufen, aber sein Telefon ist ausgeschaltet. Ich schreibe ihm eine Nachricht.

John ist ein unpünktlicher Mensch, das habe ich mehr als einmal am eigenen Leib zu spüren bekommen. Aber dass er mich zu sich bittet und dann nicht da ist, ist noch nie vorgekommen. Ich ziehe meinen Schal etwas tiefer ins Gesicht, die osteuropäische Januarkälte ist nur schwer zu ertragen. Nach etwa 15 Minuten gebe ich die Warterei vor seiner Tür auf und mache mich auf den Weg, mir irgendein Café zu suchen, in dem ich mich aufwärmen kann.

Ich betrete ein Lokal, nur etwa 200 Meter von Johns Wohnung entfernt. Beim Reinkommen beschlägt meine Brille, ich muss sie kurz zum Putzen abnehmen. Ist das etwa John da hinten im Raum? Ich setze die Brille wieder auf und schaue durch das milchige Glas: Tatsächlich, er ist es. John sieht mich, springt auf und kommt mit schnellen Schritten auf mich zu. Er ist in Begleitung, ein junger Mann sitzt ihm am Tisch gegenüber. Der Typ dreht sich kurz um und schaut mich an. Ich habe ihn noch nie zuvor gesehen.

»Hau ab!«, raunzt John mir zu.

Ich drehe mich wortlos um und verlasse das Lokal. Ziemlich irritiert gehe ich zurück ins Hotel. Wer war der Mann neben John? Warum wurde John so nervös? War das etwa einer seiner Mitstreiter? Oder sogar sein Auftraggeber, sofern es diesen überhaupt geben sollte?

Der Mann war höchstens Anfang 40, mittellange Haare, weiches Gesicht. Mehr konnte ich in dem kurzen Moment nicht erkennen. Johns Reaktion auf mich beunruhigt mich. Kein dummer

Spruch, keine Lockerheit, kein Charme. So habe ich John noch nie erlebt. Ich muss ihn später dazu befragen. Zurück im Hotelzimmer plumpse ich auf das durchgelegene Bett und starre an die Decke, irgendwann schlafe ich ein. Das Festnetztelefon in meinem Zimmer schreckt mich auf, ich brauche einen Moment, um mich zu sammeln. Die Uhr neben meinem Bett sagt, es sei kurz nach Mitternacht. »Hier ist ein Gast für Sie, der sagt, Sie würden ihn erwarten«, sagt die Rezeptionistin. »Ich komme gleich runter«, antworte ich.

Ich schaue auf mein Mobiltelefon. Blöderweise ist der Akku leer, das Handy hat sich irgendwann in den vergangenen Stunden ausgeschaltet. Ich ärgere mich, John konnte mich wahrscheinlich nicht erreichen. Ich rase durchs Treppenhaus nach unten und sehe ihn vor der Eingangstür stehen. Er hat wieder nur seine dünne Lederjacke an und raucht.

»Ist dir nicht kalt?«, frage ich.

Er guckt mich etwas vernebelt an. »Bist du mir absichtlich gefolgt?«, fragt John. Kein Lachen, kein Grinsen.

»Nein, Mann, spinnst du? Woher hätte ich denn wissen sollen, dass du in dem Café sitzt? Mir war einfach kalt, weil du mich vor deiner beschissenen Wohnung hast stehen lassen«, sage ich. Ich bin zu müde, um meinen Ärger auch nur ansatzweise zu verstecken.

»Es war scheiße, dass du da warst«, sagt John.

»Wer war der Typ denn?«

»Das geht dich nichts an.«

»Wenn du so durchdrehst, scheint er nicht unwichtig zu sein.«

»Du hättest ihn nicht sehen dürfen«, sagt John.

»Ich kenne ihn nicht und würde ihn jetzt auf der Straße auch nicht wiedererkennen. Reg dich ab«, sage ich.

»Aber er hat dich gesehen«, sagt John und zündet sich eine neue Zigarette an.

»Und inwiefern ist das ein Problem?«

»Ich kann mit dir darüber nicht sprechen.«

»Gehört er zu Football Leaks? War das dein Auftraggeber?«

»Alter, spinnst du? Hör auf zu fragen, wir stehen hier mitten auf der Straße, hier kann jeder zuhören«, flüstert John.

»Du hast doch mit dem Thema angefangen. Mich nervt diese Paranoia langsam«, raunze ich zurück.

Wir stehen eine Weile schweigend nebeneinander. John scheint nachzudenken, sich zu sortieren.

»Hast du vorhin versucht, mich anzurufen? Mein Telefon war aus, mein Akku ist komplett leer«, sage ich.

»Nein, habe ich nicht. Komm, lass uns zu mir fahren«, sagt John und winkt eines der Taxis heran, die vor dem Hotel auf Fahrgäste warten.

In seinem Treppenhaus funktioniert das Licht nicht. Im Dunkeln tapsen wir die Stufen hoch, John leuchtet uns den Weg notdürftig mit seinem Feuerzeug. Irgendwer im Haus schaut gerade »Game of Thrones«, die Titelmusik hallt durch den Hinterhof. Ich wäre jetzt auch gerne zuhause und würde Serien gucken, statt mich hier durch diesen Irrsinn zu bewegen. Langsam merke ich, dass ich genug habe von all den Geheimnissen, Winkelzügen und undurchsichtigen Manövern.

John öffnet seine Haustür. Sein Küchenboden ist offenbar seit Wochen nicht geputzt worden, in einer offenen Mülltüte gammeln Essensreste und Konservendosen vor sich hin.

»Lass die Schuhe an und hör auf, so auf das Chaos zu starren. Die vergangenen Wochen waren sehr stressig für mich«, sagt John. Er öffnet den Kühlschrank, holt zwei Bierflaschen heraus und geht ins Wohnzimmer.

Als ich Johns Couch erblicke, fasse ich mir unwillkürlich an mein Bein. Ich muss daran denken, dass ich das letzte Mal, als ich hier saß, befürchtete, mir den Oberschenkel gebrochen zu haben. Und dass ich versucht habe, die Schmerzen mit einer Tüte Tiefkühlerbsen zu lindern.

»Wie geht's deinem Bein eigentlich?«, fragt John, als könne er meine Gedanken lesen.

Ich erzähle ihm, dass ich monatelang Probleme damit hatte. Es fühlte sich an, als hätte ich einen Golfball zwischen den Oberschenkelmuskeln, selbst normales Gehen schmerzte eine ganze Weile. Erst seit wenigen Wochen geht es mir wieder besser.

»Das brauche ich echt nicht nochmal«, sage ich.

John streicht sich über seine Nase, man sieht immer noch einen kleinen Höcker am Nasenrücken. »War deine Nase gebrochen?«, frage ich. »Woher soll ich das wissen? Ich kann doch nicht zum Arzt gehen«, blafft er zurück.

»Diese Nacht hat wirklich alles verändert«, sagt John. Er lässt sich auf seine Couch fallen und setzt sich in den Schneidersitz. Er trinkt sein Bier, ohne mit mir anzustoßen, was er sonst immer tut. Johns Stimmungslage ist schwer zu durchschauen, ich tippe auf einen Mix aus Angespanntheit und Resignation.

»Können wir hier über unser Aufeinandertreffen im Café sprechen?«, frage ich.

»Es gibt nichts zu besprechen, hör jetzt auf zu fragen. Es war scheiße, dass du gesehen wurdest, aber es lässt sich jetzt nicht mehr ändern. Ich kann dir einfach nicht mehr dazu sagen«, sagt John.

»Warum war es so ein Problem, dass ich gesehen wurde? Kann das gefährlich für mich werden?«, frage ich.

»Ich glaube nicht. Aber vielleicht für meine Pläne«, sagt John.

Und dann beginnt er zu erzählen. Insbesondere die vergangenen Wochen seien ziemlich schwierig für ihn gewesen. Seine Freundin sei mit ihrer Familie über Weihnachten und Silvester verreist, viele Tage habe er alleine verbringen müssen. »Ich vermisse meine Familie sehr. Ich will sie endlich mal wiedersehen«, sagt John.

»Ihr habt keine Möglichkeiten, euch irgendwo zu treffen?«, frage ich.

»Nach Portugal kann ich im Moment nicht, es ist zu gefährlich. Dort gibt es Menschen, die versuchen, mich aus dem Verkehr zu ziehen.«

»Wer denn? Die Polizei oder jemand anderer?«, frage ich.

»Ich bin unschuldig, deshalb glaube ich nicht, dass die Polizei die große Gefahr ist. Aber es gibt in Portugal Menschen, die über dem Gesetz stehen«, sagt John.

»Woher weißt du, dass sie immer noch hinter dir her sind?«

»Ich habe meine Informationen. Außerdem werden diese Menschen niemals aufhören, mich zu jagen«, sagt er.

»Bist du denn in letzter Zeit noch viel gereist?«, frage ich.

»Nein, nahezu gar nicht mehr«, sagt John.

»Hier könnten sie dich doch leicht finden, oder nicht?«

»Wahrscheinlich schon. Aber dann ist es so. Ich will nicht mehr unterwegs sein, ich will Zeit mit meiner Freundin verbringen und mir etwas mit ihr aufbauen.«

»Weiß sie eigentlich, was du tust?«, frage ich.

»Von Football Leaks weiß sie nichts. Ich habe ihr gesagt, ich sei ein CIA-Agent und dass ich ihr nicht mehr sagen könne, weil sie die Wahrheit doch gar nicht ertragen würde«, sagt John.

Er lacht sich kaputt.

»Hat deine Freundin mal den Film ›Eine Frage der Ehre‹ gesehen?«, frage ich.

Jetzt kriegt John sich gar nicht mehr ein vor Lachen. »Genau! Ich habe das Zitat nur ein bisschen angepasst«, prustet er.

Es ist einer meiner absoluten Lieblingsfilme, ich habe ihn schon etliche Male gesehen, kann ihn fast mitsprechen. »Du weißt aber schon, dass das Zitat von Jack Nicholson kommt? Er ist der Bösewicht in dem Film und wird später verhaftet«, sage ich.

Wir schauen uns den Film-Ausschnitt bei YouTube auf Johns Laptop an. Nicholson wird in der berühmten Szene vor Gericht von einem Anwalt provoziert und brüllt irgendwann die verhängnisvollen Sätze: »Sie können die Wahrheit doch gar nicht vertragen. Junge, wir leben in einer Welt voller Mauern, und diese Mauern müssen von Männern mit Gewehren beschützt werden. Und wer soll das tun? Sie? Ich trage eine größere Verantwortung, als es für Sie überhaupt vorstellbar ist.«

John schüttelt während der Passage fast durchgehend den Kopf. »Siehst du dich so? Als Verteidiger einer unbequemen Wahrheit, mit der Waffe in der Hand?«, frage ich.

»Du und dein Pathos, furchtbar«, sagt John. Er guckt mir in die Augen. »Das ist ein Film, ich habe gegenüber meiner Freundin einen Scherz gemacht. Nicholson hat jemanden umbringen lassen, deshalb ist das Ganze natürlich völlig schief und passt null auf meine Situation. Sein Zitat hat aber trotzdem einen guten Kern: Es gibt immer nur eine Wahrheit, die man erzählen kann und eine, die keiner hören will«, sagt John.

»Das eine ist dann aber die Wahrheit, das andere eine Darstellung«, sage ich.

»Rafael, so etwas wie eine unverfälschte Wahrheit gibt es nicht. Je nachdem, wen du fragst, wer seine Sicht schildert, erhält man gefärbte Teile einer Realität. Ich würde gerne alles sagen, aber ich kann es nicht, weil es sonst zu vieles gefährden würde«, sagt er.

»Das Projekt oder dein Leben oder das deiner Freundin, oder was?«, frage ich.

»Alles«, sagt John.

Er holt eine Tüte Chips, legt sie zwischen uns aufs Sofa. »Ich weiß wirklich nicht, ob die Welt die Wahrheit überhaupt hören will«, sagt er.

»Doch, will sie«, sage ich und schmeiße mir eine Handvoll Chips in den Mund.

»Ehrlich? Was ist denn aus all euren Berichten über die Football Leaks geworden? Haben die Menschen sich abgewendet von diesem Sport?«, fragt John.

»Das habe ich nie erwartet. Aber ich glaube schon, dass diejenigen, die sich für unsere Enthüllungen interessiert haben, den Sport jetzt mit einem anderen, einem nüchterneren Blick bewerten«, sage ich.

»Ihr schreibt, wie dubios das Stiftungsmodell von Messi ist. Stiftungen! Damit tut man doch Gutes und gesellschaftlich Wertvolles! Bis auf ein paar Medien regt sich aber offenbar niemand über das auf, was Messi da treibt. Und Ronaldo hinterzieht Steuern, vielleicht hat er sogar eine Frau vergewaltigt. Trotzdem jubeln ihm Millionen Menschen zu, kaufen seine Trikots, bezahlen teure Tickets, um ihn spielen zu sehen. Offenbar glaubt euch keiner, oder aber die Leute wollen diese Seite des Fußballs einfach nicht akzeptieren«, sagt John.

»Wir sind Journalisten. Wir können der Gesellschaft nur zeigen, wie es hinter der Fassade wirklich aussieht. Was die Leute mit diesen Informationen anstellen, das müssen sie schon selbst entscheiden«, antworte ich.

»Genau. Und deshalb muss mein Projekt jetzt die nächste Stufe nehmen. Football Leaks muss dort ankommen, wo Entscheidungen stattfinden. Bei Ermittlungsbehörden und Gerichten. Die ganzen Betrüger müssen bestraft werden«, sagt John.

»Es gibt im Zuge unserer Veröffentlichungen viele Ermittlungsverfahren«, sage ich. Auch gegen Messi werden nach unseren Artikeln Ermittlungen eingeleitet. Ein Informant, ein früherer Mitarbeiter der Stiftung, wendet sich im Dezember 2018 an eine Strafverfolgungsbehörde in Buenos Aires und belastet Messi und seinen Vater. Anfang Juni 2019 stellt dieser Mann auch in Madrid Strafanzeige gegen Jorge und Lionel Messi, dessen Bruder Rodrigo sowie die Messi-Stiftung selbst, unter anderem wegen des Verdachts des Betrugs und der Geldwäsche. Alle Beschuldigten weisen die Vorwürfe zurück.

»Ich will in Zukunft mit Strafverfolgern zusammenarbeiten«, sagt John. Er legt seinen Laptop auf seinen Schoß und zeigt mir den Mailaustausch mit mehreren europäischen Behörden. »Ich biete ihnen meine Mithilfe an und hoffe, dass sie mir im Umkehrschluss eine Art Zeugenschutzprogramm garantieren«, sagt John. Er erklärt mir, dass er sich in die europäischen Whistleblower-Gesetze eingelesen habe, aber feststellen musste, dass die Rechtslage für den Schutz von Informanten ziemlich dünn sei. Deshalb sucht er nach einer Behörde, die ihm landesbezogenen Schutz gewähren kann.

»Ich habe seit 2016 mit französischen Ermittlern Kontakt. Sie erscheinen mir im Moment am seriösesten«, sagt John. Er zeigt mir einige Mails, die er mit einem französischen Ermittler ausgetauscht hat. Die Beamten wollen mit ihm kooperieren, wollen sich aber vorher von der Qualität seiner Dokumente überzeugen.

»Das ist alles ziemlich kompliziert, da ich ihnen immer noch nicht gesagt habe, wer ich wirklich bin. Ich brauche jetzt einen Anwalt, der die Verhandlungen mit ihnen führt«, sagt John.

»Von diesen Plänen hast du mir doch schon vor Monaten erzählt«, sage ich.

»Ich habe aber mittlerweile einen Anwalt im Auge. Die Frage ist nur, ob er mir wirklich helfen kann. Und ich weiß nicht, wie ich ihn bezahlen soll. Er müsste mir wohl zunächst unentgeltlich helfen.«

»Es muss ein französischer Anwalt sein, wenn du mit französischen Behörden kooperieren willst«, sage ich.

»Genau. Ich habe einen gefunden, der auch Edward Snowden und den Lux Leaks-Enthüller Antoine Deltour vertreten hat. Er ist spezialisiert auf politisch heikle und gesellschaftlich bedeutende Fälle von Whistleblowern«, sagt John.

»Hast du ihn schon kontaktiert?«, frage ich.

»Nein, noch nicht. Es gibt auch noch andere Optionen. Ich muss jetzt sehr vorsichtig sein und jeden meiner Schritte sehr sorgsam durchdenken«, sagt John.

Sein Telefon klingelt, John schaut aufs Display und drückt den Anrufer weg. Er tippt auf seinem Laptop herum und zeigt mir ein Foto von William Bourdon. Ich erkenne das Bild des Anwalts, da ich ihn schon mehrfach in den Medien gesehen habe. Persönlich getroffen habe ich ihn allerdings noch nie. Aus seiner Vita geht hervor, dass er politisch ziemlich gut vernetzt ist und auch Kontakte zu Stiftungen hat. »Vielleicht kann ihn ja irgendeine Stiftung finanzieren«, sagt John.

»Hast du mit deiner Freundin über deine Pläne gesprochen?«, frage ich.

»Natürlich nicht. So weit bin ich noch nicht. Aber ich bin mir sicher, dass sie mit mir in ein Zeugenschutzprogramm gehen würde. Das wäre ja alles zeitlich begrenzt«, sagt John.

Manchmal bin ich über Johns Naivität erschrocken. Ich finde es zwar gut, dass er versucht, seine Anonymität aufzugeben und sein Leben wieder in normale Bahnen zu lenken. Aber ihm muss doch bewusst sein, dass er noch viele Jahre, vielleicht sogar Jahrzehnte, alles andere als ruhig und zurückgezogen leben wird. Er hat sich mit den mächtigsten Personen des Weltfußballs angelegt, sie werden sicherlich gegen ihn vorgehen, sobald er seine Identität offenbart. Dann kann er nur hoffen, dass der Schutzschild einer Ermittlungsbehörde stark genug ist, um sich dahinter zu verstecken.

»Whistleblower, die ihre Identität preisgegeben haben, hatten danach oft sehr viele Probleme und mussten sehr lange juristisch kämpfen«, sage ich.

»Ich weiß, ich habe zuletzt viel darüber gelesen. Aber mir bleibt nichts anderes übrig. Ich kann so nicht mehr leben«, wiederholt John.

Ich nicke und tätschle seine Schulter. Ich weiß nicht, was ich sagen soll und will es auf jeden Fall vermeiden, ihm irgendwelche Ratschläge zu geben. Ich bin ein Reporter, mir steht das nicht zu. Ich begleite ihn, beschreibe sein Leben, aber seine Entscheidungen kann und will ich nicht beeinflussen. John steht auf, streckt sich. »Das wird echt alles anstrengend«, sagt er. Er macht ein paar Schritte durch die Wohnung, biegt dann in sein kleines Schlafzimmer ab und kommt mit einer schwarzen Festplatte zurück.

»Ich habe mit meinen Kollegen gesprochen. Sie kennen meine Pläne. Auch wenn sie sie nicht mögen, können die meisten meine Gedanken nachvollziehen«, sagt John. Er wirft mir die Festplatte zu und setzt sich auf seinen Schreibtischstuhl. John spielt mit einem kleinen Minifußball, den er zwischen seinen Fingern gleiten lässt.

»Was ist auf der Platte?«, frage ich.

»Bevor ich meine Pläne umsetze, wollen wir noch eine große Football-Leaks-Enthüllung«, sagt John. Manchmal neigt er zu sehr dramatischen Sprechpausen. Auch jetzt sitzt er nach seiner Ankündigung regungslos vor mir und taxiert offenbar meine Mimik.

»Was ist auf dieser Platte?«, frage ich erneut und wackle mit dem Datenträger neben meinem Kopf herum.

John erklärt, dass dies der größte Datensatz sei, den wir von Football Leaks bekommen würden. Er sagt, die Daten würden zeigen, wie es dazu kam, dass Staaten, Investoren und Superreiche einen solchen Einfluss auf den Fußball erlangen konnten, und wie sie das Geld aus dem Sport herausziehen würden. John behauptet, dass Gianni Infantino, der Fifa-Präsident, eine entscheidende Rolle in diesen Entwicklungen gespielt habe. »Ihr werdet Unmengen an Dokumenten rund um die Fifa finden«, sagt John.

Er hört überhaupt nicht mehr auf zu sprechen. Aus seinem Mund sprudeln Dutzende Rechercheansätze, ich kann mir in der Kürze der Zeit nicht alles merken und lasse ihn einfach reden. Zudem schweifen meine Gedanken immer wieder ab. Ich bin unschlüssig, ob ich mich über Johns Worte wirklich freuen soll. Wenn es tatsächlich der größte Datensatz ist, den wir bislang von Football Leaks bekommen haben, bedeutet dies gleichzeitig auch, dass irgendjemand all diese Dokumente lesen, auswerten und anschließend daraus Geschichten schreiben muss. Eigentlich freut man sich als Journalist über so viel Exklusivität. In unserem Fall dauert das Projekt nun aber schon fast zwei Jahre, es hat viel Kraft gekostet, und allmählich fragen wir uns, wie lange das noch so gehen kann, wie lange wir das noch hinbekommen.

Für den Moment versuche ich, diese Zweifel zur Seite zu schieben und John weiter zuzuhören. »Du wirst sehr viel über die Premier League finden«, sagt er gerade. »Die Dokumente legen offen, wie sehr die Vereine der englischen Liga die Regeln in nahezu allen Bereichen biegen und viel zu oft brechen.«

Die Premier League wird uns in den kommenden Monaten tatsächlich viel in Beschlag nehmen. Wir werden auch nach unserem zweiten, europaweiten Football-Leaks-Aufschlag im November 2018 noch viele weitere spannende Dokumente über die Klubs der Premier League finden. Wir werden beschreiben, wer in dieser Liga das Sagen hat, wie die sechs Topklubs die anderen Vereine kartellartig dominieren – und wie gleichgültig diesen Klubs dabei die Belange der Fans geworden sind.

GOLDENER HANDSCHLAG

Das Hyatt Regency im Stadtteil Marylebone gehört zu Londons noblen Hotels. Man liegt wohl nicht falsch in der Annahme, dass Unternehmen, die sich regelmäßig in dem edlen Ambiente treffen, mit dieser Wahl auch etwas über ihre eigene Bedeutung aussagen möchten. Einer der Stammkunden des Hyatt: die Premier League. Sie hält hier regelmäßig Gesellschafterversammlungen ab. Oft sind es Termine, in denen neue Rekordzahlen verkündet werden.

So war es auch bei dem »General Meeting of Shareholders«, das am Vormittag des 7. September 2017 begann. Nachdem Geschäftsführer Richard Scudamore alle anwesenden Klubvertreter begrüßt und die Runde eröffnet hatte, ließ er ein weiteres Beispiel dafür präsentieren, wie unwiderstehlich die Anziehungskraft der Premier League auf Geldgeber offenbar ist. Es ging um Nike. Der amerikanische Sportartikelgigant stellt seit 2000 den »offiziellen Ball«, der bei Spielen der Premier League zum Einsatz kommt. Damit dies bis 2025 so bleibe, sei die Firma von Sommer 2019 an bereit, insgesamt 53,6 Millionen Pfund zu zahlen, umgerechnet etwa 59 Millionen Euro, verkündete Scudamores Marketing-Mann Richard Masters.

Widerspruch? Andere Vorschläge? Das Protokoll hält nichts dergleichen fest, außer einem nebensächlichen Einwand von Ferran Soriano, dem Geschäftsführer von Manchester City. Stattdessen notierte der Sitzungsbericht, dass »alle 20 Vereine mit Handzeichen« für einen Abschluss stimmten. Und so konnte Scudamore einen neuen Deal unter Dach und Fach bringen, der mal wieder alle Dimensionen sprengte. Gut ein Jahr später reiste er in die Nike-Zentrale im US-Bundesstaat Oregon – und unterzeichnete die Vertragsverlängerung.

Seit Richard Scudamore im November 1999 im Alter von damals

40 Jahren Geschäftsführer der Premier League wurde, erlebt die schillerndste Fußballliga der Welt eine ununterbrochene wirtschaftliche Boomphase. Der Jurist, der an der Universität von Nottingham studierte, hat nie als Anwalt oder im Dienst der britischen Justiz gearbeitet. Er war schon immer ein Verkäufer. Neun Jahre lang arbeitete er für die British Telecom, danach machte er im Verlagsbusiness beim Medienkonzern Thomson Karriere. Doch zu den einflussreichsten Geschäftsleuten der globalen Unterhaltungsindustrie wurde Scudamore als Cheforganisator der Premier League.

Als Scudamore seinen Job antrat, nahm die Premier League mit ihren Fernsehrechten in England, Nordirland, Schottland und Wales in den vier Jahren von 1997 bis 2001 rund 670 Millionen Pfund ein. Diese Erlöse haben sich mehr als versiebenfacht: In den drei Jahren von 2016 bis 2019 kassierten die britischen Erstligaklubs auf dem heimischen TV-Markt 5,136 Milliarden Pfund. Selbst der US-Konzern Amazon ist mit seinem Streaming-Angebot in das Übertragungsgeschäft eingestiegen, was den britischen Erstligaklubs völlig neue Vermarktungsmöglichkeiten bietet. »Die Premier League ist Lichtjahre entfernt«, sagte Christian Seifert, der Geschäftsführer der Deutschen Fußball Liga, bereits 2014, uneinholbar also. Es klang bewundernd, aber auch ein wenig resigniert. Seither hat sich die Kluft zwischen der englischen Liga und dem Rest der Welt noch vergrößert.

Alles, was Premier-League-Chef Scudamore in den letzten 20 Jahren angefasst hat, wurde zu Geld. »Nicht nur die größten englischen Vereine können mit den europäischen Topklubs um Talente mitbieten«, sagte Ivan Gazidis, damals Geschäftsführer des FC Arsenal, laut des vertraulichen Protokolls bei einer Sitzung aller Klubs im Juni 2017, »vielmehr können alle Vereine der Premier League die reichsten Klubs der Welt beim Kampf um Spieler überbieten.« Tatsächlich: Selbst ein mittelprächtiger Verein wie der AFC Bournemouth, zum Saisonende 2017/18 auf dem zwölften Tabellenplatz gelandet, konnte für die neue Spielzeit 90 Millionen Euro in seinen Kader investieren, dreimal mehr als der FSV Mainz 05.

Als Scudamore im Juni 2018 seinen Rückzug zum Jahresende

ankündigte, überschütteten ihn die britischen Medien mit Lobeshymnen. Der renommierte Fußballkorrespondent Martin Samuel schrieb in »GQ«: »Sie werden ihn vermissen, genauso wie Manchester United ohne Sir Alex Ferguson nicht mehr dasselbe ist.« Der Buckingham Palace kündigte an, dass die Queen den scheidenden Premier-League-Boss zum Commander of the Order of the British Empire ernennen würde, der dritthöchsten Stufe des britischen Ritterordens. Und Bruce Buck, der Vorstandsvorsitzende des FC Chelsea, schlug vor, dass jeder Erstligaklub Scudamore zum Abschied doch mit 250 000 Pfund bedenken solle – insgesamt also fünf Millionen Pfund. In England gibt es für diese Form des Abschiednehmens einen passenden Begriff: »Golden Handshake«, goldener Handschlag.

Erst dieser ungenierte Millionenbonus zeigte, dass unter der schillernden Oberfläche der Premier League ein Konflikt schwelt, der durch Scudamores kompromisslosen Kommerzialisierungskurs ausgelöst worden ist. Entrüstete Fans meldeten sich zu Wort. Ihr Vorwurf: die Premier League habe in der Ära Scudamore seit zwei Jahrzehnten alles dafür getan, sie mit ständig steigenden Ticketpreisen aus den Stadien zu verdrängen. Da seien fünf Millionen Pfund als Good Bye für den Premier-League-Frontmann »abstoßend« und »eine Schande«. Seit Jahren beklagen Fußballanhänger auf der Insel die wachsende Entfremdung der Klubs. Öffentliche Trainingseinheiten, bei deutschen Profivereinen üblich, gibt es in der Premier League nicht mehr. Wer die Helden sehen will, muss ein Ticket für ein Spiel kaufen. Doch die guten Plätze sind teuer, mehr als hundert Euro pro Spiel werden bei manchen Klubs fällig.

Trotz dieser hohen Preise sind die Stadien der Premier League fast immer voll, die Auslastung liegt bei mehr als 95 Prozent. Doch das Publikum wurde in den vergangenen Jahren schleichend ausgetauscht. Die Stammkundschaft von früher ist abgewandert, sie sitzt jetzt vor Bildschirmen in ihren Lieblingspubs, vorausgesetzt, die Inhaber der Kneipen können sich das Pay-TV-Abo noch leisten. Die Tribünen hingegen sind heute bevölkert mit einer solventen Klientel, für die tausend Pfund mehr oder weniger auf dem

Girokonto keine Rolle spielt, zudem mit Touristen aus Asien, den USA oder von der arabischen Halbinsel, die eine hin- und herwogende Partie genauso andächtig bestaunen wie die Tower Bridge. Nur wenn ein Tor fällt, jubeln sie kurz. Danach machen sie Selfies mit ihren Smartphones.

Die legendäre Stadionatmosphäre, den »Roar« in Old Trafford oder an der Anfield Road, erlebt man nur noch bei Spitzenspielen. Der Ligaalltag hingegen ist »trist«, wie der frühere deutsche Nationalspieler Dietmar Hamann sagt, der selber von 1998 bis 2009 für Newcastle United, den FC Liverpool sowie Manchester City aktiv war und fast zwanzig Jahre lang auf der Insel lebte. Erst nachdem die Briten für den Brexit gestimmt hatten, kehrte Hamann nach Bayern zurück.

Rund um das Stadion des FC Liverpool gibt es ein paar Pubs. Vor einem Spiel gegen Crystal Palace Mitte Januar 2019 sind die Scheiben des The Albert von innen beschlagen. Gesänge dringen nach draußen: »Oh, when the Reds go marching in!« Während der Partie gegen das Team aus dem Niemandsland der Tabelle, das 4:3 endet, ist es dann zeitweise so ruhig im Stadion, dass man die Rufe der Spieler und die Anweisungen von Liverpools deutschem Trainer Jürgen Klopp bis hinauf zur Haupttribüne hört. Nach seiner ersten Niederlage an der Anfield Road hatte sich Klopp darüber beklagt, dass viele Zuschauer das Stadion schon zehn Minuten vor dem Abpfiff verlassen hätten. »Ich habe mich ziemlich alleine gefühlt«, sagte er. Seither bleiben die Anhänger bei den Spielen häufiger bis zum Schluss.

Eine der umtriebigsten Fanorganisationen in der Stadt am River Mersey heißt Spirit of Shankly, benannt nach Bill Shankly, dem legendären Trainer des FC Liverpool von 1959 bis 1974, der einen ebenso legendären Spruch prägte: »Es gibt Leute, die denken, Fußball sei eine Frage von Leben und Tod. Ich mag diese Einstellung nicht. Ich kann Ihnen versichern, dass es noch sehr viel ernster ist.« Shankly, ein bekennender Sozialist, betrachtete den Fußball nicht nur als sportliche Angelegenheit, sondern betonte auch die politische und gesellschaftliche Bedeutung des Spiels. Er sah sich als

»Mann des Volkes«, für den die Anhänger so wichtig waren wie die Spieler. Sein Credo lautete: »Im Sozialismus, an den ich glaube, arbeitet jeder für den anderen, und alle bekommen einen Teil des Gewinns. So sehe ich Fußball, so sehe ich das Leben.«

Der Vorsitzende der Spirit-of-Shankly-Fanorganisation ist Jay McKenna, vor dem Spiel gegen Crystal Palace sitzt er in einem Saal im ersten Stock des Hotels Tia. Es ist an Spieltagen ein beliebter Treffpunkt für die Anhänger, zum Stadion sind es keine fünf Minuten Fußweg. »Wir als Liverpool-Fans glauben, unserem Verein noch etwas näher zu sein. Er spiegelt die Kultur und Werte unserer Stadt. Er musste wie unsere Stadt durch harte Zeiten gehen. Der Verein und die Menschen in Liverpool halten zusammen«, sagt McKenna. Allerdings habe er das Gefühl, dass sich der englische Spitzenfußball immer weiter von der »Community« entferne. »Auch Liverpool kann mehr machen«, sagt McKenna. Seine Dauerkarte koste über 700 Pfund. Viel Geld.

Als bekannt wurde, dass Richard Scudamore der Abgang mit fünf Millionen Pfund versüßt werden sollte, schrieb auch McKenna einen wütenden Blogbeitrag. Er kennt den langjährigen Premier-League-Chef persönlich. McKenna nahm an zahlreichen Treffen teil, bei denen Fanvertreter darum kämpften, dass die Klubs ihre glühendsten Anhänger auch finanziell bei der Stange halten sollten, mit ermäßigten Tickets etwa oder Unterstützung bei den Kosten für Auswärtsspiele. Doch Scudamore und Kollegen seien stur geblieben: no way, ausgeschlossen. Umso erzürnter zeigte sich McKenna über den Millionenbonus. Für sein Idol Bill Shankly war das Stadion noch eine Volksbühne und das Spiel ein Volkssport. Scudamore, so sieht es der Fanaktivist aus Liverpool, ist der moderne Gegenentwurf, das Gesicht des Eventfußballs, bei dem es nur noch um eine austauschbare Hochglanz-Performance geht und der sich von seinen Wurzeln entfremdet hat. Die Klubs hätten »Nein« zu den fünf Millionen sagen können, schreibt McKenna: »Aber sie taten es nicht.« Ob die Premier League »ein Netzwerk alter Freunde« sei, »die nur nach ihrem eigenen Wohl schauen«, fragte McKenna.

Das kann man auch als Anspielung auf die »Top 6« lesen, die Gruppe der finanzstärksten Vereine der Premier League: Arsenal, FC Chelsea, FC Liverpool, Manchester City, Manchester United und Tottenham Hotspur. Aus diesem Kreis kam der Vorschlag für Scudamores Millionenbonus, und dieser Kreis operiert bei den Premier-League-Versammlungen wie ein Staat im Staate. Dokumente von Football Leaks zeigen, wie die »Top 6« sich verbünden, untereinander austauschen, ihr Wahlverhalten in den Ligagremien abstimmen. »Nur um sicherzugehen, dass wir alle auf der gleichen Linie sind«, schrieb zum Beispiel Ed Woodward, der Vorstandsvize von Manchester United, im November 2015 an seine fünf Alliierten: »Die Abstimmung zu Plan A verschieben wir, Plan B lehnen wir ab. Einverstanden?«

Die »Top 6« operieren wie ein Kartell. Wann immer es Gelegenheit dazu gab, ließen sie den Rest der Liga ihren Einfluss spüren. Besonders deutlich wurde das, als Anhänger Anfang 2016 in England gegen zu hohe Ticketpreise protestierten. Im Stadion des FC Liverpool war es zu einer Fandemonstration gekommen, Zuschauer verließen während einer Partie gegen den AFC Sunderland das Stadion. Dabei skandierten sie: »Ihr gierigen Bastarde, genug ist genug!« Der Unmut wurde zu einer landesweiten Bewegung, die Klubs mussten reagieren, die Kampagne hatte einen populären und griffigen Slogan: »Twenty's plenty«, zwanzig ist genug. Gemeint waren 20 Pfund für ein Auswärtsticket.

Bei einer Sitzung der Premier-League-Bosse kam es zu einer Machtprobe mit den »Top 6«. Liga-Boss Scudamore stand diesmal auf der Seite der Kleinen. Er befürwortete eine Deckelung bei 30 Pfund, eine Mehrheit von 13 Vereinen unterstützte seinen Vorschlag. Doch die »Big Six« lehnten eine Obergrenze ab. City-Geschäftsführer Soriano erklärte demnach, die Topvereine argwöhnten, die Premier League könnte in Zukunft Einfluss auf die Ticketpreise aller Kategorien nehmen.

Für Scudamore war der Konflikt politisch höchst brisant. Zur gleichen Zeit überprüfte die britische Medienaufsichtsbehörde Ofcom das TV-Vermarktungsmodell der Liga. Scudamore fürchtete offenbar, dass diese Untersuchung zu ungünstigen Ergebnissen führen könnte, wenn die Klubs nicht auf ihre Fans zugingen. Am 16. Februar 2016 schrieb er eine ausführliche Mail an »Dear all«, die Bosse der »Top 6«. Natürlich würde eine Deckelung bei 30 Pfund Gewinneinbußen bedeuten, räumte er ein. Andererseits: »Die Fernsehrechte bringen uns im aktuellen Zyklus 50 Prozent mehr ein als vorher und werden sich zum nächsten Zyklus um nochmals 54 Prozent erhöhen. Keine Summe, die wir an Wohltätigkeitsorganisationen geben und keine noch so clevere PR-Kampagne kann uns vor dem Ruf bewahren, den wir – ob unfair oder nicht – nun öffentlich anhaften haben: als gierige Bastarde zu gelten, die sich einen feuchten Kehricht für ihre Fans interessieren.«

Die Zeit drängte. Scudamore warnte, das Thema Obergrenze sei »politisch eine heiße Kartoffel«. Denn der Auszug der Fans in Liverpool, »von Millionen Menschen gesehen«, sei zu einer »großen Nachricht geworden«, die Story sei »von den Sportseiten in den vorderen Teil der Zeitungen und zu den Meinungsmachern und Kommentatoren gewandert«. Nun würde die ganze Angelegenheit »in großem Stil populistisch ausgeschlachtet«. Liga-Manager Bill Bush und er, fuhr Scudamore in seinem Bittschreiben fort, hätten »die letzten zehn Tage damit verbracht, die politischen Reaktionen einzudämmen, von den Hinterbänklern bis hin zu Downing Street Number 10 und dem Premierminister«. Die Politiker hätten ihnen klargemacht, dass sie »etwas Bedeutsames« von der Premier League erwarteten, referierte Scudamore. Der Liga-Boss sah nur einen Ausweg. »Eine Obergrenze von 30 Pfund für die kommenden drei Jahre hätte die Auswirkungen eines Erdbebens« und würde »positive Schockwellen aussenden«, auch weil »die Fangruppen das wirklich nicht erwarten«. Scudamores Schlussfolgerung: »Wir brauchen jetzt Freunde.«

Daniel Levy, Eigentümer von Tottenham Hotspur, antwortete umgehend. Er fragte nach, ob man die Preisgrenze für Auswärtstickets in die Verhandlungen mit der Medienaufsichtsbehörde Ofcom einfließen lassen könnte, als eine Bedingung. Ausgeschlossen, erwiderte Scudamore. Was er und sein Mitstreiter Bill Bush machen könnten, wäre, das heikle Thema »im Kontakt mit jenen Ministern zu verwenden, die die Ofcom-Meinung direkt beeinflussen«. Scudamore wusste offenbar genau, wie verfänglich dieser Hinweis war: »Ich muss vorsichtig sein, was ich schreibe, aber Ihr versteht schon.«

In einer Mail unter der Betreffzeile »Auswärtsfans – streng vertraulich« beratschlagten die Bosse der »Top 6«, wie sie auf Scudamores Druck bei der 30-Pfund-Frage reagieren sollten. »Ich persönlich hasse diese Idee«, schrieb Tottenham-Chef Levy. Arsenals Geschäftsführer Gazidis mokierte sich über das »Missmanagement«, hielt aber fest: »Wir haben keine große Wahl.« Manchester Citys Geschäftsführer Soriano plädierte dafür, auf Zeit zu spielen: »Wir sollten darauf nicht zu schnell reagieren«, der »schlimmste Sturm« sei bereits »vorübergezogen«. Die Obergrenze wurde eingeführt. Fünf Monate darauf stellte die britische Medienaufsichtsbehörde ihre Ermittlungen gegen die Premier League ein. Auf eine SPIEGEL-Anfrage erklärte die Ofcom, dass es bei der Untersuchung nicht um Ticketpreise gegangen sei und dass sie unabhängig, unparteiisch und frei von politischen Einflüssen arbeite. Die Premier League äußerte sich nicht zu der Anfrage.

Die Debatte um die Eintrittspreise im Frühjahr 2016 war einer der seltenen Momente, in denen die »Top 6«, wenn auch widerwillig, klein beigaben. Das Thema war am Ende politisch zu brisant. Bei anderen Grundsatzfragen, bei denen es ums Geld ging, erwies sich der Block der Großen als unnachgiebiger. Das zeigte sich im Juni 2017, als die Premier-League-Klubs um die Verteilung der Einnahmen stritten, die von ausländischen Fernsehsendern kommen. Seit mehr als zwei Jahrzehnten war es guter Brauch, dass jeder Verein davon zu gleichen Teilen profitierte. Nun attackierten die »Top 6« plötzlich dieses Modell. Sie forderten eine Regelung, die – wie bei den Einnahmen aus dem heimischen TV-Markt – die sportlichen Erfolge wesentlich deutlicher berücksichtigte. Ein Prämienmodell also, das das Solidarmodell ersetzen sollte und die Kluft zwischen den Vereinen weiter vergrößern würde. Bis auf den Sensationsmeister von 2016, Leicester City, und weitere wenige Ausnahmen war es seit Jahren keinem Klub gelungen, in der Abschlusstabelle in die Phalanx der »Top 6« einzudringen.

Die Auseinandersetzung hatte eine enorme Schärfe, wie das Protokoll des »General Meeting of Shareholders« festhält, das am 8. Juni 2017 in North Yorkshire stattfand. Der Grund für den Konflikt lag auf der Hand, Premier-League-Boss Scudamore hatte ihn zu Beginn der Debatte noch einmal skizziert: Die TV-Auslandsvermarktung sei »die wahrscheinlichste Quelle für zukünftiges Wachstum zentraler Einnahmen«. Ein Beispiel hatte einer von Scudamores Mitarbeitern bei einem Treffen der Premier-League-Vereine im September 2016 genannt. Super Sports Media, der Inhaber der TV-Rechte in China bis Ende Juni 2019, sei bereit, für weitere drei Jahre bis 2022 exakt 250 Millionen US-Dollar zu bezahlen – ein Plus von 285 Prozent.

Den sechs Platzhirschen standen 14 Vereinsvertreter gegenüber, die mit Inbrunst dafür warben, alle Klubs wie bislang gleich zu behandeln. »Das Modell hat 25 Jahre lang funktioniert«, polterte Richard Garlick, der Sportdirektor von West Bromwich Albion, »es wäre pervers, dies in Gefahr zu bringen«. Huw Jenkins, der Vorstandsvorsitzende von Swansea City, mahnte, dass »der Traum«, ein kleiner Klub könne in der Premier League erfolgreich sein, »durch diese neuen Vorschläge zunichte gemacht zu werden droht«. Der Vorsitzende von Stoke City, Peter Coates, sagte, er könne »kein einziges finanzielles Argument erkennen, dass die Top 6 mehr Geld brauchen«. Und Les Reed, der stellvertretende Vorsitzende des FC Southampton, stellte laut des Sitzungsprotokolls die ketzerische Frage: »Haben die Top 6 das Glück, in einer wettbewerbsfähigen Liga mit 14 anderen Vereinen zu spielen, oder haben die 14 anderen Vereine das Glück, in einer Liga mit den Top 6 zu spielen?«

Die Einwände verhallten ungehört, diesmal blieben die Elite-Klubs bei ihrem Kurs: Der Verteilungsschlüssel wurde zu ihren Gunsten geändert, obwohl sie klar in der Minderheit waren. Wie wenig ihnen dabei am sportlichen Wert der Premier League lag und wie viel mehr an der Show, illustriert die Haltung von Ferran Soriano. Der Geschäftsführer von Manchester City sagte, es sei »irreführend anzunehmen, dass das Attraktivste an der Premier League ein Gleichgewicht des Wettbewerbs ist«. In Wahrheit, so fuhr der Abgesandte des Scheichklubs fort, »sei das Attraktivste jeder Liga, die wahre Elite anzuziehen«: Weltklassespieler also, die regelmäßig die Champions League gewinnen. Doch weder das eine noch das andere treffe auf die Premier League zu, und schuld daran sei auch der gegenwärtige Schlüssel, nach dem die TV-Einnahmen verteilt würden.

Manchester City hatte bereits im Frühjahr 2016 ein Thesenpapier ausgearbeitet, das skizzierte, wie die Liga »das beste globale Unterhaltungsprodukt am Wochenende« werden könnte. Schon damals plädierte der Klub dafür, die TV-Einnahmen rigoros nach sportlicher Leistung zu verteilen. Der neureiche Verein, 2008 vom Herrscherhaus Abu Dhabis übernommen, versprach sich dadurch »Schutz vor Konkurrenzdruck durch Vereine aus der Mitte« und wollte so die Lücke zu den traditionell erfolgreichen Klubs wie Manchester United, FC Arsenal oder FC Liverpool schließen. Auf den 79 Seiten fanden sich sämtliche Albträume traditioneller Fußballfans: Spiele zu Zeiten anzupfeifen, die den Fans in Asien entgegenkommen, Partien gleich im Ausland auszutragen, den Auf- und Abstieg abzuschaffen. Das Dokument enthielt auch eine Überraschung: die Einführung von Stehplätzen. Der Grund: Es herrsche einfach zu wenig Stimmung bei vielen Spielen der Premier League. Fußball vor einer dämmernden Kulisse, das ist nicht sexy. Das schadet dem Produkt.

Um die belebende Wirkung von Stehplätzen auf die Stadionatmosphäre zu illustrieren, legten die Macher von Manchester City dem Thesenpapier ein Bild bei – es zeigt die voll besetzte Südtribüne im Stadion von Borussia Dortmund.

ERROR

Unser IT-Chef Stephan Heffner schaut uns vollkommen ratlos an. »Wenn wir das alles auf die Rechner ziehen, haben wir mehr als 3,4 Terabyte«, sagt er. Johns Schatz umfasst dann insgesamt über 70 Millionen Dokumente. Es ist das größte Datenleck in der Geschichte.

Wir sitzen im Datenraum, Michael und Christoph sehen mindestens ebenso ratlos aus wie Stephan, Nicola kritzelt irgendwas in ihren Block. »Ich kann noch überhaupt nicht sagen, wie wir das gestemmt bekommen. Unsere Server und Software stoßen an ihre Grenzen«, sagt Stephan. Ich mag Stephan sehr, er ist ein toller Kollege. Aber wenn er mit mir in seinem Fachchinesisch über Arbeitsspeicherkapazitäten, OCRs und irgendwelche Umwandlungsprozesse spricht, kriege ich Kabelbrände im Kopf. Ich verstehe ihn dann einfach nicht und habe mir angewöhnt, einfach immer nur die Frage zu wiederholen, die für uns am wichtigsten ist: »Wann können wir auf die Daten zugreifen?« Stephan sagt uns, dass er zunächst mit seinen IT-Kollegen aus dem EIC sprechen und anschließend gemeinsam mit unserer Chefredaktion über Lösungsmöglichkeiten diskutieren wolle.

Eine verbindliche Prognose, wann wir mit den neuen Football-Leaks-Recherchen starten könnten, will Stephan aber heute, Mitte Januar 2018, nicht abgeben. »Weil ich es einfach nicht weiß«, sagt er. Wir merken, dass ihn die Größe des Leaks ernsthaft stresst. Sowas in der Art hatte ich befürchtet, als John mir die Festplatte gab.

Meine Zweifel über die Leistungsfähigkeit unseres Rechercheteams sind hingegen schon vor dem Rückflug nach Hamburg gewichen. Ich bin neugierig, was auf den Platten zu finden sein wird und freue mich längst darauf, die nächsten Monate wieder mit unseren tollen Kollegen zusammenarbeiten zu können. Bei unserem Treffen im Datenraum vermute ich, dass es Nicola, Christoph und Michael ähnlich geht: Sie alle blicken neugierig auf Stephan und löchern ihn immer wieder mit Fragen.

»Das wird schon«, sagt Stephan zum Ende unserer Sitzung. Für mich ist nicht ganz klar, ob er damit uns oder sich Mut zusprechen will.

Die nächsten Monate werden eine Geduldsprobe. Immer wieder scheitern wir an der Technik. Die Daten lassen sich nicht in unsere Suchsoftware übertragen, der Prozess bricht andauernd ab. Dokumente, die bereits zugänglich waren, verschwinden wieder aus unseren Systemen. Ganz zu schweigen davon, dass wir dadurch die Daten nicht mit unseren EIC-Partnern teilen können, die alle ebenfalls sehnsüchtig darauf warten, endlich mit dem Suchen beginnen zu können.

Es wird bis in den späten März hinein dauern, ehe wir halbwegs arbeitsfähig sind. Stephan und seine EIC-Kollegen haben einen großartigen Job gemacht, die Chefredaktion hat sie mit finanziellen Mitteln und mit personellen Ressourcen unterstützt. Wir haben nun zwei unterschiedliche Suchprogramme und eine geschützte Kommunikationsplattform, über die wir uns mit unseren EIC-Kollegen austauschen und über unsere neuesten Funde und Recherchen diskutieren können. Die Struktur funktioniert gut und zuverlässig, wir versinken schnell in den Daten.

Wie es John angekündigt hatte, stoßen wir in dem Material ständig auf Dokumente über die Premier League. Wir werden recherchieren, wie Europas Topfußballer, insbesondere solche aus England, mit aggressiven Steuervermeidungsmodellen versuchen, die größtmöglichen Nettobeträge aus ihren Image-Rights-Verträgen zu generieren. Wir haben schon sehr viele Geschichten über Steuerbetrug und Steuersparmodelle geschrieben, sind aber immer wieder überrascht, wie wenig die Schwerverdiener der Branche ihre Gier unter Kontrolle haben, und dass sie ihre soziale Verantwortung ausgerechnet immer dann vergessen, wenn es ans Steuerzahlen geht.

Begriffe wie Moral, Ethik, Verantwortung werden von Verbänden, Klubs und Spielern gerne bei öffentlichen Auftritten bemüht. Leider erweisen sie sich allzu oft als Worthülsen, wenn es ums Geschäft geht. Im Fußball wird dies in einem Bereich besonders deutlich: beim Handel mit Minderjährigen.

Wir haben in den vergangenen Jahren schon etliche Artikel über die Ausbeutung afrikanischer Talente verfasst, über raffgierige Berater und profitsüchtige Funktionäre, die in jungen Spielern offenbar nur Investitionsobjekte sehen, die man jederzeit an- und wieder verkaufen kann. Der Handel mit Minderjährigen kennt kaum Grenzen und wurde in den vergangenen Jahren immer aggressiver, weil in dem überhitzten Fußballmarkt auch die Transferwerte für junge Spieler geradezu explodieren. All dies zieht windige Figuren an, die durch den Verkauf eines Talents auf leichtverdientes Geld hoffen.

Insbesondere Nicola und Christoph beschäftigen die Themen rund um die Jugendspieler. Sie dringen immer tiefer in die Materie ein, finden zahlreiche Rechercheansätze. Irgendwann schreibt Nicola mir: »Buschmann, wusstest Du, dass es im englischen Fußball eine Geheimliga für Kinder gibt?«

»Was?«, schreibe ich zurück.

»Na, die Top-Nachwuchsspieler in England, die von den Akademien von Chelsea, Arsenal und so, die spielen in einer Art Geheimliga. Sogar die U16! Da wird unendlich viel Geld umgesetzt, und die lassen die Jugendlichen ohne den Hauch einer Kontrolle spielen. Das gibt's doch gar nicht!«, schreibt Nicola.

Ich verstehe nicht wirklich, was sie meint. Aber Nicola hat sich bei uns im Team den Ruf einer Nugget-Schürferin erarbeitet. Sie interessieren oft die etwas abseitigen, komplizierteren Dokumente, bei denen man zwei, drei Mal nachdenken muss, bevor man die Geschichte dahinter erahnen kann. Doch die Storys, die sie den Dokumenten entlockt, sind dann auch entsprechend gut.

Ich grüble über ihre Nachricht. Die Nachwuchsarbeit in England interessiert mich. In den vergangenen Jahren wurde sie zum Nonplusultra im Spitzenfußball erklärt, viele andere Nationen haben vor geraumer Zeit begonnen, sich an den englischen Modellen zu orientieren. Und jetzt soll es in England irgendeine Geheimliga geben? Was hat Nicola da nur wieder gefunden?

Wochenlang wird sie Christoph und mich mit Material zu diesem Thema bombardieren, Christoph wird sich immer tiefer in die Strukturen eingraben und später eine Enthüllungsgeschichte über die englische Geheimliga und insbesondere einen ihrer Hauptprofiteure schreiben: den FC Chelsea.

Im Fokus dieser Story wird der systematische Bruch einer Fifa-Regel stehen. Artikel 19 des Weltverbands legt fest, dass Minderjährige bis 16 Jahre nicht in ein anderes Land ziehen dürfen, um dort bei einem Klub ausgebildet zu werden. Die Idee hinter der Regel ist, dass der Druck auf die Kinder nicht zu groß werden soll. Würde eine ganze Familie mit ihrem talentierten Kind in ein anderes Land umziehen, die Eltern womöglich eigens ihre Jobs aufgeben und alles darauf setzen, dass ihr Kind ein Superstar würde, stiege der Druck auf dieses Kind ins Unermessliche. Denn nur ein Bruchteil schafft es wirklich nach ganz oben.

Es gibt natürlich Ausnahmen von dieser Regel. Wenn die Eltern sowieso in ein anderes Land ziehen, zum Beispiel jobbedingt, dann darf das Kind natürlich mit ihnen umziehen und selbstverständlich im neuen Land auch Fußball spielen.

Mit diesem Schlupfloch lassen sich die schmutzigen Geschäfte mit den jungen Fußballtalenten leicht umsetzen. Insbesondere die Topklubs haben eine simple Masche entwickelt, um die Fifa-Regel auszuhebeln: Wenn sie einen Nachwuchskicker verpflichten wollen, besorgen sie einfach den Eltern einen Job. Gegenüber dem Weltverband geben sie sich dann als unschuldige Helfer der Auswandererfamilien aus: Die Eltern wollten doch unbedingt umziehen, das Kind sei lediglich mit ihnen mitgekommen – und wir erlauben ihm deshalb, in unserer Jugendakademie zu spielen. Die Fifa kennt den Trick natürlich auch – aber wie lässt sich prüfen, was die Wahrheit ist und was nur vorgeschoben?

Die Entscheidung, ob ein Talent in einem anderen Land spielen darf, fällt auch deswegen schwer, da es den Kindern und Jugendlichen mit einem solchen Wechsel zuweilen gut geht und sie sich damit ihre Träume von einer professionellen Fußballerausbildung erfüllen können. Manchmal bedeutet der Umzug in ein fremdes Land aber auch das Gegenteil. Wir finden in den Football-Leaks-Dokumenten Protokolle über Jugendspieler, deren Wechsel eher wie ein Albtraum klingen: »Seit Kurzem hat er Schmerzen im linken Knie – es ist getaped, und er benutzt regelmäßig Eis. Er fragt inzwischen auch nach Paracetamol vor den Trainingseinheiten – das ist nicht ideal und könnte darauf hindeuten, dass wir seine Belastung leicht senken müssen, um seine Symptome in Schach zu halten (das möchte er nicht)«, heißt es etwa über einen 15-Jährigen. »Meine Sorge ist seine soziale Interaktion mit dem Rest der Gruppe. Er verbringt seine Zeit alleine. Aber vielleicht ist das nicht so schlimm?«, vermerkt einer der Betreuer.

In den Football-Leaks-Dokumenten stoßen wir auch auf eine E-Mail aus dem September 2017. »Der bizarrste Verstoß gegen Artikel 19 der Woche«, schreibt ein Sportrechtsanwalt an einen Mitarbeiter des FC Chelsea. In der Mail findet sich ein Link zu einem Artikel in der Tageszeitung »The Guardian«. Dort heißt es: »Madonna zieht nach Lissabon, damit ihr Sohn in der Benfica-Jugendakademie trainieren kann.«

Der Sohn der Popsängerin, David Banda, damals elf Jahre alt, spielte angeblich zunächst bei Paris Saint-Germain in Frankreich vor. Schließlich landete er bei Benfica Lissabon, wo er nach einem mehrtägigen Sichtungstraining als herausragendes Talent eingestuft wurde. Madonna twitterte dazu: »Mein Champion.« Um ihren Sohn in der Jugendakademie aufzunehmen, brauchte Benfica aber noch die Genehmigung der Fifa. Innerhalb des Weltverbandes schien die Aufregung über diesen »speziellen Antrag« groß zu sein, wie aus den Mails mehrerer Fifa-Mitarbeiter hervorgeht: »Nur zur Info, der Antrag von Madonnas Sohn wurde jetzt eingereicht«, hieß es Anfang Oktober. Mitte Oktober mailten Mitarbeiter der Fifa zu dem Vorgang: »Kannst Du mich bitte kurz drüber informieren, wo wir im oben genannten Verfahren stehen? Wie sieht es in der Substanz aus?«

»Das Gesuch von Madonnas Sohn wird wohl morgen dem Ausschuss unterbreitet. Es sieht offenbar nach einem positiven Entscheid aus.«

»Auf welcher Grundlage, ist er schon 16?«

»Nein, er ist noch nicht 16. Madonna hat sich offenbar entschieden, ihren Wohnsitz nach Lissabon zu verlegen.«

»Vielen Dank für die Aufklärung. Wäre nicht überrascht, wenn wir ein paar (kritische) Fragen der Medien kriegen würden.«

Die Fifa erteilte einen Tag später die Genehmigung, auch wenn schon damals jeder hätte sehen können, dass Madonna wegen der Fußballerkarriere ihres Sohns den Wohnsitz der Familie nach Portugal verlegt hatte. Im April 2019 sagte sie sogar öffentlich, der Umzug habe sie depressiv gemacht. Nur noch Fußball-Mum, das sei eben keine Freude.

Auf Anfrage erklärt ein Fifa-Sprecher, der Weltverband würde ein eigenes Team beschäftigen, das jeden internationalen Transfer eines Jugendspielers prüfe. Dabei sollen auch die jeweiligen Lebensumstände des Talents berücksichtigt werden. Im Fall von Madonnas Sohn seien, so der Fifa-Sprecher, alle »benötigten Dokumente« erbracht worden, um die Spielgenehmigung zu erteilen.

War es richtig, dass die Fifa Madonnas Sohn in Lissabon trainieren lässt? Würde sie in anderen Fällen auch so entscheiden? Bei weniger prominenten und einflussreichen Menschen?

Wenn die Eltern des kroatischen Talents Karlo Žiger gesagt hätten, sie wollten aus rein privaten Gründen ihren Wohnsitz von Kroatien nach England verlegen, hätte die Fifa diese Entscheidung auch durchgewinkt? Vermutlich nicht. Die Fälle von Thierno Ballo, Karlo Žiger und von Martin Ødegaard, die wir aus den Football-Leaks-Dokumenten recherchieren konnten, machen deutlich, wie weit die Topklubs tatsächlich gehen. Wie stark sie die geltenden Regeln aushebeln, wenn ein Talent nur vielversprechend genug zu sein scheint. Insbesondere die englischen Spitzenklubs haben die Jagd auf Nachwuchsspieler perfektioniert. Hier findet sich alles: Geheimligen, Dreiecksgeschäfte, Ausbeutung. Und es gibt kaum einen englischen Spitzenklub, der nicht daran beteiligt ist.

EIN KONTO IN KÖLN

An dem Tag, an dem der Nachwuchsfußballer Thierno Mamadou Ballo 16 Jahre alt wird, sendet die Jugendabteilung des FC Chelsea einen Tweet. Es ist der 2. Januar 2018. Der Verein werde »noch in dieser Woche den Vertrag mit dem österreichischen Jugendnationalspieler besiegeln«, heißt es in der Mitteilung, danach werde Ballo zunächst für die U-18-Auswahl des Premier-League-Klubs eingesetzt. Zu diesem Zeitpunkt kickt Ballo bei den B-Junioren von Viktoria Köln in der Bundesliga West. Anderthalb Jahre zuvor, im Sommer 2016, war er aus dem Jugendleistungszentrum Bayer Leverkusens überraschenderweise in den Nachwuchsbereich des Kölner Klubs gewechselt.

Dem regionalen Fußballmagazin »Reviersport« ist der Transfer des hochbegabten Offensivtalents nach England eine kleine Story wert. Viktoria Kölns Mäzen Franz-Josef Wernze, ein schwerreicher Steuerberatungsunternehmer, schwärmt: »Im Sommer 2016 wollten ihn fast alle haben. Da waren der FC Bayern, RB Leipzig und der 1. FC Köln dran. Aber sein Vormund entschied sich für einen Wechsel zum FC Chelsea. Da Thierno mit 16 Jahren noch nicht alt genug war, um nach England zu wechseln, parkte Chelsea ihn bei uns. Wir haben das natürlich gerne gemacht und mussten keinerlei Aufwandsentschädigung für den Jungen bezahlen. Er ist ein toller, volksnaher Junge, der unglaublich am Ball ist. Wenn man von Wunderkindern im Fußball spricht, dann ist Thierno Ballo solch eines.«

Ballos Trainerin in der U-17 von Viktoria Köln ist die frühere Nationalspielerin Inka Grings. Auch sie stimmt einen Lobgesang auf ihren Spieler an, der bis dahin in 25 Spielen sieben Tore erzielt hat, obwohl viele seiner Gegenspieler mindestens ein Jahr älter als er waren. »Ich kann versichern, dass Thierno alle Voraussetzungen mitbringt, um Profifußballer zu werden«, sagt Grings. Die Fußball-Europameisterin von 2005 und 2009 beschreibt Ballo als schnellen, wendigen, ballsicheren und torgefährlichen Spieler: »Er hat diese besonderen, seltenen Fähigkeiten. Und das schon in diesem Alter. Ich bin wirklich gespannt, was aus ihm wird und werde das mit Interesse verfolgen. Fußballerisch bringt er alles mit. Ich habe ihn auch als einen intelligenten jungen Menschen kennengelernt und hoffe, dass er trotz des Sprungs zum FC Chelsea seinen Charakter beibehält.«

So wie sie bislang berichtet wird, hört sich die Geschichte des Thierno Ballo wie eines dieser Fußballmärchen an. Der Junge aus Fresco, einer Stadt in der Elfenbeinküste, kommt mit vier Jahren nach Linz in Österreich. Dort fällt er auf einem Bolzplatz mit seinen Finten einem Jugendtrainer auf, der ihn sofort in seinen Klub aufnimmt. Ballos erster Trainer, der Peter Huemerlehner heißt, wird später sein Vormund. Der Mann zieht aus beruflichen Gründen nach Deutschland. Der elfjährige Junge zieht mit, so kommt er schließlich über Bayer Leverkusen und Viktoria Köln zum FC Chelsea nach London. »Wir haben ein paar Vereine in die engere Auswahl genommen und uns dann nicht nur die Infrastruktur, sondern auch die Trainingsarbeit genau angesehen«, sagt Huemerlehner, »da hat Chelsea den besten Eindruck hinterlassen«. Und Thierno Ballo sagt in einem Interview mit dem Streamingdienst DAZN über seinen Vormund: »Er ist wie ein zweiter Vater für mich. Ich habe immer Spaß mit ihm, und er hilft mir bei jeder Gelegenheit.« Einfach rührend.

Doch hinter dem Werdegang des Thierno Ballo verbirgt sich noch eine ganz andere Geschichte. Sie erzählt von dem eiskalten Geschäft mit minderjährigen Talenten, das besonders zynische Züge trägt. Und sie ist ein Lehrstück, wie skrupellose Klubvertreter ihre Interessen durchdrücken: mit sehr viel Geld und mit der Einstellung, die bestehenden Vorschriften zum Schutz von Jugendlichen nicht so besonders eng zu sehen. Der Fall Ballo, der sich in dem Datensatz von Football Leaks findet, ist nur einer von vielen. Aber er ist ein besonders drastischer.

Am 21. Juni 2016, er ist gerade vierzehneinhalb Jahre alt, unterschreibt Ballo, damals wohnhaft in Köln, ein »Agreement« mit dem FC Chelsea. Auch Peter Huemerlehner, Ballos Vormund, setzt seine Unterschrift unter das Schriftstück, ebenso Ballos Mutter. Das Dokument regelt, dass Ballo »am oder um den 1. Juli 2018« zum FC Chelsea wechseln wird. Er bindet sich für vier Jahre. In seiner ersten Saison, versehen mit einem »Scholarship Agreement«, einem Ausbildungsvertrag, soll Ballo demnach nur 135 Pfund wöchentlich bekommen. Von Sommer 2019 an stellt der FC Chelsea dem Heranwachsenden dann ganz andere Gagen in Aussicht: durchschnittlich 215 000 Pfund pro Jahr. Den ersten Vorgeschmack auf den kommenden Geldsegen gibt es für den Spieler bereits sieben Tage nach Unterschrift: 10 000 Pfund.

Aus den Unterlagen geht hervor, dass Ballo, seine Mutter und sein Vormund Huemerlehner noch einen zweiten Vertrag unterschreiben. Und es gibt den Entwurf einer weiteren Vereinbarung. In dem unterzeichneten Dokument geht es um absurd hohe Prämien für das minderjährige Talent, eine Art Vorschuss für seinen Wechsel zum FC Chelsea. Demnach garantiert der Klub Thierno Ballo bis Ende Juni 2018 Zahlungen von 441 500 Euro sowie 555 000 Pfund, zahlbar in sechs Raten. Die erste Tranche von 441 500 Euro ist spätestens sieben Werktage nach Ballos Unterschrift fällig, die letzte im Juni 2018. Der FC Chelsea, so steht es in dem Vertragsentwurf, soll das Geld für den Minderjährigen an die Kreissparkasse Köln überweisen. Dort hat Peter Huemerlehner, Ballos Vormund, demnach ein Konto.

Doch Chelsea sichert sich ab. Für den Fall, dass der Junge seinen vertraglichen Zusagen in den Jahren von 2018 bis 2022 nicht nachkommen sollte, machen sich Ballos Mutter und Vormund Huemerlehner schadensersatzpflichtig. So steht es in einem weiteren Vertragsentwurf. Laut diesem Dokument sind sie verpflichtet, dem FC Chelsea dann sämtliche bereits geleisteten Zahlungen zu erstatten. Dazu gehört auch die Transfersumme, die Viktoria Köln dafür kassieren soll, den Spieler bis zu seinem Wechsel zwei Jahre lang bei sich geparkt zu haben. Das ist dem FC Chelsea eine Ablösesumme von 150 000 Euro wert.

Dieses Vertragswerk kollidiert mit zentralen Regeln, die der Weltfußballverband zum Schutz von Minderjährigen aufgestellt hat. Laut der Fifa-Regeln ist es untersagt, Minderjährige unter 16 Jahren über Ländergrenzen hinweg unter Vertrag zu nehmen. Auch Regeln der Premier League verbieten finanzielle Lockofferten an Minderjährige. Doch darum scheren sich die Verantwortlichen des FC Chelsea offensichtlich nicht. Sie ködern den damals 14-Jährigen und seine Erziehungsberechtigten mit Summen, die selbst Menschen aus stabilsten Verhältnissen den Verstand betäuben würden. Das hat Methode. Dokumente der Enthüllungsplattform Football Leaks zeigen, mit welch obszönen Angeboten der Klub von der Londoner Stamford Bridge weitere Kinder angelockt, deren Eltern unter Druck gesetzt und die Regularien der Verbände ausgehebelt hat.

Der SPIEGEL bat Peter Huemerlehner, den Vormund von Thierno Ballo, den jungen Spieler selbst sowie seine Mutter um Stellungnahme zu den Vertragsinhalten. Nur Huemerlehner antwortete. Aus seiner Sicht ist der Werdegang seines Ziehsohns ein Paradebeispiel für »gelebte und gelungene Integration« und »soziale Verantwortung«. Die Entscheidung, zum FC Chelsea zu wechseln, habe Thierno Ballo »alleine getroffen, und wir gaben unser Einverständnis, nachdem wir ein stabiles soziales und persönliches Umfeld garantieren konnten«. Fragen zu »Vertragsinhalten und vertraulichen Dokumenten« werde er »nicht weiter kommentieren«, schrieb Huemerlehner, diese Unterlagen seien »illegal entwendet worden«. Die Zahlen, die der SPIEGEL ihm vorlegte, würden »nicht den Tatsachen entsprechen«. Huemerlehner nannte keine anderen. Er schrieb zudem, der FC Chelsea biete »mit seiner finanziellen Unterstützung erst die Möglichkeit, alles das so auszugestalten«. Den Vorwurf, der Vertrag des FC Chelsea mit seinem damals 14-jährigen Pflegesohn verstoße gegen Verbandsregeln, kommentierte Huemerlehner mit den Worten: »Rein rechtlich muss ich ehrlich passen, wir hatten aber stets den Eindruck, dass alles den Regularien entsprechend verlief.« Von den 150 000 Euro, die der FC Chelsea als Ablösesumme an Viktoria Köln gezahlt haben soll, wisse er nichts: »Aber selbst wenn 150k im Umlauf waren, so sind das heutzutage, soweit ich die Dinge mitbekommen habe, keine riesigen Beträge.« Der Verein Viktoria Köln äußerte sich weder zur Höhe der Ablösesumme noch zu dem Vorwurf, ein sechsstelliger Betrag für den Weiterverkauf des damals 14-jährigen Spielers, der gerade erst von Leverkusen nach Köln gewechselt war, sei ein Beleg für »unethisches Geschäftsgebaren«. Der FC Chelsea reagierte zunächst auf eine Anfrage und kündigte gegenüber dem SPIEGEL an, die Fragen zum Transfer Thierno Ballos zu kommentieren. Das ist bis zum Redaktionsschluss dieses Buches nicht geschehen.

Der FC Chelsea war einer der ersten Fußballklubs in der Premier League, die sich mit Milliardeninvestitionen an die Tabellenspitze katapultierten. Vor 16 Jahren kaufte der russische Oligarch Roman Abramowitsch den Traditionsverein, der bald darauf zu einem der erfolgreichsten Klubs Europas wurde. Der Verein war aber auch Wegweiser im weltweiten Wettrennen um die größten Talente im Fußballbusiness. Um das regelwidrige Geschäft mit Jugendlichen zu verschleiern, veränderte er sogar Biografien und ließ seinen Nachwuchs zusammen mit dem anderer englischer Großklubs in einer unkontrollierten Parallelliga spielen.

Wie der FC Chelsea mit noch jüngeren Fußballern als Thierno Ballo umging, zeigt beispielhaft der Fall eines kroatischen Schülers namens Karlo Žiger. Als Chelsea-Scouts den groß gewachsenen Torwart entdeckten, durfte der Klub ihn nicht verpflichten. Im Football-Leaks-Datensatz findet sich jedoch ein Vertragsentwurf aus dem Frühjahr 2014, in dem der Kroate einwilligt, ab Juli 2017 einen sogenannten Scholarship-Vertrag anzutreten. Für seine Unterschrift sollte er 120 000 Pfund erhalten. Laut den Dokumenten war Žiger bei Vertragsabschluss gerade einmal zwölf Jahre alt.

Wie durchtrieben das Geschäft mit solchen Optionsverträgen ist, offenbarte im Sommer 2016 ein Mailverkehr eines Chelsea-Anwalts mit einem externen Berater. Weil es schwierig sei, Minderjährige für ihre Vertragsunterschriften zur Verantwortung zu ziehen, sollten die Erziehungsberechtigten unter Druck gesetzt werden. »Die Eltern sollten glauben, dass sie persönlich verpflichtet sind, dafür zu sorgen, dass der Spieler bei Chelsea unterschreibt und nirgendwo anders«, schrieb der Berater. Er schien zuversichtlich, dass das funktionierte: »Eltern unterzeichnen wohl eh alles, was man ihnen vorlegt.«

Das belegen andere Verträge des FC Chelsea, in denen sich Eltern dem Druck beugten und sich »bedingungslos und unwiderruflich« für alle Kosten haftbar erklärten, die durch eine Absage ihres Sohnes entstehen könnten: Rechtskosten, Schadensersatzansprüche, Strafen.

Karlo Žiger stand schon 2014 bei Chelsea im Wort, obwohl er legal erst drei Jahre später hätte wechseln dürfen. Wartete der Verein also einfach ab, wie sich der Junge in seiner Heimat entwickelte? Viele Indizien lassen vermuten: nein. Recherchen zeigen, dass Žiger plötzlich aus den Aufzeichnungen des kroatischen Fußballverbands verschwand. Sein letztes Spiel beim NK Zagreb bestritt er demnach im September 2013, im Februar 2014 wurde der Torwart sogar beim Verband abgemeldet. Erst mit 16 Jahren tauchte er wieder auf – als Chelsea-Spieler.

Was war in der Zwischenzeit geschehen? Sein Vater erzählte in einem Interview mit einer kroatischen Zeitung, die Familie sei Anfang 2014 nach London gezogen. Das legt auch eine für den Spieler ausgestellte Aufenthaltsgenehmigung nahe. Zudem führt eine klubinterne Tabelle minutengenau auf, dass Žiger zwischen 2014 und 2016 an mehr als 250 Tagen mit der Chelsea-Jugend trainiert hat.

Im Sommer 2017 beantragte Chelsea bei der Fifa offiziell eine Erlaubnis für Žigers Wechsel. Der Verein gab als Heimatadresse des Spielers eine Seitenstraße in der kroatischen Hauptstadt an. Damit täuschte er offensichtlich vor, dass Žigers Umzug nach London noch bevorstünde. Bis heute erweckt der Klub auf seiner Website den Eindruck, dass der Torhüter erst 2017 zu Chelsea stieß.

Es scheint, als habe der Verein Žiger drei Jahre lang vor Medien, Regelhütern und Konkurrenten versteckt. Doch wie soll sich ein Talent entwickeln, wenn es nicht beim Verband gemeldet ist und damit keine offizielle Spielerlaubnis hat? Gerade ein junger Torwart wie Karlo Žiger braucht kontinuierliche Spielpraxis, um besser zu werden. Auch auf diese Frage gab Žigers Vater schon 2014 eine Antwort. »Jedes Wochenende spielen sie Partien, die nicht gewertet werden«, sagte Darko Žiger im Interview. Wie ist das zu verstehen?

England gilt mittlerweile als der Vorreiter für herausragende Nachwuchsarbeit. Auch Bundesligaklubs kaufen englische Talente. Spätestens seit 2019 die letzten deutschen Vereine schon im Achtelfinale aus der Champions League ausgeschieden sind, hat die Debatte um effektive Jugendarbeit hysterische Züge angenommen. Experten raten, Deutschland müsse sich ein Vorbild an England nehmen, seine Jugendarbeit umbauen. Über den Schutz Minderjähriger wird dabei nicht diskutiert.

Denn wer sich an die Regeln hält, hat auf dem Fußballmarkt anscheinend einen Wettbewerbsnachteil. Die hoch professionellen Akademien der britischen Topklubs ließen offenbar jahrelang unkontrolliert regelwidrig verpflichtete Jugendspieler gegeneinander antreten. Während etwa in Hamburg-Eimsbüttel jedes zehnjährige Kind für Punktspiele beim Verband registriert sein muss, spielten die englischen Topakademien regelmäßig in einem »Games Programme« gegeneinander. Die Begegnungen, in denen sie unregistrierte Spieler einsetzten, deklarierten sie als Freundschaftsspiele.

Das gab sogar der FC Chelsea zu. Im Frühjahr 2017 ging es in einem Schriftwechsel zwischen dem Klub und der Premier League um den Verdacht, dass der Verein Talente ohne offizielle Spielerlaubnis ausbilde. In einer Mail bat der Klub um Verständnis: »Es ist wichtig, dass die Premier League versteht, dass das eine weitverbreitete Praxis ist.« Es sei »weder fair noch vernünftig, Chelsea einzeln hervorzuheben«.

Chelsea schickte der Liga sogar eine Liste, die auf 24 Seiten angeblich unregistrierte Jugendspieler bei 20 britischen Vereinen aufzählte. Als Indizien präsentierte der Klub Social-Media-Posts von Kickern, die sich beim Training oder bei Spieleinsätzen fotografieren ließen. Sie dokumentierten eine Parallelwelt im Schatten des Regelwerks.

Die Verantwortlichen der Premier League begannen, das Ausbildungssystem zu untersuchen. In einem Dokument aus dem Januar 2018 heißt es schließlich, man habe zwölf Klubakademien untersucht und vier Vereine bestraft. Auf Nachfragen des SPIEGEL und des Recherchenetzwerks EIC, warum die Liga jahrelang bei dieser Praxis weggesehen habe und worin genau die Sanktionen bestanden, ging die Premier League nicht ein. Ein Sprecher sagte lediglich, dass die Liga vor zwei Jahren auf die Problematik aufmerksam gemacht worden sei: »Wir haben diese Angelegenheit untersucht und uns darum gekümmert. Jetzt haben wir ein zuverlässiges Academy-Spieleridentifikationssystem.« Der FC Chelsea ging auf mehrere Anfragen nicht inhaltlich ein.

Der Weltfußballverband Fifa hat den FC Chelsea schließlich Ende Februar 2019 mit einer Transfersperre bis zum Sommer 2020 belegt. Es geht um den Umgang mit 29 minderjährigen Fußballern. Als Reaktion ließ der Klub verlauten, dass man »im Einklang mit den relevanten Regelwerken« gehandelt habe. Die Fifa-Ermittler sehen das anders: Der Verein habe Minderjährigen illegale Angebote gemacht, sie zu regelwidrigen Transfers angestiftet und die Entscheidungsunabhängigkeit anderer Vereine beeinträchtigt. Zudem habe Chelsea gegenüber den Ermittlern in »böser Absicht« gehandelt, weil der Verein ihnen bewusst Informationen vorenthalten habe.

Die Fifa verhängte zudem eine Geldstrafe von 510 000 Franken gegen den englischen Fußballverband FA, wogegen dieser Einspruch eingelegt hat. Dem Verband habe bewusst sein müssen, so die Fifa-Ermittler, dass Chelsea unregistrierte Spieler eingesetzt habe. Zwischen dem Weltverband und der FA herrscht zudem Uneinigkeit, ob Chelseas Optionsverträge regelkonform sind. Der englische Fußballverband antwortete auf Anfrage, dass er dazu keinen offiziellen Kommentar abgebe.

Chelsea ging ebenfalls gegen die Strafe vor, wollte zumindest die Transfersperre hinauszögern – so wie es vor fünf Jahren bereits der FC Barcelona vorgemacht hat. Während des Berufungsverfahrens wurde das Transferverbot damals ausgesetzt, Barça konnte sich darum für kolportierte 166 Millionen Euro mit Spielern eindecken und auf diese Weise die Strafe schadlos überstehen. Das hat die Fifa verhindert: Eine Verbandskommission hatte es abgelehnt, Chelseas Sperre während des Verfahrens pausieren zu lassen. Davon zeigte sich der Klub »erstaunt« – er zog vor den Sportgerichtshof Cas.

Wie weit Premier-League-Vereine mittlerweile gehen, um sich weltweit so früh wie möglich den Zugriff auf minderjährige Talente zu sichern, zeigen die Aktivitäten von Chelseas Liga-Konkurrenten Manchester City. Auch dazu finden sich Hunderte Dokumente im Datensatz von Football Leaks. Der Klub, den 2008 eine Holding unter Kontrolle des Herrscherhauses von Abu Dhabi übernommen hat, investiert Millionen in eine afrikanische Fußballakademie. Doch nur wenige Schüler schaffen den Sprung nach Europa. Dort wird mit ihnen gehandelt, als seien sie menschlicher Rohstoff.

Old Akrade, ein Dorf im Südosten Ghanas. Ein schlammiger Pfad, gesäumt von mageren Ziegen und Hühnern, führt vorbei an Wellblechhütten und Lehmhaufen. In ausgeleierten Shirts sitzen die Bewohner vor ihren Behausungen, mustern die Schüler auf ihrem täglichen Weg zu den Trainingsplätzen der Fußballakademie »Right to Dream«: acht ordentlich gemähte Rasenflächen, mit Fangnetzen hinter den Toren, manche gar mit Flutlichtmasten. Der Kontrast zur Armut in dieser urwüchsigen Umgebung, diesem spärlich besiedelten Landstrich am Fluss Volta, könnte größer kaum sein.

Das Recht zu träumen, von spektakulären Toren, von jubelnden Fans und Millionensummen auf ihren Konten, das haben die Fußballschüler allemal. Schließlich sind sie die Auserwählten, junge Talente, die vielleicht eine große Spielerkarriere in Europa vor sich haben. Nicht alle werden es schaffen, das wissen sie. Aber alle wollen es schaffen.

Die Right-to-Dream-Akademie ist typisch für die vielen Fußballschulen auf dem afrikanischen Kontinent, die sowohl den Familien der Jugendlichen als auch ihren Partnern, Klubs in Europa, so viel versprechen. Mit gezielter Talentförderung wollen sie das Potenzial Abertausender fußballverrückter Teenager ausschöpfen, sie fit machen für den Profimarkt auf dem fernen Kontinent – und ihnen damit den Weg aus der Armut bereiten. Manche Kinder verlassen ihr Elternhaus schon mit zehn Jahren.

Doch selbst die wenigen wirklich aussichtsreichen Talente, die es nach Europa schaffen, geraten allzu oft in ein brutales Geflecht aus Abhängigkeit und Schutzlosigkeit, werden zur schnöden Handelsware. Right to Dream, kurz RtD, wird vom Premier-League-Meister Manchester City finanziert. Deshalb glaubten die meisten Jugendlichen, die Profiverträge erhielten, ihren Traum beim englischen Topklub verwirklichen zu können. In der Realität wurden sie jahrelang weiterverliehen an Klubs in kleinen Ligen, nach Strømsgodset in Norwegen, Breda in den Niederlanden oder Örebro in Schweden – manchmal offenbar gegen ihren Willen.

Seit 2010, so ist den Football-Leaks-Dokumenten zu entnehmen, investiert Manchester City jährlich mehr als eine Million Euro in die Akademie. Die rund 90 Schüler aus Ghana, der Elfenbeinküste, Nigeria und anderen westafrikanischen Ländern erhalten neben dem professionellen Training auch eine vergleichsweise hochwertige Bildung. Right to Dream, sagen die Leiter im Herbst 2018, habe schon mehr als 70 Studenten Stipendien für Schulen und Universitäten in England und den Vereinigten Staaten vermittelt. 48 Absolventen seien professionelle Fußballer geworden.

»Keine Sportorganisation in Ghanas Geschichte, abgesehen von der ghanaischen Regierung, hat so viel in Sporteinrichtungen investiert«, behauptet RtD-Gründer Tom Vernon. Ein britisch-irisches Ölunternehmen sponsert die Schule, zahlt Material- und Lehrkosten. Mit einem Hintergedanken: »Sie wollen die technische Industrie von Ghana verbessern«, erklärt ein Schulvertreter.

Der Fußweg von ihrer Unterkunft zum Trainingsplatz soll die jungen Kicker in Demut und Dankbarkeit üben. »Wir werden jeden Tag daran erinnert, woher wir kommen«, sagt der Schüler Abu Francis. Reporter der dänischen Tageszeitung »Politiken«, die am Football-Leaks-Projekt des Recherchenetzwerks EIC mitarbeiten, haben Francis und seine Mitschüler besucht. Für die Chance, in die weite Welt ziehen zu können, müssen die jungen Spieler viel aufgeben. Vor allem ihre Kindheit, nachdem RtD-Scouts ihr Talent auf einem der unzähligen staubigen Bolzplätze entdeckt haben – und sie nach diversen Probetrainings in die Akademie holen.

»Ich vermisse meine Mama«, sagt ein zehnjähriger Schüler, den ein Fernsehteam des NDR Anfang Oktober 2018 im Rahmen der Football-Leaks-Recherchen in der RtD-Schule interviewt. Er schluckt tapfer und fügt hinzu, dass er ja einmal pro Woche seine Eltern anrufen könne. Seine Mitschüler erzählen, dass sie nur am Wochenende Zeit zum Telefonieren hätten. Unter der Woche haben sie einen vollgepackten Tagesplan, der Drill zum Profifußballer ist ein Fulltimejob. Schließlich wartet über 5000 Kilometer weiter nördlich der wichtigste Geldgeber auf Ergebnisse.

Manchester City verspricht sich von der ghanaischen Akademie einen Premiumzugang zu afrikanischen Fußballtalenten. Sobald RtD einen einzigen künftigen Superstar aufspürt und entwickelt, einen einzigen Samuel Eto'o oder Didier Drogba, würde sich der Aufwand gelohnt haben. Doch so wie die Engländer das Geschäft in Westafrika betreiben, zielen sie nicht nur auf Spieler für die eigene Premier-League-Truppe. Auch mit den etwas weniger Begabten, das haben sie erkannt, lässt sich Geld verdienen.

Interne Unterlagen aus dem Football-Leaks-Datensatz offenbaren die Strategie von Manchester City im Umgang mit jungen Spielern. In den Dokumenten wird das Investment in 16- bis 20-Jährige als »venture capital« bezeichnet: als Risikokapital, ein Begriff aus der Finanzindustrie, den Investoren verwenden, um abzuwägen, ob sie ihr Geld in ein Start-up-Unternehmen stecken sollen oder besser nicht.

Fußballnachwuchs soll gemäß einer internen Präsentation in verschiedene Kategorien eingeteilt werden. Ab einem gewissen Punkt werden einige Spieler demnach zu sogenannten value players, die für das Unternehmen in Zukunft wertvoll sein könnten – »durch Spielen oder anderes«. So wächst der Weiterverkaufswert eines Spielers allein dadurch, dass er in den renommierten Kader der »Citizens« aufgenommen wird. Dazu muss er nicht mal eine Minute lang gespielt haben.

2015 bilanzierte City, dass sich mit niedrigen Investitionen im Jugendbereich satte Gewinne machen lassen: Innerhalb von vier Jahren habe man demnach 9,5 Millionen Pfund für 26 Fußballtalente im Alter von 13 bis 18 Jahren ausgegeben. Allein der Verkauf von vier Spielern, so die internen Papiere, sei schon ein sehr gutes Geschäft gewesen: »Das Investment hat 13,2 Millionen Pfund und einen MCFC-Kaderspieler generiert«, stellten die Manager zufrieden fest. Der erwähnte Kaderspieler von Manchester City war zu diesem Zeitpunkt der Nigerianer Kelechi Iheanacho. Zwei Jahre später wechselte er für kolportierte 28 Millionen Euro zu Leicester City – und verbesserte Manchesters Jugendbilanz noch einmal deutlich.

Hinter den nüchternen Zahlen verbergen sich die Schicksale von jungen Menschen, mitunter den besten der RtD-Akademie. Zum Beispiel Divine Naah, Jahrgang 1996. Der Ghanaer, schmächtiger Körperbau, breites Grinsen, spielt seit Juli 2014 in Europa und hat sich damit einen Lebenstraum erfüllt. »Ich komme aus einer armen Gegend«, erzählt er. »Aber damals wusste ich das nicht, denn jeder dort ist arm.« Sein Heimatort heißt Obuasi, bekannt für eine der weltgrößten Goldminen, Naahs Vater arbeitete dort. Schon als Grundschüler hieß Divines Berufsziel Fußballprofi. Er zog in Ghanas Hauptstadt Accra, wo ihn die RtD-Scouts entdeckten. »Sie haben mich gefunden, als ich auf der Straße spielte«, sagt Naah. »Ich war elf Jahre alt, als ich zu Right to Dream kam.«

Es schien ein Riesenglück zu sein, ein entscheidender Moment in seinem Leben, das sich spätestens ab diesem Zeitpunkt nur noch um den Traum vom Profifußball drehte. Naahs Lieblingsteam war immer der FC Barcelona, sein Lieblingsspieler der Brasilianer Ronaldinho. Mit 18 Jahren wechselte er von Ghana nach Manchester und schien damit ein perfektes Aushängeschild erfolgreicher RtD-Arbeit zu sein: ein Aufstieg aus der Armut in einen der reichsten Vereine der Welt.

Doch in Wirklichkeit geriet Naah aus seinem behüteten Umfeld in Ghana direkt in ein System, das Klubinteressen vor Einzelschicksale stellt: Vor allem englische Klubs verpflichten Dutzende Spieler und verleihen sie gleich weiter, zu Vereinen in ganz Europa, jede Saison aufs Neue. So kontrollieren sie die Entwicklung zahlreicher Talente und erhöhen ihre Chancen, wenigstens mit einem Spieler richtigzuliegen. Der Rest: Ausschussware. Bei Manchester City »wird deine Stimme nicht gehört«, sagt Naah heute. »Du bist nur einer von vielen Leihspielern.«

Für den Meisterklub bestritt Naah keine einzige Partie, stattdessen verliehen die Engländer ihn nach Norwegen, dann nach Holland, nach Dänemark und weiter nach Schweden. Manchmal blieb er bei den dortigen Vereinen nicht einmal ein halbes Jahr. »Die Veränderungen sind hart«, sagt der Mittelfeldspieler. »Wenn du dich gerade an deine neue Heimat gewöhnt hast, ziehst du schon wieder um.« In manchen Klubs fühlte er sich alleingelassen. Einer der Trainer wollte ihn gar nicht haben, erzählt Naah. Doch seine Chefs aus Manchester hätten ihm angekündigt, dass er bei City nur auf der Bank sitzen werde. »Ich hatte keine Wahl«, sagt Naah, »ich war wütend. Es war einer der schlimmsten Momente meines Lebens.«

Im Sommer 2018 verließ er das City-System und spielte beim belgischen Zweitligisten AFC Tubize. Er verdiente nicht mehr so viel wie zu jener Zeit, als er noch in Manchester unter Vertrag stand. »Aber ich wollte frei sein und selbst entscheiden, wohin ich gehe«, sagt Naah. »Jetzt ist es mein Leben.« Dass der junge Ghanaer gegen sein Schicksal aufbegehren würde, konnte sich RtD-Gründer Vernon einige Jahre zuvor noch nicht vorstellen. »Divine Naah ist einfach nicht der Typ dafür, unseren Ratschlag anzuzweifeln«, schrieb der Brite im Juli 2014 an Manchester City. »Andere hingegen werden uns hinterfragen und tun es jetzt schon.«

Vernon wollte seine Mail damals als eine Warnung verstanden haben. Der Akademie-Gründer fürchtete, so belegen die Football-Leaks-Dokumente, die Kontrolle über seine Zöglinge zu verlieren. Denn einige heranwachsende Spieler machten sich erhebliche Sorgen, weil sie »desaströse Entwicklungen« von RtD-Alumni in Manchester mitbekommen hätten. Zwar habe ein Leihsystem auch einige positive Seiten, so Vernon, doch City habe nicht die Bereitschaft gezeigt, die Akademie-Spieler wirklich fördern zu wollen.

»Wir können RtD-Spieler nicht zwingen, bei Manchester City zu unterschreiben«, warnte er.

Das war tatsächlich ein Problem. Schließlich hatte sich die Akademie 2010 in einem Vertrag mit dem Verein dazu verpflichtet, »sich nach besten Kräften zu bemühen, die Spieler zu einem Transfer nach Manchester zu bewegen«. Dieser Deal garantierte City das Erstzugriffsrecht auf alle volljährig gewordenen RtD-Spieler, denn die Absolventen sollten »nicht ohne die vorherige schriftliche Zustimmung von Manchester City« zu anderen Klubs transferiert werden. So gewann der Premier-League-Klub also den Vorsprung auf dem Transfermarkt: Er förderte die Akademie und durfte im Gegenzug zuerst bei möglichen Transfers mitreden.

Die RtD-Leitung erklärte gegenüber dem SPIEGEL, dass jeder ihrer Spieler über sich selbst bestimmen könne. »Kein Absolvent wurde jemals zu einer Entscheidung über seine Zukunft gezwungen und wird es auch künftig nicht.«

Der Weltfußballverband Fifa hat im Lauf der letzten Jahre internationale Transfers von Minderjährigen unter strengere Auflagen gestellt. Das soll die Jugendlichen vor Ausbeutung und Menschenhandel schützen. Für die großen Klubs bedeuten die Fifa-Regeln, dass sie ihr Geschäftsmodell anpassen müssen. Denn für Vereine wie Manchester City ist und bleibt es entscheidend, den ersten Zugriff zu haben, wenn ein aussichtsreiches Talent die Volljährigkeit erreicht.

Manchester City und die RtD-Akademie haben 2016 an ihrem System gefeilt und die Verträge ergänzt. Schulleiter Vernon hatte mittlerweile mit dem FC Nordsjælland (FCN) einen Verein in Dänemark übernommen. Mit dem dänischen Erstligisten, bei dem der ehemalige Mainzer Bundesligacoach Kasper Hjulmand bis März 2019 als Trainer arbeitete, hat Vernon eine neue Anlaufstation im europäischen Fußball geschaffen. Seitdem wechseln die meisten Absolventen aus Ghana nach Ost-Dänemark.

Der FCN hatte eine Abmachung mit Manchester City – und wurde damit zum Teil einer Dreiecksbeziehung. In einem Vertrag zwischen den Klubs heißt es, dass der FC Nordsjælland RtD-Spieler nur mit Genehmigung von Manchester City weiterverkaufen darf und City dann mit 25 Prozent des Transfererlöses beteiligen soll. Zeige City Interesse an einem Akademie-Spieler bei FCN, sollen sich wiederum die Dänen »nach besten Kräften bemühen, den Transfer zu Manchester City kostenlos durchzuführen«. Im Gegenzug verspricht der englische Verein, an FCN erfolgsbedingt Prämien auszuzahlen.

Mehrere Experten, die von Reportern des EIC-Recherchenetzwerks mit den Vertragsinhalten konfrontiert wurden, halten diese Klauseln für problematisch. »Das Recht auf ein Transferveto würde klar bedeuten, dass Manchester einen verbotenen Drittpartei-Einfluss auf Status, Registrierung und Karriereaussichten des Spielers hätte«, sagt der britische Sportrechtsanwalt Dan Chapman. Tatsächlich besagen die Fifa-Regularien eindeutig, dass es keinem Verein möglich sein darf, die »Arbeitsverhältnisse oder Transferangelegenheiten« anderer Klubs zu beeinflussen.

Die 25-prozentige Transferbeteiligung hält Experte Chapman für einen »offensichtlichen Fall« von Third-Party Ownership (TPO). Beim TPO kauft ein Investor Anteile an einem Fußballspieler und spekuliert damit auf dessen Wertsteigerung. Finanziers haben einige Jahre lang massenweise Spieler gekauft und Transfers erzwungen, um an den Verkaufserlösen mitzuverdienen. Darum wurde TPO auch »moderner Sklavenhandel« genannt – und ab Mai 2015 von der Fifa verboten.

Die Verträge zwischen Manchester, Nordsjælland und Right to Dream wurden ein Jahr nach diesem Verbot unterzeichnet. Tom Vernon erklärte auf Anfrage zunächst, er sei »überzeugt, dass wir uns mit RtD und FCN an alle relevanten Fußballregeln halten«. Später schob er eine aktualisierte Antwort auf die EIC-Anfrage nach: Die Verträge seien »seit einiger Zeit, unabhängig von Ihrer Recherche, nicht mehr in Kraft«. Manchester City antwortete auf detaillierte Anfragen nicht inhaltlich und sprach, wie bei allen anderen Bitten um Stellungnahme zu Football-Leaks-Recherchen, von einem »organisierten und eindeutigen Versuch, den Ruf des Vereins zu schädigen«.

Der vorgezeichnete Weg aus Ghana nach Dänemark, die Möglichkeit zur direkten Einflussnahme durch Manchester City, die bisherigen Karrierewege von RtD-Spielern in Dutzenden Leihgeschäften – all dies ist symptomatisch für ein Fußballbusiness, das mit den Träumen junger Talente spielt und sie wie Anlagegüter behandelt. »Das limitiert das Recht der Spieler auf freie Vereinswahl«, sagt Wil van Megen von der internationalen Spielergewerkschaft Fifpro. »TPO zerstört letzten Endes das Spiel und gibt den reichen Vereinen, die sich das leisten können, noch mehr Macht.«

2018 beschloss die Fifa, die erlaubte Anzahl von Leihspielern in einem Verein limitieren zu wollen, um die ausufernden Leihgeschäfte einzudämmen. Auf ihr Geschäftsmodell werden die Fußballakademien in Afrika dennoch nicht verzichten. Auch in den kommenden Jahren werden sie Tausende Kinder locken, die von der großen Karriere träumen. Die Chancen stehen nicht gut. Trotz ihres engmaschigen Scouting- und Transfersystems wartet die Right-to-Dream-Akademie bis heute auf den Durchbruch eines ihrer Absolventen in Manchester.

Dass in den Jugendakademien der Topklubs längst die eiskalte Logik des Profifußballs Einzug gehalten hat, lässt sich an einem weiteren prominenten Beispiel sehr gut nacherzählen. Das Lehrstück spielt bei einem Verein, der wie kaum ein zweiter in der Welt immer wieder seine gesellschaftliche Vorbildfunktion hervorhebt: bei Real Madrid. Doch so schneeweiß das Trikot der Königlichen auch ist und so huldvoll und demonstrativ demütig die öffentlichen Auftritte des Präsidenten Florentino Pérez, so verschlagen und durchtrieben zeigen sich die Bosse von Real, wenn es darum geht, dem Verein einen Vorteil zu verschaffen. Die Dokumente von Football Leaks offenbaren diese doppelte Moral.

Am 13. April 2014 debütierte ein Junge für seinen Klub Strømsgodset IF in der ersten norwegischen Liga, der damals 15 Jahre und 118 Tage alt war. Sein Name: Martin Ødegaard. Der schmächtige Mittelfeldspieler war damit der jüngste Fußballer, der jemals in der höchsten Spielklasse Norwegens zum Einsatz kam. Wenige Monate danach machte Ødegaard sein erstes Länderspiel für Norwegens

Nationalmannschaft. Spätestens zu diesem Zeitpunkt galt er als »Jahrhunderttalent«, und die namhaftesten europäischen Vereine warben um seine Dienste.

Am 22. Januar 2015 unterschrieb Martin Ødegaard einen Arbeitsvertrag bei Real Madrid, der bis Ende Juni 2018 gültig war. Der Junge aus Drammen, einer Stadt in der Nähe von Oslo, sollte im ersten halben Jahr in Reals U-19-Auswahl spielen. Das Festgehalt, mit dem Real lockte, war unanständig hoch für einen Teenager, der bei Vertragsunterzeichnung gerade 16 Jahre alt geworden war: bis Sommer 2016 zwei Millionen Euro brutto pro Jahr, in der dritten Saison 2,5 Millionen, in der vierten Saison dann drei Millionen. Die Ablösesumme für seinen alten Klub Strømsgodset: vier Millionen Euro fix plus vier Millionen variable Prämien. Das Honorar für seine Berater, einen Norweger und einen Italiener: eine Million Euro, die auf das Konto einer Firma mit Adresse auf der Niedrigsteuerinsel Guernsey in der rauen Nordsee floss.

Und dann war da noch Ødegaards Vater Hans Erik. Auch er hielt seine Hand auf und musste wohl noch bedient werden.

Real Madrids Generaldirektor José Ángel Sánchez und Manuel Redondo als Statthalter des Präsidenten hatten da eine Idee. Am selben Tag, an dem ihr 16-jähriger Wunschspieler aus Norwegen seinen Dreieinhalb-Jahres-Vertrag unterschrieb, unterzeichnete auch Vater Ødegaard einen Kontrakt mit Real Madrid, ebenfalls gültig bis 30. Juni 2018. Das Papier auf vier Seiten nennt sich »Professional Sports Employment Contract«. Es besagt, dass Real Madrid Hans Erik Ødegaard als Jugendtrainer anstellte.

Papa Ødegaard trat im Nachwuchsleistungszentrum »La Fábrica« einen Job bei der Jahrgangsstufe »Alevín B« an. Die Kinder, die dort spielen, sind elf Jahre alt. Sie sind sehr stolz auf den Verein und auf sich. Auf seiner Homepage stellt Real Madrid jeden einzelnen Kicker vor, die Jungs sagen Sätze wie aus dem Fußball-Poesiealbum: »Für die Mannschaft tue ich alles, was ich kann«; »ich mag es, mit meinen Mitspielern die Tore zu bejubeln«; »mir gefällt es, Tore zu schießen oder den letzten Pass zu spielen«; »ich liebe es, das Trikot von Real Madrid zu tragen«.

Hans Erik Ødegaard bekam von Real Madrid für die Arbeit mit den Kindern ein Jahresgehalt von 100 000 Euro. Zudem garantierte Real ihm eine Prämie von drei Millionen Euro, laut des Vertrages zahlbar 30 Tage nach Unterschrift. Als Co-Trainer der U-11. Weder Real Madrid noch Hans Erik Ødegaard reagierten auf Bitte um Stellungnahme. Eine der Fragen lautete, ob der Vertrag für Vater Ødegaard als Nachwuchstrainer nichts anderes war als ein verdecktes Honorar für den Transfer seines Sohnes.

KREATIVE IDEEN

Der Angreifer Marko Marin wurde im März 2019 dreißig Jahre alt. Er gehört zu jener Sorte von Spielern, über die man nach dem Ende ihrer Karriere sagen wird, dass sie das Versprechen auf den ganz großen Durchbruch nicht eingelöst haben – die Stationen des im ehemaligen Jugoslawien geborenen und als Kleinkind mit seinen Eltern nach Deutschland emigrierten Fußballprofis in den letzten vier Jahren waren Roter Stern Belgrad, Olympiakos Piräus sowie der türkische Erstligist Trabzonspor.

Es gab eine Phase, da galt Marko Marin als eines der verheißungsvollsten Offensivtalente der deutschen Bundesliga. Das war im Sommer 2012. Damals wechselte Marin, ein technisch hoch veranlagter und wendiger Mittelfeldspieler, von Werder Bremen nach London zum FC Chelsea. Das Team des Oligarchen Roman Abramowitsch hatte gerade beim berühmten »Finale dahoam« in der Münchener Allianz Arena gegen den FC Bayern die Champions League gewonnen – und die Klubbosse erkannten in dem schmächtigen deutschen Nationalspieler offensichtlich zusätzliche Qualität für ihren eh schon exquisit besetzten Kader.

Marin unterschrieb einen ab 1. Juli 2012 laufenden Arbeitsvertrag, der sein Einkommen in eine neue finanzielle Dimension hob. Der FC Chelsea band Marin gleich für fünf Spielzeiten an sich und garantierte dem Dribbelkünstler ein Festgehalt von durchschnittlich knapp 2,6 Millionen Pfund pro Jahr, für damalige Verhältnisse eine sehr stattliche Gage. Doch das war noch nicht alles. In Paragraf 13 des »Premier League Contract« ging es um die Bild- und Namensrechte Marins, seine sogenannten Image Rights. Marins damaliger Werbewert wird illustriert durch die Summe, die der FC Chelsea dem Stürmer bis Sommer 2017 zusagte: 1,44 Millionen

Pfund. Doch anders als das Gehalt, das der Spieler direkt erhielt, sollten die Zahlungen für Marins Image Rights an eine Firma fließen – eine Firma, an die Marin seine Bild- und Namensrechte übertragen sollte.

In England wie in Spanien können Klubs Trainern und Spielern einen Teil der vereinbarten Gesamteinkünfte über die Verwertung von deren Bildrechten begleichen. Die Premier League hat mit den englischen Finanzbehörden vereinbart, dass die Image-Rights-Zahlungen im Regelfall bei maximal 20 Prozent des Gehalts liegen dürfen. In Spanien definierte der Staat die Obergrenze bei 15 Prozent des jährlichen Gehalts. Im deutschen Profifußball gibt es diese Aufsplittung nicht, Bundesligaklubs erwerben mit der Unterschrift eines Angestellten unter einen Arbeitsvertrag automatisch auch dessen Vermarktungsrechte für Werbung mit dem Verein.

Für die englischen und spanischen Vereine ist diese Regelung ein Wettbewerbsvorteil. Sie können ihre Bildrechte-Zahlungen als Betriebsausgaben geltend machen. Das senkt ihre Steuerlast. Spieler wiederum dürfen ihre Bildrechte an Firmen übertragen und versteuern diese Einkünfte nicht mit ihrem Einkommenssteuersatz, der in England wie in Spanien für Spitzenverdiener bei 45 Prozent liegt. Fällig auf die Gewinne durch die Image-Rights-Zahlungen wird für die Unternehmen zunächst einmal nur eine wesentlich günstigere Körperschaftssteuer.

Spannend wird es für die Finanzbehörden, wenn die Firmen diese Image-Rights-Zahlungen an die Spieler weiterleiten. Dann müssen diese Einkünfte in den Steuererklärungen deklariert sein. Das scheinen eine ganze Menge Stars in der Premier League und der Primera División als Majestätsbeleidigung betrachtet zu haben. Also übertrugen sie ihre Bild- und Namensrechte oftmals nicht an Firmen mit Sitz in den Ländern, in denen sie spielen und die transparent sind für die dortigen Finanzbehörden – sondern an Klitschen in exotischen Weltgegenden, wo die Besteuerung auf im Ausland erzielte Firmengewinne gerne auch im einstelligen Prozentbereich oder gleich ganz bei null liegt. Sowohl Her Majesty's Revenue & Customs (HMRC), der zuständigen Finanzbehörde in

England, als auch deren spanischem Pendant Agencia Tributaria blieben diese Offshore-Konstruktionen oft verborgen.

Es sei denn, sie stießen durch Zufall drauf. Oder durch die Football Leaks.

Der Fall Messi, der im Sommer 2013 publik wurde, war das erste spektakuläre Verfahren, in dem Ermittler diese Machenschaften aufdeckten. Durch die Football-Leaks-Enthüllungen, die im Herbst 2015 begannen, offenbarte sich das Ausmaß des Betrugs unter Fußballprofis. Neben Cristiano Ronaldo gerieten Stars wie James Rodríguez, Luka Modrić, Ángel Di María, Marcelo, Pepe, Ricardo Carvalho oder Fábio Coentrão ins Visier der Steuerfahnder, ebenso der Trainer José Mourinho. Sie hatten Bildrechte-Einkünfte nicht in ihren Steuererklärungen angegeben. In manchen dieser Fälle wurden am Ende sogar Haftstrafen verhängt, die allerdings ausgesetzt wurden, weil sie unter zwei Jahre lagen.

In England widmet sich der Fiskus Geschäften mit den Image Rights mittlerweile mit besonderer Fürsorge. Im Sommer 2017 veröffentlichte die zuständige britische Behörde neue Richtlinien: Die gängige Praxis der Klubs sollte beendet werden. Damals untersuchte sie 38 Vereine, 90 Spieler und 13 Berater, im Jahr 2018 waren es schon 44 Klubs, 171 Spieler und 31 Agenten. Im Datensatz von Football Leaks finden sich jede Menge Dokumente, die zeigen, wie findig Vereine, Spieleragenten, Profis und Trainer sowie deren Anwälte und Steuerberater mit den Image Rights hantieren. Als Faustregel gilt: Je weiter entfernt vom Vereinigten Königreich der Sitz einer Firma, an die Werbegelder für Premier-League-Profis flossen, desto höher die Wahrscheinlichkeit, dass die Steuerbehörden sich für diese Summen interessieren könnten.

Bei Marko Marin war die Sache wohl ziemlich kompliziert. Ende September 2012, als der Spieler längst beim FC Chelsea war, war noch immer nicht klar, wo das Unternehmen gegründet würde, an das seine Werbeeinnahmen fließen sollten: auf Malta oder auf St. Kitts und Nevis, einem Inselstaat in der Karibik. Die Wahl seiner Berater fiel schließlich auf Malta. Im Oktober 2012 wurde dort die Firma Maki Trading and Consulting Limited gegründet, an die

Marin seine Image Rights damals abtrat. Als Geschäftsführer fungierte ein Mitarbeiter der Spielerberateragentur, die Marin nach England vermittelt hatte.

Doch es vergingen nochmals mehrere Monate, ehe der FC Chelsea und die Maki Trading im April 2013 schließlich ein »Agreement« über die 1,44-Millionen-Pfund-Zahlung unterzeichneten. Zuvor hatte der Klub einen Vertragsentwurf von Marins Seite offenbar zurückgewiesen, da einige der Vorschläge ein »no go« für den FC Chelsea gewesen sein. Das geht aus dem Protokoll einer Telefonkonferenz mit einem von Marins Beratern hervor. In dieser vertraulichen Runde im Februar 2013 sinnierte einer der Gesprächsteilnehmer auch darüber, dass die britische Finanzbehörde HMRC »das Land nach zusätzlichen Steuerquellen absucht und die Image Rights jetzt in den Fokus rücken«. Besonders im Blickpunkt seien »Offshore-Strukturen«.

Doch es gab da noch ein weiteres Problem. Marin wollte nach seinem Wechsel in die Premier League offenbar seine deutsche Firma MM Sportmarketing GmbH auflösen, in der einige Hunderttausend Euro lagen und auf die der Spieler einen Firmenwagen angemeldet hatte – »einen Lamborghini!«, wie Marins Spielerberater an einen Anwalt in Andorra schrieb, der sich um die Gründung von Marins neuer Image-Rights-Klitsche kümmern sollte. Ungelöst war nicht nur, wie man das sechsstellige Firmenvermögen, vom Fiskus möglichst unberührt, von Deutschland ins Ausland schaufeln könnte. Ungeklärt war auch, wie Marins neuer Autotraum zu verwirklichen sein würde. Der Spieler wolle sich in England »so schnell wie möglich einen Porsche Cayenne kaufen«, wie der Berater an den Anwalt schrieb, »und er denkt darüber nach, wie er das möglichst effizient (über die deutsche Gesellschaft oder die neue Firmenstruktur) machen kann«. Dann bat der Spielerberater den Advokaten in Andorra um Mithilfe: »Hast Du eine kreative Idee?«

Kreative Idee. Das ist so etwas wie ein Leitmotiv, wenn man die Steuervermeidungsstrategien hochbezahlter Profifußballer beleuchtet.

Was sonst könnte wohl der Grund dafür sein, dass Edin Džeko, der 2011 vom VfL Wolfsburg zu Manchester City wechselte, seine weltweiten Vermarktungsrechte an die Firma Ed Management Group FZA in den Vereinigten Arabischen Emiraten übertrug? Dass der serbische Nationalspieler Aleksandar Kolarov, von 2010 bis 2017 ebenfalls in Diensten von Manchester City, seine weltweiten Image Rights der Firma Dornoch Enterprises auf den British Virgin Islands vermachte? Dass der Mittelfeldspieler Yaya Touré, ein Nationalspieler von der Elfenbeinküste, die Verwertung seiner Image Rights einer Firma auf Majuro überließ? Majuro ist ein Atoll der Marshallinseln im Pazifik, und Manchester City, so steht es in dem Vertragsentwurf, sollte der Firma D. S. Management Limited bis Mitte 2015 insgesamt drei Millionen Pfund überweisen. Sehr praktisch: Geschäftsführer der Firma in Ozeanien war Tourés Spielerberater Dimitri Seluk. Noch praktischer: Die Hausbank der D.S. Management saß in der Züricher Schützengasse in der verschwiegenen Schweiz.

Auch der ägyptische Stürmer Mohamed Salah ließ sich von einer Londoner Kanzlei ein undurchsichtiges Firmennetzwerk für seine Image Rights stricken, als er im Januar 2014 vom FC Basel zum FC Chelsea wechselte. Seine Vermarktungsrechte außerhalb Englands übertrug er an ein Unternehmen namens MS Commercial auf den Cayman Islands. Der FC Chelsea sollte für Salah Image Rights bis Mitte 2019 insgesamt 2,67 Millionen Pfund überweisen. Offiziell trat Salah für die MS Commercial nicht in Erscheinung, doch offensichtlich kontrollierte er sie. Das geht aus internen Mails eines Anwalts hervor, in denen es heißt: »Alle Konten des Unternehmens haben unter Mohamed Salahs Kontrolle zu sein«.

Salah wurde bereits im Winter 2015 von Chelsea zum AC Florenz weiterverliehen, auch weil er mit Trainer Mourinho nicht klarkam. Danach gab es offenbar Streit um seine Werbeeinnahmen, der erst Ende Juli 2016 mit einem schriftlichen Settlement gelöst wurde: Demnach schuldete der FC Chelsea dem Spieler noch Image-Rights-Zahlungen von 542 348 Pfund. Der Klub erklärte sich bereit, das Geld auf das Konto eines Treuhänders auf den Cayman Islands zu überweisen. Der wiederum sollte das Geld an Salah weiterreichen.

Im Sommer 2017 kehrte Salah in die Premier League zurück, als er vom AS Rom zum FC Liverpool wechselte. In der Mannschaft Jürgen Klopps wurde er zum Weltstar. Nach seiner herausragenden ersten Saison erhöhte der FC Liverpool die Bezüge des Spielers massiv. Salah bekommt bis Sommer 2023 nun ein durchschnittliches Festgehalt von 11 560 349 Pfund pro Jahr. Für 35 Tore und Vorlagen in allen Pflichtspielen einer Saison, ausgenommen Elfmeter, gibt es zusätzlich 1,9 Millionen Pfund. Wenn Salah in 70 Prozent der Saisonspiele in der Startelf steht, bekommt er für jede Qualifikation zur Champions League zwei Millionen Pfund, für jeden Gewinn der Königsklasse eine Million Pfund, ebenso für jeden Titel in der Premier League. Die Image-Rights-Vereinbarungen in seinem neuen »Premier League Contract«, den Salah am 1. Juli 2018 mit dem FC Liverpool schloss, finden sich ganz hinten in dem Dokument. Es sind durchschnittlich knapp 2,9 Millionen Pfund im Jahr, die der Klub an eine in dem Arbeitsvertrag nicht benannte Firma bezahlt, die im Besitz von Salahs Bild- und Namensrechten ist.

Wenn alle Premier-League-Profis sich für das Modell entschieden, das İlkay Gündoğan gewählt hat, gäbe es für Klubs und Spieler vermutlich weniger Stress mit den Finanzbehörden. Der deutsche Nationalspieler, der im Sommer 2016 von Borussia Dortmund an Manchester City verkauft wurde, vereinbarte mit dem Scheichklub Image-Rights-Zahlungen von 5,42 Millionen Pfund für vier Jahre. Die Firma, die Gündoğans weltweite Vermarktungsrechte hält, heißt Day Rising Limited, und so licht wie der Name scheint auch die Struktur für die Steuerprüfer Ihrer Majestät zu sein: Die Day Rising sitzt nicht auf irgendeinem Südsee-Archipel, sondern in London.

Andere frühere Bundesligaspieler, die es auf die Insel zog, pflegten da weniger Transparenz. Sie lagerten Teile ihre Vermarktungsrechte an Firmen aus, die man nur mit viel gutem Willen als halbwegs seriös bezeichnen würde. Als Lewis Holtby im Januar 2013 vom FC Schalke zu Tottenham Hotspur wechselte, sollten seine Bild- und Namensrechte für das Vereinigte Königreich an eine Firma namens Mastertouch Limited mit Sitz in London übertra-

gen werden. So weit, so gut. Steuerlich fragwürdiger war die ange-
dachte Konstruktion für seine Verwertungsrechte außerhalb des
englischen Marktes. Laut eines 31 Seiten umfassenden Vertrags-
entwurfs soll Holtby diesen Teil seiner Image Rights einer Firma
namens Anjar Financial Corporation übereignet haben. Firmensitz: Belize, ein Steuerparadies in Mittelamerika. Repräsentant der
Firma sollte ein Steuerexperte auf Malta sein. Holtbys Vertrag mit
Tottenham ging bis Ende Juni 2017. Von 350 000 Pfund jährlich, die
der Klub dem Spieler demnach für seine Image Rights zusicherte,
sollten wohl 262 500 Pfund bei der Firma mit Sitz in Belize landen.
Das geht aus einer Mail hervor, die ein englischer Anwalt an Holtbys Berater schickte. Er habe gerade mit dem Sportdirektor von
Tottenham gesprochen, schrieb der Jurist, »der bestätigt hat, dass
der Klub einer Aufteilung von 75 zu 25 Prozent zustimmt, dass also
75 Prozent der fälligen Gelder offshore an die Anjar Corporation
gezahlt werden und 25 Prozent an die Mastertouch«.

Ähnlich stumpf löste der argentinische Verteidiger Martín
Demichelis, der im Sommer 2013 vom FC Málaga zu Manchester
City wechselte, das Thema mit seinen Bildrechte-Zahlungen. Als
er in die Premier League kam, übertrug Demichelis seine Image
Rights an die Firma Fuder Sports B.V. in den Niederlanden, laut
des Vertrages mit dem Klub sollten bis Sommer 2015 exakt
900 000 Pfund fließen. Direktor der Fuder Sports war ein Geschäftsmann mit reichlich lädiertem Leumund. In den Football-
Leaks-Daten finden sich Dutzende Dokumente, die belegen, dass
der Holländer bei zahlreichen anderen Image-Rights-Deals mit
Profis aus Südamerika als Strohmann in Erscheinung trat.

Auch Trainer griffen auf diese Steuerminimierungsmasche
zurück. Der Chilene Manuel Pellegrini, der im Sommer 2013 für
drei Jahre bei Manchester City anheuerte, vereinbarte Zahlungen in drei Raten von insgesamt 1 723 332 Pfund für seine Image
Rights. Das Geld sollte der Klub an die Intereuropean Sports Limited bezahlen. Diese Firma saß in Gibraltar, dem britischen Über-
seegebiet am Mittelmeer, hinter einem großen Felsen gelegen und
für europäische Finanzbehörden kaum einsehbar.

Pellegrini hatte offenbar schon eine gewisse Erfahrung darin, seine Vermarktungsrechte an eine dubiose Adresse abzutreten. Anfang Juni 2009 hatte der Chilene einen Zwei-Jahres-Vertrag bei Real Madrid unterschrieben. Seine Image Rights hatte Pellegrini damals der W.S.M. Soccer Management GmbH vermacht, Real überwies der Firma in der Schweiz dafür pro Saison 689 450 Euro. Auch für die Madrilenen war dieser kleine Umweg über die Alpenrepublik zur Senkung der Steuerlast Routine, wie aus dem Material von Football Leaks hervorgeht.

Zwei Jahre vor Pellegrini, im Sommer 2007, hatte Bernd Schuster einen Vertrag als Trainer bei Real Madrid unterschrieben, seine Mannschaft sicherte sich vor dem FC Villarreal und, noch wichtiger, mit 18 Punkten Vorsprung vor dem FC Barcelona souverän die Meisterschaft in der Primera División. Das hatte für Schuster eine erfreuliche Nebenwirkung: Am 5. August 2008 stockte Real Madrid seine Bezüge noch einmal mächtig auf, Schusters Jahresgehalt stieg um fast eine Million auf 2 843 340 Euro an.

Wenige Wochen zuvor hatte Schuster sich mit José Ángel Sánchez, dem Generaldirektor von Real, bereits über weitere Zahlungsmodalitäten verständigt. Es ging um Schusters Bild- und Werberechte. Wie aus mehreren Vertragsentwürfen hervorgeht, hatte sich Real Madrid offenbar bereit erklärt, dem Deutschen für die Nutzung seiner »Derechos de Imágen« fortan jährlich bis zu 518 868 Euro zu überweisen. Das Geld sollte Schuster allerdings nicht direkt ausgezahlt werden. Stattdessen sollte es, wie später auch bei Pellegrini, an die W.S.M. Soccer fließen.

Die Firma gehört in den Dunstkreis professionell orchestrierter Steuerhinterziehung, das ist in Spanien höchstrichterlich bestätigt. Geschäftsführer der W.S.M. Soccer ist Albert Villiger. Der Schweizer leitet auch zahlreiche andere Unternehmen, allesamt ansässig in einem Gebäude im Ortskern von Zug, einer 30 000-Einwohner-Stadt zwischen Zürich und Luzern. Eine dieser Firmen in der Poststraße 6, die 2007 gegründet wurde und die Villiger seither lenkt, heißt Tubal Soccer Management GmbH. Wie die Staatsanwaltschaft von Barcelona später herausfand, war die Tubal Soccer ein wesentlicher Bestandteil des Geflechts von Briefkasten- und Scheinfirmen, mit deren Hilfe Lionel Messi und sein Vater zwischen 2007 und 2009 Werbeeinnahmen des Spielers von über zehn Millionen Euro am spanischen Fiskus vorbeischleusten. Das Geschäftsmodell der Tubal Soccer war so simpel wie einträglich: Die Klitsche kassierte im Auftrag und Namen Messis Werbeinnahmen, die sie nach Abzug einer Provision im einstelligen Prozentbereich an eine Firma des Superstars in Uruguay weiterleitete. So floss das Geld jahrelang unbemerkt von den spanischen Steuerbehörden von Steueroase eins in Steueroase zwei.

Im Handelsregister wird die Geschäftätigkeit der Tubal Soccer (»Weltweites Management von Sportlern, insbesondere im Fußballbereich«) nur knapp umrissen. Die eingetragene Geschäftstätigkeit der W.S.M. Soccer hat den identischen Wortlaut. Es drängt sich der Verdacht auf, dass die W.S.M. Soccer wie die Tubal Soccer sowohl bei Schuster als auch bei Pellegrini nur als Zwischenetappe der Bildrechtezahlungen von Verein zu Trainern diente.

Der SPIEGEL bat alle Spieler und Trainer, die ihre Image Rights an Firmen in Niedrigsteuerländern oder Steueroasen abgetreten hatten und deren Verträge in diesem Kapitel beleuchtet werden, um Stellungnahme zu diesen Geldflüssen. Die Fragen lauteten auch, warum sie diese für europäische Finanzbehörden kaum zu kontrollierenden Offshore-Konstruktionen gewählt hatten; ob der Grund dafür Steuervermeidung oder gar Steuerhinterziehung gewesen sei; ob sie sämtliche Zahlungen, die sie – direkt oder indirekt – von diesen Firmen erhalten haben, immer korrekt in ihren Steuererklärungen in Spanien oder England angegeben hätten. Keiner der Betroffenen, die entweder über ihren Verein, ihren Berater, ihren Anwalt oder persönlich kontaktiert wurden, reagierte auf die schriftliche Anfrage. Mit einer Ausnahme: Martín Demichelis. Er schrieb: »Ich äußere mich zu der Angelegenheit nicht.«

Von den involvierten Vereinen meldeten sich der FC Chelsea, Manchester City, Tottenham Hotspur und der FC Liverpool. Der FC Chelsea kündigte nach einem Erinnerungsschreiben eine Antwort an, die dann jedoch bis zum Redaktionsschluss dieses Buches ausblieb. Manchester City schrieb: »Wir werden keinen Kommentar zu Material abgeben, das aus dem Zusammenhang gerissen und mutmaßlich gehackt oder Angestellten der City Football Group und damit verbundenen Menschen gestohlen worden ist. Der Versuch, den Ruf des Klubs zu schädigen, ist organisiert und eindeutig.« Tottenham Hotspur verwies darauf, dass der Verein sich nicht zu Steuerangelegenheiten eines Einzelnen äußere. Der FC Liverpool ließ über eine Kanzlei mitteilen, dass der SPIEGEL kein Recht habe, Dokumente zwischen dem Klub und Spielern zu besitzen, die streng geheim und vertraulich seien. Der Anwalt äußerte die Vermutung, der SPIEGEL könne diese Unterlagen nur »durch kriminelle und / oder illegale Mittel erworben haben«. Der FC Liverpool sei bereit, »sämtliche Maßnahmen in die Wege zu leiten, um sich zu schützen«.

Der Spieleragent Dimitri Seluk, der den Profi Yaya Touré beriet und an dessen Firma in Ozeanien Manchester City drei Millionen Euro für die Image Rights Tourés zahlen sollte, ließ eine Anfrage unbeantwortet, ebenso Seluks Anwalt in Zürich. Auch der Schweizer Treuhänder Albert Villiger erteilte über seine Geschäfte mit Real Madrid keine Auskunft. Auf schriftliche Nachfragen des SPIEGEL zu den Image-Rights-Vereinbarungen zwischen Real Madrid, der Firma W.S.M. Soccer sowie Bernd Schuster und Manuel Pellegrini reagierte Villiger ebenso wenig wie auf Fragen zu der Rolle der Firma Tubal Soccer im Steuerhinterziehungsmodell der Messis.

Bereits im November 2017 hatte der SPIEGEL versucht, telefonisch mit Villiger in Verbindung zu treten. Damals nahm eine Sekretärin ab. Der Herr Villiger sei auf Reisen und leider unerreichbar, hieß es. Und schönen Tag noch.

MIAU

John ist in den vergangenen Wochen immer stiller geworden. Manchmal schreibt er mir erst nach mehreren Tagen zurück, manche Fragen beantwortet er überhaupt nicht mehr. »Ich bin mit meinen Plänen sehr eingebunden, es tut sich einiges«, teilt er mir zwischendurch mit.

Es gibt Momente, in denen ich seine Nachrichten und unsere Treffen vermisse, weil John eben nicht nur anstrengend, sondern auch ein amüsanter, geselliger Mensch ist, mit dem ich in den vergangenen Jahren immer wieder spannende Gespräche führen durfte. Die Gedanken, die er mit mir bei diesen Gelegenheiten geteilt hat, haben mich danach oft noch Wochen und manchmal sogar Monate lang beschäftigt. Ich mag Menschen, die meinen Horizont erweitern.

Aber ich verstehe, dass er sich nun auf seine Pläne fokussiert. Er ist entschlossen, einen Ausweg aus seinem Leben als Whistleblower zu finden. Dass dies alles andere als einfach ist, zeigen Fälle wie die von Hervé Falciani, Edward Snowden, Chelsea Manning oder Antoine Deltour. All diese Whistleblower haben der Gesellschaft einen Dienst erwiesen. Sie alle haben Informationen öffentlich gemacht und dadurch Missstände enthüllt. Und sie alle haben dafür politische, manchmal sogar juristische Konsequenzen tragen müssen, die ihr Leben nachhaltig verändert und beeinflusst haben. Und zwar nie zum Guten. Dass John auch aus diesen Gründen so konzentriert und vorsichtig ist, verstehe ich absolut. Jeder Fehler kann ihn gefährden.

Während John seine Ausstiegspläne vorantreibt, ringen wir mit den neuen Football-Leaks-Dokumenten. Mittlerweile arbeiten im EIC 15 Redaktionen und über 80 Journalisten aus ganz Europa an diesem Projekt, darunter auch zwei TV-Teams. Organisatorisch ist das eine Mammutaufgabe, der tägliche Umgang mit dem Netzwerk fordert uns sehr. Glücklicherweise haben wir mit Stefan Candea einen herausragenden und umsichtigen Kollegen, der sich als EIC-Koordinator immer wieder um die kleinen und großen Sorgen aller Beteiligten kümmert. Er plant unsere persönlichen Treffen, die wir in den darauffolgenden Monaten in Hamburg, Mechelen und Brüssel abhalten werden. Er bereitet die wöchentlichen Telefonkonferenzen vor und moderiert unsere Austauschplattform. Dort ist am meisten Betrieb, weil wir über die Plattform unsere Recherchen miteinander teilen und besprechen. Jeder Kollege, der ein spannendes Thema, einen lohnenswerten Rechercheansatz oder harte Belege in den Daten findet, postet sie in einen eigens dafür eingerichteten und nur mit Kenntnis bestimmter Zugangsmechanismen betretbaren Chatraum. Aus diesen vielen Recherche-Schnipseln schreiben wir anschließend sogenannte Wikis, also eine kurze Zusammenfassung der jeweiligen Themen, ähnlich einem Wikipedia-Eintrag. Nur sind unsere Wikis gespickt mit exklusiven und teilweise äußerst brisanten Anhängen. Denn wir versuchen jeden Satz in einem Wiki mit Dokumenten oder Links zu belegen. Es ist ein mühsamer Prozess. Aber diese Organisationskultur hilft uns, dass am Ende der Recherche alle Kollegen auf Basis der Wikis ihre eigenen, zum Teil ganz unterschiedlichen Texte schreiben können.

Wir suchen, schreiben, recherchieren und tauschen uns aus, es vergehen Wochen und Monate. Im Mai schreibt mir John: »Sehen wir uns vor der Weltmeisterschaft nochmal?« In wenigen Wochen startet das große Turnier in Russland, die Weltöffentlichkeit ist gespannt, wie das Land mit den Anforderungen eines solchen Großereignisses umgehen wird.

»Ich könnte zum Eröffnungsspiel zu Dir kommen und würde dann ein paar Tage später weiter nach Moskau fliegen«, schreibe ich John. Ich werde diesmal nicht für die ganze WM in Russland bleiben, weil die Arbeit an den Football Leaks zu viel Zeit einfordert. Aber ein paar Spiele möchte ich mir bei diesem Turnier trotzdem anschauen, nicht zuletzt um einen Eindruck davon zu bekommen, wie die Fans in Russland dieses Turnier annehmen. Wird es wirklich eine so schillernde Party werden wie in Brasilien 2014? Oder werden die politischen Themen diesmal einen Schatten auf das Sportereignis werfen?

»Ja, komm vorbei«, schreibt John.

»Wo sollen wir uns treffen?«

»Dort, wo Du mich auch die letzten Male getroffen hast«, schreibt John.

Ich buche ein Hotel und für die Anreise einen Gabelflug, bei dem ich umsteigen muss. Auch wenn John sich in der Stadt, in der wir uns wieder treffen werden, offenbar wohlfühlt, versuche ich weiterhin, extrem vorsichtig zu sein. Es wäre eine Katastrophe, wenn Johns Ausstiegspläne durch eine Unachtsamkeit oder Nachlässigkeit von mir torpediert würden.

Beim Aussteigen aus dem Flugzeug trifft mich die Hitze wie eine Wand. Das Wetter in Osteuropa scheint nur Extreme zu kennen: Ich habe hier schon furchtbare Kälte erlebt, nun ist es so heiß, dass der Asphalt auf den Straßen glüht. Ich fahre ins Hotel und nehme zunächst eine Dusche.

Ich treffe John später in seiner Wohnung. Im Treppenhaus staut sich die Wärme, die vergangenen Tage waren hier noch viel heißer. Ich schwitze bei jeder Stufe. John öffnet mir die Tür, er trägt nur eine Boxershorts. Von seiner Stirn tropft Schweiß. »Machst du Sport?«, frage ich ihn.

»Schön wär's. Das hier ist ein Glutofen«, antwortet er. Zwar sind die Decken in seinem Zimmer hoch, aber die Hitze ist trotzdem unerträglich. John setzt sich in seinen Stuhl, sein kleiner Bauch wölbt sich über die Boxershorts. »Guck nicht so. Ich hab' keine Zeit für Sport«, sagt er.

»Allein diese Sauna hier müsste dein Fett schmelzen lassen«, sage ich. John fängt an, sich mit einer CD Wind ins Gesicht zu fächern.

»Wie geht's dir?«, frage ich.

»Geht so, ich bin echt im Stress«, antwortet John.

Er dreht sich zu seinem Laptop, liest etwas und fängt an zu tippen. Er hört gar nicht mehr auf. Ich sitze auf seiner Couch und beobachte, wie sich Johns Körper beim Schreiben immer mehr verkrampft, er zieht die Schulter weit nach vorne, rückt immer näher an den Laptop. Es wirkt, als habe er vergessen, dass ich hier bin. Seine Mail, oder an was auch immer er da arbeitet, scheint ihn komplett in den Bann zu ziehen. Ich schaue zum Fernseher, dort laufen die Vorberichte zum Eröffnungsspiel der Weltmeisterschaft. Gastgeber Russland trifft auf Saudi-Arabien. Ich verstehe kein Wort, weil John das Spiel offenbar auf einem arabischen Sender verfolgen möchte. Der Kommentator zieht ständig die Nase hoch, mich macht das verrückt. Aber auch davon bekommt John nichts mit.

Als Kind und als Jugendlicher waren Weltmeisterschaften das Größte für mich. Ich war schon Tage vor dem Eröffnungsspiel aufgeregt, habe alle Namen der Spieler auswendig gelernt und mit großer Hartnäckigkeit versucht, meine Panini-Alben vollzukleben. Auch vor der WM in Brasilien war ich noch aufgeregt, damals allerdings schon als Reporter für den SPIEGEL. Es ist nur vier Jahre her, aber der Fußball wirkte – aus heutiger Sicht – damals noch ziemlich unschuldig. Der Fifa-Skandal sollte erst ein Jahr später für weltweite Schlagzeilen sorgen, das mutmaßlich gekaufte Sommermärchen wurde auch erst 2015 enthüllt, niemand hatte damals eine Ahnung davon, wie viel Schmutz die Football Leaks an die Oberfläche bringen würden. Zwar hatte die glitzernde Fassade des Profifußballs auch 2014 schon gewaltige Risse, aber sie hielt noch halbwegs.

Doch nun merke ich, dass mir die Weltmeisterschaft in Russland kaum etwas bedeutet. Wie schon im Jahr zuvor, als ich beim Confederations Cup war, spüre ich auch jetzt keine besondere Euphorie für dieses Turnier. Wie soll das erst vier Jahre später werden, wenn die WM in Katar stattfinden wird?

Mitten in Johns Getippe und mein Gegrübel hinein ertönt plötzlich ein kurzes Geräusch: »Miau!« Ich schaue zum Fernseher. Dreht der arabische Kommentator jetzt komplett durch? Aber vielleicht habe ich mich auch nur verhört.

John dreht sich zu mir: »Sorry, ich musste gerade meinem Anwalt zurückschreiben.«

»Für wen hast du dich entschieden?«

»William Bourdon. Er hat zugesichert, mir zu helfen.«

»Wie finanzierst du ihn?«

»Darüber haben wir noch nicht gesprochen. Wir wollen uns in den kommenden Tagen treffen«, sagt John.

»Persönlich?«

»Ja, er kommt hierher.« John reißt kleine Hautfetzen rund um seine Fingernägel herunter. Mir fällt jetzt erst auf, wie blass er ist. In den vergangenen zweieinhalb Jahren hat er all meine Bitten, ihn einmal zusammen mit einem meiner Kollegen treffen zu können, abgelehnt. Immer hat er darauf verwiesen, dass er anonym bleiben müsse, dass jede weitere Person ihn und sein Projekt zu sehr gefährden würde. Und nun sagt er, dass er sich mit einem ihm völlig unbekannten Anwalt treffen wolle.

»Hast du dir das gut überlegt?«, frage ich.

»Ich habe keine Wahl. Die französischen Ermittler können sich vorstellen, mich in ein gesondertes Programm aufzunehmen. Sie würden dann an unseren Daten arbeiten, ich könnte sie mit meinem Wissen unterstützen«, sagt John. Den Mailwechsel mit den Beamten möchte er mir aber nicht zeigen, das sei diesmal »zu sensibel«, wie er sagt. John erklärt, dass die Franzosen ihn gerne persönlich kennenlernen wollten. Diese Anbahnung würde jetzt Bourdon für ihn übernehmen. »Die Einzelheiten wollen wir besprechen, wenn er mich hier besucht«, sagt John.

»Miaaaaauuuuu!«

Ich gucke zum Fernseher, aber das Geräusch ist wieder weg.

»Miaaaaaaauuuuuuuuuuuuuuuuuu!«

Okay, dieses Geräusch kommt auf keinen Fall aus dem Fernseher.

»Ist hier irgendwo eine Katze?«, frage ich.

»Ronaldo, wo bist du? Cristiano Ronaldo, komm mal raus«, ruft John.

Jetzt ist er komplett übergeschnappt.

John geht auf alle Vieren und krabbelt hinter die Couch. Ich bin, gelinde gesagt, schwer irritiert von diesem halbnackten Whistleblower, der gerade über dem Boden robbend eine Katze namens Cristiano Ronaldo sucht.

Ich spüre etwas Warmes auf meiner Schulter, drehe mich um und sehe, wie ein Katzenbaby über die Couchlehne plumpst. »Ronaldo, da bist du ja!«, ruft John. Er steht auf und hebt das kleine Bündel hoch. Die Katze streckt sich, ihr Köpfchen wackelt neugierig in alle Richtungen.

»Ähm«, sage ich.

John guckt mich mit seinem schiefen Grinsen an. »Darf ich vorstellen: Das ist Cristiano Ronaldo, mein neuer Mitbewohner.«

»Du willst ins Zeugenschutzprogramm, schaffst dir aber eine Katze an?«, frage ich. John streichelt dem winzigen Tier über den Bauch, die Katze kuschelt sich in seine Hände. »Sie kann doch mitkommen!«, sagt John empört.

»Woher hast du sie?«, frage ich.

»Ich habe sie in einem Verschlag gefunden, als ich ein paar antiquarische Bücher kaufen wollte. Sie war da ganz alleine«, sagt John. Die Katze fängt an zu schreien. John dreht sich um und holt einen kleinen Napf mit Futter. »Die ersten Wochen haben meine Freundin und ich ihr die Flasche gegeben. Wir hatten keine Ahnung von Katzen, haben uns aber jetzt sehr gut eingelesen«, sagt John. Ronaldo futtert, als hätte er noch nie etwas zu fressen bekommen.

»Alter, du hast doch einen Knall«, sage ich.

»Habe ich nie abgestritten. Die Katze ist toll, ich habe viel Spaß mit ihr. Und wenn ich unterwegs bin, nimmt meine Freundin sie«, sagt John. Die Katze hüpft herum, rollt sich hin und her, das Futter verteilt sich durch die ganze Wohnung. »Nur macht sie echt viel Arbeit und noch mehr kaputt. Guck dir den Sessel an«, sagt John. Er dreht das Polster des Möbelstücks zur Seite, offenbar hat die Katze das Innenfutter komplett herausgekratzt. »Der ist jetzt Schrott«, sagt John und droht mit seinem Zeigefinger, während Ronaldo versucht, am Stuhlbein hochzuklettern.

»Wieso heißt sie Ronaldo?«, frage ich, während die Katze an meinem Schuh knabbert.

»Weil sie ein echter Kämpfer ist und ein tolles Ballgefühl hat.

Meiner Freundin gefällt der Name aber nicht«, sagt John. Er schmeißt Ronaldo einen kleinen Ball zu, die Katze krallt sich an ihm fest und fängt wieder an, sich herumzurollen. »Ich will ein normales Leben. Ein Haustier bedeutet Verantwortung, es gibt mir einen Tagesrhythmus, ich finde das alles gerade gut«, sagt John.

Er setzt sich zurück an seinen Rechner und öffnet einige Seiten. »Du kriegst heute nochmal neue Daten«, sagt John.

Noch mehr Daten? Oh Mann! Wie sollen wir damit klarkommen? Wir hinken jetzt schon all unseren Plänen hinterher, die Phase der Auswertung läuft viel langsamer, als wir es uns vorgenommen hatten. Was natürlich in erster Linie am Ausmaß dieses Datenbergs liegt. Und jetzt sollen noch weitere Dokumente dazukommen. Mir graut es vor dem Anruf bei Stephan Heffner.

Ich stehe auf und will mir das an seinem Rechner ansehen. »Dafür haben wir leider keine Zeit. Ich muss das Zeug jetzt wegräumen, meine Freundin kommt gleich hierher«, sagt John.

»Wollten wir nicht zusammen das Eröffnungsspiel gucken?«, frage ich. John schaut zum Fernseher. Gianni Infantino, Wladimir Putin und der saudische Prinz Mohammed bin Salman werden in Großaufnahme auf der Tribüne gezeigt. »Das willst du gucken?«, fragt John. Ich antworte nicht. »Das hat nichts mehr mit Fußball zu tun. Guck dir doch nur mal an, wie die da nebeneinander auf der Tribüne sitzen. Den Typen sind Menschenrechte egal, sie sorgen bei ihren Geschäften fast immer für Intransparenz, und wenn nur fünf Prozent aller anderen Gerüchte stimmen, die es über sie gibt, dürften sie eigentlich gar nicht mehr auf freiem Fuß sein«, sagt John. Er hebt Ronaldo vom Boden auf, streichelt ihm ein paar Futterreste aus dem Fell. »Nein, ich will dieses Spiel nicht sehen. Es ist eine Farce, ein Event, das nur dazu dient, den Ruf schlechter Menschen reinzuwaschen«, sagt John.

Wir verabreden, dass wir uns am nächsten Morgen wieder treffen werden. »Lass uns an den See fahren. Hier gibt's einen ganz tollen in der Nähe«, sagt John.

FREIHEIT

Wir treffen uns schon um neun Uhr. »Mit der Katze kann ich eh nicht mehr lange schlafen. Die springt mir einfach auf den Kopf, wenn sie hungrig ist«, sagt John. Ronaldo wird die kommenden zwei Tage bei Johns Freundin verbringen, sodass wir ein bisschen Zeit zusammen haben werden.

Fast eine Stunde lang fahren wir mit einem recht ramponierten Zug durch die osteuropäische Pampa. John verschläft nahezu die gesamte Fahrt. Sein Wecker klingelt ihn wenige Minuten vor unserer Station wach.

»Super, jetzt geht es mir besser«, sagt John, während er seine Beine dehnt und den Rücken durchstreckt. Vom Bahnhof spazieren wir noch weitere zwanzig Minuten bis zu einem traumhaften Strand, an dem nur wenige Menschen sitzen. Wir schmeißen unsere Handtücher in den Sand, ziehen die verschwitzten Shirts aus.

John zieht seine verspiegelte Brille an und sprüht sich anschließend mit Sonnencreme ein. »Uuuuh. Toll, so sollte das Leben immer sein«, sagt er. Ich schaue zum Wasser, sehe Kinder, die mit ihren Eltern toben. Es sieht unbeschwert aus.

»Wir wissen beide, dass ich demnächst große Probleme bekommen werde«, sagt John.

»Wie meinst du das?«, frage ich.

»Polizei, Justiz, die Leute aus dem Fußball. Rafael, ich bin nicht blöd, da kommt viel auf mich zu. Ich habe nichts Falsches getan, aber sie alle werden großen Druck auf mich ausüben«, sagt John.

»Deshalb besorgst du dir ja gerade einen Anwalt, lässt dich rechtlich beraten und probierst, mit der Polizei zu kooperieren«, sage ich.

»Ich habe dabei aber kein gutes Gefühl«, sagt John.

»Was ist die Alternative für dich?«, frage ich.

»Es gibt keine. Whistleblower sind offenbar ziemlich arme Säue, denn wirklichen Schutz kann mir bislang niemand garantieren. Die Franzosen scheinen zumindest einen Plan zu haben, mal sehen, wie weit das gut geht. Aber mir ist klar, dass ich mit diesem Weg sehr viele Freiheiten verlieren werde. Einen Ausflug zum See kann ich im Zeugenschutzprogramm vergessen. Ein spontanes Bier mit Freunden? Ausgeschlossen. Reisen? Natürlich auch verboten«, sagt John.

»Haben dir das die Ermittler gesagt?«, frage ich.

»Nein. Aber ich habe nachgelesen, welche Möglichkeiten es in diesen Programmen in Frankreich gibt. Das wirkt alles eher wie ein goldener Käfig«, sagt John.

»Du musst das unbedingt mit deinem Anwalt diskutieren«, sage ich. Ich fühle mich bei diesem Gespräch ziemlich unwohl. Ich bin nicht Johns Ratgeber, ich kann ihm keine Tipps geben, schon gar nicht zu Entscheidungen, die sein Leben so einschneidend verändern werden.

»Hast du schon mit deiner Freundin gesprochen?«, frage ich.

»Nein. Aber sie ahnt, dass sich demnächst etwas ändern wird. Sie hat mich letztens gefragt, wie sinnvoll es sei, dass sie jetzt einen neuen Job annehmen würde. Ich habe sie gefragt, warum das verkehrt sein sollte, und sie hat geantwortet, dass sie nicht glaube, dass ich noch lange hier in diesem Land leben würde. Es sei ein Gefühl, hat sie gesagt. Ich habe darauf nicht geantwortet«, sagt John.

Ein Fußball rollt über den Sand auf uns zu. Ein paar Meter entfernt von uns spielen acht Jugendliche gegeneinander. John steht auf und sagt: »Komm, lass uns kicken gehen.« Wir werden zwei Stunden lang mit den Jungs spielen. John beeindruckt mich, er hat eine großartige Technik, ist beidfüßig, hat eine gute Übersicht. Es macht Spaß, mit ihm zusammenzuspielen.

»Ich habe früher viel Futsal gespielt«, sagt John. Nach dem Match setzen wir uns ins Wasser. Der See gleicht einer Badewanne, es ist wunderbar. »Ich liebe Fußball immer noch. Das Spiel als solches. Ohne das ganze Bling-Bling drum herum. Ich brauche die Show nicht. Ich will einfach nur das Spiel. Und ich glaube wirklich, dass das Geld den Spitzensport zerstört, weil es eben so viele Leute anzieht, die das Spiel nur als Geschäft betrachten. Wenn du diesen Leuten keine harten Kontrollen entgegensetzt, dann geht der Sport vor die Hunde. Weil er dann komplett seine Glaubwürdigkeit verliert und die Fans sich deshalb irgendwann abwenden«, sagt John.

»Weiß nicht. Vielleicht gehen die Fans weg, die dem Fußball in den vergangenen zwanzig Jahren treu waren. Vielleicht kommen dann aber andere Fans, die die Show lieben und für die die ganzen Skandale und das Crime-Zeug irgendwie dazugehören«, werfe ich ein.

»Was machen eure Recherchen? Ich bin gespannt, was die Fans sagen werden, wenn sie feststellen, dass Manchester City und Paris Saint-Germain die Uefa vorführen. Und zwar mit staatlichem Geld«, sagt John.

»Es sind sehr viele Daten. Wir sind immer noch dabei, uns einen Überblick zu verschaffen. Ein paar gute Themen haben wir schon gefunden«, sage ich.

»Ich bin kein Dopingexperte, aber ich habe in den Daten schon ein paar ziemlich komische Dokumente gesehen. Habt ihr jemanden, der sich mit diesen Themen auskennt?«, fragt John.

Ich nicke. Wir haben in der Tat schon einige Papiere zum zweifelhaften Umgang mit Medikamenten gefunden. Es sind keine einfachen Recherchen, weil es hohe ethische und presserechtliche Hürden zu nehmen gilt, bevor man über Gesundheitsfragen berichten darf. Wir wollen und können nicht über jeden auffälligen Blutwert schreiben, weil es manchmal natürlich auch medizinisch nachvollziehbare Gründe für bestimmte Anomalien gibt. Krankheiten, Infekte, genetische Gründe – all dies kann einen Dopingtest, kann ein Blutbild verfälschen.

Wir werden lange in den Football-Leaks-Daten wühlen und an Themen wie möglichem Medikamentenmissbrauch arbeiten. Dabei versuchen wir auch zu beschreiben, wie problematisch, manchmal auch zahnlos der Anti-Dopingkampf im europäischen Spitzenfußball ist. Und welchen Druck mächtige Vereine und wichtige Spieler auf die Dopingkontrolleure ausüben.

GRENZWERTIG

Am 15. Juli 2013 veröffentlichte der spanische Gesundheitskonzern Sanitas eine Pressemitteilung. Das Unternehmen ist für die ärztliche Versorgung der Profis von Real Madrid zuständig, und an diesem Sommertag waren die Fußballstars des Klubs aus ihrem Urlaub zurück. Der erste Pflichttermin der Vorbereitung auf die neue Saison waren ausführliche medizinische Untersuchungen der Profis gewesen, das hielt die PR-Abteilung der Sanitas für ein paar Zeilen wert. »Die Spieler haben sich in den Ferien fit gehalten«, wurde der zuständige Doktor in dem Statement zitiert, »das konnte man an den Ergebnissen der medizinischen Kontrolle ablesen.«

Seit 2008 kooperiert Sanitas mit Real Madrid, und offensichtlich profitieren beide Seiten von der Geschäftsbeziehung. Der Klub ist eine Gelddruckmaschine und schlägt selbst aus der eigentlich kostenintensiven medizinischen Betreuung seiner Fußballprofis Kapital. Das geht aus dem 20 Seiten umfassenden Vertrag hervor, den Real-Generaldirektor José Ángel Sánchez und seine Sanitas-Amtskollegin Yolanda Erburu Arbizu am 1. Juli 2015 unterschrieben. Diese Vereinbarung, die bis zum 30. Juni 2018 galt, garantierte dem Verein insgesamt 6,3 Millionen Euro plus Mehrwertsteuer. Im Vergleich zu dem vorherigen Drei-Jahres-Vertrag von 2012 hatten sich die Zahlungen vervielfacht. Mittlerweile gilt ein neuer Drei-Jahres-Kontrakt bis 2021, den Real und Sanitas im September 2018 abgeschlossen haben.

Real Madrid setzt mit der Vermarktung jedes einzelnen Geschäftsbereichs Maßstäbe in der Branche, und die ärztliche Versorgung der Stars nimmt dabei einen besonderen Rang ein. Denn sie fördert nicht nur den Profit, sondern dient auch der Verklärung der Spieler. Sanitas zahlt nämlich nicht nur dafür, dass der

Konzern sein Firmenlogo neben dem Vereinswappen der Königlichen präsentieren darf und sich die Real-Stars in zwei ausgewählten Sanitas-Kliniken zu regelmäßigen Checks einfinden. Mit den mehr als sechs Millionen Euro hat Sanitas auch das Recht erworben, gesundheitsbewussten Real-Madrid-Fans das Gefühl zu verkaufen, sie würden umsorgt und umhegt wie ihre Lieblinge.

In Valdebebas, einem neuen Stadtteil von Madrid nahe dem Flughafen Barajas, hat Real auf Dutzenden Hektar eine futuristische Trainingsanlage errichtet, die ständig erweitert wird. Ein Teil dieser sogenannten Sportstadt ist das »Medizinische Zentrum von Real Madrid«. In diesen Räumlichkeiten können sich zahlungskräftige Real-Aficionados von Sanitas auf Herz und Nieren durchchecken lassen und sich der Illusion hingeben, sie würden für EKG-Belastungstests dieselben Laufbänder benutzen, sie würden an dieselben Herzfrequenz-Messinstrumente angeschlossen, sie würden von denselben Medizinerhänden abgetastet wie ihre Helden.

Nach der Blutentnahme gibt es ein Frühstück mit exklusiver Aussicht auf einen Trainingsplatz des Campus, wo man mit etwas Glück einen Blick auf Toni Kroos oder Sergio Ramos erhascht. Abgerundet wird der körperlich durchaus anspruchsvolle Vitalitätstest »zu deiner besseren Regeneration«, wie Sanitas wirbt, von einer Massage in einem Sauerstoffzelt. Es ist ein Ambiente der Makellosigkeit und der Vollversorgung. Die Botschaft dahinter soll lauten: Ihre Fitness haben die Spieler Sanitas zu verdanken, den sportmedizinischen Leistungsoptimierern. So strahlt der Glanz der Fußballhelden unmittelbar auf den Gesundheitskonzern ab, eine Win-Win-Situation, wie Marketingstrategen zu sagen pflegen.

Doch ist hier tatsächlich alles so keimfrei und so klinisch rein, wie es den Anschein hat? Oder besteht Anlass zu dem Verdacht, dass beim täglichen Bemühen, im Kader von Real Madrid die Grenzen der menschlichen Leistungskraft zu steigern, womöglich mit grenzwertigen Methoden nachgeholfen wird?

In den Unterlagen von Football Leaks finden sich streng vertrauliche Unterlagen, die diesen Verdacht nähren. Es sind die Blutwerte des Spielers Francisco Román Alarcón Suárez, besser bekannt unter seinem Künstlernamen Isco. Das Labor Labco hat sie bei der medizinischen Untersuchung der Profis von Real Madrid am 10. Juli 2017 ermittelt.

Isco hatte bei der Kontrolle einen Hämatokritwert von 52,1 Prozent. Dieser Wert misst den Anteil der zellulären Bestandteile am gesamten Blutvolumen. Daran haben die roten Blutkörperchen den größten Anteil, sie sind für die Versorgung der Muskeln mit Sauerstoff zuständig. Der Hämoglobinwert gibt die Menge des sauerstofftransportierenden Eiweißes an, er lag bei Isco bei 17,5 Gramm pro Deziliter. Auch dies ist eine wichtige Kenngröße dafür, wie gut der Körper mit Sauerstoff versorgt werden kann. Beide Ergebnisse auf Iscos Testbogen waren in fetter Schrift markiert und für die Ärzte auf den ersten Blick erkennbar.

Wäre Isco Radsportler oder Leichtathlet, wären Dopingtester jetzt womöglich hellhörig geworden. Die Welt-Anti-Doping-Agentur hat im Jahr 2009 einen sogenannten Blutpass eingeführt, den verschiedene Weltsportverbände übernommen haben. Wenn bei ihren Athleten wichtige Parameter bei Dopingtests häufiger über der Norm liegen, werden diese Sportler genauer unter die Lupe genommen und häufiger kontrolliert. Ein dauerhaft überhöhter Hämatokrit- oder Hämoglobinwert kann auch als indirekter Manipulationsnachweis dienen und zu einer Sperre führen. Der Weltfußballverband Fifa legt solch ein biologisches Profil bislang nur bei Weltmeisterschaften an.

Das Labor, das im Auftrag von Sanitas die Spieler von Real Madrid testete, hatte auf den Bögen für jeden einzelnen Blutwert auch den »Referenzbereich« aufgeführt, der für Erwachsene normal ist: Für Hämatokrit zwischen 36,5 und 50,5 Prozent, für Hämoglobin zwischen 12,5 und 17,3 Gramm pro Deziliter. Ein erhöhter Hämatokritwert ist per se kein Beweis für Blutdoping oder Blutmanipulation. Es gibt verschiedene physiologische Ursachen dafür, dass dieser Wert nach oben ausschlagen kann.

Andererseits ist nicht ausgeschlossen, dass bei solch erhöhten Blutwerten auch Doping oder Leistungsmanipulation infrage kommen könnte. Wenn Sportler sich unerlaubterweise wieder Blut zuführen lassen, das ihnen Wochen zuvor abgezapft worden ist, können sie den Anteil ihrer roten Blutkörperchen steigern. Diese verbotene Methode ist durch Labortests nicht direkt nachweisbar, und sie hat eine verlockende Wirkung: Sie erhöht die Ausdauerleistung.

Doch trotz Iscos erhöhter Blutwerte reagierten die Ärzte Real Madrids nicht. Der spanische Nationalspieler flog noch am Tag des verfänglichen Medizin-Checks mit der Mannschaft in die USA, wo die Königlichen sich auf die neue Saison vorbereiteten. Im ersten Testspiel gegen Manchester United am 23. Juli in San Francisco stand Isco in der Startelf.

Real Madrid beschäftigt drei Ärzte, die sich ausschließlich um die Belange der Fußballprofis kümmern. Chefmediziner des Klubs wurde Anfang Juli 2017 der Kroate Niko Mihic, der in Madrid zur High Society gehört und vor seiner Ernennung im erlauchten Kreis des Real-Präsidenten Florentino Pérez zu Champions-League-Spielen flog und regelmäßig in der Präsidentenloge im Bernabéu-Stadion Platz nahm. Er gilt als einflussreicher Freund des allmächtigen Real-Bosses.

Für Mihic und seine Medizinerkollegen waren und sind die Profis von Real Madrid gläserne Patienten, die Erhebung großer Blutbilder gehört zum Standardrepertoire. Auf diese Weise haben die Real-Ärzte auch immer die Kontrolle darüber, welche Profis sich mit welchen Parametern im oberen Grenzbereich bewegen. So hatte ein Abwehrspieler am 11. Mai 2016, gut zwei Wochen vor dem Champions-League-Finale gegen Atlético Madrid, einen Hämatokritwert von 49,7 Prozent. Ein anderer Mittelfeldstar lag bei dem Test zu Saisonbeginn, bei dem Isco auffällig geworden war, bei einem Hämatokritwert von 49 Prozent.

Der SPIEGEL bat José Ángel Sánchez, den Generaldirektor von Real Madrid, um Stellungnahme zu Iscos überhöhten Hämatokrit- und Hämoglobinwerten. Sánchez beantwortete weder die Fragen, ob diese Werte eine natürliche Ursache gehabt haben könnten, noch kommentierte er Fragen, ob der Spieler mit Epo behandelt worden sei oder sich Blut habe zuführen lassen, das ihm zuvor ent-

nommen worden war. Auch zu den auffällig hohen Hämatokrit-
werten der beiden anderen Real-Stars vom Mai 2016 sowie vom Juli
2017, die bei internen Checks der medizinischen Abteilung getestet worden waren, äußerte Sánchez sich nicht. Auch Isco, dem der
SPIEGEL einen umfangreichen Fragenkatalog über den Medien-
chef des Klubs zukommen ließ, reagierte auf die Anfrage nicht.

Die französische Zeitung »Le Monde« veröffentlichte im Dezember 2006 einen Beitrag, wonach der spanische Dopingarzt Eufemi-
ano Fuentes auch Spieler von Real behandelt habe. Die Publikation
schlug weltweit ein wie eine Bombe, Fuentes hatte die Radsportelite-
lite mit dem verbotenen Blutauffrischer und auch mit Eigenblut
behandelt. Gegen die Berichterstattung von »Le Monde« setzte sich
Real Madrid mit allen juristischen Mitteln zur Wehr und verklagte
die Zeitung wegen verleumderischer Berichterstattung. Nach einer
jahrelangen juristischen Auseinandersetzung gab Spaniens Oberster Gerichtshof dem Verein recht und verurteilte »Le Monde« im
Februar 2014 zu einer Zahlung von 300 000 Euro.

Unbestritten ist: Bislang ist niemals ein Spieler von Real Madrid offiziell des Dopingmissbrauchs überführt worden. Kein Spieler der Königlichen ist je wegen eines solchen Vergehens gesperrt
worden. Gleichwohl gab es Vorgänge mit Real-Profis bei Dopingkontrollen, von denen die Öffentlichkeit bis heute nichts wüsste,
lägen sie nicht im Datenbestand von Football Leaks. Diese Vorgänge werfen eine grundsätzliche Frage auf: Gelten die weltweiten
Anti-Doping-Regeln für alle Sportler, alle Mannschaften gleich?

Am 4. Juni 2017, einem Sonntag, ging im Dopinglabor von Sei-
bersdorf in Niederösterreich eine Probe ein. Sie trug den Code
3324822. Das Fläschchen kam aus Wales. Der versiegelte Inhalt:
110 Milliliter Urin, die ein Profi von Real Madrid in der Nacht zuvor
nach dem Champions-League-Finale gegen Juventus Turin im Mil-
lennium Stadium von Cardiff abgegeben hatte.

Etwas mehr als einen Monat später, am 5. Juli, sendete der stellvertretende Leiter des Seibersdorfer Instituts einen digitalen Testbe-
richt ins Hauptquartier der Europäischen Fußball-Union am Genfer See. Die Österreicher hatten die Probe analysiert. Sie enthielt

Spuren von Dexamethason. Das Kortisonpräparat wirkt entzündungshemmend und schmerzlindernd. Es steigert Wahrnehmung und Aufmerksamkeit. Es kann euphorisierend wirken. Und: Es steht auf der Liste der Substanzen der Welt-Anti-Doping-Agentur Wada, die im Wettkampf nicht eingesetzt werden dürfen.

Welcher Spieler von Real Madrid nach dem Champions-League-Finale von Cardiff das Kontrollformular 3324822 unterschrieben hatte, konnte die medizinische Abteilung der Uefa leicht nachvollziehen. Sie besaß die Unterlagen, die Code und Namen zusammenführten. Es war Sergio Ramos, Kapitän des Klubs und der spanischen Nationalmannschaft, Weltmeister, zweimaliger Europameister, gerade zum dritten Mal Champions-League-Sieger geworden. Einer der ganz Großen des Weltfußballs.

Der Dexamethason-Fall Sergio Ramos ist erst im November 2018 durch einen Beitrag im SPIEGEL öffentlich geworden, die Akte war Verschlusssache bei der Uefa. Es gab kein Disziplinarverfahren, weder gegen den Fußballstar noch gegen den Mannschaftsarzt von Real Madrid, trotz aller Merkwürdigkeiten. Die Art und Weise, wie der Verband die Affäre aus dem Weg räumte, wirft ein trübes Licht auf den Anti-Doping-Kampf im europäischen Spitzenfußball.

Zwei Tage nach Eingang des Berichts aus Österreich forderte eine Mitarbeiterin der Anti-Doping-Abteilung der Uefa Sergio Ramos zu einer Stellungnahme auf. Der Spieler antwortete am 10. Juli, wobei er die Uefa-Mitarbeiterin mit Vornamen ansprach. Er machte es knapp, seine Erklärung hatte vier Zeilen. Der Mannschaftsarzt von Real Madrid habe ihn am Tag vor dem Spiel behandelt, alles Weitere werde ein »medizinischer Bericht« darlegen, den der Doktor vorbereitet habe. »Ich hoffe, dass damit die Situation vollständig geklärt ist«, schloss Ramos.

Für den Umgang mit Dexamethason hat die Wada Regeln definiert. Die Einnahme ist vor dem Wettkampf erlaubt – unter der Voraussetzung, dass eine solche Behandlung bei einer Dopingkontrolle zu Protokoll gegeben wird. Geschieht dies nicht und lassen sich Dexamethason-Spuren im Urin eines Sportlers nachweisen, gilt er als Dopingverdachtsfall. Darauf muss als nächster, unumgänglicher Schritt die Einleitung eines Disziplinarverfahrens folgen. Das war das Problem für Ramos. Denn in dem Dopingformular 3324822 findet sich in der Rubrik »3b«, in der die Medikation der vergangenen sieben Tage ausgezeichnet sein muss, kein Hinweis auf eine Einnahme von Dexamethason.

Angegeben war hingegen, dass dem Abwehrchef der Madrilenen am Tag vor dem Finale ein anderer Wirkstoff gespritzt worden sei: Celestone Chronodose, intraartikulär verabreicht, eine Injektion von 1,2 Millilitern in die Schulter, eine weitere gleicher Dosis ins Knie. Celestone Chronodose, besser bekannt als Betamethason, gehört ebenfalls zur Gruppe der Glukokortikoide, es wirkt ebenfalls entzündungshemmend, und es steht ebenfalls auf der Wada-Liste der verbotenen Mittel.

Im Bericht der Uefa-Offiziellen lässt sich nachlesen, dass Ramos am 3. Juni in Cardiff um 22.38 Uhr an der Dopingkontrollstation erschienen war, unmittelbar nach der Siegerehrung. Blutentnahme und Urinabgabe dauerten fast zwei Stunden, erst nach Mitternacht war Ramos fertig, da war es 0.26 Uhr. Begleitet hatte ihn der Mannschaftsarzt Dr. A., ein Traumatologe, der auch schon die spanische Rugbynationalmannschaft medizinisch betreut hat. Er hat das Dopingkontrollformular wie Ramos unterschrieben.

Nach dem Dexamethason-Befund übernahm Dr. A. die Rolle des Sündenbocks. Sein Bericht für die Uefa liest sich wie eine Selbstanklage. Ramos sei unschuldig, lautete die Botschaft: Ich war's, der Doktor. Da Ramos sowohl am linken Knie als auch an der linken Schulter an »chronischen Beschwerden« leide, habe er dem Spieler am Tag vor dem Champions-League-Finale zwei Spritzen Dexamethason verabreicht, schrieb der Arzt. Dass er bei der Dopingkontrolle in dem Formular den falschen Wirkstoff angegeben habe, sei »der Euphorie« nach dem Titelgewinn und den »besonderen Umständen zu verdanken, unter denen der Dopingtest stattfand«. Seine Majestät Juan Carlos, der frühere König von Spanien, habe Ramos im Kontrollraum seine Aufwartung gemacht. Ebenso der spanische Ministerpräsident. In diesem Durcheinander sei ihm ein Fauxpas passiert: die Verwechslung zweier ähnlicher Substanzen, für die dieselben Kriterien bei einer Dopingkontrolle gelten würden. Dies sei ein »menschlicher Fehler«, schrieb Dr. A., »und daher verständlich«. Er habe niemals vorgehabt, »die Anti-Doping-Regeln zu verletzen«.

Bei der Anti-Doping-Abteilung der Uefa kam das Mea culpa des Doktors offenbar gut an. Der Verband habe einen »Experten« zurate gezogen, der bestätigt habe, dass zwei intraartikuläre Injektionen von 1,2 Millilitern Dexamethason der Dexamethason-Konzentration entsprächen, die im Urin des Spielers gefunden worden war, hieß es in der Antwort an Sergio Ramos und Real Madrid. Die Uefa nahm die Begründung des Klubs zur Kenntnis. Es sei »sehr wahrscheinlich«, dass Spieler und Arzt »ein administrativer Fehler« unterlaufen sei. Damit klappte die Uefa die Akte zu. »Seien Sie und Ihr Mannschaftsarzt in Zukunft besonders vorsichtig«, endete das Schreiben, »wenn Sie einen Kontrollbogen bei einem Dopingtest ausfüllen, und umso mehr, wenn Sie die Medikation angeben.«

Die Uefa antwortete auf Nachfrage, dass die Entscheidung »in Übereinstimmung« mit dem Kodex der Wada gefallen sei. Sowohl Fifa als auch Wada hätten die Möglichkeit, eine Entscheidung der Uefa in Dopingfragen vor dem Internationalen Sportgerichtshof in Lausanne anzufechten. Weder Ramos noch der Mannschaftsarzt, noch Real Madrid äußerten sich zu den Vorgängen.

Erst als der Dexamethason-Fall im November 2018 im SPIEGEL und in Partnermedien des EIC veröffentlicht wurde, meldete sich Sergio Ramos zu Wort: »Ich bin entschieden gegen Doping«, erklärte er. »Ich habe nie an Doping teilgenommen, noch werde ich jemals irgendeiner Form von Doping zustimmen.« Der Vorfall von Cardiff sei eine »medizinische Standardbehandlung durch die behandelnden Ärzte des Klubs« gewesen: »Die Angelegenheit wurde zwischen den Organisationen formell und schriftlich geklärt und gelöst.« Ramos habe »niemals gegen Anti-Doping-Regularien verstoßen«, schrieb Real in einer Presseerklärung nach der Berichterstattung, die aus Sicht des Klubs »erkennbar ohne Substanz« gewesen sei.

Dass bei der Episode nach dem Champions-League-Finale von

Cardiff der Eindruck haften bleibt, bei einer auffälligen Doping-probe könnten der Prominentenfaktor eines Spielers und die Aura eines Weltvereins eine Rolle spielen, hat mit einem anderen irritie-renden Vorkommnis zu tun. Wieder geht es um eine Dopingkon-trolle bei Real Madrid. Am 1. Februar 2017, vier Monate vor dem Champions-League-Finale von Cardiff, waren zwei Uefa-Kontrol-leure nach Madrid gereist, um zehn Real-Spielern bei einem unan-gemeldeten Trainingstest Blut zu entnehmen. Dabei war den Uefa-Mitarbeitern die Lage zeitweise entglitten, wie sie in einem Bericht festhielten, mit dem die Uefa Real Madrid zwei Wochen später kon-frontierte. Ein Brief ging an den Real-Generaldirektor José Ángel Sánchez, der andere an Cristiano Ronaldo.

Demnach soll sich der mehrfache Weltfußballer darüber »beschwert« haben, dass »immer er« getestet werde. Als die Uefa-Kontrolleure Ronaldo bei der Blutentnahme ein zweites Mal die Nadel ansetzen mussten, habe der Superstar erneut »seinen Unmut deutlich« gemacht. »Dies erzeugte eine gehörige Anspannung in der Dopingkontrollstation«, heißt es in den Uefa-Schreiben. Die Sache spitzte sich noch weiter zu. Nachdem sowohl Ronaldo als auch dem deutschen Nationalspieler Toni Kroos Blut entnommen worden war, sei plötzlich medizinisches Personal von Real Madrid aufgetaucht und habe bei den restlichen acht Spielern die Nadeln gesetzt. Die Uefa-Kontrolleure hätten sich »ausnahmsweise« gefügt, schreibt die Uefa. Der Grund: »die angespannte Lage in der Dopingkontrollstation«.

Bei unangekündigten Trainingskontrollen gibt es klare Vorga-ben und Richtlinien. Die Vereine müssen garantieren, dass die Tes-ter unabhängig und ungestört ihren Job machen können. Und die Spieler können es sich nicht aussuchen, wer sie zur Urinabgabe auf eine Toilette begleitet oder wer ihnen Blut abnimmt. Bis zu drei-mal darf ein Dopingkontrolleur die Nadel ansetzen. Abstrus wird es, wenn ein Klub eigenes medizinisches Personal zusammentrom-melt, das die Arbeit der Uefa-Kontrolleure übernimmt.

Die Uefa forderte von Real Madrid ein »Feedback«, die Ant-wort war deutlich. Generaldirektor Sánchez unterstellte den beiden

Uefa-Kontrolleuren Ahnungslosigkeit. Er machte ihren »Mangel an Erfahrung und Fertigkeit« dafür verantwortlich, dass die Situation bei der Blutentnahme eskaliert war. Auch seinen Superstar nahm Sánchez in Schutz. Ronaldo habe sich »respektvoll beschwert«. Nicht, weil er schon wieder an der Reihe gewesen sei, sondern weil der Kontrolleur zweimal vergebens in seine Venen gestochen habe. Über den Uefa-Kontrolleur, der Ronaldo verarztete, urteilte Sánchez in dem Schreiben: »Neu für uns und wahrscheinlich nicht besonders erfahren in der Betreuung von Topspielern«. Der Fall blieb für Real Madrid ohne Konsequenzen. Weder die Uefa noch Real Madrid noch Ronaldo äußerten sich zu den Vorkommnissen.

Real Madrid war bereits zuvor mehrfach ins Visier der Uefa geraten, weil der Klub seinen Meldepflichten nicht nachgekommen war. Vereine, die in der Champions League spielen, sind verpflichtet, der Uefa eine Woche im Voraus detaillierte Angaben zu Trainingszeiten sowie zur An- und Abwesenheit der Spieler zu machen. Das soll es dem Verband ermöglichen, unangekündigt Blut- und Urinproben entnehmen zu können. Verstöße werden erst nach fünf Jahren aus der Uefa-Datei gelöscht, im Wiederholungsfall drohen Klubs und Spielern harte Strafen.

Im August 2012 erreichte Real Madrid ein Schreiben der Kontroll- und Disziplinarkammer der Uefa. Der Klub sollte 30 000 Euro zahlen, weil der Portugiese Pepe am 29. März 2012 bei einer unangekündigten Kontrolle nicht wie vorgesehen auf dem Trainingsplatz stand. Demnach hatte der Abwehrspieler einen Tag frei bekommen, ohne dass dies der Uefa mitgeteilt worden war. Es war offenbar nicht das erste Versäumnis von Real. Ein gutes Jahr zuvor, am 28. Januar 2011, waren Uefa-Kontrolleure zu einem unangekündigten Trainingstest in Valdebebas aufgetaucht, damals hatten Abwehrmann Marcelo und Mittelfeldspieler Xabi Alonso ohne Angaben von Gründen gefehlt. Real Madrid legte gegen die 30 000-Euro-Strafe Widerspruch ein. Eines der Argumente des Klubjuristen lautete, die Summe sei »außerordentlich hoch«. Es scheine, so schrieb der Klubanwalt, »als ob wir alle den Blick dafür verlieren, wie schwer es ist, so viel Geld zu verdienen«.

Anfang März 2014 wurde Real Madrid schon wieder auffällig. Zwei Tage vor einem Liga-Heimspiel gegen UD Levante tauchten Dopingkontrolleure bei einem Nachmittagstraining auf, zwei Spieler fehlten bei dem Überraschungsbesuch. Ein Klubarzt hatte laut des Uefa-Protokolls behauptet, die beiden Real-Profis würden mit dem Reserveteam trainieren. Weil der Klub den Verband darüber nicht im Voraus informiert hatte und weil dies bereits der dritte Verstoß gegen die Melderegeln für Dopingtests war, verdonnerte die Uefa-Disziplinarkommission den spanischen Rekordmeister zu einer Strafe von 40 000 Euro. Ob Real Madrid Berufung gegen das Urteil einlegte, geht aus den Football-Leaks-Dokumenten nicht hervor.

Womöglich erklärt die Häufung dieser Fälle, warum Real-Generaldirektor José Ángel Sánchez im Mai 2016 komplett aus der Haut fuhr. Sánchez war auf Dienstreise in Dubai, ihm war eine Mail weitergeleitet worden, die die Uefa an den Klub geschickt hatte. Das Schreiben trug die Betreffzeile » Trainingskontrolle, 27. April 2016«. Demnach waren Dopingtester der Uefa an jenem Mittwoch vergeblich auf der Real-Anlage in Valdebebas aufgetaucht. Das Training war kurzfristig abgesagt worden, weil die Mannschaft spät vom Champions-League-Halbfinalspiel am Abend zuvor bei Manchester City zurückgekehrt war. Allerdings war die Uefa wohl nicht unverzüglich über die Änderung informiert worden.

»Wie kann uns so etwas passieren? Wer ist verantwortlich für die Einhaltung der Anti-Doping-Regeln der Uefa?«, schrieb Sánchez in seiner Antwort, »wir werden ein ernstes Problem bekommen. Ein sehr ernstes.« Kurz darauf verschickte er eine weitere Mail: »So etwas darf nicht passieren. Das ist vollkommen inakzeptabel. Die Folgen einer solchen Nachlässigkeit wie dieser könnten schwerstwiegend sein.«

Jesús Olmo, der Chefarzt des Klubs, übernahm intern die Verantwortung für den Vorfall, doch der Verein hatte Glück. Die Uefa eröffnete offenbar ein Verfahren, doch es drohte wohl nur eine weitere Geldstrafe, weil der Verstoß Reals gegen die Anti-Doping-Regularien vom Januar 2011, der Fall Marcelo, gerade verjährt war. »Weil Gott es nicht will, passieren nicht noch mehr solcher Sachen«, schrieb Javier López Farré, der Chef der Rechtsabteilung des Klubs, in einer Mail. Ohne die Verjährung des alten Verstoßes, fuhr er fort, »hätten wir jetzt riesigen Ärger«.

Die Uefa nahm keine Stellung zu den geplanten Trainingstests bei Real Madrid am 27. April 2016, bei dem Dopingkontrolleure unverrichteter Dinge wieder abreisen mussten. Auch zu den Geldstrafen des Verbandes gegen Real Madrid wegen Verstößen gegen Melderegeln für Dopingtests in den Jahren 2012 und 2014 äußerte sich die Uefa nicht. Die Antwort war allgemein gehalten. Wenn ein Klub eine Trainingseinheit spontan verlege oder irgendein Spieler kurzfristig ausfalle, sei es die Pflicht dieses Vereins, die Uefa unmittelbar via Mail oder SMS zu informieren. Alles andere sei eine Verletzung der Anti-Doping-Regularien der Uefa und werde bestraft, »unabhängig von der Größe des betroffenen Vereins«. Real Madrid ließ eine umfangreiche Bitte um Stellungnahme zu den Vorfällen bei diesen Dopingkontrollen unbeantwortet.

Es gibt noch einen weiteren Fall in der Reihe von Ungereimtheiten mit Spielern Real Madrids. Diesmal lagen die Unterlagen nicht bei der Uefa, sondern bei der spanischen Anti-Doping-Agentur AEPSAD. Und es ging erneut um Sergio Ramos.

Am 15. April 2018, einem Sonntagabend, hatte Real Madrid ein Auswärtsspiel in der Primera División beim FC Málaga, 2:1, ein Pflichtsieg. Nach dem Schlusspfiff kam ein Kontrolleur auf Ramos zu und bat ihn zu einem Dopingtest. Was dann passiert sein soll, beschreibt ein Abteilungsleiter der spanischen Anti-Doping-Agentur in einem zweiseitigen Brief vom 21. September 2018 an den Chefmediziner von Real Madrid. Diese Schilderung basiert auf dem Protokoll, das der Kontrolleur nach der Dopingprobe von Ramos in Málaga angefertigt hatte.

Demnach soll Ramos den Kontrolleur gefragt haben, ob er vor Abgabe seiner Urinprobe duschen könne. Seine Mitspieler würden auf ihn warten, sie wollten so schnell wie möglich zurück nach Madrid fliegen. Der Kontrolleur hielt demzufolge in seinem Bericht fest, dass er Ramos das Duschen untersagt habe. Daraufhin habe Ramos seinen »Unmut« geäußert, ebenso wie ein Mannschaftsarzt von Real, der den Fußballprofi begleitete. Beide sollen laut dem Protokoll gesagt haben, dies sei nach Spielen gestattet. Doch der Kontrolleur beharrte nach eigener Schilderung auf seinem Standpunkt: keine Dusche vor der Dopingkontrolle. Sergio Ramos soll sich darum nicht geschert haben: Er duschte, in Anwesenheit des Kontrolleurs. »Trotz meiner Warnungen«, wie dieser in seinem Report festhielt. Und trotz der Ankündigung, dass dies für Ramos ernsthafte Konsequenzen haben könnte.

Das rigide Vorgehen ist verständlich. So soll verhindert werden, dass ein Athlet unbemerkt das Ergebnis eines Urintests verfälscht. Deshalb gibt es eindeutige Vorschriften. Wenn ein Sportler, der auf spanischem Hoheitsgebiet zu einer Dopingkontrolle gebeten wird, vor einem Urintest duscht oder badet, könnte er zudem gegen das Anti-Doping-Gesetz des Landes verstoßen. Das spanische Parlament hat in den vergangenen Jahren das Gesetz verschärft. Das Delikt, das Ramos von der spanischen Anti-Doping-Behörde vorgeworfen wurde, steht im Gesetzestext unter Paragraf 22.1.e). Es lautet übersetzt: »Behinderung eines Teils der Dopingkontrollverfahren«.

Die möglichen Sanktionen sind drastisch. Einem Verein drohen Geldstrafen bis 300 000 Euro, Punktabzug und Zwangsabstieg. Einem Teamarzt droht eine Suspendierung bis zu vier Jahren. Einem Spieler drohen vier Jahre Sperre. Diese Sperre kann auf zwei Jahre verringert werden, wenn der Spieler glaubhaft machen kann, dass der Gesetzesverstoß »nicht vorsätzlich war«.

Dieses Schreckensszenario fasste der Chefjurist von Real Madrid am 30. September 2018 in einer Mail an Generaldirektor Sánchez zusammen, nachdem er intern Kenntnis von dem Vorwurf der spanischen Anti-Doping-Behörde gegen Sergio Ramos bekommen hatte. »Die Strafen wiegen äußerst schwer«, schrieb der Real-Anwalt in düsterer Vorahnung. Ramos hatte nach Eingang des Schreibens der spanischen Anti-Doping-Agentur Ende September zehn Tage Zeit, um schriftlich Stellung zu den Vorwürfen zu beziehen. Eine detaillierte Anfrage des EIC zu den Ereignissen ließ er ebenso wie Real Madrid unbeantwortet. Nachdem der SPIEGEL im November 2018 auch über diesen Vorfall berichtet hatte, erklärte Ramos, der Dopingkontrolleur in Málaga habe ihm das Duschen vor dem Test »wegen des Zeitdrucks erlaubt«, er habe in seinem Leben niemals gedopt und lehne solche Praktiken strikt ab.

Lars Mortsiefer, Vorstand der deutschen Anti-Doping-Agentur Nada, erkennt in den Vorkommnissen einen Regelverstoß. Er sieht allerdings auch ein Versäumnis bei dem Dopingkontrolleur, wie er dem NDR in einem Interview sagte. Nach Mortsiefers Ansicht »darf es keine Sonderbehandlung geben«. Demnach hätte der Kontrolleur das Verfahren »in dem Moment mit Verweis auf einen Regelverstoß abbrechen müssen, in dem Ramos sich vor Abgabe der Urinprobe unter die Dusche gestellt hat«. Die spanische Anti-Doping-Agentur erklärte auf Anfrage, dass »das Verfahren keine Anhaltspunkte dafür geliefert hat, dass eine Anti-Doping-Regel verletzt wurde«.

Unbeantwortet blieb die Frage, warum mehr als fünf Monate vergingen, ehe die spanische Anti-Doping-Agentur Real Madrid in einem offiziellen Schreiben über die Vorwürfe gegen Ramos informierte. Normalerweise dauert es nur einige Wochen, bis ein Athlet benachrichtigt wird, der bei einer Dopingprobe auffällig geworden ist.

VERMUMMT

Ein paar Tage nach meinem See-Besuch mit John reise ich weiter nach Russland. Doch diesmal bleibe ich nicht lange, denn die deutsche Nationalmannschaft scheidet so früh aus wie noch nie bei einer Weltmeisterschaft. Bereits nach der Vorrunde ist Schluss, Nationaltrainer Joachim Löw sowie der gesamte Deutsche Fußball-Bund geraten anschließend in eine schwere Krise. Für mich hat das Ausscheiden einen Vorteil: Ich kann schnell wieder zurück in den Datenraum und mich mit den Football Leaks beschäftigen.

Nicola, Christoph und Michael arbeiten fast pausenlos an den Daten, sprechen und schreiben viel mit unseren Partnern im EIC. Uns wird immer klarer, dass unser zweites großes Football-Leaks-Projekt umfangreicher werden und tiefer schürfen wird als das erste im Dezember 2016. Wir definieren mehrere große Themenkomplexe, in denen wir uns in den kommenden Monaten verbeißen werden: Manchester City und Paris Saint-Germain hat John uns bereits als Themen genannt, der Umgang der Klubs und ihrer Investoren mit den Financial-Fair-Play-Regeln der Uefa werden in der Tat zentrale Recherchen für uns werden. Gianni Infantinos dubioses Geschäftsgebaren und die würdelosen neuen Fifa-Ethiker werden wir ebenfalls ausleuchten. Wir stoßen in den Daten an zahlreichen Punkten auch auf Bestrebungen europäischer Topklubs, eine eigene, privat organisierte Super League zu gründen. Generell wirken die Dokumente, die wir zu diesen Themen finden, wie eine Zerreißprobe zwischen den alten und den neuen Mächten, zwischen den großen Investoren- und den Traditionsklubs. Die einen wollen ihr anscheinend grenzenloses Vermögen in den Wettbewerb einbringen und mit ihrem Investment durch sportliche Erfolge noch mehr Geld machen. Die anderen, die Traditionsklubs, setzen sich dagegen zur Wehr, pochen auf die Regeln und probieren eigene Winkelzüge. Dazwischen befinden sich die großen Verbände Fifa und Uefa, die beide Arten von Klubs für ihre Zukunft benötigen: Die Traditionsvereine bringen einen über Jahrzehnte gewachsenen Zuschauerstamm in den Wettbewerb ein, die Investorenklubs liefern der Branche das Geld, mit der sie weiter wachsen kann. Kippt das Verhältnis zwischen diesen beiden Kräften irgendwann, kippt auch der Wettbewerb, und der Sport verliert jeden Reiz.

Wir lesen viel in den Daten, aber vergraben uns gleichzeitig auch in Büchern und Artikeln über die Fußballbranche und einzelne Vereine. Christoph schleppt jeden Tag irgendetwas Neues über Manchester City an, Filme, Bücher, irgendwelche Podcasts. Ständig sehen wir, wie er neue Organigramme über diesen Klub entwickelt, die Pinnwand hinter seinem Arbeitsplatz wird kontinuierlich erweitert, die Leitz-Ordner rund um seinen Schreibtisch bauen ihn fast zu. Christoph wird zu unserem Experten für den englischen Fußball, für den Einfluss von arabischen Investoren auf die Premier League. Immer tiefer arbeitet er sich in die Offshore-Strukturen rund um Manchester City und seine Eigentümer aus Abu Dhabi ein.

Auch das gehört zu solchen Großprojekten: Man sieht, was Zeit, Geduld und Hingabe mit Rechercheuren machen können. Wir stehen nicht unter dem alltäglichen Druck, am nächsten Morgen den nächsten großen Text bei unseren Ressortleitern abliefern zu müssen, sondern genießen den Luxus, uns in eine Materie hineinbohren zu dürfen.

Andreas Meyhoff, unser wunderbarer Sport-Dokumentar, seziert die Strukturen des Weltfußballverbandes. Er stößt dort auf ein sehr dubioses Investorenmodell, an das Infantino unbedingt große Teile der Fifa-Wettbewerbe verkaufen möchte. Michael verbuddelt sich in die Themen Dopingkontrollen, Geldflüsse, Spielerberater und Financial Fair Play. Nicola koordiniert für uns den Alltag im EIC, mit ihrer Detailgenauigkeit, ihrer Sturheit und Empathie ist sie perfekt für diese Position. Sie hört sich auch geduldig die Sorgen der europäischen Partner an, unterstützt sie teilweise bei ihren Suchen und wird für uns zunehmend zu einer Art Allzweckwaffe: Jeder, der eine Frage zu einer laufenden Recherche eines Partners hat, wendet sich zunächst an Nicola. Durch ihren Überblick über die vielen Einzelthemen kann sie Kollegen sehr schnell miteinander verbinden. Das ist womöglich auch das größte Geschenk einer solchen Art vernetzten Arbeitens: Wir schaffen Gemeinsamkeit und helfen einander, die Recherchen zu verbessern und schneller voranzutreiben. Ein Einzelkämpfer würde ein solches Projekt niemals bewältigen.

Je weiter unsere Arbeit voranschreitet, desto größer wird auch unser Team. Die Investigativreporter des SPIEGEL helfen uns bei einigen Geschichten, bei anderen Recherchen steigen Reporter aus dem Sportressort mit ein. Und es stoßen zwei Kollegen zu unserem Team, die – so würde es wohl Jürgen Klopp ausdrücken – unseren Kader auf ein neues Niveau heben: Robin Wille und Janko Tietz.

Robin ist ein junger Journalistenschüler, der uns seit den ersten Football-Leaks-Veröffentlichungen permanent genervt hat. Immer wieder schrieb er uns mit der Bitte an, Vorträge oder Lesungen an seiner Ausbildungsstätte, der Deutschen Journalistenschule in München, zu halten. Das Problem: Im vergangenen Jahr gingen wir in der Flut solcher Anfragen fast unter. Viele mussten wir auf einen späteren Zeitpunkt verschieben, sonst wären wir vor lauter Veranstaltungen nicht mehr zum Arbeiten gekommen. Robin ließ sich aber nicht so einfach vertrösten. Immer wieder meldete er sich mit neuen Terminvorschlägen. Eine solche Hartnäckigkeit ist eine der Grundbedingungen für den Investigativjournalismus, bei dem man ständig vor verschlossenen Türen steht und Menschen für sich gewinnen muss, die einen meist erst einmal abweisen.

Im Spätsommer 2018 gelang es Robin dann, ein Praktikum in der Wirtschaftsredaktion des SPIEGEL zu ergattern. Drei Monate waren vereinbart, dann sollte er wieder zurück nach München. Irgendwann im Herbst saß das Football-Leaks-Team in unserem Datenraum zusammen, wir erstellten die ersten Publikationspläne. Christoph, unser Strukturwunder, klebte bunte Post-Its an unsere Wände. Auf die Zettel schrieben wir, welche großen und kleinen Geschichten wir veröffentlichen möchten. Und wir besprachen, welche Recherchen dafür noch notwendig wären. Schnell stellten wir fest: All dies würde mit unserem Team nicht zu schaffen sein. Wir brauchten Hilfe.

»Warum fragt ihr nicht diesen Wille?«, sagte Christoph. Wir nickten. Kurz darauf trafen wir uns mit Robin zum Kaffee. Robin ist ein großer, stabiler Mann mit dem Gemüt von Papa Bär: ruhig, beharrlich, haltungsstark. »Football Leaks ist einer der Gründe, warum ich Journalist werden will«, sagte Robin, und das war keine Schleimerei. Denn Robin hatte, wie wir erfuhren, bereits ein Wirtschaftsstudium hinter sich, interessiert sich zudem sehr für Fußball und schien die bisherigen Football-Leaks-Berichte aufmerksam studiert zu haben. Nach einer halben Stunde war klar: Von seinen Interessensgebieten her würde er sehr gut zu diesem Projekt passen, und mit seinem Humor und seiner ganzen Art auch zu unserem Team. Das Problem war, dass er im Herbst eigentlich wieder zurück an die Journalistenschule gehen sollte. Wie auch immer er das hingebogen hat: Nach wenigen Tagen meldete Robin sich bei uns zurück und sagte, er könnte alle seine Kurse zu einem späteren Zeitpunkt nachholen, er würde uns die nächsten Monate zur Verfügung stehen.

Mit dieser Entscheidung hat uns die Deutsche Journalistenschule in München einen der größten Volltreffer in diesem Projekt beschert: Denn Robin entpuppte sich in den kommenden Monaten als wahrer Perlentaucher in unserem Dokumentenmeer. Jeden Morgen kam er als einer der ersten in den Datenraum, setzte seine schwarzen Kopfhörer auf, fing an zu lesen und zu schreiben und lieferte uns im Tagesrhythmus Artikel ab, die alle im Team begeisterten. In erster Linie sollte Robins Job eigentlich sein, aus den bestehenden Wikis der europäischen Partner Beiträge für SPIEGEL ONLINE zu entwickeln. Dafür ist es notwendig, alle Football-Leaks-Dokumente, die die Kollegen gefunden haben, noch einmal zu prüfen. So bauen alle Redaktionen, die an diesem Projekt beteiligt sind, eine weitere Qualitätsinstanz ein. Mögliche Fehler von Kollegen werden so zuverlässig gefunden und können rasch korrigiert werden.

Robin lernte nicht nur in Windeseile, mit Intella umzugehen, er verstand auch den Austausch auf unseren Plattformen und entwickelte eine enorme Sicherheit im Umgang mit den Dokumenten. So fand er bald Storys, die wir bis dahin nicht gesehen hatten. Unter anderem legte er uns irgendwann ein Konzeptpapier für eine Geschichte zu Jonas Boldt auf den Tisch, den damaligen Sportdirektor von Bayer Leverkusen. Demnach hatte Boldt den Beratern der Agentur Spielerrat offenbar eine Art Scheinangebot für den Spieler Lukasz Fabianski übergeben. Damit sollen die Spielerberater beim damaligen Premier-League-Klub Swansea City eine Vertragsverlängerung für Fabianski erreicht und gleichzeitig ein Millionenhonorar für sich selbst eingefahren haben. Sowohl Boldt als auch die Berater bestritten, dass dieses Angebot nur eine Scheinofferte gewesen sei, der Mailverlauf, den Robin fand, sprach aber dafür. Robins Geschichte sollte später den Abschluss der neuen Football-Leaks-Enthüllungen bilden.

Neben Robin stieß fast zeitgleich auch Janko Tietz zu unserem Team. Janko ist Chef vom Dienst bei SPIEGEL ONLINE und in dieser Funktion nicht nur dafür verantwortlich, welcher Text zu welcher Zeit auf welchem Platz auf der Seite erscheint, sondern er redigiert auch Texte und feilt an Überschriften und Teasern. Janko hat zudem jahrelang im Wirtschaftsressort des Magazins gearbeitet und besitzt ein sehr gutes Gefühl für komplizierte Recherchen. Bei den ersten Football-Leaks-Enthüllungen haben wir einen Kardinalfehler des investigativen Journalismus begangen: Wir haben versucht, unsere Rechercheergebnisse so lange wie möglich für uns zu behalten und den Kreis der Mitwisser möglichst klein zu halten. Die Angst, dass die Storys, an denen wir arbeiteten, nach außen dringen könnten und dass die Gegenseite dadurch womöglich die Chance erhalten würde, mit PR-Strategien unsere Geschichten zu torpedieren oder sie an Konkurrenzmedien weiterzugeben und so zu versuchen, den Spin der Artikel zum eigenen Vorteil zu drehen, ist bei unserer täglichen Arbeit ein ständiger Begleiter. Deshalb ist man im Investigativjournalismus oft deutlich paranoider als in anderen Bereichen. Unsere Ware ist das Exklusive, die Enthüllung. Clevere Krisenmanager sind mittlerweile aber so gut vernetzt, dass sie Enthüllungsgeschichten immer häufiger zu beeinflussen versuchen – entweder durch eine gezielte Gegenkampagne in den Medien oder durch Anwälte, die teilweise bereits vor den Veröffentlichungen ihre Mahn- und Drohpost verschicken.

Doch je verschlossener wir eine Recherche betreiben, desto schwieriger ist es, die vielen Inhalte so lesergerecht zu publizieren, dass sie auch eine große Reichweite erzielen können. Inzwischen reicht es nicht mehr aus, einfach nur einen großen Enthüllungsartikel im SPIEGEL zu veröffentlichen, um damit ein Thema zu setzen und eine gesellschaftliche Debatte anzustoßen. Durch die digitale Welt ist es notwendig geworden, die eigenen Geschichten breiter anzubieten. Gemeinsam mit Janko überlegen wir nun also, wie wir unsere Enthüllungen mit Kommentaren, Einordnungen, sinnvollen Auszügen aus Dokumenten, Pro- und-Contra-Debatten, Leser- und Medienreaktionen flankieren und untermauern könnten. Janko wird zu einer Art DJ unseres Projekts. Er entwickelt Tagespläne, welche Geschichte wann auf die Seite von SPIEGEL ONLINE gehen soll, wann sie von welchem Artikel abgelöst wird und wie ein Thema möglicherweise einen neuen Impuls bekommen kann, um auch noch spät am Tag genügend Relevanz entfalten zu können.

Wir recherchieren, schreiben, planen. Oft sind es 18-Stunden-Tage, wir sind alle übermüdet, haben aber trotzdem erschreckend viel Spaß. Die vielen neuen Rechercheansätze lassen die Tage in Windeseile verfliegen, dazu haben wir in der Gruppe einen sehr ähnlichen Humor, der auch die schwierigen Momente erträglich macht. Der Datenraum wird zu einer Art Zuhause, wir stellen dort eigene Regeln auf, diskutieren manchmal stundenlang über die jeweiligen Recherchen. Wir streiten dort auch, teilweise ziemlich wüst. Immer geht es um inhaltliche Fragen, doch die werden mit aller Emotionalität ausgefochten: Lässt sich eine bestimmte Mail auch anders interpretieren, als wir es zunächst vermuten? Wie aussagekräftig sind Vertragsentwürfe, und darf man einen Entwurf moralisch bewerten? Was ist privat und was von großem öffentlichem Interesse? Was darf nicht, was muss erzählt werden?

Wir reden immer häufiger über die eine Frage, die sich durch das gesamte Projekt zieht: Wie sollen wir gegenüber dem Leser thematisieren, dass John auch ein Hacker sein oder zumindest mit Hackern zusammenarbeiten könnte? Dass er womöglich widerrechtlich an sein Material gelangt ist?

Obwohl John diese Vorwürfe durchweg bestreitet, begleiten uns die Zweifel an seiner Rolle seit Beginn des Projekts. Allerdings haben wir keine Belege dafür, dass er die Unwahrheit sagt. Für unsere Arbeit als Journalisten ist die Frage auch nicht entscheidend, da wir widerrechtlich erlangtes Material nutzen dürfen, solange wir es nicht selbst auf illegale Weise beschafft haben und die Dokumente eine hohe gesellschaftliche Relevanz besitzen.

Aber natürlich diskutieren wir über dieses Thema im EIC. Und auch die Kollegen des NDR sprechen mich immer wieder auf John an. Sie wollen zu Beginn unserer Veröffentlichungswelle eine lange Dokumentation über die Football Leaks ausstrahlen, die zur besten Sendezeit, am Sonntagabend nach dem »Tatort«, gesendet werden soll. Für die Kollegen wäre es ein großer journalistischer Scoop, wenn sie den Whistleblower selbst vor die Kamera bekämen. Doch John hat solche Anfragen – egal von wem sie kamen – bislang immer abgelehnt.

Schon während unserer ersten Football-Leaks-Veröffentlichungswelle im Jahr 2016 hatte ich probiert, John zu einem Fernseh-Auftritt bei SPIEGEL TV zu bewegen. Doch damals schloss er es kategorisch aus, im Fernsehen aufzutauchen. Die NDR-Kollegen bitten mich nun aber, ihn zumindest noch einmal zu fragen. Sie würden ihn auch vermummt oder anonymisiert zeigen. Im Fernsehen gibt es nicht nur die Möglichkeit, Gesichter zu pixeln, man kann Protagonisten auch komplett vermummt sprechen lassen und ihre Stimmen so verzerren, dass eine Identifizierung quasi ausgeschlossen ist.

Für die NDR-Kollegen scheint es wichtig zu sein, einmal im Bild zu zeigen, dass es diesen geheimnisumwobenen John überhaupt gibt. Keiner spricht es aus, aber ich spüre die Skepsis mancher Kollegen, die sich nicht vorstellen können, warum sich eine Quelle über so eine lange Zeit nur mit einem einzigen Journalisten trifft. Auch ich verstehe es nicht so recht, aber es war bislang Johns eiserner Wunsch, sich nur mir zu erkennen zu geben.

Natürlich möchte ich nichts unversucht lassen, also sage ich den Kollegen zu, dass ich John ihre Anfrage übermitteln werde. Und wie so oft: John überrascht mich. »Ich kann mir das vorstellen. Aber dafür muss es klare Regeln geben«, schreibt er mir.

»Welche Regeln meinst Du?«, schreibe ich zurück.

»Ich kann nur komplett vermummt gezeigt werden, man darf weder mein Gesicht noch meine Hände sehen, noch meine Stimme hören. Und Du musst mich filmen, ich will nicht, dass das irgendwer anders macht«, schreibt John.

»Ich bin kein Kameramann«, schreibe ich zurück.

»Das ist mein Angebot, Du kannst es ihnen sagen. Auf diese Weise werde ich nicht wirklich gefährdet, aber sie können sehen, dass ich existiere«, schreibt John.

Ich rufe den NDR-Kollegen Sven Lohmann an, der die TV-Dokumentation koordiniert, und erzähle ihm von Johns Vorschlag. Sven ist ein umsichtiger, ruhiger Kollege, der selten mehr sagt als notwendig ist, um die Dinge vernünftig und effektiv zu regeln. »Machen wir. Birgit meldet sich bei dir«, antwortet Sven.

Birgit Wärnke hat beim NDR schon einige große, komplizierte Reportagen und Dokumentationen bewältigt. Sie denkt politisch, hat zudem ein feines Gespür für die Grautöne von Geschichten. Das mag ich sehr. Wir telefonieren miteinander und vereinbaren, dass ich John um ein Treffen Anfang September bitte. Birgit will einen Kameramann mitnehmen, dieser soll aber ausschließlich die Szenerie und mich filmen. Für die John-Aufnahmen will sie mir eine kleine Handkamera mitgeben. Ich betone auch ihr gegenüber, dass ich kein Kameramann bin. Aber offenbar scheint meine fehlende Qualifikation als Filmemacher nur mich zu beunruhigen.

Ich schreibe John, dass der NDR seinem Vorschlag folgen wolle.

»Oh Mann, ist das echt eine gute Idee?«, fragt er mich.

»Ich habe keine Ahnung. Am Ende musst Du das entscheiden. Ich will Dich auf keinen Fall gefährden«, schreibe ich.

»Okay, lass uns treffen. Aber ich muss noch eine Zusage bekommen: Sollte ich mich mit der ganzen Nummer unwohl fühlen, dann brechen wir einfach ab«, schreibt John.

»Ich werde es den Kollegen so sagen. Wo wollen wir uns treffen?«, frage ich.

»Ich schicke Dir die Stadt in den kommenden Tagen zu«, schreibt John.

Ich informiere Sven und Birgit über Johns Sorgen. Sie sind nicht erfreut, Fernsehproduktionen sind teuer, und natürlich hätten sie gerne eine verbindlichere Aussage. Ich erkläre ihnen, dass John manchmal sehr emotional entscheidet und ich ihnen deswegen keine Garantie dafür geben könne, dass wir ihn wirklich vor die Kamera bekommen werden. Doch die NDR-Kollegen wollen dieses Risiko eingehen.

Johns Städtewahl fällt wieder auf eine osteuropäische Metropole. Wir verabreden, uns dort für drei Tage einzuquartieren, auch um ein bisschen Puffer für die Dreharbeiten zu haben. Eigentlich habe ich im Moment überhaupt keinen Kopf für diese Doku. Wir stecken mitten in unserer Datenrecherche, ich müsste aktuell die Super-League-Geschichte aufschreiben, komme aber durch all die Reiserei einfach nicht dazu. Und jetzt gehen mir hier wieder mindestens drei Tage flöten.

Ich muss für eine weitere Recherche nach Berlin und verabrede mit den NDR-Kollegen, dass wir von dort gemeinsam zu John fliegen könnten. Allerdings besteht John diesmal darauf, dass wir einen Flughafen außerhalb der Stadt ansteuern. Wir werden also nach der Landung noch über eine Stunde mit einem Mietwagen fahren müssen, um den verabredeten Ort zu erreichen. Das ist umständlich und ärgerlich, aber natürlich gilt auch bei diesem Treffen wieder: Sicher ist sicher.

»Wie willst Du anreisen?«, schreibe ich John.

»Ich bin vorher eh noch unterwegs und gar nicht so weit entfernt. Ich komme wohl mit dem Zug«, schreibt John.

Birgit, der Kameramann und ich treffen uns Anfang September am Flughafen Tegel. Unser Flug hat Verspätung, die TV-Leute nutzen die Zeit und filmen mich dabei, wie ich mit John chatte. Ich finde solche Aufnahmen albern, was, bitteschön, soll daran spannend sein, wie ich auf meinem Handy herumtippe? Aber ich bin kein TV-Journalist und versuche, den Wünschen der Kollegen so weit wie möglich entgegen zu kommen. Sie werden schon wissen, was sie da tun.

John schreibt mir, dass auch er nicht rechtzeitig loskommen konnte. Er hatte offenbar Ärger mit seiner Freundin. Durch seine und unsere Verspätung sollten wir alle jetzt trotzdem etwa zur gleichen Zeit ankommen.

Kurz bevor der Flieger abhebt, schreibt mir John, dass er am ersten Abend noch keine Lust habe, irgendwelche »Fernsehgeschichten« zu machen. »Lass uns einfach zuerst was essen gehen und danach ein paar Bier trinken. Morgen ist auch noch ein Tag«, schreibt John.

»Geht's Dir gut?«, frage ich.

»Geht so. Erzähle ich Dir später«, antwortet John.

Die nächste Verzögerung kommt, als wir nach der Landung unseren Mietwagen abholen. Ich lerne: Mit einer TV-Crew zu reisen, bedeutet, sehr lange Wartezeiten einplanen zu müssen. Das Ein- und Ausräumen des ganzen Kamera-Equipments ist mühsam, zeitraubend und nervig. Ich schreibe John, dass wir etwas länger brauchen. Er ist bereits in der Stadt und antwortet, wir sollten uns beeilen. Er sei durchnässt und habe Hunger.

Irgendwann schaffen wir es dann doch in unsere Unterkunft. Die TV-Leute und ich übernachten in einem Hotel, John in einem anderen, das nur ein paar Straßen entfernt ist. Weil ich mich mit ihm in der Stadt treffen werde, vereinbare ich mit den NDR-Kollegen, dass sie an diesem Abend nicht mehr dorthin gehen sollen. Wenn sie John sähen, würde dies das ganze Projekt gefährden. Für den Fall, dass John es sich doch anders überlegen sollte und überraschenderweise schon heute Abend Lust auf »Fernsehgeschichten« bekommt, gibt Birgit mir die Handkamera mit.

Ich laufe zu Johns Hotel und sehe ihn gegenüber der Lobby in einer Bushaltestelle sitzen und rauchen. »Hast du kein Zuhause?«, frage ich ihn. John lacht. »Ich fühle mich auf der Straße wohl«, sagt er. Er sieht komplett durchnässt aus und zittert ein bisschen. »Warum bist du nicht in deinem Zimmer?«, frage ich. »Ich wollte noch ein bisschen durchschnaufen«, sagt er.

Zusammen gehen wir auf sein Zimmer, wo John erst einmal unter die Dusche springt. Währenddessen schaue ich mich um. Ich habe keine Ahnung von Schnittbildern und Kameraführung, ich weiß noch nicht einmal, wie viel ich von John filmen kann. Mir fällt lediglich auf, dass das Zimmer ziemlich dunkel ist. Ich frage mich, ob unter diesen Umständen auf den Bildern, die ich filmen werde, irgendetwas zu sehen sein wird.

Ich hole die kleine Kamera aus dem Rucksack. Als John aus der Dusche kommt, richte ich das ausgeschaltete Gerät direkt auf sein Gesicht. John macht einen großen Satz zurück ins Badezimmer und knallt die Tür hinter sich zu. Ich kugle mich vor Lachen und rufe ihm zu, dass die Kamera aus sei.

»Du bist völlig irre! Ich habe einen Herzinfarkt«, sagt John. Als er sich wieder aus dem Bad heraustraut, schnappt er sich als Erstes die Kamera. Er wedelt damit ein wenig herum und begutachtet sie von allen Seiten. »Das wird schon irgendwie gehen. Wir bringen das morgen über die Bühne«, sagt er.

»Sicher?«, frage ich.

»Nein. Aber ich verstehe deine Kollegen. Sie müssen sehen, dass du dir keinen Whistleblower ausdenkst, sondern dass er wirklich existiert«, sagt John.

»Die TV-Leute würden auch gerne filmen, wie ich mit dir per Telefon chatte. Sie würden mir dann Fragen stellen, die ich anschließend an dich schicke. Und die du beantworten sollst«, sage ich.

John kratzt sich am Kopf. »Ich habe schon länger keine Interviews mehr gegeben. Aber ich glaube, das ist keine doofe Idee. So haben sie einen realen Eindruck davon, wie wir miteinander kommunizieren, und bekommen auf diese Weise meine Antworten direkt mit«, sagt John.

Wir schlendern gemeinsam in die Stadt. John hat Lust auf ein Steak, aber es ist schon spät und fast alle Läden haben geschlossen.

Erst nach längerem Suchen finden wir ein regionales Restaurant, das noch so etwas wie einen Grillteller anbietet.

»Ich mag die Stadt nicht so, aber es war das praktikabelste Ziel. Sonst wäre meine Anreise zu kompliziert geworden«, sagt John.

»Wie läuft's mit deiner Freundin?«, frage ich.

»Wir hatten einen ziemlichen Streit. Sie ist sehr eifersüchtig. Wenn ich ihr nicht sagen kann, wohin ich reise, dann meckert sie manchmal herum. Wir haben es aber ausgeräumt«, sagt John und grinst.

Das Essen kommt direkt mit unseren Getränken. Hier wird offenbar keine unnötige Zeit verplempert. John trinkt sein Bier fast in einem Zug aus.

»Wow. Wie ein echter Genussmensch«, sage ich.

John schüttelt den Kopf. »Ich bin heute ziemlich genervt«, sagt er.

»Wegen deiner Freundin?«, frage ich.

»Nein. Ich habe in den vergangenen Tagen mehrere Anfragen von portugiesischen Journalisten bekommen. Sie wollen mit mir sprechen, sagen aber nicht, worüber«, sagt John.

»Was schreiben sie denn?«, frage ich.

»Dass sie über Football Leaks recherchieren und Fragen an mich hätten.«

»Mehr nicht?«

»Der Rest ist unerheblich«, sagt John.

»Wo ist dann das Problem?«, frage ich.

»Offenbar recherchieren sie irgendwas gegen mich. Ich weiß aber nicht, was. Das nervt mich«, sagt John.

»Willst du ihnen antworten?«

»Auf keinen Fall. Fast alle Medien in Portugal sind ganz eng verdrahtet mit den Fußballvereinen und der Justiz. Sie würden mir eh keine faire Chance zur Stellungnahme geben«, sagt John.

Nachdem wir gegessen haben, schlendern wir eine ganze Weile durch die Altstadt und suchen nach einer Kneipe, in die wir einkehren können. Aber offenbar wird hier an einem Werktag nicht getrunken: Außer einem Irish Pub hat nichts mehr geöffnet. Wir setzen uns an den Tresen, John guckt immer wieder hinter sich. Er wirkt heute wirklich nicht entspannt.

»Was ist los?«, frage ich.

John ordert zwei Cocktails. Er rutscht auf seinem Barhocker herum, knibbelt am Untersetzer. »Mein Vater hat mir gesagt, dass ihn Journalisten nach mir befragt haben«, sagt John.

»Bitte? Dann wissen sie, wer du bist«, sage ich.

»Mein Vater hat mir gesagt, dass sie sehr allgemeine Dinge gefragt hätten. Wo ich lebe und ob ich noch studiere. Sowas«, sagt John.

»Sicher, dass das Journalisten und nicht Privatdetektive waren?«, frage ich.

»Mein Vater sagt, sie hätten sich als Journalisten vorgestellt. Aber wer weiß? Sie standen vor seinem Haus, er hat sich ziemlich erschrocken«, sagt John.

Im Pub gibt es Live-Musik, und ausgerechnet jetzt fängt die Sängerin mit ihrer Show an. Sie singt wirklich toll, aber es ist so laut, dass ich John nicht mehr verstehe. Wir zahlen und hauen ab.

Draußen geht John zu einem Taxifahrer und fragt, ob es hier auch Clubs gebe, in denen man tanzen könnte. Der Taxifahrer nennt uns zwei Adressen und sagt, dass er nur eine davon empfehlen könne. Er würde sie uns aber nur verraten, wenn er uns hinfahren dürfte. John findet, das sei Abzocke und verzichtet. Stattdessen fragt er eine junge Frau, die an den Taxis vorbeischlendert, in welchen der beiden Clubs sie gehen würde. Sie empfiehlt den zweiten, John hebt den Daumen.

Der Club ist zu Fuß nur etwa zehn Minuten entfernt. Während wir durch die dunklen Gassen gehen, reden wir über Portugal und die dortigen Journalisten. »Sie halten sich selten an Regeln. Wenn man nicht mit den Reportern redet, schreiben sie, was sie wollen. Wenn man mit ihnen redet, dann dichten sie immer Dinge dazu«, sagt John.

Ich erzähle ihm, dass ich bislang kaum Kontakt zu portugiesischen Journalisten gehabt hätte, mir aber nicht vorstellen könne, dass alle so arbeiteten. Zumal wir mit unserem portugiesischen

EIC-Partner »Expresso« oft gute Erfahrungen gemacht haben. »Ich habe am Anfang von Football Leaks auch versucht, mit manchen der portugiesischen Medien in Kontakt zu kommen. Sie waren aber immer mehr an mir als an den Enthüllungen interessiert. Das war sinnlos«, sagt John.

Vor dem Eingang des Clubs warten zwei bullige Türsteher. Ich sage zu John, dass er heute bitte niemanden anschleppen soll, der Streit mit diesen Typen verursacht. John deutet einen Tritt gegen meinen Oberschenkel an. Witzig.

Die Tanzfläche ist im Keller. Der Raum ist völlig überfüllt. Die meisten Menschen scheinen Einheimische zu sein, zumindest deuten die Gesprächsfetzen, die man durch die laute Musik hören kann, darauf hin. John geht an den Tresen und bestellt einen Moscow Mule und einen Long Island Ice Tea. John ist allergisch gegen Cola, deshalb bekomme ich den Long Island.

»Du weißt aber, dass wir morgen drehen wollen?«, frage ich.

»Deshalb trinken wir ja. Ich darf nicht zu verkrampft wirken«, sagt John.

Wir quatschen über Fußball, über Trumps Einwanderungspolitik, über Chinas Überwachungswut, über Landflucht und die Gentrifizierung von osteuropäischen Städten. Die Stunden verfliegen nur so. Zwischendurch bestellen wir weitere Cocktails. Nach einer Weile macht sich der harte Alkohol bemerkbar, ich bremse mich ein wenig und schubse John auf die Tanzfläche. Vielleicht hilft uns Bewegung, um wieder etwas klarer zu werden. Doch nach ein paar Minuten muss ich feststellen: Wir haben in zu kurzer Zeit zu viele dieser Alkoholbomben getrunken. John ist völlig hinüber. Er schwankt, hat richtig Schlagseite. Ich frage ihn, ob er vor unserem Abendessen schon irgendetwas anderes gegessen hat. Aber John antwortet mir lediglich, dass ihm die portugiesischen Journalisten Sorgen bereiten würden. Zumindest glaube ich, dass er das sagen wollte.

Ich packe ihn an den Hüften, wir wanken die Treppe nach oben. Ich schmeiße unseren Whistleblower ins Taxi und bitte den Fahrer, uns in sein Hotel zu bringen. Mit einiger Mühe schafft es John, sich bis in sein Zimmer zu schleppen. Er setzt sich auf sein Bett und versucht, seine Schuhe auszuziehen. Offenbar hat er zu schnelle Bewegungen mit seinem Oberkörper gemacht, denn jetzt wird ihm übel. John wankt zur Toilette. Wirklich gut geht es mir auch nicht, aber es ist bei weitem nicht so schlimm wie bei John.

Als John aus dem Bad zurückkommt, hat er sein T-Shirt ausgezogen. Er schmeißt sich aufs Bett, krümmt sich zusammen und bleibt in der Embryo-Stellung reglos liegen. Nach ein paar Minuten sagt er: »Ich glaube, mir hat irgendwer was in den Cocktail getan.«

»Ja, Alkohol«, sage ich.

John lacht nicht. Offenbar krampft sein Bauch, er wirkt wirklich wie ein Häufchen Elend. Ich hole ihm einen nassen Lappen und lege ihn ihm in den Nacken. Nach einer Weile schläft er ein. Ich decke ihn zu und setze mich in den Sessel. Kann es sein, dass ihm jemand etwas in den Cocktail gemischt hat? Irgendein Gift? So betrunken habe ich ihn noch nie gesehen. Ich traue mich nicht, das Zimmer zu verlassen und ihn hier alleine liegen zu lassen. Ich nehme mir eine Decke und baue mir aus dem Sessel und einem Stuhl ein zweites Bett.

Ich kann nicht schlafen und gucke stattdessen immer wieder nach John. Er bewegt sich nicht, aber er atmet regelmäßig und scheint lediglich zu schlafen. Am liebsten würde ich ihn aufwecken und fragen, ob alles okay ist. Aber ich entschließe mich, erstmal abzuwarten. Vielleicht muss er einfach nur ausnüchtern. Es waren wirklich absurd viele Cocktails in viel zu kurzer Zeit.

Ich gucke auf die Uhr, mittlerweile ist es kurz nach fünf. John schläft schon eine ganze Weile. Ich würde Birgit gerne eine kurze Nachricht schreiben, dass wir am Vormittag ganz sicher nicht drehen könnten. Aber da mein Handy sich nun ausgeschaltet hat und ich weder einen Ersatzakku noch ein Ladegerät dabeihabe, kann ich gar nichts mehr an niemanden schreiben.

Irgendwann döse ich doch noch weg. Als ich ein paar Stunden später aufwache, kommt John gerade ziemlich blass aus dem Bad. Er sagt: »Sowas habe ich noch nie erlebt. Im Ernst: Da war irgendwas in den Cocktails drin.«

»Keine Ahnung. Aber du lebst ja«, erwidere ich. Ich bin völlig übernächtigt und will nur noch in mein Bett. Auch John sieht so aus, als täten ihm ein paar weitere Stunden Schlaf gut. In der Hoffnung, dass unsere Mägen bis dahin wiederhergestellt sein werden, verabreden wir uns für zwölf Uhr zum Mittagessen. Zurück in meinem Hotelzimmer, schließe ich mein Handy an die Steckdose an und warte, dass es wieder angeht. Ich will Birgit eine Nachricht schreiben. Aber während der Warterei döse ich offenbar weg.

Erst gegen 14 Uhr werde ich wieder wach. Verdammt! Mein Telefon explodiert vor lauter Nachrichten. Birgit hat mir mehrfach geschrieben. Sie hat auch Nicola geschrieben, dass sie sich Sorgen um mich mache, weil sie mich nicht erreichen könne. Deshalb leuchten nun auch mehrere Nachrichten von Nicola auf meinem Telefon. Wer mir aber nicht geschrieben hat, ist John.

Ich springe schnell unter die Dusche und versuche dabei, meinen querstehenden Magen zu ignorieren. Was sind wir nur für Idioten! Vor einem Dreh Cocktails zu trinken, war wirklich eine Spitzenidee. Keine Ahnung, warum das so ausgeufert ist. Normalerweise bin ich sehr zuverlässig und versuche, die Arbeit anderer zu respektieren und zu unterstützen. Ich habe ein schlechtes Gewissen gegenüber Birgit. Doch bevor ich mich bei ihr entschuldige, will ich erstmal sehen, was mit John ist.

Ich gehe zu seinem Hotel zurück. Er hat mir eine zweite Karte für sein Zimmer gegeben, aber ich klopfe zunächst an. Keine Reaktion. Nochmal klopfen, diesmal aber deutlich lauter. Immer noch nichts. Vorsichtig öffne ich die Tür mit der Karte. Im Zimmer riecht es wie gestern in dem Club. John liegt eingemummelt in seiner Decke. Ich schnipse gegen sein Ohr. Nichts. Nochmal. Nichts. »Polizei, bitte aufstehen!«, rufe ich.

Zack, unser Whistleblower ist wach und kniet jetzt im Bett. Als er sieht, dass nur ich es bin, lässt er sich wieder zurückplumpsen. Ich sage ihm, dass es schon fast halb drei sei und dass wir mit den Aufnahmen beginnen müssten.

»Ernsthaft: Da war gestern irgendwas in den Getränken. Ich fühle mich elendig«, sagt John.

»Ja, mir geht's auch nicht so prima. Aber ich kann den TV-Leuten unmöglich sagen, dass wir vergiftet wurden. Das glauben die mir nie, und ich glaube es auch nicht«, sage ich zu John. Er nickt.

Ich sage ihm, dass ich wieder zurück zu meinem Hotel gehen und Birgit darum bitten würde, dass wir um 16 Uhr mit dem Dreh beginnen. Die NDR-Kollegen wollen auch Johns Zimmer filmen – natürlich ohne ihn. »Ich verstehe echt nicht, wofür das gut sein soll. Das ist hier einfach ein normales Hotelzimmer«, sagt John.

»Sie wollen das für irgendeine Grafik nutzen, frag mich nicht. Um 16 Uhr würde ich sie gerne hier hineinlassen. Schaffst du es, bis dahin hier raus zu sein?«, frage ich.

»Ja, ich gehe in der Zeit kurz etwas essen«, sagt John.

»Denk dran, deine persönlichen Sachen hier wegzuräumen«, sage ich.

John steht auf, geht zu seinem Rucksack und holt seinen Computer und eine Festplatte raus. »Ich habe noch ein paar neue Daten für dich. Willst du die Platte jetzt schon haben oder später?«, fragt John.

»Lass uns doch später filmen, wie du die Festplatte an deinen Computer anschließt. Dann ist das doch eine Szene, die was aussagt.«

»Können wir machen. Aber man darf meinen Laptop nicht identifizieren können.«

Schon auf dem Weg zurück zu unserem Hotel schreibe ich Birgit, dass wir uns gleich in meinem Zimmer treffen könnten. Ich will ihr nichts von den unschönen Folgen unserer Cocktail-Nacht sagen, das wirkt einfach zu schräg.

Kurz nachdem ich in meinem Zimmer angekommen bin, klopft Birgit an meiner Tür. Als der Kameramann und sie den Raum betreten, merke ich schon an Birgits schnellen Schritten, wie geladen sie ist. Sie erklärt mir anschließend auch deutlich, dass das alles Mist sei und ich so nicht mit ihr umgehen könne. Drehtage seien teuer, und jetzt sei der ganze Tag kaputt.

Ich verstehe sie, bin aber zu müde und auch zu genervt, um geduldig zu antworten und diplomatisch zu bleiben. Ich will, dass wir nicht noch mehr Zeit verlieren und jetzt schnell anfangen, in Johns Zimmer zu drehen. Denn irgendwann wird er rumnölen, dass er wieder zurück in sein Zimmer wolle. Doch stattdessen gibt ein Wort das andere, und Birgit und ich geraten so richtig schön aneinander. Es scheppert gewaltig. Mir tut vor allem der arme Kameramann leid, der überhaupt nicht mehr weiß, wohin mit sich.

Es dauert eine ganze Weile, bis wir uns wieder abregen. Birgit scheint ein ähnlicher Sturkopf zu sein wie ich. Eigentlich verstehen wir uns sehr gut und lachen viel miteinander. Aber jetzt wollen wir beide nur noch den Tag retten und beeilen uns, endlich mit dem Dreh beginnen zu können.

John hat sein Zimmer ziemlich steril hinterlassen. Kaum etwas deutet noch auf ihn hin. Der Kameramann räumt lediglich ein paar Werbeprospekte vom Tisch, damit es auch wirklich keine Hinweise gibt, über die man John im Film enttarnen könnte. Dann macht er seine Aufnahmen vom Zimmer.

Birgit will mich noch im Flur filmen, aber John schreibt, dass ihm langweilig sei, und fragt, ob wir uns nicht jetzt schon treffen könnten. Ich bin echt zu müde für all diesen Wahnsinn hier.

Birgit zeigt mir noch ein paar Kniffe, wie ich die kleine Handkamera richtig halten solle und wohin ich filmen müsse. Ihr ist wichtig, dass man irgendwann sieht, dass sowohl John als auch ich gleichzeitig im Raum sind. Anschließend gehen sie und der Kameramann wieder zurück zu unserem Hotel. Ich schreibe John, dass die beiden weg seien und er zurückkommen könne. Keine fünf Minuten später ist er wieder in seinem Zimmer.

»Was hast du gegessen?«, frage ich.

»Nichts. Geht noch nicht. Ich glaube wirklich, dass wir vergiftet wurden«, sagt John.

Ich gehe nicht weiter darauf ein und zeige ihm stattdessen, wie ich ihn gerne filmen würde. Er soll mir die Tür aufmachen, dann möchte ich aufnehmen, wie er sich an den Rechner setzt und dort die Festplatte anschließt. Die Szene soll so kurz wie möglich sein. Abschließend würde ich mich noch neben ihn setzen wollen und uns gemeinsam drehen.

John geht ins Badezimmer und kommt nach wenigen Minuten zurück. Er hat eine Kapuze tief ins Gesicht gezogen und Handschuhe an. »So erkennt mich niemand«, sagt er.

Ich finde, er sieht ziemlich durchgeknallt aus. Aber mein Schlafmangel lässt es nicht zu, dass ich mich jetzt auf eine Outfit-Diskussion mit John einlasse. Stattdessen gehe ich vor die Tür und sage ihm, dass er mir öffnen soll, sobald ich anklopfe. Dann will ich die Kamera einschalten.

Die ersten rund 20 Versuche scheitern allesamt. Wir kriegen einen Lachanfall nach dem anderen und können nicht vernünftig arbeiten. John sieht in seiner Verkleidung total affig aus. Die Handschuhe sind viel zu dick, er kann damit nicht richtig greifen. Zudem hat er sich die Kapuze so tief ins Gesicht gezogen, dass er nichts mehr sieht und ständig stolpert.

Ich bin kein TV-Journalist und erst recht kein Kameramann, das merkt man sehr deutlich. Trotzdem schaffen wir es nach zahlreichen Versuchen, ein oder zwei brauchbare Aufnahmen zu filmen.

»Ich gehe jetzt wieder zurück in mein Hotel. Wir würden dann gerne in einer halben Stunde das Chat-Interview mit dir machen«, sage ich.

»Ist gut. Was für ein Tag«, sagt John.

Als ich Birgit in unserem Hotel die Aufnahmen zeige, freut sie sich, dass alles geklappt hat. Vielleicht ist damit das anfängliche Chaos für sie etwas leichter zu verschmerzen. Im Chat-Interview ist John dann sehr professionell und seriös. Von der albernen Stimmung bei den Filmaufnahmen ist nichts mehr zu spüren. Seine Antworten sind klug und zeigen Weitblick. Ich bin erleichtert, dass er diese Aufgabe so gut meistert. Allerdings verrät er auch auf Birgits Frage nicht, woher er seine Daten hat. Und er verneint weiterhin, ein Hacker zu sein.

Am Ende wirkt Birgit, als sei sie mit dem Ergebnis des Tages halbwegs zufrieden. Als ich John beim Abendessen von meinem Eindruck erzähle, scheint er sich darüber sehr zu freuen. Wir sind beide hundemüde, aber zumindest haben die TV-Leute ihre Aufnahmen und die Antworten aus dem Chat.

»Hast du noch etwas von den portugiesischen Journalisten gehört?«, frage ich.

»Gestern Nacht hat mir ein Freund geschrieben, dass sie auch bei ihm waren. Sie haben ihn bei der Arbeit aufgesucht und nach mir gefragt«, sagt John.

»Woher wissen sie, dass ihr befreundet seid?«, frage ich.

»Das kann man herausfinden. Ich glaube, da braut sich wirklich etwas zusammen«, sagt John.

ENTTARNT

Knapp zwei Wochen später, Mitte September 2018, bewahrheitet sich Johns Vorahnung. Er schreibt mir: »In wenigen Tagen wird mein Gesicht auf den Titelseiten aller Zeitungen sein.« Ich lese die Nachricht und fühle mich, als hätte mir jemand einen Schlag in die Magengrube verpasst.

Ich setze mich in meinem Büro auf die Couch und denke fieberhaft nach: Haben die Journalisten, von denen John mir zuletzt berichtete, ihn nun tatsächlich ausfindig gemacht? Oder haben ihn die Anfragen so genervt, dass er jemandem aus Trotz ein Interview gegeben hat? So kurz vor unseren großen Veröffentlichungen, die für Anfang November geplant sind, wäre das ein Desaster. Aber es würde mich nicht wundern, John ist ein sehr eigener Kopf, ich weiß, wie emotional und sprunghaft seine Entscheidungen häufig sind.

»Was ist los?«, schreibe ich zurück.

John antwortet sofort: »Das portugiesische Magazin ›Sábado‹ wird eine Enthüllungsgeschichte über mich veröffentlichen.«

»Woher weißt Du das?«, frage ich.

»Ich weiß es, woher ist egal«, schreibt John.

»Was wird denn drinstehen?«, frage ich.

»Die alten Vorwürfe. Ich sei ein Hacker und hätte Doyen erpresst«, schreibt John.

2015, als die Website von Football Leaks erstmals gelauncht wurde, erklärte ein ziemlich dubioser Sportrechtevermarkter namens Doyen, dass John Firmeninterna gehackt und versucht habe, den Geschäftsführer zu erpressen. Während unserer ersten Berichterstattung über Football Leaks im Dezember 2016 und auch im ersten Football-Leaks-Buch haben wir ausführlich über diese Vorwürfe geschrieben und den möglichen Erpressungsversuch anhand von Dokumenten rekonstruiert. Demnach hatte sich im Herbst 2015 eine Person namens Artem Lobuzov bei einem Doyen-Mitarbeiter per E-Mail gemeldet und angedroht, Firmeninterna öffentlich zu machen. Im Zuge des Mailwechsels schrieb Lobuzov, dass er sich vorstellen könnte, die Dokumente nicht zu veröffentlichen, wenn er dafür eine Summe zwischen 500 000 und einer Millionen Euro erhalten würde. Anwälte sollten die Details regeln. Es kam zu einem Treffen zwischen Doyen und einem Anwalt, der im Namen Lobuzovs verhandeln sollte. Die Parteien trafen sich an einer Autobahntankstelle in der Nähe von Lissabon, das Gespräch wurde versteckt von der Polizei aufgenommen. Kurz darauf schrieb Lobuzov dem Doyen-Mann eine weitere Mail und erklärte, dass er auf einen Deal verzichten und die Dokumente trotz eines lukrativen finanziellen Angebots des Sportvermarkters veröffentlichen würde. Es floss kein Geld, aber die Polizei ermittelte weiter. Bereits 2016 konfrontierten wir John mit den Vorwürfen, er sagte damals, die Darstellung sei »lächerlich«. Es war eine typische John-Antwort.

»Sie wollen offenbar auch schreiben, dass ich für das Benfica-Leck verantwortlich sein soll«, schreibt John. In jüngster Zeit gab es immer wieder Berichte, wonach Vereine und Anwaltskanzleien gehackt worden sein könnten, dass möglicherweise jemand von Football Leaks mit sogenannten Phishing-Mails Informationen abgesaugt habe. In Portugal, Johns Heimatland, überschlugen sich die Zeitungen und Fernsehsender schon seit Monaten, weil geleakte Daten dem populärsten Klub Benfica Lissabon zahlreiche Ermittlungen wegen mutmaßlicher Korruption, Spielmanipulation und Bestechung eingebrockt haben. Manche Medien behaupteten, auch dahinter steckte Football Leaks. Ich hatte John schon vor Monaten danach befragt, aber er hatte nur kurz angebunden geantwortet, er habe keine Lust, sich zu »allem Unsinn, der in irgendwelchen Zeitungen steht, zu äußern«. Er betonte zudem auch in diesem Zusammenhang, dass weder er noch irgendeiner seiner Mitstreiter Hacker seien: »Wir haben sehr gute Quellen und ein starkes Netzwerk, das uns mit vielen Informationen beliefert.«

Man kann das glauben oder es lassen. Wir versuchen, diese Vor-würfe und auch Johns Haltung dazu so transparent wie möglich zu beschreiben. Gleichzeitig müssen wir darauf achten, dass wir John als unsere Quelle schützen.

Mitte September 2018 erscheint »Sábado« tatsächlich mit John auf dem Cover. Das Magazin veröffentlicht ein Foto von ihm und seinen echten Namen. John, der Mann hinter den Football Leaks, ist enttarnt.

PANIK

»Ich habe Angst um mein Leben«, schreibt mir John ein paar Tage, nachdem die Story veröffentlicht ist. Der »Sábado«-Artikel schlägt in Portugal große Wellen, wird international bemerkenswerterweise aber nur wenig beachtet. Die Geschichte der portugiesischen Kollegen ist eindeutig: John ist aus ihrer Sicht ein Hacker, der Kopf hinter Football Leaks, verantwortlich für das Datenleck bei Benfica Lissabon. Sie beschreiben den Erpressungsversuch gegen Doyen und erwähnen, dass die Polizei versucht habe, einen Europäischen Haftbefehl gegen John zu erwirken.

»Da steht mein echter Name, die Stadt, in der ich lebe. Weißt Du, was hier los ist? Benfica-Fans schreiben mir, dass sie auf dem Weg hierher sind, dass sie mich töten wollen«, schreibt John.

Ich verspreche, dass ich so schnell wie möglich zu ihm reisen würde und rate ihm, dass er dringend mit seinem Anwalt sprechen soll. »Ja, wir überlegen schon, was wir tun können. Vielleicht verlasse ich kurzfristig das Land«, schreibt John.

Die Veröffentlichung sorgt auch in unserem Team für Stress. Wir besprechen mit unseren Kollegen, der Chefredaktion, der Rechtsabteilung, welche Auswirkungen die Enttarnung unserer Quelle auf unsere Arbeit und auf unsere bevorstehenden Enthüllungen haben könnte. Sollte John nun verhaftet werden, müssten wir darauf im Zuge unserer Veröffentlichungen reagieren.

Auch unsere Partner aus dem EIC haben Fragen. Vor allem wollen sie von uns wissen, ob die Dinge, die im »Sábado«-Artikel behauptet werden, stimmen. Hier geraten wir an Grenzen der Arbeit eines Netzwerks. Denn bislang haben wir es aus guten Gründen unterlassen, den Partnern die Identität von John zu verraten. Und wir haben diese Gründe unseren EIC-Kollegen offengelegt.

Neben dem Informantenschutz gibt es für die Geheimhaltung von Johns Identität ein weiteres gewichtiges Argument: die Trennung von Informant und Information. Wir möchten uns nicht dem Vorwurf aussetzen lassen, wir hätten uns bei unseren Recherchen von der Quelle instrumentalisieren lassen. An dem Projekt arbeiten über 80 Journalisten, und bis auf einige wenige SPIEGEL-Mitarbeiter weiß niemand, wer John ist. Das gibt uns viele Freiheiten, das Football-Leaks-Material von allen Seiten auszuleuchten, ohne dass uns irgendwer die Taschenlampe führt. Deshalb bleiben wir auch nach dem »Sábado«-Artikel bei unserer Linie: Wir verraten den Kollegen nicht, ob die in dem Artikel beschriebene Person wirklich John ist. Wir sichern ihnen aber zu, dass wir John fragen werden, ob er etwas zu den Veröffentlichungen in Portugal sage. Johns Reaktion würden wir dann im Zuge der neuen Football-Leaks-Berichterstattung im November beschreiben wollen.

Worauf wir nun noch stärker achten müssen: Dass nicht wir es sind, die die Ermittlungsbehörden zu John führen. Egal, was er getan hat oder getan haben soll: Er ist unsere Quelle, und wir haben zugesagt, ihn niemals zu verraten. Zudem basiert der »Sábado«-Artikel offenbar größtenteils auf Erkenntnissen der Polizei. Und diese scheint bislang hauptsächlich Vorwürfe aus dem Jahr 2015 zu verfolgen, also mögliche Straftaten, die mehrere Monate vor dem ersten Treffen zwischen John und uns stattgefunden haben sollen.

Wir wollen im Zuge der neuen Football-Leaks-Berichterstattung zahlreiche Originaldokumente rund um unsere Enthüllungsstorys veröffentlichen. Ein solcher Schritt ist immer ein bisschen riskant, weil durch jedes Papier auch Rückschlüsse auf die Quelle möglich sein könnten. Wir verabreden deshalb mit unseren EIC-Partnern, dass sie uns so schnell wie möglich alle Dokumente nennen sollen, die sie zu veröffentlichen gedenken. Ich würde gerne über jeden einzelnen dieser Publikationswünsche mit John sprechen und ihm die Entscheidung überlassen, ob wir diese Papiere der Öffentlichkeit zugänglich machen können. John wird dabei natürlich keinen Einfluss auf unsere geschriebenen Texte nehmen dürfen.

»Ich komme am Wochenende zu Dir«, schreibe ich. »Okay, aber lass uns bitte nicht bei mir zuhause treffen«, schreibt John.

»Ich buche mir ein Zimmer etwas außerhalb, und Du kommst einfach zu mir. Ich schicke Dir die Adresse zu, sobald ich in der Wohnung ankomme«, schreibe ich. Über einen privaten Anbieter miete ich ein Apartment, das zu Fuß etwa 30 Minuten von Johns Wohnung entfernt liegt. Den Großteil der Reise zu John bestreite ich diesmal im Auto. Ich lege mehrere Pausen ein, versuche immer wieder zu checken, ob ich alleine unterwegs bin. Aber die Luft scheint rein zu sein, kein Clint-Eastwood-Typ in Sicht.

Ich schicke John meine Adresse etwa eine Stunde, bevor ich ankomme. Den letzten Teil meiner Anreise lege ich mit einem Taxi zurück. Die Wohnung liegt in einem alten Hochhaus, drum herum sind viele Büdchen und Hinterhöfe. Mit dem Vermieter habe ich ausgemacht, dass ich den Schlüssel in einem Café nebenan abhole. Als ich wieder aus dem Laden rauskomme, sehe ich John gerade aus einer S-Bahn aussteigen. Er ist etwa 30 Minuten vor unserer verabredeten Zeit da. Und er sieht ziemlich hinüber aus.

»Puh, wann hast du das letzte Mal geschlafen«, frage ich ihn. Wir umarmen uns kurz, er schaut die ganze Zeit hektisch über seine Schultern. Seine Augenringe sind immens, seine Haut ist grau, seine Lippen sind aufgesprungen, er kaut ständig darauf herum.

»Komm, lass uns hochgehen, ich will nicht hier draußen sein«, sagt John.

Die Wohnung liegt im siebten Stock, der Aufzug funktioniert nicht. Als wir endlich über die Treppe oben angekommen sind, öffne ich die Tür, aber John zögert. »Guck du dir die Wohnung erstmal an, ich komme nach«, flüstert er. Ich laufe einmal durch die Zimmer, die Wohnung ist toll, drei Schlafzimmer, großes Wohnzimmer mit Küche, fantastischer Ausblick. Dabei ist sie deutlich günstiger als ein Hotel, aber natürlich viel zu teuer für Einheimische. Osteuropäische Metropolen durchlaufen seit einigen Jahren ähnliche Gentrifizierungsprozesse wie die populären Städte im Westen.

Allerdings fällt mir auf: Die Heizung scheint nicht angestellt zu sein, es ist ziemlich kalt. Ich hole zunächst John rein und mache mich dann auf die Suche nach den Heizkörpern. John setzt sich in die Küche und trinkt ein Wasser.

Nach einer Weile sage ich: »Ich muss dem Vermieter schreiben, ich kriege die Heizung nicht an.« John, der die Bude auf der Suche nach einer Lösung auch noch einmal abläuft, kommt zum gleichen Ergebnis. Die Heizungskörper haben keine Regler, so etwas wie einen Zentralschalter gibt es nicht. Ich schreibe dem Vermieter, dass ich frieren würde, und bitte um Hilfe.

John setzt sich in der offenen Küche an den Tresen. »Guck dir das mal an«, sagt er. Er holt einen Stapel Kopien aus seiner Jacke, die Zettel sind ziemlich zerknittert. John, und das ist vielleicht eine seiner größten Dummheiten, hat einen Facebook-Account. Er führt ihn unter seinem Geburtsnamen. Dem Namen, der nun bei »Sábado« veröffentlicht wurde. John hat dort auch ein Foto von sich gepostet, das von vielen Zeitungen veröffentlicht wurde. Die vielen Papiere, die John gerade aus seiner Jacke gezogen hat, sind offenbar Kopien von Nachrichten, die ihn über den Facebook-Messenger erreicht haben:

»Wir schlitzen Dich auf!«

»Ich ziehe Dir Deine Haut ab und verfüttere Dich an meine Hunde.«

»Du kommst in den Knast, und dort wird Dich ganz Benfica vergewaltigen.«

»Wie kann man so ein Hurensohn sein?«

Es sind Hunderte solcher Nachrichten. Teilweise auf Portugiesisch, teilweise auf Englisch. Die Gewaltfantasien gegen John, die in etlichen dieser Nachrichten geschildert werden, sind widerlich.

»Ich habe hier eine Wohnung gemietet, man kann mich finden. Ich habe wirklich Angst«, sagt John.

»Was sagt dein Anwalt?«, frage ich.

»Wir haben uns hier vor einigen Wochen getroffen. Er weiß jetzt, dass ich in Budapest lebe«, sagt John.

Budapest. Wir haben uns in den vergangenen fast drei Jahren sehr häufig in dieser Stadt getroffen, zuletzt fast nur noch hier. John kam 2015 zum Studieren nach Budapest. In Portugal hatte er ein Studium der Geschichte begonnen, in Ungarn wollte er ein Erasmus-Semester einlegen. »Ich bin in den vergangenen Jahren zwar auch viel gereist, aber ich wusste schnell: Irgendwann will ich hier leben, hier eine Existenz aufbauen«, sagt John.

Er erzählt mir, dass sein Anwalt William Bourdon ihn im Sommer tatsächlich hier besucht hat. Bourdon wusste viel über Football Leaks, er hatte sich in die Materie eingelesen. »Und er sagte mir, dass er glaube, dass ich eine völlig neue Art des Whistleblowers sei. Einer, der zwar nicht aus dem Inneren eines Unternehmens käme, aber dessen Wissen eine Gesellschaft aufrütteln und ihr ein neues, wichtiges Verständnis über eine Branche vermitteln würde. Eine Art Whistleblower 2.0. Das alles macht mich für ihn besonders schützenswert, deshalb hat er sich entschieden, mir zu helfen«, sagt John. Bourdon habe in den vergangenen Monaten intensive Verhandlungen mit den französischen Behörden geführt. Offenbar liegt aktuell kein Europäischer Haftbefehl gegen John vor, deshalb ist es ihm auch möglich, zu reisen. »Ich habe in den kommenden Wochen noch einen längeren privaten Trip vor mir und will anschließend nach Paris fliegen. Wir haben ein Treffen mit den Ermittlern im November anvisiert«, sagt John. Also in dem Monat, in dem wir auch die zweite Welle der Football Leaks veröffentlichen wollen.

»Fühlst du dich wohl mit deinem Anwalt?«, frage ich.

»Ich mag keine Anwälte. Das sind die schlimmsten Betrüger, weil sie wissen, wie man juristisch sauber betrügt. Aber William ist wirklich schwer in Ordnung. Er glaubt an mich, er hat großes Verständnis für das, was ich tue. Und er hat jahrzehntelange Erfahrung im Umgang mit Whistleblowern. Ich hoffe, dass er mir helfen kann. Aber ich weiß, dass das auch alles im Desaster enden kann«, sagt John.

»Wie hat er auf die ›Sábado‹-Veröffentlichung reagiert?«, frage ich.

»Wir haben eine Pressemitteilung vorbereitet, um mich zu schützen, falls ich verhaftet werden sollte. Darin sage ich auch, dass ich John und eines der Mitglieder von Football Leaks bin. Aber ich möchte das alles erst öffentlich machen, wenn es wirklich einen polizeilichen Zugriff gegen mich geben sollte. Denn bislang weiß ich nicht, auf welcher Grundlage diese drei Jahre alten Vorwürfe ausgerechnet jetzt strafrechtlich relevant werden sollen«, sagt John. Er erklärt mir, dass Bourdon mittlerweile ein Anwaltsteam aufgebaut habe, ein ungarischer und ein portugiesischer Verteidiger stehen ebenfalls in Kontakt mit John. »Wir bereiten uns aufs Schlimmste vor«, sagt John.

»Wer finanziert dein Anwaltsteam?«, frage ich.

»Es gibt eine Stiftung mit dem Namen ›The Signals Network‹. Sie zahlen einen Teil meines Anwaltsteams und wollen sich auch um meine Pressearbeit und meine psychische Verfassung kümmern. William hat den Kontakt hergestellt. Ich glaube, das sind gute Leute«, sagt John.

Hinter der Stiftung steht der französische Unternehmer Gilles Raymond. The Signals arbeiten mit mehreren Medien zusammen, sie haben sich der Leitidee verpflichtet, Whistleblower zu schützen und ihnen die Möglichkeit zu geben, ihre Informationen der Gesellschaft zugänglich zu machen.

»Willst du dich nicht hinlegen? Du siehst nicht gut aus«, sage ich zu John.

»Stört es dich, wenn ich mich kurz hinhaue? Ich habe in den vergangenen Tagen nahezu gar nicht geschlafen«, sagt John.

»Das sieht man. Du kannst dich auf die Couch knallen oder ins Nebenzimmer gehen«, sage ich.

»Ich würde die Couch nehmen. Was willst du in der Zeit machen?«, fragt John.

»Ich habe noch genug zu tun«, sage ich.

Während ich einen Espresso mache, legt sich John auf die Couch und deckt sich mit einer dünnen Decke zu. Ich höre ihn noch murmeln: »Kalt ist es hier.« Aber als ich aus dem Wohnzimmer hinausgehe, sieht es so aus, als würde John bereits tief schlafen.

Ich lege mich aufs Bett und versuche, noch einige der Dokumente zu lesen, die ich später für unsere Super-League-Story gebrauchen könnte. Doch lange kann ich mich nicht konzentrieren, immer wieder fallen mir die Augen zu. Das frühe Aufstehen, die lange Fahrt und die Ruhe in dieser Wohnung scheinen wirksamer zu sein als jede Schlaftablette.

Knack. Knirsch.

Ich glaube, dass ich noch nicht lange weggedöst bin, als mich irgendein Geräusch weckt.

Knarz.

Das ist die Tür. Da ist jemand an der Tür. Ich springe auf und laufe ins Wohnzimmer. Ich sehe, wie eine Hälfte von John gerade unter dem Sofa verschwindet, nur noch seine Beine gucken hervor. Ich drehe mich zur Tür um. Sie ist offen, im Eingangsbereich steht ein Mann. Schnäuzer, Seitenscheitel, Blaumann. Ich gebe ihm die Hand und frage, was er da tut. Er versteht kein Englisch, antwortet auf Ungarisch, doch hier muss ich passen. Er fasst sich mit den Händen an die Oberarme und macht eine Geste, als würde es ihn schütteln.

Der Kerl ist offenbar vom Vermieter in Bewegung gesetzt worden, weil hier die Heizung nicht funktioniert. Herrgott, was für ein Schreck!

Der Typ schraubt ein paar Minuten an einer Konsole herum, setzt irgendwelche Ventile auf und hebt anschließend den Daumen. Nach kurzer Zeit wird es warm in der Bude.

Ich setze mich auf die Couch, warte ein paar Augenblicke und sage dann: »Das war nur der Heizungstyp, du kannst rauskommen.«

In Windeseile ist John wieder oben. Er ist ziemlich verschwitzt und noch eine Nuance fahler als vorher. »Ich kriege gleich einen Herzinfarkt«, sagt John.

Er sitzt auf dem Fußboden, seine Beine weit von sich gestreckt. »Ich dachte, das sei die Polizei und würde mich jetzt holen«, sagt John. Ich stehe auf und mache uns beiden einen Kaffee. Ich lasse John erstmal durchschnaufen. Ein paar Minuten blickt er gedankenverloren aus dem Fenster, dann setze ich mich wieder zu ihm. »Hast du mit William noch irgendetwas besprochen?«, frage ich.

»Wir überlegen, ob ich jetzt schon das Land verlasse und vielleicht nach Frankreich fliege. Aber das ist noch nicht abschließend geklärt«, sagt John.

»Wenn ich mir die Nachrichten angucke, die du so bekommen hast, dann scheinst du hier wirklich nicht mehr sicher zu sein«, sage ich.

»Ich habe meiner Freundin gesagt, dass sie mich eine Weile nicht besuchen soll. Sie hat auch die Katze zu sich geholt«, sagt John. Seine Augen sind glasig. Ich tätschle ihm unbeholfen die Schulter. Ein schwacher Trost, aber ich weiß absolut nicht, wie ich sonst reagieren soll.

»Wie geht's deiner Familie?«, frage ich.

»Schlecht, total schlecht. Die werden belagert von Journalisten. Mein Vater ist gesundheitlich angeschlagen, meine Familie hat mit so etwas noch nie zu tun gehabt«, sagt John.

Es war absehbar, dass dieser Moment irgendwann kommen würde, und trotzdem scheint John von der Wucht der Ereignisse vollkommen überrollt zu sein. All das Lässige, das Entspannte ist aus ihm gewichen. Offenbar spürt er zum ersten Mal die gesamte Tragweite dessen, worauf er sich eingelassen hat.

Ich versuche, ihn ein bisschen abzulenken und gleichzeitig das Nützliche abzuarbeiten. »Ich würde gerne heute mit dir die Dokumente durchgehen, die wir veröffentlichen wollen«, sage ich. »Hast du sie mit?«, fragt John.

Wir setzen uns gemeinsam an meinen Rechner. Es sind Unmengen an Dokumenten, gefühlt hat jeder unserer Recherchepartner alles angegeben, was nur irgendwie zu seinen Geschichten passen könnte. Im Leben glaube ich nicht, dass die Kollegen all die Papiere veröffentlichen wollen. Wahrscheinlich haben sie einfach wirklich alles zusammengesucht, was ihnen irgendwie relevant erschien, und werden dann in ein paar Wochen, kurz vor der Veröffentlichung, noch einmal detaillierter auswählen, was sie wirklich publizieren möchten.

John scheint das Auswählen aber Spaß zu machen, es wirkt, als würde er in den Dokumenten versinken. Die meisten der Dateien gibt er nach einer kurzen Prüfung frei, lediglich einige der Mails möchte er nicht veröffentlicht sehen. Nach vier Stunden lösen wir uns vom Rechner und gehen eine Pizza kaufen. Bereits im Hinterhof zieht John seine Kapuze tief ins Gesicht. Wir schlendern nur ein paar Meter, bestellen flott die Pizza und gehen wieder hoch.

John setzt sich wieder vor den Rechner und scrollt durch die Daten. In seinen Dokumenten scheint er sich wohl zu fühlen, manche der Papiere kennt er fast auswendig, auf Anhieb kann er mir bestimmte Passagen zeigen.

Wir sitzen bis morgens um fünf Uhr zusammen, irgendwann haben wir alle Dokumente geprüft. John lässt uns bis auf sehr wenige Ausnahmen vollkommen freie Hand, wir können unabhängig von ihm entscheiden, wie wir mit den Papieren publizistisch umgehen wollen. Das ist eine gute Nachricht, die auch im EIC für Freude sorgen wird.

John steht auf, geht noch einmal zur Kaffeemaschine. Er macht uns beiden einen Espresso.

»Wie geht es weiter mit dir?«, frage ich.

»Die kommenden Tage werde ich ein bisschen unterwegs sein und Mitte Oktober für ein paar Wochen verreisen«, sagt John.

»Wissen deine Anwälte, wo du sein wirst?«, frage ich.

»Ich werde es ihnen sagen, ja. Ich will nicht hier sein, wenn ihr eure Veröffentlichungen bringt, das ist viel zu gefährlich«, sagt John.

Wir trinken unseren Espresso. Ich bin so müde, dass mir die Tasse fast aus der Hand fällt. »Vor einem Jahr wären wir jetzt noch feiern gegangen«, sagt John.

»Heute bekäme mich nichts mehr in einen Club«, sage ich.

»Mich auch nicht«, sagt John.

»Bereust du irgendetwas?«, frage ich.

Bis zu diesem Punkt heute war es ein weiter Weg, das Projekt war steinig, John hat viele Risiken auf sich genommen. Doch jetzt wirkt es, als würden seine wahren Probleme erst anfangen. »Sábado« schreibt, dass die portugiesische Polizei sich um einen Europäischen Haftbefehl gegen ihn bemühe.

»Jeder macht Fehler. Aber grundsätzlich war Football Leaks richtig. Jemand musste tun, was wir getan haben. Ohne unsere Daten würden Ermittlungsbehörden und Fans vollkommen ahnungslos sein, keinen Dunst davon haben, wie dreckig das Fußballgeschäft tatsächlich ist«, sagt John.

Ich bin zu müde, um darauf etwas zu erwidern. »Melde dich ab jetzt bitte einmal am Tag bei mir«, sage ich.

»Ich versuche es«, sagt John. Zum ersten Mal seit unserem Wiedersehen setzt er sein schiefes Grinsen auf. Wir wissen beide, dass er sich nur melden wird, wenn er Lust dazu hat.

»Pass gut auf dich auf«, sage ich.

»Mach ich. Pass du auf, dass ihr keine Fehler in den Texten macht. Das würde das ganze Projekt gefährden«, sagt John.

Dann zieht er seine Jacke an, steckt die vielen Dokumente wieder ein und verschwindet im dunklen Treppenhaus.

ES GEHT LOS

Ich reise zurück nach Deutschland, es ist mein letztes Treffen mit John vor unseren neuen Football-Leaks-Veröffentlichungen. Die nächsten Wochen sind für uns wie ein Rausch. Wir bereiten die letzten Details für die Geschichten vor, lassen noch einmal juristische Prüfungen durchführen. Unsere Rechtsabteilung fährt Überstunden, hilft uns auch noch spät am Abend oder wenn uns wegen einer Recherche doch noch kurzfristig Zweifel überkommen. Ohne diese juristischen Absicherungen wäre die Veröffentlichung solch heikler Geschichten nicht vorstellbar.

Janko orchestriert den digitalen Auftritt der neuen Football-Leaks-Enthüllungen, ein großartiges Layout-Team beliefert uns mit vielen Ideen. Es sind die letzten Tage, bevor wir mit dem Projekt an die Öffentlichkeit gehen wollen, und wir alle sind beeindruckt davon, welche Möglichkeiten sich in einem solch großen Medienhaus wie dem SPIEGEL auftun. Die fleißigen Kollegen aus den Digitalredaktionen und dem Social-Media-Team produzieren nicht nur Making-Off-Videos, Animationen und Grafiken, sondern liefern auch irrsinnig viele Ideen, wie wir auf SPIEGEL ONLINE mit Sammelgeschichten und Verlinkungen eine eigene Football-Leaks-Welt kreieren können, die mit jeder weiteren Veröffentlichung wachsen kann.

Am 2. November, einem Freitag, geht das gesamte Football-Leaks-Team in den dreizehnten Stock des SPIEGEL-Gebäudes. Wir haben mit unseren EIC-Partnern vereinbart, dass wir an diesem Abend um 18 Uhr unsere ersten Geschichten launchen werden. Im Newsroom von SPIEGEL ONLINE stehen wir nun nebeneinander, Janko hat alle Artikel in den Systemen angelegt, die Texte warten darauf, veröffentlicht zu werden. Journalismus sollte eigentlich nüchtern, klar, emotionslos sein. Aber wenn man sieben Monate lang so intensiv zusammengearbeitet hat, wenn man wochenlang recherchiert, an zahllosen Geschichten gefeilt und dabei am Ende Dutzende Enthüllungen aufgeschrieben hat, dann ist man schon ein wenig stolz auf das, was man da – und vor allem: gemeinsam – erreicht hat.

Janko drückt auf den Knopf, und Football Leaks 2 wird endlich sichtbar. Wir schauen alle in unsere Smartphones, sehen die Reaktionen auf Twitter und Facebook. Lediglich zwölf Minuten später ruft der erste Fernsehsender an und fragt nach einem Interview. In den nächsten Tagen wird das fast im Stundenrhythmus passieren.

In Deutschland ist es vor allem die Super-League-Geschichte, die bei den Fans für heftige Reaktionen sorgt. Die »Tagesschau« platziert die Meldung in ihrer Sendung um 20 Uhr an erster Stelle. In den darauffolgenden Tagen werden aber auch Enthüllungen rund um Manchester City, Paris Saint-Germain und Gianni Infantino für ein Beben in der internationalen Fußball- und Nachrichtenwelt sorgen.

DER GEHEIMBUND

Die Mail, die für die größte Revolution in der Geschichte des europäischen Fußballs sorgen könnte, fängt mit einem völlig harmlosen Satz an: »Hi Romano, ich habe einen weiteren interessanten Fall, für den wir Dich gerne mandatieren würden.« Michael Gerlinger sendete sie am 3. Februar 2016 ab, Empfänger war die internationale Anwaltskanzlei Cleary Gottlieb.

Gerlinger ist Chefjustiziar des FC Bayern München und so etwas wie das heimliche Gehirn des Rekordmeisters. Er tritt nur selten öffentlich auf, aber ohne ihn trifft Vorstandschef Karl-Heinz Rummenigge seit über einem Jahrzehnt keine wichtige Entscheidung mehr. Gerlingers Mail ist brisant. Es geht um nichts weniger als die Zukunft des europäischen Fußballs. Gerlinger beauftragt die Anwälte von Cleary Gottlieb zu prüfen, ob der FC Bayern München aus der Bundesliga aussteigen könnte und ob er seine Spieler in Zukunft noch für die Nationalmannschaft abstellen müsste. Die Bundesliga ohne Bayern München? Die Nationalmannschaft ohne Mats Hummels, Joshua Kimmich oder Manuel Neuer? Ist so etwas vorstellbar?

Im Jahr 2016 scheint alles vorstellbar zu sein, es ist eine Art Zäsur im internationalen Spitzenfußball. Der Weltverband Fifa dümpelt nach einer Welle von Razzien und Verhaftungen führungslos umher, während die europäische Vereinigung Uefa zusehen muss, wie ihr Präsident Michel Platini wegen einer Millionenzahlung des früheren Fifa-Chefs Joseph Blatter aus dem Amt geweht wird. Gleichzeitig steht die nächste Vergabe der Rechte an der Champions und Europa League bevor. Die Einnahmen für die beiden Wettbewerbe haben sich zwischen 2007 und 2017 nahezu verdreifacht und betragen mittlerweile über 2,2 Milliarden Euro.

Der Kampf, der nach Gerlingers Mail um all das viele Europa-pokal-Geld und um die Macht im Spitzenfußball entbrennt, ist geeignet, um als Vorlage für eine Fußball-Neuauflage von »House of Cards« zu dienen. Alle Verhandlungsschritte, das Ringen, die Volten und die Hinterzimmergespräche, lassen sich mithilfe eines Datensatzes rekonstruieren, den die Enthüllungsplattform Football Leaks dem SPIEGEL und seinen Partnern des internationalen Recherchenetzwerks European Investigative Collaborations (EIC) zur Verfügung gestellt hat.

Wer die Dokumente liest, bekommt ein Verständnis dafür, wer die tatsächlichen Entscheider im Fußballbusiness sind. Und wie rück-sichts- und schamlos sie ihre Macht ausbauen, um ihrer Gier nach noch mehr Geld zu folgen. Es wird deutlich, warum der nationale und mittlerweile auch der internationale Wettbewerb in Vorherseh-barkeit erstarrt sind, warum es von der Champions League über die Bundesliga bis zur italienischen Serie A nur noch Abo-Meister gibt, die als ewige Dauergewinner für gähnende Langeweile sorgen.

Auch deshalb steht der Fußball 2016 vor der Herausforderung, sich völlig neu aufstellen zu müssen. Nicht um für den Fan wie-der vielfältiger, aufregender zu werden – sondern um weiterhin die Margen und die Reichweiten zu erzielen, die er sich im vergan-genen Jahrzehnt aufgebaut hat. Für dieses Ziel sind einige Klubs offenbar sogar bereit, die oft beschworene Solidarität zwischen den Vereins- und Ligabündnissen, die seit Jahrzehnten den euro-päischen Spitzenfußball organisieren, zu verraten. Sieben der welt-besten Klubs schließen sich heimlich zusammen. Ihr Credo scheint zu sein: Der Tod jeder Show ist die Langeweile. Und gegen die Lan-geweile hilft nur eine noch größere, noch grellere Show, die größte Fußballshow auf Erden: die Super League, eine Eliteliga, ein All-starwettbewerb, der exklusiv den ersten Adressen des europäischen Klubfußballs vorbehalten ist. Jedes Spiel ein Spitzenspiel. Das ist der Plan des Geheimbunds.

Anfang November 2018 schien die Idee der Super League neuen Auftrieb zu erhalten: Wie aus dem Entwurf einer vertrauli-chen Absichtserklärung hervorgeht, den Real Madrid wenige Tage zuvor von einer Beraterfirma erhalten hatte, sollten 16 Topklubs ein Papier zur Gründung einer solchen Liga unterschreiben. In der Saison 2021 sollte die Super League starten. Einer der in diesem Papier genannten 16 Vereine: der FC Bayern München.

DIE VERLOCKUNG

Charlie Stillitano hat schon etliche verrückte Dinge gemacht. Als in den 1990er Jahren die US-Profifußballliga gegründet wurde, heuerte er als erster Generaldirektor der New York/New Jersey Metro Stars an. Später bewies er dann sein feines Gespür für große Geschäfte – und konzentriert sich seitdem auf internationale Fußballspiele. 2014 organisierte Stillitano ein Match zwischen Manchester United und Real Madrid im Michigan Stadium, zu dem 109 318 Fans kamen. Bis heute ist das Rekord für ein Fußballspiel in den Vereinigten Staaten.

Stillitano, ein wuchtiger Mann mit Hornbrille, Glatze und Dreitagebart, sitzt heute oft in den VIP-Bereichen der mächtigsten Klubs Europas. Der portugiesische Startrainer José Mourinho nennt Stillitano fast ehrfürchtig »Mr. Zero Mistakes«. Am 17. Dezember 2015, das zeigen die Football-Leaks-Dokumente, schrieb Stillitano eine Mail an zwei Führungskräfte von Real Madrid, an den Generaldirektor José Ángel Sánchez und an die Marketingchefin, angehängt sei der aktuelle Entwurf für eine Super League: »Kann ich heute Eure Laptops benutzen, um die Präsentation zu zeigen? Danke, Charlie«.

Stillitanos Entwurf, gekennzeichnet mit dem Vermerk »Strictly Private and Confidential«, offeriert den Real-Entscheidern Folgendes:

- Die 17 Mannschaften mit der stärksten TV-Präsenz aus England, Spanien, Italien, Deutschland und Frankreich würden permanent in einer europäischen Liga gegeneinander antreten.
- Aus der Bundesliga wären Bayern München, Borussia Dortmund und Schalke 04 dabei.

- Als 18. Teilnehmer käme ein Team aus Portugal, Russland, den Niederlanden oder der Türkei hinzu.
- Die Liga würde 34 Wochen laufen, gespielt würde dienstags, mittwochs und samstags. Am Ende der Saison gäbe es eine K.o.-Runde.

Die Diskussion um die Einführung einer Super League läuft seit mehr als 30 Jahren. Immer wieder gab es Bestrebungen, den europäischen Fußball komplett zu reformieren und eine Liga für die Besten der Besten zu schaffen. Die Sonnenkönige des Fußballs wie der damalige AC Mailand-Mäzen Silvio Berlusconi oder später Real Madrids Präsident Florentino Pérez waren von der Gründung einer Eliteliga fest überzeugt. Es wurden Geheimprojekte mit abstrusen Namen wie »Gandalf« entworfen.

Aber keines der Projekte konnte mit Stillitano mithalten: In seiner Präsentation rechnet er vor, dass jeder der Topklubs Jahreseinnahmen von »500 Millionen Euro plus« erreichen könne. Zum Vergleich: Real Madrid, der Champions-League-Sieger von 2016, erhielt von der Uefa rund 80 Millionen Euro. In einer Super League, in der nur die Topmannschaften jede Woche gegeneinander antreten, so stellt Stillitano in Aussicht, könnten sich die Gesamteinnahmen der Klubs verdreifachen. Bereits für den Zeitraum zwischen 2018 und 2021 könnten sie laut Stillitano bei sieben Milliarden Euro liegen.

Monate später, im August 2016, wird Karl-Heinz Rummenigge bei einem Treffen der European Club Association (ECA) eine heikle Aussage treffen. Er ist zu diesem Zeitpunkt seit acht Jahren Vorsitzender der ECA, des weltweit größten Vereinsbündnisses, das die Interessen von mehr als 220 Klubs vertreten soll. Rummenigge erklärt laut einem Sitzungsprotokoll, das »die großen Klubs große Angebote zur Entstehung einer Super League erhalten haben und die Uefa dann vor einigen Wochen ein Meeting mit den Vertretern einiger der großen Klubs einberufen hat, um mit einem Angebot die Einigkeit im europäischen Klubfußball zu erhalten«.

Rummenigges Botschaft ist klar: Die großen Klubs müssen

mehr Geld und Macht von der Uefa erhalten, sonst würden sie eine eigene Liga gründen. Für die mittelgroßen und kleineren Vereine, deren Interessen die ECA eigentlich auch wahren muss, wäre ein solches Szenario ein Desaster. Bislang verteilt die Uefa die TV-Einnahmen nach einem kollektiven Schlüssel an die Mannschaften der Europa und Champions League; die Topklubs treten einen Solidarbeitrag an die kleineren Vereine ab. Wenn die großen Klubs die Uefa-Wettbewerbe verlassen würden, verlören die anderen Vereine Gelder in Millionenhöhe. Für manche der Klubs, die teils horrende Kader- und Infrastrukturkosten angehäuft haben, könnte ein solcher Bruch existenzbedrohend sein.

Die großen Vereine sind im Jahr 2016 in einer hervorragenden Position, um nahezu alle ihre Forderungen durchzusetzen. Aber wie konnte es so weit kommen? Die Football-Leaks-Dokumente zeigen recht eindrucksvoll, dass Rummenigges Verhandlungstaktik geprägt ist von einem Werkzeug: der kalkulierten Desinformation. Er sagt den jeweiligen Runden, vor denen er spricht, immer nur exakt so viel wie nötig, um eine Eskalation gerade noch zu verhindern. Insbesondere die ECA und auch die Ligaverbände werden von den Reformplänen der Großklubs kalt erwischt.

DAS KARTELL

Am 30. Januar 2016 mailt Real Madrids Generaldirektor José Ángel Sánchez eine von Stillitanos Super-League-Präsentationen an den Vizepräsidenten der Königlichen. Sánchez schreibt dazu lediglich einen Satz: »Das Dokument muss analysiert werden.«

Real Madrid wählt nun einen Weg, der im Ego-Geschäft Fußball mehr als ungewöhnlich ist: Die Spanier organisieren gemeinsam mit sechs weiteren Topklubs eine Art Taskforce, die sich fortan mit der Gründung einer Super League beschäftigt. In den folgenden Monaten werden Real, der FC Bayern München, Juventus Turin, der FC Barcelona, Manchester United, der FC Arsenal aus London sowie der AC Milan hinter dem Rücken der Uefa und der restlichen

Vereine auch an der Option arbeiten, die nationalen Ligen und die Fußballverbände komplett zu verlassen.

Sieben Konkurrenten also, die nun in einer kartellähnlichen Struktur prüfen, wie sie die etablierten Wettbewerbe aushebeln könnten. Die Wettbewerbe, von denen sie bisher sehr gut gelebt haben. Im Auftrag des Geheimbunds verschickt Bayern Münchens Chefjustiziar Michael Gerlinger im Februar 2016 seine erste Mail an die Großkanzlei Cleary Gottlieb. Nur 18 Minuten später erhält Gerlinger bereits eine Antwort. Einer der Anwälte bietet ihm ein Telefonat an. Wenige Stunden später mailt Gerlinger erneut an die Juristen. Diesmal ist es ein klarer Arbeitsauftrag: »Wie Du (...) sehen kannst, haben wir grundsätzlich drei Ausstiegsoptionen«: Die europäischen Wettbewerbe zu verlassen oder aber komplett aus den nationalen Ligen und ihren Verbänden auszusteigen – Letzteres unterteilt Gerlinger noch in zwei Szenarien für zwei Zeitpunkte.

Der Rest der Mail besteht aus Fragen, die die rechtliche Situation eines solchen Ausstiegs erörtern sollen. Fragen, die an allen Grundwerten der europäischen Fußballgemeinschaft rütteln:

- Könnten die Super-League-Klubs für mögliche Einnahmeverluste der Uefa haftbar gemacht werden?
- Müssten die Vereine nach einem solchen Ausstieg weiterhin ihre Spieler für die Nationalmannschaften abstellen?
- Könnten die Verbände oder Ligen Spieler für eine Teilnahme an der Super League bestrafen?
- Könnten die Spieler ihre Verträge aufkündigen, wenn ein Verein in eine private Super League wechseln würde?

Nur sechs Tage nach Gerlingers Mail findet in Paris ein Meeting der ECA statt. Mehr als 140 Vereinsvertreter des europäischen Spitzenfußballs versammeln sich, sie werden über die Fifa, Uefa und eine mögliche Champions-League-Reform debattieren. Der Vorsitzende Rummenigge erklärt laut Sitzungsprotokoll, dass die ECA und die Uefa eine »Evolution der Wettbewerbe« anstrebten. Dazu gebe es einen »Austausch von Ideen auf unterschiedlichen Ebenen«, ein paar »informelle Gruppen« würden daran ebenfalls arbeiten.

Rummenigge ist offenbar ein wahrer Künstler im Verniedlichen bedeutender Fakten. Dass er auch noch einen hohen Grad an moralischer Flexibilität mitbringt, zeigt sein Seitenhieb gegen den Weltverband: »Die Fifa braucht eine transparente, demokratische und effiziente Struktur mit einer neuen Vision … Die Fifa als Dachorganisation muss die Grundtugenden des Fußballs wie Fair Play und Seriosität bewahren.« Transparenz. Demokratie. Fairness. Seriosität. Schön, wenn man das von anderen fordern kann.

Parallel zu Rummenigges blumiger Rhetorik prüft die internationale Großkanzlei im Auftrag von Bayern-Justiziar Gerlinger die Möglichkeiten, alles abzuschaffen, was die ECA gerade reformieren will. Die Anwälte brauchen rund einen Monat für eine erste Analyse. Am 1. März 2016 erhält Bayern München ein vertrauliches Memorandum, das ein Lehrstück dafür ist, wie Topjuristen im modernen Fußball jede einzelne rechtliche Lücke zu nutzen verstehen.

Auf 23 Seiten sezieren die Anwälte von Cleary Gottlieb die rechtlichen Hürden für die Gründung einer Super League. Sie erklären, dass die Topklubs wohl weder von der Uefa noch von der Fifa für ihren Ausstieg ernsthaft zur Rechenschaft gezogen werden könnten, weil das grundsätzlich gegen das EU-Wettbewerbsrecht verstoßen würde. Die Anwälte verweisen zwar auf ein sogenanntes Memorandum of Understanding (MoU), das die Interessengemeinschaft der Klubs, die ECA, und die Uefa 2015 miteinander geschlossen haben. Diese Zielvereinbarung sei aber nicht bindend. Denn, und das ist der Trick, das MoU, in dem die Klubs sich zur Uefa und zum gemeinsamen Wettbewerb bekennen, sei eben nicht von den Vereinen unterzeichnet worden, sondern nur von der Dachvereinigung ECA.

Dass Gerlinger dieses MoU mit der Uefa federführend ausgehandelt und dafür von der ECA einen Bonus von 25 000 Euro erhalten hatte, steigert die Doppelzüngigkeit ins Bizarre. Das Gutachten der internationalen Großkanzlei liefert den Topklubs zahlreiche Argumente, um sich und ihre Spieler vor möglichen Klagen durch die Verbände, Ligen und konkurrierenden Vereine zu schützen. Allerdings sehen die Juristen auch einige Probleme, sollten die Vereine aus ihren Nationalverbänden aussteigen: Zum einen müssten die Klubs wohl trotzdem weiterhin Nationalspieler abstellen, weil Welt- und Europameisterschaften es den Spielern ermöglichen, »ihren Marktwerkt (und Gehalt)« zu erhöhen. Wer den Spielern diese Optionen verweigere, könnte schnell verklagt werden.

Zum anderen würde bei einem Ausstieg aus den Ligen speziell auf Bayern München ein großes Problem zukommen: Spielerverträge in Deutschland haben eine Sonderklausel, die die Spieler ausschließlich an die Bundesliga bindet. Sollte der FC Bayern München die Liga also wirklich verlassen, so die Juristen, könnten die Spieler ihre Verträge womöglich einseitig aufkündigen und ablösefrei wechseln. Ein Horrorszenario, weil den Münchnern so Hunderte Millionen Euro verloren gehen könnten. Doch die Bayern lassen sich auch davon nicht merklich abschrecken. Sie werden in den folgenden Monaten gemeinsam mit den anderen Verschwörern, mit teuren Anwälten und schillernden Investoren an einer möglichen Lösung der Probleme arbeiten.

DIE OPERATION

Charlie Stillitano lässt nicht locker. Im Jahr 2016, einige Wochen nach seinem Termin mit Real Madrid, besucht er auch die fünf Topklubs der Premier League: Manchester United, FC Arsenal, FC Chelsea, FC Liverpool und Manchester City. Das Treffen findet in einem Luxushotel in London statt. Kurz nach dem Meeting erscheinen Paparazzi-Fotos, die zeigen, wie die Topfunktionäre gerade das Hotel verlassen. Das Boulevardblatt »The Sun« titelt: »Streng geheimer Super-League-Gipfel enthüllt«. Bis auf die Information, dass die Klubchefs sich dort getroffen und mit Stillitano über einen – wie auch immer gearteten – Wettbewerb unterhalten haben, dringt aber nichts nach außen.

Trotzdem geraten die englischen Spitzenklubs in Panik, die Presseabteilungen verabreden Statements, um die Sache wieder halbwegs in den Griff zu bekommen. Ein Berater der arabischen Geldgeber, die hinter Manchester City stehen, schaltet sich ebenfalls ein. Wie die Football-Leaks-Dokumente zeigen, schreibt er eine Mail an Citys Geschäftsführer Ferran Soriano: »Wir müssen in Zukunft sehr vorsichtig sein und um jeden Preis vermeiden, dass der Eindruck entsteht, wir wären ein Kartell.« Soriano antwortet, dass die Klubs sich in Zukunft in privateren Räumen treffen müssten.

Stillitanos Vorführungen gehen weiter. Anfang März reist er nach München und stellt sein Konzept Gerlinger vor. Stillitano, der den Geheimbund nur »Big Seven« nennt, erklärt mit seiner Präsentation, wie der Ausstieg aus den nationalen und internationalen Ligen sowie aus den Verbänden gelingen könnte. Gerlinger wird Stillitano später bitten, ihm dieses Konzept zu mailen. Am 31. März soll es nämlich ein Meeting der »Big Seven«-Klubbosse geben, bei dem Gerlinger auch Stillitanos Ideen vorstellen möchte.

Bei diesem Treffen sind die Klubs deutlich vorsichtiger als ihre Kollegen in England. Die Bosse des Geheimbunds verabreden sich in einem Kongresshotel in Zürich, die Buchung der Konferenzräume läuft vertraulich auf den Namen eines unscheinbaren Reisebüros. Die Präsentation »Ein Super-League-Szenario für den Topfußball in Europa« wird nun den Klubpräsidenten vorgestellt. Aus ihr ergeben sich heikle Fragen: Sollen die Klubs die nationalen Ligen komplett verlassen oder nur die Uefa? Und wie weit müsste ihnen der Verband entgegenkommen, um dies zu verhindern?

Die Bosse diskutieren, ob eine Super League »geöffnet, halb geöffnet oder geschlossen« sein sollte. Also ob sich Mannschaften für diese Liga qualifizieren könnten, oder ob dort lediglich ein festes Teilnehmerfeld ohne Auf- und Abstiege gegeneinander antreten würde. Den Klubchefs wird vorgerechnet, wie viel Geld ihnen durch die Ausgaben für die Organisation der Uefa und durch die Solidaritätsabgaben an die kleineren Klubs verloren gehen. Es sollen Hunderte Millionen Euro sein.

Am Ende des Vortrags bleiben zwei Optionen: »Revolution« oder »Evolution«. Für eine Revolution müssten nun »Parameter und Zeitpläne für Austritte aus den Ligen und Verbänden« erarbeitet werden. Ein Kommunikationsplan, eine Vermarktungsstrategie und eine eigenständige Firma werden benötigt. Parallel dazu soll auch weiter die Möglichkeit der »Evolution«, also ein Verbleib der Topklubs in der Uefa und den Ligen, analysiert werden. Über diese Pläne werden Gerlinger, Barcelonas Direktor Raúl Sanllehí und Stefano Bertola von Juventus Turin in den folgenden Wochen mit der Uefa verhandeln. Doch bevor es Anfang Mai zu einem Meeting mit hochrangigen Vertretern des europäischen Verbands kommt, müssen noch einige Hürden genommen werden.

Zunächst geht es für Gerlinger und seine Mitverschwörer nach Amsterdam zum turnusmäßigen ECA-Treffen. Einige der kleineren Klubs diskutieren über die Pläne für die Reform der europäischen Wettbewerbe. Raúl Sanllehí erklärt laut Sitzungsprotokoll, dass die Uefa über die Einführung einer zusätzlichen Liga oberhalb der Champions League nachdenke: »... das wäre ein Umsatztreiber«. Rummenigge sagt, die »großen Klubs hätten einige Ideen für das Format«. Kein Wort über einen möglichen Ausstieg aus den nationalen Ligen, kein Hinweis darauf, dass einige Topklubs bereits konkrete Konzepte für eine private Liga ausgearbeitet haben. Stattdessen die Andeutung, dass es die Uefa sei, die die Pläne eines Elitewettbewerbs vorantreibe. Die ECA-Sitzungen scheinen lediglich die Funktion von Beruhigungspillen zu haben, um die kleinen und mittleren Klubs unter Kontrolle zu halten.

Sechs Tage nach dem Treffen mit den Klubs verschickt Gerlinger erneut eine Mail. Empfänger: die Vertreter des Geheimbunds. Erster Punkt des Schreibens: »Gründung einer Firma in der Schweiz«. Gerlinger erklärt, dass es eine Telefonkonferenz mit der internationalen Großkanzlei gegeben habe. Man überlege nun, eine eigene Firma zu gründen, um die wirtschaftlichen Rechte einer Super League zu verwalten. Diese Firma würde den »Druck« auf den Verband erhöhen. »Die Uefa fürchtet sehr, dass wir uns selbst vermarkten könnten«, schreibt Gerlinger.

Allerdings ist die Gründung eines solchen Unternehmens in der Schweiz, wo auch die Fifa, die Uefa und die ECA sitzen, problematisch. Denn für ein »kommerzielles Unternehmen« benötige man dort ein Bankkonto. Nach einer neuen Gesetzgebung, so Gerlinger, sei die Gründung eines Firmenkontos aber offenbar nur möglich, wenn gleichzeitig auch »reale Büroräume und in der Schweiz lebende Mitarbeiter, die zeichnungsberechtigt sind«, für die Firma ausgewiesen werden könnten. Das verursache aber zusätzliche Kosten, weshalb der Geheimbund die Großkanzlei nun damit beauftragt, nach anderen Ländern zu suchen. Den Klubbossen scheint allmählich klar zu werden, dass der Komplettausstieg aus den Ligen und Verbänden deutlich mehr Zeit und Planung bedarf.

Der Geheimbund intensiviert nun seine Gespräche mit der Uefa. Da die Erwartungshaltung der Big Seven nach all den Verlockungen und schönen Präsentationen riesig ist, die Uefa aber nahezu ahnungslos, passiert, was passieren muss: Es knallt. Anfang Mai fliegen einige Mitglieder der Big Seven nach Budapest, zu einem Treffen mit hochrangigen Vertretern der Uefa. Vier Tage später verschickt das Sekretariat des Vorstands von Bayern München eine Mail, die von Rummenigge und seinem Juventus-Kompagnon Andrea Agnelli unterschrieben ist. Die beiden Machtmenschen resümieren die Budapest-Gespräche: »Keine unserer Erwartungen wurde erfüllt.« Die Uefa, so die beiden Funktionäre, sei offenbar nicht zu fachgerechten Lösungen fähig. Sie führen an, dass »die Topklubs unbestritten die Treiber des Systems« seien und sich nun »globalen Bedrohungen« ausgesetzt sähen, weshalb eine Entwicklung der europäischen Wettbewerbe »keine Option, sondern eine Notwendigkeit« sei.

Die beiden Klubvertreter schreiben, sie würden einem Verbleib in der Champions League zustimmen, wenn dafür folgende Bedingungen erfüllt werden:

- Die Königsklasse wird in Zukunft nur noch mit 24 Teams bestritten.
- Klubs, die in der Vergangenheit große Erfolge hatten, sollen in Zukunft mit zusätzlichen Startplätzen belohnt werden.
- Europäische Spiele müssen auch am Wochenende stattfinden können, zudem müssen mehr Spiele so angesetzt werden, dass weltweit mehr TV-Stationen sie übertragen können.

- Die Klubs müssen den Wettbewerb gemeinsam mit der Uefa ausrichten und kontrollieren dürfen.

Was Rummenigge und Agnelli fordern, ist faktisch eine riesige Macht- und Einnahmeverschiebung zugunsten der Topklubs. Drastischer formuliert: Es ist ein Verrat an den mehr als 200 kleineren und mittleren Klubs, die Karl-Heinz Rummenigge als Chef der Klubvereinigung ECA auch vertritt, und es ist ein Verrat an den Fans. Wenn man sich die Demonstrationen gegen Montagsspiele oder Retortenklubs wie RB Leipzig vor Augen hält, kann man erahnen, für welche Proteststürme diese Pläne bei den Anhängern sorgen dürften.

Entsprechend schockiert fällt auch die Antwort der Uefa aus. Das Treffen sei doch »die erste persönliche Begegnung« der Verantwortlichen zu diesem Thema gewesen, zudem habe es vor dem Gespräch »kein klar definiertes Ziel gegeben«. Entscheidungen könne man unter solchen Umständen überhaupt nicht treffen, außerdem: »Könnten Sie uns freundlicherweise mitteilen, wen Ihre Gruppe eigentlich vertritt?« Die Uefa führt anschließend aus, wie demokratische Prozesse im europäischen Fußball eigentlich abliefen und dass es unterschiedliche Abstimmungsgremien gebe, in denen solche Entscheidungen getroffen würden.

Die Mail ist das letzte ernsthafte Aufbäumen der Uefa gegen die Übermacht der Topklubs. In den kommenden Wochen werden die Pläne des Geheimbunds für einen Ausstieg aus den Uefa-Wettbewerben immer konkreter. Die Juristen der Vereine prüfen, ob sie ihre Firma in Brüssel oder London gründen können. Sie legen sich auf ein Format für die Super League fest. Sie erarbeiten auch Berechnungsschlüssel für die Verteilung der Einnahmen. Die Drohkulisse, die die Topklubs aufbauen, ist schon sehr nah dran an einer Erpressung. Und die Methode zeigt Wirkung.

Die Uefa sucht zunehmend die Nähe zu den führenden Köpfen des Geheimbunds. Es finden informelle Gespräche statt, ein »Handshake«-Treffen wird zwischen den Uefa-Vertretern und wichtigen Mitgliedern der Big Seven arrangiert, Gerlinger und seine

Mitstreiter reisen in die Hauptzentrale des europäischen Dachverbandes nach Nyon. Die Uefa übermittelt Angebote, in denen sie sich erheblich auf die Topklubs zubewegt. Die Reform nimmt nun richtig Fahrt auf.

Am 25. August 2016 präsentiert Rummenigge bei der ECA-Sitzung in Monaco die neuen Pläne: Man habe sich auf eine Champions League mit 32 Vereinen geeinigt. Rummenigge gesteht zwar ein, dass die »Kommunikation unter den Klubs nicht ideal war«, aus seiner Sicht sei daran aber die Uefa schuld, denn diese habe »strikte Vertraulichkeit gefordert«. Der Verband habe die Topklubs zudem gebeten, so Rummenigge, die aktuelle Rechtevergabe gemeinsam zu meistern. Von 2017 an habe die Uefa versprochen, an einer ernsthaften Reform des europäischen Fußballs mitzuarbeiten, die dann mit der neuen Rechteperiode, von 2021 an, umgesetzt werden soll.

Wer Rummenigges Auftritte vor den ECA-Klubs auswertet, weiß schnell: Das kann nur ein Teil der Wahrheit sein. Denn zum einen stärkt die Lösung mit der Uefa vor allem die Großklubs. Sie werden durch die neuen Regelungen so viel Geld wie noch nie erhalten. Allein der »Traditionsparagraf«, der jenen Klubs mehr Einnahmen verspricht, die in den vergangenen zehn Jahren Erfolge in der Champions und Europa League aufweisen konnten, wird dem FC Bayern von der Champions-League-Saison 2018/19 an mehr als 30 Millionen Euro einbringen. Garantiert und noch bevor die Münchner das erste Saisonspiel bestritten haben.

Zudem wird mit der Reform die Siegprämie in der Königsklasse erhöht, auch das nutzt nur den Großklubs. Prozentual werden die Gelder für die Europa League und der Solidaritätsbonus gesenkt. Die Kluft zwischen den großen und den restlichen Klubs wird so weiter wachsen. Die Auswirkungen wird jede nationale Liga in Zukunft noch stärker zu spüren bekommen. Ein echter Wettbewerb ist nahezu unmöglich, wenn die Schere zwischen den Topklubs und dem Rest dermaßen weit auseinandergeht.

Aber vielleicht ist das in Zukunft auch gar nicht mehr relevant. Denn die Topklubs haben noch etwas anderes erstritten. Sie stellen zukünftig vier Direktoren in einer gemeinsamen Firma mit der Uefa. Heißt: Die drei Verhandlungsführer des Geheimbunds, Gerlinger, Sanllehí und Bertola, rücken in dieses Gremium auf. Sie können sich in den kommenden drei Jahren alle Bilanzen, Sponsoren- und TV-Rechteverträge ansehen, ihnen werden alle administrativen, organisatorischen und operativen Kosten der Uefa-Wettbewerbe fein säuberlich aufgeschlüsselt offenbart. Mit diesen höchst vertraulichen Marktinterna werden sie nun alles erfahren, was man für die Organisation eines eigenen Wettbewerbs braucht. Das ist unbezahlbares Herrschaftswissen.

»Es ist ein großer Fehler der Uefa, und wir lehnen diese Entscheidung ab«, schrieb Lars-Christer Olsson einen Tag nach dem ECA-Treffen. Der Schwede ist Vorsitzender der European Professional Football Leagues (EPFL), eines Verbandes, der die Interessen von 35 nationalen Ligen schützen soll, auch die der Bundesliga. Insbesondere die gemeinsame Firma der Uefa und der ECA sei, so Olsson, »ein erster Schritt in Richtung einer privat organisierten Super League«. Auch Christian Seifert, der Chef der Bundesliga, ist von den Reformvorhaben überrascht. Er sehe diese Pläne zum ersten Mal, schreibt Seifert.

Wenige Tage später wird der Generalsekretär der EPFL ein zehnseitiges Memo verschicken, das einen »rechtlichen und politischen Überblick über die aktuelle Situation« liefern soll. Die Reform der europäischen Ligen bewertet die EPFL dort noch drastischer als ihr Vorsitzender Olsson: »Diese Veränderungen sind entstanden durch den Druck und die Einschüchterung der Topklubs, die von einem Machtvakuum bei der Uefa profitiert haben. Sie haben ihre Reform mithilfe von Uefa-Apparatschiks durchgesetzt.«

ELF GRÜNDER

Michael Gerlinger, der Chefjustiziar des FC Bayern, sitzt Anfang Oktober 2018 in seinem Büro an der Säbener Straße in München, sein Schreibtisch ist voller Papiere, hinter ihm stehen zahlreiche Ordner. Gerlinger sagt, ihm sei es bei den ganzen Verhandlungen hauptsächlich um eines gegangen: die Selbstverwaltung der Klubs. Das sei eine wichtige Errungenschaft, jetzt würde man »überragend« mit der Uefa in der gemeinsamen Firma zusammenarbeiten.

Und was ist mit den Planspielen zum Bundesligaausstieg? Das sei geprüft worden, weil man sich auf alle Eventualitäten habe einstellen müssen. Aber eigentlich habe das niemand ernsthaft umsetzen wollen, und die Gedankenspiele seien auch schnell »völlig vom Tisch gewesen«. Sagt Gerlinger.

Die Super League, führt der Anwalt weiter aus, das »seien ganz andere Möglichkeiten«. Da würden dann »Marken« gegeneinander spielen, die Kommerzialisierung des Fußballs würde neue Ebenen erreichen. Klar, der FC Bayern müsse bei so was immer dabei sein, man wolle doch zu den besten fünf Teams der Welt gehören. Karl-Heinz Rummenigge habe aber bei dem Gedanken an einen solchen privat organisierten Wettbewerb »sichtlich Bauchschmerzen gehabt«. Rummenigge sei dann auch derjenige gewesen, der gesagt habe, dass man sich mit der Uefa einigen solle. Sagt Gerlinger.

Ist die Super League damit beerdigt? Sie sei zumindest »so weit weg wie noch nie«. Man würde aktuell mit der Uefa über Formate ab dem Jahr 2024 sprechen. Vor einer Super League müsse »keiner Angst haben«. Sagt Gerlinger.

Offenbar sieht man das in Spanien etwas anders. In der Nacht auf den 22. Oktober 2018 erhält Real Madrid eine Mail. Betreff: »Entwurf einer Einigung der 16«. Sie ist an Florentino Pérez gerichtet, den Präsidenten des Klubs. Das Schreiben kommt von der Firma Key Capital Partners, die ebenfalls in Madrid sitzt. Sie berät Konzerne, die das ganz große Ding planen.

Der Mail ist ein Dokument angehängt. Es ist der Entwurf einer

13-seitigen »bindenden Absichtserklärung« elf europäischer Top-vereine für eine Super League. Wenn alles so kommen sollte, wie es in dieser Absichtserklärung steht, wird es die Champions League von 2021 an nicht mehr geben. Stattdessen würden sich die elf wichtigsten Vereine des Kontinents von der Uefa lossagen und eine neue Eliteklasse gründen, die sich »European Super League« nennt. Die elf »Gründer« könnten nicht absteigen, sie wären 20 Jahre lang dabei. Weitere fünf Klubs würden als »Anfängliche Gäste« mit aufgenommen, sodass die neue Königsklasse aus 16 Mannschaften bestünde.

Das Projekt, so steht es in dem Papier, unterliege höchster Geheimhaltung. Als Datum für die Unterschrift der 16 Klubvertreter unter die »bindende Absichtserklärung« war November 2018 vorgesehen, nur der konkrete Tag war noch offengehalten.

Die elf Klubs, die demnach zu den unabsteigbaren »Gründern« der European Super League gehören sollen, sind laut dem Vertragsentwurf Real Madrid, FC Barcelona, Manchester United, FC Chelsea, FC Arsenal, Manchester City, FC Liverpool, Juventus Turin, AC Mailand, Paris Saint-Germain. Und: Bayern München. Alle sieben Klubs des Geheimbunds sind also vertreten. Die fünf »Anfänglichen Gäste« wären demnach Atlético Madrid, Borussia Dortmund, Olympique Marseille, Inter Mailand und AS Rom.

Die elf Gründerklubs, so steht es jedenfalls in dem Papier, würden eine Firma in Spanien eintragen lassen, die die European Super League unter ihrer vollständigen Kontrolle vermarkten, organisieren und durchführen soll. Der Wettbewerb könnte zwei Phasen haben: eine Gruppenrunde und eine K.-o.-Runde. Womöglich würde eine zweite Liga unter der European Super League dazukommen. Aus dieser Gruppe könnten die besten Teams am Ende der Saison in Relegationspartien um den Aufstieg spielen – allerdings nur gegen Klubs, die »Anfängliche Gäste« sind. Die Pläne lehnen sich ausdrücklich an die Euroleague Basketball an, die nicht völlig undurchlässig ist, um das Europäische Wettbewerbsrecht nicht zu verletzen.

In dem Papier sind auch mögliche Geschäftsanteile der einzelnen Klubs an der gemeinsamen European-Super-League-Firma angegeben: Demnach wären Real Madrid zu 18,77 Prozent, der FC Barcelona zu 17,61 Prozent und Manchester United zu 12,58 Prozent beteiligt. Bayern München wäre mit 8,29 Prozent der viertgrößte Aktionär.

Das Wort Uefa taucht in dem Vertragsentwurf mit keinem Wort auf.

Auf Anfrage wollten Anfang November 2018 weder Real Madrid, die Firma Key Capital Partners noch Borussia Dortmunds Geschäftsführer Hans-Joachim Watzke das konkrete Papier kommentieren. Dass es aber aktuell Gespräche über die Super League gebe, »das ist klar, und ich glaube auch, dass ein paar der großen Klubs Europas da deutlich dran stricken«, sagt Watzke. Allerdings seien diese Pläne wohl noch »nicht sehr konkret«. Dies hänge auch mit einer entscheidenden Frage zusammen: Soll die Super League zusätzlich zur oder anstelle der Bundesliga stattfinden? »Das ist die Brandmauer«, sagt Watzke, »solange ich hier Verantwortung trage, wird der BVB die Bundesliga nicht verlassen.« Darüber hinaus müsse sich die Borussia aber »alle Optionen aufhalten«. Denn wenn es einmal zu einer Super League kommen sollte, »dann würde das nicht ohne den BVB gehen«.

Michael Gerlinger und Karl-Heinz Rummenigge ließen eine schriftliche Anfrage zu den neuen Super-League-Plänen und zu den Absprachen des Geheimbunds vom Mediendirektor des FC Bayern München beantworten: »Weder die Existenz noch der Inhalt« des Entwurfs der Absichtserklärung sei dem Rekordmeister bekannt, man nehme zudem »zu vertraulichen Gesprächen grundsätzlich keine Stellung«.

MANCHESTERKAPITALISMUS

Schon als die Vikarstochter Anna Connell im Jahr 1880 einen Fußballverein in Manchester gründete, um Arbeitslose und Malocher
vom Alkohol fernzuhalten, herrschte 5600 Kilometer entfernt der
Stamm der Al Nahyan über Abu Dhabi. Die Kameltreiber und Per-
lenfischer lebten unter Palmwedeln und in Lehmbauten, und man
darf davon ausgehen, dass sie sich jahrzehntelang genauso wenig
unter himmelblau gekleideten Balltretern vorstellen konnten wie
die Mancunians unter Wüstenhitze.

128 Jahre später, im September 2008, haben die englische
»Hauptstadt des Nordens« und die Al Nahyans, mittlerweile eine
milliardenschwere Öldynastie, zusammengefunden. Die Folgen
sind dramatisch. Der einst mittelmäßige Traditionsklub aus Ost-
Manchester ist der beste Verein der Premier League, ein Hoch-
glanzprodukt, beste Reklame für Abu Dhabi. Feinfüßige Strategen
wie Kevin De Bruyne und İlkay Gündoğan und der elektrisie-
rende Leroy Sané spielen im Mai 2019 unter dem besten Trainer
der Welt, Pep Guardiola. Es ist eine einzige Erfolgsgeschichte. Doch
zustande gekommen ist sie durch eine ganze Reihe übler Tricks,
durch Grenzüberschreitungen und Regelverstöße. Das offenbaren
Dokumente der Enthüllungsplattform Football Leaks.

Die Vereinsbesitzer aus Abu Dhabi haben eine neue Epoche des
Manchesterkapitalismus eingeleitet. Der Begriff bezeichnet eigentlich die Zeit der Industriellen Revolution, als Unternehmer rücksichtslos gewirtschaftet und dabei keinerlei Regulierung zugelassen
haben. Doch er beschreibt auch die heutige Fußballwelt: Manchester City hat es seit der Scheich-Übernahme an die Spitze europäischer Topklubs geschafft und ein globales, profitables Fußballimperium erschaffen. Der Erfolg des Vereins ist allerdings auf Lügen

gebaut. Die wahre Geschichte hinter Citys Aufstieg ist die politischer Einflussnahme und wirtschaftlicher Kaltschnäuzigkeit. Sie geht jeden an, der den modernen Fußball verstehen will.

DER SCHUMMELSCHEICH

»Aguueeerroooooo«, ein Name, ein langgezogener Schrei, eine Ikone. Jeder Fan von Manchester City kennt diesen Schrei, den der Fußballkommentator Martin Tyler am 13. Mai 2012 ausstieß. Jeder »Citizen« weiß, wo er in diesem Moment war, als das Spiel bereits 93 Minuten und 20 Sekunden lang lief. Es waren die letzten Sekunden der Partie, die letzten Sekunden der Saison. City brauchte einen Sieg, um die Premier League zu gewinnen, zum ersten Mal seit 44 Jahren.

Doch die Gegner, die Abstiegskandidaten von Queens Park Rangers, waren in Führung gegangen. Es schien, als werde alles wie immer enden: Die Stadtrivalen von Manchester United würden mal wieder die Meisterschaft gewinnen. Dann köpfte Edin Džeko nach 91 Minuten und 14 Sekunden zum Ausgleich. Augenblicke später hämmerte Aguueeerroooooo den Ball ins Netz – und seinen Verein zum Titel.

Die 126 Sekunden in der Nachspielzeit markieren den emotionalen Gründungsmythos eines modernen Scheichklubs, für den Titel seitdem keine sensationellen Ausnahmen mehr sein sollen, sondern wunderbare Routine. Für die City-Fans war es ein Fußballwunder, für die Kritiker des Klubs nur eine Frage der Zeit. Scheich Mansour bin Zayed Al Nahyan aus Abu Dhabi, der sich im September 2008 in den Verein eingekauft hatte und mit dessen Geld seitdem ein Transferrekord nach dem anderen aufgestellt wurde, hielt man von Anfang an Wettbewerbsverzerrung vor. Hinter dem Klub stehe ein milliardenschwerer Ölstaat, und die Sponsorings seien nur weitere versteckte Fördergelder des Scheichs, lautete der Vorwurf. Das haben die Klubbosse stets zurückgewiesen.

City spielt im Etihad Stadion, mit dem Trikotsponsor Etihad.

Die Airline aus Abu Dhabi wird von Mansours Halbbruder geführt. Zudem werben die Abu-Dhabi-Telekom Etisalat und die Abu-Dhabi-Tourismusbehörde bei Manchester City. Ebenso die Abu-Dhabi-Investmentgesellschaft Aabar, die Beteiligungen an UniCredit und Virgin Galactic hält. Tatsächlich hat der englische Fußball Investitionen, wie sie bei Manchester City getätigt werden, in diesem Ausmaß noch nie gesehen.

Die wahren Zahlen in einer internen Auswertung der City-Vereinsführung haben Sprengkraft. Sie stammen aus einem Dokument mit dem Titel »Zusammenfassung der Eigentümer-Investitionen« vom 10. Mai 2012, also drei Tage vor Sergio Agüeros entscheidendem Tor. Die Männer des Scheichs sind zu diesem Zeitpunkt gerade einmal drei Jahre und acht Monate im Klub. Sie bilanzieren, dass Scheich Mansour 1,1 Milliarden Pfund, rund 1,3 Milliarden Euro, in den Verein investiert habe. Ein Punkt in dem Dokument ist besonders brisant. Er lautet »Aufschlag auf Abu Dhabi Partnerschaft Deals«.

Um zu erklären, was es damit auf sich hat, kehren wir noch einmal zurück zu »Aguueeerrooooooo«, zum Augenblick von Citys Wiedergeburt. Auf den Tribünen weinen erwachsene Männer, auf dem Platz türmt sich ein himmelblaues Knäuel. An der Seitenlinie jubelt ein 47-jähriger Anzugträger, der später eine italienische Flagge auf den Schultern trägt: Roberto Mancini, der Coach, ist dreifacher italienischer Meister, vierfacher italienischer Pokalsieger und hat bei Manchester City entscheidend zum Erfolg beigetragen. Zu Beginn von Citys Meistersaison konnte er vier millionenschwere Neuzugänge in den Kader einbauen. Einer von ihnen war Agüero.

Doch obwohl Mancini City den ersten Titel nach fast einem halben Jahrhundert beschert, wird er schon bald den Ambitionen seiner Chefs zum Opfer fallen: Genau ein Jahr später feuern sie den Meistertrainer, weil er den Titel nicht verteidigen kann. Das entspricht offenbar der Logik des Scheichs: Was oder wer nicht perfekt funktioniert, wird ersetzt.

Allerdings bekommt Manchester City zu dieser Zeit ein ganz

anderes Problem als die Suche nach einem neuen Trainer: Die neuen Financial-Fair-Play-Regeln (FFP) der Uefa treten wenige Wochen nach Mancinis Rauswurf in Kraft.

Der europäische Fußballverband will erstens verhindern, dass sich Klubs überschulden und in die Pleite rutschen. Zweitens sorgt sich die Uefa um den Wettbewerb in europäischen Ligen. Sie will Vereinen verbieten, mehr Geld auszugeben, als sie einnehmen. Ein gewisses Defizit dürfen sich die Klubs in den ersten Jahren sogar leisten. Doch dieses Ziel ist in Citys Bilanzen in akuter Gefahr. »Wir werden eine Deckungslücke von 9,9 Millionen Pfund haben und damit nicht die Financial Fair Play Regeln der Uefa einhalten«, schreibt Finanzchef Jorge Chumillas in einer internen E-Mail. »Das Defizit ist durch die Entlassung von Robert Mancini verursacht worden. Ich glaube, die einzige Lösung wären zusätzliche Sponsoreneinnahmen aus Abu Dhabi, um die Lücke zu schließen.«

Damit offenbart Chumillas, dass sein Verein anders wirtschaftet als gewöhnliche Fußballklubs. Denn normalerweise funktioniert es so: Die Kicker spielen erfolgreichen Fußball, ziehen viele Zuschauer an, Fernsehsender zeigen ihre Partien, der Klub wird für Sponsoren interessant. Diese Sponsoren schließen Verträge mit dem Verein ab und garantieren ihm feste Summen dafür, dass sie im Klubumfeld werben dürfen. Mit dem so verdienten Geld kann der Verein dann für die Saison planen, Spieler verpflichten, Agentenprovisionen bezahlen, den Rasen pflegen. Wenn er schlecht plant oder plötzlich mehr ausgeben muss, geht der Verein am Ende mit Schulden aus der Saison und muss die Kosten drücken.

Doch Manchester City ist kein normaler Verein. Kosten, Schulden, alles egal, und wenn eine Lücke klafft, lassen die Verantwortlichen Sponsoren aus dem Heimatland ihres Klubbesitzers eben Geld nachschießen. Finanzierungsregeln sind offenbar nur etwas für Leute, die sich erwischen lassen. Um Uefa-Sanktionen aus dem Weg zu gehen, entwickeln die City-Bosse kreative Vorschläge. »Wir könnten einen rückdatieren Deal für die nächsten zwei Jahre machen und uns das Geld gleich auszahlen lassen«, wirft Vorstand Simon Pearce in die Runde. »Obwohl wir das FA-Cup-Finale verloren haben, könnten unsere Partner den Bonus für den Pokalsieg auszahlen«, schlägt CEO Ferran Soriano vor.

Zehn Tage nach Saisonende stellt Finanzchef Chumillas das Ergebnis der Überlegungen vor und erklärt, man werde die Details der Sponsorenverträge anpassen – für die abgelaufene Saison. Etihad soll spontan 1,5 Millionen Pfund mehr zahlen, Aabar 0,5 Millionen, die Tourismusbehörde sogar 5,5 mehr. Und sie alle sollen tun, als hätten sie das schon zu Beginn der Saison so beschlossen. Der Verein und seine Sponsoren manipulieren demnach ihre Verträge. Als Chumillas seinen Kollegen Pearce fragt, ob sie die Auszahlungstermine der Abu-Dhabi-Sponsoren etwas anpassen könnten, fasst Pearce die Geisteshaltung der City-Führungsebene zusammen: »Natürlich, wir können machen, was wir wollen.«

Diese Vorgänge im Frühjahr 2013 lassen daran zweifeln, dass die Firmen aus Abu Dhabi unabhängige Sponsoren sind, wie City-Vertreter stets öffentlich behaupten. Bereits im April 2010, als Simon Pearce den Sponsorenvertrag mit Aabar aushandelt, schreibt er eine verräterische E-Mail an die Firmenvertreter von Aabar. Laut Vertrag soll das Investmentunternehmen jährlich 15 Millionen Pfund an den Verein zahlen. Die Wahrheit sieht aber offenbar anders aus: »Wie wir besprochen haben, beträgt die direkte jährliche Verpflichtung für Aabar 3 Millionen Pfund«, schreibt Pearce. »Die restlichen 12 Millionen werden aus alternativen Quellen von Eurer Hoheit bereitgestellt.«

Mit diesem Satz bestätigt Simon Pearce offenbar die Vorwürfe, die sein Verein stets empört zurückweist: Scheich Mansour, »Eure Hoheit«, zahlt demnach einen Teil der Sponsorengelder selbst.

Für die FFP-Regeln der Uefa ist es elementar wichtig zu wissen, aus welchen Kassen das Geld der Klubs stammt. Denn wenn der Verein mit dem Geld des Scheichs einkaufen geht, muss er es als Ausgaben deklarieren und gerät schneller ins Minus. Kann er das Geld des Eigentümers so verkleiden, dass es wie Sponsorings aussieht, gelten die Summen als Einnahmen – und City kann sich höhere Ausgaben erlauben, ohne Uefa-Sanktionen zu befürchten.

Die Finanzberichte von Manchester City sind offenkundig ein

Lügengebilde. Der Verein tritt das Financial Fair Play mit Füßen. Und auch die Airline Etihad, eine der größten der Welt, macht dabei anscheinend mit. »Etihads direkter Beitrag bleibt konstant bei 8 Millionen«, schreibt Simon Pearce im Dezember 2013. Doch zu diesem Zeitpunkt beträgt Etihads offizieller Sponsoringwert laut Vertrag 35 Millionen Pfund.

Wie funktioniert das in der Praxis? Offenbar warten die Firmen wie Etihad in Abu Dhabi darauf, dass die Abu Dhabi United Group (ADUG), die Holding, der auch Manchester City gehört, ihnen Geld überweist. Die Summen werden dann »durch die Partner durchgeleitet, und sie leiten sie an uns weiter«, erklärt Finanzchef Andrew Widdowson in einer Mail. Jedenfalls machen sie es bei City wohl 2015 so: Offiziell bringt der Deal mit Etihad mittlerweile jährlich 67,5 Millionen Pfund ein. Doch Chumillas betont in einer Mail an Pearce: »Bitte beachte, dass acht Millionen Pfund von diesen 67,5 Millionen direkt von Etihad überwiesen werden und 59,5 Millionen von ADUG.«

Auf Anfrage teilt Etihad mit, die finanziellen Verbindlichkeiten gegenüber dem Klub seien immer »die alleinige Pflicht und Verantwortung« der Fluggesellschaft gewesen. Man sei stolz, Citys Hauptsponsor seit Mai 2009 zu sein. Aabar und die Tourismusbehörde von Abu Dhabi haben die Fragen der EIC-Journalisten nicht kommentiert.

Es sind diese »Aufschläge auf Abu Dhabi Partnerschaft Deals«, offenkundig bezahlt vom Scheich und seinen »alternativen Quellen«, die von den City-Mitarbeitern intern unverhohlen geplant und besprochen, öffentlich aber vehement und aggressiv bestritten werden. Genau diese Art geheimer Regelung scheint gemeint zu sein, wenn Bayern-Präsident Uli Hoeneß beklagt, dass Abu Dhabi nur einmal den Gashahn aufdrehen müsse, damit sich der Verein teure Spieler leisten kann.

»Was wir im Klub tun«, hat Khaldoon Al-Mubarak nach Übernahme von Manchester City einmal gesagt, »ist praktisch eine Verkörperung der Werte, die wir in Abu Dhabi pflegen, und die Scheich Mansour pflegt.« Welche Werte sollen das sein? So lange schummeln, bis es einer merkt? Das EIC-Recherchenetzwerk hat Manchester City um eine Stellungnahme zu den Geschehnissen gebeten. Der Klub erklärte daraufhin in einem Statement, dass er die Fragen nicht kommentieren werde, und sprach von einem »organisierten und eindeutigen Versuch, den Ruf des Vereins zu schädigen«.

In dem Moment, als Martin Tyler »Aguueeerrooooooo« brüllte, im Mai 2012, wurden bei Manchester City laut interner Rechnung schon 127,5 Millionen Pfund zu den Sponsorenverträgen zugeschossen. Damit hat sich der Verein einen Wettbewerbsvorteil verschafft, den kein Klub der Welt aufholen kann. Höchstens einer, der vom Gas-Staat Katar finanziert wird: Paris Saint-Germain.

PSG und Manchester City haben sich 2014 mit der Uefa auf sogenannte Settlements geeinigt, um einem Wettbewerbsausschluss zu entgehen. Eigentlich sollten diese Settlements das Ziel haben, die Scheich-Klubs für ihr rücksichtsloses Wirtschaften und die groteske Überbezahlung durch staatlich gesteuerte Sponsoren zu sanktionieren. Doch das ging zweifach schief. Erstens gab die Uefa unter den Drohungen der Golfstaaten klein bei und unterschrieb sanfte Schein-Einigungen. Zweitens war dem Fußballverband teilweise gar nicht klar, in welchem Ausmaß er offenbar betrogen wurde. Er konnte nicht wissen, dass Manchester City ein Geheimprojekt gegründet hatte, um Kosten gezielt zu verstecken.

Es ist eine bemerkenswerte Geschichte, bei der diskrete Millionenspender der britischen Regierungspartei ebenso eine Rolle spielen, wie eine in der Finanzkrise gescheiterte isländische Bank und die Angst der Vereinsführung, man könnte in City nicht die neuen Helden, sondern »globale Feinde des Fußballs« sehen.

GEHEIMPROJEKT »LONGBOW«

Der Aufstieg zum Fußball-Olymp beginnt 2018 steinig, an einem feuchtkalten Septemberabend in Ost-Manchester. Das Stadion von City ist nicht ausverkauft, viele teure VIP-Logen bleiben leer. Dabei ist das hier die Königsklasse, das erste Gruppenspiel der Champions League, gegen Olympique Lyon. Es endet mit Frust und einer Überraschung: Die Franzosen siegen 2:1. Ab der 80. Minute strömen die City-Fans zum Ausgang. Der Startrainer Pep Guardiola hat mit seiner Mannschaft in der Vorsaison zahlreiche Premier-League-Rekorde gebrochen: Nie hat ein Team in einer Saison mehr Tore geschossen, mehr Punkte gesammelt, mehr Spiele gewonnen.

Doch in der Champions League scheiterte Pep gegen Klopp, City schied im Viertelfinale gegen den FC Liverpool aus. Noch nie hat der Klub das Finale erreicht, es ist der noch fehlende Titel, der Fußball-Olymp. Sollte ihn Manchester City erklimmen können, winken allein Pep Guardiola laut seinem Arbeitsvertrag zwei Millionen Pfund.

Die Sehnsucht nach Anerkennung und nach saftigen Siegprämien, sie hängt an diesem vermaledeiten Titel, den der europäische Fußballverband Uefa ausspielen lässt. Doch auf dessen Funktionäre ist man in Manchester gar nicht gut zu sprechen. Seit Jahren buht das ansonsten stille Publikum leidenschaftlich die Champions-League-Hymne aus. City-Fans fühlen sich und ihren Verein von der Fußballelite benachteiligt.

Besonders die Strafe, mit der die Uefa im Jahr 2014 auf Citys Verstöße gegen die Financial-Fair-Play-Regeln reagiert hat, empfanden die Anhänger des Vereins als ungerecht. Dabei offenbaren die Dokumente der Enthüllungsplattform Football Leaks, wie das folgende Kapitel »Pakt mit den Scheichs« zeigen wird, dass die Uefa mit Manchester City wohl noch viel zu mild umgegangen ist. Den Regelhütern war bewusst, dass sie den Klub mit einer Alibi-Strafe davonkommen ließen, und dies, obwohl er sie notorisch getäuscht hatte. Was sie nicht kannten, war das ganze Ausmaß von

Manchesters Schummeleien. Und zwar von Anfang an, seit Scheich Mansour 2008 den Verein gekauft hat.

In den ersten zwei Jahren nach dem Kauf investiert Manchester City über 300 Millionen Euro in neue Spieler. Es ist eine Zeit, in der Cottbus, Bochum und Bielefeld in der Bundesliga spielen und Bayern München den Zorn der Liga auf sich zieht, weil sie dem VfB Stuttgart Mario Gómez abkaufen. Derweil katapultieren die Manager des Scheichs Manchester City gleich mit den ersten Spielertransfers in deutlich andere Sphären.

Die neuen Vereinsbosse haben 2008 einen darbenden Klub vorgefunden, seit 40 Jahren ohne Meisterschaft, stets im übermächtigen Schatten des Lokalrivalen United. Von Anfang an setzen sie kompromisslos ihren Plan um: So viel Geld in den Verein pumpen, bis er wettbewerbsfähig, ach was, wettbewerbsbestimmend ist.

Allerdings gibt es ein Problem: die FFP-Regeln der Uefa, die Vereinen verbieten will, mehr Geld auszugeben, als sie einnehmen. Wer sich daran nicht hält, soll im schlimmsten Fall nicht mehr im Europapokal mitspielen dürfen. Uefa-Präsident Michel Platini tritt breitbeinig auf: »Wenn sich ein Klub nicht an die Regeln hält, werden wir keine Konzessionen machen.«

Kein Wunder, dass Citys Verantwortliche beunruhigt sind. Die ganze Vereinsstrategie hängt am Tropf eines Mannes, der eine 500-Millionen-Euro-Yacht mit zwei Hubschrauberlandeplätzen und eines der schnellsten und teuersten Autos der Welt besitzt, den Bugatti Veyron – und zwar gleich fünf Exemplare davon. Laut vertraulichen Vereinsrechnungen hat Scheich Mansour allein in den ersten vier Jahren rund 1,1 Milliarden Pfund in den Klub gesteckt.

Der Vereinsvorstand stellt schon im Januar 2010 fest, dass die neuen FFP-Regeln, die ab 2013 in Kraft treten sollen, diese Strategie des Geldausgebens torpedieren werden. Denn auch für die kommenden Jahre planen die »Citizens« mit massiven Verlusten. Die Schlussfolgerung könnte simpel sein: City müsste Einnahmequellen erschließen, die nichts mit dem Scheich zu tun haben – oder seine Ausgaben zügeln, was wohl zwangsläufig bedeuten würde, die Erwartungen an das Fußballprojekt herunterschrauben zu müssen.

Aber nein: Wer sich an die Weltspitze kaufen will, lässt sich offenbar nicht von Regeln aufhalten.

Im Sommer 2010 kauft City für über 140 Millionen Euro neue Spieler, im folgenden Jahr für 90 Millionen. Kickten vor der Scheich-Übernahme noch Martin Petrov, Rolando Bianchi und Georgios Samaras in Ost-Manchester, tragen nun Sergio Agüero, Mario Balotelli und Carlos Tévez die himmelblauen Trikots. 2012, im Jahr bevor die Regeln greifen, schlägt Citys Finanzabteilung Alarm. »Ohne signifikante zusätzliche Einnahmen werden wir Uefas FFP nicht einhalten«, heißt es in einer internen Präsentation. Möglichkeiten, um die absehbaren finanziellen Einschränkungen abzuwenden, müssten nun »aggressiv verfolgt werden«.

Die Klubführung versucht noch, gegen das drohende Unheil mit diplomatischen Mitteln vorzugehen. City-Chef Ferran Soriano berichtet seinen Vorstandskollegen von einer Sitzung der Europäischen Klubvereinigung ECA, wobei er seine Abscheu gegen die FFP-Befürworter kaum verbergen kann: Unter Führung der Traditionsvereine »drängen alle so sehr auf FFP, dass sich jeder Industrieverband schämen würde«. Insgeheim gebe es einige Klubs, die FFP ablehnten, aber sie trauten sich nicht, es offen zu sagen. Das macht die Angelegenheit delikat. »Wir werden das bekämpfen müssen«, schreibt Soriano, »aber nicht sichtbar, sonst werden wir öffentlich als die globalen Feinde des Fußballs hingestellt.«

Hinter verschlossenen Türen suchen sie stattdessen »kreative Lösungen«, um das Regelwerk zu umgehen und rufen ein Geheimprojekt mit martialischem Namen ins Leben: »Project Longbow«, Projekt Langbogen. »Die Waffe, mit der die Engländer die Franzosen in Crécy und Azincourt geschlagen haben!«, erklärt der Klubanwalt Simon Cliff in einer internen E-Mail die Andeutung auf heroische Schlachten des Mittelalters. Der Feind ist für die Bosse des englischen Vereins offenbar der französische Uefa-Präsident Platini und dessen FFP-Projekt.

Unter den Klubangestellten wird Projekt Langbogen in den kommenden Jahren zum Synonym für den Kampf gegen das Fair Play. Unter Ferran Soriano schafft City nun »ein zentrales Modell, das es uns erlaubt, viele operative Kosten ganz oder teilweise vom Verein wegzuschieben«. Das ist offensichtlich die Art, wie man in Manchester denkt: Hohe Kosten und Verluste sind in Ordnung, so lange man sie vor der Uefa verstecken kann.

Um einen Teil der normalen Geschäftsarbeit – und damit auch die Kosten – auszulagern, gründet Manchester City Schwesterunternehmen. Zum Beispiel verschiebt der Verein nun die Vermarktungsrechte für seine Spieler in ein externes Unternehmen. Normalerweise müsste der Klub seine Athleten dafür bezahlen, dass er mit ihnen wirbt. Doch City treibt Käufer für die Werberechte auf. Es ist ein Traumdeal: Nicht mehr der Klub, sondern die neuen Käufer müssen nun die Spieler für die Vermarktung bezahlen, er senkt also seine Kosten. Und er kann der Uefa zusätzliche Einnahmen durch den Rechteverkauf melden: fast 30 Millionen Euro. Die Vermarktungsfirma nennt sich Fordham Sports und ist »sehr wichtig für unser Langbogen-Ziel«, erklärt City-Finanzchef Jorge Chumillas intern.

Dieser Deal ist zu schön, um wahr zu sein. Tatsächlich haben sich die Vereinsbosse zwei Gehilfen für ein Lügenkonstrukt an Bord geholt: den Briten Jonathan Rowland und seinen Vater David. Rowland Senior, ein umtriebiger Anlageexperte, hatte in den Jahren zuvor mit Millionenspenden für die konservativen Tories im britischen Parlament auf sich aufmerksam gemacht und war zu ihrem Schatzmeister erwählt worden. Auf diesen Posten musste er jedoch schon vor Amtsantritt verzichten, als bekannt wurde, dass er über Jahrzehnte kaum Steuern in Großbritannien gezahlt hatte. Bis heute gilt Rowland als Vertrauter des Kronprinzen von Abu Dhabi.

Zusammen mit seinem Sohn hat er die Überreste einer isländischen Bank übernommen, die in der Finanzkrise kollabiert ist. Die Standorte dieser Banque Havilland lesen sich wie ein Reiseführer für Investoren, die lästige Fragen und Steuerforderungen vermeiden wollen: Luxemburg und Liechtenstein, Bahamas, Schweiz. Auch die Inhaber von Fordham, der Firma mit den Werberechten der Manchester-City-Spieler, sind gut verborgen: Der Unternehmenspfad führt erst zu einer britischen Strohmannfirma, dann auf die British Virgin Islands und schließlich zum Familientrust der Rowlands.

Warum diese Geheimniskrämerei? Interne Unterlagen aus der City-Geschäftsstelle offenbaren die mutmaßliche Wahrheit über das Geschäft. Ein Konzeptpapier schildert, dass Fordham nur der Baustein eines Zahlungskreislaufs ist: Scheich Mansours Holding-firma Abu Dhabi United Group überweist Geld an die Rowlands, mit dem sie die Werberechte kaufen und Citys Spieler bezahlen können. Koordiniert werden die Überweisungen von Manchester City selbst. Fordham dient demnach also nur als Vehikel für eine versteckte Finanzspritze aus Abu Dhabi. Das will sich Jonathan Rowland nochmal bestätigen lassen. »Wir müssen wissen, ob Abu Dhabi das komplett unterstützt, das ist das wichtigste«, schreibt er am 4. April 2013 an Simon Pearce, Vorstandsmitglied von Manchester City und Berater der Herrscherfamilie von Abu Dhabi.

Pearce beruhigt Rowland und schildert ihm den Plan: »Was Eure operativen Kosten betrifft, werden wir Euch jedes Jahr im Voraus die Summe von ungefähr 11 Millionen überweisen.« »Wir«, das ist in dem Fall die Holding-Firma, mit der Scheich Mansour Manches-ter City gekauft hat, die Abu Dhabi United Group (ADUG). »Ich bin de facto zum Geschäftsführer von ADUG geworden«, scherzt Pearce in einer Mail an einen Kollegen.

Es ist eine Farce: Ein Klubdirektor steuert augenscheinlich selbst die Auszahlung von Geldern seines Besitzers, die offenbar einmal um die Welt reisen und dann in seinem Klub landen. Sein Vor-standsvorsitzender Khaldoon Al-Mubarak aus Abu Dhabi, Ver-trauter der Herrscherfamilie, segnet die Überweisungen ab. David und Jonathan Rowland haben sich auf Anfrage des Recherchenetz-werks EIC nicht zu dem Fordham-Deal geäußert.

Im ersten Jahr unter den neuen FFP-Regeln untersucht die Ermittlungskammer der Uefa die Angaben von Manchester City und befindet, dass der Klub gegen das Financial Fair Play verstößt. Bei den darauffolgenden Verhandlungen zwischen City und Uefa geht es allerdings noch nicht einmal um Fordham, sondern um Sponsorenwerte und andere ausgelagerte Firmenteile. Der Verstoß gegen das Financial Fair Play ist also offensichtlich noch gravierender als angenommen.

Erst im folgenden Jahr nehmen die Wirtschaftsprüfer von PwC im Auftrag der Uefa Fordham unter die Lupe. »Das war ein sehr gutes Geschäft für Manchester City«, sagt ein PwC-Mitarbeiter in einer Telefonkonferenz mit den City-Verantwortlichen. Es sei für ihn schwer nachzuvollziehen, »wie Fordham überhaupt einen Profit aus dem Geschäft ziehen will«. Die Antwort, die der Klubanwalt Simon Cliff darauf gibt, ist blanker Hohn: Fordham habe Manchester City nicht ihren Businessplan gezeigt. An anderer Stelle behauptet einer seiner Kollegen, City sei das Geschäft mit Fordham eingegangen, weil »der Preis gestimmt hat«. Natürlich: Den Preis hatte der Verein ja offensichtlich selbst bestimmt.

Das EIC-Recherchenetzwerk hat Manchester City um eine Stellungnahme gebeten. Der Klub erklärte daraufhin in einem Statement, dass er die Fragen nicht kommentieren werde und sprach von einem »organisierten und eindeutigen Versuch, den Ruf des Vereins zu schädigen«.

Die Fordham-Episode offenbart, wie die Klubbesitzer die Regeln des europäischen Fußballverbands missachten. Es ist die Ignoranz der Superreichen, die den Klub aus Manchester beherrscht. Sie führt sogar so weit, dass City-Mitarbeiter versuchen, die Presse zu kontrollieren und gegen die Arbeit einer Menschenrechtsorganisation vorzugehen.

KONTROLLE IST ALLES

Pep Guardiola kann dirigieren, toben, jubeln, übersprudeln. Der Meistertrainer von Manchester City hat sich nicht immer im Griff, das Stillstehen fällt ihm schwer. Doch dann trifft Guardiola Scheich Mansour bin Zayed Al Nahyan. Die freundliche Hochglanz-Dokumentation »All or Nothing«, die City ein Jahr lang begleitet hat, zeigt einen artigen, fast verlegenen Guardiola, der gezwungenen Smalltalk mit dem Milliardär Scheich Mansour hält. Worüber sie sprechen, ist kaum zu verstehen. Die Hauptsache: Sie lächeln und lachen viel.

»All or Nothing« inszeniert nicht nur den Teamausflug nach Abu Dhabi wie ein Image-Video der landeseigenen Tourismusbehörde. Die Amazon-Doku zeigt auch sympathische Fußballer im himmelblauen Trikot, britische Originale in der City-Wäscheabteilung und den stets tadellos gekleideten Vorstandsvorsitzenden Khaldoon Al-Mubarak. Der Vertrauensmann des Scheichs lächelt sanft und souverän und macht auch neben dem früheren Oasis-Gitarristen Noel Gallagher, einem manischen City-Fan, eine gute Figur.

»Soft-spoken« nennen Briten das Auftreten des Chairman, in Social-Media-Kanälen wird Mubarak mit so viel Liebe und Ehrerbietung überschüttet, wie es sich Karl-Heinz Rummenigge, Hans-Joachim Watzke oder Martin Kind nicht einmal im Traum vorstellen. »Welch ein Segen unser Chairman ist«, heißt es in solchen Posts, »der beste Chairman der Welt, so klug, so bescheiden«, und: »Ihr City-Fans könnt Euch glücklich schätzen, ihn zu haben.«

Doch wofür steht dieser Mann wirklich? Welche Bedeutung hat er für Abu Dhabi, das nur halbherzig versteckt, dass es hinter dem City-Fußball-Projekt steckt? Wie arbeiten die Männer, die angeblich im Auftrag von Scheich Mansour den Premier-League-Verein führen?

Dokumente der Enthüllungsplattform Football Leaks geben einen Einblick in das Innenleben von Manchester City – und im Gegensatz zur Amazon-Doku »All or Nothing« ist dieser Einblick unverstellt, ungeschönt.

Im August 2010, zwei Jahre nach seiner Vereinsübernahme, reist Scheich Mansour erstmals zu einem Spiel seines Klubs. Im Stadion grüßt der Ölmilliardär breit grinsend in die Menge, in der Ehrenloge neben ihm stehen seine Untergebenen mit vor Anspannung malmenden Wangenknochen. Selbst Mubarak scheint nervös. Doch das Team liefert ab, gewinnt 3:0 gegen Liverpool, der »Staatsbesuch« ist gelungen. Es bleibt bis Mitte 2019 der einzige, in mehr als zehn Jahren.

Es ist ein offenes Geheimnis, dass sich der Scheich aus der Arbeit an seinem Milliardeninvestment heraushält. Auch Khaldoon Al-Mubarak kann man keinen Vorwurf machen, wenn er sich im Tagesgeschäft nicht um Mannschaftsaufstellungen oder Finanzanalysen kümmern kann. Denn »Seine Exzellenz«, wie der Vorstandsvorsitzende des Klubs genannt wird, arbeitet in Abu Dhabi zugleich als Chef des Unternehmens Mubadala und der Executive Affairs Authority (EAA). Die beiden Jobs dürften auch den Einstieg in Manchester City erklären: Bei Mubadala handelt es sich um eine staatliche Investmentfirma, mit der die Ölmilliarden großflächig in der Welt angelegt werden. Die EAA ist ein Arm der Regierung, der die internationale Strategie des Emirats steuert.

»Das Investment in Manchester City ist ein Teil der Soft-Power-Strategie der Herrscherfamilie«, erklärt Christopher Davidson. Der Nahost-Experte, der an der Universität Durham lehrt, betrachtet den Einsatz des Scheichs bei Manchester City als politisches Kalkül: Die Staatsführung habe den englischen Fußball als Vehikel ausgemacht, um Abu Dhabi weltweit zu bewerben und die Beziehungen zwischen dem Emirat und dem Westen zu verbessern.

Doch wie passt das zu der offiziellen Erklärung, City sei ein reines Privatvergnügen, ein Hobbyinvestment eines Fußball-Liebhabers? Davidson verweist auf die Macher im Klub: »Khaldoon Al-Mubarak ist de facto der Premierminister vom Emirat Abu Dhabi«, sagt der Wissenschaftler.

Wieso sollte er sich um das Hobby von Scheich Mansour kümmern, der in der Hierarchie des Emirats nicht an oberster Stelle steht? »Die Verantwortlichen bei Manchester City sind vorwiegend eher die Leute des Kronprinzen als die Vertrauten von Scheich Mansour«, sagt Davidson. Der Kronprinz, das ist Mohammed bin Zayed, kurz MbZ. Der Kommandeur der Streitkräfte ist der wahre starke Mann in Abu Dhabi und den Vereinigten Arabischen Emiraten (VAE).

»Unter der Herrschaft von MbZ haben sich die VAE zu einem brutalen, folternden Polizeistaat entwickelt, der im Ausland Kriegsverbrechen begeht«, sagt der Schotte Nicholas McGeehan, der lange Zeit für Human Rights Watch gearbeitet hat und die Besitzer von

Manchester City scharf kritisiert. Truppen der VAE kämpfen im Jemen unter anderem gegen die Huthi-Milizen und die Muslimbruderschaft. Laut der Nachrichtenagentur AP betreiben sie dort auch Foltergefängnisse. Die Emirate haben diese Berichte zurückgewiesen.

Mit Blick auf die Lage der Menschenrechte innerhalb der Emirate kommt McGeehan zu einem vernichtenden Urteil. »Die Situation in den VAE ist abstoßend«, sagt er. Es gebe dort buchstäblich keinen einzigen Menschenrechtsaktivisten mehr. »Ich habe einmal meine Kollegen bei Human Rights Watch gefragt, auf welches andere Land das noch zutrifft. Sie sagten: Nordkorea und Turkmenistan.« Wer es in Abu Dhabi wage, etwas gegen die seit Jahrhunderten herrschende Familie zu sagen, werde verhaftet.

Abu Dhabi, das größte Emirat der VAE, hat in den vergangenen Jahrzehnten durch seinen Reichtum enorm an Einfluss gewonnen. Aber es ist nicht der einzige Golfstaat, der sich im Fußball ausbreitet. Das verfeindete Katar wird 2022 die nächste Weltmeisterschaft ausrichten und hat mit Investitionen von fast zwei Milliarden Euro Paris Saint-Germain in die Runde europäischer Spitzenklubs gehievt. Der saudische Thronfolger, der womöglich einen kritischen Journalisten in der Türkei grausam ermorden ließ, ist ein Verbündeter des Kronprinzen MbZ aus Abu Dhabi.

Einer der PR-Leute von MbZ heißt Simon Pearce, kommt aus Australien – und sitzt als Direktor in der Vereinsführung von Manchester City. Pearce agiert als Verbindungsmann zwischen Abu Dhabi und Manchester. Für die Öffentlichkeit ist er ein Phantom, Insider fürchten und respektieren ihn. Einer seiner Arbeitsplätze: Die Khaldoon Al-Mubarak unterstellte EAA-Behörde in Abu Dhabi. Von hier aus erteilt Pearce Aufträge an seine Kollegen in England und informiert sie über Wünsche der Herrscherfamilie und Verhandlungen mit arabischen Sponsoren. Wenn City ein Fake-Geschäft mit einer vermeintlichen Marketingrechteagentur aufzieht, organisiert Pearce den Deal auf der Seite des Emirats. Die Freigabe von Millionenüberweisungen muss sich Pearce schließlich von Mubarak abholen, dem Quasi-Premier des Golfstaats: Am

Ende reicht ihm eine knappe Mail mit den Worten »Ok, go ahead« seines Chairmans, um das Geld auszahlen zu lassen.

Pearce hat vor seinem Einstieg in die Fußballwelt bei Burson-Marsteller gearbeitet, einer PR-Agentur, die sich auf diskrete Problemlösung und Imagekontrolle höchst einflussreicher Kunden spezialisiert hat. »Wenn das Böse PR braucht, wählt es die Nummer von Burson-Marsteller«, so lautet ein sarkastisches Urteil, das der Kommunikationsfirma bis heute anhängt. Pearce ist ein Imageprofi, der Risiken für die Außenwirkung abwägt und nichts dem Zufall überlässt. Was er darum gar nicht leiden kann: kritische Nachfragen von Menschenrechtsorganisationen. So geschehen im August 2013, als Nicholas McGeehan von Human Rights Watch einen Antrag auf Informationsfreigabe nach dem »Freedom of Information Act« stellt. Über diesen Weg können Bürger Einblick in staatliche Dokumente fordern, die zuständigen Behörden müssen sie innerhalb einer gewissen Frist verfügbar machen.

McGeehan will einen Vertrag zwischen der Stadt Manchester und dem Verein unter die Lupe nehmen. Es geht um das Gelände, auf dem die Klubchefs die neue City-Fußballwelt hochgezogen haben. Klubdirektor Pearce analysiert die Lage: Er habe sich das betreffende Dokument angesehen, schreibt er an seine Vereinskollegen, und sehe nur geringes Risiko, dass es der Menschenrechtsorganisation Munition für Kritik geben könnte. Man könne nicht verhindern, dass dieses Dokument herausgegeben wird, schreibt Pearce weiter.

Aber zumindest kann man den Aktivisten noch schikanieren. »Er sollte es erst am Morgen des Deadline-Tags kriegen«, weist Pearce an, also erst in zwei Wochen. »Ich möchte jegliches Momentum zerstören.« Das EIC-Recherchenetzwerk hat Manchester City um eine Stellungnahme gebeten. Der Klub erklärte daraufhin in einem Statement, dass er die Fragen nicht kommentieren werde und sprach von einem »organisierten und eindeutigen Versuch, den Ruf des Vereins zu schädigen«.

Die Episode offenbart, wie die City-Chefs ihre Macht am Liebsten ausüben: im Verborgenen. Ihre Geheimoperationen benennen sie mit Decknamen, Auseinandersetzungen mit Fußballverbänden werden bevorzugt mit diskreter Diplomatie oder internem Druck ausgetragen. Auch die Verpflichtung des Cheftrainers Pep Guardiola ist eine geheime Mission. Der aktuell wohl beste Trainer der Welt war der dringend benötigte letzte Baustein in Abu Dhabis Prestigeprojekt, das von unternehmerischer Professionalität und sportlicher Brillanz künden soll.

Der Vertrag, den Guardiola mit Manchester unterzeichnet, trägt das Datum des 10. Oktober 2015. Sein Gehalt und die Bonuszahlungen sind Weltklasse: In seiner ersten Saison wird er 13,5 Millionen Pfund verdienen, im Jahr darauf 16,75 Millionen. Was die Unterschrift aber so außergewöhnlich macht, ist ihr Zeitpunkt: Guardiola bindet sich bereits an City, als er mit dem FC Bayern gerade erst zwei Monate der neuen Bundesliga-Spielzeit hinter sich gebracht hat. Manchester und der Trainer bewahren Stillschweigen über den Vertrag.

Wochen später schreibt ein Journalist des britischen »Sunday Mirror«, dass sich City-Sportdirektor Txiki Begiristain und Guardiola in Barcelona getroffen hätten – und spekuliert, dass sich ein Deal zwischen City und Pep anbahnt. Die Veröffentlichung passt der City-Zentrale gar nicht. Es ist ja auch mindestens eine halbe Falschmeldung, da sich kein Deal anbahnen kann, der schon längst abgeschlossen ist. »Ich rufe da an und sage ihm, dass wir die Story entfernt haben wollen«, schreibt Pressesprecher Simon Heggie an seine Kollegen. Später meldet er sich wieder: Der Artikel werde offline genommen, »ich schicke eine Nachricht an andere Medien herum und sage ihnen, dass sie das ignorieren sollen«. So behält der Fußballverein die Kontrolle über die Bekanntgabe des neuen Trainers – und wartet damit noch über einen Monat.

Mit dieser Mischung aus sportlichem Erfolg und professioneller PR-Arbeit gewinnen der City-Vorstand und die arabischen Besitzer die Herzen der Fans in Großbritannien. Die Einwohner eines Landes, das sich seiner seit Jahrhunderten bestehenden Demokratie rühmt, feiern die Regierungsmitglieder von Emiraten, in denen die Todesstrafe für Ehebruch und Gefängnis für öffentliche Küsse drohen.

Kontrolle ist alles, stets wird die Außenwirkung von Entscheidungen mitbedacht. Bei jedem strategischen Schritt wägen die Kommunikationsprofis in Manchester die Risiken ab. Zum Beispiel bei der Auswahl der Sponsoren: Wie weit kann man gehen, um Geld zu verdienen? Anfang 2014 diskutieren die City-Chefs einen Deal mit dem Baukonzern Arabtec aus Dubai. Die Firma wird zu diesem Zeitpunkt von Hasan Ismaik geführt, dem umstrittenen Besitzer von 1860 München. Manchester lässt eine Risikoanalyse für das mögliche Geschäft anfertigen.

In dem Dokument werden die Verantwortlichen darauf hingewiesen, dass der »Guardian« erst kurz zuvor schlechte Arbeitsbedingungen für Migranten in Abu Dhabi aufgedeckt habe. »Arabtec hängt in dieser Story mit drin«, heißt es. Außerdem hätten im Mai 2013 Arabtec-Arbeiter gestreikt, »was in Gewalt und Abschiebungen resultierte«. Und 2009 habe die BBC gezeigt, wie unmenschlich Arabtec ihre Arbeiter behandle. Abu Dhabi ist auf die Arbeiter aus Indien, Pakistan und Bangladesch angewiesen, die innerhalb von 40 Jahren auf endlosen Sanddünen Wolkenkratzer-Metropolen hochgezogen haben. Zugleich sind die schlechten Arbeitsbedingungen der ausländischen Arbeitskräfte, die auf den Baustellen oder in den Haushalten der neureichen Wüstenstaaten schuften, zum Dauerthema in der internationalen Presse geworden.

Das Fazit der Risikoanalyse ist eindeutig: »Die Partnerschaft mit Arabtec hat signifikantes Potenzial, die Wahrnehmung und das Standing des Klubs und seiner Besitzer zu beschädigen.« Mögliche Probleme könnten sich durch einen Konflikt mit den eigenen Fans ergeben, durch negative Reaktionen anderer Sponsoren oder von Menschenrechtsaktivisten. Vicky Kloss, die Pressesprecherin von Manchester City, warnt daraufhin in einer Rundmail an die Vereinsführung vor dem Arabtec-Sponsoring. »Ich glaube, das ist das größte Risiko für unsere Reputation seit 2008«, schreibt sie. »Die Lücke zwischen dem, was wir tun und was Arabtec tut, ist unüberbrückbar.« Sie erinnert an Nicholas McGeehan von Human Rights Watch: Ein Deal mit Arabtec »wäre für ihn wie ein Jackpot-Gewinn«.

Die City-Führung nimmt die Bedenken zur Kenntnis und trotzdem Arabtecs Geld, sieben Millionen Pfund jährlich. Denn sie schließt mit dem Unternehmen nur einen regionalen Vertrag ab. Die Verbindung von Arabtec und Manchester City soll in arabischen Staaten, in Russland, der Türkei beworben werden. Also überwiegend in Ländern, in denen eine freie Presse, demokratische Werte und Menschenrechte nicht unbedingt die höchste Priorität genießen.

Im Mai 2014 halten City-CEO Ferran Soriano, Arabtec-Boss Hasan Ismaik und Vereinsboss Khaldoon Al-Mubarak ein himmelblaues Trikot mit der Aufschrift »Arabtec« in die Kamera und verkünden das Millionengeschäft. Ihre Pressemitteilung klingt freundlich und harmonisch. Hochglanz, made in Abu Dhabi, kontrolliert von PR-Experten. Auf eine Anfrage der EIC-Journalisten hat das arabische Unternehmen nicht reagiert.

Inzwischen beschränken die Business-Profis des Klubs ihre Arbeit nicht mehr nur auf Manchester und Abu Dhabi. In den vergangenen Jahren hat der Investor auf jedem Kontinent eine Zweigstelle seiner City-Franchise errichtet.

DAS RECHT DES STÄRKEREN

An einem Samstag im Oktober 2018 spielt Manchester City gegen den FC Burnley, ein traditionsreicher, aber sportlich harmloser Klub aus einer nordenglischen Stadt, die etwa so groß wie Tübingen ist. Erwartet wird ein Pflichtsieg, kein entscheidender Wegweiser in Richtung Premier-League-Titel. Doch in der 58. Minute brandet im Etihad-Stadion erleichterter Applaus auf, in diesem Moment erhöhen sich schlagartig Manchester Citys Chancen auf die englische Meisterschaft. Denn beim Stand von 3:0 meldet sich Kevin De Bruyne aus einer zweimonatigen Verletzungspause zurück.

Sein Trainer Pep Guardiola nennt den belgischen Spielmacher »einen der besten Spieler, die ich je im Leben gesehen habe«. De Bruyne könne »absolut alles«. Ohne seine Tore und Vorlagen hätte

City 20 Punkte weniger, rechnete die »Sun« im Februar 2018 vor, als Manchester in einer Rekordsaison durch die englische Liga marschierte.

De Bruyne führt Mannschaften an und entscheidet Spiele. In Deutschland gewann er 2015 für den VfL Wolfsburg den DFB-Pokal. Danach konnten ihn die Niedersachsen vor europäischen Topklubs nicht mehr verstecken. Monatelang dominierten Transfergerüchte um den Mittelfeldstar die Fußballberichte. Manchester City meinte es besonders ernst, wie Dokumente aus dem Football-Leaks-Datensatz zeigen.

»Exzellenter Start in die Saison, die Mannschaft ist in guter Form«, schreibt Geschäftsführer Ferran Soriano im August 2015 an einen Kollegen. City hat die neue Spielzeit mit drei Siegen und 8:0 Toren begonnen. Aber das ist Soriano nicht gut genug. »Wir werden noch weitere 50 Millionen Pfund investieren, um das Team zu verbessern!« Er hat dabei mit Wolfsburg zu kämpfen. »Sie wollen ihn nicht einmal für 50 Millionen verkaufen«, schreibt er. »Wir üben sehr viel Druck aus und hoffen, dass es gelingt... gegen ihren Willen. Wolfsburg (Volkswagen) sagt, dass sie das Geld nicht wollen!«

Wenn City einen Spieler um jeden Preis will, knickt selbst ein Autohersteller mit 200 Milliarden Euro Jahresumsatz ein. Für 75 Millionen Euro lässt der VfL seine Spitzenkraft schließlich ziehen. In früheren Zeiten wäre der Weg eines Spielers mit Weltklasseperspektive über den FC Bayern gegangen. Doch mit Manchester City können (und wollen) wohl auch die Münchener nicht mithalten.

Das galt ein Jahr nach De Bruynes Wechsel auch für den deutschen Nationalspieler Leroy Sané. Als der gebürtige Essener im Sommer 2016 nach Manchester zog, machte ihm der Scheichklub ein Versprechen: Sollte Sané in den ersten drei Jahren bei City weniger als 24,5 Millionen Pfund verdienen, werde City ihm die Differenz dazu erstatten. Umgerechnet also 28 Millionen Euro für drei Spielzeiten, vertraglich garantiert, für einen damals 20-Jährigen. Gegen solche Summen kann die Bundesliga einpacken.

Manchester City profitiert davon, dass die Klub-Direktoren Sponsorenverträge mit Firmen aus Abu Dhabi je nach Bedarf erhöhen und rückdatieren, dass sie die Financial-Fair-Play-Regeln der Uefa systematisch umgehen und dafür nicht wirklich bestraft werden. Die autoritäre Herrscherfamilie, die hinter dem Klub steht, nutzt dabei ihre Fußball-Investitionen, um sich auf der diplomatischen Bühne mehr Gewicht zu verschaffen.

Doch es sind nicht nur reiche Geldgeber wie das Emirat Abu Dhabi, die für eine wohl unüberbrückbare Kluft in der Fußballwelt sorgen. Auch die immer höheren Summen, die englische Mannschaften aus den TV-Übertragungsrechten der Premier League zustehen, haben die Kräfteverhältnisse im europäischen Fußball verzerrt. Für die Saison 2017/18 hat die englische Liga Manchester City 170 Millionen Euro ausgeschüttet, 75 Prozent mehr als der FC Bayern von der Deutschen Fußball Liga kassiert hat. Das Gefälle auf der Erlösseite hat zur Folge, dass Manchester laut den Football-Leaks-Dokumenten dem Deutschen İlkay Gündoğan in der Meistersaison 2017/18 ein Jahresgehalt von fast elf Millionen Euro zahlte und dem argentinischen Stürmerstar Sergio Agüero mehr als 18 Millionen Euro.

Trotz der hohen Ausgaben erwirtschaftet das Fußballprojekt in Manchester mittlerweile Gewinne. Das ist nicht selbstverständlich, wie ein internes Strategiepapier der Vereinsbosse von 2012 verdeutlicht. »Die Fußballindustrie ist sehr fragmentiert«, heißt es darin, »und Klubs sind die weniger profitablen Teile der Wertschöpfungskette.« Vereine müssten Spieler kaufen und bezahlen, stellen die Manager fest, je besser die Spieler, desto höher die Kosten. Die Fußballverbände, Medien und Merchandisingfirmen sowie die Spieler und ihre Berater hätten bessere Chancen auf hohe Gewinne, heißt es in dem Dokument.

Um mit Manchester City selbst Geld zu verdienen, ziehen die Bosse ein Konstrukt hoch, das die Fußballwelt so noch nicht gesehen hat: ein globales Imperium. Es reicht nun nicht mehr, nur einen Verein zu besitzen. Mit weltweiten Filialen lässt sich geschickter wirtschaften. Das wissen die City-Manager schon seit 2009.

Damals schließt der Italiener Roberto Mancini zwei Verträge am gleichen Tag ab. Einen als neuer Trainer des Premier-League-Vereins Manchester City, einen als Berater des Al Jazira Sports and Cultural Club in der Arabian Gulf League. Hinter beiden Klubs steht Scheich Mansour. Bemerkenswert: Al Jazira sichert dem Coach, der seit Mai 2018 die italienische Nationalmannschaft führt, ein höheres Grundgehalt zu als Manchester City: aus England kommen ohne Boni und Zusatzleistungen 1,45 Millionen Pfund pro Jahr, aus Abu Dhabi 1,75 Millionen.

»Wir haben hier ein paar Zahlungen, die von Al Jazira getätigt werden müssen«, schreibt ein City-Mitarbeiter in Manchester im September 2011 an seine Kollegen: »Wir müssen die Gelder an ADUG überweisen, und ADUG wird es dann an Al Jazira weiterleiten.« Hinter dem Kürzel ADUG verbirgt sich die Abu Dhabi United Group, Citys Holding-Firma, ihre Direktoren sind Scheich Mansour und Mohamed Rashed Mubarak Salem Al Ketbi. ADUG ist der Dreh- und Angelpunkt von allen Schummel-Konstrukten, mit denen Manchester City die Financial-Fair-Play-Regeln umgeht und heimlich Sponsorendeals aus Abu Dhabi bezuschusst.

Roberto Mancini lässt sich zu diesem Zeitpunkt also offenbar einen Teil seines Trainergehalts auf Umwegen über Al Jazira bezahlen. Das angebliche »Consulting« des arabischen Vereins ist womöglich nur ein Vorwand. Mindestens 2011 wandert Geld für Mancini von Manchester zu Al Jazira und dann in eine diskrete Offshore-Briefkastenfirma namens Sparkleglow Holdings auf Mauritius.

Weder Al Jazira noch Mancini haben auf Fragen des Recherchenetzwerks EIC geantwortet. Der Klub erklärte in einem Statement, dass er die Fragen nicht kommentieren werde und sprach erneut von einem »organisierten und eindeutigen Versuch, den Ruf des Vereins zu schädigen«.

Ohne systematische Regelverstöße, versteckte Zahlungen und geheime Finanzspritzen wäre die Erfolgsgeschichte von Manchester City nicht möglich gewesen. Aus einem lokalen Traditionsverein konnte so eine globale Marke unter dem Dach der City Football

Group (CFG) werden. Genauso, wie man bei Starbucks auf der ganzen Welt, in Seattle und Singapur, in Manchester und Madrid, den gleichen überteuerten Kaffee trinken kann, in gleich aussehenden Filialen, aus identischen weißen Bechern, so sind City-Fußballfilialen auf allen Kontinenten entstanden. Manchester City, New York City, Melbourne City, die drei Flaggschiffe spielen allesamt in himmelblauen Trikots und werben für Abu Dhabis Airline Etihad. Hinzu kommen Beteiligungen an Liga-Mannschaften in Uruguay, Spanien und Japan, Kooperationsvereinbarungen mit Klubs in Skandinavien sowie eine afrikanische Jugendakademie.

In einer internen Präsentation erklären die Fußballmanager 2016 die strategischen Überlegungen, die ihrem Interesse am Farmteam Torque in Montevideo zugrunde liegen: »Uruguay ist ein attraktiver Standort, wegen der hohen Konzentration von Qualitätsspielern und den limitierten Budgets der örtlichen Mannschaften.« Anders gesagt: Die City Football Group setzt darauf, verhältnismäßig günstig Talente direkt vor Ort abzugreifen und für ihren Gebrauch hochzuzüchten. Torque ist »eine für Manchester City bevorzugte Plattform«, heißt es in der Präsentation, »sie wäre lokal und dürfte unsere Spielerverpflichtungskosten senken«. Ein weiterer Pluspunkt laut den Unterlagen: Auf Gewinne aus Spielertransfers müsste City keine Steuern zahlen.

Auch die Investition in den spanischen Erstligaklub Girona wird in dem Konzeptpapier erklärt: »Es ist wichtig für die Entwicklung von Nachwuchsspielern, sie in konkurrenzfähigem Männerfußball einzusetzen.« Das sei in England schwierig, weil der Kader von Manchester City schon zu stark sei. »Das bedeutet, dass CFG andere Wege entwickeln muss, um den Spielern Einsatzmöglichkeiten zu bieten.« Die Lösung: Ein spanisches Team in der Primera División, an das die Talente zeitweise abgegeben werden.

Die Fußball-Zweigstellen fungieren so als Verschiebebahnhöfe für junge Spieler, als Parkplatz und Testrampe für Talente. Das weltweite Geschäftsnetz soll dafür sorgen, dass die Manager verheißungsvolle Spieler frühzeitig entdecken, sie günstig ins CFG-System holen und ihre Karriere dann dort kontrollieren.

Nur wenige Akteure im globalen Fußballbusiness können mit dieser Expansionsstrategie mithalten. Der Scheich und die Sponsoren aus Abu Dhabi haben allein in Manchester innerhalb von zehn Jahren über zwei Milliarden Euro investiert. Mittlerweile arbeitet Manchester City zwar profitabel, doch erstens fußt dieser wirtschaftliche Erfolg auf massiven Regelverstößen, und zweitens erwirtschaftete der Verein in der Saison 2017/18 bei über 500 Millionen Pfund Umsatz gerade einmal zehn Millionen Pfund Gewinn. Die Ölmilliarden lassen sich so auf absehbare Zeit nicht wieder hereinholen. Zumal Scheich Mansour weiterhin Geld für teure Spieler hinzuschießt.

Sportlich geht die Rechnung aber auf. Girona erreichte gleich in der ersten Saison unter CFG-Führung als Aufsteiger einen Platz im Mittelfeld der spanischen Liga. Torque in Uruguay stieg sofort auf. Der Filialklub in Melbourne gewann drei Jahre nach der CFG-Übernahme seinen ersten Titel.

Als Scheich Mansour 2008 Manchester City erwarb, zahlte er dafür 100 Millionen Pfund. 2015 hat der chinesische Medienmogul Li Ruigang mit einer auf den Cayman Islands gemeldeten Firma 265 Millionen Pfund in CFG investiert und dafür 13 Prozent Anteile erhalten. Der Wert von Manchester City hat sich in sieben Jahren mehr als verzehnfacht. Der Vorstandsvorsitzende Khaldoon Al-Mubarak hat das Engagement seiner Hoheit einmal so beschrieben: »Scheich Mansour ist ein scharfsinniger Geschäftsmann, der daran glaubt, aus dem Fußball einen bisher unerreichten Wert zu schöpfen.« Seine Manager haben nicht nur Manchester umgekrempelt, sondern die Fußballwelt konsequent mit Geld geschwemmt und zur Globalisierung gezwungen. Die City Football Group verkörpert Investorenfußball in seiner reinsten Form.

Es gilt das Recht des Stärkeren, und das ist im Fußballbusiness das Recht des Reichsten.

PAKT MIT DEN SCHEICHS

Es war zehn Minuten vor Mitternacht, als Gianni Infantino, der Generalsekretär der Uefa, am 2. Mai 2014 eine Mail an den Boss von Manchester City schickte. »Entschuldigung für meine Post am späten Freitagabend«, begann Infantino sein Schreiben an Khaldoon Al-Mubarak, den Vorstandsvorsitzenden des Klubs.

Es ging um den drohenden Ausschluss von Manchester City aus der Champions League. Der Klub hatte gegen das sogenannte Financial Fair Play verstoßen – die Budgetregeln der Uefa für alle Vereine, die sich für die europäischen Wettbewerbe qualifiziert hatten. Doch Infantino beruhigte Mubarak, einen der einflussreichsten Geschäftsmänner Abu Dhabis und engen Vertrauten der Herrscherfamilie. Der Generalsekretär der Uefa skizzierte Seiner Exzellenz Vorschläge, wie Manchester City möglichst schadlos aus der Bredouille kommen könnte: durch einen Vergleich mit dem Verband, ein sogenanntes Settlement.

»Du wirst sehen, dass ich manchmal einen Ausdruck gewählt habe, der etwas ›strenger‹ aussieht«, schrieb Infantino in devotem Ton, an der einen oder anderen Passage könne man durchaus noch feilen. Sein Appell deshalb: »Bitte lies das Dokument in genau diesem Geist.« Selbstverständlich, schrieb Infantino weiter, sei dieses Schreiben »nur zwischen uns«, streng geheim also. »Ich möchte Dir für Dein Vertrauen danken, und Du weißt: Du kannst auch mir vertrauen.« Seine Mitternachtsgedanken schloss Infantino mit der aufmunternden Zeile: »Lass uns positiv sein!«

Die Tage im Mai 2014 bedeuteten für den europäischen Vereinsfußball einen tiefen Einschnitt, und Gianni Infantino, der heutige Präsident des Weltfußballverbandes Fifa, spielte dabei eine entscheidende Rolle. Eine schmierige.

In der Saison 2013/14 hatten alle für Champions League und Europa League qualifizierten Klubs erstmals ihre Bücher vor der Uefa offenlegen müssen. Grundlage war das Financial Fair Play (FFP), ein Regelwerk, das der Franzose Michel Platini zum Prestigeprojekt seiner Uefa-Präsidentschaft gemacht hatte. Für die Einführung des FFP gab es viele gute Gründe. Einer der schlagkräftigsten war, die Klubwettbewerbe vor den Geldströmen zu schützen, mit denen Oligarchen aus Russland, Milliardäre aus den USA und Scheichs aus der arabischen Welt sich in Vereine eingekauft hatten und nun den Fußballmarkt fluteten. Traditionsklubs, die sich nicht kaufen lassen wollten, hatten gegen die Neureichen und ihr Finanzdoping kaum noch eine Chance.

Die FFP-Regeln legten fest, dass das Defizit eines Klubs in den Spielzeiten von 2011 bis 2013 nur noch bei insgesamt 45 Millionen Euro liegen durfte, in den drei darauffolgenden Saisons nur noch bei akkumulierten 30 Millionen. Zudem mussten Vereine fortan nachweisen, dass Sponsoringverträge, die sie mit Firmen unter Kontrolle ihrer neuen Besitzer abgeschlossen haben, marktübliche Konditionen aufweisen.

Gegen neun Klubs hatte die Uefa monatelange Untersuchungen geführt, weil sie im Verdacht standen, die neuen Haushaltsregeln massiv verletzt zu haben oder weiter zu verletzen. Darunter waren Manchester City und Paris Saint-Germain, zwei Topadressen des europäischen Fußballs. Manchester City war 2008 in den Besitz der Herrscherfamilie von Abu Dhabi übergegangen, bei Paris Saint-Germain war 2011 das Emirat Katar eingestiegen.

Präsident Platini und sein Generalsekretär Infantino hatten in Interviews mit markigen Worten zu verstehen gegeben, dass Klubs, die gegen die FFP-Bestimmungen verstießen, hart sanktioniert würden. Die empfindlichste Strafe: ein Ausschluss aus der Champions League. Umso ernüchterter war die Fußballwelt, als sich die Uefa im Mai 2014 mit Manchester City und Paris Saint-Germain auf Settlements einigte.

Die Verhandlungen liefen damals streng vertraulich. Dank der Enthüllungsplattform Football Leaks lässt sich nun genau rekonstruieren, welch enormen Druck die Machthaber aus Abu Dhabi und Katar auf die Uefa ausgeübt haben. Manchester und Paris begegneten fast jedem Schritt des Verbandes mit Drohungen. Der entscheidende Verbündete der beiden Scheichklubs war der Mann, der als Uefa-Generalsekretär zur Neutralität verpflichtet gewesen wäre: Gianni Infantino. Aus den Unterlagen von Football Leaks geht hervor, wie skrupellos sich der Schweizer auf die Seite zweier neureicher Klubs schlug, die die Regeln des Financial Fair Play nicht nur missachteten. Sie verachteten sie.

Während der laufenden FFP-Verfahren traf sich Infantino mehrmals zu Geheimgesprächen mit den Klubbossen aus Paris und Manchester. Er fütterte sie mit vertraulichen Details. Er schlug Kompromisse vor, zu denen er nicht befugt war. Kurzum: Er verriet seine eigene Organisation. So wie sich die Dokumente lesen, hintertrieb Infantino mit seiner Einmischung ganz gezielt die Arbeit des Gremiums, das die Financial-Fair-Play-Regeln überwachen und das Strafmaß für potenzielle Regelbrecher vorschlagen sollte. Es trägt einen etwas sperrigen englischen Namen: Club Financial Control Body.

Dieses Gremium hat zwei Organe. Eines ist die Untersuchungskammer. Sie kann ein Verfahren gegen einen Klub einleiten und bei groben Verstößen ein Strafmaß vorschlagen. Das andere Organ ist die rechtsprechende Kammer. Sie fällt das Urteil. Die Untersuchungskammer kann ein Settlement mit einem Klub beschließen. Entscheidend ist ihre Unabhängigkeit: Weder die Geschäftsführung noch das Präsidium der Uefa dürfen zu irgendeinem Zeitpunkt Einfluss auf die Wächter des Financial Fair Play ausüben. Genau diese rote Linie hat Infantino im Frühjahr 2014 überschritten. Laut den internen Dokumenten diente er als williger Vollstrecker zweier Klubs, die die Prüfer der Uefa kaltstellen wollten.

Die Untersuchungskammer des Club Financial Control Body bestand in der Saison 2013/14 aus acht Mitgliedern. Ihr Chef war der frühere belgische Ministerpräsident Jean-Luc Dehaene, der jedoch Anfang 2014 schwer erkrankte. Seinen Posten übernahm der Schotte Brian Quinn, ein Wirtschaftsexperte, der im Direktorium der Bank von England gearbeitet hatte und nach der Jahrtausendwende Vorstandsvorsitzender des Traditionsklubs Celtic Glasgow geworden war.

Paris Saint-Germain musste im Juli 2013 der Untersuchungskammer erstmals seine Bilanzen offenlegen. Ein Jahr zuvor hatte der staatliche Konzern Qatar Tourism Authority (QTA) mit dem französischen Verein ein »Agreement for the Promotion of the Image of Qatar« abgeschlossen, das fünf Jahre laufen und PSG durchschnittlich 215 Millionen Euro pro Jahr einbringen sollte. Eine irrsinnige Summe, weit entfernt von der Marktlage und bar jeder wirtschaftlichen Vernunft für das Unternehmen in Katar. Zum Vergleich: Die Deutsche Telekom zahlte dem FC Bayern damals als Hauptsponsor jährlich 29 Millionen Euro. Offenbar sollte der Werbevertrag nur als Fassade dienen, damit die Katarer möglichst viel Geld in den Verein pumpen konnten.

Die Vereinbarung mit dem katarischen Tourismusverband umfasste nur fünf Seiten. Demnach sollte Paris Saint-Germain Werbung für das Emirat machen und »jährlich auf Bitte von Katar an seinen PR-Aktivitäten teilnehmen«. Ansonsten wurde keine Gegenleistung für QTA vereinbart: kein Schriftzug auf den Vereinstrikots, keine Werbung im Stadion, kein Hinweis auf der Homepage des Klubs. Der wahre Zweck der exzessiven Zahlungen war ein anderer, auch das ist in dem Agreement nachzulesen: Mit dem Geld der Qatar Tourism Authority sollten Spieler gekauft werden. Paris Saint-Germain sollte so helfen, Katar »zu einem der wichtigsten Player in der Sportwelt« zu machen. PSG erklärt dazu auf Anfrage, dass es sich nicht um einen Sponsorenvertrag handle, sondern um »Nation branding« – Marketing für ein ganzes Land. »Nation branding hat, verglichen mit traditionellen Sponsorings, eine andere Größenordnung«, schreibt die Klubführung.

Nach der Übernahme von PSG hatten die Katarer exakt diese Ziele in einem vertraulichen »Strategieplan 2012–2017« definiert. Es ging darum, den Verein »zu einem der fünf besten europäischen Fußballklubs« zu machen und mit der Strahlkraft der Stars, die PSG verpflichten sollte, das Image des Emirats als Ausrichter der Fußball-WM 2022 weltweit aufzupolieren. So geschah es: Der Klub verpflichtete mit dem Geld aus Katar umgehend Superstar Zlatan Ibrahimović, weitere spektakuläre Transfers wie die von Ezequiel Lavezzi und Edinson Cavani folgten.

Die Uefa-Ermittler sahen in dem Milliardendeal mit der Qatar Tourism Authority offenbar von Anfang an einen klaren Regelbruch des Financial Fair Play. Sie waren skeptisch gegenüber Vereinen, deren Sponsoringeinnahmen fast ausschließlich aus Staatsfirmen flossen, die von den Klubeigentümern kontrolliert wurden. Die FFP-Untersuchungskammer entsandte Experten der Wirtschaftsprüfungsfirma Deloitte in die Geschäftsstelle von Paris Saint-Germain, die drei Tage lang noch einmal sehr genau die Bilanzen durchforsteten. Die Auditoren bescheinigten PSG-Generaldirektor Jean-Claude Blanc, dass sie den Partner QTA als »verwandte Partei« betrachteten.

Noch so ein Begriff, der den Fußballbossen in Paris schwer auf die Nerven ging: »verwandte Partei«. Er bedeutet, dass die Vertragspartner personell und organisatorisch zu eng miteinander verwoben und die vermeintlichen Sponsoringzahlungen in Wahrheit versteckte Finanzspritzen für die Klubs sind.

Zu diesem Schluss kamen auch fünf unabhängige Gutachter, die den QTA-Vertrag im Auftrag der Untersuchungskammer analysierten. Die Urteile waren vernichtend für Paris Saint-Germain. So bemaß die Agentur Octagon, einer der wichtigsten Sportvermarkter weltweit, den »fairen Marktwert« des Vertrags auf gerade einmal 2,78 Millionen Euro – ein Achtzigstel der Summe, die Katar an PSG zahlte. »Auf der Grundlage herkömmlicher Klugheit oder Praxis«, schrieben die Marketingexperten, würde »kein anderer rationaler Sponsor so viel Geld für diese Art von Gegenleistung entrichten«. Und weiter: »QTA zahlt einen Preis, der hochinflationär in diesem Sport ist.«

Am 21. Februar 2014 informierten die Uefa-Ermittler den Klub, dass die Untersuchungskammer die Bilanzen von Paris Saint-Germain wegen Verstoßes gegen die Regeln des Financial Fair Play weiter prüfe. Anfang März bestellte Uefa-Ermittler Quinn die Vereinsbosse zu einer Anhörung in die Verbandszentrale nach Nyon am Genfer See ein. Im April erklärte ein vorläufiger Abschlussbericht, dass der »maximale faire Wert« des QTA-Vertrags bei drei Millionen Euro liege. Das schuldhafte Defizit für die zwei Spielzeiten von 2011 bis 2013 wurde demnach auf »mindestens 215 Millionen Euro« berechnet. Die Ermittler erwogen, den Fall an die rechtsprechende Kammer des Club Financial Control Body weiterzuleiten.

Doch das ist niemals geschehen. Stattdessen schwächten hochrangige Mitarbeiter der Uefa-Administration die härtesten Urteile des Berichts ab – und hielten das brisante Dokument in Nyon zurück. Warum, ist unklar. Sicher ist nur, dass die Bosse von Paris Saint-Germain zu diesem Zeitpunkt schon seit Wochen geheime Gespräche mit Uefa-Generalsekretär Gianni Infantino führten.

Bereits im Februar 2014 hatte PSG-Generaldirektor Blanc mit Beratern beschlossen, dass der katarische Klubchef Nasser Al-Khelaifi so schnell wie möglich ins Hauptquartier der Uefa reisen und sich dort mit Infantino und Verbandspräsident Platini treffen solle. Blanc hatte schon lange vor Beginn der Finanzuntersuchungen dafür plädiert, massiven juristischen Druck auf die Uefa auszuüben.

Am 27. Februar kam es zu einem geheimen Meeting in Nyon, an dem neben Blanc, Khelaifi und Infantino auch Platini teilnahm – den die PSG-Bosse in ihrer internen Kommunikation immer nur den »Top Guy« nannten. Aus den Football-Leaks-Unterlagen lässt sich erahnen, wie drohend der katarische Klubboss aufgetreten sein muss. Demnach soll er Platini zu Beginn des Gesprächs gewarnt haben, dass dieser wohl kaum ein Interesse daran haben könne, Katar durch den Klub zu attackieren.

Die Stimmung blieb gereizt. Infantino empfahl seinen beiden Gästen, mit den Finanzermittlern der Untersuchungskammer auf eine gütliche Einigung hinzuarbeiten. Das lehnten Khelaifi und Blanc entschieden ab. Ein Settlement, so ihre Forderung, könne mit ihnen »nur auf höchster Ebene« verhandelt werden – also mit Infantino und dem »Top Guy« Platini. Ein anmaßender Vorstoß – bedeutete er doch, die FFP-Untersuchungskammer zu hintergehen.

Doch statt die Forderung zurückzuweisen, ließen sich Platini und Infantino auf die Hinterzimmerdiplomatie mit den Katarern und deren französischen Statthaltern bei PSG ein.

Bevor die Recherchepartner des EIC-Netzwerks im November 2018 mit diesen Enthüllungen an die Öffentlichkeit gingen, haben sie den europäischen Fußballverband und PSG mit diesem Vorwurf konfrontiert. Sowohl der Verband als auch der Klub antworteten mit einem Auszug aus dem Uefa-Reglement, in dem es heißt, dass die Administration die Arbeit der Klubkontrolleure mit Personal und Infrastruktur unterstützen dürfe. Diese Regeln besagen auch, dass die Kammern »unabhängig« sind.

Ein Anwalt, der für die Uefa arbeitete, versorgte PSG rasch mit vertraulichen Informationen aus der Untersuchungskammer. Dieser Jurist traf sich am 21. März 2014 mit Repräsentanten von Paris Saint-Germain. Die Haltung der PSG-Seite war knallhart: kein Schuldanerkenntnis beim Vorwurf, gegen die Regeln des Financial Fair Play verstoßen zu haben. Den Klubeigentümern war es besonders wichtig, ohne Imageschaden davonzukommen. Aus den Dokumenten geht hervor, dass der Uefa-Anwalt klein beigab und den Verein um Vorschläge bat, wie das Problem aus der Welt zu schaffen sei.

In den Wochen danach kam es zu mehreren geheimen Aussprachen zwischen Infantino und PSG-Generaldirektor Blanc. Anfang April trafen sich die beiden in London, wo der Uefa-Mann offenbar feste Zusagen für ein Settlement machte. Seine wichtigste Bedingung: PSG müsse den Wert des QTA-Vertrags auf 100 Millionen Euro jährlich reduzieren – was immer noch mehr als 30 Mal so viel war wie der »faire Wert« des Vertrags, den die Gutachter von Octagon ermittelt hatten. Bei einem Geheimtreffen im Rahmen des französischen Ligapokalfinals zwischen Paris Saint-Germain und Olympique Lyon am 19. April einigte man sich aufs Kleingedruckte. Demnach sollte der Klub die Differenz von 115 Millionen Euro mit neuen Sponsoren, wiederum überwiegend aus Katar, ausgleichen dürfen. Darüber wollte man sich verständigen, ohne es im Settlement festzuhalten.

Im Gegenzug forderte Infantino wohl, dass der Wortlaut eines Settlements streng genug formuliert werden müsse, damit die Uefa mit dem Deal nicht ihr Gesicht verliere. Es war ein Verhandlungssieg für PSG – und ein Beleg dafür, wie Infantino im Frühjahr 2014 die Kontrolleure des Financial Fair Play hintergangen hat.

Und es blieb nicht bei diesem einen Fall. Nicht nur mit dem französischen Spitzenklub, auch mit den Eigentümern von Manchester City verhandelte Infantino hinter dem Rücken der unabhängigen Finanzprüfer. Das sollte am Ende zum Zerwürfnis mit Brian Quinn, dem Vorsitzenden der Untersuchungskammer, führen.

In Manchester wussten die Verantwortlichen seit Mai 2013, dass die neuen Financial-Fair-Play-Regeln sie schwer in Bedrängnis bringen würden. Schon zwischen 2009 und 2011 hatte der Verein 451 Millionen Euro Miese gemacht. »Wir verstoßen so oder so gegen die Regeln«, schrieb Finanzdirektor Andrew Widdowson, »wir verlassen uns nur auf mildernde Umstände, um durchzukommen.« Im Januar 2014 hatten die Uefa-Kontrolleure die Wirtschaftsprüfer von PricewaterhouseCoopers (PwC) nach Manchester geschickt. Das Ergebnis war ein Desaster. 84 Prozent der »sonstigen kommerziellen Einnahmen« stammten von Sponsoren aus Abu Dhabi. Dem Bericht zufolge verschwieg der Klub der Uefa außerdem bei einem Jahresabschluss Kosten in Höhe von knapp 35 Millionen Euro.

Auf Druck reagierte Manchester City reflexhaft: mit Gegendruck. Die Klubanwälte behaupteten: »Der PwC-Report weist gravierende Fehler auf, enthält zahlreiche irrige Interpretationen der Regeln, falsche Annahmen, Rechtsfehler und irrtümliche Schlussfolgerungen.« Sie forderten die Wirtschaftsprüfer schließlich auf, weite Teile ihres Reports zu ändern oder zu streichen. PwC weigerte sich, was Manchesters Anwälte noch mehr erzürnte. Mitte März verhandelte Ferran Soriano, der Geschäftsführer von Manchester City, mit Infantino. Er drohte der Uefa, vor Gerichten der Europäischen Union gegen die Financial-Fair-Play-Regeln vorzugehen. In einem internen Memorandum hielten die Klubjuristen fest: Käme es mit der Untersuchungskammer nicht zu einer »vernünftigen gütlichen Einigung«, habe ManCity »keine andere Wahl, als die Uefa an allen rechtlichen Fronten zu bekämpfen«. Der Klub erwarte »eine Warnung, aber keine weiteren Maßnahmen«.

Dabei sah die Faktenlage für Manchester City ziemlich düster aus. Die Vermarktungsexperten von Octagon, die im Auftrag der FFP-Kontrolleure schon Paris Saint-Germain ein vernichtendes Zeugnis ausgestellt hatten, hielten auch bei den Engländern drei von vier Sponsorenverträgen mit Firmen aus Abu Dhabi für »signifikant überbewertet«. Ihrer Einschätzung zufolge lagen diese Vereinbarungen, die dem Verein mehr als 50 Millionen Euro einbrachten, bis zu 80 Prozent über Marktwert. Nach einer weiteren Visite in Manchester stellten die PwC-Prüfer fest: Zwei Sponsoren seien mit Manchester City »verwandte Parteien«. Das gleiche Problem wie bei Paris Saint-Germain.

Doch zu diesem Zeitpunkt war Infantino schon dabei, die Untersuchungskammer auszumanövrieren. Mit Geschäftsführer Soriano vereinbarte er Anfang April ein Treffen zweier Anwälte, einer vertrat Manchester City, der andere die Uefa. Sie verständigten sich darauf, dass der Klub einen Vorschlag für eine gütliche Lösung machen sollte. Das war so, als ob ein Bankräuber dem Staatsanwalt ein angemessenes Strafmaß unterbreiten durfte. Ein Jurist empfahl den Bossen von Manchester City eine Strategie: Es solle ein Deal angestrebt werden, mit dem der Klub leben könne, ohne Fehlverhalten zugeben zu müssen. »Wir müssen so viel Druck wie möglich ausüben, der Uefa dabei aber immer einen Ausweg bieten.«

Am 15. April informierte Soriano den Vereinsboss Mubarak, dass es ein erneutes Meeting der Schweizer Anwälte geben werde: »Ich hatte ein gutes Telefonat mit Gianni Infantino, bei dem wir uns geeinigt haben, wie wir die Anwälte anleiten wollen: ein Settlement auszuhandeln, das mehr als eine Warnung ist und als effektiv wie überzeugend angesehen werden kann, das Geschäft von Manchester City aber nicht dramatisch beeinträchtigt.«

Am Ende des Monats war der Verein offensichtlich noch nicht zufrieden mit den Verhandlungsfortschritten. Der Klubanwalt Simon Cliff schrieb in einer Mail, dass sich Vereinschef Mubarak gegenüber Infantino gegen eine mögliche Geldstrafe gewehrt habe. »Khaldoon sagte, dass er lieber 30 Millionen für die besten 50 Anwälte der Welt ausgibt, um die Uefa für die nächsten zehn Jahre zu verklagen.« Der Fußballverband habe nun die eine Möglichkeit, »die Zerstörung seines Regelwerks und seiner Organisation zu verhindern«.

Dann kam der 2. Mai 2014.

Sowohl Paris Saint-Germain als auch Manchester City erhielten Post von der Untersuchungskammer des Club Financial Control Body. Unterzeichner dieser Schreiben war jedoch nicht Brian Quinn, der Vorsitzende der FFP-Kontrolleure. Der Schotte war am selben Tag im Uefa-Hauptquartier in Nyon von seinem Posten als Chefermittler zurückgetreten – weil er die Settlements angesichts des Ausmaßes der Regelverstöße für zu mild hielt. Für Quinn sprang der Italiener Umberto Lago ein – und die Kammer segnete den Deal letztendlich ab.

Paris Saint-Germain war am Ziel, der katarische Vereinsboss Nasser Al-Khelaifi unterschrieb ein Settlement-Agreement. Der Klub hatte in den zwei zurückliegenden Spielzeiten zwar ein Defizit von 218 Millionen Euro aufgetürmt. Dennoch fiel das Strafmaß grotesk mild aus: 20 Millionen Euro. Kleingeld für die Scheichs.

Komplizierter gestaltete sich die Einigung mit Manchester City, auch für Gianni Infantino. Das Defizit lag laut Uefa bei mindestens 188 Millionen Euro, und noch gab es keine Aussicht auf ein Settlement. Sollte bis Mitte Mai keine gütliche Lösung gefunden sein, schrieb Umberto Lago, würde der Fall an die rechtsprechende Kammer des Club Financial Control Body übergeben. Dann drohe der Ausschluss aus der Champions League. Das war der Grund, warum Gianni Infantino Manchester-Boss Khaldoon Al-Mubarak kurz vor Mitternacht seine devote »Lass uns positiv sein!«-Mail schickte. In Manchester hatte sich nämlich der Wind rapide gegen den Strippenzieher vom Genfer See gedreht.

Am 9. Mai traten die Bosse von Manchester City zu einem Termin vor der Untersuchungskammer in Nyon an. Tags zuvor hatten sich Vereinsboss Mubarak und Geschäftsführer Soriano zu einem geheimen Meeting mit Infantino in London getroffen, um

Details einer Einigung vorzubereiten. Doch die Zusammenkunft in der Uefa-Zentrale blieb erfolglos. Das Treffen in Nyon sei »eine Schande« gewesen, und der Deal, den sie mit Infantino ausgehandelt hätten, sei von der Untersuchungskammer ignoriert worden, polterte Simon Cliff, der Chefjurist des Klubs. Er verschickte ein streng vertrauliches Memorandum. Es trug die Überschrift »Mögliche juristische Schritte«.

Cliff erwog eine Klageflut. Er meinte, dass »die Uefa nur auf Aggression reagiert«, wollte Platini und Infantino wegen Amtsmissbrauchs und Interessenkonflikten vor Schweizer Gerichte zerren, die Wirtschaftsprüfer von PwC regelrecht zerschmettern. Es sei möglich, schrieb er, dass eine Klage »die ganze Firma innerhalb von Wochen zerstört. Wenn sie unter Druck sind, könnten sie womöglich die Uefa auf Schadensersatz verklagen und, falls sie dennoch kollabieren, könnten alle ihre Gläubiger die Uefa verklagen.«

Am 11. Mai 2014 gewann Manchester City am letzten Spieltag den Titel in der Premier League, es war die zweite Meisterschaft in drei Jahren. Tags darauf schrieb Infantino dem Klubchef Mubarak: »Leider wurde ich informiert, dass die Ermittlungskammer die Positionen für zu weit entfernt hält, um einem Settlement zuzustimmen.« Er bedaure das sehr, fuhr Infantino fort, und schloss mit einer Pointe von machiavellistischer Güte: »Aber die Untersuchungskammer ist ein unabhängiges Organ, und ich muss ihre Entscheidung respektieren.«

Dann erreichte den Klub eine vertrauliche Botschaft von Uefa-Präsident Platini. Er hatte beim Finale der Europa League in Turin mit Patrick Vieira gesprochen, einem Mitglied der französischen Weltmeisterelf von 1998, der für Manchester City arbeitete. »Bitte sagt euren Besitzern in Abu Dhabi, dass sie mir vertrauen müssen«, ließ Platini ausrichten. »Wir verstehen und mögen, was sie mit dem Verein tun.« Und tatsächlich: Gianni Infantino machte Manchester City daraufhin ein neues Angebot für ein Settlement. »Ich fühle mich wie Bill Murray in ›Und täglich grüßt das Murmeltier‹«, lästerte ein hochrangiger Mitarbeiter des Klubs.

Am 16. Mai unterzeichnete City-Geschäftsführer Soriano die Einigung. Das Strafmaß war so lächerlich gering wie das für Paris Saint-Germain: 20 Millionen Euro. In einer Mail an die Führungskräfte des Klubs schrieb Soriano denn auch, dass der Vergleich »uns nicht wesentlich beeinträchtigt«.

In den Jahren nach diesen beiden Settlements haben PSG und Manchester City zusammen mehr als eine Milliarde Euro für neue Spieler ausgegeben. Das EIC-Recherchenetzwerk hat Manchester City um eine Stellungnahme zu den Geschehnissen gebeten. Der Klub erklärte, dass er die Fragen nicht kommentieren werde, und sprach von einem »organisierten und eindeutigen Versuch, den Ruf des Vereins zu schädigen«.

Wie zynisch und verächtlich sie bei Manchester City auf die Regelhüter des Financial Fair Play schauten, die sie mit Infantinos Hilfe aus dem Weg geräumt hatten, lässt sich in einer Mail nachlesen, die Klubjurist Cliff verfasste. Am Tag bevor Soriano für Manchester City das Settlement unterzeichnete, starb Jean-Luc Dehaene, der bis Anfang des Jahres 2014 die Untersuchungskammer des Club Financial Control Body angeführt hatte.

»1 down, 6 to go«, antwortete Cliff einer Mitarbeiterin von Manchester City, die ihn über den Tod Dehaenes informierte: »Einer weg, fehlen noch sechs.«

DIE REGELN DER SUPERREICHEN

In der Langen Reihe, einer Straße im Hamburger Stadtteil St. Georg, gibt es eine nette Kneipe, in der wir an Champions-League-Abenden gelegentlich Fußball schauen: das Grüneberg. Hier treffen wir uns auch am Nachmittag des 3. November, einem Samstag, diesmal wollen wir Bundesliga gucken. Allerdings geht es uns an diesem Tag weniger um die Spiele. Vor allem interessiert uns, ob und wie der deutsche Profifußball auf unsere Berichterstattung reagiert.

Es ist der Tag, an dem der gedruckte SPIEGEL mit der Titelgeschichte »Der Verrat« herauskommt, unserer Enthüllung über die geheimen Pläne der Spitzenklubs im Jahr 2016, eine Super League zu gründen. Das Cover des Magazins zeigt auch das Vereinswappen von Bayern München, aus dem – frei nach einem berühmten Plattenmotiv der Rolling Stones – eine Zunge herausgestreckt wird. Ihr könnt uns alle mal gernhaben, lautet die Botschaft.

Wir haben zum Auftakt unserer zweiten Veröffentlichungswelle etwas mehr als 21 Seiten des Heftes mit unseren Football-Leaks-Recherchen gefüllt. Das beherrschende Thema ist die Super League. Wir hatten uns schon gedacht, dass diese Story ein Aufreger werden kann. Der Stoff hat gewaltiges Konfliktpotenzial. Auch wenn die Bayern bisher nicht ernst gemacht haben: Die sehr konkreten Planspiele des erfolgreichsten deutschen Klubs, der Bundesliga womöglich den Rücken zu kehren und sich einer selbst ernannten europäischen Elite anzuschließen, rühren an den Grundfesten eines offenen Wettbewerbs, der bei aller Konkurrenz zwischen den Vereinen immer auch den Solidargedanken berücksichtigt.

Für die meisten Fußballfreunde im Land wäre die Aufkündigung dieses Prinzips nicht nur ein Bruch mit überlieferten Gewohnheiten, sondern auch ein Vertrauensbruch, den sie nicht mehr mittragen würden – und genauso erregt sind die Reaktionen, vor allem in den sozialen Netzwerken. Wir sehen auf Twitter zahlreiche Fotos von Fans, die auf dem Weg zu einem Spiel im Zug sitzend den SPIEGEL lesen oder die das Heft im Stadion in die Höhe halten. Einige von ihnen fotografieren sich auf den Tribünen in der Münchener Allianz-Arena.

Karl-Heinz Rummenigge, der Vorstandsvorsitzende des FC Bayern, gibt dem Sender Sky vor dem Spiel gegen den SC Freiburg ein Interview. Die Fragen des Reporters sind ziemlich zahm, und Rummenigge tut so, als hätten die Münchener an den Ausstieg aus der Bundesliga nie auch nur einen Gedanken verschwendet. »Ich bin über die Berichterstattung irritiert«, sagt der Bayern-Boss. »Es ist seit Langem bekannt, dass mehrere europäische Klubs eine Anfrage zur Super League hatten. Fakt ist, dass kein europäischer Klub sich dem Thema Super League jemals genähert hat.« Und weiter: »Wir stehen total zu unserer Mitgliedschaft in der Bundesliga und analog auch zu den Uefa-Wettbewerben. Das haben wir nie infrage gestellt.«

In unserer Fußballkneipe können wir sehen, wie trotzig die Stimmung unter den Fans ist. Am Tisch gegenüber sitzen ein halbes Dutzend junger Männer, die es sowieso nicht leicht haben im Leben, weil sie Hannover 96 die Daumen drücken. Während der ersten Halbzeit beim Spiel der Niedersachsen auf Schalke wird plötzlich der Bildschirm schwarz. Ehe der Wirt den Fernseher wieder zum Laufen bringt, ruft einer der Hannover-Fans: »Und jetzt schalten wir auf Wunsch des FC Bayern um in die Super League!« Wir schauen uns an und grinsen.

Während wir im Grüneberg sitzen, klingeln ständig unsere Smartphones. Schon den ganzen Tag laufen im Radio die Nachrichten über die Super-League-Geschichte hoch und runter, und seit dem Vormittag melden sich vermehrt Zeitungen und Fernsehsender bei uns, die uns Fragen zu unseren Recherchen stellen wollen. Interviews für das »Aktuelle Sportstudio« im ZDF haben wir schon vor dem Bundesliga-Schauen aufgezeichnet, die Schalte in die Nachrichtensendung »Aktuelle Stunde« des WDR später wird live sein.

Am nächsten Vormittag sitzen wir auch ab 10.45 Uhr zwei Stunden lang bei Jörg Wontorras Talk im Studio des Senders Sky in Unterföhring bei München. Wir bereiten uns auf diesen Auftritt fast wie auf eine mündliche Examensprüfung vor, weil wir damit rechnen, dass uns plötzlich vor Hunderttausenden Zuschauern ein Mann wie Bayerns Chefjustiziar Michael Gerlinger gegenübersitzt, ein ebenso schlagfertiger wie spitzfindiger Kontrahent. Man kann bei solchen Live-Auftritten im Fernsehen leicht außer Tritt gebracht werden und damit die harten Recherchen eines halben Jahres aufs Spiel setzen. Aber vom FC Bayern München sitzt niemand in der Runde.

Auch im Ausland lösen unsere Veröffentlichungen ein enormes Echo aus, vor allem in Großbritannien. Fünf von 16 Klubs, die sich in Planspielen für eine sogenannte European Super League wiederfinden, die ab Sommer 2021 laufen soll, sind die Premier-League-Vereine Arsenal, Chelsea, Liverpool, Manchester United sowie Manchester City. Schon wenige Stunden, nachdem wir am Freitagabend um 18 Uhr mit unseren EIC-Partnern online gegangen sind, nehmen die wichtigsten Blätter und TV-Sender auf der Insel die News im großen Stil auf.

In den Tagen danach, mit etwas Distanz, kommentieren viele Kollegen unsere Recherchen. Zwei Beiträge erregen unsere besondere Aufmerksamkeit. Der »Observer« druckt einen Essay von David Conn, einem der intimsten Kenner der Premier League. Der Sportjournalist und Schriftsteller, der auch für den »Guardian« schreibt, hat bereits 2012 ein Buch über den Einstieg des Herrscherhauses von Abu Dhabi bei Manchester City veröffentlicht, das bislang als Standardwerk galt. Der Titel: »Richer Than God«, reicher als Gott.

Conn beschäftigt sich nun in seiner Analyse mit den Super-League-Plänen. Er schreibt, die Mails, die der SPIEGEL veröffentliche, seien der Beweis dafür, »dass die Elite niemals befriedigt« sein werde: »Die Lektion der letzten 26 Jahre seit Gründung der Premier League ist die, dass die großen Klubs niemals glücklich sein werden. Sie werden immer weiter nach noch mehr Geld suchen, ganz egal, wie viele Zugeständnisse man ihnen macht. Die nationalen und kontinentalen Verbände, Klubs, Ligen und der Fußball insgesamt müssen standhaft bleiben, um das gemeinsame Ethos des Spiels zu erhalten und das Geld zu teilen, worauf seine große historische Entwicklung immer gegründet hat.«

Ein anderer meinungsstarker Beitrag steht im »Independent«, verfasst hat ihn Miguel Delaney, Chief Football Writer der Redaktion. Delaney hebt die zynische, gleichzeitig aber auch sehr effektive Herangehensweise hervor, mit der Manchester City innerhalb weniger Jahre sein Fußballimperium hochgezogen hat. Sie komme in einer geleakten Mail des Vereinsjuristen Simon Cliff ungeschminkt zum Ausdruck. Cliff zitiert in diesem internen Schreiben den Klubboss Khaldoon Al-Mubarak, der sagt, er würde »lieber 30 Millionen Pfund für die besten 50 Anwälte der Welt ausgeben«, um die Uefa »für die nächsten zehn Jahre zu verklagen«. Es sei diese Arroganz des Geldes und der Macht, die eine Super League unausweichlich mache. Nach Ansicht Delaneys machen die Football-Leaks-Dokumente deutlich, wie groß »die Gefahr eines radikalen Wandels« sei. »Das Volksspiel wird immer mehr zu einem Ränkespiel«, schreibt der Kolumnist, »und das fatalerweise für immer«.

Am Sonntagabend um viertel vor zehn treffen wir uns im SPIEGEL-Redaktionshaus. Wir waren noch einer Live-Debatte im Deutschlandfunk mit den Kollegen Thomas Kistner von der »Süddeutschen Zeitung« und Hendrik Maaßen vom NDR zugeschaltet, nun wollen wir zusammen die ARD-Dokumentation über unser Rechercheprojekt anschauen. Die Kollegen vom Fernsehen haben ihren Film »Football Leaks – Von Gier, Lügen und geheimen Deals« genannt. Er wird auf einem sehr prominenten Sendeplatz ausgestrahlt: unmittelbar nach dem »Tatort« anstelle der Talkshow von Anne Will, die an diesem ersten Wochenende im November 2018 pausiert.

Die Dokumentation, die eine Stunde dauert, hat drei thematische Schwerpunkte: die geheimen Super-League-Pläne, die verdeckten Millionenspritzen der Scheichs in die Klubs Manchester

City und Paris Saint-Germain sowie die dubiose Rolle des Fifa-Präsidenten Infantino. Gleichzeitig wird ein Krimi erzählt: die tagelange Reise zu unserem Informanten John. Die Rolle des Erzählers übernimmt Peter Lohmeyer. Der Schauspieler (»Das Wunder von Bern«), ein bekennender Anhänger des FC Schalke 04, tritt gelegentlich auch ins Bild, er trägt ein königsblaues Trikot und schaut mit anderen Schalke-Fans ein Spiel seines Vereins. Doch die meiste Zeit begleitet Lohmeyer die Handlung des Films aus dem Off. Aus seiner Stimme ist eine gewisse Fassungslosigkeit, womöglich sogar ein Angewidertsein über all das herauszuhören, was die Football Leaks an Ungeheuerlichkeiten zu Tage fördern – und was er nun vorträgt und benennt.

Einige von uns haben eine Rohfassung des Films bereits ein paar Tage zuvor im NDR-Studio in Hamburg-Lokstedt vorgeführt bekommen. Wir sind beeindruckt von der Professionalität der TV-Kollegen. Sie haben sich im vergangenen halben Jahr nicht nur akribisch in das Material hineingegraben. Sie haben, was für das Medium Fernsehen mindestens genauso wichtig ist, auch keinen Aufwand gescheut, die wichtigsten Protagonisten unserer Recherchen vor die Kamera zu bringen. Sie waren in Deutschland unterwegs, sie sind nach Madrid geflogen, nach Monaco, nach Zürich, nach Katar, sogar nach Kigali, in die Hauptstadt Ruandas, wo der Fifa-Rat, eines der höchsten Gremien des Weltfußballverbandes, sich Ende Oktober 2018 traf.

Dort passt der Kollege Han Park für den Film den Fifa-Präsidenten, der mehrere Interviewanfragen des NDR nicht beantwortet hat, an einem Ausgang des Kongresshotels ab. Gianni Infantino läuft ungerührt weiter, als er angesprochen wird. »Warum haben Sie sich als Uefa-Generalsekretär in die Finanzkontrollermittlungen gegen Paris Saint-Germain und Manchester City eingemischt?«, fragt Park, der dem Fifa-Boss mit Mikrofon in der Hand ein paar Meter folgt. »Warum haben Sie den Fifa-Ethikcode kommentiert?« Infantino schweigt. Grinst. Und verschwindet.

Die NDR-Kollegen gehen zudem sehr verantwortungsbewusst mit den Aufnahmen von John um. Es ist das erste Mal, dass der

Whistleblower im Fernsehen gezeigt wird. Mit seinem Kapuzen-pulli und den Handschuhen ist er allerdings nicht identifizierbar.

Das wohl aufschlussreichste Gespräch der Dokumentation gelingt den NDR-Journalisten mit Michael Gerlinger, dem Chefjuristen des FC Bayern München. Erst begleitet ihn die Kamera, wie er mit dem Fahrrad zur Arbeit in die Geschäftsstelle des Vereins in die Säbener Straße fährt, dann wird Gerlinger in seinem licht-durchfluteten Büro gezeigt, wo er mit den NDR-Kollegen über die Super-League-Pläne spricht. Als die Münchener und sechs weitere europäische Topklubs in einer Art Geheimbund die Uefa 2016 mit ihren Ausstiegsszenarien aus der Champions League massiv unter Druck setzten, war der smarte Anwalt eine treibende Kraft. Nun sitzt er an seinem Schreibtisch vor der Kamera und sagt mit kaum verhohlener Genugtuung: »Naja, die Uefa hat von uns die Message bekommen: Wir brauchen euch nicht!« Er unterbricht seinen Redefluss kurz, um seinen Worten noch etwas mehr Gewicht zu verleihen, und schiebt hinterher: »Das sage ich jetzt ganz offen.« Es sind entlarvende Momente, die alle weiteren Dementis der Bayern, die Super League sei niemals ein Thema gewesen, in einem anderen Licht erscheinen lassen.

Die Football-Leaks-Dokumentation in der ARD sehen 2,67 Millionen Zuschauer, der Marktanteil erreicht zehn Prozent, bis Ende Juni 2019 wird der Film in der ARD-Mediathek zudem 146 000 Aufrufe zählen, im YouTube-Channel der »Sportschau« weitere 764 000 Views. Die Quote am Sonntagabend liegt zwar unter dem Schnitt von Anne Will, aber die Kollegen beim NDR sind dennoch sehr zufrieden, weil der Film auch bei ihrem Sender ein Geheimprojekt war und erst wenige Tage vor der Ausstrahlung beworben werden konnte. In den TV-Programmzeitschriften, die meist schon Wochen im Voraus gedruckt werden, stand auf dem ARD-Sendeplatz für Sonntag, 4. November, 21.45 Uhr, eine Ankündigung für die Komödie »Allmen und das Geheimnis der Libellen«.

In den folgenden Wochen stehen wir unter Dauerstrom. Viele der Beiträge, die wir mit unseren EIC-Partnern veröffentlichen, sorgen für Wirbel. So gerät Paris Saint-Germain auch deshalb unter

Druck, weil der Klub seine Jugendspieler offenbar nach Herkunft rekrutierte. Die Scouting-Abteilung hat die jungen Kicker bei ihrer Auswahl nach »Französisch«, »Nordafrikanisch«, »Westindisch« oder »Schwarzafrikanisch« unterschieden, obwohl es in Frankreich verboten ist, ohne Einverständnis persönliche Daten zu sammeln, die Aufschluss über die Herkunft einer Person geben. Der Verein gibt die Praxis zu. Die französische Sportministerin Roxana Maracineanu fordert Aufklärung, der Verband ermittelt – und wird PSG später mit einer Geldstrafe von 100 000 Euro belegen.

In Belgien kommt es nach den Veröffentlichungen unserer Recherchepartner »The Black Sea« über dubiose Geldflüsse bei Royal Excel Mouscron zu einer Razzia bei dem Erstligisten. In Monaco wird der russische Oligarch Dmitrij Rybolowlew, dem vor allem unsere französischen EIC-Kollegen von »Mediapart« seit Monaten auf der Spur sind, wegen Korruptionsvorwürfen verhaftet. Auch dem Präsidenten des AS Monaco, der sich für unschuldig erklärt, sich aber dennoch kurz nach seiner Freilassung nach Moskau absetzt, widmen wir einen umfangreichen Report.

Doch das wohl größte internationale Echo nach dem Auftakt mit der Super League hat unsere Inside-Story über das Finanzdoping bei Manchester City. Unseren deutschen Lesern bieten wir den Stoff nicht im Heft an, sondern auf unserer digitalen Bezahlplattform SPIEGEL+, die erst ein knappes halbes Jahr zuvor eingeführt wurde. Wir präsentieren die Man-City-Recherche in der Woche nach unserem Super-League-Titel, der die bestverkaufte SPIEGEL-Ausgabe des Jahres 2018 werden wird, als vierteilige Serie. Für den englischsprachigen Markt lassen wir die Stücke übersetzen und stellen sie auf SPIEGEL International, die englischsprachige Seite des SPIEGEL.

Weltweit greifen Medien die Berichterstattung auf. Die »New York Times« widmet dem Thema eine ausführliche Analyse. »Der SPIEGEL und Football Leaks zeichnen das Bild eines Klubs, der seit fast einem Jahrzehnt unermüdlich daran arbeitet, die Entscheidungsträger des Spiels zu täuschen und für sich zu vereinnahmen, um sicher zu stellen, dass die Regeln nicht für City gelten«, schreibt das Blatt. Der Kolumnist David Goldblatt formuliert im »Guardian« seine Gedanken in einem Essay, dem er eine programmatische Überschrift gibt: »Die Superreichen des Fußballs spielen nach ihren eigenen Regeln.« Für Goldblatt sind die Enthüllungen der Football Leaks mehr als bislang unbekannte Einblicke in die Fußballbranche. Er setzt sie gleich mit den erhellenden Einsichten, die die WikiLeaks-Dokumente über die Doppelbödigkeit der US-amerikanischen Außenpolitik verschafften und die Panama Papers über die Steuerhinterziehungsmethoden des organisierten Verbrechens, autokratischer Regimes und einer Oberschicht, die ihr Vermögen durch die ganze Welt verschiebt. Demnach seien die Football Leaks »womöglich der beste Überblick über das Fehlverhalten der globalen Wirtschaft und unserer zerbröckelnden internationalen Ordnung«, schreibt Goldberg. »Das Panorama, das die Football Leaks skizzieren, ist hässlich, ungerecht und zutiefst gestört. Gleich dem Rest der Welt ist es auch zunehmend unmenschlich.«

Fast täglich erreichen uns neue Anfragen ausländischer Kollegen nach Interviews zu unserer Man-City-Saga. Christoph mit seinem perfekten Englisch, der sich fast ein halbes Jahr lang mit Dokumenten über den Klub beschäftigt und die Beiträge geschrieben hat, übernimmt, wie nach unserer Berichterstattung über die Vergewaltigungsvorwürfe gegen Cristiano Ronaldo, auch diesmal wieder die Rolle unseres Außenministers. Damals stand er Sendern aus Irland, Dänemark, den Niederlanden, England, Katar, der Türkei, Südafrika und Frankreich Rede und Antwort.

In vielen Kommentaren wird die Frage gestellt, ob die Uefa Manchester City für seine undurchsichtigen Geldschiebereien belangen müsste. Selbst Fans des Klubs zeigen sich in Chatforen konsterniert über die »Wir machen, was wir wollen«-Haltung der Klubbosse, die aus den geleakten Mails spricht – auch wenn die Mehrheit der City-Anhänger hinter der Berichterstattung eine Verschwörung wittert. Der frühere englische Nationalspieler Gary Lineker, der heute als Anchorman der BBC einer der einflussreichsten Köpfe des englischen Fußballs ist, setzt am 6. November einen Tweet ab. Lineker, der mehr als sieben Millionen Follower hat, schreibt an Tag zwei unserer Serie: »Die Geschichten häufen sich. Wichtige Vorwürfe. Wird sehr interessant sein zu sehen, ob irgendetwas daraus folgt.«

Wer sich hingegen Zeit lässt mit einer Reaktion, ist die Uefa. Erst Anfang März 2019 wird sie gegen den Scheichklub eine offizielle Untersuchung wegen möglicher Verstöße gegen das Financial Fair Play einleiten. Manchester City wird die Vorwürfe – wie der Klub es auch uns gegenüber getan hat – kategorisch zurückweisen und von Ermittlungen sprechen, die »völlig unbefriedigend, verkürzt und feindselig« gewesen seien. Anfang Juni 2019 wird der Klub gegen das Uefa-Verfahren und den drohenden Ausschluss aus der Champions League dann sogar vor den Internationalen Sportgerichtshof in Lausanne ziehen.

In der TV-Dokumentation sitzt Peter Lohmeyer am Ende des Films alleine auf der Tribüne eines Stadions. Eine Stunde lang hat er als Sprecher kommentiert, wie der Volkssport Fußball von allen Seiten ausgebeutet wird. Doch nun ist Lohmeyer nicht mehr der Erzähler, jetzt kommt er selbst als Fan zu Wort. Als einer von ganz vielen, die befürchten, dass ihnen das, was sie lieben, entrissen wird.

Lohmeyer sagt: »Was wäre eigentlich so schlimm daran, wenn die Uefa durchgreifen würde und nicht nur die kleinen unbedeutenden Vereine hart bestrafen würde, sondern auch die großen wie Manchester City und Paris Saint-Germain? Na klar! Dann würde man die ganzen Superstars wie Neymar und Co. nicht mehr unbedingt in der Champions League sehen. Würden Sie den Fußball deswegen weniger mögen? Würden Sie den Fernseher nicht mehr einschalten, wenn der Wettbewerb wieder fairer wäre?«

Gute Fragen. Sehr gute Fragen.

REDEN

Wenige Tage nach Beginn der neuen Football-Leaks-Veröffentlichungen sitzen John und ich im Pariser Büro seines Anwalts William Bourdon. Es ist Mitte November, John soll sich morgen zum ersten Mal mit den französischen Ermittlern treffen. Er hat Angst. Bourdon versucht, ihm Mut zuzusprechen. Für den Franzosen scheint es nur diesen einen Weg zu geben: John soll mit der Polizei kooperieren.

Bourdons Büro ist mittlerweile komplett zugequalmt, John und der Anwalt rauchen in einer Tour. Sie diskutieren darüber, dass vor allem die Veröffentlichungen über Paris Saint-Germain bei den Verhandlungen hilfreich sein könnten. Möglicherweisen seien die französischen Ermittler an den Strukturen und Geldflüssen rund um den Investorenklub interessiert.

»Ich hoffe nur, dass die mich nicht verarschen«, murmelt John. Seine Angst, morgen bei dem ersten Gespräch mit den Ermittlern direkt verhaftet zu werden, hat er in den vergangenen Stunden mehrfach geäußert. Bourdon hält das für nahezu ausgeschlossen, John solle als Whistleblower vernommen werden, ihm stehe deshalb ein besonderer Schutz zu. »Ich habe einen Datenträger mit einer Auswahl meiner Dokumente dabei. Ich glaube, die Inhalte könnten für die französischen Behörden interessant sein. Wie soll die Übergabe morgen ablaufen?«, fragt John.

Bourdon und er haben in den vergangenen Wochen sehr ausführlich mit den französischen Strafermittlungsbehörden debattiert. Es ging immer um die Fragen: Wie werthaltig sind seine Dokumente? Und wie kann John von der Behörde geschützt werden? Dass seine Informationen eine hohe Relevanz haben, will er den Beamten nun auch mit diesem Datenpaket deutlich machen.

»Du wirst von den Ermittlern befragt, und anschließend kannst du entscheiden, ob du ihnen deine Daten zur Verfügung stellen willst«, sagt Bourdon. John nickt. Die beiden Männer verabreden sich für den kommenden Tag. »Sie erwarten uns um neun Uhr. Wir sollten uns um 8.30 Uhr vor dem Gebäude treffen. Du musst pünktlich sein«, sagt Bourdon. John schaut zu mir rüber: »Kommst du mit?«, fragt er. Ich schüttle sofort den Kopf: »Nein, das kann ich nicht. Das ist deine Entscheidung, als Journalist gehöre ich dort nicht hin«, sage ich. John guckt an Bourdon und mir vorbei, starrt die Wand an. Nach einer Weile fasst Bourdon John am Unterarm, tätschelt den jungen Portugiesen.

Wir verabschieden uns und gehen schweigend die Treppe hinunter. Anschließend schlendern wir ein wenig durch das kalte Paris. Irgendwann fängt es an zu nieseln, aber John scheint das nicht mitzubekommen. Er spaziert auch nicht mehr, sondern marschiert vielmehr. Ich habe Schwierigkeiten hinterherzukommen.

»Hast du schon mal den Eiffelturm gesehen?«, frage ich. »Nein«, sagt John. »Sollen wir dorthin fahren?«, frage ich. Vielleicht tun ihm ein paar neue Eindrücke gut und beruhigen sein Gedankenkarussell. »Okay, warum nicht? Dann kann ich zumindest das von meiner Liste streichen, bevor ich im Knast lande«, sagt John. Er lacht nicht mehr und wartet auch nicht mehr darauf, dass seine Pointen zünden. Man kann ihm wirklich nicht vorwerfen, dass er den Ernst der Lage nicht erkennen würde.

Wir gehen zur U-Bahn. Ich war schon einige Male in Paris, kenne mich in der Stadt ganz gut aus. Aber ich bin jedes Mal aufs Neue beeindruckt, wie schnell und zuverlässig die Bahnen hier fahren, wie ausgetüftelt das gesamte unterirdische System dieser Stadt ist. Ich fange an, John davon zu erzählen, dass ich mir nach meiner ersten Paris-Reise mehrere Bücher über die Geschichte der Metro gekauft habe und es sehr beeindruckend finde, dass die Pariser Metro mit über 200 Kilometern Wegstrecke eines der größten U-Bahnnetze der Welt ist und es sie seit über hundert Jahren gibt.

»Wusstest du, dass Budapest noch vor Paris eine funktionierende Metro hatte?«, fragt John. Wir reden darüber, wie schwachsinnig es ist, dass so viele Autos in den Innenstädten unterwegs sind und warum es nicht mehr solcher großartiger Nahverkehrsnetze gibt wie in Paris. John vergisst offenbar für einen Moment seine Sorgen über den morgigen Tag und spricht jetzt über Mobilität, das Klima, die Flüchtlingsprobleme, die für ihn zum großen Teil auch mit dem stetigen Aufheizen der Welt zu tun haben.

In den vergangenen Monaten haben wir bei unseren Treffen fast nur noch über Johns Ausstieg, seine Daten und die vielen Probleme eines Whistleblowers gesprochen. Jetzt fällt mir wieder auf, wie sehr ich unsere früheren Gespräche über Politik, Wirtschaft und die Zukunft der Welt genossen habe. Dabei sind wir selten einer Meinung, oft weicht seine Analyse stark von meiner ab. Aber John kann seine Argumente und Gedanken so vortragen, dass ich darüber zumindest nachdenken muss. Oft bringt er in die Diskussionen dann irgendeinen Punkt ein, den ich zuvor nicht gesehen habe. Diese Form der Auseinandersetzung schätze ich sehr.

Wir steigen am Eiffelturm aus und spazieren an der Seine entlang. John bleibt auf einer der Brücken stehen und schaut dem Fluss hinterher. »Hier soll ich bald leben?«, fragt er.

»Es gibt schlechtere Städte, oder? Haben die Ermittler dir denn gesagt, dass du direkt in Paris in ein Zeugenschutzprogramm kommst?«, frage ich.

»Nein, das haben sie nicht. Vielleicht hast du recht, vielleicht komme ich auch irgendwo aufs Dorf. Noch beschissener«, sagt John.

»Bist du wirklich davon überrascht, dass das jetzt alles kompliziert und stressig ist?«, frage ich.

»Ich habe versucht, mich innerlich auf diese Momente vorzubereiten. Aber ich glaube, das ist unmöglich. Klar, ich wusste, dass ich vielleicht irgendwann all diese Probleme bekommen würde, aber mir war der Weg bis dahin nicht so bewusst. Ich muss hier ständig Entscheidungen treffen, von denen ich nicht weiß, ob sie die richtigen sind. Ich hoffe, William hat mit seinen Prognosen recht«, sagt John.

»Was wirst du den Ermittlern morgen erzählen? Wirst du ihnen sagen, woher du die Dokumente hast?«, frage ich.

John bleibt stehen und schaut sich den Eiffelturm aus einiger Entfernung an. Die Menschen darunter sehen aus wie Ameisen.

»Ich will mit ihnen kooperieren. Aber ich muss mich und meine Quellen trotzdem schützen«, sagt er.

Wir spazieren weiter durch die Parks rund um den Eiffelturm. John sagt, dass er keine Strategie für das morgige Gespräch habe. Er wisse einfach nicht, was da auf ihn zukommen werde. »Ich kann morgen sowieso nichts entscheiden, ich muss das alles vorher mit meiner Freundin besprechen«, sagt John.

Es ist fast 21 Uhr. »Sollen wir zurück ins Hotel fahren? Du musst morgen früh raus«, sage ich.

»Bitte noch nicht«, sagt John. Es ist der Moment, in dem nichts mehr von dem einstigen Revoluzzer geblieben ist. John wirkt auf mich zum ersten Mal wie ein ganz gewöhnlicher Mensch, der von seinen Ängsten und Sorgen übermannt ist. Und das ist keineswegs etwas Negatives. Ich habe ihm in den vergangenen Jahren häufiger gewünscht, dass er solche inneren Alarmsignale wahrnehmen würde, vielleicht wäre er dann nicht in dieser Lage. Andererseits wären der Gesellschaft dann auch sehr viele relevante Enthüllungen verborgen geblieben.

»Wir können ins 11. Arrondissement fahren. Das war im November 2015 das Zentrum der Anschläge von Paris, ich war in der Nacht dort und habe für den SPIEGEL berichtet. Seitdem fahre ich immer zu den Cafés, die die Terroristen damals angegriffen haben und schlendere mindestens einmal am Bataclan vorbei«, sage ich.

»Das können wir machen«, sagt John.

Wir fahren mit der U-Bahn zum Place de la République. Der Regen ist mittlerweile stärker geworden. »Willst du vielleicht lieber in ein Restaurant?«, frage ich. Von meiner Brille perlen dicke Regentropfen ab.

»Nein, ich will laufen«, sagt John und bindet sich seine Kapuze fester zu. Wir schlendern zum Bataclan, dem Konzertsaal, in dem die Terroristen 90 Menschen hinrichteten.

»Ich habe das damals die ganze Nacht lang in den Nachrichten verfolgt und nebenbei Dokumente für unsere Football-Leaks-

Seite vorbereitet. Es klingt so irre: Aber ich habe mich kaum auf den Fernseher konzentrieren können, weil ich damals so in meiner eigenen Welt war«, sagt John. Im November 2015 nahm sein Projekt gerade erst Fahrt auf. Er postete damals immer mehr und immer relevantere Dokumente und löste damit die ersten Verfahren gegen Klubs und Investoren aus.

»Die ersten Wochen waren damals vielleicht die besten im ganzen Projekt. Ich war voller Adrenalin, habe die ganzen Nächte in den Dokumenten gelesen. Wir wollten alles so schnell wie möglich der Öffentlichkeit zugänglich machen. Das Verrückte damals war: Egal, welches Papier ich bekommen habe, es erzählte irgendeinen schmutzigen Deal, eine Lüge, oft auch irgendetwas Illegales. Ich konnte damals nicht glauben, wie verdorben der Sport geworden ist«, sagt John.

»Wie blickst du heute auf die Branche?«, frage ich.

»Gerade durch eure vergangenen großen Veröffentlichungen muss eigentlich jedem klargeworden sein, dass der Fußball nur noch von den Reichen und Mächtigen missbraucht wird. Dass sein Einfluss tief in Politik, Justiz und Wirtschaft wurzelt. Fußball ist nicht mehr einfach nur ein Spiel für alle. Es ist ein Machtinstrument von wenigen geworden«, sagt John.

Als Anfang November 2018 die ersten Geschichten der neuen Football-Leaks-Veröffentlichungen erschienen, schrieb er mir noch am selben Tag: »Ich gratuliere euch. Jeder muss jetzt sehen, dass der Fußball Hilfe von außen braucht, um seine Glaubwürdigkeit zurückzuerlangen. Fifa, die reichen Staaten, die vielen Berater und korrupten Funktionäre – die ganze Branche betrügt sich gegenseitig und am Ende immer wieder jeden einzelnen von uns.« Den ganzen Abend über schickte er mir solche langen, analysierenden Mails und Nachrichten, offenbar las John nicht nur unsere Artikel im SPIEGEL, sondern auch die der vielen Partner. »Diesmal habt ihr es viel besser gemacht als 2016. Diese Veröffentlichungen werden mehr Menschen zur Kenntnis nehmen, das ist wichtig«, schrieb John.

Doch bereits am nächsten Morgen schien seine Euphorie zu kippen: »Jeder sieht, dass das Financial Fair Play der Uefa ein Witz ist. Die reichen Klubs können es leicht umgehen, die Uefa ist keine Ermittlungsbehörde, sie kann kaum etwas prüfen. Es wird also auch nach diesen Enthüllungen nahezu nichts passieren.«

Wir erreichen das Bataclan. In meinem Kopf läuft noch einmal die Nacht im November 2015 ab, die vielen Toten, die schwer bewaffneten Polizisten, die kreischenden Sirenen der Krankenwagen. Ich erzähle John davon.

»Weißt du, es gibt so viele wichtigere, größere Themen als Fußball«, sagt John nach einer Weile. Wir schlendern mittlerweile zu den Cafés, in denen der Terror damals zuschlug. »Aber Fußball ist nun einmal mein Thema, ich habe mir das nicht so wirklich ausgesucht. Irgendwann habe ich einfach zu viele dieser illegalen Geschäfte gesehen, ich konnte das nicht für mich behalten. Das wäre falsch und egoistisch gewesen«, sagt John.

Wir setzen uns in ein Restaurant, diskutieren fast zwei Stunden über sein Leben als Whistleblower, seine Motive. Ein wenig wirkt es, als würde John seine morgige Vernehmung bereits an mir üben. Er erzählt nochmal von den Anfängen des Projekts, von seinem Antrieb, die Branche transparenter zu machen, von den Verfolgern, den Detektiven, der Angst.

»Es bleibt trotzdem die Frage: Woher hast du all die Dokumente?«, sage ich.

»Vielleicht werde ich es den Behörden morgen verraten. Dort gehört dieses Geheimnis eigentlich hin«, sagt John.

Wir bezahlen und nehmen die letzte Bahn zurück. Wir schlafen in unterschiedlichen Hotels, aber nicht weit voneinander entfernt. Die Behörde des Parquet National Financier, wo John morgen aussagen soll, befindet sich im Stadtteil Clichy-Batignolles im Norden der Stadt. Auf dem Weg zu unseren Hotels laufen wir an dem Hauptquartier der Ermittler vorbei. John bleibt vor dem Justizhochhaus stehen, taxiert die vielen Büros und Stockwerke.

»Das wird morgen die Hölle, ich habe ein ganz schlechtes Gefühl«, sagt er.

DAS PROTOKOLL

Am nächsten Abend treffen wir uns um 19 Uhr in der Kanzlei von Bourdon. Ich komme ein paar Minuten später, weil ich zu spät bemerkt habe, dass ich mich mit der Metro verfahren habe. Bourdons Assistentin führt mich in den Besprechungsraum. Marie, ein weiterer Anwalt und John sitzen an einem Tisch. John schaut mich nicht an. Er guckt nur aus dem Fenster, seine Kieferknochen mahlen.

Ich nicke den Anwälten zu und setze mich ebenfalls an den Tisch. Niemand spricht. Nach ein paar Minuten betritt Bourdon den Raum. Er hat tiefe Falten im Gesicht, irgendwie sitzt sein Hemd nicht richtig, es ist zerknittert und hängt zum Teil aus der Hose. Er zündet sich noch im Hinsetzen eine Zigarette an. John dreht sich langsam zu ihm. Sein Gesicht ist fleckig, seine Augen klein, er sieht aus, als könnte er jeden Moment explodieren.

»Was sollte das?«, poltert John.

»John«, versucht Bourdon zu beruhigen.

»Nein, nichts ›John‹, so eine Scheiße«, sagt John.

»Was ist denn passiert?«, frage ich.

»Die haben sich an nichts von dem gehalten, was wir vorher abgesprochen haben«, schimpft John weiter.

»Das stimmt doch nicht«, sagt Bourdon in leisem, weichem Ton.

John wedelt mit einem Telefon herum. »Können die mich mit dieser Scheiße hier abhören?«, fragt er. Bourdon schüttelt den Kopf.

Ich weiß überhaupt nicht, was dieses Chaos soll. »Erzähle bitte mal von vorne, wie der Tag heute gelaufen ist«, sage ich. Johns Brustkorb bebt. Erst nach einer Weile atmet er tief aus. Er greift sich eine Zigarette vom Tisch, zündet sie an und nimmt einen kräftigen Zug.

»Sie haben mich zunächst stundenlang vernommen. Das hatte nur wenig von einem netten Plausch, sondern war wirklich eher ein Verhör«, sagt John. Er sei zu seiner Biografie befragt worden, woher er komme, wer seine Eltern seien, wo er zur Schule und zur Uni gegangen sei. Seinen Wohnort, seine Freundin, seine Hobbys – über all dies habe er mit den Ermittlern gesprochen. »Sie haben mich auch gefragt, woher ich meine Daten habe«, sagt John.

»Was hast du geantwortet?«, frage ich.

John schüttelt den Kopf.

»Wo ist das Problem?«, frage ich.

Bourdon zuckt ein bisschen zusammen und zündet sich die nächste Zigarette an.

»Sie haben mir am Ende ein Protokoll des Gesprächs vorgelegt, da stand alles drauf: mein Name, meine Passnummer, meine Aussage. Das sollte ich unterschreiben«, sagt John.

John erklärt, dass er sich das alles anders vorgestellt habe. Er sei durch dieses Protokoll identifizierbar, für jedermann. »Zudem war dieses verdammte Protokoll komplett auf Französisch. Ich habe nichts verstanden!«, sagt John.

»Hast du das denn unterschrieben?«, frage ich.

»Ja, habe ich. Sie haben gesagt, sonst könnten wir nicht weitermachen«, sagt John. Das Telefon, mit dem er bei fast jedem Satz herumwedelt, wurde ihm von den Ermittlern zum Abschluss des Gesprächs in die Hand gedrückt. Er habe nun zehn Tage Zeit, um ihr Angebot anzunehmen. Seine Antwort solle er mit diesem Telefon übermitteln.

Die französischen Ermittler sollen ihm, so berichtet es John, angeboten haben, in ein Zeugenschutzprogramm einzusteigen, das normalerweise für ehemalige Mitglieder der Mafia gedacht sei. John würde dann in eine abgelegene Stadt verfrachtet werden und unter dem ständigen Schutz von Polizisten einen abgeschotteten Alltag bestreiten.

»Ich müsste komplett alleine in dieses Programm, dürfte zunächst niemandem davon erzählen. Ich würde meine Freundin und meine Familie mehr oder weniger aufgeben müssen. Sie können mir auch nicht sagen, wie lange ich so leben soll. Und vor allem können sie mir nicht sagen, wie es für mich weitergehen soll, wenn dieses Programm irgendwann beendet sein würde«, sagt John. Er hat Tränen in den Augen.

Bourdon beginnt, beruhigend auf ihn einzureden, ihm zu erklären, dass dieses Angebot lediglich ein erster Schritt sei. Dass man cool bleiben müsse, die Verhandlungen mit den Ermittlern würden jetzt erst beginnen.

»Hast du ihnen deine Daten gegeben?«, frage ich John.

»Ja«, antwortet er.

Bourdon erklärt, dass die Ermittler jetzt prüfen würden, wie werthaltig die Daten seien. »Wenn sie so gut sind, wie wir sie einschätzen, werden sie dir auch sicherlich weiter entgegenkommen«, sagt Bourdon. John scheint das nicht mehr zu hören, er guckt durch mich durch, wirkt komplett abwesend.

»Es war ein langer Tag. Geh ins Bett, schlaf dich aus«, sagt Bourdon. Der Anwalt wirkt jetzt eher wie ein Vater. Er weiß, dass Johns Situation nicht durch ein einziges Gespräch zu lösen sein wird. Bourdon hat Verhandlungen dieser Art schon häufig geführt, er ist erfahren.

»Was soll ich mit diesem Telefon machen? Die können mich doch damit lokalisieren«, sagt John nach einer Weile.

Bourdon erklärt ihm, dass die Ermittler sehr vertrauenswürdig seien, er kenne sie schon lange. Sie seien spezialisiert auf solch sensible Quellen wie John. Er könne das Telefon ruhig behalten. John steckt es widerwillig in seine Hosentasche.

Wir verabschieden uns und verlassen die Kanzlei.

DER WEG

In den kommenden Tagen verstummt John nahezu. Er antwortet nur noch sporadisch auf meine Nachrichten, ist oft sehr einsilbig. Auch Bourdon kommt nur noch schwer an seinen Mandanten heran. Anfang Dezember 2018 schreibt mir John: »Ich brauchte Zeit für mich. Tut mir leid.«

»Wie ist das Ergebnis Deines Nachdenkens?«, frage ich.

»Es gibt noch keines. William verhandelt weiter mit den Ermittlern, sie bewegen sich tatsächlich auf mich zu«, schreibt John.

»Bis wann musst Du Dich entscheiden?«

»Sie haben die Frist verlängert, wir werden Anfang kommenden Jahres zu einer Lösung kommen.«

»Was sagen sie denn zu Deinen Daten?«, frage ich.

»Ich habe dazu keine Aussage, aber ich denke, sie sind nicht unzufrieden, wenn sie weiterverhandeln«, schreibt John.

John erzählt mir, dass er es nicht schaffe, mit seiner Freundin über seine Situation zu sprechen. »Vielleicht mache ich das nach Weihnachten, wenn wir ein bisschen Zeit füreinander haben«, schreibt er. Ich biete ihm an, dass ich ihn jederzeit besuchen könne, falls er mal reden möchte. Johns weiteres Schicksal ist für mich nicht nur wichtig, weil wir uns durch das Football-Leaks-Projekt auf zwischenmenschlicher Ebene so nahegekommen sind. Seine nächsten Schritte sind auch journalistisch entscheidend. Sollte John, der Whistleblower, sich tatsächlich dazu entschließen, in Zukunft mit der Polizei zu kooperieren, will ich so viel wie möglich darüber erfahren. Ich möchte wissen, was er vorhat und warum er es tun möchte. Die Zusammenarbeit mit der Polizei wäre eine zentrale Wendung dieser Recherche, die wir journalistisch einordnen müssten.

»Danke Dir. Aber ich brauche jetzt etwas Luft. Lass uns Anfang des Jahres wiedersehen«, schreibt John mir.

Ich respektiere das, bitte ihn aber erneut, dass er mir zumindest täglich ein kurzes Lebenszeichen zukommen lässt. »Mach Dir keine Sorgen um mich, das wird schon wieder«, schreibt John.

In den darauffolgenden Tagen wird es wieder stiller um ihn. Während sich die Ermittlungsbehörden und Untersuchungskommissionen der Verbände weiterhin mit unseren Enthüllungen der zweiten Football-Leaks-Serie beschäftigen, scheint John genug damit zu tun zu haben, sein eigenes Leben zu sortieren.

An Weihnachten 2018 schreibt John mir schon sehr früh morgens: »Frohes Fest, mein Freund. Ich hoffe, Du kannst ein paar schöne Tage mit Deiner Familie genießen.«

Ich antworte ihm, dass ich in den kommenden Tagen in der Tat ein wenig durchschnaufen möchte. Obwohl das fast unmöglich ist. Denn kurz zuvor wurde der SPIEGEL vom größten Fälscherskandal seiner Geschichte getroffen, einer unserer Reporter hat sich offenbar über Jahre Protagonisten und große Teile seiner Geschichten ausgedacht. Der gesamte SPIEGEL ist erschüttert, viele unserer Kollegen müssen über die Feiertage arbeiten, die Geschichten des Reporters prüfen und gleichzeitig versuchen, der Öffentlichkeit zu erklären, wie all das passieren konnte. Ich schreibe John, dass wir alle fassungslos sind.

»Gut, dass er nicht an Football Leaks mitgearbeitet hat«, schreibt John.

»Nein, hat er nicht, an keiner Geschichte«, schreibe ich.

John erzählt mir, dass er die Feiertage mit Freunden verbringen würde. Sie wollen gemeinsam kochen. »Vielleicht werde ich das in naher Zukunft für eine lange Zeit nicht mehr tun können, deshalb freue ich mich sehr darauf«, schreibt er.

»Gibt's irgendetwas Neues von Bourdon?«, frage ich.

»Ja, aber darüber darf ich nicht einmal mit Dir sprechen«, schreibt John.

Zwischen den Feiertagen höre ich kaum etwas von ihm. Als ich ihm an Silvester einen guten Jahreswechsel wünsche, antwortet er:

»2019 wird brutal. Drücke mir die Daumen, dass ich das übersteh.«

Anfang des Jahres verabreden Bourdon und John ein Treffen für den 15. Januar. Sie bitten mich dazuzukommen. Das Gespräch soll in Budapest stattfinden, auch eine Kontaktperson der Whistleblower-Stiftung The Signals soll dabei sein. Die drei wollen sich zunächst alleine sehen und alles Notwendige miteinander besprechen. Für den Abend verabreden wir uns in einem Steakhaus.

Es ist kalt in Budapest, der Wind peitscht mir ins Gesicht, als ich die 40 Minuten von meinem Hotel bis zum Restaurant zu Fuß gehe. Ich möchte in der Kälte meinen Kopf frei bekommen. Als Journalist bin ich eigentlich dazu verpflichtet, die Welt rational zu betrachten. Aber mein gesamtes Leben lang bin ich auch ganz gut damit gefahren, auf meinen Bauch zu hören. Wenn er zwickt, passiert irgendetwas, was mich selten jubeln lässt. Auf dem Weg zum Restaurant habe ich das Gefühl, dass irgendwer meinen Bauch von innen mit Reißzwecken ausgelegt hat.

Ich grüble, was mich wohl bei dem Gespräch erwarten könnte. Gibt es schon eine Einigung mit den Behörden? Oder hat John doch noch zurückgezogen? Wird er mir heute endlich sagen, woher seine Daten stammen?

Die Gedanken toben in meinem Kopf. Als ich das Lokal betrete, fühle ich mich ein bisschen neben der Spur. Es ist ein Restaurant, in dem ich mit John etliche Male zu Abend gegessen habe. Manchmal brauchten wir nicht einmal mehr die Speisekarte, weil wir sie schon fast auswendig kannten.

Bourdon hat einen Tisch für vier Personen reserviert, aber weder er noch John noch die Mitarbeiterin der Signals-Stiftung sind da. Ich setze mich alleine an einen Fünfertisch und bestelle schon mal ein Wasser. Der Laden ist fast leer, bis auf ein älteres Pärchen ist kein Tisch besetzt.

Nach etwa 30 Minuten kommt eine junge Frau rein, sie geht direkt auf mich zu und stellt sich als Signals-Mitarbeiterin vor. Sie entschuldigt John und Bourdon, die beiden seien noch im Hotel und würden die letzten Details klären. Ich bin nicht wirklich in

Plauderlaune. Beim Gespräch mit der Frau gebe ich kaum längere Antworten, als ich muss. Ich weiß nicht, wer sie ist, ich weiß nicht, ob sie wirklich zur Stiftung gehört. Ich habe bislang kaum mit Dritten über John gesprochen und möchte lieber auch heute Abend vorsichtig sein.

Wir sitzen eine knappe halbe Stunde alleine am Tisch, und ich bin sehr dankbar dafür, dass die junge Frau offenbar Spaß daran hat, die Speisekarte in aller Ausführlichkeit zu studieren. Ich gucke aus dem Fenster. Irgendwann schlendert John vorbei. Er bleibt im Eingangsbereich stehen und raucht seine Zigarette fertig. Bourdon läuft neben ihm auf und ab, er scheint irgendetwas in sein Telefon zu brüllen. John öffnet die Tür und kommt ohne Bourdon ins Restaurant. Sein Schritt ist schleppend, seine Schultern hängen nach vorne, John grinst nicht.

Wortlos schlagen wir uns zur Begrüßung an die Schulter, bevor er neben mir Platz nimmt. John fährt sich durch die Haare. Seitdem ich ihn kenne, trägt er diese Frisur: zu spitzen Stacheln geformt und nach oben gegelt. Als ich ihn das erste Mal gesehen habe, erinnerte er mich an den jungen Sid Vicious. Ich habe John mal auf diese Ähnlichkeit angesprochen und gefragt, ob sich seine Frisur an der des Sex-Pistols-Bassisten orientieren würde, aber John erklärte mir lediglich: »Meine Haare sind ziemlich fest, sie wachsen einfach nach oben, ich kann nichts dafür.« Ich kenne niemanden, der anonym bleiben will, aber so eine markante Frisur hat.

»Wie geht's dir?«, frage ich John. Er hat sich hingesetzt, ohne seine Jacke auszuziehen. Die Signals-Mitarbeiterin hat er auch nicht begrüßt.

»Ich weiß nicht. Ich bin irgendwie leer«, sagt John.

Kurz darauf betritt Bourdon das Restaurant. Der Anwalt wirkt ebenfalls müde, trotzdem fängt er sofort an zu reden. Er erzählt von den Gelbwesten, die aktuell in Frankreich gegen soziale Ungleichheit und die Regierung demonstrieren. Bourdon vertritt mehrere Personen dieser Bewegung, die während der Proteste juristische Schwierigkeiten bekommen haben.

Bourdon fragt nach der Weinkarte, bestellt einen schweren Rotwein. Der Anwalt bittet mich anschließend, dass ich die Inhalte dieses Gespräch vertraulich behandle. Ich muss zusagen, nicht alles zu schreiben, was ich höre. Solche Zusagen fallen einem Reporter grundsätzlich schwer, aber sie sind häufig Teil des Umgangs mit Quellen und Informanten. Manches dient der Vertrauensbildung, anderes dem Verständnis eines Sachverhalts.

Es ist immer eine Abwägungssache, ob man als Reporter solche Absprachen eingehen kann oder nicht. In diesem Fall kann ich Bourdon die Vertraulichkeit zusagen, denn ich habe John bereits mit Beginn des Projekts versprochen, dass es in unseren Gesprächen auch um Dinge gehen kann, über die ich nicht berichten werde. Er muss diese Inhalte allerdings klar als solche benennen.

Bourdon rekapituliert seine Gespräche aus den vergangenen Wochen, er beschreibt, welche Optionen nun für John auf dem Tisch liegen. Der Anwalt erzählt mir auch, dass John den Franzosen weitere Daten zusammengestellt habe und dass sie nun mit rund zwölf Millionen Dateien arbeiten könnten.

»Ich werde wohl im kommenden Monat das Angebot annehmen und in Frankreich ins Zeugenschutzprogramm gehen«, sagt John.

»Wie fühlst du dich damit?«, frage ich.

»Bescheiden. Aber ich habe mittlerweile mit meiner Freundin darüber gesprochen, sie unterstützt mich«, sagt John.

»Hast du ihr von Football Leaks erzählt?«, frage ich.

»Sie weiß immer noch nicht, worum es genau geht. Aber sie hat den ›Sábado‹-Artikel gelesen, sie versteht, dass ich in Gefahr bin. Zudem muss das alles jetzt relativ schnell gehen, weil keiner weiß, ob die Portugiesen nicht doch noch einen Haftbefehl gegen mich erlassen. Wenn ich nach Portugal müsste, käme ich da nicht mehr lebend raus«, sagt John.

»Warum wartet ihr dann noch bis zum nächsten Monat?«, frage ich.

»Ich habe hier noch einige Dinge zu regeln, zudem müssen wir weitere Formalitäten klären, das wird noch ein paar Tage in Anspruch nehmen«, sagt John.

Das Essen wird serviert. John hat sein Lieblingssteak bestellt, aber er wird es an diesem Abend nicht aufessen. Er stochert ein bisschen in dem Fleisch herum, trinkt ein wenig Wein. Keine Scherze, kein Sarkasmus. John schweigt viel, grübelt. Die Signals-Mitarbeiterin erklärt, dass die Stiftung zugesagt habe, Johns Anwaltsteam zu finanzieren. Zudem solle John im Umgang mit Medien geschult werden, die Signals-Stiftung würde versuchen, ihm möglichst viel Öffentlichkeit zu verschaffen.

»Du wirst also vor dem Zeugenschutzprogramm deine Anonymität ablegen und der Öffentlichkeit sagen, wer du bist?«, frage ich.

»So planen wir es, ja. Wir wollen das eventuell im Zuge einer Pressekonferenz tun«, sagt John. Bourdon bittet ihn, bei diesem Thema nicht weiter in die Tiefe zu gehen.

Es ist schwierig für mich, den dreien zu folgen. Oft spielen sie während des Gesprächs nur mit Andeutungen, manchmal werden Sätze nicht vollendet, oft tauschen sie untereinander geheimnisvolle Blicke aus. John, der fast drei Jahre lang viele seiner Gedanken und Gefühle mit mir geteilt hat, darf dies nun offenbar nicht mehr tun. Ich kann das nachvollziehen und lasse es zu, dass er meine Fragen nicht beantwortet. John will jetzt einen anderen, einen deutlich fremdbestimmteren Weg einschlagen. Es ist seine Entscheidung, doch man merkt ihm an, wie sehr er damit zu kämpfen hat. Das Zwicken in meinem Bauch hört einfach nicht auf.

Der Anwalt fragt den Kellner nach einem Taxi. »Hast du noch Fragen, John?«, sagt Bourdon. John schüttelt den Kopf. »Du wirst mir dann ja sagen, was wir in den kommenden Wochen noch benötigen«, sagt er.

Wir verlassen das Restaurant und steigen zu viert ins Taxi. Auf dem Weg zu Bourdons Hotel lässt der Taxifahrer John und mich an Johns Wohnung raus. Gemeinsam stehen wir an der Straßenecke neben seiner Wohnung. Es ist dunkel, kaum eine Laterne leuchtet. John hat seine Hände tief in der Jackentasche vergraben. So standen wir zuvor schon viele Male hier, um uns voneinander zu verabschieden.

»Meine Eltern kommen heute Nacht hierher«, flüstert John.

»Bitte?«, frage ich.

»Ich muss sie noch einmal sehen, bevor ich abtauche. Ich vermisse sie sehr«, sagt John.

»Hältst du das für eine gute Idee? Über sie bist du doch ganz einfach zu finden«, sage ich. In meinem Magen trommelt es.

»Ich habe einige Sicherheitsabläufe mit ihnen durchgesprochen. Sie sind vorbereitet. Ich weiß nicht, wie lange ich in dem Zeugenschutzprogramm sein werde. Ich will meinen Vater und meine Stiefmutter zumindest noch einmal drücken und einen Wein mit ihnen trinken, bevor ich weg bin«, sagt John.

»Ich kann das verstehen, aber es ist wirklich gefährlich. Wie lange wollen sie hierbleiben?«, frage ich.

»Ein paar Tage. Wir wollen uns hier ein paar Museen angucken«, sagt John.

Ich versuche, mich zu sammeln. John ist ein kluger Mensch, aber oft auch ein bisschen naiv und vor allem ziemlich emotional. »Weiß Bourdon, dass deine Eltern heute hierherkommen?«, frage ich.

»Ja, ich habe es ihm gesagt«, sagt John.

»Und wie hat er reagiert?«, frage ich.

John verdreht die Augen. »Komm, wir haben noch etwa eine Stunde, bis sie da sind. Lass uns noch etwas zusammen trinken«, sagt er.

Wir gehen zurück auf die Hauptstraße, wo eine Bar neben der anderen liegt. Das Nachtleben in Budapest ist unglaublich. An jedem Tag der Woche sind die Clubs und Pubs gefüllt. Nicht nur Touristen strömen in Scharen nach Budapest, es sind vor allem die vielen jungen Menschen, die oft zum Studieren hierherkommen, die die Stadt so lebendig und vielfältig machen.

John hat eine Sportsbar entdeckt, die große Cocktails anbietet. »Das brauche ich jetzt nach diesem Tag«, sagt John. Wir bestellen zwei Drinks und setzen uns in eine der abgelegenen Ecken mit Blick auf die Straße.

»Wissen deine Eltern von Football Leaks?«, frage ich.

»Jeder in Portugal weiß, dass ich etwas damit zu tun habe. Mein Vater hat mich mal darauf angesprochen, ich habe versucht, ihn davon zu überzeugen, dass er sich keine Sorgen um mich machen muss. Mein Vater ist ein sehr politischer Mensch, ich glaube, er ist stolz auf das, was ich tue. In Portugal weiß ja jeder, wie tief der Fußball in die politischen und wirtschaftlichen Strukturen des Landes hineinreicht. Und wie viele schmutzige Geschäfte daraus in den vergangenen Jahrzehnten entstanden sind«, sagt John.

Wir beobachten ein Pärchen, das vor dem Lokal steht und die ganze Liebe einer Nacht in einen gemeinsamen Moment zu verwandeln scheint. Um sie herum grölen irgendwelche Kerle, ein Obdachloser zieht einen Einkaufswagen wenige Meter von ihnen entfernt, doch all das scheinen die beiden nicht wahrzunehmen. Sie haben sich, und das reicht ihnen offenbar vollkommen.

»Ich bin 2015 nach Budapest zum Studieren gekommen. Ich wollte mir hier ein Leben aufbauen, weil Portugal mir einfach keine Zukunft ermöglicht hat. Die Korruption, die Jugendarbeitslosigkeit, das viele Geld, das all die Reichen aus dem Land geschafft haben, haben mich furchtbar wütend gemacht. Ich brauchte etwas anderes«, sagt John.

Er steht auf und holt uns zwei weitere Drinks. John rührt eine Weile in seinem Getränk herum, stochert im Eis. »Meine Freundin sagt, ich sei womöglich irgendwann in den vergangenen Jahren irgendwo falsch abgebogen und konnte nicht mehr erkennen, welche Probleme da auf mich zukommen. Aber das stimmt nicht. Ich bin nicht falsch abgebogen. Denn das würde ja bedeuten, dass ich irgendwo vor einer Kreuzung gestanden hätte. Dass ich also eine Wahl gehabt hätte. Aber ich hatte keine Wahl. Ich musste diese Dokumente und all die schmutzigen Geheimnisse dieser Fußballbranche offenbaren. Wenn ich es nicht getan hätte, wäre der Schaden doch viel größer geworden«, sagt John.

Auf einmal springt er auf, nimmt noch einen großen Schluck von seinem Drink und zieht mich an der Jacke. »Das da waren meine Eltern. Komm, ich stelle sie dir vor«, sagt John. Ich wüsste nicht, wann mein Magen jemals zuvor so gezwickt hat.

»Woher weißt du, dass das deine Eltern waren?«, frage ich.

»Ich habe sie erkannt«, sagt John.

»Kommen sie im Taxi?«

»Ja. Ich habe ihnen aber eine andere Adresse gegeben.«

»Weit entfernt von deiner Wohnung?«

»Nein, ziemlich nah. Aber ich wollte, dass es eine andere Hausnummer ist.«

»Das ist jetzt aber keine wirkliche Hochsicherheitsanreise«, sage ich.

John dreht sich um und winkt mich hinter sich her. Wir gehen aus dem Laden raus, das knutschende Pärchen steht immer noch vor der Tür. Wir schlendern die Straße entlang.

»Ich habe ein ziemlich ungutes Gefühl«, sage ich.

»Hast du immer«, sagt John.

»Woher willst du denn wissen, dass ihnen niemand gefolgt ist?«, frage ich.

»Das werden wir ja gleich sehen. Ich stelle dir meinen Vater vor, er ist wirklich ein spannender Mensch«, sagt John. Zum ersten Mal am heutigen Tag strahlt John wieder so etwas wie Freude aus.

»Wie lange hast du deine Eltern nicht mehr gesehen?«, frage ich.

»Viel zu lange«, sagt John.

Wir biegen um die Ecke und können die Straße schon sehen, in der Johns Wohnung liegt. Sein Vater und seine Stiefmutter stehen mit ihren Koffern auf dem Bordstein, eine Armlänge von Johns Haustür entfernt.

Die Straße, auf der die Eltern gerade stehen, ist von zwei Seiten einsehbar. Ich fasse John an die Schulter und bleibe stehen. An dem einen Ende der Straße steht ein Mann und raucht. An der Straßenecke, an der uns vorhin das Taxi rausgelassen hat, lehnt ein anderer Mann an der Hauswand. Ansonsten ist hier keine Menschenseele unterwegs.

»Siehst du die Männer?«, frage ich.

»Irgendwelche Männer halt«, sagt John.

»Es ist unfassbar kalt. Trotzdem trägt der rauchende Typ da vorne keine Jacke«, sage ich.

»Vielleicht ist er nur kurz aus der Kneipe raus, hinter der Ecke sind mehrere davon«, sagt John.

Er will weiter auf seinen Vater zugehen und zieht mich am Ärmel.

»Nein, ich gehe nicht mit. Hier stimmt irgendetwas nicht, ich fühle mich nicht wohl«, sage ich.

»Du hast Paranoia«, sagt John lachend. »Aber gut, geh ins Hotel, ich will meinen Vater nicht länger warten lassen. Kann ich ihm deine Kontaktdaten geben? Ich nehme an, dass ich ihn ab und zu aus dem Zeugenschutzprogramm über mein Wohlergehen informieren kann. Er könnte dir dann sagen, wie es mir geht, wenn du das willst«, sagt John.

»Klar kannst du das machen. Aber sehen wir uns vor deiner Abreise nicht mehr?«, frage ich.

»Ich darf dir das eigentlich nicht sagen: Aber es kann jetzt auch sehr schnell gehen. Niemand wird vorher erfahren dürfen, wann ich los muss«, sagt John.

Mir ist kalt, aber das hat weniger mit den Außentemperaturen zu tun. In diesem Moment fühlt es sich an, als würde Football Leaks enden. Nach so intensiven Jahren, nach einer so aufwühlenden und aufwendigen Betreuung einer Quelle toben gerade ganz viele unterschiedliche Gefühle in mir. Eines davon ist Traurigkeit. Denn bei all den Belastungen, den Strapazen und dem Druck, der mit diesem Projekt einherging, waren die Jahre mit John auch die spannendste Zeit meines bisherigen journalistischen Lebens.

»Wird Football Leaks ohne dich zu Ende sein?« frage ich.

»Wir entscheiden das gerade«, sagt John.

»Wie erfahre ich von eurer Entscheidung?«, frage ich.

»Möglicherweise wird sich irgendwann irgendwer bei dir melden«, sagt John. Er lächelt schief.

Wir umarmen uns, hauen uns mehrfach auf den Rücken.

»Ich wünsche dir nur das Beste und bedanke mich sehr dafür, dass du uns so viele Jahre vertraut hast«, sage ich.

»Ich danke euch für all die viele Mühe, die ihr mit den Daten hattet. Ich hatte immer das Gefühl, dass ihr wusstet, was ihr da tut«, sagt John.

Er lacht. Dann macht er zwei, drei schnelle Schritte nach hinten, winkt mir zu, zieht seinen Kopf zwischen seine Schultern und geht auf seinen Vater und seine Stiefmutter zu. Sie winken ihm bereits aus einigen Metern Entfernung zu.

Der Mann an der Straßenecke drückt sich, kurz nachdem John an ihm vorbeigegangen ist, von der Häuserwand ab. Er biegt um die Ecke und verschwindet in der Dunkelheit. Ich schaue mich nach dem rauchenden Kerl um, kann ihn aber nirgendwo mehr erblicken.

John umarmt seine Eltern. Sie gehen gemeinsam ins Haus.

AUS

Ich liege im Hotel und bin hundemüde. Mein Heimflug startet in sechs Stunden, aber in dieser Nacht werde ich kein Auge mehr zukriegen. Normalerweise kann ich berufliche Sorgen ganz gut abschütteln und die Nächte zum Auftanken nutzen. Heute geht das nicht. Kein bisschen.

Mein Bauch zuckt und zwickt, ich grüble über die beiden Typen an der Straßenecke und frage mich, was John geritten hat, so unvorsichtig zu sein. Ich hätte es vielleicht noch verstanden, wenn er seine Eltern für ein paar Stunden an irgendeinem Ort dieser Welt getroffen hätte. Aber sie zu sich nach Budapest einzuladen und dann auch noch gleich für mehrere Tage, halte ich für ziemlich unvorsichtig. Insbesondere so kurz vor seinem Ausstieg.

Vielleicht bin ich zu ängstlich, wahrscheinlich überfordern mich all die Szenarien, die sich seit Monaten rund um John aufbauen. Ich wünsche ihm sehr, dass er halbwegs schadlos aus der ganzen Sache herauskommt, weil er ein wirklich netter, kluger Typ ist, der mit dem, was er tut, tatsächlich immer das Wohl der Gesellschaft im Blick hat. So wirkte und so wirkt es jedenfalls auf mich. Mittlerweile sind aber so viele Menschen in seinen Ausstieg involviert – Anwälte, Assistenten, Ermittler, die Freundin, die Eltern, die Stiftung und wer weiß wer noch –, dass ich mir wirklich nicht sicher bin, dass er das alles noch mehrere Wochen ohne Probleme überstehen kann. Meine Gedanken werden auch die kommenden Stunden wie Flipperkugeln von der einen zur anderen Seite springen. An Schlaf ist nicht zu denken. Irgendwann stehe ich auf, dusche, gehe Frühstücken und fahre anschließend zum Flughafen.

Mein Rückflug hat eine Zwischenlandung. Als ich aus dem Flugzeug steige, sehe ich mehrere Nachrichten von John auf meinem Telefon. »Mit den Koffern meiner Eltern stimmt etwas nicht«, schreibt er. Die Koffer haben Zahlenschlösser. Diese würden sich aber nicht mehr öffnen lassen, steht in seinen Nachrichten. »Sie sind verkantet. Glaubst Du, die Koffer könnten durchsucht worden sein?«, fragt John. Ich zittere ein bisschen. Diese Nachrichten und meine Übermüdung, das ist keine gute Mischung. Ich werde zunehmend nervöser.

»Ich habe mir jetzt ein YouTube-Tutorial angeguckt. Dort erklären sie, wie man Koffer mit kaputtem Zahlenschloss öffnen kann«, schreibt John. Ich halte das Telefon reglos in der Hand und warte auf weitere Nachrichten.

»So konnte ich sie öffnen. Die Koffer sind komplett durchwühlt worden. Mein Vater glaubt, da sei jetzt ein GPS-Tracker drin«, schreibt John. Ich versuche, ihm zu antworten, aber ich weiß nicht, was ich schreiben soll. »Vielleicht haben sie da aber auch nur reingeguckt, weil mein Vater Wein mitgebracht hat«, schreibt John.

Ich gehe zu meinem Gate. Ich werde John antworten, sobald ich zuhause bin. Vielleicht kann ich auf dem Flug noch ein paar Minuten schlafen und meinen Kopf etwas sortieren. Nach meiner Landung schaue ich als Erstes wieder auf mein Telefon. Eine Nachricht von John, allerdings ist sie schon einige Stunden alt. Er muss sie mir zu dem Zeitpunkt geschickt haben, als ich gerade mit dem Flieger gestartet bin: »Oh man, das ist echt alles irre. Wir holen uns jetzt gleich etwas zu essen und versuchen, uns etwas zu entspannen.«

Ich steige in mein Auto und fahre vom Flughafen heim. Ich trete durch die Haustür, stelle meinen Rucksack ab, ziehe meine Schuhe aus. Im Wohnzimmer höre ich wieder mein Telefon klingeln, hole es aus meiner Hosentasche und schaue darauf. Eine Nachricht von Nicola. Sie schickt mir einen Screenshot ihrer Kommunikation mit einem unserer EIC-Kollegen. Micael Pereira arbeitet für die portugiesische Wochenzeitung »Expresso«.

Er schreibt: »Habt Ihr mitbekommen, dass Rui Pinto verhaftet wurde?«

Rui Pinto.

Ich starre auf mein Telefon, bleibe stehen, bewege mich nicht.

Nicola schickt mir einen Link zu einer portugiesischen Nachrichtenseite. Dort steht, Rui Pinto sei in Budapest festgenommen worden. Er soll Teil von Football Leaks sein und sei der Hauptverdächtige im sogenannte Benficagate.

Nicola schreibt Micael, was der SPIEGEL in solchen Fällen immer kommuniziert: Dass wir zur Identität möglicher Quellen nie etwas sagen können. Das wird in den kommenden Tagen unser Standardsatz werden. Micael ist ein erfahrener Journalist, seit über 20 Jahren Redakteur. Quellenschutz muss man ihm nicht erklären, er löchert uns deshalb auch nicht mit weiteren Fragen. Wir sind dankbar, mit solchen Profis im EIC zusammenarbeiten zu dürfen.

Ich rufe William Bourdon an. Der Anwalt geht beim ersten Klingeln dran. »Was für eine Scheiße«, zischt Bourdon ins Telefon.

»Wie geht's ihm?«, frage ich.

»Er ist in Untersuchungshaft. Ich weiß noch nicht viel über die Umstände der Verhaftung. Aber die Polizei hat viele seiner Dokumente und Daten konfisziert«, sagt Bourdon. Er sagt, dass der ungarische Verteidiger morgen Zugang zum Haftbefehl bekommen und dass er Rui Pinto im Gefängnis besuchen werde. Dann legt Bourdon auf. Für ihn beginnt eine Nachtschicht. Das Anwaltsteam will gemeinsam mit der Signals-Stiftung für den kommenden Morgen eine Pressemitteilung vorbereiten.

Rui Pinto. Drei Jahre lang durfte ich diesen Namen nicht nennen. Nur ein sehr kleiner Kreis von Kollegen beim SPIEGEL weiß, dass John Rui Pinto ist. In den kommenden Wochen werden wir den Namen Rui Pinto ständig sagen und schreiben müssen. Rui Pinto wird zu einer Weltnachricht werden. Für unseren Whistleblower beginnt nun die schwerste Zeit seines Lebens.

ERSCHÜTTERT

Ich setze mich in meinen Lesesessel und scrolle durch die portugiesischen Medien. Nicola schickt mir parallel weitere Links, die sich mit der Verhaftung von Rui Pinto beschäftigen. Wir versuchen herauszufinden, was ihm vorgeworfen wird. Wir sehen, dass die Generalstaatsanwaltschaft Portugals gemeinsam mit der dortigen Kriminalpolizei bereits eine Pressemitteilung herausgegeben hat. Von einer »Operation Cyber-Donau« ist darin die Rede. Die Behörden teilen mit, sie hätten in einem EU-Mitgliedsland einen 30-jährigen Portugiesen festgenommen. Dafür sei ein Europäischer Haftbefehl erlassen worden, es gehe um versuchte Erpressung und Cybercrime.

Noch am gleichen Abend gibt es auch eine Pressekonferenz. Um 20 Uhr, Prime Time im portugiesischen Fernsehen, tritt Carlos Cabreiro vor die Mikrofone. Wir verfolgen die Aussagen des Sprechers der Cybercrime-Einheit der portugiesischen Polizei live über die Nachrichtenticker. Demnach sei die portugiesische Kriminalpolizei bei dem Zugriff in Budapest vor Ort gewesen. Die Ermittler hätten diverses Computerequipment während der Operation sichergestellt. Der Festgenommene habe zu keinem Zeitpunkt Widerstand geleistet. Ihm sollen nun bis zu zehn Jahre Haft drohen. Die Portugiesen würden darauf drängen, dass der Verhaftete ausgeliefert und vor ein portugiesisches Gericht gestellt werde.

Ich schreibe Nicola. Wir diskutieren über die Vorwürfe. »Ich denke, bei der versuchten Erpressung handelt es sich um den Doyen-Fall von 2015. Den haben wir ja auch schon beschrieben. Aber wieso wird John denn jetzt deswegen verhaftet, das ist doch alles schon drei Jahre her und ewig bekannt?«, schreibt Nicola. Bei den Vorwürfen der Cyberkriminalität sind wir beide etwas ratlos und müssen morgen Pintos Anwälte dazu befragen.

»Was machen wir mit dem EIC?«, fragt Nicola. Die Kollegen aus unserem Netzwerk beginnen bereits Fragen zu stellen. Viele von ihnen vermuten, dass Rui Pinto tatsächlich John ist, belegen können sie es aber nicht. Sie sind angewiesen auf eine Bestätigung oder ein Dementi von uns.

Nicola und ich telefonieren miteinander. Ich sage: »Wir können jetzt noch nicht erklären, wie und ob Rui Pinto mit John zusammenhängt. Wir würden damit eine Quelle verraten. Wenn Pintos Anwalt über den Hintergrund seines Mandanten sprechen möchte, kann er das tun. Aber wir müssen unsere Quelle schützen, auch wenn sie verhaftet wurde. Was ist denn, wenn Pinto sich zu all den Vorwürfen aus prozesstaktischen Gründen überhaupt nicht äußern möchte? Niemand muss sich selbst belasten, und wir sollten erst recht niemanden belasten.«

Nicola hört ruhig zu. Sie bleibt oft auch in sehr stressigen Momenten klar und kann die Dinge mit Weitblick einordnen. »Die Lage ist wahnsinnig kompliziert. Die Polizei hat noch nicht mal offiziell gesagt, dass Pinto der Verhaftete ist, auch wenn die Presse in Portugal darüber spekuliert. Die Nachrichten sind überall, die Kollegen können jederzeit darauf angesprochen werden, und morgen werden ihre Chefredakteure sie auffordern, Texte über die Verhaftung zu schreiben«, sagt Nicola.

»Ich weiß. Ich will mir morgen die Pressemitteilung von Pintos Anwälten ansehen, vielleicht werden sie dort schon etwas erwähnen, was unser EIC-Problem lösen könnte«, sage ich.

Nicola ist in Hamburg, ich bin in meinem Büro in Münster. Wir teilen uns auf. Ich rufe den EIC-Koordinator Stefan Candea an, er schickt eine unverschlüsselte Rundmail an alle Partner. Verschlüsselte Mails können die meisten Kollegen nur auf ihren Rechnern lesen, aber nicht auf ihren Handys. Inzwischen ist es aber bereits 22 Uhr. Candea bittet alle ziemlich knapp darum, unsere EIC-Kommunikationsplattform zu checken. Dort erklären wir, dass der SPIEGEL sich zu potenziellen Quellen nicht äußern kann. Wir bitten die

Partner, vorerst nichts zu dem Fall zu veröffentlichen, und versprechen eine Telefonkonferenz für den nächsten Vormittag. Nicola versucht in der Zwischenzeit, unsere neue Chefredaktion über die Verhaftung zu informieren, und bittet Alfred Weinzierl, der für das Football-Leaks-Projekt in unserer Chefetage verantwortlich war, um die Einberufung einer Konferenz für den kommenden Morgen. Alfred kennt als einer der wenigen in unserem Haus die wahre Identität Johns. Wir müssen mit ihm gemeinsam besprechen, wie wir mit dem Quellenschutz und dem EIC weiter umgehen sollen.

Nicola schreibt mir kurz vor Mitternacht, dass wir uns schon früh am nächsten Morgen in Alfreds Büro mit dem gesamten Team zusammensetzen werden. Ich soll über eine verschlüsselte Leitung dazu geschaltet werden. Ich versuche noch ein paar Stunden zu schlafen, aber ich kann mich nicht von dem Gedanken lösen, dass Pinto sehenden Auges in diese Verhaftung gelaufen ist. Ich bin überzeugt davon, dass die beiden Männer, die ich an dem Abend unserer Verabschiedung in seiner Straße gesehen habe, Zivilpolizisten waren. Warum zum Geier war er nur so leichtsinnig und hat seine Eltern zu sich eingeladen? Sicherlich sind die Polizisten ihnen gefolgt. Pinto war so kurz davor, sein Leben neu zu regeln. Jetzt bricht alles zusammen. Er muss die Nacht in einer Gefängniszelle in Budapest verbringen. Und es wird für ihn sicherlich nicht die letzte Nacht im Knast sein.

»Wollte er vielleicht verhaftet werden? War er deshalb so leichtsinnig?«, schießt es mir durch den Kopf. In den vergangenen Jahren hat Pinto in mehreren Gesprächen mit mir auch immer wieder sinngemäß Sätze wie diese gesagt: »Manchmal ist es besser, sich allen Vorwürfen zu stellen, als sein ganzes Leben lang wegzulaufen. Aber ich habe Angst, in Portugal vor Gericht zu müssen. Ich würde dort niemals einen fairen Prozess bekommen.«

Beim Aufstehen am nächsten Morgen frage ich mich, wie Pintos Nacht gewesen sein mag. Er kann ein bisschen Ungarisch, zumindest genug, um sich beim Smalltalk zurechtzufinden. Wenn man aber an ein osteuropäisches Gefängnis denkt, kommen einem nicht als Erstes irgendwelche Leute in den Sinn, mit denen man

Smalltalk betreiben möchte. Zumindest mir nicht. Mit wie vielen Männern er wohl in einer Zelle sitzen muss? Ob darunter auch Schwerverbrecher sind? Wie sind die hygienischen Zustände dort? Ist Pinto schon vernommen worden? Durfte er seinen Anwalt kontaktieren?

Ich gehe duschen und stelle fest, dass mich die Festnahme mehr mitnimmt, als ich mir zunächst eingestehen wollte. Eigentlich gilt im investigativen Journalismus die eiserne Regel, sich niemals mit einer Quelle oder einem Informanten auf eine emotionale Beziehung einzulassen. Unbedingte Distanz ist ein wichtiger Grundsatz, gleichzeitig aber auch eine ziemlich pathetische Forderung. Denn wenn man eine Quelle mehrere Jahre lang so intensiv und vertrauensvoll betreut hat, entwickelt man unweigerlich Gefühle gegenüber diesem Menschen. Pinto hat mich in den vergangenen Jahren mit seinem irrationalen Handeln fast zur Weißglut getrieben. Auf der anderen Seite empfinde ich eine große Hochachtung vor seinem Mut, seiner Courage, seinem Eifer. Er hat eine ganze Branche seziert und aufgezeigt, wie krank sie im Inneren ist. Für Whistleblower wie ihn sollte es eigentlich einen anderen Ausweg geben als das Gefängnis.

In unserer Konferenz mit Alfred ist die Haltung der meisten Beteiligten klar: Wenn Bourdon als Anwalt über Pintos Rolle als unsere Quelle sprechen möchte, soll er das jederzeit tun. Bis dahin werden wir jedoch nichts dazu sagen.

Nach dem Gespräch mit Alfred und unserem Football-Leaks-Team beim SPIEGEL informieren wir unser europäisches Netzwerk. Die EIC-Kollegen stellen viele Fragen, und natürlich wollen sie etwas über die Verhaftung schreiben. Trotzdem haben fast alle Verständnis, dass wir die Situation von Rui Pinto nicht kommentieren wollen und können. Ein bisschen können wir aber immerhin sagen. Denn zum Glück kommt bereits am Vormittag eine Mail von Bourdon. Im Anhang befindet sich die Pressemitteilung, die von dem französischen Anwalt und seinem portugiesischen Kollegen, Francisco Teixeira da Mota, unterschrieben ist. Bereits im ersten Satz sagen die Anwälte, dass Rui Pinto ein »großer europäischer Whistleblower und Teil von Football Leaks« sei. Sie betonen, dass die Football-Leaks-Veröffentlichungen zahlreiche polizeiliche Ermittlungen ausgelöst hätten. Offenbar haben die Anwälte auch schon Zugang zum Europäischen Haftbefehl erhalten, denn sie schreiben in ihrer Mitteilung, dass die Verhaftung die Konsequenz aus einer Anzeige des Sportrechtevermarkters Doyen sei. Das Schreiben macht auch deutlich: Die Anwälte wollen sich gegen eine Auslieferung Pintos nach Portugal wehren.

Die folgenden Stunden werden für uns ziemlich stressig. Wir bekommen einige Anfragen von anderen Medien, die wissen wollen, ob Pinto unsere Quelle sei. Wir telefonieren Pintos Anwälten hinterher und versuchen, weitere Details über den Europäischen Haftbefehl zu erhalten. Bourdon und seine beiden Kollegen machen sich allerdings rar. Verübeln können wir es ihnen nicht. Sie müssen jetzt schnell eine Verteidigungsstrategie für Pinto entwerfen, das bindet viele Ressourcen. Dass sie allerdings in ihrer Pressemitteilung nicht schreiben, dass Rui Pinto John ist, lässt mich etwas ratlos zurück. Aus unserer Sicht wäre die völlige Offenlegung von Pintos Identität sinnvoll, um seinen Status und seine Leistungen als Whistleblower hervorzuheben.

Auch unsere EIC-Partner recherchieren zu den Hintergründen der Verhaftung. Irgendwann im Laufe des Tages bekommen wir Zugang zum Europäischen Haftbefehl. Die portugiesische Generalbundesanwaltschaft hat ihn einen Tag vor Pintos Verhaftung aufgesetzt. Der Vorwurf der versuchten Erpressung stammt wie erwartet von Doyen. Dazu wird Pinto in zwei Fällen der »Cyberkriminalität« beschuldigt, er soll sich »unrechtmäßigen Zugang« zu vertraulichen Dokumenten verschafft haben. Anzeigensteller sind Doyen und der portugiesische Klub Sporting Lissabon. Alle Vorwürfe stammen aus dem Jahr 2015. Welche Belege den Beschuldigungen zugrunde liegen, geht aus dem elf Seiten umfassenden Haftbefehl nicht hervor.

Dass es eine Anzeige von Doyen ist, die ihn in Untersuchungshaft gebracht hat, muss Rui Pinto besonders schmerzen. Zu dem Sportrechtevermarkter haben wir in den vergangenen Jahren viel

Material von Football Leaks erhalten und können deshalb behaupten, dass der Name ein Sammelbegriff für eine Vielzahl undurchsichtiger, teils in Steuerparadiesen registrierter Gesellschaften ist. Doyen steht für das, was Pinto angetrieben hat: den Kampf gegen Firmen, die im Fußball zwielichtige Geschäfte machen.

Wer der Spur des Geldes folgt, erkennt, mit welchem Milieu man es bei Pintos Gegnern zu tun hat. Arif Arif, der Doyen-Chef, bewegte sich 2015 im Dunstkreis kasachischer Oligarchen, die nach dem Zusammenbruch der Sowjetunion Milliarden im Rohstoffsektor gescheffelt hatten. Sein Vater Tevfik Arif hat die Immobilienfirma Bayrock gegründet, die mit Donald Trump Geschäfte machte und mittlerweile sogar eine Rolle in der Staatsaffäre um den US-Präsidenten spielt. Der US-Kongress wird später einen ehemaligen Mitarbeiter Arifs verhören. Die Hintermänner von Doyen scheuen die Öffentlichkeit. Die Firma klagte auch gegen »The Black Sea«, unseren osteuropäischen EIC-Recherchepartner, und versuchte, vergangene und sogar künftige Football-Leaks-Berichterstattung über Doyen zu verbieten. Das Unternehmen beantragte auch bei Google, Links zu diesen Berichten auf der Website von »The Black Sea« zu entfernen. Sehr sympathische Typen.

Am späten Nachmittag erreiche ich Dávid Deák, Pintos ungarischen Anwalt. Er erzählt mir, dass es Pinto den Umständen entsprechend gut gehe, er in einer Doppelzelle mit einem Mithäftling sitze. Die portugiesische Justiz baue viel Druck auf, um Pinto so schnell wie möglich ausliefern zu lassen, sagt Deák. Er erklärt, dass für den kommenden Morgen ein Haftprüfungstermin anberaumt sei. Pinto werde dort gefragt, ob er einer Auslieferung zustimme. Deák sagt, dass Pinto dies verneinen werde. Dann liegt es an der Richterin, ob sie ein Prüfungsverfahren eröffnet oder dem Drängen der portugiesischen Ermittler nachkommt. »Ich habe kein Gefühl, wie das ausgeht. Hier kann alles passieren«, sagt Deák. Vor allem die versuchte Erpressung, die Pinto vorgeworfen wird, sei ein wirkliches Problem, denn bei solch schwerwiegenden Vorwürfen würden europäische Staaten die Beschuldigten normalerweise routinemäßig ausliefern. Deák verspricht mir, sich direkt zu melden, wenn

die Richterin am nächsten Tag über die Frage der Auslieferung entschieden hat.

Wir veröffentlichen bei SPIEGEL ONLINE eine Meldung zur
Verhaftung. Auch uns fällt es schwer, über den Fall zu schreiben,
solange wir nicht erklären können, dass John unser Informant war.
Alle Texte, die diese Frage nicht auflösen, enthalten eine Unwucht,
wirken unrund. Ich schreibe Bourdon, dass ich dringend mit ihm
telefonieren müsse. Er antwortet spät am Abend, dass er mich morgen nach Pintos Anhörung anrufen würde.

Diese Warterei nervt mich immens. Ich bin ein Mensch, der Probleme gerne direkt angeht und löst. Aber hier geht es nicht um
meine, sondern um Pintos Probleme. Mir bleibt nichts anderes
übrig, als zuzusehen, was er gemeinsam mit seinen Anwälten aus
der Situation macht.

Am nächsten Morgen gehe ich joggen, um meinen Kopf ein
wenig frei zu bekommen. Pinto war zwar meine Quelle, wir verstehen uns gut, aber um über den Fall berichten zu können, muss
ich genügend professionellen Abstand haben. Ich weiß nicht, was
Pinto im Jahr 2015 getrieben hat. Ich weiß nicht, wie er an seine
Daten gekommen ist. Ich gebe zu, dass ich ihn am liebsten sehr laut
verteidigen würde. Ich finde, dass seine Arbeit vielen Menschen
die Augen über eine extrem intransparente Branche geöffnet hat.
Und die vielen Steuermillionen, die auf Basis der Football-Leaks-
Enthüllungen von der Justiz eingetrieben werden konnten, sollten am Ende auch einen Whistleblower vor polizeilichen Zugriffen
schützen. Ganz zu schweigen von all den Ermittlungsverfahren, die
durch Pintos Daten angestoßen wurden und immer noch laufen.
Ich denke darüber nach, einen Kommentar zu schreiben. Doch ich
verwerfe die Idee, weil ich immer wieder zu dem Problem zurück-
kehre, dass ich zum einen öffentlich nicht sagen darf, dass Pinto
meine Quelle ist, zum anderen nicht weiß, wie die Beweislage der
portugiesischen Polizei aussieht. Ein Kommentar würde nur meine
persönliche Bewertung des Falles wiedergeben, und das ist zum jet-
zigen Zeitpunkt zu voreingenommen, zu unausgewogen, zu früh.
Ich beschließe, zunächst weiter nach der Prozessakte zu suchen und

nun auch den Versuch zu unternehmen, mit der portugiesischen Justiz zu sprechen.

Das Joggen tut gut. Ich fühle mich etwas klarer. Ich brauche solche Momente, um unter hohem Druck etwas Abstand zu den Dingen zu bekommen, um meine Haltung gegenüber einem Thema oder einer Person zu klären. Das ist diesmal gelungen.

Vor dem Duschen schaue ich auf mein Telefon: Bourdon hat angerufen. Ich wähle seine Nummer. Der Anwalt geht direkt ran und spricht sofort drauflos: »Pinto wird heute oder morgen aus der U-Haft entlassen und darf unter Hausarrest bleiben, bis die Richterin entscheidet, wie es mit ihm weitergeht. Das ist schon mal ein großer Sieg.«

»Was sind die Gründe für diese Entscheidung?«, frage ich.

»Wir haben der Richterin erklärt, dass Pinto bereits seit mehreren Monaten mit anderen Justizbehörden kooperiert hat. Wir haben ihr dazu Briefe der Ermittler vorgelegt und ihr auch gezeigt, wie Pinto zuletzt bedroht wurde. Das will sie jetzt alles prüfen«, sagt Bourdon.

»Wie lange kann das dauern?«, frage ich.

»Ein paar Wochen. Ich werde in den nächsten Tagen nach Budapest fahren und Pinto besuchen. Wir müssen der Welt erklären, was er in den vergangenen Jahren alles geleistet hat«, sagt Bourdon.

»Wäre es dafür nicht gut, dass ihr erklärt, dass er John ist?«, frage ich.

»Möglicherweise«, sagt Bourdon.

Wir verabreden, uns sofort nach seinem Besuch bei Pinto wieder zu sprechen. Kurz nach Bourdon ruft mich Deák an. Der ungarische Anwalt erklärt, dass ein weiterer wichtiger Punkt für Pintos vorläufige Entlassung aus der Haft gewesen sei, dass er eine Wohnadresse in Budapest hat.

»Er war auf seinen richtigen Namen angemeldet?«, frage ich.

»Ja, und zwar seit längerer Zeit«, sagt Deák.

Das verschlägt mir die Sprache. Ich wusste, dass Pinto seinen Lebensmittelpunkt nach Budapest verlegt hat, aber dass er einen offiziellen Mietvertrag hatte, habe ich nicht gewusst. Warum hat die

Polizei dann so lange gebraucht, um ihn zu finden? Die Vorwürfe gegen ihn bestehen ja schon seit drei Jahren.

Deák sagt, der Fall habe wegen Pintos Informationsaustausches mit den diversen Justizbehörden ein Alleinstellungsmerkmal und müsse deshalb mit besonderer Sorgfalt betrachtet werden: »Ein Whistleblower, der mit anderen europäischen Behörden zusammenarbeitet und hier lebt, ist für das ungarische Justizsystem neu. Eine Auslieferung sollte unter diesen Umständen nicht passieren.« Whistleblower genießen in Europa besonderen rechtlichen Schutz. Pintos Anwälte wollen durchsetzen, dass ihm dieser Status zuerkannt wird, damit für ihn gesetzliche Ausnahmeregelungen greifen können.

Um Pintos Bedeutung als Whistleblower herauszustellen, hätten die Anwälte vor Gericht auch auf seine Mitarbeit mit Schweizer Strafverfolgungsbehörden hingewiesen, sagt Deák. Demnach hat Pinto sich bereit erklärt, Ermittlungen in der Schweiz mit seinen Daten zu unterstützen. Dabei geht es um ein Verfahren gegen einen Staatsanwalt aus dem Kanton Wallis, der ein Freund des Fifa-Präsidenten Infantino ist und gegen den wegen des Verdachts der Vorteilsnahme im Amt ermittelt wird. Ausgelöst wurde dieser Fall durch unsere Football-Leaks-Veröffentlichungen im vorigen November. Zudem haben Pintos Anwälte wohl auch vorgetragen, dass der 30-jährige Portugiese sowohl die US-amerikanische Justiz bei den Ermittlungen wegen des Verdachts der Vergewaltigung gegen Cristiano Ronaldo unterstützt habe als auch eine monatelange Kooperation mit französischen Staatsanwälten eingegangen sei.

Deák sagt, dass die Anwälte vor allem den Vorwurf der versuchten Erpressung vollständig zurückweisen wollten. »Die nächsten Tage werden anstrengend«, sagt er. Deák ist noch ein junger Anwalt, und man merkt ihm an, dass dieser Fall etwas Besonderes für ihn ist. Ein ehrgeiziger Verteidiger kann für Pinto von Vorteil sein, denke ich.

Wenig später steige ich in den Zug nach Hamburg. Auf dem Weg schreibe ich schon mal auf, was mir Deák und Bourdon am Telefon erzählt haben. Michael, Nicola und Christoph recherchieren parallel dazu zu den Auslieferungsgesetzen in Ungarn und Portugal und befassen sich mit dem europäischen Whistleblowerschutz. Nicola koordiniert auch die Rückfragen der EIC-Partner.

Obwohl die Situation mehr als undurchsichtig und ziemlich stressig ist, bin ich wieder einmal stolz auf unser SPIEGEL-Team. Nach den jahrelangen gemeinsamen Recherchen kennen wir uns mittlerweile alle so gut, dass selbst solche Ausnahmetage extrem effizient und mit viel kollegialer Unterstützung ablaufen. Wenig später werden wir bei SPIEGEL ONLINE den nächsten Artikel veröffentlichen und dort erklären, dass Pinto nun in den Hausarrest wechseln darf.

Ich verabrede mich nach meiner Ankunft in Hamburg mit dem neuen Chefredakteur des SPIEGEL, Steffen Klusmann, um die Lage zu besprechen. Ich berichte ihm von Pintos Situation und erläutere unsere Entscheidung, der Öffentlichkeit nicht zu bestätigen, dass er unsere Quelle ist. Mittlerweile befragen uns auch Mediendienste dazu, der Druck auf uns wird größer. Aber der Schutz unserer Quellen ist uns heilig, deshalb müssen wir das aushalten. Wenn wir in der derzeitigen Situation Fehler begingen, würden andere Informanten zukünftig wohl einen großen Bogen um uns machen, das sieht Steffen wie wir. Wir besprechen, wie wir die Entwicklungen in den kommenden Wochen begleiten können, und ich erzähle von meiner Hoffnung, Bourdon zu einem Interview zu bewegen. Der Anwalt selbst sollte erklären, wer John ist.

Als ich Steffens Büro verlasse und den Aufzug betreten will, klingelt mein Telefon. Eine verschlüsselte Nachricht. Ich öffne das Programm und bin fassungslos: »Hallo, mein Freund. Ich kann Dir sagen, ungarische Gefängnisse sind nicht zu empfehlen.«

Ungläubig starre ich auf den Bildschirm. Es ist Pintos Kanal, auf dem die Nachricht eingeht. Wie kann das sein? Bourdon sagte, dass die Polizei die elektronischen Geräte Pintos konfisziert habe. Ist das eine Falle? Schreibt mir vielleicht ein Ermittler, der mehr über Pinto herausfinden will? Solche sogenannten Identitätsübernahmen, also das polizeiliche Nutzen von Accounts Beschuldigter, kommen bei verdeckten Ermittlungen häufiger vor. Ich überlege mir, wie ich herausfinden könnte, ob mir tatsächlich Pinto schreibt. Dafür bräuchte es ein Passwort oder eine Frage, die nur er beantworten könnte.

»Von welchem Getränk bist Du fast draufgegangen?«, schreibe ich.

»Moscow Mule«, antwortet Pinto umgehend. Es war der Teufelscocktail, den er am Abend vor den TV-Aufnahmen mit dem NDR getrunken hat. »Hahaha. Du immer mit Deinen bescheuerten Quizfragen. Also, ich bin es wirklich. Ich stehe jetzt unter Hausarrest und darf meine Wohnung nicht verlassen«, schreibt John.

Ich warte vor den Aufzügen und kann mich nicht rühren. Nie hätte ich damit gerechnet, so schnell wieder etwas von Pinto zu lesen. »Ich dachte, Deine Telefone seien beschlagnahmt worden«, schreibe ich zurück. Meine Skepsis kann ich noch nicht komplett über Bord werfen.

»Dieses hier nicht. Warum auch immer. Ich traue dem Ganzen nicht und werde das Ding nicht oft benutzen«, schreibt Pinto.

»Wie lief denn Deine Verhaftung ab?«, frage ich.

»Das erzähle ich Dir, wenn wir uns sehen«, schreibt er zurück.

»Darfst Du Besuch empfangen?«, frage ich.

»Ich denke schon, muss aber nochmal die Anwälte fragen. Meine Freundin ist jedenfalls hier. Sie muss mir auch Essen und so besorgen. Ich habe einen GPS-Sender am Fuß und kann die Wohnung nicht verlassen, ohne eine Herde Polizisten in Bewegung zu setzen«, schreibt John.

Er sei müde und wolle jetzt erstmal schlafen. Sobald er mit seinen Anwälten gesprochen habe, wolle er sich nochmal bei mir melden. Als ich unseren Datenraum betrete, fragt mich Christoph, warum ich so blass sei. Ich erzähle von Pintos Nachrichten und dass ich nicht erwartet hätte, heute von ihm zu lesen. Michael schüttelt den Kopf. »Typisch John«, sagt er.

In den kommenden Tagen telefoniere ich immer wieder mit Bourdon. Der Anwalt ist im engen Austausch mit Pinto und besucht ihn wenige Tage später in Budapest. Am Morgen nach dem Treffen ruft Bourdon mich erneut an: »Pinto will jetzt volle Öffentlichkeit. Ich darf sagen, wer John ist«, erklärt Bourdon. Wir vereinbaren ein Interview für die kommende Ausgabe des SPIEGEL.

Am Tag vor dem Interview, an dem neben mir auch Michael und Christoph teilnehmen werden, spreche ich mit Bourdon die entscheidende Frage ab. Wir werden ihn als Erstes fragen, ob es einen Unterschied zwischen John und Rui Pinto gebe. Da die Antwort auf diese Frage elementar für das Gespräch ist, gebe ich sie dem Anwalt vorab durch. Weitere Fragen erfährt er jedoch nicht.

Bourdon wird am nächsten Tag auf diese erste, entscheidende Frage wie folgt antworten: »Rui Pinto ist John. Damit sage ich aber nicht, dass er der einzige Whistleblower von Football Leaks ist. Er ist ein Teil von Football Leaks. Natürlich gibt es noch weitere Quellen.«

Die Aussage wird sowohl unseren EIC-Partnern als auch uns das Leben leichter machen. Wir können unseren Lesern nun mitteilen, wie groß Pintos Leistungen rund um die Football Leaks waren. Wir werden auch erklären, mit wie viel Hingabe und unter welch hohen persönlichen Risiken er gehandelt hat.

Auf die Frage, ob Pinto ein Hacker sei, antwortet Bourdon: »Es ist selbstverständlich nicht meine Aufgabe, zu bestätigen, ob er ein Hacker ist oder nicht. Ich sage nur, dass er Zugang zu vielen verschiedenen Informationen hatte. Was er entdeckte, hat ihn seiner Meinung nach dazu verpflichtet, diese Informationen offenzulegen.« Es ist eine unbefriedigende Antwort, eine Variation von Pintos Standardantwort.

Bourdon ist natürlich kein objektiver Gesprächspartner, sondern Partei. Er will seinen Mandanten schützen, ihm eine bestmögliche Verhandlungsposition verschaffen. Umso mehr überrascht es uns, dass der Anwalt in diesem Gespräch zugibt, dass Pinto sich als Artem Lobuzov ausgegeben hat. Das ist der Name, unter dem die Sportvermarktungsagentur Doyen im Herbst 2015 Mails erhielt, die sich wie der Versuch einer Erpressung lesen. Nun ist klar, dass Pinto unter dem Pseudonym Artem Lobuzov diese Mails verfasst und abgeschickt hat. Bourdon sagt dazu: »Es ist absolut richtig, dass

Pinto testen wollte, wie weit Doyen gehen würde. Es war aber eher ein kindlicher Streich. Er hat letztendlich selbst auf das Geld verzichtet, er hat freiwillig widerstanden. Es ist nichts passiert, niemand hat Geld bezahlt. Daher ist diese Kriminalisierung von Pinto künstlich aufgeblasen. Wir sind überzeugt, dass er nicht dafür verurteilt werden kann.«

Wir entgegnen, dass eine versuchte Erpressung sicherlich kein Kinderstreich, sondern eine Straftat sei. Bourdon erwidert: »Wenn Sie nur versuchen, eine Straftat zu begehen und sich dann vorher freiwillig und ohne weitere Konsequenzen zurückziehen, können Sie nicht verurteilt werden. Das ist ein grundlegendes juristisches Prinzip.«

Das weitere Gespräch dreht sich um Pintos Motivation, um seinen Antrieb als Whistleblower. Bourdon sagt dazu: »Ich sehe keine Spur negativer Motivation in seiner Grundhaltung. Ich habe viele Whistleblower kennengelernt, und einige von ihnen haben nicht so lautere und reine Absichten wie Pinto. Ich glaube, in dem Fall der versuchten Erpressung hätten viele Menschen die Sache durchgezogen. Gier ist auf der ganzen Welt verbreitet. In Pintos Haltung erkenne ich keine Gier.«

Michael, Christoph und ich diskutieren nach dem Gespräch mit Bourdon weiter. Auf der einen Seite hilft es uns, dass der Anwalt nun erklärt hat, dass John und Rui Pinto ein- und dieselbe Person sind. Auf der anderen Seite sind wir mit dem Interview nicht vollkommen zufrieden. An den Punkten, an denen der Fall spannend wird, verstummt Bourdon oder liefert uns Allgemeinplätze. Er ist ein Verteidigungsprofi und weiß, wie man mit Medien umgehen muss, um seine eigenen Punkte zu setzen und ansonsten nur wenig zu verraten, was später möglicherweise zu einem Problem für seinen Mandanten werden könnte. Aus Sicht des Mandanten ist solch ein taktisches Verhalten des Anwalts natürlich verständlich, aus journalistischer Sicht ist es aber Murks. Wir wollen mehr über die wahren Hintergründe von Pintos Handeln erfahren, wollen wissen, woher das Material kommt und wer noch mit ihm zusammengearbeitet hat.

Ich rufe Bourdon am nächsten Tag an und schildere ihm unseren Eindruck. Zu meiner Überraschung sagt der Anwalt: »Dann müssen Sie mit Pinto selbst sprechen.«

»Ist das möglich?«, frage ich.

»Er ist im Hausarrest und darf dort jeden treffen. Ich werde ihn fragen, ob er Lust hat, Ihnen ein Interview zu geben«, sagt Bourdon. Zwei Tage später meldet sich der Anwalt erneut. Pinto will reden. Ich frage, ob auch SPIEGEL-Kollegen, Partner des EIC und vielleicht ein Fernsehteam zu dem Gespräch mitkommen könnten. Bourdon bespricht auch diese Bitte mit Pinto und sagt einige Tage später zu: Wir dürfen seinen Mandanten besuchen.

GEFANGEN

»Kommt gerne vorbei. Aber Du weißt, dass meine Wohnung klein ist, also komm bitte nur mit einer kleinen Gruppe«, schreibt John mir am Abend.

Ich spreche umgehend mit dem NDR und mit Yann Philippin von unserem französischen EIC-Partner »Mediapart«. Die Kollegen werden Michael, unsere Fotografin Maria Feck sowie mich in wenigen Tagen nach Budapest begleiten. Ich vereinbare mit Bourdon, dass wir zwei volle Tage für das Gespräch mit Pinto bekommen. Er regelt das Organisatorische mit seinem Mandanten.

Wir quartieren uns unweit von Pintos Wohnung in einem Hotel ein. Direkt nach meiner Landung schmeiße ich nur kurz meinen Rucksack ins Zimmer und mache mich direkt auf eine erste Erkundungstour. Ich will sehen, ob Pintos Straße immer noch von TV-Teams belagert ist. Rund um seinen Haftprüfungstermin waren zahlreiche Fernsehleute und andere Journalisten nach Budapest gereist. Sie filmten Pintos Wohnung, zeigten seine vollständige Adresse, warteten in seiner Straße auf ihn, begleiteten ihn zum Gericht. Wir wünschten uns, dass John all dies erspart geblieben wäre.

Andererseits besteht an ihm, dem einstigen Anonymus, der über Jahre den Weltfußball vor sich hergetrieben hat, natürlich auch ein berechtigtes Interesse der Öffentlichkeit. Wer ist er, von wo kommt er, von wo aus hat er gehandelt, welche Motive bewegen ihn? Der Druck, schnell neue Informationen liefern zu müssen, und die Schwierigkeiten, an den Beschuldigten heranzukommen, führen bei manchen Journalisten aber mitunter zu Grenzüberschreitungen. Das ist immer ärgerlich und inakzeptabel, doch im Fall von Rui Pinto hat die Verletzung journalistischer Standards noch eine zusätzliche Brisanz: Pinto bekommt seit Monaten Todesdrohungen. Seine Adresse im Fernsehen zu senden, war überflüssig und ist gefährlich. Zumal er mir geschrieben hat, dass er keinen Polizeischutz habe und seine Wohnung nicht bewacht würde.

Ich schlendere zu der Ecke, an der Pinto und ich uns vor seiner Verhaftung verabschiedet haben. Von dort aus kann man die Straße, in der er wohnt, gut einsehen. Die Fernsehleute scheinen abgereist zu sein. Allerdings kann ich nicht erkennen, ob vielleicht doch jemand in einem der parkenden Autos sitzt. Ich ziehe meine Mütze tiefer ins Gesicht und laufe die Straße möglichst unauffällig einmal auf und ab. Es scheint wirklich niemand mehr hier zu sein. Ich gucke zu Pintos Wohnung hoch, die Vorhänge sind zugezogen.

Ich gehe zurück ins Hotel. An der Rezeption treffe ich Yann, unseren »Mediapart«-Kollegen. Yann ist ein sehr erfahrener und harter Investigativjournalist, er gehört zu den besten Frankreichs. Ich habe Bourdon zuvor gesagt, dass wir Pinto unsere Fragen nicht vorab zuschicken würden und dass wir sie auch nicht mit ihm oder dem Anwalt besprechen könnten. Für Bourdon war das selbstverständlich. Er sagte auch, dass er bei dem Gespräch nicht dabei sein wolle. Pinto könne seine Geschichte selbst erzählen.

Bevor wir zu Pinto gehen, wollen wir uns alle in Yanns Zimmer treffen und den Interviewverlauf miteinander durchgehen. Vom NDR sind Nino Seidel und Hendrik Maaßen angereist, beide waren auch an den Football-Leaks-Recherchen beteiligt und stecken gut im Thema. Sie haben einen Kameramann und einen Kollegen für den Ton dabei. Unser Journalistentrupp ist nun doch ziemlich groß, ich warne Pinto in unserem Chat schon mal vor. Er schreibt zurück: »So viele Stühle habe ich nicht.« Ich frage ihn, ob wir ihm noch etwas zu essen oder trinken mitbringen sollen. »Einen Karottenkuchen und einen Kaffee hätte ich gerne«, sagt er. Pinto ist ein großer Kuchenfreund. Ich erinnere mich, wie er in der Anfangszeit des Projekts zum Frühstück immer Schokoladenkuchen gegessen hat, und weiß auch noch, in welchem Laden er sich diese Leckereien besorgt hat. Ich werde ihm das Zeug auf dem Weg kaufen.

Wir sprechen mit unseren Kollegen über den Ablauf des Interviews. Wir einigen uns darauf, dass wir Pinto am ersten Tag erst einmal erzählen lassen wollen. Seine Biografie, seine Herkunft, seine Beziehung zu seinen Eltern, seinen Weg bis zu den Football Leaks. Das ist aus zwei Gründen sinnvoll: Zum einen weiß die Welt noch nicht viel über ihn. Über eine Person, die anonym bleiben wollte, konnten wir bislang nichts Persönliches schreiben. Zum anderen glauben wir, dass Pinto bei einem solchen Interview nervös sein könnte. Wenn er nun zunächst einmal über sich und seine Gedanken sprechen darf und er nicht sofort mit Vorwürfen konfrontiert wird, entspannt ihn das wahrscheinlich. Die Vorwürfe zu seiner Person und seinem Handeln wollen wir am Folgetag mit ihm diskutieren. Das werden wir Pinto am Anfang des Gesprächs auch so erklären.

Angesichts der Größe unserer Gruppe beschließen wir, nicht gemeinsam zu Pinto zu gehen. Wirklich geheim wird unsere Ankunft aber natürlich auch so nicht sein: Insbesondere die Kollegen mit den großen Kameras sind auf der Straße in etwa so unauffällig wie rosa Elefanten. Ich werde vorgehen, schon mal den Kaffee und Kuchen besorgen und schauen, ob die Luft weiterhin rein ist.

Vor Pintos Tür scheint alles ruhig zu sein. Mit dem Türcode, den er mir geschickt hat, betrete ich das Haus und lasse die Kollegen rein, die mir mit ein wenig Abstand folgen. Wir gehen gemeinsam durch Pintos Treppenhaus, es riecht noch immer modrig und ein bisschen nach den Mülltonnen, die neben der Haupttür stehen. Oben, vor Pintos Wohnungstür, werden wir ausgebremst. Es gibt ein großes, eisernes Tor, das den Zugang zu seiner Etage versperrt. Das Tor stand in den vergangenen Monaten immer auf, nun ist es verschlossen. Ich bitte Pinto, es zu öffnen.

Nach einer Weile kommt er aus seiner Wohnung, bleibt dann aber etwa einen halben Meter vor dem Tor stehen. »Ich darf nicht weiter zu euch, sonst löse ich den Alarm aus. Der GPS-Sender ist nur bis hierher programmiert«, sagt John. Er hebt sein Hosenbein ein wenig an und zeigt auf den Peilsender an seinem Knöchel. »Das ist jetzt mein neuer bester Freund«, sagt Pinto. An den Füßen trägt er Pantoffeln.

Sein Gesicht ist geröteter als sonst, er wirkt, als hätte er leichten Bluthochdruck. Aber seine Augen sind wacher, angriffslustiger als bei meinem letzten Besuch. Pinto öffnet das Tor mit einem Schlüssel und macht dann schnell wieder zwei Schritte zurück. Der Peilsender scheint ihm ziemliche Sorgen zu bereiten. Wir umarmen uns, Pinto sagt: »Jetzt geht es erst richtig los.« Er setzt sein schiefes Grinsen auf und führt uns in seine Wohnung. Wir gehen durch seine Küche, Pinto bleibt vor der Mikrowelle stehen. Er öffnet sie und legt das Telefon, das die Polizei überraschenderweise nicht konfisziert hat, hinein. »Wir brauchen keine unnötigen Zuhörer«, sagt er.

Wir werden am ersten Tag stundenlang reden. Pinto spricht lange über seine Herkunft, seine Familie, seine Freundin. Über sein Studium und seine Wut auf Portugal. Er erzählt uns ausführlich von seiner Verhaftung und seinen Nächten im ungarischen Gefängnis. Er driftet aber auch immer wieder ab und beginnt, die portugiesischen Medien und die Justiz anzugreifen. Er regt sich über Doyen auf und empfindet seine Situation als ungerecht.

Es ist Abend, als wir uns von Pinto verabschieden. Für ein gemeinsames Abendessen mit den Kollegen habe ich einen Tisch in dem Steakhaus gebucht, in dem ich Pinto direkt vor seiner Verhaftung mit Bourdon und der Mitarbeiterin der Signals-Stiftung traf. Heute Abend ist die Stimmung ähnlich gedrückt wie damals. Wir Reporter diskutieren über Pintos Situation. Bis auf mich haben ihn alle zum ersten Mal persönlich gesehen, jeder schildert seine Eindrücke. Seine außergewöhnliche Lebensgeschichte beschäftigt uns ebenso wie die Tatsache, dass er offenbar in vielerlei Hinsicht ein ziemlich begabter Autodidakt ist. Die meisten meiner Kollegen sind auch überrascht von Pintos kleiner Wohnung. Das klapprige Bett im Wohnzimmer, die durchgelegene Couch, der kleine, ranzige Schreibtisch. Pinto lebt in sehr bescheidenen Verhältnissen.

Am nächsten Tag treffen wir uns erneut mit unserem Whistleblower. Bis zum frühen Abend werden wir mit ihm diskutieren. Er begegnet unseren harten, kritischen Fragen souverän, aber mit viel Eifer. Pintos Feuer, das er insbesondere in den Anfängen des Projekts hatte und das mit Beginn seiner Verhandlungen um einen

Ausstieg zu erlöschen drohte, brennt nun wieder lichterloh. Er schimpft, steigert sich in Wutausbrüche hinein, droht. Er kämpft darum, dass seine Leistung als Whistleblower anerkannt wird und kritisiert die geltenden Gesetze zum Schutz von Informanten. Pinto denkt nicht politisch, eher aktivistisch. Er tritt in diesem Interview für seine Überzeugungen ein. Einige Tage später werden wir das Gespräch im SPIEGEL und in weiteren Publikationen unserer EIC-Partner veröffentlichen. Pintos Worte werden weltweit zitiert. Aus John wird endgültig Rui Pinto. Ein Whistleblower, der nun eine eigene Stimme hat. Und ein Gesicht.

»DIESE FUSSBALLMAFIA IST ÜBERALL«

SPIEGEL: Herr Pinto, sind Sie ein Hacker?

Rui Pinto: Ich betrachte mich nicht als Hacker, sondern als Bürger, der im öffentlichen Interesse gehandelt hat. Meine einzige Absicht war es, verbotene Praktiken aufzudecken, die die Welt des Fußballs betreffen.

SPIEGEL: Können Sie uns sagen, wie Sie an über 70 Millionen Dokumente aus der internationalen Fußballbranche gelangt sind?

Pinto: Ich habe eine spontane Bewegung für Enthüllungen über die Fußballindustrie gegründet. Ich bin also nicht der Einzige, der daran beteiligt ist. Im Laufe der Zeit sind immer mehr neue Quellen dazugekommen, die ihr Material mit mir geteilt haben. So ist die Datensammlung gewachsen. Das zeigt, dass sich viele weitere Menschen mit dieser Angelegenheit beschäftigen.

SPIEGEL: Der Europäische Haftbefehl, den eine portugiesische Staatsanwältin gegen Sie ausgestellt hat und der zu Ihrer Festnahme führte, beschuldigt Sie der Cyberkriminalität. Es geht um den Verein Sporting Lissabon und die Veröffentlichung vertraulicher Mails im Jahr 2015. Was sagen Sie dazu?

Pinto: Diese Darstellung weise ich zurück. Ich bin allerdings gern bereit, alles zur rechten Zeit und vor Gericht zu erklären.

SPIEGEL: Ihnen wird auch vorgeworfen, Sie hätten versucht, die Agentur Doyen im Herbst 2015 mit Ihrem Insiderwissen zu erpressen.

Pinto: Ich habe nur mit Doyen Kontakt aufgenommen, um die Unrechtmäßigkeit ihrer Handlungen bestätigt zu bekommen. Diese wurde deutlich angesichts des Geldbetrags, den sie zu zahlen bereit waren, um die Veröffentlichung zu verhindern.

SPIEGEL: Das klingt wie eine Erpressung.

Pinto: Nein, ich wollte nur sehen, wie hoch der Wert, wie groß die Bedeutung der Dokumente und Informationen für Doyen war. Ich dachte, ich könnte das herausfinden, indem ich erfahre, wie viel es Doyen sich kosten ließe, mich zum Schweigen zu bringen. Ich hatte nie die Absicht, das Geld anzunehmen. Ich wollte Doyen nur vorführen.

SPIEGEL: Sie haben sogar einen Anwalt eingeschaltet, der einen Deal für Sie regeln sollte. Er hat sich mit dem Doyen-Geschäftsführer getroffen.

Pinto: Ich wollte sehen, was sie ihm bieten. Während er verhandelte, habe ich weiter in den Dokumenten gelesen. Da habe ich mir gesagt: Wenn ich mich jetzt kaufen lasse, bin ich doch kein bisschen besser als dieses Business. Also schrieb ich Doyen, dass sie ihr Geld behalten sollten. Ich habe widerstanden. Es ist kein Cent geflossen. Es war sehr naiv, was ich gemacht habe. Wenn ich zurückblicke, bereue ich das. Aber ich weise den Vorwurf zurück, eine Straftat begangen zu haben.

SPIEGEL: Ermittler in Portugal sollen Sie auch verdächtigen, den FC Porto mit belastenden Mails des Konkurrenten Benfica Lissabon versorgt zu haben. Haben Sie etwas damit zu tun?

Pinto: Ich habe kein Statement der Behörden gelesen, das mich mit dem Benfica-Skandal in Zusammenhang bringt. Ein Magazin hat im vorigen Herbst diese Benfica-Geschichte gebracht. Sie veränderte mein Leben. Mein Foto war auf den Titelseiten im Land. Mein Facebook-Account, meine Mailadresse wurden anschließend mit Morddrohungen geflutet.

SPIEGEL: Haben Sie mit Ihrem Wissen über kriminelle Geschäfte in der Fußballbranche jemals Geld gemacht?
Pinto: Um eine klare Antwort zu geben: nein, niemals.

SPIEGEL: Haben Sie Angebote erhalten, Ihre Daten zu verkaufen?
Pinto: Mehrere. Einmal erreichte mich eine anonyme Mail, in der man mir mehr als eine halbe Million Euro anbot. Ich habe das alles abgelehnt.

SPIEGEL: Der Anwalt, der für Sie 2015 mit Doyen verhandelte, hatte Sie zuvor schon in einer Auseinandersetzung mit der Caledonian Bank auf den Cayman Islands vertreten. Portugiesische Medien berichten, Sie hätten dieser Bank 300 000 Dollar entwendet. Stimmt das?
Pinto: Das ist nicht die wahre Geschichte.

SPIEGEL: Wie geht die wahre Geschichte?
Pinto: Ich darf über die genauen Umstände nicht sprechen, weil ich eine Verschwiegenheitserklärung mit der Bank unterschrieben habe. Eines ist sicher: Wenn ich mich strafbar gemacht hätte, hätte die Bank mich angezeigt. Der Fall ist niemals vor Gericht gelandet, mein Vorstrafenregister ist bis zum heutigen Tag sauber, in Portugal und sonst wo auf der Welt.

SPIEGEL: Warum haben Sie sich mit der Caledonian Bank angelegt?
Pinto: Damals sind Banken in Portugal pleitegegangen, Menschen haben ihre Existenz verloren, von einem Tag auf den anderen. Gleichzeitig verschwanden immer mehr Gelder aus Europa. Jeder

hat gesehen, dass da etwas nicht stimmt. Ich wollte mir das genauer anschauen. Ich wollte das Offshore-System verstehen.

SPIEGEL: Was haben Sie gefunden?
Pinto: Lehrbeispiele dafür, wie man riesige Geldsummen außer Landes schaffen und in Steuerparadiesen parken kann. Je mehr ich mich damit beschäftigte, desto größere Ungerechtigkeit habe ich verspürt.

SPIEGEL: Solche Daten könnten für Steuerfahnder interessant sein.
Pinto: Ich weiß, deshalb habe ich sie auch behalten. Der Datensatz hat ein ähnliches Potenzial wie die Panama Papers, die vor knapp drei Jahren veröffentlicht wurden. Er zeigt, wie die Cayman Islands systematisch für Geldwäsche und Steuerhinterziehung benutzt wurden.

SPIEGEL: Was passiert mit diesen Daten?
Pinto: Ich würde sie gern mit Ermittlungsbehörden teilen. Aus den Dokumenten geht klar hervor, wer die Strohmänner, die Banker, die Mitwisser und Helfer hinter den Steuerbetrügereien waren.

SPIEGEL: Kritiker von Football Leaks werfen Ihnen vor, Ihre Dokumente dürften nicht verwendet werden, weil sie illegal beschafft worden seien.
Pinto: Andere behaupten, die Daten seien manipuliert, gefälscht oder aus dem Kontext gerissen. Sie seien deshalb vor Gericht auch nicht als Beweise zulässig. Ich halte das alles für Unsinn. Die Dokumente sind authentisch. Darauf kommt es an – und auf die Inhalte.

SPIEGEL: Haben Sie bei der Beschaffung Ihrer Daten eine bestimmte Agenda verfolgt?
Pinto: Ich habe recherchiert, wer die Hauptakteure im schmutzigen Fußballgeschäft sind, welche Agenten und Berater am häufigsten in schmutzige Deals verwickelt sind. Diese Vorgänge wollte ich offenlegen.

SPIEGEL: Sie hatten insbesondere zu Beginn der Football-Leaks-Veröffentlichungen sehr viele Dokumente zu Cristiano Ronaldo. Warum gerade zu ihm?

Pinto: Erst einmal vorneweg: Ronaldo ist mein Lieblingsspieler, ich halte ihn für den vollkommenen Fußballer. Sein Verhalten außerhalb des Spielfelds muss allerdings komplett anders beurteilt werden. Strafrechtlich. Dazu hat Football Leaks beigetragen und tut es auch heute noch. Es darf uns nicht im Geringsten interessieren, ob unsere Lieblingsspieler oder unsere Lieblingsvereine betroffen sind. Das sollte doch beweisen, dass wir völlig vorurteilsfrei handeln.

SPIEGEL: Gibt es für Sie einen Unterschied zwischen einem Whistleblower und einem Hacker?

Pinto: Ich sehe mich nicht als Hacker, nur als normalen Computernutzer. Ich glaube zudem nicht, dass es einen Unterschied macht, ob jemand aus dem Inneren einer Firma belastende Dokumente an die Öffentlichkeit weitergibt oder ob er dies mit Material tut, welches er von außen erhält. Am Ende geht es darum, dass Whistleblower Vorgänge offenlegen, die der Gesellschaft sonst verborgen blieben: Verbrechen, Missstände, Fehlverhalten. Im besten Fall entfachen Whistleblower damit eine öffentliche Debatte und lösen Ermittlungsverfahren der Behörden aus.

SPIEGEL: Hatten Sie irgendwann das Gefühl, dass Sie etwas Illegales tun?

Pinto: Nein, bis heute nicht. In den vergangenen Jahren haben sich das EU-Parlament, Medien in ganz Europa sowie viele Ermittlungsbehörden mit meinen Daten beschäftigt. Ich bin überzeugt davon, dass ich das Richtige getan habe.

SPIEGEL: Hatten Sie niemals Zweifel?

Pinto: Doch, weil ich nicht immer einverstanden war mit den Ergebnissen. Vor allem die Ermittlungsbehörden haben mich oft enttäuscht. Nehmen Sie nur die systematische Steuerhinterziehung der Fußballbranche in Spanien. Da haben sich die Fahnder fast immer mit Millionennachzahlungen zufriedengegeben und sind nie wirklich bis zum Ursprung des Übels vorgedrungen. Berater, Anwälte, Banker: Sie alle blieben weitgehend unbehelligt. Dabei sind sie die Strippenzieher, sie haben diese Betrugssysteme aufgebaut.

SPIEGEL: Wie haben Sie reagiert?
Pinto: Ich habe weitergemacht, habe daran geglaubt, dass sich irgendwann etwas ändern muss.

SPIEGEL: Sie haben einmal gesagt, dass Ihre Vorbilder Edward Snowden, Julian Assange und Antoine Deltour seien, die bekannten Whistleblower der jüngeren Vergangenheit. Sehen Sie sich in dieser Reihe?
Pinto: Ich will mich nicht vergleichen. Ich habe das Ganze nie für mein Ego getan, ich bräuchte diese Aufmerksamkeit nicht. Es ging nie darum, der größte Whistleblower der Welt zu werden, sondern darum, so viele Missstände wie möglich aufzudecken.

SPIEGEL: Über Sie ist öffentlich bislang nur wenig bekannt. Wo in Portugal sind Sie aufgewachsen?
Pinto: Ich komme aus Vila Nova de Gaia, einer Stadt am Atlantik, nicht weit weg von Porto.

SPIEGEL: Was sind Ihre Eltern von Beruf?
Pinto: Mein Vater ist Rentner, er war über 30 Jahre lang Schuhdesigner und ist sehr viel durch Europa gereist. Meine Mutter blieb zuhause. Als ich elf Jahre alt war, starb sie an Krebs.

SPIEGEL: Waren Sie ein guter Schüler?
Pinto: Am Anfang hatte ich einen Vorsprung vor den anderen Kindern, weil ich schon mit vier Jahren lesen und schreiben konnte.

SPIEGEL: Wer brachte Ihnen das bei?

Pinto: Ich mir selbst. Und zwar beim Fußballgucken. Ich habe mir viele Spiele angeschaut und dabei immer die Trikots und Spielszenen gezeichnet. Irgendwann fing ich an, einzelne Wörter aufzuschreiben, die der Kommentator gesagt hatte. Die Torschützen, das Ergebnis, den Spielverlauf.

SPIEGEL: Wie haben Ihre Eltern reagiert?
Pinto: Alle waren überrascht. Mein Vater war nicht sonderlich begeistert. Er sagte mir, ich sollte nicht so fanatisch Fußball gucken, der Sport würde sonst irgendwann mein Leben zerstören.

SPIEGEL: Mochten Sie die Schulzeit?
Pinto: In Geschichte war ich sehr gut. Mathematik, Chemie und Physik hingegen waren eine Katastrophe. Ich habe sehr viel Fußball gespielt, war auch in der Futsal-Mannschaft meiner Schule. Zudem war ich ziemlich beliebt, weil ich eine Art Rebell war. Ich habe mir oft lange Diskussionen mit den Lehrern geliefert, wenn ich gemerkt habe, dass sie irgendwo unsicher waren. Manchmal gerieten diese Debatten außer Kontrolle, weil ich nie weiß, wann es genug ist. Bis heute.

SPIEGEL: Später studierten Sie Geschichte an der Universität. Woher rührt dieses Interesse?
Pinto: Wenn man sich selbst, die Welt und das eigene Land verstehen möchte, muss man sich die Geschichte anschauen. Denn Menschen machen immer die gleichen Fehler. Immer.

SPIEGEL: Sie haben Ihr Geschichtsstudium nie abgeschlossen. Warum?
Pinto: Im Studium änderte sich mein Verhältnis zu Portugal. Viele meiner Freunde verließen das Land, weil sie im Zuge der Wirtschaftskrise keine Perspektive mehr sahen. Politiker und gierige Unternehmer hatten ein einst erfolgreiches Land ruiniert.

SPIEGEL: Wie gingen Sie mit der Situation um?

Pinto: Ich wählte zunächst ein Erasmus-Semester in Budapest. Ich liebe diese Stadt. Das Licht, die Donau, die Schlösser und Brücken. Ich würde gern für immer hierbleiben. Zudem habe ich festgestellt, dass es hier ein Business für mich gibt. Mein Vater interessiert sich sehr für den Antiquitätenhandel, ich habe mir dazu auch einiges an Wissen angeeignet. In Osteuropa liegen viele Schätze.

SPIEGEL: Sie meinen alte Bücher?
Pinto: Und Plakate. Beides lässt sich hier für sehr kleines Geld, ein bis zwei Euro, kaufen und teilweise für 150 Euro und mehr wieder verkaufen.

SPIEGEL: Wie kamen Sie im Herbst 2015 darauf, Ihre Website Football Leaks zu starten?
Pinto: Ich bin seit Kindesbeinen Fußballfan, habe aber früh kapiert, dass sich der Fußball in eine völlig falsche Richtung entwickelt. Die besten jungen Spieler wanderten nur noch zu Spitzenteams ab, der gesamte Wettbewerb verschob sich zugunsten der Topvereine. Der Hauptauslöser war dann 2015 der Fifa-Skandal. Parallel zu den Verhaftungen beim Weltverband sah ich, dass es bei zahlreichen Transfers in Portugal zu Unstimmigkeiten gekommen war. Dass immer mehr Investoren in den Markt drängten. Ich fing an, Daten zu sammeln.

SPIEGEL: Woher haben Sie das technische Verständnis? Haben Sie Informatik studiert?
Pinto: Nie.

SPIEGEL: Wie haben Sie die Daten geprüft?
Pinto: Ich habe gelesen. Sehr viel gelesen. Ich saß jeden Tag stundenlang vor den Dokumenten und wertete sie aus. Je mehr ich las, desto geschockter war ich.

SPIEGEL: Worüber?
Pinto: Sehr viele der Dokumente zeigten, wie Offshore-Firmen auf-

gesetzt wurden, wie Spielerberater sich hinter Strohmännern verbargen, wie Steuerhinterziehung im großen Stil ablief.

SPIEGEL: Wann merkten Sie, dass Sie sich Feinde machten?
Pinto: Die Firma Doyen setzte Privatdetektive auf mich an. Eine mächtige Klubvereinigung ebenfalls. Einmal sprach mich eine junge Frau auf einer Party an. Sie flirtete mit mir, ich merkte aber, dass da irgendetwas nicht stimmte. Sie fragte nach meiner Nummer, ich gab sie ihr. Ich wollte sehen, was sie im Schilde führt.

SPIEGEL: War sie eine Privatdetektivin?
Pinto: Nein, sie war Boulevardjournalistin und arbeitete für ein englisches Massenblatt. Das bekam ich aber erst einige Wochen später heraus. Erst nachdem ich eine SMS erhalten hatte: »Hey, wir wissen, dass Du der Typ von Football Leaks bist. Ich arbeite für eine Kanzlei, wir sind interessiert, Dokumente von Dir zu bekommen.« Sie wollte mich reinlegen.

SPIEGEL: Wieso hat die Polizei Sie so lange nicht gefunden?
Pinto: Gute Frage. Ich hatte die ganze Zeit hier in Budapest meine Wohnung. Habe hier ganz normal gelebt.

SPIEGEL: Uns haben Sie bei unseren Treffen gesagt, dass Sie alle zwei Tage den Ort wechseln würden.
Pinto: Ich bin sehr viel gereist, ja. Aber mit meinem normalen Personalausweis.

SPIEGEL: Ihre ungarische Freundin hat nie etwas gemerkt?
Pinto: Es ist sehr anstrengend, all dies zu verbergen. Meiner Freundin war klar, dass irgendetwas faul war, aber ich habe nie mit ihr über die Details gesprochen. Ich wollte sie schützen. Als ich verhaftet wurde, ist sie fast durchgedreht.

SPIEGEL: Wie und wo in Budapest sind Sie festgenommen worden?
Pinto: Es war am frühen Abend des 16. Januar. Mein Vater, der mit

meiner Stiefmutter zu Besuch bei mir war, und ich kamen vom Einkauf in einem Supermarkt zurück. Als wir in die Straße einbogen, in der meine Wohnung liegt, steuerten zwei Beamte in Zivil auf mich zu. Sie kontrollierten meinen Ausweis, ich musste meine Taschen und den Rucksack leeren. Dann zeigten sie mir den Europäischen Haftbefehl, alles auf Ungarisch, und legten mir Handschellen an.

SPIEGEL: Filzten die Beamten auch Ihre Wohnung?
Pinto: Sie hatten keinen Durchsuchungsbeschluss bei sich. Dennoch verschafften sie sich mit meinem Schlüssel Zutritt in die Wohnung. Meine Stiefmutter war geschockt, als plötzlich neun Polizisten vor ihr in der Küche standen. Sie forderten mich auf, meine Sachen zu packen. Einer sagte: Du kommst nie wieder hierher zurück.

SPIEGEL: Konnten Sie während Ihrer Festnahme einen Anwalt kontaktieren?
Pinto: Das untersagten sie mir. Ich verabschiedete mich von meinen Eltern und sagte ihnen, dass alles gut werden würde. Dann wurde ich auf eine Polizeiwache gebracht. Ich wurde in eine Doppelzelle gesperrt. Der andere Typ war in Ordnung. Aber in der Nacht kam jede halbe Stunde ein Wächter und knipste eine Lampe an und aus, die über meiner Pritsche befestigt war. Das war nur bei mir so.

SPIEGEL: Hat die ungarische Polizei in Ihrer Wohnung Gegenstände beschlagnahmt?
Pinto: Meinen Computer, etwa zehn Festplatten, drei Mobiltelefone und noch ein paar andere elektronische Geräte.

SPIEGEL: Sind diese Daten relevant für die Öffentlichkeit, weil sie womöglich Straftaten beschreiben?
Pinto: Ja, ganz sicher.

SPIEGEL: Um welche Datenmenge handelt es sich?

Pinto: Um zehn Terabyte, etwa sechs davon habe ich noch nicht weitergereicht.

SPIEGEL: Haben Sie oder Ihre Mitstreiter Kopien dieser Daten?
Pinto: Auch dazu kann ich nichts sagen.

SPIEGEL: Die portugiesischen Behörden streben Ihre Auslieferung an. Was wird Ihrer Ansicht nach mit den beschlagnahmten Daten geschehen, wenn die portugiesische Justiz sie bekommt?
Pinto: Die Ungarn dürften ihnen diese Festplatten gar nicht übergeben, denn der Haftbefehl gegen mich führt nur Vorwürfe aus dem Jahr 2015 auf. Ich denke, die Portugiesen wollen erst einmal die Hände auf alles legen, was bei mir zu finden war, um dann weitere Klagen gegen mich vorzubereiten. Aber das ist unzulässig. So funktioniert der Rechtsstaat nicht.

SPIEGEL: Worauf hoffen Sie?
Pinto: Ich erwarte, dass sich Staatsanwaltschaften in ganz Europa zusammentun werden und den ungarischen und portugiesischen Behörden aufzeigen, dass meine Informationen von hohem öffentlichen Interesse sind. Dass sie diese Dokumente für ihre Ermittlungen brauchen, um Verbrechen zu ahnden – Verbrechen, die wesentlich schwerer wiegen als Whistleblowing.

SPIEGEL: Mit welchen europäischen Ermittlungsbehörden stehen Sie in Kontakt?
Pinto: Mit mehreren. Ich weiß, dass mein französischer Anwalt, William Bourdon, mit Staatsanwaltschaften in Belgien und der Schweiz in Kontakt steht. Aber getroffen habe ich mich bislang nur mit den französischen Ermittlern.

SPIEGEL: Hat nach den Football-Leaks-Enthüllungen jemals irgendein Verband versucht, mit Ihnen in Verbindung zu treten?
Pinto: Weder Fifa noch Uefa haben sich bei Football Leaks gemeldet. Das ist frustrierend. Ich habe unter meinem Pseudonym John

in Interviews immer wieder deutlich gemacht, dass ich zur Aufklärung Dokumente weitergeben würde, wenn ich ein Zeichen erhielte. Ich bekam kein einziges.

SPIEGEL: Warum widersetzen Sie sich einer Auslieferung in Ihr Heimatland?
Pinto: Ich bin ziemlich sicher, dass ich kein faires Verfahren in Portugal bekommen werde. Die Justiz in Portugal ist nicht vollständig unabhängig, man stößt auf eine Menge versteckter Interessen. Natürlich gibt es Staatsanwälte und Richter, die ihren Job ernst nehmen. Aber diese Fußballmafia ist überall, und ihre Botschaft lautet, niemand soll sich mit ihr anlegen.

SPIEGEL: Fürchten Sie sich vor einer möglichen Gefängnisstrafe in Portugal?
Pinto: Ich bin nervös, weil ich ein Angriffsziel bin, vor allem für Fans von Benfica Lissabon. Seit dem letzten Herbst erhalte ich auf Facebook Todesdrohungen. Als ich mich mit den französischen Ermittlern traf, habe ich sie ihnen gezeigt. Sie sagten, die Drohungen seien sehr ernst zu nehmen. Ich fürchte, dass, wenn ich ein portugiesisches Gefängnis betrete, vor allem eines in Lissabon, ich dort nicht lebend herauskomme.

UNSICHER

Am Morgen nach unserem Interview gehe ich noch einmal ohne meine Kollegen zu Pinto. Es ist noch früh, etwas verschlafen öffnet er mir die Tür. Ich reiche ihm einen Kaffee und ein Stück Kuchen. Pinto lächelt. Hinter ihm wuselt seine Freundin durch die Küche. Heute kann ich zum ersten Mal mit ihr sprechen. Zwei Tage zuvor, als ich mit den anderen Reportern im Schlepptau zum Interview in der Wohnung aufgetaucht bin, ist sie sofort wortlos nach draußen verschwunden. Sie reicht mir die Hand, stellt sich vor. Sie ist zierlich, hat lange blonde Haare und sehr wache Augen. Sie sagt, es gehe ihr mittlerweile besser. Aber die Verhaftung habe sie sehr hart und unerwartet getroffen, sie habe tagelang nur geweint und überhaupt nicht gewusst, wie sie mit der Situation umgehen solle. Nun, so kündigt sie es an, wolle sie aber für »meinen Rui« kämpfen.

Aus dem Wohnzimmer kommen Pintos Vater und seine Stiefmutter hinzu. Sie sind seit der Verhaftung ständig bei ihm und werden noch einige Tage in Budapest bleiben. Pintos Vater trägt einen Pferdeschwanz und Bart. Er wirkt sehr müde, aber er sagt, er sei seinem Sohn nicht böse. Er sei vielmehr stolz darauf, dass er sich »für die Gesellschaft gegen die Ungerechtigkeiten dieser Welt gewehrt hat«. Wenn Pintos Vater wütend wird, ist seine Mimik der seines Sohnes verblüffend ähnlich.

Pinto und ich gehen in sein winziges Schlafzimmer, um ungestört weiterzureden. Ich frage ihn, ob er mit seinem Interview zufrieden sei. »Geht so. Ich muss solche Auftritte üben, ich habe darin einfach zu wenig Erfahrung. Und ich muss gestehen: Mich nimmt die Situation emotional ziemlich mit. In solchen Momenten ist es schwierig, sich komplett zu konzentrieren und immer die richtigen Gedanken und Worte zu finden«, sagt Pinto.

Ich spreche ihn noch einmal auf die Caledonian Bank an. Über den Vorfall aus dem Jahr 2013, bei dem er einer Bank über eine illegale Transaktion mehrere Hunderttausend Euro entwendet haben soll, hat er mir nie zuvor erzählt.

»Ich war jung und habe damals ein paar Grenzen überschritten. Aber ich bin dafür nie vor Gericht gestellt worden, wir haben alles mit der Bank geklärt«, sagt Pinto.

»Das wirkt jetzt aber so, als hättest du die Bank gehackt und dich daran bereichert«, sage ich.

»Das weise ich zurück. Wenn es so wäre, warum haben sie mich dann nicht verklagt? Ich bin bis heute nicht vorbestraft«, sagt Pinto.

»Sag du es mir!«, erwidere ich vielleicht etwas zu patzig.

Pinto lächelt schief. Er haut mir leicht mit der flachen Hand aufs Knie und sagt: »Ich weiß, dass das blöd für dich ist, aber manche Dinge tun einfach nichts zur Sache, ich will darüber nicht sprechen.«

»Du hast auch nie mit mir über deine Mutter gesprochen. Ich wusste nicht, dass sie an Krebs gestorben ist«, sage ich.

»Auch das gehört zu einem früheren Leben. Ich wollte euch in dem Interview so ehrlich wie möglich antworten. Aber eigentlich möchte ich über den Tod meiner Mutter nicht mehr sprechen. Ich war damals ein junger Schüler, die Sache hat mich sehr mitgenommen und eine ganze Zeit lang schwer beschäftigt. Irgendwann habe ich es aber verdrängt. Einfach verdrängt. Sonst wäre es schwierig für mich, normal weiterzuleben«, sagt John.

Er steht auf und wechselt das Thema. Pinto spielt nun den Abend seiner Verhaftung nach. Wie er in Handschellen versucht hat, seinen Koffer zu packen und ihm ständig alles hingefallen sei. Wie die Polizisten wie Bulldozer durch seine Wohnung gerollt seien und alles auf den Kopf gestellt hätten. »Einer hat zu mir gesagt: Nimm alles mit, was du mitnehmen kannst. Du kommst niemals wieder hierher zurück. Nun, falsch gedacht, ich bin wieder hier«, sagt Pinto. Er lacht. Laut und ansteckend. Es ist das Lachen, das ich aus den Anfängen des Projekts von ihm kenne. Es klingt komisch, aber es wirkt, als würde Pinto diese Auseinandersetzung mit der Polizei ein bisschen genießen. Möglicherweise hängt es damit zusammen, dass er jetzt mit seiner eigenen Stimme all die Themen anstoßen kann, die ihn in den Jahren seiner Anonymität bewegt haben.

So wird nach Erscheinen seines Interviews weltweit darüber diskutiert, welche Grenzen es für Whistleblower geben sollte. Und ob Whistleblower auch Hacker sein können. Im digitalen Zeitalter muss der Begriff des Whistleblowers offensichtlich neu vermessen werden. Politiker, Journalisten, aber auch zahlreiche Social-Media-Nutzer werfen in dieser Debatte Fragen auf, die rechtsstaatliche Grundsätze berühren: Wer gilt vor dem Gesetz eigentlich als Whistleblower? Und welchen Schutz soll so jemand genießen? Darf ein Whistleblower nur aus dem Inneren eines Unternehmens agieren, oder darf er auch Informationen, die er von außen erhält, für die Aufdeckung von Missständen nutzen? Darf eine Straftat, die zur Aufdeckung wesentlich gravierenderer Straftaten womöglich unumgänglich ist, ungesühnt bleiben?

In den vergangenen Jahren flammten diese Diskussionen nach Exklusivgeschichten wie den Lux Leaks, den Panama und Paradise Papers, die die »Süddeutsche Zeitung« und das Recherchenetzwerk ICIJ enthüllt haben, immer wieder auf. Football Leaks ist ein anderer Fall. Hier gibt es nun erstmals einen Whistleblower, der öffentlich zugibt, dass er seine Daten nicht als Mitarbeiter eines Unternehmens erhalten habe, sondern eben – auf welche Weise auch immer – von außen.

Ohne die Hilfe von Informanten hätten Medien in den vergangenen Jahren zahlreiche Gesetzesverstöße nicht ans Tageslicht bringen können, viele Ermittlungsverfahren wären nie angestoßen worden. Die Hinweisgeber tragen in vielen Staaten allerdings das damit verbundene Risiko fast ausschließlich selbst – ihnen drohen der Verlust des Arbeitsplatzes, Strafverfolgung, Vergeltung durch Betroffene oder sogar der Weg ins Exil.

Die Europäische Kommission hat im Frühjahr 2018 einen Entwurf zu einer Whistleblower-Richtlinie vorgelegt, um erstmals einen EU-weiten Schutz von Hinweisgebern festzulegen. Während Pinto unter Hausarrest steht, befeuern Befürworter und Gegner eines umfassenderen Schutzes für Whistleblower die Debatte. Während die EU ein Milliardenpotenzial darin sieht, Whistleblower zu ermutigen, Verstöße gegen EU-Recht zu melden, scheinen große Unternehmen die Sorge zu haben, dass durch einen erweiterten Whistleblower-Schutz mögliche Wirtschaftsspionage erleichtert werden könnte, da auch Konkurrenten oder sogar Staaten unter dem Mantel des Whistleblowing Personen in Unternehmen einschleusen könnten.

Die Bundesregierung scheint beim Thema Whistleblower-Schutz sehr zurückhaltend zu sein. Ein wesentlicher Streitpunkt in der Diskussion ist die Frage, ob Whistleblower sich zunächst an eine unternehmensinterne Stelle richten müssen, bevor sie sich an eine Behörde oder die Medien wenden dürfen. Letztendlich wird man sich im April darauf einigen, dass Whistleblower in der Frage ein Wahlrecht haben sollen. Repressalien werden ausdrücklich verboten, Staaten sollen Informanten sogar finanziell und psychologisch unterstützen, wenn es zu einem Gerichtsverfahren käme. Das alles gilt aber nur für Personen, die im Rahmen ihrer beruflichen Tätigkeit an Informationen über Verstöße gelangt sind.

Die französische Regelung für Whistleblower, die im Dezember 2016 in Kraft trat, ist eine der umfassendsten in Europa, sie richtet sich an Hinweisgeber, die aus einem Unternehmen oder einer Organisation kommen. Doch darüber hinaus bietet das französische Recht auch generell Informanten Schutz, die Vergeltung fürchten müssen. Über diesen Pfad hätten die französischen Ermittler Pinto wohl ins Land holen können.

Für Pinto kommen all diese Schritte aber ohnehin zu spät.

DER KONFLIKT

Nach unserem Interview mit Pinto bemühen wir uns weiter um Einblick in die Ermittlungsakte der portugiesischen Polizei. Bislang wissen wir nicht, welche Belege es für seine Schuld geben soll. Aber die portugiesischen Ermittler sind nicht wirklich auskunftsfreudig, unsere Rechercheure bekommen nur wenige Informationen.

Möglicherweise hat dies auch etwas mit den Hintergrundgesprächen zu tun, die im Februar 2019 offenbar parallel dazu auf der Ebene von Eurojust ablaufen. Eurojust ist eine Behörde der EU, die die Mitgliedsländer insbesondere im Kampf gegen Terrorismus und schwere Organisierte Kriminalität unterstützen soll. Jedes EU-Land entsendet dazu einen hochrangigen Staatsanwalt oder Richter nach Den Haag. Auf diese Weise können Ermittlungsergebnisse länderübergreifend miteinander ausgetauscht und weitere Schritte gemeinsam koordiniert werden.

Pinto hat bereits in unserem Interview eine Andeutung darüber gemacht, dass die französischen Ermittler mit seinem Insiderwissen auch Eurojust-Kooperationen anleiern könnten. Das würde bedeuten: Die Franzosen wollen sein Material zur grenzüberschreitenden Strafverfolgung nutzen.

Etwa zwei Wochen nach unserem Interview mit Pinto erhalten wir eine Nachricht von einer Pressesprecherin von Eurojust. Sie teilt uns mit, dass ihr Haus eine Pressekonferenz zum Thema »Football Leaks« terminiert habe. Wir könnten uns dafür akkreditieren und seien eingeladen, uns anzuhören, was die Ermittler zu sagen hätten.

Klingt spannend. Kurz darauf sitzen wir in einem Mietwagen und fahren nach Den Haag. Das Hauptquartier von Eurojust ist ein Neubau aus Glas und Beton. Überall hängen Videokameras, beim Betreten des Gebäudes werden wir streng kontrolliert. In einem Konferenzraum, tief im Bauch der Behörde, sitzen sechs Ermittler auf einem Podium und erzählen, worüber sie zuvor in einem internen Meeting den halben Tag lang debattiert haben: die internationale Rechtslage zum Fall Football Leaks. Eines wird bereits zu Beginn der Pressekonferenz klar: Die Sache ist ziemlich kompliziert.

Die französischen Ermittler, die das Treffen initiiert haben, erklären zunächst, wie sie mit Pinto in Kontakt getreten seien, dass er sie in Paris besucht und ihnen rund zwölf Millionen Dateien übergeben habe. Sie schildern auch, dass sie bereits nach unserer ersten Veröffentlichungswelle der Football Leaks im Jahr 2016 mehrere Voruntersuchungen eröffnet hätten. Pintos neue Dokumente sollen ihnen nun beim weiteren Fahnden helfen.

Was die Ermittler über die Annäherung an den Football-Leaks-Whistleblower erzählen, ist nahezu deckungsgleich mit der Geschichte, die Pinto und Bourdon uns zuvor skizziert haben. Der französische Staatsanwalt Jean-Yves Lourgoilloux beschreibt nun, dass die Ermittler in den vergangenen Wochen daran gearbeitet hätten, Pintos Daten durchsuchbar zu machen. »Seit etwa einer Woche haben wir Zugang zu dem Material. Wir haben eine Stichwortliste erstellt und bemerkt, dass es für uns zahlreiche interessante Treffer gibt«, sagte Lourgoilloux. Bereits im Zuge der Voruntersuchung wollen die Ermittler Straftatbestände wie Geldwäsche, Hehlerei und gemeinsamen Betrug ausfindig gemacht haben. »Wir haben in den Daten zudem erkannt, dass es viele Überschneidungen mit anderen europäischen Ländern gibt«, sagte Lourgoilloux. Deshalb sei es nun zu diesem Eurojust-Meeting gekommen.

Lourgoilloux und sein französischer Kollege Eric Russo möchten den Behörden anderer Staaten ermöglichen, mit ihnen zusammenzuarbeiten und sich über die Ermittlungen rund um die Football-Leaks-Daten besser abzusprechen. Zehn Länder sollen ihr Interesse an dem Material angemeldet haben, neun von ihnen sind heute nach Den Haag gekommen. Darunter auch Vertreter aus Deutschland. »Wir müssen das Material umfassend auswerten«, sagte Lourgoilloux.

Eurojust scheint im Falle von Football Leaks aber nicht nur eine planende, sondern auch eine schlichtende Funktion einnehmen zu müssen. Auf dem Podium in Den Haag sitzt nur wenige Meter neben Lourgoilloux Antonio Cluny. Er ist der portugiesische Vertreter bei Eurojust. Als Cluny spricht, wird deutlich, wie schwierig die internationale Ermittlungsarbeit in einem vereinten Europa immer noch ist. Und wie gegenläufig die Interessen der jeweiligen Behörden sein können. Während die Franzosen und zahlreiche weitere Staatsanwaltschaften Pintos Daten auswerten und damit Steuerhinterziehung, Geldwäsche und Korruption aufdecken wollen, arbeiten die portugiesischen Behörden vor allem daran, Pinto vor Gericht zu bringen. Sie wollen ihren Haftbefehl gegen den Whistleblower weiterhin durchsetzen. »Unsere Ermittlungen gegen Pinto haben bereits 2015 begonnen. Man muss sie separat von den Football Leaks bewerten«, sagte Cluny. Er wolle die beiden Verfahren grundsätzlich voneinander trennen.

Während Cluny das sagt, schaut Lourgoilloux regungslos nach vorne. Der Franzose weiß, dass die Fälle eng miteinander verwoben sind. Die Firma Doyen, die in Portugal Anzeige gegen den Whistleblower erstattet hat, wurde im Zuge der Football-Leaks-Enthüllungen 2016 ausgeleuchtet. Viele Gelder des Unternehmens wurden über Steueroasen gelenkt. All dies findet sich in Pintos Daten.

»Das heute war ein erstes Meeting. Wir werden weiterhin gemeinsam nach Lösungen suchen«, sagt Cluny nach Beendigung der Pressekonferenz. Es ist ihm anzumerken, dass der Fall politisch brisant ist. Zumal Pinto uns beim Interview in Budapest erklärt hatte, dass er rund zehn Terabyte Daten besitze, also die doppelte Menge dessen, was er Journalisten bislang zur Verfügung gestellt hat. Darunter auch die Dokumente einer Bank, die ihren Sitz in einer Steueroase hat. Alles ziemlich interessant für Strafverfolger.

»Mit dem heutigen Meeting wollen wir klarmachen, wie wichtig das Thema Football Leaks ist. Viele der Länder, die mit uns am Tisch saßen, haben guten Willen gezeigt und wollen das Gleiche«, sagt Eric Bisschop. Er ist der stellvertretende Generalstaatsanwalt Belgiens und sitzt neben Cluny. Auch er hat großes Interesse an

Pintos Daten, da der belgische Fußball zuletzt von Korruptions- und Wettbetrugsskandalen erschüttert wurde.

Während Pinto in Budapest weiterhin unter Hausarrest steht und darauf wartet, dass ein ungarisches Gericht über seine Auslieferung nach Portugal entscheidet, werden europäische Ermittler auch in den kommenden Wochen darüber debattieren, wie sie mit ihm umgehen sollen. Würde Pinto nach Portugal ausgeliefert, könnten seine Daten dort vernichtet werden. Alle Dokumente, die nicht die Vorwürfe des Europäischen Haftbefehls berühren, sind für die portugiesische Justiz offenbar nicht verwertbar. »Sollte dies passieren, wäre eine große Chance vertan«, sagt Lourgoilloux. Der Franzose wirkt dabei nicht so, also wolle er dies einfach hinnehmen.

Wir schreiben während der Rückfahrt aus Den Haag einen Text über unseren Besuch bei Eurojust für SPIEGEL ONLINE, auch unsere EIC-Partner werden Artikel dazu veröffentlichen. Aber die Veranstaltung lässt uns auch ein wenig ratlos zurück. Ein vereintes Europa ist eine große, sinnvolle Idee, vielleicht die beste, die dieser Kontinent je hatte. Aber wie kompliziert die Umsetzung einer solchen Idee ist, zeigt sich bereits an der Anwendung von gemeinsamem Recht. Jeder Staat ist souverän, es gibt keine rundum einheitlichen europäischen Gesetze. Entsprechend schwierig ist es, Lösungen für die länderübergreifende Strafverfolgung von Verbrechen wie Steuerbetrug oder Korruption zu entwickeln.

Mein Telefon klingelt. Es ist eine Nachricht von Pinto: »Warum haben die Franzosen nicht mehr für meine Freilassung gekämpft? Warum haben sie nur über meine Daten gesprochen?«

»Woher weißt Du, wie das Meeting abgelaufen ist?«, frage ich verdutzt.

»Eurojust hat ein Video von der Pressekonferenz veröffentlicht«, sagt Pinto. Ich habe keine Ahnung, wie der Typ sowas immer findet.

»Ich glaube, das war heute eine sehr politische Veranstaltung. Alle Seiten haben sich darum bemüht, diplomatisch mit dem Konflikt rund um Deine Auslieferung umzugehen«, schreibe ich.

»Ich habe keine Zeit für Diplomatie. Die Richterin kann jederzeit einen Termin einberufen und mich nach Portugal verfrachten«, schreibt John.

»Zumindest haben die Franzosen bestätigt, dass Du ihre Quelle bist und Dich freiwillig bei ihnen gemeldet hast. Sie haben auch erklärt, dass sie Deine Gefahrenlage sehen«, schreibe ich.

»Wir werden sehen, was das bringt«, schreibt John.

Seinen wenigen Nachrichten in den vergangenen Tagen konnte ich deutlich anmerken, dass seine Geduld langsam aufgebraucht ist. Er findet diesen Hausarrest ungerecht und sieht nicht ein, warum er in Budapest in seiner kleinen Bude sitzen muss. Ihm scheint die Decke auf den Kopf zu fallen. Er macht Krafttraining, liest, aber vor allem langweilt er sich mörderisch. Seine Eltern sind mittlerweile abgereist, wollen aber zu einer möglichen Verhandlung zurückkommen.

Am Abend läuft das Champions-League-Achtelfinale zwischen dem FC Liverpool und Bayern München. Ich bin ziemlich erledigt von diesem Tag und der Reiserei, lege mich auf die Couch und versuche, bei diesem Spiel ein wenig abzuschalten.

Cluny. Antonio Cluny.

Der Name schießt mir wieder in den Kopf. Woher kenne ich den Mann nur? Seit der Pressekonferenz versuche ich mich die ganze Zeit daran zu erinnern, wo ich dem Portugiesen schon einmal begegnet sein könnte. Irgendwie erinnert er mich an jemanden. Ich stehe auf, hole mein Telefon und fange an zu googeln. Nach kürzester Zeit werde ich fündig – und traue meinen Augen nicht. Offenbar ist Cluny der Vater von einem der Ronaldo-Anwälte. Ich bin mir so gut wie sicher, dass ich den Namen Cluny auch schon in den Football-Leaks-Dokumenten gelesen habe. Ist das möglich?

Noch bis weit nach Mitternacht lese ich in meinem Telefon, irgendwann schlafe ich auf der Couch ein. Am nächsten Morgen bitte ich Nicola, unsere Football-Leaks-Datenbank nach Antonio Cluny zu durchsuchen. Nicola kennt das Netzwerk des Superstars und weiß, wie einflussreich seine Leute sind. Zudem hat sie sich intensiv mit den Biografien und Karrieren nahezu aller Ronaldo-

Anwälte und -Berater beschäftigt. Nach dem Mittagessen bestätigt Nicola meine Vermutung. In den nächsten Tagen versinken wir tief in einer Recherche rund um Interessenskonflikte in der portugiesischen Justiz.

HERR PAPA

Antonio Cluny, graue Haare, sanfter Blick, weiche Gesichtszüge, ist ein unscheinbarer Mann. Früher arbeitete er als stellvertretender Generalstaatsanwalt in Portugal, seit 2014 vertritt er die Interessen seines Heimatlandes bei Eurojust. Was Cluny weder öffentlich noch gegenüber seinen Kollegen von Eurojust erklärte: Er ist der Vater von João Lima Cluny, einem Topanwalt der portugiesischen Großkanzlei Morais Leitão. Der Kanzlei, die Cristiano Ronaldo, José Mourinho und viele weitere Fußballer vertritt, die durch die Veröffentlichung der Football-Leaks-Dokumente Ärger mit der Justiz bekamen. Ronaldo nennt in seinen privaten Nachrichten einen der Partner der Kanzlei, Carlos Osório de Castro, liebevoll »Vater«.

Osório de Castro ist seit Ronaldos Karrierebeginn sein Wegbegleiter in juristischen Fragen, auch bei den Vergewaltigungsvorwürfen gegen den Fußballstar koordinierte der Anwalt aus Porto die juristische Verteidigung. Die US-Ermittler haben dieses Verfahren nach unseren Veröffentlichungen im vergangenen Jahr wiedereröffnet. Auch sie nahmen nun am Eurojust-Meeting in Den Haag teil, weil sie sich weitere Dokumente zu den Vorwürfen erhoffen. Dokumente, die auch die Kanzlei Morais Leitão direkt betreffen könnten, etwa über den hier bereits beschriebenen Fragebogen, in dem die Anwälte Ronaldo offenbar zur mutmaßlichen Tatnacht befragen. Dieser Fragebogen könnte Ronaldo schwer belasten.

Die Frage der Befangenheit Antonio Clunys ist nun eine Zerreißprobe für Eurojust. Auf der einen Seite stehen Ermittler mehrerer europäischer Staaten, die mit Pinto und seinen Daten arbeiten wollen, um weitere Straftaten aufzudecken. Auf der anderen Seite steht Portugal, das Pintos umgehende Auslieferung fordert – und dessen oberster Eurojust-Vertreter familiär eng verbandelt ist mit einer Kanzlei, deren Klienten in zahlreichen der Football-Leaks-Enthüllungen auftauchen.

Antonio Clunys Sohn – das zeigen die Football-Leaks-Dokumente sehr deutlich – war auch mehrfach für einige der Spieler von Jorge Mendes tätig, dem Berater Cristiano Ronaldos. Auch gegen Mendes wurden auf Basis der Football-Leaks-Berichte Ermittlungen wegen des Verdachts der Steuerhinterziehung eingeleitet. Zudem haben wir neue Dokumente erhalten, die zeigen, dass der Football-Leaks-Whistleblower Rui Pinto kein Unbekannter für João Lima Cluny ist. Die beiden standen sich schon einmal in einem Verfahren gegenüber. 2014 vertrat Cluny Junior in einem Rechtsstreit mit Pinto die Bank auf den Cayman Islands. Es ist der Fall, über den Pinto auch nach unserem Interview nicht sprechen wollte. Aus den neuen Unterlagen geht hervor, dass Pinto eine sechsstellige Euro-Summe von der Bank auf sein privates Konto transferiert hat, die Bank forderte das Geld zurück. Es kam – warum auch immer – nicht zum Prozess. Stattdessen unterschrieb Pinto eine außergerichtliche Einigung, unterzeichnet unter anderem von João Lima Cluny.

Kann Antonio Cluny, der Vater von João und Vertreter Portugals bei Eurojust, in solch einer Gemengelage neutral agieren? Ist er nicht in einen Interessenkonflikt verstrickt, den er vor Beginn der Eurojust-Verhandlungen zwingend hätte offenlegen müssen?

Nein, findet er selbst. Unser portugiesischer EIC-Partner »Expresso« erreichte Antonio Cluny am Telefon. Der Mann sagte, er sei unbefangen, weil er lediglich als Sprecher der portugiesischen Ermittler fungiert habe. Er habe auch nicht an dem Arbeitsmeeting zu den Football Leaks teilgenommen, dort sei ein Stellvertreter gewesen. Viel mehr gäbe es dazu eigentlich auch nicht zu sagen.

Wir fassten im Namen des EIC noch einmal schriftlich bei Vater und Sohn Cluny nach: Laut portugiesischen Medien sollte Antonio Cluny auf Drängen des portugiesischen Generalstaatsanwalts bei Eurojust mithelfen, den Europäischen Haftbefehl gegen Rui Pinto durchzusetzen. Ob das so stimme? Und: Ob es einen Informationsaustausch über den Fall Football Leaks zwischen Vater und Sohn gegeben habe? Ob der Sohn den Vater jemals um eine Auskunft rund um die Football Leaks gebeten oder ihn zu bestimmten Handlungen im Zuge dieses Verfahrens aufgefordert habe?

Antonio Cluny antwortete nicht auf die einzelnen Fragen, er übermittelte lediglich ein generelles Statement. Demnach sei er zu keinem Zeitpunkt in die Eurojust-Ermittlungen involviert gewesen. Er habe auch keine Kenntnis darüber gehabt, dass die Kanzlei Morais Leitão oder sein Sohn an den Fällen gearbeitet hätten. Antonio Cluny schreibt weiter, er habe sich nach unserer Anfrage bei den portugiesischen Behörden rückversichert und erfahren, dass weder die Kanzlei noch sein Sohn in irgendeiner Form in diese Fälle involviert gewesen seien.

Interessant.

Immerhin wurde während Ronaldos Steueraffäre in Spanien gegen Ronaldos Vertrauensanwalt Carlos Osório de Castro, einen der wichtigsten Partner der Großkanzlei Morais Leitão, ermittelt. Osório de Castro wurde sogar als Verdächtiger geführt. Die Frage, inwiefern die Anwälte der Großkanzlei Morais Leitão eigentlich in die Offshore-Steuerkonstruktionen rund um die vielen Spieler des Beraters Jorge Mendes involviert waren, ist bis heute ungeklärt. Bislang wurde kein Prozess gegen einen der Anwälte wegen des Verdachts auf Beihilfe zur Steuerhinterziehung eröffnet, die Ermittlungsverfahren wurden eingestellt. Auch aus Mangel an Beweisen, wie es mit dem Fall vertraute Personen in Spanien erklären.

Beweise, nach denen die Ermittler nun womöglich in Rui Pintos Dokumenten suchen werden. Die Football-Leaks-Daten offenbaren sehr deutlich die fragwürdige Rolle der Anwälte. So sollen sie Dokumente sogar verändert und rückdatiert haben.

Morais Leitão wies die Frage, dass »irgendeiner der Anwälte« dieser Kanzlei Antonio Clunys »Entscheidungen zu beeinflussen versuchte, als nicht nur vollkommen unbegründet, sondern Verleumdung« zurück. Es gebe auch keinen Interessenkonflikt. João Lima Cluny sei mit keinem der Fälle beauftragt, bei denen Mandanten von Morais Leitão durch Football-Leaks-Enthüllungen Probleme mit der Justiz bekommen haben. Der Rechtsstreit der Bank auf den Cayman Islands, den der Sohn des portugiesischen Eurojust-Vertreters gegen Rui Pinto führte, sei vor Veröffentlichung der Football-Leaks-Daten außergerichtlich geregelt worden. Zudem sei Morais Leitão in keines der Verfahren involviert, die zur Verhaftung Pintos in Budapest geführt hätten.

Die Ermittler, die an dem Eurojust-Meeting teilnahmen, wollten keine öffentliche Bewertung zum Interessenkonflikt ihres Kollegen aus Portugal abgeben. Einige von ihnen ließen aber durchblicken, dass das Verschweigen einer solch engen familiären Beziehung bei einem dermaßen sensiblen Verfahren gleichbedeutend mit einem massiven Vertrauensverlust sei. Zumal jedes möglicherweise durchgestochene Detail aus diesem Verfahren einen Informationsvorsprung für die Gegenseite bedeuten könnte.

Pintos Anwaltsteam reagierte auf die familiäre Beziehung der Clunys mit einem knappen Statement: »Wir finden das sehr beunruhigend. Wir werden alle rechtlichen Auswirkungen sorgfältig prüfen.« Wir fragten auch Pinto nach einem Statement. Er antwortete knapp: »Das ist Portugal. Ich habe es euch mehrfach gesagt, dass es schwer für mich werden wird, dort einen fairen Prozess zu bekommen.«

AUSGELIEFERT

Pinto nutzt seinen Hausarrest und vertieft sich in juristische Fachaufsätze über internationale Ermittlungsarbeit. Wenn er meint, Fehler im Zuge seiner Verhaftung oder des Haftbefehls gefunden zu haben, schreibt er mir immer wieder Nachrichten. Seine Anwälte prüfen Pintos Anmerkungen, parallel arbeiten sie daran, die Auslieferung abzuweisen.

Während Pinto seine Wohnung nicht verlassen darf, melden sich immer mehr Menschen und Organisationen, die ihre Solidarität mit dem Whistleblower bekunden. Die Vereinigung »Reporter ohne Grenzen«, die sich weltweit für Pressefreiheit und gegen Zensur einsetzt, schreibt in einem offenen Brief, dass Pintos Kooperation mit dem EIC dazu geführt hätte, dass in vielen europäischen Medien über Korruption und Verbrechen im Fußball berichtet wurde. »Es besteht eindeutig ein öffentliches Interesse an diesen Informationen, die von entscheidender Bedeutung sind. Es ist wichtig, dass Pinto geschützt wird und weiterhin mit den Justizbehörden zusammenarbeiten kann. Wir ersuchen die ungarischen Behörden, den Auslieferungsantrag abzulehnen, und wir ersuchen die portugiesischen Behörden, alle Verfahren gegen ihn einzustellen. Wir fordern auch die französischen und schweizerischen Behörden auf, ihn zu unterstützen.«

Eine Kommission im EU-Parlament fordert zudem einen erhöhten Schutz für Whistleblower. Nach den Veröffentlichungen der Panama und Paradise Papers, der Lux und Football Leaks richtete das EU-Parlament eine Untersuchungskommission ein, die sich ein Jahr lang mit all diesen Finanzverbrechen befasste. Sie befragte Finanzminister und Dutzende Experten, darunter auch Investigativjournalisten des EIC. Nun legt die Kommission ihren

Abschlussbericht vor und kommt darin zu einem bitteren Ergebnis: Steuerhinterziehung und Geldwäsche seien in Europa nach wie vor allgegenwärtig. Die Mitgliedstaaten zeigten wenig politischen Willen, dies zu ändern. Es gebe keine Koordination zwischen den unterschiedlichen Behörden in Europa, sieben europäische Mitgliedsländer würden selbst im Stile von Steueroasen agieren.

Den Frust der Kommission liest man aus jeder Zeile heraus. Im Kern bemängelt sie genau das, was Eurojust mithilfe Rui Pintos überwinden könnte. Und was bislang am Veto Portugals scheitert.

Im Februar 2018 veröffentlicht auch die Uefa ein Abkommen mit der EU-Kommission. Dort geht es explizit um die Bedeutung von Whistleblowern. »Die Seiten sind sich der entscheidenden Rolle bewusst, die Whistleblower spielen können, wenn es darum geht, Geldwäsche, Betrug, aggressive Steuerplanung oder Korruption zu bekämpfen oder anderweitig Licht in versteckte Verhaltensweisen zu bringen, die im Fußballsektor existieren können. In diesem Zusammenhang bekräftigen beide Seiten ihre Unterstützung für die Einrichtung wirksamer Mechanismen zur Förderung der Meldung von Fehlverhalten.«

Die Zeilen wirken absurd. Pinto offeriert seit 2017 sowohl der Uefa als auch der Fifa in zahlreichen seiner Interviews seine Unterstützung. Mit seinen Daten könnten die Verbände erheblichen Schaden vom Fußball abwenden und Belege für fast alle in dem Statement genannten Punkte finden. Doch bislang ist kein einziger Funktionär auf Pinto oder seine Anwälte zugegangen.

Anfang März ruft mich Bourdon an: »Nächste Woche wird die Richterin über Pintos Auslieferung entscheiden.« Wir verabreden, dass ich mir die Verhandlung, die öffentlich sein wird, vor Ort in Budapest ansehen werde. Bourdon bietet mir an, dass wir uns am Abend vorher zum Essen treffen könnten. Ich nehme das Angebot an. Es kann nicht schaden, ein bisschen mehr über die Verteidigungsstrategie zu erfahren.

Ich schreibe Pinto, dass ich ihn am Nachmittag vor der Anhörung sehen möchte. »Klar, gerne. Aber Du musst hierherkommen, ich bin ein bisschen an meine Wohnung gebunden«, schreibt er. Okay, etwas Humor scheint er trotz seiner Lage noch übrig zu haben.

Ich komme am frühen Nachmittag in Budapest an und mache mich direkt auf den Weg zu Pinto. Es ist komisch, nun keine Versteckspiele mehr machen zu müssen. Kein Gabelflug, keine Mietwagen, keine Spaziergänge rund um sein Haus. Aus dem Anonymus ist ein weltweit bekannter Häftling geworden. Ich muss mir das zwischendurch immer wieder vor Augen führen.

Wir Reporter hatten in den vergangenen Wochen kaum eine Pause, kaum die Zeit, einmal tiefer über alles nachzudenken. Rund um Pintos Verhaftung und seinen Hausarrest passiert gefühlt täglich Neues, was uns sofort in Beschlag nimmt. Bevor ich abgeflogen bin, hat Nicola gesagt: »Dass wir in so einer Situation unsere Urlaube absagen, kann ich nachvollziehen. Aber wir sollten mal wieder dazu übergehen, zumindest einen Tag am Wochenende frei machen zu dürfen.« Sie hat recht. Dieses Projekt und die Arbeitsbelastung sind bereits vor geraumer Zeit völlig aus dem Ruder gelaufen. Wir müssen uns darüber Gedanken machen, wie wir unsere Arbeitszeiten demnächst wieder etwas besser unter Kontrolle bekommen.

Doch erst einmal muss ich den morgigen Tag überstehen, das wird anstrengend genug. Ich trete an Pintos Haustür und öffne sie mit dem Code. Als ich oben vor dem eisernen Gitter ankomme, sehe ich Pinto vor seiner Eingangstür stehen. Er raucht. An seinem Knöchel blinkt der GPS-Sender.

»Schön, dass du da bist«, sagt er. Er gibt mir die Hand, schaut mich dabei aber nicht an, sondern an meiner Schulter vorbei. »Dir ist keiner gefolgt, oder?«, fragt er. Ich schüttle den Kopf.

In der Wohnung läuft Pintos Freundin von einem Raum zum anderen und trägt irgendwelche Sachen herum. Sie begrüßt mich und sagt: »Ich bin so nervös.«

Pinto geht ans Fenster und zieht die bereits geschlossenen Vorhänge noch ein Stückchen dichter zusammen. Sein kleines Zimmer versinkt in Dunkelheit. Pinto schaltet den Fernseher ein, ein portugiesischer Moderator kündigt an, dass es »gleich Neuigkeiten vom Hacker aus Budapest« geben würde. Pinto setzt sich an seinen Tisch und schaut vollkommen ungerührt zu. Hinter ihm wuselt seine ungarische Freundin. Sie packt eine Kosmetiktasche. Rasierer, Deodorant, Zahnpasta. Sie zeigt Pinto T-Shirts und fragt, ob er diese mitnehmen wolle. Oder ob sie vielleicht neue kaufen müsse? Sie will, dass er im Gefängnis vernünftig aussieht.

Pinto reagiert nicht. Er schaut gebannt auf den Fernseher. Im Bild erscheint ein Reporter, der sich auf der Straße vor seiner Wohnung aufgebaut hat. Der Mann zeigt immer wieder mit dem Finger nach oben und erklärt auf Portugiesisch, dass dort der »Hacker« sitzen würde. Pinto seufzt. Er sagt, der Reporter auf der Straße würde nun darüber sprechen, dass »morgen ein wichtiger Tag für die portugiesischen Ermittler« sei. Der »kriminelle Hacker«, wie Pinto nun bezeichnet wird, solle endlich zurück nach Portugal gebracht werden. Und sich dort einem Gerichtsverfahren stellen.

Wir sind in den vergangenen Wochen im Zuge unserer Recherche auch über den Press Freedom Index gestolpert, eine Rangliste, die die Pressefreiheit in 180 Ländern bewertet. Der Index wird jährlich von der Vereinigung »Reporter ohne Grenzen« herausgegeben. Portugal belegt dort den zwölften Platz. Demnach würden die Journalisten in Pintos Geburtsland zwar schlecht bezahlt werden, und die Unsicherheit um den Arbeitsplatz nähme zu, aber insgesamt sei das Umfeld der Berichterstattung relativ sicher. Mit einer Ausnahme: »Die Fußballwelt, sowohl Manager als auch Fans, ist immer noch sehr aggressiv gegenüber den Medien, und Journalisten werden oft mit Klagen bedroht, wenn sie über fragwürdige Praktiken in den großen Klubs berichten.«

Seit fast sieben Wochen steht Pinto nun in Budapest unter Hausarrest. Er wirkt sehr angespannt. Pinto greift hinter sich. Auf dem Bett liegt eine Mappe, dort hat er seine Verteidigungsschrift abgeheftet, die er am nächsten Morgen während seiner Auslieferungsanhörung vor Gericht vortragen wird. Aber Pinto blättert weiter. »Sie können mich morgen nicht ausliefern. Die portugiesischen Fahnder haben einen Verfahrensfehler begangen«, sagt er. Pinto legt den Europäischen Haftbefehl auf den Tisch, der zu seiner Verhaftung geführt hat. »Die portugiesische Polizei hat erst etwa einen Monat nach meiner Festnahme einen nationalen Haftbefehl erlassen. Man kann aber keinen Europäischen Haftbefehl erwirken, ohne dass es zuvor einen nationalen gegeben hat.«

Pinto zupft jetzt ein Blatt Papier nach dem anderen aus der Mappe. Präzedenzfälle, bei denen solche Verfahrensfehler zur Aussetzung der Haftbefehle geführt haben. »Ich bin nervös, aber ich habe ein gutes Gefühl. Wir werden den Verfahrensfehler morgen als große Überraschung präsentieren«, sagt Pinto.

Im Fernseher ist nun zu sehen, wie Kameras auf der Straße vor seiner Wohnung aufgebaut werden. Scheinwerfer strahlen durch die Gardinen. Einer der Reporter erklärt, dass Pinto in Portugal zweieinhalb bis zehn Jahre Haft drohen würden und er gehört habe, dass »es eher viele Jahre werden«, wie Pinto übersetzt.

»Was machst du, wenn sie dich morgen ausliefern sollten?«, frage ich.

»Dann fliege ich nach Hause und werde versuchen, mich dort zu verteidigen«, sagt er.

»Dir drohen zehn Jahre Haft«, sage ich.

»Das ist absurd, und das weiß jeder Ermittler. Aber klar, sie müssen jetzt diese Drohkulisse aufbauen, sonst ist ihr Haftbefehl nichts wert«, sagt Pinto.

Wir diskutieren noch ein wenig über seine Aussichten, über seine Ängste, über die Zukunft. Ich frage seine Freundin: »Wie geht es mit euch weiter?«

Sie kommt aus der Küche zurück, schaut mich etwas verdutzt an, setzt sich auf Pintos Schoß und sagt: »Egal, was kommt, ich bleibe bei ihm. Wir werden zusammen kämpfen.« Pinto drückt sie, gibt ihr einen Kuss. Ich habe den Eindruck, dass die beiden noch keine Ahnung davon haben, wie langwierig und belastend solche Gerichtsprozesse sein können. Von einer langjährigen Haftstrafe ganz zu schweigen. Aber vielleicht ist es gerade diese Unwissenheit, die sie schützt.

»Ich muss gleich los, bin mit Bourdon und Deák zum Abendessen verabredet«, sage ich.

»Sag meinen Anwälten, dass sie heute nichts trinken sollen. Ich brauche sie morgen bei klarem Verstand«, sagt Pinto und lacht.

Vor dem Abschied bleiben wir noch einen Moment in der Küche stehen. Pinto erzählt mir, dass er am nächsten Morgen bereits sehr früh von der Polizei abgeholt werde. Und dass Deák ihm gesagt habe, dass, sollte die Richterin auf Auslieferung entscheiden, er sofort wieder in die U-Haft zurückmüsse.

»Bereust du irgendetwas?«, frage ich.

»Es ist gut, wie es ist. Ich werde das jetzt alles ein für alle Mal klären, und dann schaue ich, was ich mit dem Rest dieses Lebens noch machen kann. Aber eines sage ich dir: Es war richtig, der Gesellschaft zu zeigen, was hinter ihrem Rücken so abläuft«, sagt Pinto.

Wir geben uns die Hand, ich wünsche ihm nur das Beste und gehe schnell hinaus. Im Hausflur lungern zwei Reporter herum, keine Ahnung, wie sie hier reingekommen sind. Draußen versuche ich, mich schnell an den TV-Teams vorbeizudrücken, meine Mütze ziehe ich dabei sehr tief ins Gesicht.

Ich fahre mit dem Taxi zum Restaurant, Bourdon, eine seiner Mitarbeiterinnen und Deák sind schon da. Ich erzähle ihnen von meinem Treffen mit Pinto und frage sie, ob dieser Verfahrensfehler tatsächlich einen Ausschlag geben könnte. »Eigentlich bin ich ein skeptischer Mensch, aber diesmal habe ich ein gutes Gefühl«, sagt Bourdon. Deák ist vorsichtiger. Er erklärt, dass eine versuchte Erpressung normalerweise sofort eine Auslieferung zur Folge habe, dies sei ein Automatismus zwischen den europäischen Mitgliedstaaten. Auf der anderen Seite gibt es diese Präzedenzfälle, in denen solche Verfahren am Ende beim Europäischen Gerichtshof gelandet sind und dort entschieden wurden. »Das wäre eine sehr sinnvolle Lösung«, sagt Bourdon. Wir unterhalten uns noch ein wenig über Whistleblower-Schutz, über die Risiken von Informanten und über Pintos Situation, sollte er wirklich ausgeliefert werden. Nach dem Essen brechen wir alle früh auf, der nächste Tag wird anstrengend werden.

Ich schlafe schlecht und bin früh auf den Beinen. Ich entscheide mich, schon mal zum Gerichtsgebäude zu fahren und mich ein bisschen umzusehen. Ich komme über eine Stunde vor Verhandlungsbeginn an. Obwohl ich mit dem Verfahren nichts zu tun habe, spüre auch ich jetzt eine gewisse Aufregung. Ich habe für den Termin eine Dolmetscherin gebucht, weil die Verhandlung komplett auf Ungarisch geführt wird und ich sonst nichts verstehen würde. Ich halte diese Sprache ja persönlich für eine Foltermethode meiner Zunge. Man kann sie wirklich unmöglich erlernen. Auch die Dolmetscherin ist früh bei Gericht, wir reden ein bisschen über Ungarn, Budapest und den Fall. Dadurch legt sich meine Nervosität etwas.

Bourdon kommt erst wenige Minuten vor der Verhandlung an, ihm folgt Deák. Auch wir plaudern ein bisschen, werden aber von lautem Gepolter unterbrochen. Ich drehe mich um und sehe, wie Pinto am anderen Ende des Flurs durch eine große Tür geführt wird. Er trägt Handschellen, zwei Polizisten halten ihn an den Armen fest. Es ist ein Szenario, wie man es für einen Gewaltverbrecher oder einen Triebtäter erwarten würde. Aber nicht für jemanden, der gestern noch seelenruhig in seiner Wohnung saß und Fernsehen geguckt hat – ohne an Flucht auch nur zu denken.

Pinto begrüßt seine Anwälte, sie gehen gemeinsam in den Verhandlungssaal. Pinto wird in die erste Reihe gesetzt und schaut regungslos nach vorne. Der kleine, stickige Raum ist völlig überfüllt. Nur wenige Meter vor Pinto sitzt Judit Csiszár, eine grimmig dreinblickende Richterin. Sie eröffnet die Sitzung ohne Umschweife. Die Richterin stellt zunächst Pintos Personalien fest, sie referiert noch einmal den Verfahrensstand und lässt von der Staatsanwältin die Vorwürfe vortragen. Anschließend übergibt sie das Wort an den Angeklagten. Pinto beginnt ruhig und deutlich vorzutragen, dass er die Football Leaks zum Gemeinwohl initiiert habe, dass er viele illegale Vorgänge im Fußball-Business offenlegen wollte. Er bittet die Richterin eindringlich darum, nicht nach Portugal ausgeliefert zu werden, weil er die Sorge habe, »dort kein faires Verfahren zu bekommen«. Er verweist in der Anlage auf den Fall Cluny. Pinto argumentiert, der portugiesische Fußball sei zu tief in die politischen und juristischen Kreise des Landes verstrickt.

Pinto schließt seinen Vortrag, der von einem Dolmetscher aus dem Portugiesischen ins Ungarische übersetzt wird, mit den Worten, dass »die Entscheidung über eine Auslieferung auch eine Entscheidung über Leben und Tod« sei. Er redet über die Morddrohungen, die ihn zuletzt erreicht hätten.

Es ist ein guter, ein strukturierter und pointierter Vortrag. Pinto hat sich vorbereitet und trägt sein Plädoyer mit der Überzeugung eines Menschen vor, der an sich glaubt.

Nach Pinto ergreift sein ungarischer Anwalt Dávid Deák das Wort. Auch er benennt mehrere Punkte, die aus seiner Sicht gegen eine Auslieferung sprächen. Dabei erwähnt er auch den mutmaßlichen Verfahrensfehler und verweist auf die vielen Ermittlungsbehörden, die mit Pinto zusammenarbeiten wollten. Die Richterin hört sich die Argumente an und zieht sich anschließend zur Beratung zurück. Pinto wird aus dem Gerichtssaal geführt und direkt vor der Tür auf eine kleine Bank gesetzt. Sofort drücken ihm Reporter ihre Mikrofone unter die Nase, er wird permanent gefilmt. Mir erschließt sich nicht, warum er nicht in einen separaten Raum geführt wird, das wäre eigentlich das Mindeste, um ihn zu schützen.

Pinto ignoriert zunächst die vielen Fragen, die auf ihn einprasseln. Er spielt mit einer Wasserflasche, guckt mal nach links, mal nach rechts. Dann hält er kurz inne, schaut einem der Reporter in die Augen und fängt anschließend an, eine Art improvisierte Pressekonferenz abzuhalten. Er redet auf Portugiesisch, ich verstehe nahezu nichts. Zwischendurch wechselt Pinto ins Englische und gibt irgendeiner internationalen Agentur einige Auskünfte. Nach einer Dreiviertelstunde kommt die Richterin zurück und erlöst Pinto von diesem Wahnsinn. Er wird zurück in den Gerichtssaal geführt.

Richterin Csiszár ist in ihrer Beratungszeit offenbar zu einem sehr simplen Fazit gekommen: Ob Pinto ein Whistleblower sei oder nicht, spiele für das ungarische Gericht keine Rolle. Die vermeintlichen Straftaten aus dem Europäischen Haftbefehl resultierten allesamt aus dem Jahr 2015, rund ein halbes Jahr, bevor Pinto seine

Daten an Journalisten weitergegeben habe. Deshalb könne sie für diesen Zeitraum nicht über den besonderen Whistleblower-Schutz urteilen. Den von Pintos Anwaltsseite geäußerten möglichen Verfahrensfehler konnte die Richterin nicht erkennen. Ihr Urteil ist klar: Pinto soll unverzüglich an Portugal ausgeliefert werden. Seine konfiszierten Daten sollen ebenfalls an die portugiesischen Ermittler übergeben werden.

Pinto schaut zur Richterbank, ohne irgendeine Regung zu zeigen. Erst nach einigen Minuten beginnt er, ganz langsam seinen Kopf zu schütteln. Die Richterin beendet die Sitzung, die beiden Polizisten zerren Pinto von der schweren Holzbank hoch und führen ihn wieder auf den Flur. Beim Hinausgehen ruft er auf Englisch in die Kameras: »Ich bin ein Whistleblower, ich habe nur im Allgemeinwohl gehandelt, wie kann man mich deshalb ausliefern?«

Vor dem Gerichtssaal warten bereits seine Anwälte. Sie kündigen sofort an, Berufung gegen dieses Urteil einzulegen. Bis zur endgültigen Entscheidung muss der Whistleblower in ungarischer Untersuchungshaft bleiben.

Die Polizisten setzen ihn wieder auf die kleine Bank. Pintos Schultern fallen nach vorne, er stützt sich mit seinen Ellenbogen auf den Knien ab. Einige Reporter stellen ihm immer weiter Fragen, bis irgendwann einer der Polizisten das Spektakel beendet und alle wegschickt. Ich tippe beim Rausgehen kurz auf Pintos Schulter. Er blickt hoch, guckt mich an und schüttelt den Kopf. Er sitzt da wie ein Häufchen Elend.

Pinto sagt: »Schreib, dass das hier ungerecht ist. Wenn man Menschen wie mich wegsperrt, wird die Gesellschaft immer von denen beherrscht, die sich nur an ihr bereichern wollen. Das ist einfach falsch.«

EPILOG

Auch Pintos Berufung wird abgeschmettert. 16 Tage nach dem Urteilsspruch von Richterin Csiszár muss der Whistleblower ein Flugzeug Richtung Lissabon besteigen. Er wird dabei von mehreren portugiesischen Ermittlern begleitet.

Am 21. März verfolgen wir seine Auslieferung über die Social-Media- und TV-Kanäle. Portugiesische Journalisten und auch Fußballfans posten ständig Videoschnipsel, die Pinto beim Besteigen des Fliegers, bei der Ankunft in Portugal und beim Abtransport in einem Polizeiwagen zeigen. In Portugal ist die Aufregung rund um seine Auslieferung riesig. Pintos Gesicht ist überall auf den Titelseiten abgedruckt, die großen Nachrichtensendungen berichten über ihn, Talkshows diskutieren über ihn und sein Handeln. In Portugal wird außerdem behauptet, Pinto habe sich auch in staatliche Systeme gehackt und hoch sensibles Material entwendet. Ob daran etwas Wahres ist, ist in diesen hitzigen Tagen nicht herauszufinden. Bourdon sagt, es gehe bislang nur um die Anschuldigungen aus dem Europäischen Haftbefehl, alle weiteren Dinge, die Pinto in der Presse vorgeworfen werden, seien ihm unbekannt.

Nach seiner Ankunft in Lissabon wird Pinto ins Gefängnis gebracht, er bekommt eine Einzelzelle. Das Gericht begründet die Untersuchungshaft mit möglicher Flucht- und Verdunkelungsgefahr. Dass Pinto zuvor bereits sieben Wochen lang in Budapest unter Hausarrest stand, ohne einen Fluchtversuch zu unternehmen, scheint für das Gericht kein Grund zu sein, ihn erneut in einer Wohnung festzusetzen.

Stattdessen landet Pinto nun in einer kargen Zelle, er wird dauerhaft überwacht und darf keinen Kontakt zu seinen Mithäftlingen haben. Pintos Anwälten wird erklärt, dies seien besondere Sicherheitsvorkehrungen, um ihn vor möglichen Übergriffen zu schützen.

Mitten in Pintos erste Tage im portugiesischen Gefängnis fällt eine Nachricht aus Frankreich, die für große Aufregung sorgt. Während der Football-Leaks-Whistleblower noch in Auslieferungshaft in Ungarn saß, haben es die französischen Ermittler – wie auch immer – geschafft, eine Kopie all seiner konfiszierten Daten anzufertigen. Die Gefahr, dass die Dateien in Portugal vernichtet werden könnten, hat sie offenbar zu dieser eiligen Geheimoperation verleitet. Noch bevor Pinto ins Flugzeug Richtung Lissabon stieg, waren sie kurzfristig nach Budapest gereist und hatten die Daten kopiert.

Die Ermittler sollen nicht schlecht gestaunt haben, heißt es. Statt der von Pinto angekündigten zehn Terabyte fanden die Beamten auf seinen vielen Festplatten und dem beschlagnahmten Laptop insgesamt offenbar 26 Terabyte Datenmaterial. Ein unfassbares Volumen. Zum Vergleich: Uns übergab Pinto 3,4 Terabyte. Alleine aus diesen mehr als 70 Millionen Dokumenten konnten wir zusammen mit dem EIC Recherchen anstoßen, die in den vergangenen drei Jahren zu mehr als 800 Enthüllungsgeschichten führten.

Nun sollen die französischen Ermittler die fast achtfache Datenmenge in ihren Händen halten. Wie aufschlussreich, wie belastbar die Daten sind, können die Franzosen noch nicht sagen. Denn Pintos Dateien sind mit einem komplizierten Verschlüsselungsprogramm gesichert, das es unmöglich macht, die Dokumente einfach zu öffnen. Alles, was die Ermittler bislang sehen können, sind die sogenannten Container, in denen die Daten stecken. Eine Hülle, deren Inhalt sich ohne die richtigen Passwörter auf dem Bildschirm lediglich als Wirrwarr aus Zahlen und Buchstaben abbildet. Und die Passwörter sind Pintos Geheimnis.

Wenige Wochen nach seiner Überführung nach Portugal halten Pintos Anwälte eine Pressekonferenz in Lissabon ab. Neben ihnen sitzen auch Antoine Deltour, der Whistleblower hinter den Lux Leaks, und Ana Gomes, eine portugiesische EU-Parlamentarierin, die sich für Pinto einsetzt. Sie sprechen über Pintos Rolle als Whistleblower, über den besonderen Schutz von Informanten sowie die aus ihrer Sicht unverhältnismäßige Untersuchungshaft von Rui Pinto. Sie stellen auch heraus, dass Pinto immer noch bereit sei, mit den europäischen Ermittlern unter dem Dach von Eurojust zusammenzuarbeiten. Passwörter inklusive.

Für die Franzosen wäre Pintos Hilfe weiterhin wichtig. Sie kündigen an, ihre Kopien der Dateien zunächst mit den belgischen Ermittlern teilen zu wollen, anschließend sollen auch andere europäische und US-amerikanische Behörden Zugang zu dem Material erhalten. Im März 2019 schreiben die Ermittler aus den Vereinigten Staaten Bourdon zudem direkt an und bitten um einen Kontakt zu Pinto. Zu diesem Zeitpunkt arbeiten sie offenbar noch an der Aufklärung der Vergewaltigungsvorwürfe gegen Cristiano Ronaldo. Pinto hätte dafür möglicherweise ein wichtiger Zeuge sein können. Überraschenderweise werden die US-Ermittler ihn aber anschließend doch nicht vernehmen. Stattdessen vermeldet die Staatsanwaltschaft in Las Vegas am 22. Juli 2019, dass sie keine Anklage erheben würde. Sie hätte die ihnen zu dem Zeitpunkt vorgelegten Informationen geprüft, doch die Vergewaltigungsvorwürfe gegen Cristiano Ronaldo könnten nicht »mit an Sicherheit grenzender Wahrscheinlichkeit« bewiesen werden.

Kathryn Mayorgas Zivilklage hingegen bleibt weiterhin bestehen. Erst im Juni 2019 hatten es ihre Anwälte geschafft, Ronaldo die Papiere dazu zuzustellen.

Mit dem Eingang der Gerichtsdokumente geht ein monatelanges Katz- und Mausspiel zu Ende. Seit dem vergangenen September versucht Mayorga, gegen Ronaldo vorzugehen. Bisher war es ihren Anwälten aber nicht gelungen, Ronaldo die Klage zuzustellen. Seine Anwälte verweigerten die Annahme mit der Begründung, sie seien dafür nicht mandatiert. Der Versuch, dem Stürmer die Dokumente persönlich in Turin zu übergeben, gestaltete sich schwierig: Ronaldos Adresse ist offenbar in den Grundbüchern der Stadt geschwärzt.

Auch für deutsche Ermittler scheinen Pinto und seine Daten von Interesse zu sein. In den Unterlagen, die Pintos Verteidiger dem

Gericht in Budapest präsentierten, findet sich auch das Schreiben einer deutschen Steuerfahndung. Ende Februar 2019 bedankte sich die Behörde bei einem von Pintos Anwälten dafür, dass der Whistleblower mit ihnen kooperieren würde, und schlug ein persönliches Treffen vor. Sein Interesse, schrieb der Steuerfahnder, gelte der Bundesliga »oder ganz allgemein deutschen Fußballklubs, Spielern oder Beratern«. Pinto müsse keine Dokumente mitbringen, Gedächtnisprotokolle würden ausreichen. Zu diesem »streng vertraulichen Treffen« ist es wegen Pintos Auslieferung nicht mehr gekommen, doch die deutschen Steuerfahnder betonten gegenüber Pintos Anwälten, dass ihr Interesse trotz der Inhaftierung weiterhin groß sei.

Während Pintos Leben einmal komplett auf den Kopf gestellt wird, während Politik und Justiz um den Umgang mit dem Inhaftierten und seinen Daten ringen, zeigen viele Fußballfans ihre Solidarität mit dem Whistleblower. In den vergangenen drei Jahren wurde uns bei unseren Recherchen an diesem Datenprojekt immer wieder gesagt, dass all die Football-Leaks-Enthüllungen nicht zu den Menschen durchdringen würden und die Fußballbranche einfach so weitermachte, als wäre überhaupt nichts geschehen. Unsere Arbeit, so der Tenor auch unter einigen Journalisten-Kollegen, sei deshalb nutzlos. Vielleicht stimmt das. Es lässt sich schwer ermessen, was die Enthüllung von Missständen am Ende bei Menschen auslöst, ob sich durch unsere Berichterstattung wirklich etwas ändert. Deshalb empfanden wir es immer als vergebliche Mühe, diese Vorhaltungen zu erwidern. »Alles geht weiter wie bisher« ist ein Totschlagargument, gegen das man nicht ankommt.

Umso ermutigender sind die Aktionen, die wir in den Tagen und Wochen nach Pintos Festnahme in Budapest beobachten können. In vielen Stadien entfalten Fans Plakate und Spruchbänder, auf denen sie wahlweise eine Freilassung Pintos fordern, die schmutzigen Deals der Branche anprangern oder dem Football-Leaks-Whistleblower danken. Als Pinto noch im ungarischen Hausarrest saß, aktivierte er einen Twitter-Account, über den er sich für all die Solidaritätsbekundungen bedanken konnte.

Wir würden auch jetzt gerne wissen, wie er die neuesten Nachrichten und die Unterstützung aus den Kreisen der Fußballfans aufnimmt. Wir würden gerne hören, wie er sein Leben im Gefängnis organisiert und was er zu den Vorwürfen sagt, die ihm in Portugal gemacht werden. Wir würden schlichtweg gerne mit eigenen Augen sehen, wie es ihm geht.

Doch die portugiesische Justiz lehnt all unsere Anfragen, Pinto zu interviewen, bis Anfang Juli durchweg ab, obwohl Pinto ausdrücklich den Wunsch äußert, uns empfangen zu wollen. Diese Blockadehaltung ist schwer verständlich. Auch als Beschuldigter hat man ein Recht auf Meinungsäußerung. Und als Pinto in Budapest unter Hausarrest stand, haben wir ihn sogar mit einem Kamerateam zum Interview getroffen.

Eine Frau, die Pinto während seiner Haftzeit beisteht, ist die EU-Parlamentarierin Ana Gomes. Sie darf ihn auch im Gefängnis besuchen. Ende April überbringt Gomes ihm eine freudige Nachricht: Pinto wurde von der linken Fraktion im Europäischen Parlament GUE/NGL als einer der wichtigsten Whistleblower ausgezeichnet. Gomes, die Juristin ist, überreicht Pinto die Auszeichnung im Gefängnis. Sie lässt sich mit dem 30-Jährigen fotografieren und twittert die Aufnahme anschließend.

Auch die Stiftung The Signals setzt sich für Pinto ein. Dutzende Journalisten, Politiker und Aktivisten unterschreiben einen Solidaritätsbrief der Stiftung, der insbesondere die Leistungen Pintos für mehr Transparenz in der Gesellschaft heraushebt. Auch wir setzen unsere Namen auf die Liste. Wir wissen nicht, welche strafrechtlichen Konsequenzen Pinto noch drohen. Aber wir wissen, dass er uns mit seinen Dokumenten die Möglichkeit gegeben hat, hinter eine Fassade zu blicken, die vor den Football Leaks so glattpoliert war, dass sie fast alle Menschen blenden konnte. Dieser schöne Schein hat nun deutliche Kratzer bekommen. Unsere Enthüllungsgeschichten stehen im Netz, jeder, der sich über die Schattenseiten des Fußballs informieren möchte, kann es tun.

Weil wir wissen, welch großen Anteil Pinto an dem Football-Leaks-Projekt hat, ist es für uns auch nach seiner Verhaftung nicht beendet. Wir verfolgen alles rund um seine Situation, telefonieren mit seinen Anwälten, versuchen, an weitere Informationen rund um das Eurojust-Verfahren und die Ermittlungen gegen ihn zu kommen. Aber es gibt einen Punkt bei strafrechtlich relevanten Vorgängen, an dem es für Journalisten schwierig ist, weiterhin so nah an einer Geschichte dran zu sein wie die Jahre zuvor, als die eigene Quelle noch auf freiem Fuß war. Die wichtigen Informationen kommen nur noch tröpfchenweise bei uns an.

Über Pintos Familie und vor allem über seine Freundin versuchen wir, auf dem Laufenden darüber zu bleiben. Wir fragen nach, wie es ihm geht. Wie sein Alltag, wie seine Routinen in der U-Haft aussehen.

Seinen Tagesablauf im Gefängnis empfinde Pinto als »ziemlich eintönig«, hören wir. Die Wärter seien »normal und hilfsbereit«, zu den Mithäftlingen dürfe er allerdings auch Anfang Juli noch keinen Kontakt haben. Die Sicherheitsanforderungen seien weiterhin sehr hoch. Morgens dürfe er einen Spaziergang durch den Gefängnisgarten machen, nachmittags sei es ihm ein weiteres Mal erlaubt, ein bisschen Tageslicht zu genießen. Nach einigen Wochen im Gefängnis habe Pinto auch einen Fußball bekommen, mit dem er häufiger alleine spiele. Die meiste Zeit des Tages verbringe er in seiner Zelle. Wir hören, dass Pinto einen kleinen Fernseher habe, er ab und zu etwas lese und sich auch mit Sit-ups oder Liegestützen die Zeit vertreibe. Das Essen sei »okay«.

Für einen Menschen, der das Leben so sehr genießt wie Pinto, müssen diese Freiheitseinschränkungen furchtbar sein. Es überrascht uns nicht, dass er Ende Juni seiner Freundin immer wieder sein Leid klagt, dass die vielen einsamen Stunden ihm aufs Gemüt schlagen würden.

Zweimal am Tag darf Pinto offenbar telefonieren. Der eine Anruf sei für seine Anwälte bestimmt, der zweite gelte Freunden oder der Familie und darf wohl nicht länger als fünf Minuten dauern. Mittwochs hat seine Familie Besuchsrecht, sonntags dürfen Freunde zu ihm kommen. Da Pinto in Vila Nova de Gaia aufwuchs, einer Stadt in der Nähe von Porto, sind die rund 300 Kilometer nach Lissabon für viele Menschen, die ihm nahestehen, doch recht weit. Besuch bekommt er deshalb selten.

Während Pinto auf die Anklageerhebung wartet, wühlen wir weiterhin in der Football-Leaks-Datenbank. Immer noch stoßen wir auf zahlreiche neue Rechercheansätze. Manchmal sitzen wir vor unseren Bildschirmen und haben den Eindruck, dass dieser Datenschatz nie auserzählt sein wird, weil es ständig neue Verknüpfungen und Hinweise gibt.

Doch auch die bereits erschienenen Geschichten entfalten weiter ihre Wirkung. Im Mai 2019 droht Manchester City eine einjährige Sperre für die Champions League durch die Uefa, auch die Premier League und die Football Association, der englische Verband, ermitteln wegen seiner vielen Finanztricks gegen den Investorenklub.

Unsere Enthüllungen rund um die Fifa sorgen ebenfalls für einigen Wirbel. Der Schweizer Bundesanwalt Michael Lauber, der sich seit Jahren mit Ermittlungen zum Weltverband beschäftigt und auch das Schweizer Verfahren im Fall des Sommermärchens unter sich hat, muss im Juni selbst eine Niederlage vor Gericht hinnehmen. Die Football Leaks haben gezeigt, dass er sich mehrfach informell mit Gianni Infantino traf, ohne dies zu protokollieren. Eines dieser Meetings hat der oberste Staatsanwalt der Schweiz, wie er versichert, sogar komplett vergessen. Auch weitere Teilnehmer an der Gesprächsrunde können sich partout nicht mehr erinnern. Das Bundesstrafgericht von Bellinzona erklärt Lauber daher für befangen – und entbindet ihn der Fifa-Verfahren. Laubers Argumentation, wonach er mit solchen Treffen seine Aufgabe als Chef der Bundesanwaltschaft korrekt ausübe und die unabhängige Verfahrensführung nicht beeinträchtige, vermag das Gericht nicht zu überzeugen.

Auch der Fifa-Präsident Infantino gerät unter Druck. Unsere Dokumente zeigen, dass er einen Oberstaatsanwalt mit Geschenken und Zuwendungen überhäufte. Zwar wird der Infantino-Spezl, der offenbar ein langjähriger Freund des Präsidenten ist, nach einer Untersuchung im April größtenteils entlastet, weil es sich nach Auffassung eines Sonderermittlers bei den Geschenken um eine Privatsache handele. Aber für Infantino könnte dies trotzdem ein Nachspiel haben. Denn die meisten Gefälligkeiten für seinen Buddy aus dem Justizapparat wurden mit Fifa-Mitteln bezahlt. Sieben VIP-Tickets für die WM in Russland, eine Reise nach Mexiko oder Karten für das Champions-League-Finale in Mailand – so floss ein fünfstelliger Euro-Betrag aus den Kassen des Weltverbandes an den Präsidenten-Kumpel, der felsenfest behauptet, er habe Infantino dafür keine geschäftlichen Gegenleistungen ermöglicht. Dass er als Oberstaatsanwalt auf kurzem Dienstweg Termine mit Bundesanwalt Lauber für Infantino eingefädelt habe, sei eine Sache zwischen Freunden gewesen, ohne jeden Hintergedanken. Die Schweiz wäscht weißer. Compliance- und Ethik-Experten fordern deshalb, dass die Fifa auch gegen ihren eigenen Präsidenten ermitteln solle. Insbesondere die anscheinend privaten Zuwendungen aus den Fifa-Budgets müssten untersucht werden.

Wir sprechen mit Pintos Freundin über diese Entwicklungen und hoffen, dass sie ihn über alles auf dem Laufenden hält. Aber es trübt natürlich unsere Stimmung, nicht mehr direkt mit ihm sprechen zu können. Nicht zu hören, wie er sich über das Dickicht in der Fußballbranche aufregt. Pinto war drei Jahre lang das Herz der Football Leaks. Er hat sehr viel riskiert, um Missstände und Fehlverhalten in einer Branche aufzudecken, die akute Transparenzallergie hat. Die Enthüllungen, die wir unserem Whistleblower verdanken, haben zahlreiche strafrechtliche Ermittlungen nach sich gezogen. Dass Pinto nach all den Ereignissen der vergangenen drei Jahre rund um dieses Projekt der Einzige ist, der im Gefängnis landete, zeigt allerdings auch, welch mächtige und einflussreiche Gegner er sich in den vergangenen Jahren gemacht hat. Gegner mit sehr teuren, sehr gerissenen Anwälten, Gegner mit enormem Einfluss auf Politik und Justiz.

Als Pinto seine Untersuchungshaft in Portugal antreten muss, erhalten wir Post vom Oberlandesgericht Hamburg, eine Ladung. Im April 2019 soll es im »Eilverfahren« zur mündlichen Verhandlung über unsere Berufung gegen das Verbot nahezu unserer gesamten Titelgeschichte aus dem Dezember 2016 kommen. Erlassen wurde es vom Landgericht im Februar 2017, ohne uns anzuhören.

Nicola und unser Anwalt bei Gericht, der messerscharf argumentierende Marc-Oliver Srocke, haben gemeinsam mit unserer Rechtsabteilung monatelang an der Berufung gearbeitet. Wir bewerten unsere Argumente und Beleglage als herausragend, wissen aber auch, dass das Oberlandesgericht in Hamburg Beklagte gerne abblitzen lässt. Unsere Juristen machen uns von Anfang an wenig Hoffnung, dass wir diesen Fall bereits in Hamburg für uns entscheiden können. Vielmehr haben sie sich stets darauf eingestellt, den Fall zur Not vor dem Bundesverfassungsgericht in Karlsruhe klären zu lassen. Dort gibt man Medien größere Spielräume, auch wenn es um rechtswidrig erlangte Informationen geht. Ein zusätzlicher Hoffnungsschimmer ist für uns, dass Karlsruhe erst vor kurzer Zeit mal wieder Hamburger Urteile kassiert hat. Es ging um Aufnahmen wenig artgerecht gehaltener Bio-Hühner, erstellt von Tierschützern, die sich unbefugt Zutritt zu den Ställen verschafften. Karlsruhe erlaubte die Fernsehausstrahlung.

Wir treten in voller Besetzung vor dem Oberlandesgericht in Hamburg an. Nicola nimmt neben Oliver und Jan Siegel, dem Chef der SPIEGEL-Rechtsabteilung, direkt vor dem Richter Platz. Wir setzen uns auf eine Bank für Zuhörer. Gleich zu Beginn der Verhandlung kommt die Überraschung: Richter Andreas Buske sagt in seinen einführenden Worten, man wolle nach Abwägung aller vorgebrachten Argumente in den Schriftsätzen »unter Vorbehalt dem Antrag der Beklagten folgen«. Die Beklagte: Das sind wir, der SPIEGEL. Die Argumente, die wir vorgebracht haben – ein überragendes öffentliches Interesse an Ronaldos Steuerhinterziehung, deren strafrechtliche Relevanz durch unsere Enthüllungen erst ausgelöst wurde – scheinen ausnahmsweise auf den Senat zu wirken. Es sieht besser aus für den investigativen Journalismus in Deutschland.

Sebastian Gorski, ein Anwalt der Berliner Kanzlei Schertz Bergmann, der Senn Ferrero vertritt, wehrt sich noch eine Weile. Unsere Berichterstattung sei unzulässig, argumentiert er, sie beruhe auf illegal erlangtem Material, sie verletze nicht nur das besonders schützenswerte Verhältnis zwischen Anwalt und Mandant, sondern auch Ronaldos Privatsphäre. Gorski redet, doch er prallt mit seinen Ausführungen erkennbar an Richter Buske und seinen beiden Beisitzern ab. Zum Ende der Verhandlung muss er feststellen, dass das Gericht wohl gegen ihn und seine Mandantin Senn Ferrero entscheiden wird. Bevor er diese Niederlage kassiert, nimmt er den Antrag auf Erlass der Unterlassungsverfügung zurück.

Nach über zwei Jahren Veröffentlichungsverbot ist es uns nun wieder möglich, unseren Lesern die Beiträge zu präsentieren, die einen der größten Steuerskandale in der Geschichte des Fußballs aufgedeckt haben.

Wir bitten Pintos Freundin, ihm von unserem Sieg über Ronaldos Anwälte zu erzählen. Bereits am nächsten Tag meldet sie sich und berichtet uns von seiner Reaktion. Er habe die Nachricht ruhig und klar entgegengenommen. Pintos Kommentar habe aus drei Worten bestanden: »Ich hatte recht.«

DANKSAGUNG

Seit über drei Jahren arbeiten wir an den Football Leaks, und wir können mit Fug und Recht behaupten: Es war ein Recherchemarathon. Auf unserem Weg bis zur Veröffentlichung unseres zweiten Buches durften wir mit zahlreichen herausragenden Kolleginnen und Kollegen zusammenarbeiten, die uns sowohl bei der Recherche als auch beim Aufschreiben und Prüfen der Texte grandios unterstützt haben.

Allen voran gilt unser Dank Nicola Naber, Andreas Meyhoff und Christoph Winterbach. Ohne diese drei Kollegen wäre weder das erste oder dieses zweite Buch entstanden, noch hätten wir dieses Rechercheprojekt je bewältigt. Andreas und Nicola, unsere Dokumentationsjournalisten, haben unsere Darstellungen kritisch und genau geprüft und dafür in den vergangenen Monaten etliche Überstunden geschoben. Darüber hinaus haben sie mit niemals nachlassendem Elan in unserem Datenberg gewühlt und uns auf etliche Rechercheansätze gebracht. Nicola hat zudem die Fäden für das Football-Leaks-Projekt im Recherchenetzwerk EIC zusammengeführt und dadurch maßgeblichen Anteil daran, dass unsere Enthüllungen ein weltweites Echo fanden.

Unserem Kollegen Christoph gebührt ganz besondere Anerkennung für seine Erkenntnisse zum fragwürdigen Handel mit Nachwuchsfußballern. Bahnbrechend und wegweisend sind seine Recherchen zu den verdeckten Millionen, die das Herrscherhaus von Abu Dhabi in das Prestigeobjekt Manchester City pumpt. Die Veröffentlichungen, die sich auch in diesem Buch wiederfinden, haben die Fußballbranche erschüttert. An diesen Enthüllungen wird sich die Uefa in ihrem Umgang mit den reichsten – und einflussreichsten – Klubs in Zukunft messen lassen müssen.

Neben dem rein fachlichen Beitrag haben uns Nicola, Andreas und Christoph mit ihrem Humor, ihrer Leidenschaft und ihrer Hartnäckigkeit geholfen, in all diesen Monaten nicht in der Datenflut zu versinken. Ein solches Team zu finden, das über so viele Jahre dermaßen eng und vertrauensvoll zusammenarbeitet, ist nicht einfach. Wir sind sehr dankbar, dass wir diese Erfahrung machen durften.

Wir möchten uns bei der Leitung der SPIEGEL-Dokumentationsabteilung bedanken. Hauke Janssen, Peter Wahle und Cordelia Freiwald haben es ermöglicht, dass Nicola und Andreas mit Ruhe und Genauigkeit unser Buch prüfen konnten.

Als Teamplayer ersten Ranges haben sich auch Janko Tietz und Robin Wille erwiesen. Dank ihrer ehrgeizigen und zielstrebigen Art, gepaart mit einer wunderbaren Leichtigkeit auch unter Druck, konnten wir mit ihrer Unterstützung einerseits all unsere relevanten Recherchen in Geschichten gießen, andererseits diesen Stoff auf den vielen Kanälen ausspielen, die der SPIEGEL-Verlag seinen Lesern anbietet.

An dieser Stelle möchten wir uns auch bei der Deutschen Journalistenschule in München bedanken, die es mit ihrer Flexibilität möglich gemacht hat, dass Robin seine Ausbildung für drei Monate unterbrechen und an den Football Leaks mitarbeiten konnte.

Unser großer Dank gilt dem nimmermüden und immer in sich ruhenden Stephan Heffner. Unser IT-Chef fürs Investigative hat uns bei diesem Projekt weit über Gebühr unterstützt. Dabei hat er sich weder von diesem Daten-Himalaja einschüchtern lassen, noch haben ihn unsere laienhaften Computerfragen aus der Fassung gebracht.

Es war für uns eine Premiere, aber wir hoffen auf baldige Wiederholung: Unsere Kooperation mit dem NDR empfanden wir als herausragend. Gerd Gottlobs Vertrauen in unsere Projektidee war der Grundstein für die Zusammenarbeit. Das Team, das Sven Lohmann mit Han Park, Birgit Wärnke, Nino Seidel, Hendrik Maaßen und Katrin Kampling zusammenstellte, war eine enorme Bereicherung für unsere Arbeit.

Unsere Partner vom Recherchenetzwerk European Investigative Collaborations haben über all die Monate etliche Geschichten gefunden, auch wenn sie noch so tief im Datenmeer versteckt waren. Die vernetzte Zusammenarbeit auf europäischer Ebene ist eine elementare Grundlage für solch komplexe, internationale Recherchen. Wir sind froh und auch stolz, mit solch herausragenden Kollegen zusammenarbeiten zu dürfen. Stellvertretend für die über 80 Reporter aus 15 Redaktionen möchten wir uns an dieser Stelle bei Stefan Candea bedanken, dem Koordinator des EIC. Wir sind immer wieder begeistert, mit welchem Geschick und feinsinnigem Witz er auch die brenzligsten Situationen meistert.

Bei Gerhard Pfeil bedanken wir uns für seinen kritischen Blick auf unsere Themenfindung und für seine leichte Hand, komplizierte Sachverhalte in sehr gut lesbare Texte zu gießen. Wir bekamen zudem sowohl bei den Recherchen als auch beim Aufschreiben der Texte Unterstützung aus den einzelnen SPIEGEL-Ressorts, insbesondere von unseren Sport- und Investigativreportern. Ihnen gebührt unser Dank.

Genauso wie unserem früheren stellvertretenden Chefredakteur Alfred Weinzierl, der uns über all die Jahre für dieses Projekt den Rücken freihielt, immer wieder ein offenes Ohr für unsere Nöte hatte und uns bei der Gestaltung große Freiheiten einräumte.

Wir danken Klaus Brinkbäumer, der als Chefredakteur großes Vertrauen in unser Projekt setzte und unser investigatives Arbeiten mit Hingabe förderte.

Es ist keine Selbstverständlichkeit, dass unser neuer Chefredakteur Steffen Klusmann ebenfalls so vehement hinter den Football Leaks steht und uns monatelang an diesem Buch arbeiten ließ. Dafür sind wir sehr dankbar.

Unserem Geschäftsführer Thomas Hass wollen wir dafür danken, dass der Verlag seit Beginn dieses Projektes viel Geld in das Datenverarbeitungssystem Intella investiert hat. Ohne diese Suchmaschine, die in Sekundenschnelle unter Millionen von Dokumenten sinnvolle Verknüpfungen herstellt, hätten wir längst die Orientierung verloren. Intella ist deshalb nicht nur für uns ein Segen, sondern für alle Kollegen, die in Zukunft beim SPIEGEL an Datenprojekten wie Football Leaks arbeiten werden.

Ohne sie wären wir aufgeschmissen: Jan Siegel, Sascha Sajuntz und Uwe Jürgens sind nicht nur die Köpfe der SPIEGEL-Rechtsabteilung, sondern auch unsere Lebensversicherung. Trotz all der juristischen Tretminen, die es während der Football Leaks zu beachten gab, fühlten und fühlen wir uns von unseren Presserechtlern hervorragend betreut. Und wenn es doch mal zu einem Rechtsstreit kam, wussten wir, dass wir auf den brillanten Marc-Oliver Srocke von der Hamburger Kanzlei Schultz-Süchting setzen konnten – den Mann, der uns dann vor Gericht mit kühlem Kopf und flammendem Herzen verteidigte.

Angelika Mette, Antje Wallasch und Rieke Gellert vom SPIEGEL-Verlag, die für uns die Brücke zum Buchverlag DVA sind, danken wir für ihre Geduld, den Zuspruch, ihre Aufmerksamkeit und die aufmunternden Worte, wenn wir mal durchhingen. Unserer Lektorin Karen Guddas, die bei der DVA unsere Manuskripte gelesen, bearbeitet und verbessert hat, möchten wir sagen, dass wir sie nicht nur wegen ihres Sprachgefühls für einen Vollprofi halten, sondern auch wegen ihrer Umsicht und Geduld beim Planen und Organisieren dieses Buchprojektes.

Dem Kollegen Tim Röhn, einem der besten jungen Investigativreporter Deutschlands, möchten wir für seine Mitarbeit an dem Kapitel »Maos Handpuppen« herzlichen Dank sagen. Gleiches gilt für den Kollegen Hendrik Buchheister, der für das Kapitel »Goldener Handschlag« für uns in Fankreisen des FC Liverpool recherchierte.

Ein zweistimmiges »Thank You Very Much« von unserer Seite geht nach Berlin an Charles Hawley und Daryl Lindsey, die viele unserer Football-Leaks-Texte ins Englische übersetzten und so großen Anteil daran hatten, dass unsere Recherchen weltweit Leser fanden. Wir haben es ihnen nicht leichtgemacht, weil wir meistens erst auf den letzten Drücker lieferten, aber Charles und Daryl blieben immer freundlich und cool.

Bei Jamila Obaid bedanken wir uns für ihre Findigkeit, diese übersetzten Stücke so breit wie möglich zu streuen.

Wir können unseren Frauen Sonja Buschmann und Brigitte Wulzinger gar nicht genug für ihre Liebe, ihren Zuspruch und ihre Unterstützung danken. Sie haben uns auch bei diesem zweiten Buch das Leben gerettet.

Unser größter Dank aber gilt Rui Pinto, dem Mann, der John war. Ohne unseren Whistleblower würde es Football Leaks nicht geben. Wir wünschen Dir, dass Deine Probleme sich schnell zum Guten auflösen. Take care, Rui!

QUELLENVERZEICHNIS

VERÖFFENTLICHUNGEN IN DER SPIEGEL:

Ausgabe 16/2019, S. 90, »Im Schatten der Regeln«
https://magazin.spiegel.de/SP/2019/16/163403889/index.html
Ausgabe 11/2019, S. 94, »Ins Land der Feinde«
https://www.spiegel.de/plus/rui-pinto-welchen-schutz-brauchen-
    whistleblower-in-der-eu-a-00000000-0002-0001-0000-
    000162787681
Ausgabe 8/2019, S. 118, »Wie im Zoo«
https://www.spiegel.de/plus/warum-die-bundesliga-besser-ist-als-ihr-
    ruf-a-00000000-0002-0001-0000-000162407719
Ausgabe 6/2019, S. 90, »Die Fußballmafia ist überall«
https://www.spiegel.de/plus/football-leaks-enthueller-rui-pinto-die-
    fussballmafia-ist-ueberall-a-00000000-0002-0001-0000-
    000162162984
Ausgabe 5/2019, S. 96, »Ein historischer Fall«
https://www.spiegel.de/plus/football-leaks-er-weiss-dass-er-ein-
    erdbeben-ausgeloest-hat-a-00000000-0002-0001-0000-
    000162036139
Ausgabe 49/2018, S. 106, »Auf die brutale Tour«
https://www.spiegel.de/plus/cristiano-ronaldo-neue-dokumente-
    belasten-den-fussballstar-a-00000000-0002-0001-0000-
    000161087507
Ausgabe 48/2018, S. 108, »Der Doktor war's«
https://magazin.spiegel.de/SP/2018/48/160960503/index.html
Ausgabe 46/2018, S. 100, »Pini, der Brandstifter«
https://magazin.spiegel.de/SP/2018/46/160712908/index.html
Ausgabe 46/2018, S. 106, »Risikokapital«
https://magazin.spiegel.de/SP/2018/46/160707728/index.html
Ausgabe 45/2018, S. 106, »Pakt mit den Scheichs«
https://www.spiegel.de/plus/wie-gianni-infantino-verhinderte-dass-

mancity-und-psg-fuer-die-champions-league-gesperrt-wurden-a-
00000000-0002-0001-0000-000160489445
Ausgabe 41/2018, S. 100, »Die Putzkolonne«
https://www.spiegel.de/plus/cristiano-ronaldo-wie-sein-team-
kathryn-mayorga-zum-schweigen-brachte-a-00000000-0002-0001-
0000-000159786807
Ausgabe 40/2018, S. 94, »Ihr Name ist Kathryn«
https://www.spiegel.de/plus/cristiano-ronaldo-kathryn-mayorga-und-
dann-ist-er-auf-mich-drauf-a-00000000-0002-0001-0000-
000159674385
Ausgabe 4/2018, S. 94, »Leos Geheimbund«
https://www.spiegel.de/sport/fussball/lionel-messi-und-seine-dubiose-
stiftung-a-1188857.html
Ausgabe 3/2018, S. 90, »Halleluja«
https://www.spiegel.de/spiegel/football-leaks-wie-lionel-messi-zu-
seinem-sagenhaften-vermoegen-kam-a-1187624.html
Ausgabe 26/2017, S. 104, »»Haut ab!««
https://www.spiegel.de/spiegel/wie-die-asiatische-wettmafia-den-
fussball-in-europa-manipuliert-a-1153624.html
Ausgabe 25/2017, S. 98, »Bitte bellen Sie leise«
https://www.spiegel.de/spiegel/print/d-151666482.html
Ausgabe 23/2017, S. 94, »Das große Schweigen«
https://www.spiegel.de/spiegel/cristiano-ronaldo-team-liess-
mutmassliches-vergewaltigungsopfer-beschatten-a-1150517.html
Ausgabe 17/2017, S. 96, »Deckname Topher«
https://www.spiegel.de/spiegel/cristiano-ronaldo-und-die-
vergewaltigungsvorwuerfe-es-muss-weniger-werden-a-1144228.html
Ausgabe 16/2017, S. 72, »Gefangene einer Nacht«
https://magazin.spiegel.de/SP/2017/16/150556842/index.html

VERÖFFENTLICHUNGEN AUF SPIEGEL ONLINE:

3. April 2019, »Anwaltskanzlei von Cristiano Ronaldo unterliegt gegen
den SPIEGEL«
https://www.spiegel.de/sport/fussball/football-leaks-anwaltskanzlei-
von-cristiano-ronaldo-unterliegt-gegen-den-spiegel-a-1260920.html
29. März 2019, »Das Geheimnis des Whistleblowers«
https://www.spiegel.de/sport/fussball/football-leaks-rui-pinto-das-
geheimnis-des-whistleblowers-a-1260199.html
5. März 2019, »Ausgeliefert«

https://www.spiegel.de/sport/fussball/football-leaks-whistleblower-rui-pinto-soll-nach-portugal-ausgeliefert-werden-a-1256382.html

26. Februar 2019, »Ein ganz neutraler Vater?«
https://www.spiegel.de/sport/fussball/football-leaks-ein-ganz-neutraler-vater-a-1255098.html

19. Februar 2019, »So geht es weiter mit den Football Leaks«
https://www.spiegel.de/sport/fussball/football-leaks-so-geht-es-weiter-mit-dem-fussball-datenleck-a-1254111.html

19. Januar 2019, »Whistleblower von Football Leaks aus U-Haft entlassen«
https://www.spiegel.de/sport/fussball/whistleblower-von-football-leaks-aus-u-haft-entlassen-a-1248868.html

17. Januar 2019, »Whistleblower von Football Leaks verhaftet«
https://www.spiegel.de/sport/fussball/whistleblower-von-football-leaks-in-budapest-verhaftet-a-1248598.html

8. November 2018, »Damned ManCity – Episode 4, Das Recht des Stärkeren«
https://www.spiegel.de/plus/football-leaks-manchester-city-und-die-city-football-group-ein-globales-imperium-a-c40409f1-8320-49a4-92a6-8275c0b2cfac

7. November 2018, »Damned ManCity – Episode 3, Wie Pep Guardiola angeworben wurde«
https://www.spiegel.de/plus/manchester-city-wie-pep-guardiola-beim-fc-bayern-abgeworben-wurde-a-288ea8cc-bb19-4430-a7e9-6b8bd57becae

6. November 2018, »Damned ManCity – Episode 2, ›Geheimprojekt Langbogen‹«
https://www.spiegel.de/plus/manchester-city-vs-financial-fairplay-wie-mancity-den-regeln-entkommen-wollte-a-15b33121-e582-48d8-a314-a68666fbe54e

5. November 2018, »Damned ManCity – Episode 1, ›Der Schummel-Scheich‹«
https://www.spiegel.de/plus/manchester-city-der-schummel-scheich-aus-abu-dhabi-a-0eb6e12d-5ad3-4b81-970f-d15617c17cf3

11. Oktober 2018, »Ronaldos Verteidigungslinie«
https://www.spiegel.de/sport/fussball/cristiano-ronaldo-anwalt-kritisiert-im-fall-kathryn-mayorga-dokumente-a-1232718.html

15. Januar 2018, »Messis Amigos«
https://www.spiegel.de/sport/fussball/football-leaks-lionel-messi-und-seine-stiftung-die-amigos-a-1187847.html

REGISTER

B

Bale, Gareth 30
Ballo, Thierno Mamadou 313–318
Balotelli, Mario 427
Banco de la Nación Argentina 281
Banda *siehe* Ciccone Ritchie,
    David Banda Mwale
Bank Julius Bär 195
Bank of Cyprus 223
Bank of Valletta 190, 194
Banque Havilland 428
Baranca, Francesco 157
Barça *siehe* FC Barcelona
Barthel, Maik 274
Bartomeu, Josep Maria 257, 259,
    264, 271, 285
Bauer Gronen (Kanzlei) 181
Bayer 04 Leverkusen 219, 315,
    318, 370
Bayrock 492
Beckham, David 211
BEG Investments 190
Begiristain, Txiki 435
Bell, Alasdair 226
Benfica Lissabon 186 ff., 192, 312,
    387, 389, 506, 516
Berlusconi, Silvio 404
Bertola, Stefano 410, 414
Betamethason 358
Bianchi, Rolando 427
Big Seven 409, 411 f.
bin Salman, Mohammed 348
bin Zayed Al Nahyan, Mansour
    419, 430
bin Zayed, Mohammed
    (»MbZ«) 432 f.
Bisschop, Eric 523

Blanc, Jean-Claude 447 ff.
Blatter, Joseph (»Sepp«) 175, 401
Blazer, Chuck 49
Blum, Danny 186
Boldt, Jonas 370
Borussia Dortmund (BVB) 54,
    186, 220, 307, 337, 403, 416 f.
Bourdon, William 16, 19–22, 295,
    346, 393 f., 464 f., 470–479, 486,
    490 f., 493–502, 504, 515, 522,
    532, 535 ff., 540, 542
Brinkbäumer, Klaus 227, 553
British Virgin Islands 13, 25, 76,
    120, 160, 192–195, 217–225, 266,
    336, 429
BSI (Privatbank) 215
Buchheister, Hendrick 554
Buck, Bruce 300
Bundesliga 42, 48, 54, 148, 152,
    159, 164, 186, 191, 196, 211, 314,
    320, 327, 332 f., 337, 341 ff., 408,
    414–417, 426, 435, 438, 455 f.,
    542
Bundesliga West 314
Bush, Bill 304
Buske, Andreas 65, 549

C

Cabreiro, Carbalos 487
Caixabank 258
Caledonian Bank 507, 518
Camp Nou 264
Candea, Stefan 343, 470, 553
Canellas, Horst-Gregorio 48
Capello, Fabio 274
Capello, Pierfilippo 274
Carré, John le 43

Wie alles begann

ISBN
978-3-328-10304-2

Dieses Buch
ist auch als E-Book
erhältlich

Auch als Hör-
buch erhältlich.

John, ein anonymer Whistleblower, übergibt dem SPIEGEL Millionen geheimer Dokumente. Diese Verträge und Absprachen zwischen Klubs, Spielern und Vermarktern erlauben bislang ungeahnte Einblicke in die Welt des Spitzenfußballs, einer zunehmend mafiösen Branche, in der Unsummen verdient werden und Gesetze kaum noch etwas zu gelten scheinen. Packend erzählen Rafael Buschmann und Michael Wulzinger in ihrem Bestseller, wie die Football-Leaks-Enthüllungen ihren Anfang nahmen – und wie John zum Gejagten wurde.

»Wie ein Krimi, gegen den ein Elfmeterschießen platte Unterhaltung ist.« *Der tödliche Pass*